总 第41期

山西统计年鉴

Shanxi Statistical Yearbook

2023

山 西 省 统 计 局
国家统计局山西调查总队 编

Compiled by
Shanxi Provincial Bureau of Statistics &
Survey Office of the National Bureau of
Statistics in Shanxi

中国统计出版社
China Statistics Press

图书在版编目（CIP）数据

山西统计年鉴. 2023 = Shanxi Statistical Yearbook 2023 : 汉英对照 / 山西省统计局, 国家统计局山西调查总队编. -- 北京 : 中国统计出版社, 2023.8
ISBN 978-7-5230-0158-5

Ⅰ. ①山… Ⅱ. ①山… ②国… Ⅲ. ①统计资料－山西－2023－年鉴－汉、英 Ⅳ. ①C832.25-54

中国国家版本馆 CIP 数据核字(2023)第 133191 号

山西统计年鉴 2023

作　　者/山西省统计局　国家统计局山西调查总队
责任编辑/荣文雅
执行编辑/宋怡璇
责任校对/王育民　李　静　田　甜
封面设计/黄　晨
出版发行/中国统计出版社有限公司
通信地址/北京市丰台区西三环南路甲 6 号　邮政编码/100073
电　　话/邮购（010）63376909　书店（010）68783171
网　　址/ http://www.zgtjcbs.com
印　　刷/河北鑫兆源印刷有限公司
经　　销/新华书店
开　　本/880mm×1230mm　1/16
字　　数/1170 千字
印　　张/43
版　　别/2023 年 8 月第 1 版
版　　次/2023 年 8 月第 1 次印刷
定　　价/390.00 元

本书附同版本 CD-ROM 一张，光盘内容以书面文字为准。
如有印装差错，由本社发行部调换。

编者说明

一、《山西统计年鉴2023》收录了全省和各地市、县（市、区）、有关部门2022年经济、社会、科技等方面的统计数据，以及多个重要历史年份主要统计数据，是一部全面反映山西省国民经济和社会发展情况的资料性年刊。为便于国际交流，内文全部采用中英文对照。

二、全书共分20个篇章：1. 综合；2. 人口、劳动工资和社会保障；3. 物价；4. 人民生活；5. 财政、金融和保险；6. 能源；7. 固定资产投资；8. 对外经济贸易；9. 农业；10. 工业；11. 建筑业；12. 房地产；13. 批发和零售业；14. 住宿、餐饮业和旅游；15. 交通运输、邮电通信业；16. 教育、科技；17. 文化、体育、卫生、环保；18. 城市概况；19. 地市篇；20. 县（市、区）篇。为方便读者使用，各篇章前绘制了反映总体趋势的统计图，篇末附有《主要统计指标解释》，对主要统计指标的涵义、统计范围和统计方法以及历史沿革予以简要说明。

三、与《山西统计年鉴2022》相比，本年鉴内容主要做了如下修订："综合"篇，增加了"主要年份三次产业贡献率""主要年份三次产业对生产总值增长的拉动"表；"人口、劳动工资和社会保障"篇，删去了城镇登记失业人数与失业率指标；"人民生活"篇，删去了城乡居民收入分组情况；"文化、体育、卫生、环保"篇，补充了文化部分内容，并调整了相关顺序；"地市篇"，增加了邮政业务指标。

四、本年鉴统计指标口径范围及解释以国家现行统计报表制度为准。资料主要来源于统计年报，部分资料来自于抽样调查和有关部门。

五、为方便读者使用，对个别有变动的指标在表下作了简要注释。本年鉴中涉及到的历史数据，均以最新出版的本年鉴数据为准。

六、本年鉴所使用的度量衡单位，均采用国际统一标准计量单位。部分数据合计数或相对数由于单位取舍不同而产生的计算误差，均未作机械调整。

七、年鉴符号使用说明："空格"表示该项统计指标数据不足本表最小单位数、数据不详或无数据；"#"表示该指标其中的主要项。

COMPILER'S NOTES

Ⅰ . *Shanxi Statistical Yearbook 2023* is an annual statistics publication, which reflects comprehensively the national economic and social development of Shanxi province. It covers data for 2022 and key statistical data in some historically important years at the provincial level and the local levels of prefecture and county. To meet the need of international exchange, this yearbook is made in both Chinese and English.

Ⅱ . The yearbook contains the following twenty parts: 1. General Survey; 2. Population, Labor Wages and Social Security; 3. Price; 4. People's Livelihood; 5. Public Finance, Banking and Insurance; 6. Energy; 7. Investment in Fixed Assets; 8. Foreign Trade and Economic Cooperation; 9. Agriculture; 10. Industry; 11. Construction; 12. Real Estate; 13. Wholesale and Retail Trade; 14. Hotels, Catering Services and Tourism; 15. Transportation, Post and Telecommunication Services; 16. Education, Science and Technology; 17. Culture, Sports, Public Health and Environmental Protection; 18. General Survey of Cities; 19. Cities at Prefecture Level; 20. Counties, Cities and Districts at County Level. To facilitate readers, Statistical Charts reflecting total trend are attached at the beginning of each chapter, and Explanatory Notes on Main Statistical Indicators, a brief introduction about the meaning, statistical coverage, statistical methods and historical changes of main statistical indicators, are provided at the end of each chapter.

Ⅲ . Comparing with *Shanxi Statistical Yearbook 2022*, following revisions have been made in this new version: In the chapter of General Survey, tables of Share of The Contributions of the Three Strata of Industry to the Increase of the GDP in Major Years and Contribution of the Three Strata of Industry to GDP Growth in Major Years, are newly added; In the chapter of Population, Labor Wages and Social Security, the indicators of registered unemployed persons and rate in urban area are deleted; In the chapter of People's Livelihood, conditions of urban and rural households by income quintile are deleted; In the chapter of Culture, Sports, Public Health and Environmental Protection, contents of culture are supplemented, and the order is adjusted; In the chapter of Cities at Prefecture Level, indicators of post services are added.

Ⅳ . The statistical coverage and explanation of indicators in this yearbook are the same as the current national statistical report system. The data in this yearbook are mainly obtained from annual statistical reports, and some are from sample surveys and related departments.

Ⅴ . For the convenience of the readers, brief notes concerning some indicators about their changes in meaning or coverage are given at the lower part of relevant tables. In case of some statistical data issued before being inconsistent with this publication, take the data in this publication as correction.

Ⅵ . The units of measurement used in this yearbook are international standard measurement units. Statistical discrepancies due to rounding are not adjusted in this yearbook.

Ⅶ . Notations used in this book: " (blank) " indicates that the figure is not large enough to be measured with the smallest unit in the table or is not available; " # "indicates the major items of the total.

目　　录

CONTENTS

一、综　合

GENERAL SURVEY

二、人口、劳动工资和社会保障

POPULATION, LABOR WAGES AND SOCIAL SECURITY

三、物 价

PRICE

四、人民生活

PEOPLE'S LIVELIHOOD

五、财政、金融和保险

PUBLIC FINANCE, BANKING AND INSURANCE

六、能　源

ENERGY

七、固定资产投资

INVESTMENT IN FIXED ASSETS

八、对外经济贸易

FOREIGN TRADE AND ECONOMIC COOPERATION

九、农　业

AGRICULTURE

十、工　业

INDUSTRY

十一、建筑业

CONSTRUCTION

十二、房地产

REAL ESTATE

十三、批发和零售业

WHOLESALE AND RETAIL TRADE

十四、住宿、餐饮业和旅游

HOTELS, CATERING SERVICES AND TOURISM

十五、交通运输、邮电通信业

TRANSPORTATION, POST AND TELECOMMUNICATION SERVICES

十六、教育、科技

EDUCATION, SCIENCE AND TECHNOLOGY

十七、文化、体育、卫生、环保

CULTURE, SPORTS, PUBLIC HEALTH AND ENVIRONMENTAL PROTECTION

资料整理人员

李　静　田　甜　龙　苗　严梅毓　李世峰
黄翰林　辛忠霞　王亚文　王俊鹏　张淑虹
黄　玉　柴晋飞　杨　茜　乔　杰　李　林

地区生产总值	Gross Domestic Product	25642.6	亿元 (100 million yuan)
第一产业	Primary Industry	1340.4	亿元 (100 million yuan)
第二产业	Secondary Industry	13840.8	亿元 (100 million yuan)
第三产业	Tertiary Industry	10461.3	亿元 (100 million yuan)

地区生产总值构成 (%)
Composition of Gross Domestic Product (%)

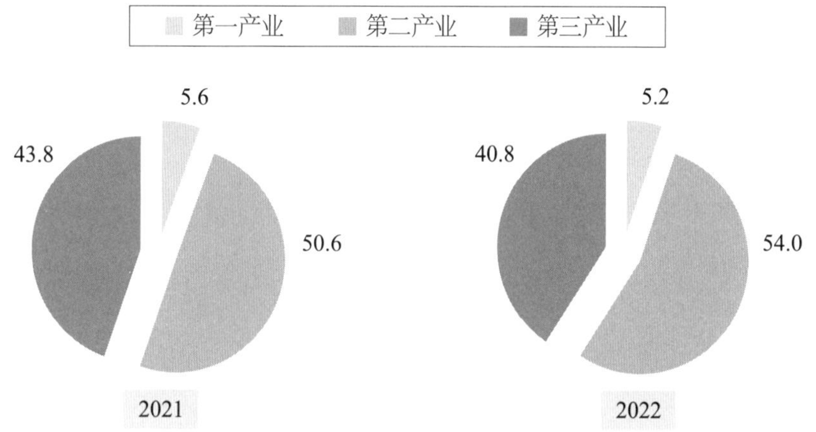

地区生产总值（亿元）
Gross Domestic Product (100 million yuan)

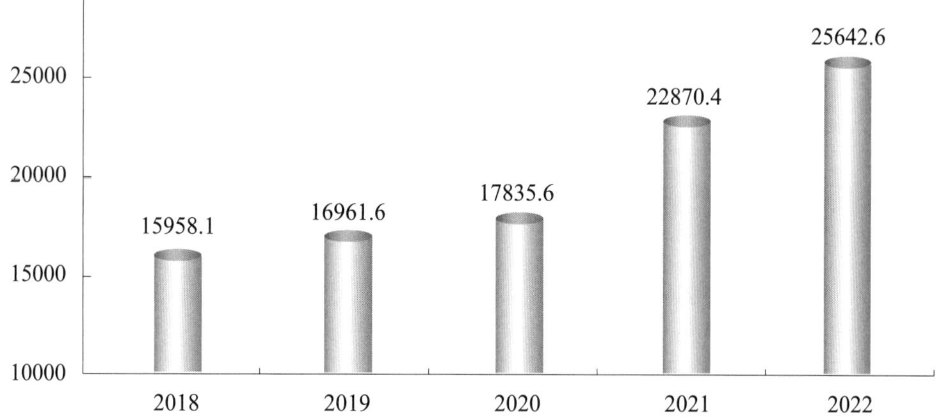

地区生产总值增速	Growth Rate of Gross Domestic Product	4.4	(%)
第一产业	Primary Industry	5.1	(%)
第二产业	Secondary Industry	6.2	(%)
第三产业	Tertiary Industry	2.7	(%)
人均地区生产总值	Per Capita Gross Domestic Product	73675	元 (yuan)

地区生产总值增速 (%)
Growth Rate of Gross Domestic Product (%)

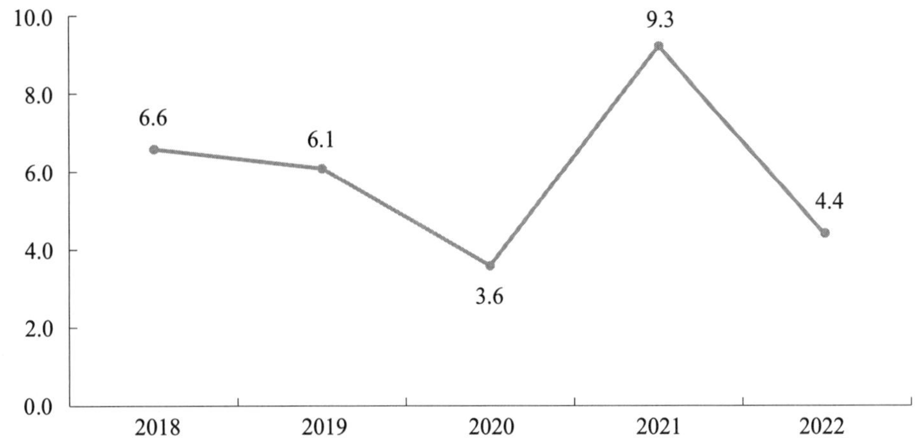

人均地区生产总值（元）
Per Capita Gross Domestic Product (yuan)

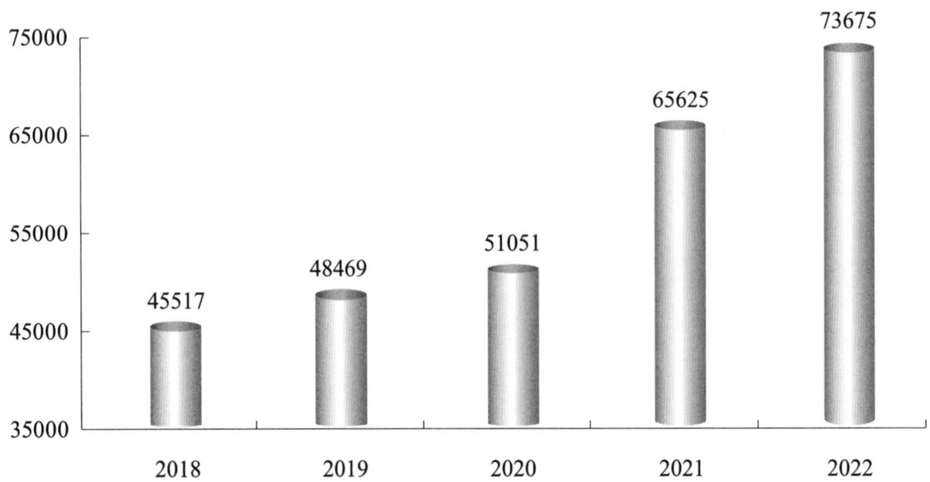

1-1 行政区划(2022年)

ADMINISTRATIVE DIVISION(2022)

市 名 City	城 市 City			市辖区 District under Jurisdiction of Cities	县 County	镇 Town	乡 Township
	合 计 Total	地级市 City at Prefecture Level	县级市 City at County Level				
	22	11	11	26	80	631	430

市 名 City									
太原市 Taiyuan	小店区 Xiaodian	迎泽区 Yingze	杏花岭区 Xinghualing	尖草坪区 Jiancaoping	万柏林区 Wanbailin	晋源区 Jinyuan	清徐县 Qingxu	阳曲县 Yangqu	
	娄烦县 Loufan	古交市 Gujiao							
大同市 Datong	新荣区 Xinrong	平城区 Pingcheng	云冈区 Yungang	云州区 Yunzhou	阳高县 Yanggao	天镇县 Tianzhen	广灵县 Guangling	灵丘县 Lingqiu	
	浑源县 Hunyuan	左云县 Zuoyun							
阳泉市 Yangquan	城 区 Chengqu	矿 区 Kuangqu	郊 区 Jiaoqu	平定县 Pingding	盂 县 Yuxian				
长治市 Changzhi	潞州区 Luzhou	上党区 Shangdang	屯留区 Tunliu	潞城区 Lucheng	襄垣县 Xiangyuan	平顺县 Pingshun	黎城县 Licheng	壶关县 Huguan	
	长子县 Zhangzi	武乡县 Wuxiang	沁 县 Qinxian	沁源县 Qinyuan					
晋城市 Jincheng	城 区 Chengqu	沁水县 Qinshui	阳城县 Yangcheng	陵川县 Lingchuan	泽州县 Zezhou	高平市 Gaoping			
朔州市 Shuozhou	朔城区 Shuocheng	平鲁区 Pinglu	山阴县 Shanyin	应 县 Yingxian	右玉县 Youyu	怀仁市 Huairen			
晋中市 Jinzhong	榆次区 Yuci	太谷区 Taigu	榆社县 Yushe	左权县 Zuoquan	和顺县 Heshun	昔阳县 Xiyang	寿阳县 Shouyang		
	祁 县 Qixian	平遥县 Pingyao	灵石县 Lingshi	介休市 Jiexiu					
运城市 Yuncheng	盐湖区 Yanhu	临猗县 Linyi	万荣县 Wanrong	闻喜县 Wenxi	稷山县 Jishan	新绛县 Xinjiang	绛 县 Jiangxian	垣曲县 Yuanqu	
	夏 县 Xiaxian	平陆县 Pinglu	芮城县 Ruicheng	永济市 Yongji	河津市 Hejin				
忻州市 Xinzhou	忻府区 Xinfu	定襄县 Dingxiang	五台县 Wutai	代 县 Daixian	繁峙县 Fanshi	宁武县 Ningwu	静乐县 Jingle	神池县 Shenchi	
	五寨县 Wuzhai	岢岚县 Kelan	河曲县 Hequ	保德县 Baode	偏关县 Pianguan	原平市 Yuanping			
临汾市 Linfen	尧都区 Yaodu	曲沃县 Quwo	翼城县 Yicheng	襄汾县 Xiangfen	洪洞县 Hongtong	古 县 Guxian	安泽县 Anze	浮山县 Fushan	吉 县 Jixian
	乡宁县 Xiangning	大宁县 Daning	隰 县 Xixian	永和县 Yonghe	蒲 县 Puxian	汾西县 Fenxi	侯马市 Houma	霍州市 Huozhou	
吕梁市 Lvliang	离石区 Lishi	文水县 Wenshui	交城县 Jiaocheng	兴 县 Xingxian	临 县 Linxian	柳林县 Liulin	石楼县 Shilou	岚 县 Lanxian	方山县 Fangshan
	中阳县 Zhongyang	交口县 Jiaokou	孝义市 Xiaoyi	汾阳市 Fenyang					

1-2 国民经济和社会发展总量与速度指标

指 标	Item	总量指标	
		2000	2010
一、人口与就业（万人）	**Population and Employment (10 000 persons)**		
常住人口	Resident Population	3247.8	3574.1
就业人员	Total Employees	1392	1802
二、国民经济核算（亿元）	**National Economic Accounting (100 million yuan)**		
地区生产总值	Gross Domestic Product	1845.7	8903.9
第一产业	Primary Industry	179.9	510.4
第二产业	Secondary Industry	858.4	5349.6
第三产业	Tertiary Industry	807.5	3043.9
三、物价指数（上年=100）	**Price Indices (last year=100)**		
居民消费价格指数	Consumer Price Index	103.9	103.0
商品零售价格指数	Retail Price Index	97.1	102.3
四、财 政（亿元）	**Public Finance (100 million yuan)**		
一般公共预算收入	General Public Budget Revenue	114.5	969.7
一般公共预算支出	General Public Budget Expenditure	225.1	1931.4
五、对外贸易（亿美元）	**Foreign Trade (USD 100 million)**		
进出口总额	Total Value of Exports and Imports	17.6	125.8
出 口	Total Value of Exports	12.4	47.1
进 口	Total Value of Imports	5.3	78.7
六、农 业	**Agriculture**		
农林牧渔业总产值(亿元)	Gross Output Value of Farming, Forestry, Animal Husbandry and Fishery (100 million yuan)	322.4	1016.4
主要农产品产量（万吨）	Output of Major Farm Products (10 000 tons)		
粮 食	Grain	853.4	1107.5
油 料	Oil-bearing Crops	44.8	16.6
蔬 菜	Vegetables	920.3	694.1
肉 类	Meat	65.0	77.2
猪年末存栏（万头）	Hogs at Year-end (10 000 heads)	519.5	528.8
羊年末存栏（万只）	Sheep and Goats at Year-end (10 000 heads)	1058.4	769.7
七、工 业	**Industry**		
主要工业产品产量(全社会)	Output of Major Industrial Products (Total Society)		
原 煤 (万吨)	Coal (10 000 tons)	25152	74096
发电量 (亿千瓦时)	Electricity (100 million kwh)	624.7	2150.6
粗 钢 (万吨)	Crude Steel (10 000 tons)	472.7	3048.8
钢 材 (万吨)	Steel Products (10 000 tons)	392.6	2866.4
水 泥 (万吨)	Cement (10 000 tons)	1434.0	3670.3

PRINCIPAL AGGREGATE INDICATORS ON NATIONAL ECONOMIC AND SOCIAL DEVELOPMENT AND GROWTH RATES

Aggregate Data			速 度 指 标 Indices and Growth Rates						
			指数(2022为以下各年%) Index (2022 as percentage of the following years)				平均增长速度(%) Average Annual Growth Rate (%)		
2015	2020	2022	2000	2010	2015	2020	2001–2022	2011–2022	2016–2022
3518.6	3490.5	3481.4	107.2	97.4	98.9	99.7	0.3	–0.2	–0.2
1827	1738	1672	120.1	92.8	91.5	96.2	0.8	–0.6	–1.3
11836.4	17835.6	25642.6	571.2	210.3	148.7	114.1	8.2	6.4	5.8
726.2	1166.6	1340.4	236.9	167.6	133.9	113.6	4.0	4.4	4.3
5219.7	7703.2	13840.8	624.1	206.7	148.9	119.2	8.7	6.2	5.9
5890.5	8965.8	10461.3	603.8	224.4	150.1	110.0	8.5	7.0	6.0
100.6	102.9	102.1	161.1	129.0	113.3	103.1	2.2	2.1	1.8
99.3	100.9	103.7	142.8	123.0	113.2	106.5	1.6	1.7	1.8
1642.4	2296.6	3454.0	3017.2	356.2	210.3	150.4	16.7	11.2	11.2
3423.0	5110.9	5876.5	2611.1	304.3	171.7	115.0	16.0	9.7	8.0
147.2	218.7	277.3	1571.8	220.5	188.5	126.8	13.3	6.8	9.5
84.2	127.3	181.8	1469.9	386.1	215.9	142.8	13.0	11.9	11.6
62.9	91.4	95.5	1810.7	121.4	151.7	104.6	14.1	1.6	6.1
1425.0	1935.8	2211.6	686.1	217.6	155.2	114.2	9.1	6.7	6.5
1314.0	1424.3	1464.3	171.6	132.2	111.4	102.8	2.5	2.4	1.6
12.2	14.3	15.0	33.4	90.1	122.6	104.5	–4.9	–0.9	3.0
837.4	861.2	1010.3	109.8	145.6	120.6	117.3	0.4	3.2	2.7
99.0	102.7	143.2	220.2	185.6	144.6	139.5	3.7	5.3	5.4
619.2	569.4	816.0	157.1	154.3	131.8	143.3	2.1	3.7	4.0
1112.1	970.1	1110.8	105.0	144.3	99.9	114.5	0.2	3.1	0.0
96680	107906	132009	524.8	178.2	136.5	122.3	7.8	4.9	4.5
2457.5	3503.5	4298.8	688.1	199.9	174.9	122.7	9.2	5.9	8.3
3847.0	6637.8	6423.2	1358.7	210.7	167.0	96.8	12.6	6.4	7.6
4267.3	6181.5	6354.6	1618.6	221.7	148.9	102.8	13.5	6.9	5.9
3786.1	5616.7	4844.6	337.8	132.0	128.0	86.3	5.7	2.3	3.6

1–2 续表

指　标	Item	总量指标	
		2000	2010
八、房地产开发投资（亿元）	**Investment in Real Estate Development (100 million yuan)**		
本年完成投资	Investment Completed This Year	39.5	592.2
#住　宅	Residential Buildings	27.2	457.4
九、国内贸易（亿元）	**Domestic Trade (100 million yuan)**		
社会消费品零售总额	Total Retail Sales of Consumer Goods	692.7	3027.1
十、交通运输、邮电	**Transportation, Post and Telecommunication Services**		
货物运输量　(万吨)	Freight Traffic (10 000 tons)	86624	124677
#铁　路	Railways	28779	63836
旅客客运量　(万人)	Passenger Traffic (10 000 persons)	31818	39059
#铁　路	Railways	2953	5746
邮政行业业务总量（亿元)	Business Volume of Post Services (100 million yuan)		
电信业务总量（亿元)	Business Volume of Telecommunication Services (100 million yuan)		
移动电话用户（万户)	Number of Mobile Telephone Subscribers (10 000 subscribers)	126	2225
十一、教育、科技、文化、卫生	**Education, Science and Technology, Culture and Public Health**		
教　育	**Education**		
普通、职业高等学校数(所)	Regular and Vocational Institutions of Higher Education (unit)	24	65
普通、职业本专科在校生数(万人)	Student Enrollment of Undergraduates in Regular and Vocational Higher Education Institutions (10 000 persons)	12.6	56.3
普通中学在校学生数(万人)	Student Enrollment of Regular Secondary Schools (10 000 persons)	199.8	253.7
普通小学在校学生数(万人)	Student Enrollment of Regular Primary Schools (10 000 persons)	343.6	291.1
科　技	**Science and Technology**		
全社会R&D经费内部支出(亿元)	Total Internal Expenditure on R&D (100 million yuan)	9.9	89.9
文　化	**Culture**		
图书总印数　(万册)	Total Printed Copies of Books (10 000 copies)	10105	13183
期刊总印数　(万份)	Total Printed Copies of Magazines (10 000 copies)	2659	4000
报纸总印数　(万份)	Total Printed Copies of Newspapers (10 000 copies)	62815	206698
卫　生	**Public Health**		
医　院　(个)	Number of Hospitals (unit)	716	1201
执业(助理)医师　(人)	Number of Licensed (Assitant) Docotors (person)	64900	85376

continued

Aggregate Data			速 度 指 标 Indices and Growth Rates						
			指数(2022为以下各年%) Index (2022 as percentage of the following years)				平均增长速度 (%) Average Annual Growth Rate (%)		
2015	2020	2022	2000	2010	2015	2020	2001–2022	2011–2022	2016–2022
1494.9	1830.4	1764.2	4471.4	297.9	118.0	96.4	23.0	13.1	2.0
1098.3	1431.8	1395.4	5124.9	305.1	127.1	97.5	23.6	12.8	3.1
5345.1	6746.3	7562.7	1091.8	249.8	141.5	112.1	11.5	7.9	5.1
161772	190238	211545	244.2	169.7	130.8	111.2	4.1	4.5	3.9
70509	92002	104515	363.2	163.7	148.2	113.6	6.0	4.2	5.8
30676	13757	7047	22.1	18.0	23.0	51.2	–6.6	–13.3	–19.0
7393	4890	3716	125.8	64.7	50.3	76.0	1.1	–3.6	–9.4
43.1	150.7	124.9							
468.2	3091.7	360.0							
3337	4023	4141	3281.0	186.1	124.1	102.9	17.2	5.3	3.1
79	85	82	341.7	126.2	103.8	96.5	5.7	2.0	0.5
74.0	84.2	94.6	752.5	168.0	127.8	112.3	9.6	4.4	3.6
192.1	177.0	178.1	89.1	70.2	92.7	100.6	–0.5	–2.9	–1.1
227.0	235.3	230.2	67.0	79.1	101.4	97.8	–1.8	–1.9	0.2
132.5	211.1	273.7	2766.5	304.5	206.5	129.7	16.3	9.7	10.9
12439	11033	12109	119.8	91.9	97.3	109.8	0.8	–0.7	–0.4
2573	1996	1909	71.8	47.7	74.2	95.7	–1.5	–6.0	–4.2
203549	213427	212701	338.6	102.9	104.5	99.7	5.7	0.2	0.6
1274	1419	1376	192.2	114.6	108.0	97.0	3.0	1.1	1.1
90216	101667	105146	162.0	123.2	116.5	103.4	2.2	1.8	2.2

1-3 山西省水资源总量(2021年)
TOTAL VOLUME OF WATER RESOURCES(2021)

单位：亿立方米 (100 million cu.m)

市 名 City		水资源总量 Water Resources	地表水资源量 Surface Water Resources	地下水资源量 Ground Water Resources	重复计算量 Repetition Statistical Amount	年降水量 Annual Precipitation
全 省	**Total**	**207.91**	**155.87**	**113.70**	**61.67**	**1145.52**
太原市	Taiyuan	9.56	5.57	5.99	2.00	44.44
大同市	Datong	10.13	6.34	6.78	3.00	68.13
阳泉市	Yangquan	5.41	6.03	4.30	4.92	35.73
长治市	Changzhi	26.84	22.85	11.09	7.10	135.59
晋城市	Jincheng	37.01	34.81	10.86	8.66	117.21
朔州市	Shuozhou	6.63	2.52	5.88	1.76	46.95
晋中市	Jinzhong	26.86	21.56	12.40	7.10	127.13
运城市	Yuncheng	27.82	15.55	18.23	5.96	133.77
忻州市	Xinzhou	19.35	11.42	14.27	6.34	136.49
临汾市	Linfen	22.67	17.77	11.81	6.91	171.82
吕梁市	Lvliang	15.63	11.46	12.08	7.91	128.26

1-4 山西省实际用水量(2021年)
ACTUAL CONSUMPTION OF WATER(2021)

单位：亿立方米 (100 million cu.m)

市 名 City		总计 Total	农田灌溉 Farmland Irrigation	工业 Industry	城镇生活 Urban Living	农村生活 Rural Living	林牧渔畜 Forestry, Animal Husbandry, Fishery and Livestock	生态 Ecological Utilization
全 省	**Total**	**72.65**	**37.69**	**12.28**	**11.50**	**3.57**	**3.14**	**4.46**
太原市	Taiyuan	7.64	1.47	2.19	2.89	0.20	0.19	0.71
大同市	Datong	6.26	3.27	0.87	1.18	0.35	0.17	0.42
阳泉市	Yangquan	1.86	0.29	0.62	0.56	0.15	0.09	0.16
长治市	Changzhi	5.09	1.93	1.27	0.96	0.38	0.17	0.38
晋城市	Jincheng	4.12	1.26	1.36	0.84	0.20	0.23	0.23
朔州市	Shuozhou	5.00	3.22	0.72	0.45	0.17	0.30	0.15
晋中市	Jinzhong	6.55	3.46	1.02	0.85	0.38	0.30	0.54
运城市	Yuncheng	16.54	12.38	1.37	1.33	0.63	0.56	0.27
忻州市	Xinzhou	6.74	3.98	0.82	0.69	0.31	0.40	0.55
临汾市	Linfen	7.18	4.29	0.81	0.93	0.41	0.36	0.38
吕梁市	LvLiang	5.66	2.14	1.22	0.84	0.38	0.40	0.68

1-5 平均每天主要社会经济活动

MAJOR INDICATORS ON AVERAGE DAILY SOCIAL AND ECONOMIC ACTIVITIES

指 标	Item	2015	2020	2022
出生人口 (人)	Births (person)	1000	789	644
死亡人口 (人)	Deaths (person)	557	671	737
地区生产总值 (万元)	Gross Domestic Product (10 000 yuan)	324285	488646	702537
一般公共预算收入(万元)	General Public Budget Revenue (10 000 yuan)	44996	62920	94630
一般公共预算支出(万元)	General Public Budget Expenditure (10 000 yuan)	93780	140024	161000
进出口总额 (万美元)	Total Value of Exports and Imports of Customs (USD 10 000)	4032	5991	7598
农林牧渔业总产值(万元)	Gross Output Value of Farming, Forestry, Animal Husbandry and Fishery (10 000 yuan)	39040	53037	60591
主要农产品产量(吨)	Output of Major Farm Products (ton)			
粮 食	Grain	36001	39021	40116
油 料	Oil-bearing Crops	334	392	410
蔬 菜	Vegetables	22943	23594	27679
肉 类	Meat	2712	2812	3923
主要工业产品产量(全社会)	Output of Major Industrial Products (Total Society)			
原 煤 (万吨)	Coal (10 000 tons)	265	296	362
发电量 (万千瓦时)	Electricity (10 000 kwh)	67327	95987	117775
钢 材 (吨)	Steel Products (ton)	116911	169355	174099
焦 炭 (万吨)	Coke (10 000 tons)	22	29	27
水 泥 (吨)	Cement (ton)	103728	153881	132729
社会消费品零售总额(万元)	Total Retail Sales of Consumer Goods (10 000 yuan)	146442	184831	207198
货运量 (万吨)	Freight Traffic (10 000 tons)	443	521	580
客运量 (万人)	Passenger Traffic (10 000 persons)	84	38	19
快 递 (万件)	Express Mail Services (10 000 pcs)	31	147	193
图书出版 (万册)	Books Published (10 000 copies)	34.08	30.23	33.18
期刊出版 (万份)	Magazines Issued (10 000 copies)	7.05	5.47	5.23
报纸出版 (万份)	Newspapers Issued (10 000 copies)	557.67	584.73	582.74
结 婚 (对)	Marriages (couple)	950	591	496
离 婚 (对)	Divorces (couple)	148	183	105

1-6 社会经济主要指标人均水平
MAJOR PER CAPITA INDICATORS ON SOCIETY AND ECONOMY

指　　标	Item	2015	2020	2022
一、地区生产总值 (元)	**Gross Domestic Product (yuan)**	**33593**	**51051**	**73675**
二、人民生活 (元)	**People's Livelihood (yuan)**			
城镇非私营单位在岗职工平均工资	Average Wage of Fully Employed Staff and Workers in Urban Non-private Units	52960	77364	92882
#国　有	State-owned Units	54953	76368	88303
集　体	Collective-owned Units	44114	49633	63569
城镇居民可支配收入	Disposable Income of Urban Households	25828	34793	39532
城镇居民消费支出	Living Expenditure of Urban Households	15819	20332	21923
农村居民可支配收入	Disposible Income of Rural Households	9454	13878	16323
农村居民消费支出	Living Expenditure of Rural Households	7421	10290	12091
住户存款	Households Deposits	44489	72937	94825
三、主要农产品产量 (公斤)	**Output of Major Farm Products (kg)**			
粮　食	Grain	373	408	421
油　料	Oil-bearing Crops	3.5	4.1	4.3
蔬　菜	Vegetables	237.7	246.5	290.2
肉　类	Meat	28.1	29.4	41.1
四、主要工业产品产量 (全社会)	**Output of Major Industrial Products (Total Society)**			
原　煤　(吨)	Coal (ton)	27.44	30.89	37.92
发电量　(千瓦时)	Electricity (kwh)	6974.3	10028.2	12349.6
粗　钢　(公斤)	Crude Steel (kg)	1091.8	1899.9	1845.3
钢　材　(公斤)	Steel Products (kg)	1211.1	1769.3	1825.6
焦　炭　(吨)	Coke (ton)	2.28	3.00	2.82
水　泥　(公斤)	Cement (kg)	1074.5	1607.7	1391.8
白　酒　(升)	White Sprit (liter)	2.4	5.1	7.6
五、社会消费品零售额 (元)	**Total Retail Sales of Consumer Goods (yuan)**	**15170**	**19310**	**21726**

1-7 国民经济与社会发展结构指标

MAJOR COMPOSITION INDICATORS ON NATIONAL ECONOMIC AND SOCIAL DEVELOPMENT

单位：% (%)

指 标	Item	2015	2020	2022
男女人口比例	**Sex Ratio**			
男 性	Male	51.3	51.0	51.1
女 性	Female	48.7	49.0	48.9
人口抚养比	**Dependency Ratio of Population**			
总抚养比	Gross Dependency Ratio	32.6	41.3	42.7
少儿抚养比	Children Dependency Ratio	20.6	23.1	22.0
老年抚养比	Old People Dependency Ratio	12.1	18.2	20.7
地区生产总值构成	**Composition of GDP**			
第一产业	Primary Industry	6.1	6.5	5.2
第二产业	Secondary Industry	44.1	43.2	54.0
第三产业	Tertiary Industry	49.8	50.3	40.8
城乡居民人均收入比(农民=1)	**Ratio of Per Capita Income of Urban and Rural Households (Rural Income=1)**	**2.73**	**2.51**	**2.42**
一般公共预算支出构成	**Compositon of General Public Budget Expenditure**			
#教 育	Education	17.6	14.3	14.7
社会保障和就业	Social Security and Employment	15.6	15.9	17.0
卫生健康	Expenditure for Health Care	8.5	8.5	8.4
终端能源消费构成	**Consumption of End-Use Energy Consumption**			
第一产业	Primary Industry	2.0	1.7	1.6
第二产业	Secondary Industry	74.9	78.8	79.4
第三产业	Tertiary Industry	12.4	10.6	10.1
人民生活	People's Livelihood	10.7	8.9	8.9
全社会固定资产投资构成	**Composition of Total Investment in Fixed Assets**			
第一产业	Primary Industry	11.1	5.4	6.2
第二产业	Secondary Industry	36.8	36.6	38.0
第三产业	Tertiary Industry	52.1	58.0	55.8
农林牧渔业总产值构成	**Compositon of Gross Output Value of Farming, Forestry, Animal Husbandry and Fishery**			
农 业	Farming	59.4	55.6	58.3
林 业	Forestry	6.4	7.1	7.9
牧 业	Animal Husbandry	27.6	31.3	27.8
渔 业	Fishery	0.6	0.3	0.4
农林牧渔专业及辅助性活动	Specializing and Supportive Activities for Agriculture, Forestry, Animal Husbandry and Fishery	6.1	5.7	5.6
社会消费品零售总额构成	**Total Retail Sales of Consumer Goods**			
城 镇	Town	81.5	82.6	82.5
乡 村	Village	18.5	17.4	17.5

1-8 人民物质文化生活情况
CONDITIONS OF PEOPLE'S MATERIAL AND CULTURAL LIFE

指 标	Item	2015	2020	2022
一、城乡居民收入 (元)	**Income of Urban and Rural Households (yuan)**			
城镇居民人均可支配收入	Per Capita Disposable Income of Urban Households	25828	34793	39532
农村居民人均可支配收入	Per Capita Disposable Income of Rural Households	9454	13878	16323
城镇非私营单位在岗职工平均工资	Average Wage of Fully Employed Staff and Workers in Urban Non-private Units	52960	77364	92882
二、平均每人住房面积 (平方米)	**Per Capita Floor Space of Residential Buildings (sq.m)**			
城镇居民住房面积	Urban Households	32.0	34.7	36.3
农村居民住房面积	Rural Households	33.5	40.3	42.3
三、生活、文化、教育、卫生	**Livelihood, Culture, Education and Public Health**			
每百户拥有 (抽 样)	Number of Durable Consumer Goods Owned Per 100 Households by Sample			
家用汽车 (辆)	Automobiles (unit)			
城镇居民	Urban Households	29.1	37.6	42.6
农村居民	Rural Households	12.8	20.6	30.1
彩色电视机 (台)	Color Television Sets (unit)			
城镇居民	Urban Households	107.2	103.4	101.5
农村居民	Rural Households	104.6	104.7	99.5
洗衣机(台)	Washing Machines (unit)			
城镇居民	Urban Households	98.9	100.5	99.3
农村居民	Rural Households	83.2	89.4	93.8
移动电话 (部)	Mobile Telephones (unit)			
城镇居民	Urban Households	220.6	242.3	246.3
农村居民	Rural Households	201.2	225.4	242.5
每人每年拥有期刊 (份)	Number of Magazines Per Person Per Year (copy)	0.7	0.6	0.5
每百人每天拥有报纸 (份)	Newspapers Per 100 Persons Per Day (copy)	15.8	16.7	16.7
每万人拥有在校大学生 (人)	Number of Enrollment Students of Regular Institutions of Higher Education Per 10 000 Persons (person)	210.1	241.0	271.7
每千人拥有医院床位数 (张)	Number of Hospital Beds Per 1 000 persons (unit)	3.8	5.2	5.4
每千人拥有卫生技术人员数 (人)	Number of Medical Technical Personnels Per 1 000 Persons (person)	5.8	7.5	7.9

1-9 主要年份地区生产总值
GROSS DOMESTIC PRODUCT IN MAJOR YEARS

按当年价格计算 (at current prices)

年 份 Year	地区生产总值 (万元) Gross Domestic Product (10 000 yuan)	第一产业 Primary Industry	第二产业 Secondary Industry	第三产业 Tertiary Industry	#工 业 Industry	#建筑业 Construction	人均地区生产总值 (元) Per Capita GDP (yuan)
1952	159978	93831	27484	38663	23447	4037	116
1957	291594	115415	93994	82185	71745	22249	186
1962	324083	110666	121848	91569	109126	12722	188
1965	439158	127041	205199	106918	185889	19310	238
1970	576900	151931	302600	122369	279549	23051	277
1975	698101	208009	346700	143392	321978	24722	301
1978	879946	182040	514685	183221	481225	33460	365
1980	1087619	206348	635098	246173	582107	52991	442
1985	2189896	422629	1200573	566694	1021192	179381	838
1990	4292736	808080	2100746	1383910	1866110	234636	1528
1991	4685100	687700	2362800	1634600	2108100	254700	1592
1992	5511200	829400	2702800	1979000	2404400	298400	1862
1993	6804100	972700	3350300	2481100	2960100	390200	2271
1994	8266600	1238400	3965700	3062500	3471800	493900	2729
1995	10760300	1686900	4944500	4128900	4385000	559500	3515
1996	12921100	1982800	6002100	4936200	5327300	674800	4178
1997	14760000	1918400	7075800	5765800	6263600	812200	4724
1998	16110800	2072500	7612500	6425800	6585500	1027000	5104
1999	16671000	1599600	7854700	7216700	6845500	1009200	5230
2000	18457200	1798600	8583700	8074900	7486500	1097200	5722
2001	20295300	1710900	9560100	9024300	8324500	1235600	6226
2002	23248000	1978000	11343100	9926900	9914400	1428700	7082
2003	28542500	2151900	15207300	11183300	13640100	1567200	8639
2004	34959900	2628700	19316300	13014900	17578200	1738200	10515
2005	40793800	2478200	23895100	14420500	21923100	1972000	12195
2006	47136000	2564100	27992800	16579100	25788900	2203900	14008
2007	59355800	3034600	36023100	20298100	33509400	2514600	17542
2008	72229800	3735800	43889500	24604500	40922500	2967000	21234
2009	71476100	4434600	40912000	26129500	37397600	3528500	20906
2010	89039000	5103500	53496400	30439100	49239200	4274300	25434
2011	108944100	5865600	67501500	35577000	62509900	5007500	30534
2012	116831100	6419700	68527000	41884400	63304000	5249700	32864
2013	119872300	6975700	66843200	46053400	61138800	5740700	33848
2014	120947100	7366200	63779600	49801300	57691700	6129000	34248
2015	118363900	7262100	52196500	58905300	45971700	6262200	33593
2016	119464000	7242800	51136200	61085000	44412200	6766300	33972
2017	144842700	7191600	66353300	71297800	58872500	7528800	41242
2018	159581300	7407500	70744600	81429200	62602200	8198700	45517
2019	169616100	8253400	74663000	86699700	65827100	8947700	48469
2020	178355793	11666000	77032199	89657594	67685341	9453344	51051
2021	228704297	12868900	115781257	100054140	105436316	10467816	65625
2022	256425885	13403996	138408482	104613407	127585990	10933077	73675

注：2022年数据为初步核算数，后同。
Note: Data of 2022 are preliminary figures, the same applies to the following.

1-10　主要年份地区生产总值构成
COMPOSITION OF GROSS DOMESTIC PRODUCT IN MAJOR YEARS

单位：%　　(%)

年 份 Year	地区生产总值 Gross Domestic Product	第一产业 Primary Industry	第二产业 Secondary Industry	第三产业 Tertiary Industry	#工 业 Industry	#建 筑 业 Construction
1952	100.0	58.6	17.2	24.2	14.6	2.5
1957	100.0	39.6	32.2	28.2	24.6	7.6
1962	100.0	34.2	37.6	28.2	33.7	3.9
1965	100.0	28.9	46.7	24.4	42.3	4.4
1970	100.0	26.3	52.5	21.2	48.4	4.0
1975	100.0	29.8	49.7	20.5	46.1	3.5
1978	100.0	20.7	58.5	20.8	54.7	3.8
1980	100.0	19.0	58.4	22.6	53.5	4.9
1985	100.0	19.3	54.8	25.9	46.6	8.2
1990	100.0	18.8	48.9	32.3	43.5	5.5
1991	100.0	14.7	50.4	34.9	45.0	5.4
1992	100.0	15.0	49.0	36.0	43.6	5.4
1993	100.0	14.3	49.2	36.5	43.5	5.7
1994	100.0	15.0	48.0	37.0	42.0	6.0
1995	100.0	15.7	46.0	38.3	40.8	5.2
1996	100.0	15.3	46.5	38.2	41.2	5.2
1997	100.0	13.0	47.9	39.1	42.4	5.5
1998	100.0	12.9	47.3	39.8	40.9	6.4
1999	100.0	9.6	47.1	43.3	41.1	6.1
2000	100.0	9.7	46.5	43.8	40.6	5.9
2001	100.0	8.4	47.1	44.5	41.0	6.1
2002	100.0	8.5	48.8	42.7	42.6	6.1
2003	100.0	7.5	53.3	39.2	47.8	5.5
2004	100.0	7.5	55.3	37.2	50.3	5.0
2005	100.0	6.1	58.6	35.3	53.7	4.8
2006	100.0	5.4	59.4	35.2	54.7	4.7
2007	100.0	5.1	60.7	34.2	56.5	4.2
2008	100.0	5.2	60.8	34.0	56.7	4.1
2009	100.0	6.2	57.2	36.6	52.3	4.9
2010	100.0	5.7	60.1	34.2	55.3	4.8
2011	100.0	5.4	62.0	32.6	57.4	4.6
2012	100.0	5.5	58.7	35.8	54.2	4.5
2013	100.0	5.8	55.8	38.4	51.0	4.8
2014	100.0	6.1	52.7	41.2	47.7	5.1
2015	100.0	6.1	44.1	49.8	38.8	5.3
2016	100.0	6.1	42.8	51.1	37.2	5.7
2017	100.0	5.0	45.8	49.2	40.6	5.2
2018	100.0	4.6	44.3	51.1	39.2	5.1
2019	100.0	4.9	44.0	51.1	38.8	5.3
2020	100.0	6.5	43.2	50.3	37.9	5.3
2021	100.0	5.6	50.6	43.8	46.1	4.6
2022	100.0	5.2	54.0	40.8	49.8	4.3

1-11 主要年份地区生产总值指数
INDICES OF GROSS DOMESTIC PRODUCT IN MAJOR YEARS

1952年=100 (year of 1952=100)

年 份 Year	地区生产总值 Gross Domestic Product	第一产业 Primary Industry	第二产业 Secondary Industry	第三产业 Tertiary Industry	#工 业 Industry	#建筑业 Construction
1952	100.0	100.0	100.0	100.0	100.0	100.0
1957	174.0	106.1	371.3	198.2	326.7	629.9
1962	169.2	92.7	404.4	194.3	411.3	334.8
1965	248.5	123.3	705.2	251.1	725.0	537.0
1970	304.2	129.3	982.4	291.7	1025.7	647.1
1975	378.4	160.0	1264.7	334.7	1347.5	634.9
1978	485.1	131.7	1893.0	434.4	2033.7	819.6
1980	543.3	124.4	2117.4	555.5	2240.0	1167.2
1985	939.1	188.3	3565.9	1119.7	3517.1	3447.2
1990	1252.9	220.3	4689.7	1651.0	4847.8	3259.7
1991	1321.8	192.6	5111.8	1827.6	5332.6	3302.1
1992	1487.0	217.4	5669.0	2094.5	5972.5	3354.9
1993	1681.8	237.2	6388.9	2414.9	6772.8	3569.6
1994	1855.1	247.9	7136.5	2673.3	7585.6	3908.7
1995	2077.7	257.3	8092.7	3031.5	8639.9	4221.4
1996	2322.8	287.7	9015.3	3404.4	9564.4	5002.4
1997	2585.3	273.3	10214.3	3901.5	10798.2	5877.8
1998	2841.3	302.0	11154.1	4322.8	11597.3	7453.1
1999	3048.7	251.5	12258.3	4798.3	12710.6	8377.2
2000	3335.2	278.4	13288.0	5302.1	13854.6	8670.5
2001	3672.1	268.4	14723.1	5959.6	15364.8	9563.5
2002	4145.8	304.9	16931.6	6591.3	17684.8	10921.5
2003	4639.1	326.0	19217.3	7329.6	20090.0	12286.7
2004	5205.1	340.6	21984.6	8157.8	23043.2	13761.1
2005	5751.7	322.2	24930.6	8981.7	26246.2	15082.2
2006	6321.1	333.2	28022.0	9610.5	29553.2	16530.1
2007	7155.5	348.9	32001.1	10859.8	33897.5	17852.5
2008	7749.4	353.7	34209.2	12152.1	36372.1	18138.1
2009	8175.6	369.3	34893.4	13573.9	36335.7	23579.6
2010	9058.5	393.7	40127.4	14266.2	42076.7	25230.1
2011	9964.4	418.1	45424.2	14993.8	47925.4	26617.8
2012	10881.1	444.0	49966.6	16238.3	53053.4	26963.8
2013	11860.4	465.3	54663.5	17699.7	57987.4	28851.3
2014	12441.6	487.7	56412.7	19168.8	59901.0	31130.5
2015	12814.8	492.5	55679.3	21334.9	58942.5	32842.7
2016	13340.2	506.8	56291.8	22807.0	59237.3	34583.4
2017	14247.4	521.5	59613.0	24654.3	62850.7	36312.6
2018	15187.7	532.5	62236.0	26873.2	65490.5	38491.3
2019	16114.1	544.2	65970.1	28620.0	69288.9	41570.6
2020	16694.2	580.6	69598.5	29106.5	72961.2	44272.7
2021	18246.8	627.7	78089.5	31173.1	82811.0	45600.9
2022	19049.7	659.7	82931.1	32014.8	88110.9	47424.9

1-12 主要年份地区生产总值指数
INDICES OF GROSS DOMESTIC PRODUCT IN MAJOR YEARS

上年=100 (last year=100)

年 份 Year	地区生产总值 Gross Domestic Product	第一产业 Primary Industry	第二产业 Secondary Industry	第三产业 Tertiary Industry	#工 业 Industry	#建 筑 业 Construction
1953	116.7	105.6	125.7	137.2	124.6	132.0
1957	107.6	89.6	133.0	108.4	122.2	181.5
1962	91.3	105.7	85.2	84.7	84.2	93.9
1965	118.8	103.1	135.2	117.4	136.6	124.5
1970	124.4	99.2	147.0	121.7	150.5	120.0
1975	107.9	108.1	112.0	97.9	113.4	93.0
1978	117.6	89.8	131.2	109.9	130.7	140.9
1980	102.0	87.6	102.9	111.1	104.6	82.6
1985	107.1	82.2	113.1	115.8	110.2	133.3
1990	105.0	112.6	101.4	108.6	100.4	110.7
1991	105.5	87.4	109.0	110.7	110.0	101.3
1992	112.5	112.9	110.9	114.6	112.0	101.6
1993	113.1	109.1	112.7	115.3	113.4	106.4
1994	110.3	104.5	111.7	110.7	112.0	109.5
1995	112.0	103.8	113.4	113.4	113.9	108.0
1996	111.8	111.8	111.4	112.3	110.7	118.5
1997	111.3	95.0	113.3	114.6	112.9	117.5
1998	109.9	110.5	109.2	110.8	107.4	126.8
1999	107.3	83.3	109.9	111.0	109.6	112.4
2000	109.4	110.7	108.4	110.5	109.0	103.5
2001	110.1	96.4	110.8	112.4	110.9	110.3
2002	112.9	113.6	115.0	110.6	115.1	114.2
2003	111.9	106.9	113.5	111.2	113.6	112.5
2004	112.2	104.5	114.4	111.3	114.7	112.0
2005	110.5	94.6	113.4	110.1	113.9	109.6
2006	109.9	103.4	112.4	107.0	112.6	109.6
2007	113.2	104.7	114.2	113.0	114.7	108.0
2008	108.3	101.4	106.9	111.9	107.3	101.6
2009	105.5	104.4	102.0	111.7	99.9	130.0
2010	110.8	106.6	115.0	105.1	115.8	107.0
2011	110.0	106.2	113.2	105.1	113.9	105.5
2012	109.2	106.2	110.0	108.3	110.7	101.3
2013	109.0	104.8	109.4	109.0	109.3	107.0
2014	104.9	104.8	103.2	108.3	103.3	107.9
2015	103.0	101.0	98.7	111.3	98.4	105.5
2016	104.1	102.9	101.1	106.9	100.5	105.3
2017	106.8	102.9	105.9	108.1	106.1	105.0
2018	106.6	102.1	104.4	109.0	104.2	106.0
2019	106.1	102.2	106.0	106.5	105.8	108.0
2020	103.6	106.7	105.5	101.7	105.3	106.5
2021	109.3	108.1	112.2	107.1	113.5	103.0
2022	104.4	105.1	106.2	102.7	106.4	104.0

1-13 分行业增加值
VALUE ADDED BY SECTOR

单位：万元 (10 000 yuan)

指 标	Item	2020	2021	2022
地区生产总值	**Gross Domestic Product**	**178355793**	**228704297**	**256425885**
按国民经济行业分	**Grouped By Sector**			
农、林、牧、渔业	Farming, Forestry, Animal Husbandry and Fishery	12319800	13569000	14154331
采矿业	Mining	33617558	63451201	81377124
制造业	Manufacturing	26951554	35455326	39160913
电力、热力、燃气及水生产和供应业	Production and Supply of Electricity, Heat, Gas and Water	7116229	6529789	7047953
建筑业	Construction	9453344	10467816	10933077
批发和零售业	Wholesale and Retail Trade	13469530	16088888	16667134
交通运输、仓储和邮政业	Transport, Storage and Post	10489025	12089839	11985277
住宿和餐饮业	Hotels and Catering Services	1786060	2190664	2137845
信息传输、软件和信息技术服务业	Information Transmission, Software and Information Technology	4597552	4980071	5486119
金融业	Financial Industry	11801620	12695924	13590230
房地产业	Real Estate	11209964	12116535	11655033
租赁和商务服务业	Leasing and Business Services	2728900	3021449	3227367
科学研究和技术服务业	Scientific Research and Technical Services	2635128	2965520	3232547
水利、环境和公共设施管理业	Management of Water Conservancy, Environment and Public Facilities	1029911	1068687	1042075
居民服务、修理和其他服务业	Household Service, Repair and Other Services	1665143	1878585	1787940
教 育	Education	7067412	7797930	8536745
卫生和社会工作	Health Care and Social Service	5944762	6718357	7626791
文化、体育和娱乐业	Culture, Sports and Entertaiment	608187	711892	698575
公共管理、社会保障和社会组织	Public Management, Social Security and Social Organization	13864113	14906823	16078809

注：本表按当年价格计算。
Note: Data in the table are caculated at current prices.

1-14 分行业增加值指数
VALUE ADDED INDICES BY SECTOR

上年=100 (last year=100)

指 标	Item	2020	2021	2022
地区生产总值指数	**Indices of Gross Domestic Product**	**103.6**	**109.3**	**104.4**
按国民经济行业分	**Grouped By Sector**			
农、林、牧、渔业	Farming, Forestry, Animal Husbandry and Fishery	106.7	108.0	105.1
采矿业	Mining	107.5	123.5	106.2
制造业	Manufacturing	104.3	106.6	107.5
电力、热力、燃气及水生产和供应业	Production and Supply of Electricity, Heat, Gas and Water	100.1	91.9	102.8
建筑业	Construction	106.5	103.0	104.0
批发和零售业	Wholesale and Retail Trade	98.3	106.5	97.5
交通运输、仓储和邮政业	Transport, Storage and Post	102.0	110.2	97.9
住宿和餐饮业	Hotels and Catering Services	87.8	122.3	98.0
信息传输、软件和信息技术服务业	Information Transmission, Software and Information Technology	122.5	110.6	108.7
金融业	Financial Industry	106.2	104.4	105.9
房地产业	Real Estate	105.4	106.0	95.5
租赁和商务服务业	Leasing and Business Services	95.8	108.1	106.1
科学研究和技术服务业	Scientific Research and Technical Services	102.3	110.6	106.9
水利、环境和公共设施管理业	Management of Water Conservancy, Environment and Public Facilities	94.2	101.9	95.3
居民服务、修理和其他服务业	Household Service, Repair and Other Services	80.9	115.6	93.8
教 育	Education	101.4	108.7	107.0
卫生和社会工作	Health Care and Social Service	102.9	110.5	112.3
文化、体育和娱乐业	Culture, Sports and Entertaiment	82.7	109.1	96.8
公共管理、社会保障和社会组织	Public Management, Social Security and Social Organization	99.8	101.3	107.3

注：本表按不变价格计算。
Note: Data in the table are caculated at constant prices.

1-15 主要年份三次产业贡献率

SHARE OF THE CONTRIBUTIONS OF THE THREE STRATA OF INDUSTRY TO THE INCREASE OF THE GDP IN MAJOR YEARS

单位：% (%)

年 份 Year	地区生产总值 Gross Domestic Product	第一产业 Primary Industry	第二产业 Secondary Industry	第三产业 Tertiary Industry
2000	100.0	10.1	46.9	43.0
2005	100.0	-3.9	62.6	41.4
2010	100.0	3.0	79.6	17.5
2011	100.0	3.5	79.0	17.5
2012	100.0	3.7	67.0	29.4
2013	100.0	2.8	65.0	32.2
2014	100.0	5.0	40.8	54.1
2015	100.0	1.7	-25.3	123.5
2016	100.0	4.4	11.9	83.7
2017	100.0	2.6	37.1	60.3
2018	100.0	1.9	28.1	70.1
2019	100.0	2.0	41.4	56.6
2020	100.0	10.2	64.3	25.5
2021	100.0	5.7	56.3	38.0
2022	100.0	7.5	62.3	30.2

注：(1)本表按不变价格计算。
(2)贡献率指三次产业增加值增量与GDP增量之比。

Notes: (1) Data in the table are caculated at constant prices.
(2) Share of the contributions of the three strata of industry to the increase of the GDP refers to the proportion of the increment of the value-added of each industry to the increment of GDP.

1-16 主要年份三次产业对生产总值增长的拉动

CONTRIBUTION OF THE THREE STRATA OF INDUSTRY TO GDP GROWTH IN MAJOR YEARS

单位：百分点 (percentage points)

年 份 Year	地区生产总值 Gross Domestic Product	第一产业 Primary Industry	第二产业 Secondary Industry	第三产业 Tertiary Industry
2000	9.4	0.9	4.4	4.0
2005	10.5	-0.4	6.6	4.3
2010	10.8	0.3	8.6	1.9
2011	10.0	0.4	7.9	1.7
2012	9.2	0.3	6.2	2.7
2013	9.0	0.3	5.8	2.9
2014	4.9	0.2	2.0	2.7
2015	3.0	0.1	-0.8	3.7
2016	4.1	0.2	0.5	3.4
2017	6.8	0.2	2.5	4.1
2018	6.6	0.1	1.9	4.6
2019	6.1	0.1	2.5	3.5
2020	3.6	0.4	2.3	0.9
2021	9.3	0.5	5.2	3.5
2022	4.4	0.3	2.7	1.3

注：(1)本表按不变价格计算。
(2)拉动指GDP增长速度与三次产业贡献率之乘积。

Notes: (1) Data in the table are caculated at constant prices.
(2) Contribution of the three strata of industry to GDP Growth refers to the growth rate of GDP multiplied by the contribution share of every industry.

1-17 按产业、行业(门类)划分的法人单位数、产业活动单位数(2022年)

项　目	Item	法人单位数(个) Corporation Units (unit)
总　计	**Total**	**918920**
按产业分	**By Industry**	
第一产业	Primary Industry	105382
第二产业	Secondary Industry	144681
第三产业	Tertiary Industry	668857
按行业(门类)分	**By Sector**	
农、林、牧、渔业	Farming, Forestry, Animal Husbandary and Fishery	114790
采矿业	Ming	6162
制造业	Manufacturing	48268
电力、热力、燃气及水生产和供应业	Production and Supply of Electricity, Heat, Gas and Water	7205
建筑业	Construction	85349
批发和零售业	Wholesale and Retail Trade	275450
交通运输、仓储和邮政业	Transport, Storage and Post	27209
住宿和餐饮业	Hotels and Catering Services	16657
信息传输、软件和信息技术服务业	Information Transmission, Software and Information Technology Services	44387
金融业	Financial Industry	2870
房地产业	Real Estate	27738
租赁和商务服务业	Lease and Business Affairs Services	93674
科学研究和技术服务业	Scientific Reseach and Technical Services	46138
水利、环境和公共设施管理业	Management of Water Conservancy, Environment and Public Facilities	7270
居民服务、修理和其他服务业	Resident Services, Repair and Other Services	20479
教　育	Education	17925
卫生和社会工作	Health Care and Social Work	8911
文化、体育和娱乐业	Culture, Sports and Recreation	20672
公共管理、社会保障和社会组织	Public Management, Social Security and Social Organization	47766

注：(1)本表根据有关部门行政登记资料，采用电话、互联网查询等方式更新维护单位信息，后表同；
(2)本表不含注册未经营的单位数据，后表同。

NUMBER OF CORPORATION UNITS AND ACTIVE UNITS BY TYPE OF INDUSTRY AND SECTOR(2022)

单产业法人 Single Industry	多产业法人 Multi-industry	产业活动单位数 (个) Active Units (unit)	#多产业法人所属的产业活动单位 Units Belong to Multi-industry Corporation
901586	**17334**	**994027**	**92441**
105197	185	105692	495
142035	2646	151694	9659
654354	14503	736641	82287
114581	209	115194	613
5942	220	6620	678
47279	989	49723	2444
6996	209	8149	1153
84091	1258	89637	5546
271125	4325	298313	27188
26601	608	31976	5375
16106	551	18435	2329
44001	386	48346	4345
2249	621	12423	10174
26568	1170	30135	3567
92051	1623	100453	8402
45290	848	49052	3762
7163	107	7624	461
20151	328	21370	1219
17253	672	21693	4440
8408	503	10504	2096
20449	223	21245	796
45282	2484	53135	7853

Notes: (1)Data in this table is based on the administrative registration data of relevant departments, and is updated and maintained by telephone and internet inquiries. The same applies to the following.

(2)The units which have been registered but haven't been in operation are not included in the table. The same applies to the following.

1-18 按登记注册类型划分的法人单位数、产业活动单位数(2022年)

项 目	Item	法人单位数 (个) Corporation Units (unit)
总 计	**Total**	**918920**
一、内 资	**Civil Funded Enterprises**	**918109**
国 有	State-owned Enterprises	31353
集 体	Collective-owned Enterprises	5102
股份合作	Share Cooperative Enterprises	158
国有联营	State-owned Joint Owned Enterprises	10
集体联营	Collective-owned Joint Owned Enterprises	18
国有与集体联营	State-owned and Collective-owned Joint Owned Enterprises	5
其他联营	Other Joint Owned Enterprises	13
国有独资公司	Company Exclusively with Investment from State	2764
其他有限责任公司	Other Limited Responsibility Company	22840
股份有限公司	Share Holding Limited Company	1086
私营独资	Enterprise Exclusively with Investment from Private	62592
私营合伙	Private Partner Enterprises	3351
私营有限责任公司	Privately Owned Limited Responsibility Company	680667
私营股份有限公司	Privately Owned Share Holding Limited Company	2588
其 他	Others	105562
二、港澳台商投资	**Enterprises Funded by Hong Kong, Macao and Taiwan**	**328**
与港澳台商合资经营	Joint Venture	100
与港澳台商合作经营	Cooperative Enterprise	12
港澳台商独资	Ventures Exclusively with Hong Kong, Macao and Taiwan Investment	197
港澳台商投资股份有限公司	Share Holding Limited Company	17
其他港澳台商投资	Others	2
三、外商投资	**Foreign Funded Enterprises**	**483**
中外合资经营	Joint Venture	186
中外合作经营	Cooperative Enterprises	17
外资企业	Enterprises Funded by Foreign Investment	245
外商投资股份有限公司	Limited Company Funded by Foreign Investment	30
其他外商投资	Others	5

NUMBER OF CORPORATION UNITS AND ACTIVE UNITS BY REGISTRATION STATUS(2022)

单产业法人 Single Industry	多产业法人 Multi–industry	产业活动单位数(个) Active Units (unit)	#多产业法人所属的产业活动单位 Units Belong to Multi–industry Corporation
901586	**17334**	**994027**	**92441**
900877	**17232**	**989549**	**88672**
28400	2953	43438	15038
4589	513	8148	3559
153	5	248	95
10		16	6
18		27	9
5		10	5
13		17	4
2440	324	4823	2383
21237	1603	31730	10493
644	442	8686	8042
62212	380	63525	1313
3333	18	3443	110
670494	10173	715249	44755
2339	249	4487	2148
104990	572	105702	712
295	**33**	**1785**	**1490**
86	14	103	17
11	1	17	6
183	14	1623	1440
14	3	31	17
1	1	11	10
414	**69**	**2693**	**2279**
173	13	231	58
15	2	19	4
197	48	1504	1307
24	6	933	909
5		6	1

主要统计指标解释

国内生产总值 (GDP) 指一个国家所有常住单位在一定时期内生产活动的最终成果。国内生产总值有三种表现形态，即价值形态、收入形态和产品形态。从价值形态看，它是所有常住单位在一定时期内生产的全部货物和服务价值与同期投入的全部非固定资产货物和服务价值的差额，即所有常住单位的增加值之和；从收入形态看，它是所有常住单位在一定时期内创造的各项收入之和，包括劳动者报酬、生产税净额、固定资产折旧和营业盈余；从产品形态看，它是所有常住单位在一定时期内最终使用的货物和服务价值与货物和服务净出口价值之和。在实际核算中，国内生产总值有三种计算方法，即生产法、收入法和支出法。三种方法分别从不同的方面反映国内生产总值及其构成。

对于一个地区来说，称为地区生产总值或地区 GDP。

三次产业 我国的三次产业划分是：

第一产业是指农、林、牧、渔业（不含农、林、牧、渔专业及辅助性活动）。

第二产业是指采矿业（不含开采专业及辅助性活动），制造业（不含金属制品、机械和设备修理业），电力、热力、燃气及水生产和供应业，建筑业。

第三产业即服务业，是指除第一产业、第二产业以外的其他行业。

法人单位 指有权拥有资产、承担负债，并独立从事社会经济活动（或与其他单位进行交易）的组织。

产业活动单位 指位于一个地点，从事一种或主要从事一种社会经济活动的组织或组织的一部分。

Explanatory Notes on Main Statistical Indicators

Gross Domestic Product (GDP) refers to the final products produced by all resident units in a country during a certain period of time. Gross domestic product is expressed in three different perspectives, namely value, income, and products respectively. GDP in its value perspective refers to the balance of total value of all goods and services produced by all resident units during a certain period of time, minus the total value of input of goods and services of the nature of non-fixed assets; in other words, it is the sum of the value-added of all resident units. GDP from the perspective of income refers to the sum of all kinds of revenue, including compensation of employees, net taxes on production, depreciation of fixed assets, and operating surplus. GDP from the perspective of products refers to the value of all goods and services for final demand by all resident units plus the net exports of goods and services during a given period of time. In the practice of national accounting, gross domestic product is calculated by three approaches, namely production approach, income approach and expenditure approach, which reflect gross domestic product and its composition from different angles.

For a region, it is called as gross regional product or regional GDP.

Three Strata of Industry In China, economic activities are categorized into the following three strata of industry:

Primary industry refers to farming, forestry, animal husbandry and fishery, excluding services in support of these industries.

Secondary industry refers to mining (excluding support activities for mining), manufacturing (excluding repair of metal products, machinery and equipment), production and supply of electricity, heat, gas and water, construction.

Tertiary industry refers to all other industries not included in primary or secondary industry.

Corporation Units refer to organizations which are entitled to possess assets, assume liabilities and carry out social economic activities (or can trade with other units) independently.

Active Units refer to organizations or a part of them which carry out one or mainly one kind of social economic activities in certain places.

2-2 主要年份人口自然变动
NATURAL CHANGE OF POPULATION IN MAJOR YEARS

单位：万人 (10 000 persons)

年 份 Year	出 生 Birth		死 亡 Death		自然增长 Natural Growth	
	人 数 Population	出生率 (‰) Birth Rate	人 数 Population	死亡率 (‰) Death Rate	人 数 Population	增长率 (‰) Natural Growth Rate
1978	37.76	15.66	15.80	6.55	21.96	9.11
1979	38.03	15.62	15.61	6.41	22.42	9.21
1980	41.74	16.95	15.98	6.49	25.76	10.46
1981	50.61	20.31	16.30	6.54	34.31	13.77
1982	53.25	21.07	16.78	6.64	36.47	14.43
1983	53.42	20.81	16.99	6.62	36.43	14.19
1984	52.09	19.96	15.66	6.00	36.43	13.96
1985	56.65	21.36	16.87	6.36	39.78	15.00
1986	54.63	20.28	17.45	6.48	37.18	13.80
1987	59.01	21.57	17.67	6.46	41.34	15.11
1988	61.69	22.17	17.86	6.42	43.83	15.75
1989	60.52	21.38	17.83	6.30	42.69	15.08
1990	64.82	22.54	18.87	6.56	45.95	15.98
1991	62.96	21.56	20.06	6.87	42.90	14.69
1992	58.00	19.59	20.55	6.94	37.45	12.65
1993	52.37	17.48	19.05	6.36	33.32	11.12
1994	52.88	17.46	20.29	6.70	32.59	10.76
1995	50.82	16.60	18.73	6.12	32.09	10.48
1996	51.32	16.59	19.33	6.25	31.99	10.34
1997	50.56	16.18	18.94	6.06	31.62	10.12
1998	51.04	16.09	19.57	6.17	31.47	9.92
1999	51.03	15.93	19.45	6.07	31.58	9.86
2000	42.72	13.25	18.59	5.77	24.13	7.48
2001	42.57	13.06	19.24	5.90	23.33	7.16
2002	42.22	12.86	20.16	6.14	22.06	6.72
2003	40.52	12.26	19.94	6.22	20.58	6.04
2004	41.10	12.36	20.32	6.11	20.78	6.25
2005	40.21	12.02	20.07	6.00	20.14	6.02
2006	38.63	11.48	19.28	5.73	19.35	5.75
2007	38.26	11.31	20.23	5.98	18.03	5.33
2008	38.51	11.32	20.44	6.01	18.06	5.31
2009	37.16	10.87	20.45	5.98	16.71	4.89
2010	38.06	10.68	19.18	5.38	18.88	5.30
2011	37.50	10.47	20.10	5.61	17.41	4.86
2012	38.53	10.70	20.99	5.83	17.55	4.87
2013	39.15	10.81	20.17	5.57	18.98	5.24
2014	39.74	10.92	21.58	5.93	18.16	4.99
2015	36.49	9.98	20.33	5.56	16.16	4.42
2016	37.79	10.29	20.27	5.52	17.52	4.77
2017	40.83	11.06	20.12	5.45	20.71	5.61
2018	35.73	9.63	19.74	5.32	15.99	4.31
2019	33.97	9.12	21.79	5.85	12.18	3.27
2020	28.80	8.26	24.48	7.02	4.32	1.24
2021	24.64	7.06	25.54	7.32	−0.90	−0.26
2022	23.51	6.75	26.91	7.73	−3.40	−0.98

2-3 主要年份人口年龄构成和抚养比

AGE COMPOSITION AND DEPENDENCY RATIO OF POPULATION IN MAJOR YEARS

单位：% (%)

年 份 Year	年龄构成 Age Composition			抚养比 Dependency Ratio		
	0—14岁 Age 0-14	15—64岁 Age 15-64	65岁及以上 Age 65 and Over	总抚养比 Gross Dependency Ratio	少儿抚养比 Children Dependency Ratio	老年抚养比 Old People Dependency Ratio
1953	33.89	61.37	4.74	62.95	55.22	7.72
1964	40.43	55.22	4.35	81.09	73.22	7.88
1982	33.36	61.65	4.99	62.21	54.11	8.09
1990	28.15	66.46	5.39	50.47	42.36	8.11
2000	25.73	67.94	6.33	47.19	37.87	9.32
2005	21.30	71.55	7.15	39.76	29.77	9.99
2010	17.10	75.33	7.58	32.75	22.70	10.06
2011	16.47	75.62	7.91	32.24	21.78	10.46
2012	16.44	75.59	7.97	32.29	21.75	10.54
2013	15.83	75.80	8.37	31.93	20.88	11.04
2014	15.67	75.65	8.68	32.19	20.71	11.47
2015	15.50	75.40	9.10	32.63	20.56	12.07
2016	15.45	75.06	9.49	33.23	20.58	12.64
2017	15.59	74.46	9.95	34.30	20.94	13.36
2018	15.81	73.79	10.40	35.52	21.43	14.09
2019	15.67	73.36	10.97	36.31	21.36	14.95
2020	16.35	70.75	12.90	41.34	23.11	18.23
2021	15.92	70.40	13.68	42.04	22.61	19.43
2022	15.43	70.09	14.48	42.66	22.01	20.66

注：1953、1964、1982、1990、2000、2010和2020年为七次人口普查数据，其余年份为人口抽样调查推算数。

Note: Data of 1953, 1964, 1982, 1990, 2000, 2010 and 2020 in this table are obtained from senven National Population Census, and the rest are caculated from the Sample Survey of Population .

2-4 主要年份就业人员数

NUMBER OF EMPLOYEES IN MAJOR YEARS

单位：万人 (10 000 persons)

年 份 Year	就业人员 Total Employed Persons	第一产业 Primary Industry	第二产业 Secondary Industry	第三产业 Tertiary Industry	城 镇 Urban	乡 村 Rural
1952	651	562	43	46	66	584
1978	965	628	189	148	268	697
1980	1003	612	249	142	300	703
1985	1154	576	338	240	385	769
1990	1304	633	383	289	451	853
1995	1425	636	436	353	513	911
2000	1392	663	353	376	430	962
2005	1500	642	386	473	441	1060
2010	1802	682	473	646	626	1176
2011	1817	650	509	658	661	1156
2012	1834	609	517	708	699	1135
2013	1855	592	536	727	785	1070
2014	1842	595	484	763	851	991
2015	1827	550	468	809	890	937
2016	1832	522	469	841	943	889
2017	1812	500	458	853	954	858
2018	1789	478	437	875	953	836
2019	1762	462	425	876	962	800
2020	1738	424	438	876	1002	736
2021	1715	401	437	877	1014	701
2022	1672	414	431	827	987	685

2-5 就业基本情况
BASIC STATISTICS ON EMPLOYMENT

单位：万人 (10 000 persons)

项 目	Item	2021	2022
16岁及以上人口	**Population Aged 16 and Over**	**2886.4**	**2904.3**
就业人员合计	**Total Number of Employed Persons**	**1715**	**1672**
第一产业	Primary Industry	401	414
第二产业	Secondary Industry	437	431
第三产业	Tertiary Industry	877	827
按城乡分就业人员	**Number of Employed Persons by Urban and Rural Areas**		
城 镇	Urban Employed Persons	1014	987
乡 村	Rural Employed Persons	701	685
按登记注册类型分城镇非私营单位就业人员	**Number of Employed Persons in Urban Non-private Units by Status of Registration**		
国有单位	State-owned Units	170.3	160.2
城镇集体单位	Urban Collective-owned Units	5.1	4.3
股份合作单位	Cooperative Units	0.2	0.2
联营单位	Joint Ownership Units		
有限责任公司	Limited Liability Corporations	203.2	216.5
股份有限公司	Share-holding Corporations Ltd.	39.2	36.3
港澳台商投资单位	Units with Funds from Hong Kong, Macao & Taiwan	6.9	6.2
外商投资单位	Foreign Funded Units	9.1	6.3
城镇私营单位就业人员	**Number of Employed Persons in Urban Private Units**	**205.4**	**195.5**

2-6 城镇非私营单位就业人员和工资(2022年)

NUMBER AND WAGE OF EMPLOYEES IN URBAN NON-PRIVATE UNITS(2022)

项 目	Item	就业人员(人) Employees (person)	工资总额(万元) Total Wage (10 000 yuan)	平均工资(元) Average Wage(yuan)	#在岗职工 Fully Employed
总 计	**Total**	**4382600**	**39964750**	**90495**	**92882**
一、按执行会计标准类别分	**Grouped by Categories of Implementing Accounting Standards**				
1.企 业	Enterprises	2874491	27279831	93364	95979
2.政 府	Government	1443794	12416615	86758	88849
3.民间非营利组织	Private Non-Profit Organizations	63922	265979	42371	42845
4.其 他	Others	393	2326	58084	58883
二、按国民经济行业分	**Grouped by Sector**				
1.农、林、牧、渔业	Farming, Forestry, Animal Husbandry and Fishery	13579	74083	55643	58046
2.采矿业	Mining	863816	9825349	114368	115209
3.制造业	Manufacturing	572548	4723532	77450	78152
4.电力、热力、燃气及水生产和供应业	Production and Supply of Electricity, Heat, Gas and Water	161937	1725014	106644	108125
5.建筑业	Construction	252242	2003653	77856	79692
6.批发和零售业	Wholesale and Retail Trade	143056	1123860	78572	79449
7.交通运输、仓储和邮政业	Transport, Storage and Post	231634	2544158	109446	110240
8.住宿和餐饮业	Hotels and Catering Services	39493	164162	40094	43415
9.信息传输、软件和信息技术服务业	Information Transmission, Software and Information Technology Services	51323	544864	107196	108172
10.金融业	Financial Industry	230736	2373943	101160	131605
11.房地产业	Real Estate	62333	435661	67965	69652
12.租赁和商务服务业	Lease and Business Services	116116	731519	63448	64953
13.科学研究和技术服务业	Scientific Research and Technical Services	75125	717140	94391	94994
14.水利、环境和公共设施管理业	Water, Environmental Protection and Public Facility Management	67699	297534	43348	44828
15.居民服务、修理和其它服务业	Resident Services, Repair and Other Services	8374	44642	54673	55616
16.教 育	Education	541857	4842764	89597	91347
17.卫生和社会工作	Health Care and Social Work	272751	2440070	90202	92252
18.文化、体育和娱乐业	Culture, Sports and Recreation	41290	282712	68311	69681
19.公共管理、社会保障和社会组织	Public Management, Social Security and Social Organization	636691	5070090	80693	82672

注：(1)2020年起全国实施劳动工资统计改革，劳动工资相关指标采用新的统计口径与调查方法，后同。
(2)在岗职工包含劳务派遣工，后同。

Notes：(1)Statistical reform of labor wages has been conducted in the whole country since 2020, and related indicators have adopted new statistical coverages and survey methods.The same applies to the tables following.
(2)Dispatching workers are included in fully employed workers. The same applies to the tables following.

2-7 城镇非私营国有单位就业人员和工资(2022年)
NUMBER AND WAGE OF EMPLOYEES IN STATE-OWNED UNITS(2022)

项 目	Item	就业人员(人) Employees (person)	工资总额(万元) Total Wage (10 000 yuan)	平均工资(元) Average Wage(yuan)	
					#在岗职工 Fully Employed
总 计	**Total**	**1601931**	**13686206**	**86208**	**88303**
一、按执行会计标准类别分	**Grouped by Categories of Implementing Accounting Standards**				
1.企 业	Enterprises	151540	1235743	82443	84597
2.政 府	Government	1443177	12413391	86758	88849
3.民间非营利组织	Private Non-Profit Organizations	7214	37071	53897	54498
4.其 他	Others				
二、按国民经济行业分	**Grouped by Sector**				
1.农、林、牧、渔业	Farming, Forestry, Animal Husbandry and Fishery	4254	26854	64497	70162
2.采矿业	Mining	12885	80594	61744	62105
3.制造业	Manufacturing	7642	48960	62827	64455
4.电力、热力、燃气及水生产和供应业	Production and Supply of Electricity, Heat, Gas and Water	17166	159675	94693	98780
5.建筑业	Construction	10738	41844	45623	45755
6.批发和零售业	Wholesale and Retail Trade	13247	138108	103566	106514
7.交通运输、仓储和邮政业	Transport, Storage and Post	24548	138792	55735	56489
8.住宿和餐饮业	Hotels and Catering Services	6020	30501	50589	50998
9.信息传输、软件和信息技术服务业	Information Transmission, Software and Information Technology Services	5198	52371	100473	102135
10.金融业	Financial Industry	22039	290535	130400	134197
11.房地产业	Real Estate	5034	27972	56454	57164
12.租赁和商务服务业	Lease and Business Services	14805	104861	71330	75422
13.科学研究和技术服务业	Scientific Research and Technical Services	28965	249544	87682	88573
14.水利、环境和公共设施管理业	Water, Environmental Protection and Public Facility Management	46553	198060	42701	44842
15.居民服务、修理和其它服务业	Resident Services, Repair and Other Services	2316	13322	67200	68444
16.教 育	Education	468382	4524275	96829	98709
17.卫生和社会工作	Health Care and Social Work	248217	2292693	93461	95704
18.文化、体育和娱乐业	Culture, Sports and Recreation	27854	199170	71722	72981
19.公共管理、社会保障和社会组织	Public Management, Social Security and Social Organization	636069	5068076	80705	82684

2-8 城镇非私营集体单位就业人员和工资(2022年)
NUMBER AND WAGE OF EMPLOYEES IN COLLECTIVE-OWNED UNITS(2022)

项 目	Item	就业人员(人) Employees (person)	工资总额(万元) Total Wage (10 000 yuan)	平均工资(元) Average Wage(yuan)	
					#在岗职工 Fully Employed
总 计	**Total**	**43207**	**268146**	**61973**	**63569**
一、按执行会计标准类别分	**Grouped by Categories of Implementing Accounting Standards**				
1.企 业	Enterprises	40845	259211	62919	64555
2.政 府	Government	444	1489	80070	81109
3.民间非营利组织	Private Non-Profit Organizations	1917	7446	39509	40174
4.其 他	Others				
二、按国民经济行业分	**Grouped by Sector**				
1.农、林、牧、渔业	Farming, Forestry, Animal Husbandry and Fishery	272	635	23780	23862
2.采矿业	Mining	5123	67354	128147	128147
3.制造业	Manufacturing	6075	29419	46411	47060
4.电力、热力、燃气及水生产和供应业	Production and Supply of Electricity, Heat, Gas and Water	395	1152	29800	30720
5.建筑业	Construction	6013	26522	46694	47126
6.批发和零售业	Wholesale and Retail Trade	6270	22237	35127	35509
7.交通运输、仓储和邮政业	Transport, Storage and Post	1443	5492	36469	37014
8.住宿和餐饮业	Hotels and Catering Services	527	1593	29757	29544
9.信息传输、软件和信息技术服务业	Information Transmission, Software and Information Technology Services	107	278	26000	27208
10.金融业	Financial Industry	6591	75258	112375	114414
11.房地产业	Real Estate	2365	7403	31124	32077
12.租赁和商务服务业	Lease and Business Services	2650	11346	43011	44055
13.科学研究和技术服务业	Scientific Research and Technical Services	433	1460	33544	33348
14.水利、环境和公共设施管理业	Water, Environmental Protection and Public Facility Management	340	1082	31116	31043
15.居民服务、修理和其它服务业	Resident Services, Repair and Other Services	469	1531	30857	37327
16.教 育	Education	2064	8017	38613	39634
17.卫生和社会工作	Health Care and Social Work	1093	4195	39496	39017
18.文化、体育和娱乐业	Culture, Sports and Recreation	537	1667	30369	30369
19.公共管理、社会保障和社会组织	Public Management, Social Security and Social Organization	439	1505	83166	84287

2-9 城镇非私营其他单位就业人员和工资(2022年)

NUMBER AND WAGE OF EMPLOYEES IN OTHER-OWNED UNITS(2022)

项 目	Item	就业人员(人) Employees (person)	工资总额(万元) Total Wage (10 000 yuan)	平均工资(元) Average Wage(yuan)	#在岗职工 Fully Employed
总 计	**Total**	**2737462**	**26010399**	**93382**	**95992**
一、按登记注册类型分	**Grouped by Registered Kind**				
内 资	Civil Funded Enterprises	2612627	24623922	93697	96296
1.股份合作	Share Cooperative Enterprises	1750	24408	137072	140808
2.联 营	Joint Owned Enterprises	246	2065	82608	82795
3.有限责任公司	Limited Liability Company	2165347	20164272	92779	94645
4.股份有限公司	Share Holding Limited Company	363445	4085272	110030	120208
5.其 他	Others	81839	347905	42772	43187
港、澳、台商投资	Enterprises Funded by HongKong, Macao and Taiwan	61856	793384	86086	86842
外商投资	Foreign Funded Enterprises	62979	593092	90963	97273
二、按执行会计标准类别分	**Grouped by Categories of Implementing** Accounting Standards				
1.企 业	Enterprises	2682105	25784877	94422	97086
2.政 府	Government	173	1735	98557	98557
3.民间非营利组织	Private Non-Profit Organizations	54790	221462	41003	41469
4.其 他	Others	393	2326	58084	58883
三、按国民经济行业分	**Grouped by Sector**				
1.农、林、牧、渔业	Farming, Forestry, Animal Husbandry and Fishery	9052	46595	52451	53780
2.采矿业	Mining	845808	9677400	115098	115946
3.制造业	Manufacturing	558831	4645154	77972	78635
4.电力、热力、燃气及水生产和供应业	Production and Supply of Electricity, Heat, Gas and Water	144375	1564187	108244	109374
5.建筑业	Construction	235491	1935287	79805	81724
6.批发和零售业	Wholesale and Retail Trade	123540	963515	78099	78843
7.交通运输、仓储和邮政业	Transport, Storage and Post	205643	2399875	116471	117145
8.住宿和餐饮业	Hotels and Catering Services	32946	132068	38415	42157
9.信息传输、软件和信息技术服务业	Information Transmission, Software and Information Technology Services	46017	492214	108157	109036
10.金融业	Financial Industry	202107	2008151	97628	132060
11.房地产业	Real Estate	54934	400286	70513	72260
12.租赁和商务服务业	Lease and Business Services	98661	615312	62815	64025
13.科学研究和技术服务业	Scientific Research and Technical Services	45727	466136	99008	99444
14.水利、环境和公共设施管理业	Water, Environmental Protection and Public Facility Management	20806	98392	44912	45018
15.居民服务、修理和其它服务业	Resident Services, Repair and Other Services	5589	29789	52384	52467
16.教 育	Education	71410	310472	43614	44076
17.卫生和社会工作	Health Care and Social Work	23441	143182	59315	59565
18.文化、体育和娱乐业	Culture, Sports and Recreation	12899	81874	62654	64264
19.公共管理、社会保障和社会组织	Public Management, Social Security and Social Organization	183	508	31361	32353

2-10 城镇非私营企业单位就业人员和工资(2022年)

NUMBER AND WAGE OF EMPLOYEES IN URBAN NON-PRIVATE ENTERPRISES(2022)

项 目	Item	就业人员(人) Employees (person)	工资总额(万元) Total Wage (10 000 yuan)	平均工资(元) Average Wage(yuan)	#在岗职工 Fully Employed
总 计	**Total**	**2874491**	**27279831**	**93364**	**95979**
按国民经济行业分	**Grouped by Sector**				
1.农、林、牧、渔业	Farming, Forestry, Animal Husbandry and Fishery	10880	54370	50935	52829
2.采矿业	Mining	863816	9825349	114368	115209
3.制造业	Manufacturing	572548	4723532	77450	78152
4.电力、热力、燃气及水生产和供应业	Production and Supply of Electricity, Heat, Gas and Water	161282	1722239	106902	108360
5.建筑业	Construction	252242	2003653	77856	79692
6.批发和零售业	Wholesale and Retail Trade	143054	1123852	78572	79449
7.交通运输、仓储和邮政业	Transport, Storage and Post	218995	2463370	112143	112833
8.住宿和餐饮业	Hotels and Catering Services	39357	163424	40049	43377
9.信息传输、软件和信息技术服务业	Information Transmission, Software and Information Technology Services	49036	529418	109084	110128
10.金融业	Financial Industry	226980	2322088	100563	131441
11.房地产业	Real Estate	61234	427628	67884	69586
12.租赁和商务服务业	Lease and Business Services	105957	655831	62385	63852
13.科学研究和技术服务业	Scientific Research and Technical Services	52987	513882	94507	95016
14.水利、环境和公共设施管理业	Water, Environmental Protection and Public Facility Management	24047	116477	46272	46420
15.居民服务、修理和其它服务业	Resident Services, Repair and Other Services	6610	34557	53611	54546
16.教 育	Education	34237	196413	56558	57042
17.卫生和社会工作	Health Care and Social Work	33952	292982	84696	85676
18.文化、体育和娱乐业	Culture, Sports and Recreation	15758	97782	61582	63047
19.公共管理、社会保障和社会组织	Public Management, Social Security and Social Organization	1517	12983	85508	89238

2-13 社会保障基本情况
BASIC STATISTICS ON SOCIAL SECURITY

年份 Year	参加保险人数(万人) Active Contributors (10 000 persons)				基金收入(亿元) Fund Revenue(100 million yuan)		
	城镇职工养老保险 Basic Pension Insurance of Employees in Urban Units		失业保险 Unemployment Insurance	医疗保险 Basic Medical Insurance	城镇职工养老保险 Basic Pension Insurance of Employees in Urban Units		失业保险 Unemployment Insurance
	企业 Enterprises	机关事业 Government Agencies and Institutions			企业 Enterprises	机关事业 Government Agencies and Institutions	
2000	358.81		254.80		53.87		2.43
2001	365.57		286.10	156.00	58.05		2.94
2002	361.24		278.90	217.00	75.91		3.42
2003	364.42	67.13	284.10	272.00	86.27	7.09	3.80
2004	376.08	68.71	286.50	295.00	109.30	9.04	4.22
2005	383.43	80.08	288.50	325.00	118.90	11.96	5.53
2010	494.92	96.11	305.05	935.00	357.13	48.24	13.52
2011	523.93	99.84	309.35	1005.06	516.78	56.93	18.62
2012	548.67	100.02	380.88	1055.90	602.26	64.68	25.05
2013	570.21	102.22	400.98	1086.30	563.51	75.53	34.13
2014	588.73	103.30	407.68	1100.70	580.56	83.35	36.07
2015	604.23	110.00	411.29	1113.81	586.07	102.52	30.61
2016	620.57	139.64	415.15	1121.16	652.11	135.92	27.51
2017	636.70	162.01	420.56	3215.40	790.94	628.46	25.18
2018	659.84	177.81	431.13	3240.46	909.88	407.81	26.02
2019	691.71	179.82	443.91	3266.36	955.56	332.20	23.77
2020	764.80	181.01	469.38	3245.07	898.82	376.40	23.23
2021	831.09	184.10	504.48	3246.04	1206.58	403.10	35.67
2022	879.26	186.59	531.45	3222.74	993.47	414.46	33.91

年份 Year		基金支出(亿元) Fund Expenditure(100 million yuan)				城镇低保人数(万人) Persons Receiving Lowest Cost of Living (10 000 persons)
	医疗保险 Basic Medical Insurance	城镇职工养老保险 Basic Pension Insurance of Employees		失业保险 Unemployment Insurance	医疗保险 Basic Medical Insurance	
		企业 Enterprises	机关事业 Government Agencies and Institutions			
2000		50.62		1.34		3.06
2001	1.32	51.22		1.49	0.68	28.53
2002	4.13	60.32		2.12	1.53	62.21
2003	10.19	65.18	8.19	3.17	4.80	84.21
2004	17.88	76.30	12.40	2.58	10.98	84.86
2005	25.60	78.37	14.75	2.78	15.75	84.97
2010	86.74	226.81	43.61	6.56	69.65	91.51
2011	106.32	367.39	51.79	5.64	84.07	91.69
2012	141.04	437.23	58.24	4.96	104.24	89.04
2013	160.93	411.31	66.49	5.22	128.25	85.03
2014	163.22	480.56	75.36	13.44	146.54	72.60
2015	178.60	554.76	102.20	13.79	154.17	59.90
2016	187.17	614.57	132.31	11.87	170.25	53.10
2017	371.88	712.48	565.19	12.31	323.09	45.98
2018	428.36	764.64	378.19	11.68	393.61	35.80
2019	472.40	922.92	336.48	14.39	449.51	28.04
2020	497.86	1020.31	362.69	34.93	438.17	26.14
2021	566.02	1125.27	400.82	25.58	460.25	23.83
2022	592.93	1052.67	428.10	46.52	479.49	19.47

注：(1)2017年起，医疗保险包含城镇职工和城乡居民基本医疗保险数据；
(2)2017年机关事业养老保险基金收入为2014年10月至2017年12月期间数据。

Notes: (1)Data of medical insurance has included basic medical insurance of employees and that for urban and rural residents since 2017.
(2)Fund revenue of government agencies and institution of 2017 is a period data which is calculated from October 2014 to December 2017.

主要统计指标解释

人口数 指一定时点、一定地区范围内有生命的个人总和。

年度统计的年末人口数指每年 12 月 31 日 24 时的常住人口数。

常住人口 包括：1.住本乡（镇、街道），户口登记地在本乡（镇、街道）的人；2.住本乡（镇、街道）半年以上，户口登记地在其他乡（镇、街道）的人；3.住本乡（镇、街道）不满半年，但是已离开户口登记地半年以上的人；4.户口登记地在本乡（镇、街道），离开不满半年的人；5.住本乡（镇、街道），户口待定的人；6.户口登记地在本乡（镇、街道），现居住国外的人。

城镇人口和乡村人口 城镇人口是指居住在城镇范围内的全部常住人口；乡村人口是除上述人口以外的全部人口。

城镇包括城区和镇区。城区是指在市辖区和不设区的市中，街道办事处所辖的居民委员会地域，以及城市公共设施、居住设施等连接到的其他居民委员会地域和村民委员会地域。

镇区是指在城区以外的镇和其他区域，包括镇所辖的居民委员会地域，以及镇的公共设施、居住设施等连接到的村民委员会地域。

出生率（又称粗出生率） 指在一定时期内（通常为一年）一定地区的出生人数与同期内平均人数（或期中人数）之比，用千分率表示。本资料中的出生率指年出生率，其计算公式为：

$$出生率＝年出生人数/年平均人数\times1000‰$$

式中：出生人数指活产婴儿，即胎儿脱离母体时（不管怀孕月数），有过呼吸或其他生命现象。年平均人数指年初、年底人口数的平均数，也可用年中人口数代替。

死亡率（又称粗死亡率） 指在一定时期内（通常为一年）一定地区的死亡人数与同期内平均人数（或期中人数）之比，用千分率表示。本资料中的死亡率指年死亡率，其计算公式为：

$$死亡率＝年死亡人数/年平均人数\times1000‰$$

人口自然增长率 指在一定时期内（通常为一年）人口自然增加数（出生人数减死亡人数）与该时期内平均人数（或期中人数）之比，用千分率表示。计算公式为：

$$人口自然增长率＝（本年出生人数-本年死亡人数）/年平均人数\times1000‰＝人口出生率-人口死亡率$$

总抚养比 也称总负担系数。指人口总体中非劳动年龄人口数与劳动年龄人口数之比。通常用百分比表示。用以表明每 100 名劳动年龄人口大致要负担多少名非劳动年龄人口。用于从人口角度反映人口与经济发展的基本关系。计算公式为：

$$GDR＝（P_{0\text{-}14}+P_{65}^{+}）/P_{15\text{-}64}\times100\%$$

其中：GDR 为总抚养比；

$P_{0\text{-}14}$ 为 0-14 岁少年儿童人口数；

$P_{15\text{-}64}$ 为 15-64 岁的劳动年龄人口数；

P_{65}^{+} 为 65 岁及 65 岁以上的老年人口数。

老年人口抚养比 也称老年人口抚养系数。指某一人口中老年人口数与劳动年龄人口数之比。通常用百分比表示。用以表明每 100 名劳动年龄人口要负担多少名老年人。老年人口抚养比是从经济角度反映人口老龄化社会后果的指标之一。计算公式为：

$$ODR＝P_{65}^{+}/ P_{15\text{-}64}\times100\%$$

其中：ODR 为老年人口抚养比；

$P_{15\text{-}64}$ 为 15-64 岁的劳动年龄人口数；

P_{65}^{+} 为 65 岁及 65 岁以上的老年人口数。

少年儿童抚养比 也称少年儿童抚养系数。指某一人口中少年儿童人口数与劳动年龄人口数之比。通常用百分比表示。以反映每 100 名劳动年龄人口要负担多少名少年儿童。计算公式为：

$$CDR = P_{0-14} / P_{15-64} \times 100\%$$

其中：CDR 为少年儿童抚养比；

P_{0-14} 为 0-14 岁少年儿童人口数；

P_{15-64} 为 15-64 岁的劳动年龄人口数。

就业人员 指年满 16 周岁，为取得报酬或经营利润，在调查周内从事了 1 小时（含 1 小时）以上劳动的人员；或由于在职学习、休假等原因在调查周内暂时未工作的人员；或由于停工、单位不景气等原因临时未工作的人员。

城镇非私营单位 城镇地区非私营法人单位和统计上认定的视同法人单位的产业活动单位。具体包括国有单位、城镇集体单位、联营、股份制、外商投资、港澳台商投资等单位。

城镇私营单位 城镇地区私营法人单位和统计上认定的视同法人单位的产业活动单位，具体包括私营有限责任公司、私营股份有限公司、私营合伙企业和私营独资企业。

单位就业人员 指报告期最后一日在本单位工作，并取得工资或其他形式劳动报酬的人员数。该指标为时点指标，不包括最后一日当天及以前已经与单位解除劳动合同关系的人员，是在岗职工、劳务派遣人员及其他从业人员之和。就业人员不包括：

1.离开本单位仍保留劳动关系，并定期领取生活费的人员；

2.在本单位实习的各类在校学生；

3.本单位因劳务外包而使用的人员，如：建筑业整建制使用的人员。

在岗职工 指在本单位工作且与本单位签订劳动合同，并由单位支付各项工资和社会保险、住房公积金的人员，以及上述人员中由于学习、病伤、产假等原因暂未工作仍由单位支付工资的人员。在岗职工还包括：

1.应订立劳动合同而未订立劳动合同人员；

2.处于试用期人员；

3.编制外招用的人员，如临时人员；

4.派往外单位工作，但工资或其他形式劳动报酬仍由本单位发放的人员（如挂职锻炼、外派工作等情况）。

工资总额 指根据《关于工资总额组成的规定》(1990 年 1 月 1 日国家统计局发布的一号令)进行修订，本单位在报告期内(季度或年度)直接支付给本单位全部就业人员的劳动报酬总额。包括计时工资、计件工资、奖金、津贴和补贴、加班加点工资、特殊情况下支付的工资，是在岗职工工资总额、劳务派遣人员工资总额和其他就业人员工资总额之和。

工资总额是税前工资，包括单位从个人工资中直接为其代扣或代缴的房费、水费、电费、住房公积金和社会保险基金个人缴纳部分等。

工资总额不论是计入成本的还是不计入成本的，不论是以货币形式支付的还是以实物形式支付的，均应列入工资总额的计算范围。需要明确的是工资总额不包括从单位工会经费或工会账户中发放的现金或实物。

平均工资 指单位就业人员在一定时期内平均每人所得的工资额。它表明一定时期工资收入的高低程度，是反映就业人员工资水平的主要指标。计算公式为：

平均工资＝报告期内就业人员工资总额/报告期内就业人员平均人数

在岗职工平均货币工资指数 指报告期在岗职工平均工资与基期在岗职工平均工资的比率，是反映不同时期在岗职工货币工资水平变动情况的相对数。计算公式为：

在岗职工平均货币工资指数＝报告期在岗职工平均工资/基期在岗职工平均工资×100%

在岗职工平均实际工资指数 在岗职工平均实际工资指扣除物价变动因素后的在岗职工平均工资。在岗职工平均实际工资指数是反映实际工资变动情况的相对数，表明在岗职工实际工资水平提高或降低的程度。

Explanatory Notes on Main Statistical Indicators

Total Population refers to the total number of people alive at a certain point of time within a given area.

The annual statistics on total population is taken at midnight, the 31st of December.

Resident Population includes (1) population residing in the township or sub-district office area with residence registered here, (2) population residing in the township or sub-district office area more than half a year with residence registered in other places, (3) population residing in the township or sub-district office area less than half a year, but having left place of residence registration more than half a year, (4) population having left the place for less than half a year with residence registered in the township or sub-district office, (5) population residing in the township or sub-district office area with pending residence registration, (6) population now residing in foreign countries with residence registered in the township or sub-district office.

Urban Population and Rural Population Urban population refer to all people residing in cities and towns, while rural population refer to population other than urban population.

City and town include city area and town area. City area refers to the area of residence committees ruled by sub-district office in municipal district or cities with no district, and area of other residence committees which joined by urban public establishment and residence establishment.

Town area refers to the area of township and other areas besides the city zone, including the area of residence committees ruled by town government, and the area of villager's committees which joined by township public establishment and residence establishment.

Birth Rate (Crude Birth Rate) refers to the ratio of the number of birth to the average population (or mid-period population) during a certain period of time (usually a year), expressed in ‰. Birth rate in the chapter refers to annual birth rate. The following formula is used:

Birth Rate = (Number of Births / Average Number of Population) ×1000‰

Number of births in the formula refers to live births, i.e. when a baby has breathed or shown any vital phenomena regardless of the length of pregnancy. Annual average number of population is the average of the beginning of the year and that at the end of the year. Sometimes it is substituted by the mid-year population.

Death Rate (Crude Death Rate) refers to the ratio of the number of deaths to the average population (or mid-period population) during a certain period of time (usually a year), expressed in ‰. Death rate in the chapter refers to annual death rate. The following formula is used:

Death Rate = (Number of Deaths / Annual Average Number of Population) ×1000‰

Natural Growth Rate of Population refers to the ratio of natural increase in population (number of births minus number of deaths) in a certain period of time (usually a year) to the average population (or mid-period population) of the same period, expressed in ‰. The following formula is applied:

Natural Growth Rate of Population = [(Number of Birth - Number of Death) / Average Number of Population] ×1000‰ = Birth Rate - Death Rate

Gross Dependency Ratio also called gross dependency coefficient, refers to the ratio of non-working-age population to the working-age population, express in ‰. Describing in general the number of non-working-age population that every 100 people at working ages will take care of, this indicator reflects the basic relation between population and economic development from the demographic perspective. The gross dependency ratio is calculated with the following formula:

$GDR = P_{0\text{-}14} + P_{65}^{+} / P_{15\text{-}64} \times 100\%$

Where: GDR is the gross dependency ratio;

$P_{0\text{-}14}$ is the population of children aged 0-14;

$P_{15\text{-}64}$ is the working-age population aged 15-64;

P_{65}^{+} is the elderly population aged 65 and over.

Old Dependency Ratio also called old dependency coefficient, refers to the ratio of the elderly population to the working-age population, express in ‰. It describes the number of the elderly population that every 100 people at working ages will take care of. Old dependency ratio is one of the indicators reflecting the social implication of population aging from the economic perspective. The old dependency ratio is calculated with the following formula:

$ODR = P_{65}^{+} / P_{15\text{-}64} \times 100\%$

Where: ODR is the old dependency ratio;

$P_{15\text{-}64}$ is the working-age population aged 15-64;

P_{65}^{+} is the elderly population aged 65 and over.

Children Dependency Ratio also called children dependency coefficient, refers to the ratio of the children population to the working-age population, expressed in ‰. It describes the number of children population that every 100 people at working ages will take care of. The children dependency ratio is calculated with the following formula:

$CDR = P_{0\text{-}14} / P_{15\text{-}64} \times 100\%$

Where: CDR is the children dependency ratio;

$P_{0\text{-}14}$ is the children population aged 0-14;

$P_{15\text{-}64}$ is the working-age population aged 15-64.

Employed Persons refer to persons, aged 16 and over, who performed some work for compensation or business gains for one hour or more during the reference period; or persons who do not work for the reasons of study or on holiday; or persons who are temporarily absent from a job for disorganization or suspension of work, recession, etc.

Urban Non-private Units refer to urban non-private legal entities and active units deemed as legal entities in statistics, including state-owned units, urban collective-owned units, joint owned units, share-holding units, foreign funded units, units funded by Hong Kong, Macao and Taiwan, etc.

Urban Private Units refer to urban private legal entities and active units deemed as legal entities in statistics, including private limited liability corporations, Private Share Holding Limited Corporations, Private Partnership Enterprises, private sole proprietorship enterprises.

Persons Employed in Various Units refer to the total number of employees who work at his unit and obtain wages or other forms of payment at the end of the reporting period. This indicator is a kind of time point index and it equals to the sum of the number of employed staff and workers, labor dispatch personnel and other employed persons. Employed persons do not include:

(1) persons who have left their working units while keeping their labor contract (employment relation) unchanged and receiving regular alimony;

(2) all kinds of enrolled students who do internship in various units;

(3) persons employed due to labor outsourcing, for example, persons employed in the organizational system of construction industry.

Fully Employed Staff and Workers refer to persons who signed labor contracts with working units and working units would pay wages, social insurance and housing funds for them. Persons who have their work posts but are temporarily absent from work for reasons of study or on sick, injury or maternal leave and still receive wages from their working units are also included. Employed staff and workers also include:

(1) persons who should have signed the labor contracts but not (like people with rural household registration);

(2) employees on probation;

(3) employees beyond the staffing quota, for example, temporary employees;

(4) employees who are sent to other working units but still obtain wages from their original units (situations like on-the-job placement, expatriated assignment, etc.).

Total Wage It is revised according to the "*Provision of Composition of Total Wages*" (Order No.1 by National Bureau of Statistics on January, 1st, ,1990), total wage refers to the total remuneration payment to all employed persons in various units during the reporting period (by quarter or by year), including hourly-paid wages, piece-rate wages, bonuses, allowance and subsidies, overtime wages and wages paid under special circumstances. It equals to the sum of total wages of employed staff and workers, dispatch labors and other employed persons.

Total wage is pre-tax wages, including the room charges, utility bills, housing funds and social insurance paid or withheld by employee's units.

Total wage, whether or not included in cost, whether or not paid in money or in kind, shall be included in the calculation of total wage. The distribution paid in cash or kind by the labor union's funds or account shall not be included.

Average Wage refers to the average per capita wage during a certain period of time for employed persons. It shows the general level of wage income during a certain period of time and it's one major indicator to reflect the wage level.It is calculated as follows:

Average Wage = Total Wage of Employed Persons at Reference Period /Average Number of Employed Persons at Reference Period

Average Money Wage Indices of Fully Employed Staff and Workers refers to the ratio of average wage of fully employed stuff and workers at reference period to that at base period, which reflects the change of wage of fully employed staff and workers at different period. It is calculated as follows:

Average Money Wage Indices of Fully Employed Staff and Workers

= (Average Wage of Fully Employed Staff and Workers at Reference Period /Average Wage of Fully Employed Staff and Workers at Base Period) ×100%

Average Real Wage Indices of Fully Employed Staff and Workers Average real wage of fully employed staff and workers refers to the average wage of fully employed stuff and workers after removing the effects of price changes. Average real wage indices of fully employed staff and workers refers to the change of real wage, which reflects the relative increasing and decreasing level of real wage of fully employed staff and workers.

3-4 居民消费价格分类指数(2022年)

CONSUMER PRICE INDICES BY CATEGORY OF COMMODITIES(2022)

上年=100 (last year=100)

指 标	Item	全 省 Total Province Indices	城 市 Urban Indices	农 村 Rural Indices
居民消费价格指数	**Consumer Price Index**	**102.1**	**102.0**	**102.4**
一、食品烟酒	Food, Tobacco and Liquor	103.7	103.5	104.0
1.食 品	Food	104.4	104.3	104.6
粮 食	Grain	105.7	105.3	106.4
薯 类	Tubers	120.3	118.4	123.8
豆 类	Beans	102.5	102.4	102.8
食用油	Edible Oil and Fats	107.5	107.2	107.9
菜及食用菌	Vegetables and Edible Fungi	103.3	103.7	101.9
鲜 菜	Fresh Vegetables	103.1	103.5	101.8
鲜 菌	Fresh Fungi	107.6	108.2	105.5
干菜干菌及制品	Dried Vegetables, Edible Fungi and Products	104.0	104.3	102.7
畜肉类	Meat of Livestock	96.4	96.2	96.9
猪 肉	Pork	92.7	92.8	92.3
禽肉类	Meat of Poultry	101.3	101.0	102.5
水产品	Aquatic Products	100.5	101.1	98.0
蛋 类	Poultry Eggs	105.8	106.4	104.6
鸡 蛋	Eggs	105.8	106.4	104.6
奶 类	Milk and Other Dairy Products	100.8	100.7	100.9
干鲜瓜果类	Dried and Fresh Melons and Fruits	114.2	113.8	115.9
鲜 果	Fresh Fruits	118.3	117.4	121.9
坚 果	Dried Fruits	103.7	104.5	100.8
糖果糕点类	Candy and Cake	102.4	102.2	103.2
调味品	Flavouring	102.6	103.3	101.1
其他食品类	Other Foods	103.4	103.7	102.7
2.茶及饮料	Tea and Beverages	101.7	101.8	101.3
茶 叶	Tea	100.6	100.7	100.1
固体咖啡	Solid Coffee	104.0	104.4	100.7
其他固体饮料	Other Solid Drinks	101.9	102.5	100.5
饮用水	Potable Water	100.8	101.1	99.5
果汁饮料	Fruit Juice	100.7	100.3	102.0
3.烟 酒	Tobacco and Liquor	102.5	102.2	103.0
卷 烟	Cigarettes	101.9	101.4	102.7
酒 类	Liquor	103.9	103.8	104.1
4.在外餐饮	Dining Out	101.9	101.9	101.9
餐馆餐饮	Restaurants	101.4	101.5	100.4
饮品店餐饮	Drink Stores	100.4	100.5	100.0
外 卖	Takeout	102.6	102.3	104.5
其他在外餐饮	Others	103.9	103.8	104.3

3-4 续表1 continued

上年=100 (last year=100)

指 标	Item	全 省 Total Province Indices	城 市 Urban Indices	农 村 Rural Indices
二、衣 着	Clothing	101.6	102.0	99.9
1.服 装	Garments	101.2	101.7	99.2
男式服装	Man's Garments	101.9	102.4	100.3
女式服装	Woman's Garments	100.2	100.8	98.1
儿童服装	Children's Garments	102.6	103.2	100.1
衣着材料及配件	Clothing Materials and Accessories	99.8	99.9	99.2
衣着服务费	Fees for Clothing Services	103.8	104.6	100.6
2.鞋 类	Footwear	103.1	103.3	102.6
鞋	Shoes	103.2	103.3	102.7
鞋类服务	Shoes Services	99.9	100.0	99.7
三、居 住	Residence	100.4	100.2	101.3
1.租赁房房租	Rent	99.4	99.3	100.2
2.住房保养维修及管理	Housing Maintenance and Management	103.7	104.0	102.9
3.水电燃料	Water, Electricity and Fuels	100.8	100.2	102.3
4.自有住房	Private Housing	99.6	99.4	100.5
四、生活用品及服务	Articles for Daily Use and Services	100.8	100.8	100.9
1.家具及室内装饰品	Furniture and Interior Decorations	100.4	100.4	100.0
家 具	Furniture	100.5	100.6	100.2
室内装饰品	Interior Decorations	98.6	98.6	98.9
2.家用器具	Household Appliances	100.7	100.3	101.9
3.家用纺织品	Household Textiles	100.8	100.6	101.7
4.家庭日用杂品	Daily Use Household Articles	100.0	100.0	100.1
5.个人护理用品	Personal Care Articles	101.9	102.1	101.1
6.家庭服务	Household Services	101.8	102.0	100.6
五、交通通信	Transportation and Communication	104.6	104.5	105.1
1.交 通	Transportation	106.8	106.4	108.1
交通工具	Transportation Facility	99.0	98.8	99.5
交通工具用燃料	Fuels of Transportation Facility	121.0	121.0	121.1
交通工具使用和维修	Use and Repairment of Transportation Facility	100.8	100.6	101.5
交通费	Traffic Fare	102.1	102.3	101.0
市内公共交通	Incity Public Transportation	99.9	99.8	100.0
出租汽车	Taxi	100.0	100.0	100.4
飞 机 票	Plane Ticket	108.0	107.7	111.3
火 车 票	Train Ticket	99.7	99.7	99.7
长途汽车	Coach	100.3	100.1	100.4

3-4 续表2 continued

上年=100 (last year=100)

指　标	Item	全　省 Total Province Indices	城　市 Urban Indices	农　村 Rural Indices
2.通　信	Communication	98.9	98.6	99.5
通信工具	Communication Facility	97.5	97.1	98.6
通信服务	Communication Service	99.7	99.6	100.0
邮递服务	Postal Service	99.8	100.1	98.9
六、教育文化和娱乐	Education, Culture and Recreation	101.3	101.2	101.4
1.教　育	Education	101.5	101.5	101.6
教育用品	Education Articles	104.2	103.1	106.9
教育服务	Education Services	101.3	101.4	101.3
2.文化娱乐	Culture and Recreation	100.9	100.9	100.7
文娱耐用消费品	Durable Consumer Goods for Cultural and Recreational Use	100.1	99.8	101.2
其他文娱用品	Other Cultural and Recreational Articles	100.7	100.5	101.2
文化娱乐服务	Cultural and Recreational Services	99.5	99.6	98.5
旅　游	Touring	103.0	103.1	101.8
七、医疗保健	Health Care	100.3	100.4	100.3
1.药品及医疗器具	Medicine and Medical Appliances	100.1	100.2	99.8
中　药	Traditional Chinese Medicine	103.1	103.8	101.2
西　药	Western Medicine	99.6	99.7	99.3
滋补保健品	Health Care Products	99.5	99.1	101.0
医疗卫生器具	Medical Appliances	98.5	98.2	99.2
保健器具	Health Care Appliances	99.7	99.7	99.6
2.医疗服务	Medical Services	100.4	100.4	100.5
综合医疗类	General Practice	102.3	102.3	102.3
诊断类	Diagnosis	100.0	100.0	100.0
治疗类	Treatment	100.0	100.0	100.0
康复类	Rehabilitation	100.0	100.1	99.7
中医医疗服务类	Traditional Chinese Medical Services	100.0	100.0	100.0
其他医疗保健服务	Other Medical Services	100.1	100.0	100.2
八、其他用品及服务	Other Articles and Services	101.4	101.3	101.7
1.其他用品	Other Articles	100.8	100.6	101.3
首饰手表	Jewelry and Watch	100.4	100.4	100.5
母婴用品	Maternal and Infant Supplies	103.9	103.5	104.8
其他杂项用品	Other Miscellaneous Articles	99.8	99.7	100.3
2.其他服务	Other Services	102.2	102.2	102.1
在外住宿	Hotel Accomodation	99.3	99.4	98.5
美容美发洗浴	Hairdressing, Beauty and Bath	104.0	104.3	103.1
养老服务	Pension Services	109.3	109.4	109.0
金融及保险服务	Financial and Insurance Services	101.6	101.7	101.5
中介法律及其他服务	Intermediary, Legal and Other Services	98.3	97.4	99.6

3-5 商品零售价格分类指数(2022年)
RETAIL PRICE INDICES BY CATEGORY OF COMMODITIES(2022)

上年=100 (last year=100)

指 标	Item	全 省 Total Province Indices	城 市 Urban Indices	农 村 Rural Indices
商品零售价格指数	**Retail Price Indices**	**103.7**	**103.7**	**103.8**
一、食 品	Food	103.9	103.8	104.1
1.粮 食	Grain	105.5	105.3	106.0
2.薯 类	Tubers	120.6	119.7	123.0
3.豆 类	Beans	102.4	102.0	103.6
4.食用油	Edible Oil and Fats	107.1	107.0	107.4
5.菜及食用菌	Vegetables and Edible Fungi	103.4	103.7	101.9
6.畜肉类	Meat of Livestock	96.5	96.4	97.4
7.禽肉类	Meat of Poultry	101.3	100.9	103.1
8.水产品	Aquatic Products	101.0	101.3	98.7
9.蛋 类	Eggs	106.2	106.8	104.6
10.奶 类	Milk and Other Dairy Products	100.7	100.7	100.8
11.干鲜瓜果类	Fruits and Nuts	114.0	114.0	114.3
12.糖果糕点类	Candy and Cake	102.6	102.3	103.8
13.调味品	Flavouring	102.7	103.3	100.8
14.其他食品类	Other Foods	103.3	103.6	102.0
15.餐饮业零售	Retail of Catering Services	102.1	102.2	101.7
二、饮料、烟酒	Drinking, Tobacco and Liquor	102.2	102.1	102.8
1.茶及饮料	Tea and Drinking	101.6	101.6	101.1
2.卷 烟	Cigarettes	101.8	101.5	102.7
3.酒 类	Liquor	103.8	103.7	104.0
三、服装、鞋帽	Garments, Shoes and Hats	101.5	101.7	100.5
1.服 装	Garments	101.2	101.5	99.8
2.鞋帽袜	Shoes, Socks and Stockings, Hats	102.7	102.6	103.0
3.其他衣着配件	Others	99.5	99.6	98.8
四、纺织品	Textiles	101.3	101.0	102.4
1.服装材料	Clothing Material	101.9	100.4	103.5
2.床上用品	Bed Articles	101.1	101.0	101.6
五、家用电器及音像器材	Household Appliances and Audiovisual Equipment	100.2	99.9	101.5
1.家庭设备	Household Facilities	100.5	100.3	101.6
2.文娱用耐用消费品	Durable Consumer Goods for Cultural and Recreational Use	99.0	98.4	101.2
3.专业音像器材	Professional Audiovisual Equipment	102.0	102.0	101.8

3-5 续表 continued

上年=100 (last year=100)

指 标	Item	全 省 Total Province Indices	城 市 Urban Indices	农 村 Rural Indices
六、文化办公用品	Culture and Office Articles	100.6	100.5	100.8
七、日用品	Daily Use Articles	100.8	100.8	100.7
1.日用百货	General Merchandise	102.0	102.1	101.5
2.厨具餐具茶具	Kitchenware, Tableware and Tea Set	101.8	101.8	101.8
3.清洗用品	Washing Goods	98.0	98.1	97.8
4.其他日用品	Others	100.4	100.4	100.8
八、体育娱乐用品	Sports and Recreational Articles	101.4	101.6	100.6
1.体育户外用品	Sports Articles	106.8	106.9	106.5
2.娱乐用品	Recreational Articles	101.1	101.3	100.3
九、交通、通信用品	Transportation and Communication Appliances	99.1	99.0	99.6
1.交通运输机械	Transportation Machinery	99.3	99.2	99.7
2.通信器材	Communication Equipment	98.3	98.2	98.5
十、家 具	Furniture	100.4	100.6	99.6
十一、化妆品	Cosmetics	101.9	101.9	101.8
十二、金银饰品	Gold, Silver and Jewelry	100.3	100.1	101.0
十三、中西药品及医疗保健用品	Traditional, Western Medicines and Health Care Products	100.2	100.2	100.1
1.医疗卫生器具	Medical Appliances and Articles	98.4	98.2	99.0
2.中 药	Traditional Chinese Medicine	103.5	104.1	101.2
3.西 药	Western Medicine	99.7	99.7	99.8
4.保健器具及用品	Health Care Equipment and Articles	99.5	99.3	100.8
十四、书报杂志及电子出版物	Newspapers, Magazines and Electronic Publication	101.8	101.3	103.9
1.教材及参考书	Teaching Materials and Reference Books	104.5	103.8	107.1
2.书报杂志及音像制品	Books, Newspapers, Magazines and Audiovisual Products	99.7	99.4	100.8
3.计算机办公软件	Computer Office Software	97.7	97.2	100.5
十五、燃 料	Fuels	118.9	119.0	118.4
1.煤炭及制品	Coal and Coal Products	125.2	125.3	124.8
2.石油及制品	Petroleum and its Products	116.9	116.8	117.6
十六、建筑材料及五金电料	Building Materials, Hardware and Electrical Materials	102.8	102.3	105.0
1.建筑装璜材料	Decoration Materials	103.6	103.3	104.7
2.五金水暖	Hardware and Electrical Materials	101.7	100.8	105.5

3-6 调查市县居民消费价格指数(2022年)

CONSUMER PRICE INDICES IN CITIES AND COUNTIES SURVEYED(2022)

上年=100 (last year=100)

市 县 Region		居民消费价格指数 Consumer Price Index	食品烟酒 Food, Tobacco and Liquor	衣 着 Clothing	居 住 Residence	生活用品及服务 Articles for Daily Use and Services
全 省	**Total**	**102.1**	**103.7**	**101.6**	**100.4**	**100.8**
太原市	Taiyuan	102.1	104.1	102.1	100.4	100.7
大同市	Datong	101.9	103.0	105.2	100.1	100.1
阳泉市	Yangquan	101.8	102.9	101.2	99.7	101.1
长治市	Changzhi	102.3	104.3	102.4	98.9	101.4
晋城市	Jincheng	102.3	104.4	98.8	100.9	100.7
朔州市	Shuozhou	101.7	102.7	98.7	100.7	100.8
晋中市	Jinzhong	101.5	102.3	100.0	100.2	101.0
运城市	Yuncheng	101.6	102.6	99.2	100.1	101.2
忻州市	Xinzhou	101.6	103.1	98.6	99.0	101.5
临汾市	Linfen	101.9	102.1	104.5	100.5	101.2
吕梁市	Lvliang	102.1	104.1	98.0	101.0	101.5
浑源县	Hunyuan	102.3	103.9	101.0	102.0	100.2
襄垣县	Xiangyuan	102.8	104.7	102.3	101.0	101.1
太谷区	Taigu	101.7	101.7	101.6	100.5	100.7
洪洞县	Hongtong	102.4	104.7	98.3	101.4	100.7
兴 县	Xingxian	102.7	103.7	98.5	102.9	103.3
汾阳市	Fenyang	102.7	104.6	100.8	101.2	100.6

市 县 Region		交通通信 Transportation and Communication	教育文化娱乐 Education, Culture and Recreation	医疗保健 Health Care	其他用品及服务 Other Articles and Services
全 省	**Total**	**104.6**	**101.3**	**100.3**	**101.4**
太原市	Taiyuan	104.3	101.0	100.1	100.8
大同市	Datong	104.1	100.3	100.4	101.5
阳泉市	Yangquan	104.7	102.3	100.3	101.3
长治市	Changzhi	104.6	102.4	101.1	102.5
晋城市	Jincheng	104.6	102.5	100.5	101.7
朔州市	Shuozhou	104.8	101.3	99.9	101.5
晋中市	Jinzhong	104.5	101.4	100.0	100.6
运城市	Yuncheng	104.9	100.7	101.1	101.8
忻州市	Xinzhou	104.2	101.8	101.6	103.6
临汾市	Linfen	104.7	101.5	99.9	101.6
吕梁市	Lvliang	105.1	101.1	99.9	102.0
浑源县	Hunyuan	105.0	99.9	100.0	101.7
襄垣县	Xiangyuan	106.3	100.4	101.3	102.8
太谷区	Taigu	105.4	101.1	100.4	101.8
洪洞县	Hongtong	104.4	102.4	99.8	101.0
兴 县	Xingxian	105.9	100.8	100.2	101.6
汾阳市	Fenyang	105.7	101.5	100.8	102.8

Explanatory Notes on Main Statistical Indicators

Consumer Price Indices reflect the trend and degree of changes in prices of consumer goods and services purchased by urban and rural residents. They are calculated by the weighted arithmetic mean, using Byes formula. According to sampling survey, draw 17 survey cities and counties in total Province as report units.

Retail Price Indices reflect the general change and degree in retail prices of market commodities. The calculating method and sample unit are the same as above.

Producer Price Indices for Farm Products reflect the trend and degree of changes in producers' prices received by farmers when they sell farm products.

Producer Price Indices for Industrial Products reflect the trend and degree of changes in ex-factory prices of all industrial products. They are calculated by the weighted arithmetic mean, according to regular survey data of ex-factory price in part of important enterprises in the province.

Purchasing Price Indices of Industrial Producer reflect the trend and degree of changes in prices of industrial enterprises purchasing raw materials, fuels and power. They are calculated by the weighted arithmetic mean, according to regular survey data of major raw materials, fuels and power purchasing price in part of important enterprises in the province.

4

PEOPLE'S LIVELIHOOD

人民生活

资料整理人员

巩姣姣

人民生活

PEOPLE'S LIVELIHOOD

城镇居民人均可支配收入	Per Capita Disposable Income of Urban Households	39532	元 (yuan)
城镇居民人均消费支出	Per Capita Living Expenditure of Urban Households	21923	元 (yuan)
农民居民人均可支配收入	Per Capita Disposable Income of Rural Households	16323	元 (yuan)
农村居民人均消费支出	Per Capita Living Expenditure of Rural Households	12091	元 (yuan)

城乡居民恩格尔系数 (%)

Engel's Coefficient of Urban and Rural Households (%)

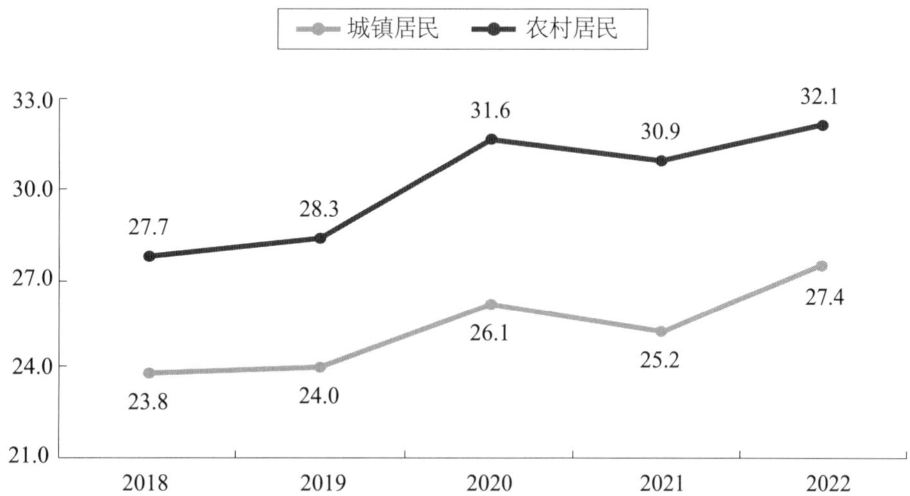

城乡居民家庭人均可支配收入 (元)

Per Capita Disposable Income of Urban and Rural Households (yuan)

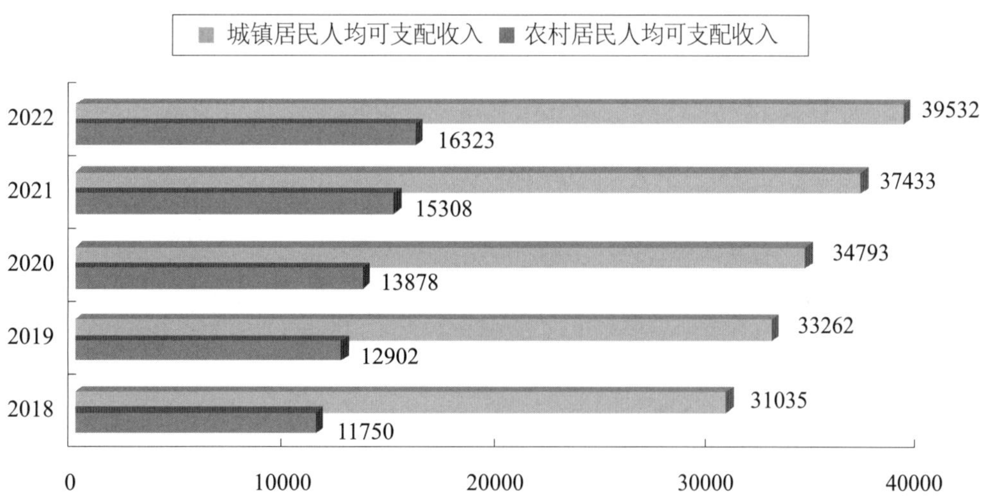

4-1 全省居民人均收支情况

单位：元

年 份 Year	可支配收入 Disposible Income	工资性收入 Wages and Salaries	经营净收入 Net Business Income	财产净收入 Net Property Income	转移净收入 Net Transfer Income	消费支出 Consumption Expenditure	食品烟酒 Food, Tobacco and Liquor
1978	140	120	12	2	6	126	79
1979	184	141	22	2	18	155	92
1980	201	148	31	2	20	179	104
1981	225	161	43	2	19	194	110
1982	271	185	60	3	24	215	127
1983	315	160	133	3	19	246	140
1984	380	178	177	4	21	273	154
1985	416	205	175	5	30	336	176
1986	439	241	159	6	33	375	194
1987	489	275	169	6	38	416	212
1988	576	319	208	8	41	491	248
1989	701	381	260	13	47	574	291
1990	802	401	292	10	99	649	332
1991	813	485	255	9	63	692	355
1992	918	544	281	7	88	730	391
1993	1084	640	332	7	105	883	466
1994	1386	825	402	18	142	1082	562
1995	1840	1059	557	32	192	1444	791
1996	2210	1145	770	33	262	1740	903
1997	2430	1319	780	38	293	1785	882
1998	2567	1332	852	43	340	1755	853
1999	2622	1450	716	37	419	1857	825
2000	2924	1641	777	34	472	2163	851
2001	3196	1865	772	31	528	2283	877
2002	3751	2319	886	61	485	2696	952
2003	4183	2671	988	71	453	2941	1043
2004	4770	3058	1122	126	464	3338	1211
2005	5518	3611	1155	156	595	3902	1341
2006	6235	4088	1208	201	738	4560	1451
2007	7282	4712	1383	291	896	5319	1703
2008	8333	4744	1873	336	1380	5984	1961
2009	8911	5101	1814	464	1532	6449	2021
2010	10149	5796	2056	495	1802	7011	2130
2011	11959	7225	1924	613	2198	8404	2568
2012	13592	8335	2177	651	2429	9446	2765
2013	15120	9424	2338	739	2619	10118	2692
2014	16538	10168	2593	936	2841	10864	2941
2015	17854	10893	2709	987	3265	11729	3089
2016	19049	11305	2693	1112	3939	12683	3098
2017	20420	11957	2624	1228	4611	13664	3325
2018	21990	12552	2809	1304	5325	14810	3688
2019	23828	13396	3109	1306	6017	15863	3997
2020	25214	13854	3250	1386	6724	15733	4362
2021	27426	14936	3688	1509	7293	17191	4622
2022	29178	15629	4044	1785	7721	17537	5058

注：2013年起，国家统计局实施城乡一体化住户调查改革，居民收支相关指标采用新口径，同时对2013年以前数据做了相应调整。

PER CAPTIA INCOME AND CONSUMPTION EXPENDITURE OF THE PROVINCIAL HOUSEHOLDS

(yuan)

衣 着 Clothing	居 住 Residence	生活用品及服务 Household Facilities, Articles and Services	交通通信 Transport and Communication	教育文化娱乐 Education, Culture and Recreation	医疗保健 Health Care	其他用品及服务 Others
20	9	9	1	5	1	2
25	15	13	1	6	2	2
29	23	12	1	8	1	2
32	16	17	1	11	2	5
34	16	18	2	11	3	4
38	24	22	2	11	4	5
42	28	21	2	17	4	5
54	32	29	2	27	7	10
54	44	31	2	31	8	11
59	55	35	2	29	9	15
71	43	48	3	39	11	27
84	50	53	4	53	13	27
96	71	54	5	51	21	18
106	59	59	6	57	20	30
115	51	64	6	60	22	23
130	70	74	14	73	26	30
167	72	81	20	94	33	53
215	100	89	38	121	47	43
252	125	102	59	162	76	61
260	137	114	80	164	84	65
226	140	112	65	184	94	80
229	166	131	97	220	108	81
255	229	159	132	272	147	118
260	274	147	147	303	163	112
335	356	152	216	422	182	81
372	382	160	254	464	197	70
398	433	166	305	530	216	79
505	540	197	338	595	295	91
559	693	255	467	683	346	107
604	884	289	579	739	391	130
644	1154	299	573	750	477	126
663	1309	356	641	802	510	148
718	1341	401	779	897	570	173
891	1596	560	905	1024	628	232
974	1929	595	1070	1113	739	261
999	2174	609	1146	1381	836	282
1085	2199	619	1215	1485	1009	312
1147	2297	673	1501	1628	1102	292
1104	2751	680	1709	1811	1228	303
1206	2934	761	1884	1879	1360	316
1261	3229	856	1845	1940	1635	356
1290	3332	911	1980	2136	1821	397
1236	3460	864	1981	1608	1854	367
1277	3851	1029	1988	2059	1935	429
1209	3961	1034	2078	1809	1944	444

Note: The NBS has conducted the integrated household survey reform and related indicators of household income and expenditure have adopted a new coverage since 2013. Data before 2013 has adjusted according to the new coverage.

4-2 城镇居民人均收支情况

单位：元

年 份 Year	可支配收入 Disposible Income	工资性收入 Wages and Salaries	经营净收入 Net Business Income	财产净收入 Net Property Income	转移净收入 Net Transfer Income	消费支出 Consumption Expenditure	食品烟酒 Food, Tobacco and Liquor
1978	301	298			3	275	153
1979	338	324			14	305	171
1980	380	352			28	357	195
1981	401	383			18	373	197
1982	433	412			21	390	210
1983	452	430			22	394	216
1984	517	489	1		27	433	231
1985	595	535	4		56	533	262
1986	718	649	5	4	59	635	303
1987	807	724	3	5	74	708	347
1988	945	849	5	11	79	856	404
1989	1176	1037	7	30	102	993	480
1990	1291	994	7	17	273	1048	514
1991	1410	1238	7	15	150	1171	576
1992	1623	1385	10	7	221	1303	658
1993	1957	1628	17	13	299	1560	760
1994	2566	2133	34	12	387	2043	989
1995	3306	2664	36	55	551	2641	1267
1996	3703	2803	63	61	777	3036	1400
1997	3990	2987	79	86	839	3229	1398
1998	4096	2947	64	102	983	3278	1418
1999	4337	3027	72	81	1157	3516	1413
2000	4715	3289	122	58	1246	3982	1384
2001	5377	3805	153	45	1373	4178	1420
2002	6214	4617	307	134	1157	4791	1532
2003	6977	5391	404	140	1042	5210	1713
2004	7866	6114	468	258	1026	5790	1918
2005	8866	6841	513	271	1241	6518	2049
2006	9967	7545	576	350	1496	7395	2240
2007	11487	8613	689	454	1730	8385	2573
2008	13021	8277	1673	520	2550	9145	2897
2009	13883	8859	1666	717	2641	9747	2984
2010	15510	9726	2120	752	2912	10236	2988
2011	17965	11909	1784	1042	3229	11869	3483
2012	20232	13511	2114	1143	3464	12765	3750
2013	22258	14674	2486	1364	3734	13763	3541
2014	24069	15624	2701	1727	4017	14637	3804
2015	25828	16562	2790	1789	4688	15819	3981
2016	27352	16954	2659	2004	5735	16993	3863
2017	29132	17831	2443	2190	6667	18404	4244
2018	31035	18572	2574	2286	7602	19790	4703
2019	33262	19697	2860	2253	8452	21159	5073
2020	34793	20197	2943	2384	9268	20332	5304
2021	37433	21606	3465	2577	9786	21965	5529
2022	39532	22359	3863	3036	10274	21923	6007

PER CAPTIA INCOME AND CONSUMPTION EXPENDITURE OF URBAN HOUSEHOLDS

(yuan)

衣 着 Clothing	居 住 Residence	生活用品及服务 Household Facilities, Articles and Services	交通通信 Transport and Communication	教育文化娱乐 Education, Culture and Recreation	医疗保健 Health Care	其他用品及服务 Others
48	9	31	3	20	4	7
51	12	33	3	23	4	7
59	17	39	4	30	5	8
65	10	40	4	35	2	19
67	15	40	5	34	3	15
71	14	38	6	27	4	17
80	16	40	6	37	5	18
97	15	51	5	65	4	34
105	42	61	5	76	8	35
114	57	73	5	59	10	44
136	22	105	5	85	11	88
160	26	108	7	112	15	85
184	61	106	11	97	23	53
209	32	120	13	106	21	94
236	38	138	11	125	29	68
279	66	169	20	150	36	81
365	81	179	28	195	52	153
473	151	195	95	256	85	118
530	163	202	145	317	146	133
573	201	238	166	322	167	163
472	236	237	138	367	196	215
479	296	292	201	415	210	210
511	377	360	283	502	304	261
516	448	321	314	566	352	241
649	641	288	397	773	369	142
715	700	319	465	789	373	137
734	797	321	568	887	408	156
909	983	366	580	912	547	171
986	1168	450	786	982	600	183
1025	1451	486	969	1020	649	212
1074	1886	473	861	991	770	192
1092	2064	566	1006	1013	791	232
1138	2032	621	1234	1169	784	270
1375	2256	848	1364	1347	864	333
1426	2529	844	1516	1417	915	368
1498	2925	877	1587	1917	1024	394
1616	2899	888	1710	2027	1241	453
1705	3020	948	2148	2208	1394	415
1603	3634	952	2401	2439	1652	450
1774	3867	1094	2658	2559	1741	466
1821	4247	1219	2497	2638	2138	525
1801	4333	1265	2776	2938	2383	589
1671	4452	1149	2687	2150	2421	496
1666	4922	1391	2538	2834	2497	590
1555	4943	1355	2647	2371	2442	602

4-3 农村居民人均收支情况

单位：元

年 份 Year	可支配收入 Disposible Income	工资性收入 Wages and Salaries	经营净收入 Net Business Income	财产净收入 Net Property Income	转移净收入 Net Transfer Income	消费支出 Consumption Expenditure	食品烟酒 Food, Tobacco and Liquor
1978	102	78	15	2	7	91	61
1979	145	96	27	3	20	118	73
1980	156	96	39	3	18	134	80
1981	180	103	55	3	19	148	88
1982	227	123	76	4	24	168	105
1983	276	82	171	4	18	203	118
1984	339	84	230	5	19	224	131
1985	358	101	229	6	22	273	148
1986	345	104	210	7	24	287	157
1987	377	116	229	7	26	313	164
1988	439	121	284	7	27	354	190
1989	514	122	360	7	25	409	216
1990	604	160	408	8	28	488	258
1991	568	177	356	7	27	496	265
1992	627	195	393	7	32	493	281
1993	718	226	464	5	23	599	344
1994	884	269	558	20	37	674	381
1995	1208	367	781	23	37	928	586
1996	1557	421	1079	21	37	1174	686
1997	1738	580	1090	17	51	1145	653
1998	1874	599	1209	17	48	1064	596
1999	1800	693	1026	16	65	1062	543
2000	1950	745	1133	21	51	1175	562
2001	2018	817	1106	24	71	1259	584
2002	2236	905	1243	16	71	1407	595
2003	2410	947	1358	27	79	1502	619
2004	2738	1051	1551	40	95	1728	747
2005	3082	1262	1622	73	125	2000	825
2006	3420	1480	1685	88	167	2421	855
2007	3975	1643	1929	163	240	2908	1019
2008	4480	1840	2037	185	418	3386	1192
2009	4677	1901	1940	248	588	3642	1201
2010	5263	2214	1997	262	791	4070	1349
2011	6225	2751	2057	203	1214	5096	1694
2012	7064	3246	2238	167	1412	6184	1796
2013	7950	4150	2190	111	1498	6458	1839
2014	8809	4570	2482	123	1634	6992	2054
2015	9454	4922	2624	142	1766	7421	2150
2016	10082	5204	2730	149	1999	8029	2272
2017	10788	5462	2824	164	2337	8424	2308
2018	11750	5736	3075	193	2746	9172	2540
2019	12902	6098	3396	210	3198	9728	2751
2020	13878	6347	3614	205	3712	10290	3248
2021	15308	6860	3959	216	4274	11410	3525
2022	16323	7272	4268	232	4551	12091	3880

PER CAPTIA INCOME AND CONSUMPTION EXPENDITURE OF RURAL HOUSEHOLDS

(yuan)

衣 着 Clothing	居 住 Residence	生活用品及服务 Household Facilities, Articles and Services	交通通信 Transport and Communication	教育文化娱乐 Education, Culture and Recreation	医疗保健 Health Care	其他用品及服务 Others
13	9	4	0.5	2	1	1
18	16	8	1	2	1	1
21	24	5	1	2	1	0.5
24	18	11	1	4	2	1
25	16	12	1	5	3	1
28	27	18	1	7	4	1
30	31	16	1	11	4	1
40	38	22	1	14	7	2
37	44	20	1	16	8	3
39	55	22	2	18	9	4
47	52	28	2	21	11	4
55	59	31	2	29	12	4
61	76	33	2	33	20	4
64	70	34	3	36	19	4
65	56	33	4	33	19	4
67	71	35	12	40	21	9
83	68	39	16	51	25	11
103	78	43	14	63	31	10
131	109	59	22	94	45	30
121	109	59	41	94	46	22
115	97	55	32	101	48	19
110	104	53	47	126	59	20
115	149	50	49	147	62	40
121	180	53	57	160	61	43
142	181	68	105	206	68	43
154	180	58	120	258	86	27
178	193	64	132	295	90	29
210	218	75	163	364	111	34
236	335	108	226	457	155	49
272	438	135	272	518	188	66
291	552	157	335	551	235	72
298	666	178	330	622	271	76
335	711	201	365	650	376	84
428	966	286	468	716	403	136
531	1340	350	632	814	565	155
498	1420	340	702	843	647	170
540	1481	344	707	929	770	168
559	1537	382	820	1017	794	162
565	1798	386	962	1132	770	143
578	1902	393	1028	1127	938	151
626	2076	444	1107	1150	1065	165
697	2171	501	1057	1208	1169	174
721	2287	526	1145	967	1183	214
807	2554	591	1322	1121	1255	235
778	2741	636	1372	1111	1324	248

4-4 居民人均可支配收入和指数
PER CAPITA DISPOSABLE INCOME AND INDEX OF HOUSEHOLDS

单位：元 (yuan)

年份 Year	全省居民人均可支配收入 Per Capita Disposable Income of the Provincial Households		城镇居民人均可支配收入 Per Capita Disposable Income of Urban Households		农村居民人均可支配收入 Per Capita Disposable Income of Rural Households	
	绝对数 Value	指数(1978年=100) Index (Year of 1978=100)	绝对数 Value	指数(1978年=100) Index (Year of 1978=100)	绝对数 Value	指数(1978年=100) Index (Year of 1978=100)
1978	140	100.0	301	100.0	102	100.0
1979	184	130.4	338	111.1	145	142.8
1980	201	138.3	380	118.2	156	151.0
1981	225	150.9	401	121.0	180	170.8
1982	271	177.5	433	127.8	227	210.5
1983	315	203.1	452	131.3	276	252.2
1984	380	238.9	517	146.0	339	303.5
1985	416	240.7	595	154.1	358	297.8
1986	439	240.7	718	174.6	345	273.5
1987	489	250.0	807	180.9	377	280.3
1988	576	243.4	945	173.4	439	272.6
1989	701	247.9	1176	185.7	514	259.8
1990	802	277.5	1291	200.8	604	296.3
1991	813	268.3	1410	206.6	568	270.9
1992	918	282.6	1623	217.9	627	286.0
1993	1084	289.8	1957	226.4	718	290.7
1994	1386	295.8	2566	235.7	884	287.6
1995	1840	336.0	3306	260.2	1208	335.4
1996	2210	374.0	3703	269.1	1557	402.8
1997	2430	398.9	3990	281.2	1738	436.6
1998	2567	427.4	4096	292.5	1874	477.7
1999	2622	438.3	4337	308.5	1800	465.9
2000	2924	470.4	4715	320.3	1950	490.2
2001	3196	515.2	5377	367.1	2018	505.0
2002	3751	614.5	6214	433.8	2236	563.6
2003	4183	673.1	6977	479.4	2410	592.8
2004	4770	737.4	7866	521.7	2738	638.8
2005	5518	833.8	8866	578.2	3082	693.5
2006	6235	923.8	9967	638.5	3420	750.6
2007	7282	1031.4	11487	706.3	3975	825.5
2008	8333	1101.0	13021	748.2	4480	863.9
2009	8911	1182.1	13883	805.8	4677	893.8
2010	10149	1307.2	15510	873.2	5263	978.5
2011	11959	1464.1	17965	962.3	6225	1097.9
2012	13592	1623.4	20232	1058.4	7064	1214.4
2013	15120	1751.6	22258	1130.4	7950	1324.2
2014	16538	1883.9	24069	1200.8	8809	1447.2
2015	17854	2021.6	25828	1280.8	9454	1542.3
2016	19049	2133.5	27352	1341.7	10082	1626.9
2017	20420	2262.2	29132	1409.3	10788	1732.1
2018	21990	2393.0	31035	1474.8	11750	1853.2
2019	23828	2524.9	33262	1540.6	12902	1975.7
2020	25214	2596.4	34793	1567.5	13878	2057.2
2021	27426	2796.2	37433	1668.1	15308	2248.9
2022	29178	2914.0	39532	1727.0	16323	2341.3

4-5 全省居民家庭生活基本情况
BASIC LIVING CONDITIONS OF THE PROVINCIAL HOUSEHOLDS

指　标	Item	2021	2022
一、调查户数 (户)	Number of Households Surveyed (household)	4500	4500
二、调查户常住人口 (人)	Number of Resident Population Surveyed (person)	12373	12218
三、平均每户常住人口数 (人)	Average Number of Resident Population per Household (person)	2.75	2.72
四、平均每户从业人口 (人)	Average Number of Employees per Household (person)	1.58	1.52
五、平均每一从业者负担人数 (人)	Average Number of Persons Supported by Each Employee (person)	1.85	1.90
六、平均每人全年可支配收入 (元)	Per Capita Annual Disposable Income (yuan)	27426	29178
七、平均每人全年消费支出 (元)	Per Capita Annual Living Expenditure (yuan)	17191	17537

4-6 城镇居民家庭生活基本情况
BASIC LIVING CONDITIONS OF URBAN HOUSEHOLDS

指　标	Item	2021	2022
一、调查户数 (户)	Number of Households Surveyed (household)	2730	2730
二、调查户常住人口 (人)	Number of Resident Population Surveyed (person)	7687	7605
三、平均每户常住人口数 (人)	Average Number of Resident Population per Household (person)	2.82	2.79
四、平均每户从业人口数 (人)	Average Number of Employees per Household (person)	1.41	1.35
五、平均每一从业者负担人数 (人)	Average Number of Persons Supported by Each Employee (person)	2.07	2.15
六、平均每人全年可支配收入 (元)	Per Capita Annual Disposable Income (yuan)	37433	39532
七、平均每人全年消费支出 (元)	Per Capita Annual Living Expenditure (yuan)	21965	21923
八、平均每人期末住房面积 (平方米)	Per Capita Living Space at Year-end (sq.m)	35.96	36.34

4-7 城镇家庭人口状况
POPULATION CONDITIONS OF URBAN HOUSEHOLDS

指　标	Item	2021	2022
一、调查户数 (户)	**Number of Households Surveyed (household)**	**2730**	**2730**
二、调查户常住人口 (人)	**Number of Resident Population Surveyed (person)**	**7687**	**7605**
#劳动力数	Labors	5747	5737
#从业人数	Employees	3562	3392
#在校学生	Students Enrollment	1423	1445
按年龄分组	**Grouped by Age**		
5岁及以下	Aged 5 and Under	342	253
6–15岁	Aged 6–15	854	853
16–19岁	Aged 16–19	319	325
20–24岁	Aged 20–24	387	405
25–29岁	Aged 25–29	294	286
30–34岁	Aged 30–34	434	374
35–40岁	Aged 35–40	684	679
41–50岁	Aged 41–50	1391	1357
51–60岁	Aged 51–60	1460	1514
61–65岁	Aged 61–65	616	592
66岁及以上	Aged 66 and Above	869	952

4-8 城镇家庭劳动力状况
LABOR FORCE OF URBAN HOUSEHOLDS

单位：人 (person)

指 标	Item	2021	2022
一、劳动力文化状况	**Cultural Level of Labor Force**		
未上过学	Illiteracy or little literacy	41	40
小 学	Level of Primary School	562	564
初 中	Level of Junior Middle School	2113	2101
高 中	Level of Senior Middle School	1403	1384
大学专科	Level of Specialized Secondary School	910	922
大学本科	Level of Undergraduate	670	679
研究生	Level of Master and Doctor	48	47
二、劳动力从业情况	**Employment of Labor Force**		
(一)第一产业	Primary Industry	182	165
(二)第二产业	Secondary Industry	894	852
采矿业	Mining	269	263
制造业	Manufacturing	255	239
电力、热力、燃气及水生产供应业	Production and Supply of Power, Heat, Gas and Water	123	112
建筑业	Construction	247	238
(三)第三产业	Tertiary Industry	2486	2375
批发和零售业	Wholesale and Retail Trade	390	379
交通运输、仓储和邮政业	Transportation, Storage and Post	256	245
住宿和餐饮业	Hotels and Catering Services	162	157
信息传输、软件业和信息技术服务业	Information Transmission, Software and Information Technology Services	51	50
金融业	Financial Industry	74	69
房地产业	Real Estate	14	11
租赁和商务服务业	Leasing and Business Services	28	25
科学研究和技术服务业	Scientific Research and Technical Services	9	6
水利、环境和公共设施管理业	Management of Water Conservancy, Environment and Public Facilities	45	43
居民服务、修理和其他服务业	Services to Households, Repair and Other Services	619	590
教 育	Education	246	228
卫生和社会工作	Health and Social Service	159	154
文化、体育和娱乐业	Culture, Sports and Entertainment	47	43
公共管理、社会保障和社会组织	Public Management, Social Security and Social Organization	386	374
国际组织	International Organization		1

4-9 城镇居民家庭人均全年总收入

PER CAPITA ANNUAL INCOME OF URBAN HOUSEHOLDS

单位：元 (yuan)

指　标	Item	2021	2022
总收入	**Total Income**	**41164.89**	**43405.16**
一、工资性收入	Income of Wages and Salaries	21605.79	22358.59
二、经营性收入	Business Income	5226.69	5618.98
(一)第一产业	Primary Industry	861.14	1364.89
农　业	Farming	663.50	1168.31
林　业	Forestry	6.17	1.73
牧　业	Animal Husbandry	191.47	194.83
渔　业	Fishery		0.02
(二)第二产业	Secondary Industry	543.89	631.44
采矿业	Mining		
制造业	Manufacturing	16.63	33.11
电力、热力、燃气及水生产和供应业	Production and Supply of Power, Heat, Gas and Water	138.36	16.28
建筑业	Construction	388.89	582.05
(三)第三产业	Tertiary Industry	3821.67	3622.65
批发和零售业	Wholesale and Retail Trade	2128.56	2159.29
交通运输、仓储和邮政业	Transportation, Storage and Post	546.62	464.39
住宿和餐饮业	Hotels and Catering Services	317.28	354.89
房地产业	Real Estate		
租赁和商务服务业	Leasing and Business Services	35.58	39.04
居民服务、修理和其他服务业	Resident Services, Repair and Other Services	579.26	436.18
农林牧渔服务业	Services of Agriculture, Forestry, Animal Husbandry and Fishery	9.03	24.61
其　他	Others	205.35	144.24
三、财产性收入	Property Income	2639.09	3082.14
#利息收入	Interest	213.18	304.19
红利收入	Dividend and Bonus	373.59	727.23
储蓄性保险净收益	Net Savings Insurance	9.56	23.61
出租房屋财产性净收入	Net Income of Property Rental	387.93	360.41
四、转移性收入	Transfer Income	11693.31	12345.45
#养老金或离退休金	Pension or Retirement Payments	8408.17	9213.47
社会救济和补助	Social Relief and Subsidy	122.97	108.57
政策性生活补贴	Policy Living Allowances	91.05	110.35
赡养收入	Old Alimony	650.29	726.68
报销医疗费	Reimbursement of Medical Expenses	555.07	530.00
从政府和组织得到的实物产品和服务折价	Goods and Services Discount Received from Governments and Organizations	154.20	45.07
政策性惠农补贴	Aagricultural Subsidies	28.14	51.66

4-10 城镇居民家庭人均全年总支出

PER CAPITA ANNUAL EXPENDITURE OF URBAN HOUSEHOLDS

单位：元 (yuan)

项 目	Item	2021	2022
总支出	**Total Expenditure**	**30847.37**	**30835.91**
一、消费支出	Living Expenditure	21965.49	21922.63
二、生产经营费用支出	Production and Operation Expenses	1595.33	1574.77
(一)第一产业	Primary Industry	481.61	562.88
农 业	Farming	355.74	501.53
林 业	Forestry	7.59	0.72
牧 业	Animal Husbandry	118.28	60.61
渔 业	Fishery		0.03
(二)第二产业	Secondary Industry	119.47	121.10
采矿业	Mining		
制造业	Manufacturing	2.34	7.98
电力、热力、燃气及水生产和供应业	Production and Supply of Power, Heat, Gas and Water	34.50	4.65
建筑业	Construction	82.64	108.47
(三)第三产业	Tertiary Industry	994.25	890.79
批发和零售业	Wholesale and Retail Trade	607.38	481.58
交通运输、仓储和邮政业	Transportation, Storage and Post	163.48	154.51
住宿和餐饮业	Hotels and Catering Services	75.37	99.90
房地产业	Real Estate		0.03
租赁和商务服务业	Leasing and Business Services	11.13	2.81
居民服务、修理和其他服务业	Resident Services, Repair and Other Services	86.17	108.87
农林牧渔服务业	Services of Agriculture, Forestry, Animal Husbandry and Fishery	16.88	23.18
其 他	Others	33.82	19.90
三、财产性支出	Property Expenditure	62.21	45.67
生活贷款利息支出	Living Loans Interest Expense	56.65	37.53
其他财产性支出	Other Property Expenditure	5.55	8.14
四、转移性支出	Transfer Expenditure	1907.82	2071.70
个人所得税	Individual Income Tax	50.98	71.48
社会保障支出	Social Security Expenditures	1656.78	1783.22
外来从业人员寄给家人的支出	Expenses of Foreign Employees Sent to The Family	0.90	1.06
赡养支出	Alimony Expenses	112.62	135.02
其他转移性支出	Other Property Expenditure	86.53	80.93
五、部分商业保险支出	Part of the Commercial Insurance Expenses	259.78	205.63
六、购置资产及非经常性转移支出	Acquisition of Assets and Non-recurring Transfer Expenditures	4159.91	4097.10
七、借贷性支出	Borrowing Expenditure	896.83	918.41

4-11 城镇家庭平均每人家庭经营净收入
PER CAPITA NET INCOME FROM HOUSEHOLD BUSINESS OF URBAN HOUSEHOLDS

单位：元 (yuan)

指　标	Item	2021	2022
家庭经营净收入	**Net Income from Household Business**	**3464.80**	**3863.27**
农　业	Farming	288.22	643.38
林　业	Forestry	-1.43	1.01
牧　业	Animal Husbandry	70.98	131.20
渔　业	Fishery		
采矿业	Mining		
制造业	Manufacturing	13.36	22.92
电力、热力、燃气及水生产和供应业	Production and Supply of Power, Heat, Gas and Water	100.16	7.82
建筑业	Construction	290.30	442.14
批发和零售业	Wholesale and Retail Trade	1466.22	1634.32
交通运输、仓储和邮政业	Transportation, Storage and Post	349.51	277.22
住宿和餐饮业	Hotels and Catering Services	235.71	248.08
房地产业	Real Estate		-0.03
租赁和商务服务业	Leasing and Business Services	22.68	34.10
居民服务、修理和其他服务业	Resident Services, Repair and Other Services	477.09	303.82
农林牧渔服务业	Services of Agriculture, Forestry, Animal Husbandry and Fishery	-7.85	1.43
其　他	Others	159.85	115.87

4-12 主要年份城镇居民人均可支配收入增长情况

PER CAPITA DISPOSABLE INCOME GROWTH OF URBAN HOUSEHOLDS IN MAJOR YEARS

单位：元　　(yuan)

年 份 Year	可支配收入 Disposable Income	比上年增加额 Increase Value over Last Year	比上年增长(%) Increase Rate over Last Year	城镇居民消费价格指数(上年=100) Urban Consumer Price Index (last year=100)	扣除物价上涨因素后 Deducting Price Rising	
					实际收入 Real Income	比上年增长(%) Increase Rate over Last Year
1978	301.4					
1980	379.7			105.5	359.9	
1985	595.3	78.4	15.2	109.1	545.6	5.6
1990	1290.9	114.8	9.8	101.5	1271.8	8.2
1995	3306.0	740.3	28.9	116.7	2832.9	10.4
2000	4715.0	377.9	8.7	104.7	4503.3	3.8
2005	8865.8	1000.2	12.7	101.7	8717.6	10.8
2010	15510.1	1626.7	11.7	103.1	15043.7	8.4
2013	22258.2	2026.0	10.0	103.0	21609.9	6.8
2014	24069.4	1811.2	8.1	101.8	23643.8	6.2
2015	25827.7	1758.3	7.3	100.6	25673.7	6.7
2016	27352.3	1524.6	5.9	101.1	27054.7	4.8
2017	29131.8	1779.5	6.5	101.4	28729.6	5.0
2018	31034.8	1903.0	6.5	101.8	30486.1	4.6
2019	33262.4	2227.6	7.2	102.6	32419.5	4.5
2020	34792.7	1530.3	4.6	102.8	33845.0	1.8
2021	37433.1	2640.4	7.6	101.1	37025.8	6.4
2022	39532.0	2098.9	5.6	102.0	38756.9	3.5

4-13 主要年份城镇居民人均消费支出增长情况

PER CAPITA LIVING EXPENDITURE GROWTH OF URBAN HOUSEHOLDS IN MAJOR YEARS

单位：元　　(yuan)

年 份 Year	消费支出 Living Expenditure	比上年增加额 Increase Value over Last Year	比上年增长(%) Increase Rate over Last Year	城镇居民消费价格指数(上年＝100) Urban Consumer Price Index (last year=100)	扣除物价上涨因素后 Deducting Price Rising	
					实际支出 Real Expenditure	比上年增长(%) Increase Rate over Last Year
1978	275.4					
1980	356.6	51.8	17.0	105.5	338.0	10.8
1985	533.4	100.1	23.1	109.1	488.9	12.8
1990	1047.7	54.2	5.5	101.5	1032.2	3.9
1995	2640.7	597.4	29.2	116.7	2262.8	10.7
2000	3981.6	465.8	13.3	104.7	3802.9	8.2
2005	6517.8	727.8	12.6	101.7	6408.9	10.7
2010	10236.3	489.3	5.0	103.1	9928.5	1.9
2013	13762.7	997.9	7.8	103.0	13361.8	4.7
2014	14636.9	874.2	6.4	101.8	14378.1	4.5
2015	15818.6	1181.7	8.1	100.6	15724.3	7.4
2016	16992.8	1174.2	7.4	101.1	16807.9	6.3
2017	18404.0	1411.2	8.3	101.4	18149.9	6.8
2018	19789.8	1385.9	7.5	101.8	19439.9	5.6
2019	21159.0	1369.2	6.9	102.6	20622.8	4.2
2020	20331.9	–827.1	–3.9	102.8	19778.1	–6.5
2021	21965.5	1633.6	8.0	101.1	21726.5	6.9
2022	21922.6	–42.9	–0.2	102.0	21492.8	–2.2

4-16 续表1 continued

单位：%　　　　(%)

指　　标	Item	2021	2022
四、现住房建筑面积	Current Housing Construction Area	100.0	100.0
10平方米以内	Within 10 sq. m		
10-20平方米	10 – 20 sq. m	0.1	0.1
20-30平方米	20 – 30 sq. m	0.3	0.3
30-60平方米	30 – 60 sq. m	15.5	15.5
60-90平方米	60 – 90 sq. m	33.0	32.9
90-120平方米	90 – 120 sq. m	31.0	31.0
120-200平方米	120 – 200 sq. m	17.4	17.4
200平方米以上	Above 200 sq. m	2.9	2.9
五、住宅外道路路面情况	Road Conditions Outside Houses	100.0	100.0
水泥或柏油路面	Cement or Asphalt Road	97.4	97.5
沙石或石板等硬质路面	Sand, Stone and Other Hard Surfacing Road	2.3	2.2
其　他	Others	0.3	0.3
六、取水位置	Water Intaking	100.0	100.0
住宅内管道取水	Pipelines inside Houses	94.1	92.6
住宅内其他方式取水	Other Ways inside Houses	0.1	0.2
院内管道取水	Pipelines in Yards	4.8	6.0
院内其他方式取水	Other Ways in Yards	0.9	1.1
其他位置取水	Others	0.1	0.1
七、住户主要饮用水来源情况	Major Sources of Drinking Water for Households	100.0	100.0
经过净化处理的自来水	Purified Running Water	96.5	96.6
受保护的井水和泉水	Protected Wells and Springs	3.1	2.9
不受保护的井水和泉水	Unprotected Wells and Springs	0.1	0.1
江河湖泊水	River and Lake Water		
收集雨水	Collected Rainwater		
桶装水	Bottled Water	0.3	0.3
其他水源	Other Water sources		
八、住户厕所类型	Household Toilets	100.0	100.0
水冲式卫生厕所(冲入下水道)	Sanitary Flush Toilets (into Sewers)	77.7	79.9
水冲式卫生厕所(冲入化粪池)	Sanitary Flush Toilets (into Septic Tanks)	2.7	2.1

4-16 续表2 continued

单位：% (%)

指　　标	Item	2021	2022
水冲式卫生厕所(冲入沼气池)	Stanitary Flush Toilets (into Biogas Pits)	2.1	0.9
水冲式卫生厕所(冲入防渗厕坑)	Stanitary Flush Toilets (into Impervious Pits)	1.2	1.3
卫生旱厕	Stanitray Pit Latrines	5.3	7.0
普通旱厕	General Pit Latrines	11.0	8.8
九、住户主要取暖设备状况	Major Heating Equipments for Households	100.0	100.0
由市政或小区集中供暖	Central Heating Supplied by Municipal or Residential Area	79.0	82.1
自行供暖	Self Heating	17.7	17.9
无取暖设备	No Heating Equipments	3.3	
十、住户主要取暖用能源状况	Major Heating Energy for Households	100.0	100.0
柴　草	Firewood	0.5	0.2
煤　炭	Coal	6.8	6.7
罐装液化石油气	Bottled Liquefied Petroleum Gas		
管道液化石油气	Pipelined Liquefied Petroleum Gas		
管道煤气	Pipelined Gas	0.6	0.4
管道天然气	Pipelined Natural Gas	6.1	5.6
电	Electricity	5.1	4.8
燃料用油	Fuel oil		
沼　气	Biogas		
其　他	Others	0.1	0.1
无取暖行为	None	80.8	82.2
十一、主要炊用能源状况	Major Cooking Energy	100.0	100.0
柴　草	Firewood	0.4	0.1
煤　炭	Coal	3.6	3.3
罐装液化石油气	Bottled Liquefied Petroleum Gas	3.1	3.4
管道液化石油气	Pipelined Liquefied Petroleum Gas	0.1	0.1
管道煤气	Pipelined Gas	10.5	10.5
管道天然气	Pipelined Natural Gas	57.5	57.3
电	Electricity	24.3	24.9
燃料用油	Fuel oil		
沼　气	Biogas		
其　他	Others	0.1	
无炊用行为	None	0.4	0.4

4-17 农村居民家庭生活基本情况
BASIC LIVING CONDITIONS OF RURAL HOUSEHOLDS

指标	Item	2021	2022
一、调查户数(户)	Number of Households Surveyed (household)	1770	1770
二、调查户常住人口(人)	Number of Resident Population Surveyed (person)	4686	4613
三、平均每户常住人口数(人)	Average Number of Resident Population per Household (person)	2.65	2.61
四、平均每户从业人口数(人)	Average Number of Employees per Household (person)	1.84	1.79
五、平均每一从业者负担人数(人)	Average Number of Persons Supported by Each Employee (person)	1.74	1.61
六、平均每人全年可支配收入(元)	Per Capita Annual Disposable Income (yuan)	15308	16323
七、平均每人全年消费支出(元)	Per Capita Annual Living Expenditure (yuan)	11410	12091
八、人均期末住房面积(平方米)	Per Capita Living Space at Year-end (sq.m)	41.78	42.26

4-18 农村家庭人口状况
POPULATION CONDITIONS OF RURAL HOUSEHOLDS

指标	Item	2021	2022
一、调查户数(户)	**Number of Households Surveyed (household)**	**1770**	**1770**
二、调查户常住人口(人)	**Number of Resident Population Surveyed (person)**	**4686**	**4613**
#劳动力数	Labors	3566	3563
#从业人数	Employees	2786	2713
#在校学生	Students Enrollment	822	805
按年龄分组	**Grouped by Age**		
5岁及以下	Aged 5 and Under	137	105
6-15岁	Aged 6-15	455	422
16-19岁	Aged 16-19	216	224
20-24岁	Aged 20-24	247	242
25-29岁	Aged 25-29	171	178
30-34岁	Aged 30-34	192	184
35-40岁	Aged 35-40	242	221
41-50岁	Aged 41-50	712	673
51-60岁	Aged 51-60	1116	1134
61-65岁	Aged 61-65	479	460
66岁及以上	Aged 66 and Above	696	758

4-19 农村居民家庭劳动力状况
LABOR FORCE OF RURAL HOUSEHOLDS

单位：人 (person)

指 标	Item	2021	2022
一、劳动力文化状况	**Cultural Level of Labor Force**		
未上过学	Illiteracy or little literacy	114	105
小 学	Level of Primary School	919	918
初 中	Level of Junior Middle School	1951	1946
高 中	Level of Senior Middle School	405	408
大学专科	Level of Specialized Secondary School	138	139
大学本科	Level of Undergraduate	37	44
研究生	Level of Master and Doctor	2	3
二、劳动力从业情况	**Employment of Labor Force**		
(一)第一产业	Primary Industry	1417	1374
(二)第二产业	Secondary Industry	531	516
采矿业	Mining	106	101
制造业	Manufacturing	165	161
电力、热力、燃气及水生产供应业	Production and Supply of Power, Heat, Gas and Water	41	45
建筑业	Construction	219	209
(三)第三产业	Tertiary Industry	838	823
批发和零售业	Wholesale and Retail Trade	129	123
交通运输、仓储和邮政业	Transportation, Storage and Post	153	145
住宿和餐饮业	Hotels and Catering Services	105	98
信息传输、软件业和信息技术服务业	Information Transmission, Software and Information Technology Services	14	12
金融业	Financial Industry	13	9
房地产业	Real Estate	5	6
租赁和商务服务业	Leasing and Business Services	3	2
科学研究和技术服务业	Scientific Research and Technical Services	1	
水利、环境和公共设施管理业	Management of Water Conservancy, Environment and Public Facilities	17	18
居民服务、修理和其他服务业	Services to Households, Repair and Other Services	242	250
教 育	Education	49	51
卫生和社会工作	Health and Social Service	43	41
文化、体育和娱乐业	Culture, Sports and Entertainment	8	5
公共管理、社会保障和社会组织	Public Management, Social Security and Social Organization	56	63
国际组织	International Organization		

4-20 农村居民家庭人均全年总收入
PER CAPITA ANNUAL INCOME OF RURAL HOUSEHOLDS

单位：元 (yuan)

指　标	Item	2021	2022
总收入	**Total Income**	**18962.79**	**19897.16**
一、工资性收入	Income of Wages and Salaries	6859.58	7272.41
二、经营性收入	Business Income	7093.03	7211.44
(一)第一产业	Primary Industry	5635.29	5834.30
农　业	Farming	3930.89	4248.79
林　业	Forestry	38.16	64.37
牧　业	Animal Husbandry	1666.24	1521.14
渔　业	Fishery		
(二)第二产业	Secondary Industry	194.97	152.06
采矿业	Mining	11.92	12.43
制造业	Manufacturing	150.18	96.33
电力、热力、燃气及水生产和供应业	Production and Supply of Power, Heat, Gas and Water	10.31	5.46
建筑业	Construction	22.56	37.84
(三)第三产业	Tertiary Industry	1262.77	1225.08
批发和零售业	Wholesale and Retail Trade	330.63	285.93
交通运输、仓储和邮政业	Transportation, Storage and Post	538.39	481.18
住宿和餐饮业	Hotels and Catering Services	170.25	220.91
房地产业	Real Estate		
租赁和商务服务业	Leasing and Business Services		
居民服务、修理和其他服务业	Resident Services, Repair and Other Services	161.54	168.15
农林牧渔服务业	Services of Agriculture, Forestry, Animal Husbandry and Fishery	54.58	61.99
其　他	Others	7.38	6.92
三、财产性收入	Property Income	230.48	249.64
#利息收入	Interest	47.96	63.03
红利收入	Dividend and Bonus	74.42	80.57
储蓄性保险净收益	Net Savings Insurance	1.03	0.48
出租房屋财产性净收入	Net Income of Property Rental	26.30	13.03
四、转移性收入	Transfer Income	4779.69	5163.67
#养老金或离退休金	Pension or Retirement Payments	1636.42	1834.03
社会救济和补助	Social Relief and Subsidy	358.63	412.32
政策性生活补贴	Policy Living Allowances	123.05	176.98
赡养收入	Old Alimony	925.76	928.11
报销医疗费	Reimbursement of Medical Expenses	240.87	289.95
从政府和组织得到的实物产品和服务折价	Goods and Services Discount Received from Governments and Organizations	158.92	64.24
政策性惠农补贴	Aagricultural Subsidies	241.57	183.81

4-21 农村居民家庭人均全年总支出

PER CAPITA ANNUAL EXPENDITURE OF RURAL HOUSEHOLDS

单位：元 (yuan)

项　目	Item	2021	2022
总支出	**Total Expenditure**	**18358.09**	**19134.53**
一、消费支出	Living Expenditure	11410.09	12090.94
二、生产经营费用支出	Production and Operation Expenses	2899.33	2781.20
(一)第一产业	Primary Industry	2205.57	2186.42
农　业	Farming	1299.98	1397.65
林　业	Forestry	6.88	11.38
牧　业	Animal Husbandry	898.58	777.03
渔　业	Fishery	0.13	0.36
(二)第二产业	Secondary Industry	122.60	88.08
采矿业	Mining	2.26	2.17
制造业	Manufacturing	119.20	74.15
电力、热力、燃气及水生产和供应业	Production and Supply of Power, Heat, Gas and Water	1.14	1.05
建筑业	Construction		10.71
(三)第三产业	Tertiary Industry	571.15	506.70
批发和零售业	Wholesale and Retail Trade	156.34	80.28
交通运输、仓储和邮政业	Transportation, Storage and Post	287.96	264.19
住宿和餐饮业	Hotels and Catering Services	72.76	108.49
房地产业	Real Estate	0.39	
租赁和商务服务业	Leasing and Business Services	0.19	0.06
居民服务、修理和其他服务业	Resident Services, Repair and Other Services	39.27	41.05
农林牧渔服务业	Services of Agriculture, Forestry, Animal Husbandry and Fishery	8.98	9.92
其　他	Others	5.27	2.71
三、财产性支出	Property Expenditure	14.48	18.05
生活贷款利息支出	Living Loans Interest Expense	12.83	16.24
其他财产性支出	Other Property Expenditure	1.65	1.81
四、转移性支出	Transfer Expenditure	505.79	612.49
个人所得税	Individual Income Tax	3.67	1.68
社会保障支出	Social Security Expenditures	444.43	544.08
外来从业人员寄给家人的支出	Expenses of Foreign Employees Sent to The Family	4.08	1.78
赡养支出	Alimony Expenses	29.64	42.55
其他转移性支出	Other Property Expenditure	23.96	22.40
五、部分商业保险支出	Part of the Commercial Insurance Expenses	68.68	65.30
六、购置资产及非经常性转移支出	Acquisition of Assets and Non-recurring Transfer Expenditures	2897.78	3068.22
七、借贷性支出	Borrowing Expenditure	561.94	498.34

4-24 主要年份农村居民人均可支配收入增长情况

PER CAPITA DISPOSABLE INCOME GROWTH OF RURAL HOUSEHOLDS IN MAJOR YEARS

单位：元 (yuan)

年 份 Year	可支配收 入 Disposable Income	比上年增加额 Increase Value over Last Year	比上年增长(%) Increase Rate over Last Year	农村居民消费价格指数(上年=100) Urban Consumer Price Index (last year=100)	扣除物价上涨因素后 Deducting Price Rising	
					实际收入 Real Income	比上年增长(%) Increase Rate over Last Year
1978	101.6	8.0	8.6			
1980	155.8	10.4	7.1	101.3	153.8	5.8
1985	358.3	19.5	5.8	107.8	332.4	-1.9
1990	603.5	89.6	17.4	103.0	585.9	14.0
1995	1208.3	324.1	36.7	117.2	1031.0	16.6
2000	1950.4	150.7	8.4	103.0	1893.6	5.2
2005	3082.0	344.1	12.6	103.7	2972.0	8.6
2010	5263.3	586.3	12.5	102.8	5119.9	9.5
2013	7949.5	885.6	12.5	103.2	7703.0	9.0
2014	8809.4	859.9	10.8	101.4	8685.4	9.2
2015	9453.9	644.5	7.3	100.7	9388.2	6.6
2016	10082.5	628.6	6.6	101.1	9968.9	5.5
2017	10787.5	705.1	7.0	100.5	10733.8	6.5
2018	11750.0	962.5	8.9	101.8	11542.3	7.0
2019	12902.4	1152.4	9.8	103.0	12526.6	6.6
2020	13878.0	975.6	7.6	103.3	13434.7	4.1
2021	15308.3	1430.3	10.3	100.9	15171.7	9.3
2022	16322.7	1014.4	6.6	102.4	15940.0	4.1

4-25 主要年份农村居民人均消费支出增长情况

PER CAPITA LIVING EXPENDITURE GROWTH OF RURAL HOUSEHOLDS IN MAJOR YEARS

单位：元 (yuan)

年 份 Year	消 费 支 出 Living Expenditure	比上年增加额 IncreaseValue over Last Year	比上年增长(%) Increase Rate over Last Year	农村居民消费价格指数(上年＝100) Rural Consumer Price Index (last year=100)	扣除物价上涨因素后 Deducting Price Rising	
					实际支出 Real Expenditure	比上年增长(%) Increase Rate over Last Year
1978	90.6					
1980	134.4	16.1	13.6	101.3	132.7	12.1
1985	272.7	48.4	21.6	107.8	253.0	12.8
1990	487.7	78.4	19.2	103.0	473.4	15.7
1995	928.0	254.4	37.8	117.2	791.8	17.5
2000	1174.8	112.8	10.6	103.0	1140.6	7.4
2005	1999.8	271.6	15.7	103.7	1928.4	11.6
2010	4070.4	428.9	11.8	102.8	3959.6	8.7
2013	6457.7	273.8	4.4	103.2	6257.5	1.2
2014	6991.7	534.0	8.3	101.4	6895.2	6.8
2015	7421.2	429.5	6.1	100.7	7369.6	5.4
2016	8028.8	607.6	8.2	101.1	7938.4	7.0
2017	8424.0	395.2	4.9	100.5	8382.1	4.4
2018	9172.2	748.2	8.9	101.8	9010.0	7.0
2019	9728.4	556.2	6.1	103.0	9445.1	3.0
2020	10290.1	561.7	5.8	103.3	9961.4	2.4
2021	11410.1	1120.0	10.9	100.9	11308.3	9.9
2022	12090.9	680.8	6.0	102.4	11807.6	3.5

4-26 农村居民家庭平均每人食品消费量
PER CAPITA FOOD CONSUMPTION OF RURAL HOUSEHOLDS

单位：公斤 (kg)

指　标	Item	2021	2022
粮　食	Grain	167.91	156.48
油脂类	Oil or Fat	9.40	8.47
蔬菜及菜制品	Vegetables and Processed Products	97.81	90.60
肉　类	Meat	14.40	17.47
禽　类	Poultry	3.68	3.08
水产品	Aquatic Product	1.87	1.90
蛋类及蛋制品	Eggs and Processed Products	16.15	15.75
奶和奶制品	Milk and Processed Products	14.23	13.61
鲜瓜果	Fresh Melons and Fruits	56.70	47.19

4-27 农村居民家庭平均每百户耐用消费品拥有量
DURABLE CONSUMER GOODS OWNED PER 100 RURAL HOUSEHOLDS

名　称	Item	2021	2022
家用汽车(辆)	Automobile (unit)	28.93	30.06
摩托车(辆)	Motorcycle (unit)	38.36	37.97
电动助力车(辆)	Electric Bicycle (unit)	62.32	64.63
洗衣机(台)	Washing Machine (set)	93.45	93.84
电冰箱(台)	Refrigerator (set)	89.15	89.72
微波炉(台)	Microwave oven (set)	8.93	8.59
彩色电视机(台)	Color Television (set)	99.49	99.49
空　调(台)	Air Conditioner (set)	27.29	27.68
热水器(台)	Water Heater (set)	35.82	35.71
排油烟机(台)	Kitchen Ventilator (set)	25.37	25.65
移动电话(部)	Mobile Telephone (set)	242.15	242.49
计算机(台)	Computer (set)	24.01	23.84
照相机(台)	Camera (set)	1.24	1.13

4-28 农村居民家庭年末居住情况
HOUSING CONDITIONS OF RURAL HOUSEHOLDS AT YEAR-END

单位：%　　(%)

指　　标	Item	2021	2022
一、居住空间样式	Style of Residential Space	100.0	100.0
单栋楼房	Dependent Resident	9.3	9.3
单栋平房	Dependent Bungalow	77.2	79.5
四居室及以上单元房	Apartment with Four and More Bedrooms	0.1	0.1
三居室单元房	Apartment with Three Bedrooms	4.0	4.0
二居室单元房	Apartment with Two Bedrooms	0.9	1.1
一居室单元房	Apartment with One Bedrooms	0.5	0.5
筒子楼或连片平房	Tube-Shaped Apartment or Contiguous Bungalow	5.9	4.5
其　他	Others	2.1	1.0
二、主要建筑材料	Major Building Materials	100.0	100.0
钢筋混凝土	Reinforced Concrete	12.6	12.3
砖混材料	Brick and Concrete Material	49.9	53.4
砖瓦砖木	Tile and Brick	35.7	34.0
竹草土坯	Bamboo, Grass and Adobe	1.2	0.2
其　他	Others	0.6	0.1
三、现住房房屋来源	Current Housing Sources	100.0	100.0
租赁公房	Rent Public Houses	0.06	0.1
租赁私房	Rent Private Houses	2.1	1.6
自建住房	Self-Build Housing	90.1	90.4
购买商品房	Purchased Commercial Housing	4.3	4.4
购买房改住房	Purchased Housing-Reform Houses	0.3	0.3
购买保障性住房	Purchased Security Housing	0.5	0.5
拆迁安置房	Resettlement Housing	1.3	1.4
继承或获赠住房	Inherited or receive Housing	0.7	0.6
免费借用房	Free Rental Housing	0.6	0.7
雇主提供免费住房	Employer-Provided Free Housing	0.1	0.1
其他来源	Other Sources		0.1

4-28 续表1 continued

单位：% (%)

指　标	Item	2021	2022
四、现住房建筑面积	Current Housing Construction Area	100.0	100.0
10平方米以内	Within 10 sq. m		
10-20平方米	10 – 20 sq. m	0.1	0.1
20-30平方米	20 – 30 sq. m	1.6	1.6
30-60平方米	30 – 60 sq. m	18.1	17.9
60-90平方米	60 – 90 sq. m	23.7	23.7
90-120平方米	90 – 120 sq. m	27.9	28.1
120-200平方米	120 – 200 sq. m	23.9	23.8
200平方米以上	Above 200 sq. m	4.7	4.7
五、住宅外道路路面情况	Road Conditions Outside Houses	100.0	100.0
水泥或柏油路面	Cement or Asphalt Road	90.4	91.1
沙石或石板等硬质路面	Sand, Stone and Other Hard Surfacing Road	8.0	7.3
其　他	Others	1.6	1.6
六、取水位置	Water Intaking	100.0	100.0
住宅内管道取水	Pipelines inside Houses	55.3	55.1
住宅内其他方式取水	Other Ways inside Houses	1.4	0.9
院内管道取水	Pipelines in Yards	37.0	37.7
院内其他方式取水	Other Ways in Yards	3.8	3.9
其他位置取水	Others	2.4	2.4
七、住户主要饮用水来源情况	Major Sources of Drinking Water for Households	100.0	100.0
经过净化处理的自来水	Purified Running Water	73.6	73.3
受保护的井水和泉水	Protected Wells and Springs	26.0	25.8
不受保护的井水和泉水	Unprotected Wells and Springs	0.3	0.9
江河湖泊水	River and Lake Water		
收集雨水	Collected rainwater		
桶装水	Bottled water	0.1	0.1
其他水源	Other Water sources		
八、住户厕所类型	Households Toilets	100.0	100.0
水冲式卫生厕所(冲入下水道)	Sanitary Flush Toilets (into Sewers)	7.9	9.4
水冲式卫生厕所(冲入化粪池)	Sanitary Flush Toilets (into Septic Tanks)	1.2	1.8

4-28 续表2 continued

单位：%　　(%)

指　　标	Item	2021	2022
水冲式卫生厕所(冲入沼气池)	Sanitary Flush Toilets (into Biogas Pits)	6.4	2.3
水冲式卫生厕所(冲入防渗厕坑)	Stanitary Flush Toilets (into Impervious Pits)	2.8	4.4
卫生旱厕	Stanitray Pit Latrines	20.7	34.8
普通旱厕	General Pit Latrines	61.0	47.5
九、住户主要取暖设备状况	Major Heating Equipments for Households	100.0	100.0
由市政或小区集中供暖	Central Heating Supplied by Municipal or Residential Area	11.9	12.4
自行供暖	Self Heating	82.9	87.5
无取暖设备	No Heating Equipments	5.3	0.1
十、住户主要取暖用能源状况	Major Heating Energy for Households	100.0	100.0
柴　草	Firewood	5.3	6.0
煤　炭	Coal	55.9	55.8
罐装液化石油气	Bottled Liquefied Petroleum Gas	0.1	
管道液化石油气	Pipelined Liquefied Petroleum Gas	0.1	0.1
管道煤气	Pipelined Gas	1.0	0.7
管道天然气	Pipelined Natural Gas	9.2	9.5
电	Electricity	14.8	14.7
燃料用油	Fuel oil		
沼　气	Biogas		
其　他	Others	0.6	0.2
无取暖行为	None	13.2	12.9
十一、主要炊用能源状况	Major Cooking Energy	100.0	100.0
柴　草	Firewood	7.5	8.5
煤　炭	Coal	30.5	27.8
罐装液化石油气	Bottled Liquefied Petroleum Gas	4.0	4.9
管道液化石油气	Pipelined Liquefied Petroleum Gas	0.2	0.2
管道煤气	Pipelined Gas	1.3	1.8
管道天然气	Pipelined Natural Gas	14.7	14.4
电	Electricity	41.5	42.4
燃料用油	Fuel oil		
沼　气	Biogas	0.1	
其　他	Others	0.2	0.1
无炊用行为	None	0.1	

主要统计指标解释

可支配收入 指住户在调查期内获得的、可用于最终消费支出和储蓄的总和，即住户可以用来自由支配的收入。可支配收入既包括现金，也包括实物收入。按照收入的来源，可支配收入包含四项，分别为：工资性收入、经营净收入、财产净收入和转移净收入。计算公式为：

可支配收入 = 工资性收入 + 经营净收入 + 财产净收入 + 转移净收入

工资性收入 指就业人员通过各种途径得到的全部劳动报酬和各种福利，包括受雇于单位或个人、从事各种自由职业、兼职和零星劳动得到的全部劳动报酬和福利。

经营净收入 指住户或住户成员从事生产经营活动所获得的净收入，是全部经营收入中扣除经营费用、生产性固定资产折旧和生产税之后得到的净收入。计算公式具体为：

经营净收入 = 经营收入 - 经营费用 - 生产性固定资产折旧 - 生产税

财产净收入 指住户或住户成员将其所拥有的金融资产、住房等非金融资产和自然资源交由其他机构单位、住户或个人支配而获得的回报并扣除相关的费用之后得到的净收入。财产净收入包括利息净收入、红利收入、储蓄性保险净收益、转让承包土地经营权租金净收入、出租房屋净收入、出租其他资产净收入和自有住房折算净租金等。

转移净收入 计算公式为：转移净收入 = 转移性收入 - 转移性支出

转移性收入 指国家、单位、社会团体对住户的各种经常性转移支付和住户之间的经常性收入转移。包括养老金或退休金、社会救济和补助、政策性生产补贴、政策性生活补贴、经常性捐赠和赔偿、报销医疗费、住户之间的赡养收入、本住户非常住成员寄回带回的收入等。

转移性支出 指住户对国家、单位、住户或个人的经常性或义务性转移支付。包括缴纳的税款、各项社会保障支出、赡养支出、经常性捐赠和赔偿支出以及其他经常转移支出等。

消费支出 指住户用于满足家庭日常生活消费需要的全部支出，包括用于消费品的支出和用于服务性消费的支出。根据用途不同，消费支出可划分为食品烟酒、衣着、居住、生活用品及服务、交通通信、教育文化娱乐、医疗保健、其他用品及服务八大类。

Explanatory Notes on Main Statistical Indicators

Disposable Income refers to the disposable income of households which obtained during the survey period, and can be used for final consumption and savings. It includes cash and physical income. It can be divided into four categories, including income of wages and salaries, net business income, net property income and net transfer income by the sources of income. The formula is as follows:

Disposable Income = Income of Wages and Salaries + Net Business Income + Net Property Income + Net Transfer Income

Wages and Salaries refers to total labor rewards and welfare employees received through various channels, including employed by units or individuals, engaged in free occupations, part-time jobs and sporadic jobs.

Net Business Income refers to net income the households or their members received through production and operation activities. It equals to total business income minus business expenses, depreciation of productive fixed assets and production taxes. The formula is as follows:

Net Business Income = Business Income – Business Expenses – Depreciation of Productive Fixed Assets – Production Taxes

Net Property Income refers to net income received as returns deducting related expenses by the households or their members, who owns the financial assets, non-financial assets such as housing and natural resources, by providing them to other institutional units, households or individuals. It includes net interest income, dividend and bonus, net savings insurance, net rental income from transferring management right of contracted land, net rental income from houses, net rental income from other assets, imputed net rental from owner occupied housing and etc.

Net Transfer Income is calculated by the following formula:

Net Transfer Income = Transfer Income – Transfer Expenditure

Transfer Income refers to current transfer payment the state, units, social organizations pay to households and current transfer income among households. It includes pensions or retirement payments, social relief and subsidies, policy living allowances, regular donations and compensations, reimbursement of medical expenses, supporting income among households, income from non-resident members of households, etc.

Transfer Expenditure refers to current or compulsory transfer payment households pay to the state, units, households and individuals. It includes taxes, social security expenditures, alimony payments, regular donations and compensations and other current transfer expenditures.

Living Expenditure refers to total expenditure households used to satisfy daily life consumption, which includes consumer goods and services expenditure. It can be classified into eight categories, including expenditure on food, tobacco and liquor, clothing, residence, household facilities, articles and services, transportation and communication, education, culture and recreation, health care and others.

5

PUBLIC FINANCE, BANKING AND INSURANCE

财政、金融和保险

资料整理人员

张艳芳　尹　伊

PUBLIC FINANCE, BANKING AND INSURANCE 财政、金融和保险

一般公共预算收入	General Public Budget Revenue	3454.0	亿元 (100 million yuan)
一般公共预算支出	General Public Budget Expenditure	5876.5	亿元 (100 million yuan)
住户存款	Deposits of Households	33007.8	亿元 (100 million yuan)
原保险保费收入	Income of Premiums	1012.9	亿元 (100 million yuan)

一般公共预算收入（亿元）

General Public Budget Revenue (100 million yuan)

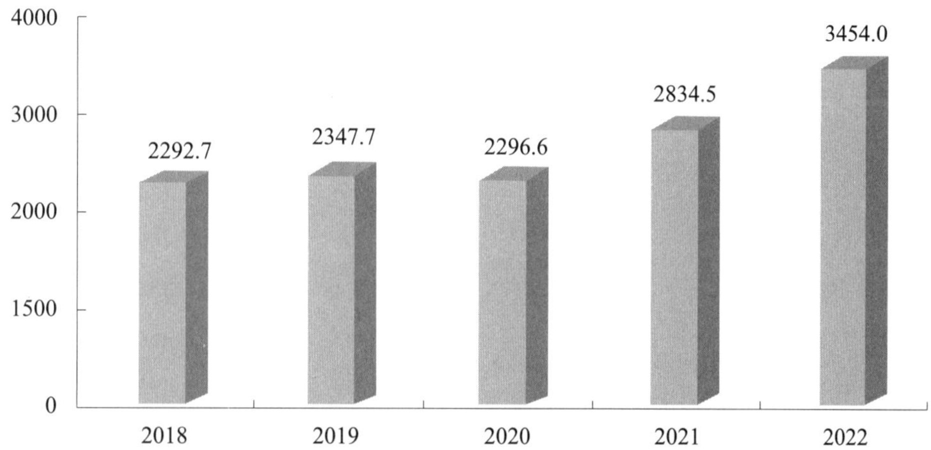

金融机构人民币各项存贷款余额（万亿元）

Balance of Deposits and Loans in RMB of Financial Institutions (trillion yuan)

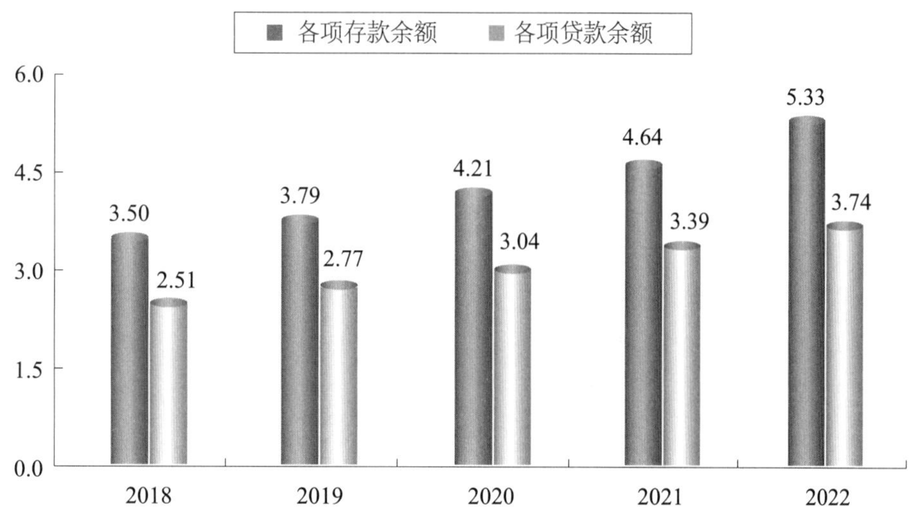

5-1 主要年份财政收支情况
FINANCIAL REVENUE AND EXPENDITURE IN MAJOR YEARS

单位：万元 (10 000 yuan)

年 份 Year	一般公共预算收入 General Public Budget Revenue	一般公共预算支出 General Public Budget Expenditure	一般公共预算收支差额 General Public Budget Balance	一般公共预算收支指数(上年=100) General Public Budget Revenue and Expenditure Indices (last year=100)	
				收 入 Revenue	支 出 Expenditure
1952	18276	10913	7363	138	185
1957	35230	28832	6398	109	95
1962	54001	36423	17578	79	50
1965	68571	51064	17507	115	103
1970	92081	94164	-2083	181	150
1975	123934	149779	-25845	113	98
1978	196419	211118	-14699	148	129
1980	209555	196099	13456	103	95
1985	249906	355483	-105577	92	119
1990	517495	548962	-31467	107	108
1995	722064	1128924	-406860	134	127
2000	1144762	2250554	-1105792	105	121
2005	3683437	6687508	-3004071	144	129
2006	5833752	9155698	-3321946	158	137
2007	5978870	10499228	-4520358	102	115
2008	7480047	13150175	-5670128	125	125
2009	8058279	15617047	-7558768	108	119
2010	9696652	19313641	-9616989	120	124
2011	12134340	23638476	-11504136	125	122
2012	15163780	27594582	-12430802	125	117
2013	17016227	30301263	-13285036	112	110
2014	18206350	30852826	-12646476	107	102
2015	16423546	34229731	-17806185	90	111
2016	15569972	34288617	-18718645	95	100
2017	18670022	37564199	-18894177	120	110
2018	22926982	42839099	-19912117	123	114
2019	23477478	47107629	-23630151	102	110
2020	22965669	51108746	-28143077	98	108
2021	28344743	50466207	-22121464	123	99
2022	34539927	58764956	-24225029	122	116

注：1994年以前一般公共预算收支为财政收支。

Note: General public budget revenue and expenditure refer to financial revenue and expenditure before 1994.

5-2 政府性基金收支额(2022年)

REVENUE AND EXPENDITURE OF GOVERNMENT FUNDS(2022)

单位：万元 (10 000 yuan)

项　目	Item	金 额 Value
收入合计	**Total Revenue**	**6289755**
#政府性基金收入	Revenue of Government Funds	5948144
支出合计	**Total Expenditure**	**14763962**
一、文化旅游体育与传媒	Expenditure for Culture, Tourism, Sports and Media	2052
二、社会保障和就业	Expenditure for Social Security and Employment	46675
三、节能环保	Expenditure for Energy Conservation and Environmental Protection	26381
四、城乡社区	Expenditure for Urban and Rural Community	5792892
五、农林水	Expenditure for Agriculture, Forestry and Water Conservancy	38636
六、交通运输	Expenditure for Transportation	690373
七、资源勘探信息等	Expenditure for Resources Exploration and Information	39416
八、债务付息	Expenditure for Interest Payment on Debts	1031414
九、债务发行费用	Expenditure for Debts Issuance	6653
十、抗疫特别国债安排的支出	Anti-epidemic Special Bonds	8804
十一、其他支出	Other Expenditures	7080666

5-3 一般公共预算收入(2022年)
GENERAL PUBLIC BUDGET REVENUE(2022)

单位：万元 (10 000 yuan)

项 目	Item	金 额 Value
收入总计	**Total Revenue**	**34539927**
一、税收收入	**Total taxes**	**26965468**
增值税	Value-added Taxes	8553128
企业所得税	Enterprises Income Taxes	5717681
个人所得税	Individual Income Taxes	636472
资源税	Resource Taxes	7663000
城市维护建设税	Taxes on Urban Construction and Maintenance	1203741
房产税	House Property Taxes	538614
印花税	Stamp Taxes	420397
城镇土地使用税	Taxes on Use of Urban Land	328660
土地增值税	Land Value-added Taxes	438215
车船税	Taxes on Use of Vehicles and vessels	286068
耕地占用税	Taxes on Occuping Cultivated Land	206203
契 税	Contract Taxes	851883
烟叶税	Tobacco Taxes	1816
环境保护税	Environmental Protection Taxes	109376
其他税收收入	Other Taxes	10214
二、非税收入	**Non-tax Revenue**	**7574459**
专项收入	Special Incomes	1736602
行政事业性收费收入	Incomes from Administrative Fees	892208
罚款收入	Penalty Incomes	1105026
国有资本经营预算收入	Business Budget Revenue of State-owned Properties	750339
国有资源(资产)有偿使用收入	Incomes from State-owned Resource Utilization	2605284
其他收入	Other Incomes	485000

5-4 一般公共预算支出(2022年)
GENERAL PUBLIC BUDGET EXPENDITURE(2022)

单位：万元 (10 000 yuan)

项 目	Item	金 额 Value
支出总计	**Total Expenditure**	**58764956**
一、一般公共服务	Expenditure for General Public Services	5083986
二、国 防	Expenditure for National Defence	44512
三、公共安全	Expenditure for Public Security	2725134
四、教 育	Expenditure for Education	8613526
五、科学技术	Expenditure for Science and Technology	610072
六、文化旅游体育与传媒	Expenditure for Culture, Tourism, Sports and Media	1079846
七、社会保障和就业	Expenditure for Social Security and Employment	9992604
八、卫生健康	Expenditure for Health Care	4950476
九、节能环保	Expenditure for Energy Conservation and Environmental Protection	2411817
十、城乡社区	Expenditure for Urban and Rural Community	6336217
十一、农林水	Expenditure for Agriculture, Forestry and Water Conservancy	5768666
十二、交通运输	Expenditure for Transportation	3754520
十三、资源勘探信息等	Expenditure for Resources Exploration and Information	1414741
十四、商业服务业等	Expenditure for Business and Services	375096
十五、金 融	Expenditure for Finance	489273
十六、援助其他地区	Expenditure for Other Regional Assistance	32112
十七、自然资源海洋气象等	Expenditure for Natural Resource, Ocean and Weather	930665
十八、住房保障	Expenditure for Housing Security	1612945
十九、粮油物资储备	Expenditure for Cereals, Oils and Material Reserves	258270
二十、灾害防治及应急管理	Expenditure for Disaster Prevention and Emergency Management	844299
二十一、债务付息	Expenditure for Interest Payment on Debts	943301
二十二、债务发行费用	Expenditure for Debts Issuance	5016
二十三、其他支出	Other Expenditures	487862

5-6 金融机构信贷收支余额(2022年)
BALANCE OF CREDIT FUNDS OF FINANCIAL INSTITUTIONS(2022)

单位：亿元 (100 million yuan)

项　目	Item	本外币 RMB and Foreign Currency	人民币 RMB
一、各项存款	**Total Deposits**	**53647.00**	**53279.59**
境内存款	Domestic Deposits	53626.48	53265.53
住户存款	Deposits of Households	33100.92	33007.79
#活期存款	Demand Deposits	7746.72	7697.43
非金融企业存款	Deposits of Non-financial Enterprises	13638.68	13374.43
#活期存款	Demand Deposits	7285.27	7206.37
财政性存款	Fiscal Deposits	1468.17	1468.17
机关团体存款	Deposits of Government Departments and Orgnizations	5030.98	5028.52
非银行业金融机构存款	Deposits of Non-banking Financial Institutions	387.73	386.62
境外存款	Overseas Deposites	20.51	14.06
二、所有者权益	**Creditors' Equity**	**2150.26**	**2148.81**
三、各项贷款	**Total Loans**	**37620.88**	**37406.25**
境内贷款	Domestic Loans	37615.69	37401.06
住户贷款	Loans to Households	7672.70	7672.29
#短期贷款	Short-term Loans	1984.39	1983.98
中长期贷款	Medium and Long-term Loans	5688.31	5688.31
企(事)业单位贷款	Loans to Non-financial Enterprises, Government Departments and Orgnizations	29942.99	29728.77
#短期贷款	Short-term Loans	8653.59	8471.14
中长期贷款	Medium and Long-term Loans	17419.12	17387.41
票据融资	Paper Financing	3838.52	3838.52
融资租赁	Financial Leases	23.17	23.17
各项垫款	Total Advances	8.61	8.54
非银行业金融机构贷款	Loans to Non-banking Financial Institutions		
境外贷款	Overseas Loans	5.19	5.19

5-7 金融机构人民币各项存款和贷款余额
BALANCE OF DEPOSITS AND LOANS IN RENMINBI OF FINANCIAL INSTITUTIONS

单位：万元 (10 000 yuan)

年 份 Year	各项存款合 计 Total Deposits	#非金融企业存款 Non-financial Enterprises	#住户存款 Households	各项贷款合 计 Total Loans	#短期贷款 Short-term	#中长期贷款 Medium and Long-term
1980	392088	125522	128705	591107	578830	12277
1985	1050817	401574	529220	1512441	1185224	247760
1990	3141354	847362	2313378	3569045	2877047	571351
1991	3809523	1034918	2915655	4328291	3262954	943164
1992	4607404	1224459	3636711	5148408	3712448	1274798
1993	5702498	1414515	4603533	6381035	4400154	1778957
1994	6854272	2062932	6159495	8020557	5081106	2756760
1995	12882737	2833481	8444641	12231107	7744271	3210760
1996	15699109	3681447	10738217	14201114	9259966	3910686
1997	17923626	4474154	12368354	15249840	11782869	2965442
1998	20811147	4948038	14370605	17417903	13022710	3360439
1999	23572121	5643636	16143945	19092096	13767722	3740309
2000	26283900	6772936	17484210	24531452	14224781	8212709
2001	30907287	8219315	19797268	24084029	14317608	7687055
2002	37087186	9602764	23073176	29031751	16331829	9587870
2003	46815142	12594164	27815374	35522883	19343085	12138826
2004	58116546	15579954	33423062	40161240	20362341	14893336
2005	70886971	17489745	41196865	42289987	21082074	16994250
2006	85774569	22553297	47961838	47885141	23096219	20234188
2007	100418455	26614242	54223930	53944680	26792518	22980302
2008	127667183	32744816	70486087	59603272	27912981	27300364
2009	156984678	42390374	80994287	78147390	33337917	39118456
2010	185756526	53338036	92229697	96343196	37425196	54092971
2011	209204319	93395109	104554604	111693542	42314059	63877414
2012	240505805	107851389	119970319	131062060	51960561	71455443
2013	261053489	111639664	133393743	148875306	59772430	80157833
2014	267794699	108700270	141451816	164327453	63715573	87589237
2015	283460992	69622303	156758537	184586645	59898305	79535966
2016	303713743	74534097	171280459	202285781	77290669	108638948
2017	324805540	81469491	186202942	224638999	81868248	127923217
2018	349875755	87816646	203451895	250570401	82782425	149650713
2019	378705719	93015535	225449882	277461839	87770239	168040651
2020	420734802	108104653	254820163	303734544	91180525	186558706
2021	463529841	114557288	284598921	339174690	96472877	209724033
2022	532795895	133744327	330077863	374062510	104551218	230757125

注：2015年，央行对金融机构存贷款统计口径进行了调整。本表非金融企业存款2015年以前数据为企事业存款口径；住户存款2015年以前数据为城乡居民储蓄存款口径。

Note：PBC adjusted the coverage of deposits and loans of financial institutions in 2015. Non-financial Enterprises deposits before 2015 uses the former data of corporate deposits; households deposits before 2015 uses the former data of saving deposits of urban and rural residents.

5-8 金融机构存款基准利率
BENCHMARK DEPOSIT RATE OF FINANCIAL INSITITUTIONS

单位：年利率%　　　　(annual interest rate %)

项　目	Item	2008.10.30 Oct.30,2008	2008.11.27 Nov.27,2008	2008.12.23 Dec.23,2008	2010.10.20 Oct.20,2010
城乡居民和单位存款	**Deposits of Urban and Rural Residents and Units**				
活　期	Demand Savings	0.72	0.36	0.36	0.36
定　期	Time Savings				
整存整取	Lump-sum Deposit and Withdrawing				
三个月	3 Months	2.88	1.98	1.71	1.91
半　年	6 Months	3.24	2.25	1.98	2.20
一　年	1 Year	3.60	2.52	2.25	2.50
二　年	2 Years	4.14	3.06	2.79	3.25
三　年	3 Years	4.77	3.60	3.33	3.85
五　年	5 Years	5.13	3.87	3.60	4.20
零存整取、整存零取、存本取息	Small Savings for Lump-sum Withdrawal, Big Money Saving and Small Withdrawing, Interest Withdrawal on a Principal Deposited				
一　年	1 Year	2.88	1.98	1.71	1.91
三　年	3 Years	3.24	2.25	1.98	2.30
五　年	5 Years	3.60	2.52	2.25	2.50
定活两便	Time-demand Optional Deposit				

项　目	Item	2010.12.26 Dec.26,2010	2011.2.9 Feb.9,2011	2011.4.6 Apr.6,2011	2011.7.7 Jul.7,2011
城乡居民和单位存款	**Deposits of Urban and Rural Residents and Units**				
活　期	Demand Savings	0.36	0.40	0.50	0.50
定　期	Time Savings				
整存整取	Lump-sum Deposit and Withdrawing				
三个月	3 Months	2.25	2.60	2.85	3.10
半　年	6 Months	2.50	2.80	3.05	3.30
一　年	1 Year	2.75	3.00	3.25	3.50
二　年	2 Years	3.55	3.90	4.15	4.40
三　年	3 Years	4.15	4.50	4.75	5.00
五　年	5 Years	4.55	5.00	5.25	5.50
零存整取、整存零取、存本取息	Small Savings for Lump-sum Withdrawal, Big Money Saving and Small Withdrawing, Interest Withdrawal on a Principal Deposited				
一　年	1 Year	2.25	2.60	2.85	3.10
三　年	3 Years	2.50	2.80	3.05	3.30
五　年	5 Years	2.75	3.00	3.25	3.50
定活两便	Time-demand Optional Deposit				

注：定活两便存款按一年期以内定期整存整取同档次利率打六折执行；2014年起不再公布5年期存款基准利率。

Note：Time-demand optional deposit enjoys a 60% preferential interest rate of lump-sum deposit and withdrawing in a year. Five-year benchmark deposit rate doesn't be announced from 2014.

5-8 续表 continued

单位：年利率%　　　　(annual interest rate %)

项　目	Item	2012.6.8 Jun.8,2012	2012.7.6 Jul.6,2012	2014.11.22 Nov.22,2014	2015.3.1 Mar.1,2015
城乡居民和单位存款	**Deposits of Urban and Rural Residents and Units**				
活　期	Demand Savings	0.40	0.35	0.35	0.35
定　期	Time Savings				
整存整取	Lump-sum Deposit and Withdrawing				
三个月	3 Months	2.85	2.60	2.35	2.10
半　年	6 Months	3.05	2.80	2.55	2.30
一　年	1 Year	3.25	3.00	2.75	2.50
二　年	2 Years	4.10	3.75	3.35	3.10
三　年	3 Years	4.65	4.25	4.00	3.75
五　年	5 Years	5.10	4.75		
零存整取、整存零取、存本取息	Small Savings for Lump-sum Withdrawal, Big Money Saving and Small Withdrawing, Interest Withdrawal on a Principal Deposited				
一　年	1 Year	2.85	2.60	2.35	2.10
三　年	3 Years	3.05	2.80	2.55	2.30
五　年	5 Years	3.25	3.00		
定活两便	Time-demand Optional Deposit				

项　目	Item	2015.5.11 May.11,2015	2015.6.28 Jun.28,2015	2015.8.26 Aug.26,2015	2015.10.24 Oct.24,2015
城乡居民和单位存款	**Deposits of Urban and Rural Residents and Units**				
活　期	Demand Savings	0.35	0.35	0.35	0.35
定　期	Time Savings				
整存整取	Lump-sum Deposit and Withdrawing				
三个月	3 Months	1.85	1.60	1.35	1.10
半　年	6 Months	2.05	1.80	1.55	1.30
一　年	1 Year	2.25	2.00	1.75	1.50
二　年	2 Years	2.85	2.60	2.35	2.10
三　年	3 Years	3.50	3.25	3.00	2.75
五　年	5 Years				
零存整取、整存零取、存本取息	Small Savings for Lump-sum Withdrawal, Big Money Saving and Small Withdrawing, Interest Withdrawal on a Principal Deposited				
一　年	1 Year	1.85	1.60	1.35	1.10
三　年	3 Years	2.05	1.80	1.55	1.30
五　年	5 Years				
定活两便	Time-demand Optional Deposit				

5-9 保险业基本情况(分险种)
BASIC STATISTICS ON INSURANCE BUSINESS BY TYPE

单位：万元 (10 000 yuan)

项　目	Item	2021	2022
原保险保费收入	**Premium of Primary Insurance**	**9975041**	**10129315**
财产险	Property Insurance	2305024	2491747
企业财产保险	Enterprise Property Insurance	84747	88705
家庭财产保险	Family Property Insurance	8298	18819
机动车辆保险	Motor Vehicle Insurance	1679948	1768407
工程保险	Engineering Insurance	26851	19783
责任保险	Liability Insurance	143522	168869
信用保险	Export Credit Insurance	14628	16272
保证保险	Guarantee Insurance	102973	129978
船舶保险	Ship Insurance	159	161
货物运输保险	Freight Transport Insurance	23924	21679
特殊风险保险	Special Risks Insurance	1395	1408
农业保险	Agriculture Insurance	206512	240617
其他险	Other Insurance	12067	17049
人身险	Personal Insurance	7670017	7637568
意外险	Accident Insurance	216559	201752
健康险	Health Insurance	1668476	1642524
寿　险	Life Insurance	5784983	5793292
普通寿险	Ordinary Life Insurance	3255900	3570531
分红寿险	Participating Life Insurance	2509879	2203617
投资连结保险	Investment-linked Life Insurance	370	385
万能寿险	Universal Life Insurance	18833	18759
赔款及给付	**Claim and Payment**	**3369917**	**3290749**
财产险	Property Insurance	1508536	1424424
人身险	Personal Insurance	1861381	1866325
意外险	Accident Insurance	59820	59013
健康险	Health Insurance	638988	687761
寿　险	Life Insurance	1162573	1119550

5-10 保险公司经营情况(2022年)

BASIC STATISTICS ON BUSINESS OF INSURANCE COMPANIES(2022)

单位：万元 (10 000 yuan)

指　标	Item	合 计 Total	财产险公司 Property Insurance Companies	人身险公司 Personal Insurance Companies
一、原保险保费收入	**Premium of Primary Insurance**	**10129315**	**2929927**	**7199387**
财产险	Property Insurance	2491747	2491747	
人身险	Personal Insurance	7637568	438181	7199387
人寿保险	Life Insurance	5793292		5793292
健康保险	Health Insurance	1642524	335921	1306603
意外伤害保险	Accident Insurance	201752	102260	99492
二、非保险合同本年新增交费	**New Revenue of Non-insurance Contracts in the Year**	**1490526**		**1490526**
保户投资款本年新增交费	Investment from the Insured	1433982		1433982
投连险独立账户本年新增交费	Segregated Accounts of Investment-linked Insurance	56544		56544
三、赔付支出	**Payment**	**3290749**	**1712775**	**1577974**
四、资产总额	**Total Assets**	**29893872**	**1911725**	**27982147**

5-11 保险公司原保险保费收入、赔款及给付
PREMIUM OF PRIMARY INSURANCE, CLAIM AND PAYMENT OF INSURANCE COMPANIES

单位：万元 (10 000 yuan)

年份 Year	原保险保费收入 Premium of Primary Insurance	财产险公司 Property Insurance Companies	人身险公司 Personal Insurance Companies	赔款及给付 Claim and Payment	财产险公司 Property Insurance Companies	人身险公司 Personal Insurance Companies
2001	374100			104200		
2002	694621			121023		
2003	905101			156993		
2004	1041413			197050		
2005	1218039			200781		
2006	1409766	391067	1018699	252664		
2007	1803611	517485	1286126	525335	241723	283612
2008	2608864	623297	1985567	735783	316966	418817
2009	2892495	695848	2196646	785450	343523	441927
2010	3652983	957028	2695955	776286	425392	350894
2011	3646683	1165112	2481571	1035324	537913	497411
2012	3846491	1317799	2528692	1193251	670123	523128
2013	4123840	1496297	2627543	1693188	854807	838381
2014	4653746	1628146	3025600	1824737	874976	949761
2015	5867255	1673863	4193392	2002218	946164	1056054
2016	7005480	1839741	5165740	2390159	992062	1398097
2017	8239224	2072099	6167124	2611382	1061891	1549491
2018	8248756	2322803	5925952	2673460	1162816	1510644
2019	8833372	2564737	6268635	2785967	1389272	1396694
2020	9327739	2686512	6641227	3112924	1617001	1495923
2021	9975041	2684011	7291030	3369917	1747175	1622742
2022	10129315	2929927	7199387	3290749	1712775	1577974

5-12 证券业基本情况
BASIC STATISTICS ON SECURITY

年 份 Year	境内上市公司(家) Listed Companies in Mainland(unit)	#上交所 Shanghai Stock Exchange	#深交所 Shenzhen Stock Exchange	股票筹资额(万元) Raised Capital (10 000 yuan)
2000	17	7	10	1092835
2001	18	8	10	1234761
2002	19	9	10	1306661
2003	21	12	9	1505721
2004	22	13	9	1531281
2005	22	13	9	1531281
2006	25	16	9	4036272
2007	26	16	10	4387204
2008	27	16	11	4869204
2009	28	17	11	5051201
2010	31	18	13	8411601
2011	34	18	16	8638229
2012	34	18	16	9168729
2013	34	18	16	9873152
2014	35	19	16	10451202
2015	37	19	18	13171489
2016	38	20	18	14122089
2017	38	20	18	15562917
2018	38	20	18	17694423
2019	37	19	18	18622923
2020	39	20	19	19200148
2021	41	21	19	20766671
2022	40	21	17	20842671

年 份 Year	#A 股 A Shares	股票总发行股本(万股) Issued Capital (10 000 shares)	股票发行量(万股) Issued Share (10 000 shares)	#A 股 A Shares
2000	1070061	663761	206471	188391
2001	1211987	714403	228688	210608
2002	1283887	733432	240216	222136
2003	1482947	809114	267920	249840
2004	1508507	907871	271920	253840
2005	1508507	907871	271920	253840
2006	4013498	2570003	761526	743446
2007	4364430	2734756	807626	789546
2008	4846430	3343555	851495	833415
2009	5028427	3483585	873895	855815
2010	7358740	4314023	1119875	898926
2011	7585368	4623996	1128522	907573
2012	8111468	4983495	1315198	1083249
2013	8815892	5268694	1514809	1282860
2014	9393942	5624837	1533841	1301892
2015	12114229	6944563	2328559	2086610
2016	13064829	7540697	2708300	2466351
2017	14505647	7980539	2918867	2676918
2018	16637153	8116416	3014167	2772218
2019	17565653	9498463	3187655	2848641
2020	18142878	10761598	3465728	3126714
2021	19709401	10741056	3843823	3504809
2022	19785401	10730151	3872305	3533291

主要统计指标解释

一般公共预算收入 指按照现行财政体制规定列入地方预算，直接缴入地方金库的财政收入。具体由两部分组成：税收收入和非税收入。

税收收入 反映政府税收收入。包括：增值税、企业所得税、个人所得税、城市维护建设税、房产税、印花税、城镇土地使用税、土地增值税、车船税、耕地占用税、契税、烟叶税、环境保护税以及其他税收收入等。

非税收入 反映政府非税收入。包括：专项收入、行政事业性收费收入、罚没收入、国有资本经营收入、国有资源（资产）有偿使用收入以及其他收入等。

一般公共预算支出 是指列入地方预算的财政支出，包括：一般公共服务支出、国防支出、公共安全支出、教育支出、科学技术支出、文化旅游体育与传媒支出、社会保障和就业支出、卫生健康支出、节能环保支出、城乡社区支出、农林水支出、交通运输支出、资源勘探信息等支出、商业服务业等支出、金融支出、自然资源海洋气象等支出、住房保障支出、粮油物资储备支出、灾害防治及应急管理支出、债务还本付息发行支出及其他支出等。

一般公共服务支出 反映政府提供一般公共服务的支出。具体包括人大、政协、政府办公厅（室）及相关机构、发展与改革、统计信息、财政、税收、审计、海关、人力资源、纪检监察、商贸、知识产权、市场监督管理、民族、港澳台、档案、民主党派及工商联、群众团体事务、党委办公厅（室）及相关机构事务、组织事务、宣传事务、统战事务、网信事务、对外联络、其它共产党事务支出、其它一般公共服务支出。

公共安全支出 反映政府维护社会公共安全方面的支出。有关事务包括：武装警察、公安、国家安全、检察、法院、司法、监狱、强制隔离戒毒、国家保密、缉私警察等。

教育支出 反映政府教育事务支出。有关事务包括：教育管理、普通教育、职业教育、中专教育、技校教育、职业高中教育、成人教育、广播电视教育、留学生教育、特殊教育、进修及培训、其他教育支出等。

科学技术支出 反映科学技术方面的支出。有关事务包括：科学技术管理事务、基础研究、应用研究、技术研究与开发、科技条件与服务、社会科学、科学技术普及、科技交流与合作、其他科学技术支出等。

文化旅游体育与传媒支出 反映政府在文化、旅游、文物、体育、广播影视、新闻出版等方面的支出。

社会保障和就业支出 反映政府在社会保障与就业方面的支出。有关事务包括：人力资源和社会保障管理、民政管理、补充全国社会保障基金、行政事业单位离退休、企业改革补助、就业补助、抚恤、退役安置、社会福利、残疾人事业、红十字事业、最低生活保障、临时救助、特困人员救助、补充道路交通事故社会救助基金、其他生活救助、退役军人管理事务等。

卫生健康支出 反映卫生健康方面的支出。有关事务包括：卫生健康管理、公立医院、公共卫生、基层医疗卫生机构、医疗保障、中医药、计划生育事务、医疗救助、医疗保障管理、其他卫生健康支出等。

节能环保支出 反映政府节能环保支出。有关事务包括：环境保护管理、环境监测与监察、污染防治、自然生态保护、天然林保护、退耕还林、风沙荒漠治理、退牧还草、已垦草原退耕还草、能源节约利用、污染减排、可再生能源、循环经济、能源管理、其他节能环保支出等。

城乡社区支出 反映政府城乡社区事务支出。有关事务包括：城乡社会管理、城乡社区规划与管理、城乡社区公共设施、城乡社区环境卫生、建设市场管理与监督、其他城乡社会支出等。

农林水支出 反映政府农林水事务支出。有关事务包括：农业、林业和草原、水利、扶贫、农业综合开发改革、其他农林水支出等。

交通运输支出 反映交通运输和邮政业方面的支出。有关事务包括：公路水路运输、铁路运输、民用航空运输、邮政业、其他交通运输业支出等。

资源勘探信息等支出 反映用于资源勘探、制造业、建筑业、工业信息等方面的支出。有关事务包括：资源勘探、制造业、建筑业、工业和信息产业监管、国有资产监管、支持中小企业发展和管理支出、其他资源勘探信息支出等。

商业服务业等支出 反映商业服务业等方面的支出。有关事务包括：商业流通事务、涉外发展服务支出、其他商业服务业支出等。

金融支出 反映金融部门的行政支出。有关事务包括：金融部门行政支出、金融部门监管支出、金融发展支出、金融调控支出等。

援助其他地区支出 反映援助方政府安排并管理的对其他地区各类援助、捐赠等资金支出。

自然资源海洋气象等支出 反映自然资源管理方面的支出。有关事务包括：自然资源、海洋管理、测绘管理、气象、其他自然资源海洋气象等支出。

住房保障支出 反映政府用于住房方面的支出。有关事务包括：保障性安居工程支出、住房改革支出、城乡社区住宅支出。

粮油物资储备支出 反映政府用于粮油物资储备方面的支出。有关事务包括：粮油事务、物资事务、能源储备、粮油储备、重要商品储备等。

灾害防治及应急管理支出 反映用于自然灾害防治、安全生产监管及应急管理等方面的支出。有关事务包括：应急管理、消防、森林消防、煤矿安全、地震、自然灾害防治、自然灾害及恢复重建、其他灾害防治及应急管理支出等。

其他支出 反映不能划分到上述功能科目的其他政府支出。包括年初预留和其他支出。

存款 机构或个人在保留资金或货币所有权的条件下，以不可流通的存款凭证为依据，暂时让渡或接受资金使用权所形成的债权或债务。

贷款 机构或个人在保留资金或货币所有权的条件下，以不可流通的贷款凭证或类似凭证为依据，暂时让渡或接受资金使用权所形成的债权或债务。

票据融资 指金融机构通过对客户持有票据进行贴现提供的融资。

保费 指投保人为取得保险人在约定范围内所承担赔偿责任而支付给保险人的费用。

赔付支出 指保险人根据保险合同的约定，向被保险人或受益人支付的赔款、死伤医疗给付、满期给付和年金给付。

Explanatory Notes on Main Statistical Indicators

General Public Budget Revenue refers to financial revenue arranged to regional budget and directly paid to local treasury according to the current regulation of financial system. It consists of tax revenue and non-tax revenue.

Tax Revenue reflects the government's tax revenue, including value-added tax, enterprise income tax, individual income tax, urban maintenance and construction tax, house property tax, stamp tax, tax on use of urban land, urban land value-added tax, tax on use of vehicles and vessels, tax on occupying cultivated land, contract tax, tobacco tax and etc.

Non-tax Revenue reflects the government's non-tax revenue, including special revenue, incomes from administrative fees, penalty incomes, business revenue of state-owned properties, incomes form state-owned resource utilization and other incomes.

General Public Budget Expenditure refers to financial expenditure arranged to local budget, including expenditure for public services, national defence, public safety, education, science and technology, culture, tourism, sports and media, social security and employment, health care, energy conservation and environmental protection, urban and rural community, agriculture, forest and water conservancy, transportation, resources exploration and information, business and services, finance, natural resource, ocean and weather, housing security, cereals, oils and material reserves, disaster prevention and emergency management, debts service and issuance, and other expenditures.

Expenditure for General Public Services reflect the government's provision of general public service expenditures, specifically including the NPC and CPPCC, government offices and related agencies, development and reform, statistics, finance, taxation, auditing, customs, human resource, discipline inspection and supervision, commerce, intellectual property rights, market supervision, ethnic, Hong Kong, Macao and Taiwan, files, democratic parties and the federation of industry and commerce, mass organizations, party committee offices and related agencies, organization affairs, publicity affairs, united front affairs, cyberspace affairs, external liaison, other CPC affairs and other affairs.

Expenditure for Public Safety reflects the expenditure of government maintaining social public safety. Related affairs include armed police, public security, national security, prosecution, court, justice, prison, compulsory isolation for drug rehabilitation, state secrecy, anti-smuggling police, etc.

Expenditure for Education reflects the government's education expenditure. Related affairs include education administration, regular education, vocational education, specialized secondary education, technical school education, vocational high school education and higher vocational education, adult education, radio and television education, the international education, special education, further education and training, etc.

Expenditure for Science and Technology reflects the expenditure used for science and technology. It includes science and technology management services, basic research, applied research, technology research and development, science and technology and service conditions, social science, science and technology popularization, scientific and technological exchanges and cooperation, etc.

Expenditure for Culture, Tourism, Sports and Media reflects the expenditures government used for culture, tourism, heritage, sports, radio, film and television, press, publishing and other aspects.

Expenditure for Social Security and Employment reflects expenditures government used in the aspects of employment and social security. Related affairs include human resources and social security management, civil administration, addition of the national social security fund, retirement of administrative and institution units, subsidies for enterprises reform, employment subsidies, pension, retirement and placement, social welfare, disabled cause, Red Cross cause, the minimum living guarantee, temporary assistance, assistance for people in special need, supplementary social assistance fund for road traffic accidents, other life assistance, management of veterans and so on.

Expenditure for Health Care reflects expenditures in the aspects of health care. Related affairs include management of medical and health care, public hospitals, public health care, primary medical and health care institutions, medical security, traditional Chinese medicine, family planning affairs, medical assistance, medical security management, etc.

Expenditure for Energy Conservation and Environmental Protection reflects government's expenditure on energy conservation and environmental protection, including expenditures on management of environmental protection, environmental monitoring and supervision, pollution control, natural and ecological protection, natural forests protection, returning farmland to forests, desertification control, restoring grassland from over-grazing and cultivating, energy conservation and utilization, pollution reduction, renewable energy, recycling economy, energy management, etc.

Expenditure for Urban and Rural Community reflects the government's expenditure on urban and rural community affairs, including urban and rural social management affairs, planning and management of urban and rural communities, public facilities in rural and urban communities, urban and rural community sanitation, management and supervision of the construction market and so on.

Expenditure for Agriculture, Forestry and Water Conservancy reflects the government's expenditure on agriculture, forestry and water conservancy affairs. Related affairs include agriculture, forestry, water conservancy, poverty alleviation, comprehensive agricultural development, etc.

Expenditure for Transportation reflects transport and post expenditure. Related affairs include highway and waterway transport, railway transport and civil aviation transport, post, etc.

Expenditure for Resources Exploration and Information reflects the expenditure used on resources exploration, manufacture, construction and industrial information. Related affairs include resources exploration, manufacture, construction, supervision of industry and information, supervision of national assets, development and management on supporting small and medium-sized enterprises, etc.

Expenditure for Business and Services reflects expenditure on business and services aspects. Related affairs include expenditure on commercial circulation affairs, foreign developing service and so on.

Expenditure for Finance reflects expenditure in banking sector. Related Affairs include administrative expenditure of financial department, supervision of financial department, financial development expenditure, financial regulation expenditure, etc.

Expenditure for Aid to Other Regions reflects various aid and donation funds to other regions arranged and managed by the donor government.

Expenditure for Natural Resource, Ocean and Weather reflects expenditure in the aspects of natural resource management. Related affairs include natural resource, ocean management, surveying and mapping management, etc.

Expenditure for Housing Security reflects government’s expenditure on housing. Related affairs include affordable housing project expenditure, housing reform expenditure, urban and rural community expenditure.

Expenditure for Cereals, Oils and Material Reserves reflects the government expenditure in the aspects of cereals, oils, and material reserves. Related affairs include cereals and oils affairs, materials affairs, energy reserves, cereals and oils reserves, critical commodities reserves, etc.

Expenditure for Disaster Prevention and Emergency Management reflects expenditure on natural disaster prevention, production safety supervision and emergency management. Related affairs include emergency management, fire control, forest fire control, coal mine safety, earthquakes, natural disaster prevention, recovery and reconstruction, etc.

Other Expenditures reflect other government expenditures that cannot be subjected to the above mentioned functions, including reserve expenditures at the beginning of the year and other expenses.

Deposits refer to claims and debts that formed by institutions and individuals transferring or accepting the right to use funds temporarily based on non negotiable deposit certificates, while retaining ownership of funds or currency.

Loans refer to claims and debts that formed by institutions and individuals transferring or accepting the right to use funds temporarily based on non negotiable loan vouchers and similar vouchers, while retaining ownership of funds or currency.

Bill Finance refers to the discount bill financing that banking institutions offer customers.

Premium is the fee paid by the insurant to the insurer to obtain the obligation of compensation from the insurance within the agreed terms.

Indemnity Expenditure refers to the indemnity, payment for death, injury and medical treatment, payment at maturity and annuity payment that the insurer paid to the insurant according to the contract agreed terms.

6

ENERGY

能 源

6-5 石油制品生产、外调、使用平衡表
BALANCE SHEET OF PETROLEUM PRODUCTS PRODUCTION, TRANSFER AND USE

单位：万吨标准煤 (10 000 tons SCE)

项 目	Item	2015	2020	2022
一、资 源	Resources	1152.89	1051.62	1080.95
年初库存量	Stock of Year Beginning	72.76	53.80	50.01
外省市调入量	Transfer from Other Provinces	1080.14	997.82	1030.94
二、加工转换投入产出差额	Margin of Input and Output for Conversion		177.80	257.99
加工转换投入量	Input for Conversion		1.21	1.97
加工转换产出量	Output for Conversion		179.00	259.95
三、外调出省、出口	Transfer to Other Provinces and Export		170.27	258.49
调给外省市	Transfer to Other Provinces		170.27	258.49
四、终端消费	Final Consumption	1082.30	1009.44	1030.63
(一)第一产业	Primary Industry	61.04	80.94	86.45
农、林、牧、渔业	Farming, Forestry, Animal Husbandry And Fishery	61.04	80.94	86.45
(二)第二产业	Secondary Industry	190.06	225.61	287.82
工 业	Industry	129.03	135.62	207.16
轻工业	Light Industry	1.64	0.85	1.99
重工业	Heavy Industry	127.39	134.77	205.17
建筑业	Construction	61.02	89.99	80.66
(三)第三产业	Tertiary Industry	748.25	639.80	595.17
交通运输、仓储和邮政业	Transport, Storage and Post	706.60	594.32	575.69
批发、零售业和住宿、餐饮业	Wholesale and Retail Trade, Hotels and Catering services	14.75	19.22	11.41
其 他	Others	26.90	26.27	8.06
(四)人民生活	Residential Consumption	82.95	63.08	61.19
城 镇	Cities and Towns	37.16	33.16	31.67
乡 村	Rural Areas	45.79	29.93	29.52
五、损失量	Losses	1.79		
运输、仓储损失	Losses in Transmission and Storage	1.79		
六、年末库存量	Stock of Year End	68.81	49.71	49.81

6-6 主要年份一、二次能源生产量及构成

PRODUCTION AND COMPOSITION OF PRIMARY AND SECONDARY ENERGY IN MAJOR YEARS

年 份 Year	一次能源产量(万吨标准煤) Primary Energy Production (10 000 tons of SCE)	占能源产量(%) Percentage			加工转换能源占一次能源产量(%) Conversion As Percentage of Primary Energy			
		原 煤 Coal	风、光、水电 Wind, Solar and Hydro Power	非常规天然气 Unconven-tional Gas		火 电 Thermal Power	洗精煤及其他洗煤 Washed Coal	焦 炭 Coke
1980	10310.32	99.71	0.18	0.04	11.28	4.68	3.02	3.57
1985	18237.45	99.82	0.16	0.02	8.85	4.06	2.23	2.56
1990	24341.19	99.86	0.13	0.01	17.08	5.37	5.29	6.42
1995	29760.94	99.88	0.10	0.02	38.73	6.77	14.67	17.29
2000	21457.60	99.63	0.31	0.06	53.72	11.44	19.79	22.50
2005	47233.52	99.74	0.17	0.09	47.04	11.05	19.58	16.41
2010	63326.74	99.45	0.23	0.32	47.20	13.43	20.77	13.00
2011	74481.77	99.55	0.26	0.19	45.31	12.46	21.05	11.80
2012	78182.88	99.30	0.47	0.23	45.89	12.62	22.57	10.70
2013	68925.26	98.95	0.45	0.60	70.36	11.44	46.13	12.79
2014	68426.78	98.83	0.52	0.65	71.69	11.54	47.71	12.44
2015	72488.91	98.76	0.60	0.64	64.86	9.95	44.14	10.77
2016	63030.18	98.21	0.99	0.80	74.80	11.36	50.82	12.62
2017	65901.20	97.94	1.23	0.83	75.78	11.72	51.71	12.36
2018	70766.55	97.63	1.51	0.87	71.97	11.83	47.43	12.71
2019	69313.12	97.15	1.76	1.09	77.35	12.53	51.48	13.34
2020	75065.92	96.77	1.91	1.32	85.39	11.83	60.07	13.49
2021	82014.54	95.69	2.58	1.73	79.15	10.93	57.24	10.99
2022	91881.65	96.00	2.34	1.66	77.40	11.23	55.92	10.25

注：根据第四次经济普查结果，对2019年生产量进行了调整。

Note: The energy production of 2019 is revised according to the results of the the Fourth National Economic Census.

6-7 主要年份煤炭消费量

COAL CONSUMPTION IN MAJOR YEARS

单位：万吨 (10 000 tons)

年 份 Year	总 计 Total	生产建设消费 Production and Construction Consumption	#发 电 Electricity Generation	#炼 焦 Coking	生活用 Living Consumption
1980	4326	3378	727	642	948
1985	5566	4539	1028	1169	1027
1990	7292	6451	1692	2383	841
1995	13373	12757	2717	7264	616
2000	12704	12179	3128	6298	525
2005	22631	21811	6550	11208	820
2010	28180	27098	9968	11640	1082
2011	30896	29702	10980	12498	1194
2012	31085	29840	11547	11800	1245
2013	33062	32043	12271	12334	1019
2014	32056	31078	11597	11971	978
2015	28516	27585	10248	10914	931
2016	29355	28418	10324	10969	937
2017	31640	30662	12112	11161	978
2018	33480	32915	13442	12313	565
2019	34907	34484	13931	12812	423
2020	36186	35813	14496	13842	373
2021	37099	36749	15752	12967	349
2022	38314	37969	17105	12973	345

注：本表煤炭消费量包括终端消费量和用于加工转换消费量。

Note: Data of coal consumption in this table includes end-use consumption and consumption during the process of energy conversion.

6-8 主要年份石油制品、焦炭消费量
PETROLEUM PRODUCTS AND COKE CONSUMPTION IN MAJOR YEARS

单位：吨 (ton)

年 份 Year	石油制品(标准煤) Petroleum Products(SCE)	#工业交通 Industry And Transportation	#农 业 Agriculture	焦 炭 Coke	#工 业 Industry	#建筑业 Construction
1980	1084440	684270	351519	2995572	2553669	9840
1985	1582990	913600	462500	3698900	3118000	17500
1990	1987500	1481400	380400	8326800	7611200	12100
1995	2581000	1828700	449300	12764800	10114700	40800
2000	2751900	1988800	455100	12769000	10103000	62000
2005	5374600	4169400	524300	21399000	20405000	89000
2010	11037700	7744300	1001400	25892200	25867300	2000
2011	11105000	8238700	1004700	25585500	25546900	1500
2012	11296100	8331900	1068700	29385500	29344200	1600
2013	11481700	8876600	597500	21455900	21435500	300
2014	10929900	8677400	583400	21776900	21772000	300
2015	10823000	8356300	610400	20834300	20824900	1400
2016	11105200	8644700	619400	18981000	18978200	1200
2017	11367000	8781400	649900	19582700	19549800	1300
2018	11474800	8727900	736200	23857200	23856700	500
2019	12055800	9043700	798300	25265300	25265300	
2020	10094400	7299400	809400	26989900	26989900	
2021	10252878	7625901	852800	28098900	28098900	
2022	10306278	7828560	864500	27524392	27524392	

6-9 主要年份全社会用电量
TOTAL ELECTRICITY CONSUMPTION IN MAJOR YEARS

单位：万千瓦时 (100 million kwh)

年 份 Year	全社会用电量 Total Consumption	#农 业 Agriculture	#工 业 Industry	#电力工业 Electricity	#化学工业 Chemistry	#煤炭工业 Coal	#黑色金属 Ferrous Metal	#交通运输 Transportation	#市政生活 Civicism
1980	1185877	171092	962483	248288	218915	146197	121300	5502	46798
1985	1634743	159100	1343101	321440	268079	232152	173668	37281	85000
1990	2552179	146279	2127321	480095	403856	386180	272555	89230	157301
1995	3782338	232387	3280436	809643	547112	553580	391889	121693	298126
2000	5020917	261338	4114046	939969	684945	603963	493088	147750	392327
2005	9463268	356384	7873556	1704567	1380229	1101659	1223916	310704	701698
2010	14600467	351399	11900099	2725517	1323372	1718512	2096358	456362	1482910
2011	16504098	387461	13451317	2933961	1500490	1943094	2223308	507130	1651314
2012	17657848	373888	14340495	3261393	1646993	2129660	2491088	519249	1659972
2013	18323479	378267	14755243	3252894	1676244	2347403	2624159	557756	1824445
2014	18226274	378518	14521438	3416360	1548017	2339848	2543894	587914	1926674
2015	17372078	409692	13564889	3187532	1511069	2359723	2360362	543134	2012292
2016	17971804	384500	13910563	3334719	1501452	2374025	2166583	584274	2152262
2017	19906135	411497	15451576	3583409	1719173	2588149	2291906	667569	2312858
2018	21605278	429615	16671156	3723253	1745432	2878202	2566796	725063	2654820
2019	22619035	490922	17227651	3952769	1830446	2989951	2517393	792892	2869089
2020	23417291	475179	17806450	4051444	1679693	3153689	2672692	822227	3040834
2021	26079132	536406	19754385	4581216	1744963	3334441	2889672	869842	3344209
2022	27207505	543986	20260192	4425385	1681198	3421739	2955169	898175	3769599

6-10 主要年份能源生产弹性系数

ELASTICITY RATIO OF ENERGY PRODUCTION IN MAJOR YEARS

年 份 Year	能源生产 比上年增长(%) Growth Rate of Energy Production over Preceding Year	电力生产 比上年增长(%) Growth Rate of Electricity over Preceding Year	地区生产总值 比上年增长(%) Growth Rate of Gross Domestic Product over Preceding Year	能源生产 弹性系数 Elasticity Ratio of Energy Production	电力生产 弹性系数 Elasticity Ratio of Electricity Production
1980	11.10	5.38	2.0	5.55	2.69
1985	14.46	10.18	7.1	2.04	1.43
1990	3.96	3.64	5.0	0.79	0.73
1995	5.26	10.73	12.0	0.44	0.89
2000	1.12	9.62	9.4	0.12	1.03
2005	10.85	21.59	10.5	1.03	2.06
2010	24.87	14.97	10.8	2.30	1.39
2011	15.75	9.01	10.0	1.58	0.90
2012	4.94	8.13	9.2	0.54	0.88
2013	5.62	3.57	9.0	0.62	0.40
2014	-3.22	0.22	4.9	-0.66	0.04
2015	4.19	-7.16	3.0	1.40	-2.39
2016	-13.47	2.16	4.1	-3.29	0.53
2017	-3.30	10.16	6.8	-0.49	1.49
2018	12.39	15.81	6.6	1.88	2.40
2019	5.17	4.02	6.1	0.85	0.66
2020	10.41	5.17	3.6	2.89	1.44
2021	11.37	12.06	9.3	1.22	1.30
2022	7.85	9.49	4.4	1.78	2.16

6-11 主要年份能源消费弹性系数

ELASTICITY RATIO OF ENERGY CONSUMPTION IN MAJOR YEARS

年 份 Year	能源消费 比上年增长(%) Growth Rate of Energy Consumption over Preceding Year	电力消费 比上年增长(%) Growth Rate of Electricity Consumption over Preceding Year	地区生产总值 比上年增长(%) Growth Rate of Gross Domestic Product over Preceding Year	能源消费 弹性系数 Elasticity Ratio of Energy Consumption	电力消费 弹性系数 Elasticity Ratio of Electricity Consumption
1980	3.92	-4.22	2.0	1.96	-2.11
1985	10.25	14.85	7.1	1.44	2.09
1990	-0.19	2.98	5.0	-0.04	0.60
1995	10.03	10.82	12.0	0.83	0.90
2000	3.60	11.61	9.4	0.38	1.24
2005	8.61	14.24	10.5	0.82	1.36
2010	7.91	15.47	10.8	0.73	1.43
2011	8.97	14.12	10.0	0.90	1.41
2012	5.57	6.10	9.2	0.61	0.66
2013	4.85	3.53	9.0	0.54	0.39
2014	0.51	-0.31	4.9	0.10	-0.06
2015	-4.20	-4.75	3.0	-1.40	-1.58
2016	-0.29	3.82	4.1	-0.07	0.93
2017	3.20	10.93	6.8	0.47	1.61
2018	3.16	14.88	6.6	0.48	2.26
2019	3.27	2.68	6.1	0.54	0.44
2020	0.58	5.24	3.6	0.16	1.46
2021	3.16	9.75	9.3	0.34	1.05
2022	1.27	6.76	4.4	0.29	1.54

6-12 主要年份能源加工转换投入产出情况
EFFICIENCY OF ENERGY CONVERSION IN MAJOR YEARS

年 份 Year	投入及转换总效率 Total Efficiency		发电及供热投入原煤(万吨) Coal Input in Electricity And Heat (10 000 tons)	洗选加工投入原煤(万吨) Coal Input in Washing (10 000 tons)
	投入总量(万吨标准煤) Total Input (10 000 tons of SCE)	投入产出总效率(%) Efficiency(%)		
1980	1512.30	54.35	727.18	617.16
1985	2214.09	61.77	1108.00	802.00
1990	4792.46	73.22	1812.74	2162.71
1995	13076.80	82.56	2946.49	6864.89
2000	12867.25	81.44	3127.88	6958.75
2005	25291.10	79.72	6597.20	14652.96
2010	34407.94	80.18	9977.89	20225.00
2011	39760.22	80.86	11085.49	24827.28
2012	42285.31	81.08	11742.37	28952.95
2013	63122.88	86.20	12566.48	62776.72
2014	64247.14	86.40	12029.82	66236.01
2015	66574.27	87.12	10895.02	71019.77
2016	64933.96	87.33	10625.63	69121.64
2017	59913.95	85.85	12339.77	67641.65
2018	69124.09	86.67	13226.00	71235.84
2019	71445.92	86.74	13393.28	73560.80
2020	81572.50	88.45	14034.84	85414.35
2021	86683.30	88.99	15090.74	93376.57
2022	90801.48	89.25	16829.74	100361.40

年 份 Year	炼焦投入量 Input in Coking		制气投入原煤(万吨) Coal Input in Making Gas (10 000 tons)	产出总量(万吨标准煤) Total Output (10 000 tons of SCE)
	原 煤(万吨) Coal (10 000 tons)	洗精煤(用于炼焦)(万吨) Cleaned Coal (for Coking) (10 000 tons)		
1980	474.00	168.00		821.90
1985	834.00	234.74		1367.69
1990	1772.80	610.24	72.59	3509.20
1995	3964.26	3298.52	63.97	10796.47
2000	3250.02	3045.74	58.03	10478.69
2005	2633.60	8571.16	136.14	20161.30
2010	223.61	11414.74	33.76	27587.12
2011	297.20	12180.33	55.57	32149.49
2012	67.32	11732.62	55.09	34283.93
2013	25.27	12309.16	52.79	54410.16
2014	26.23	11943.36	42.99	55508.26
2015	32.07	10882.20	24.80	58000.60
2016	32.99	10935.80	99.76	56703.86
2017	123.80	11037.49	95.03	51435.37
2018	21.74	12290.77	146.30	59910.07
2019	3.30	12808.23	115.63	61973.46
2020	1.34	13840.96	96.56	72148.42
2021	0.09	12967.18	134.63	77136.01
2022	184.61	12788.39	195.62	81036.52

注：本表2013–2015年洗选煤产出中的洗精煤(用于炼焦)包括动力洗精煤。

Note: Cleaned coal (for coking) in the washed coal output includes power coal during 2013 to 2015.

6-12 续表 continued

年 份 Year	发电及供热产出 Output of Electricity And Heat		炼焦产出 Output of Coking	
	电 力 (万千瓦时) Electricity (10 000 kwh)	热 力 (万百万千焦) Heat (10 billion kilo-joule)	焦 炭 (万吨) Coke (10 000 tons)	焦炉煤气 (万立方米) Gas (10 000 cu.m)
1980	1156600		320.95	
1985	1777200	1297.88	568.66	55634
1990	3068800	2324.00	1586.57	81600
1995	4988500	3930.40	5294.97	159800
2000	6087300	2367.70	4967.22	179900
2005	12916500	6020.60	7981.04	1440000
2010	21043500	12089.93	8476.44	1607200
2011	22964500	14472.47	9047.91	1868200
2012	24429600	16014.55	8612.66	1674300
2013	25513000	17916.84	9022.40	1780300
2014	25460100	19810.66	8765.84	1709900
2015	23186000	23630.29	8039.88	1600600
2016	23092900	27215.90	8185.98	1595100
2017	25029900	31548.05	8383.14	1631000
2018	28534000	30699.78	9252.20	1874800
2019	29305200	30981.34	9699.53	2024800
2020	30325000	31312.23	10493.70	2264200
2021	32290000	32785.77	9857.24	2234600
2022	35768800	56651.96	9799.70	2622121

年 份 Year	洗选煤产出 Output of Washed Coal		制气产出 Output of Making Gas	
	洗精煤(用于炼焦) (万吨) Cleaned Coal (for Coking) (10 000 tons)	其他洗煤 (万吨) Others (10 000 tons)	焦炉煤气 (万立方米) Coke Gas (10 000 cu.m)	其他煤气 (万立方米) Others (10 000 cu.m)
1980	409.00			
1985	518.55	158.91		
1990	1429.65	366.30	9400	136400
1995	4850.20	710.59	1100	230000
2000	4818.21	590.05		191800
2005	10275.88	1327.49		417900
2010	14863.17	3537.38		101600
2011	17426.68	4652.97		168300
2012	19604.71	5698.09		156000
2013	34615.00	24428.00		117900
2014	35974.94	24563.82		84600
2015	35551.66	20103.84		54200
2016	22458.30	32452.00		219000
2017	21346.04	32019.97		239000
2018	21075.76	34699.59		438600
2019	20140.23	36995.48		442500
2020	23577.14	44284.05		218300
2021	25995.49	48488.92		332400
2022	27278.90	51207.40		469878

6-13 终端能源消费量和构成(2022年)

单位：万吨标准煤

项 目	Ietm	合 计 Total
能源消费量	**Energy Consumption**	**19582.62**
一、第一产业	Primary Industry	310.25
农、林、牧、渔业	Farming, Forestry, Animal Husbandry And Fishery	310.25
二、第二产业	Secondry Industry	15547.93
工 业	Industry	15379.60
轻工业	Light Industry	216.83
重工业	Heavy Industry	15162.75
建筑业	Construction	168.33
三、第三产业	Tertiary Industry	1986.29
交通运输、仓储和邮政业	Transport, Storage and Post	980.35
批发、零售业和住宿、餐饮业	Wholesale and Retail Trade, Hotels and Catering Services	383.13
其 他	Others	622.82
四、人民生活	Residential Consumption	1738.14
按产业分构成 (%)	**Composition of Industry (%)**	**100.00**
一、第一产业	Primary Industry	1.58
农、林、牧、渔业	Farming, Forestry, Animal Husbandry And Fishery	1.58
二、第二产业	Secondry Industry	79.40
工 业	Industry	78.54
轻工业	Light Industry	1.11
重工业	Heavy Industry	77.43
建筑业	Construction	0.86
三、第三产业	Tertiary Industry	10.14
交通运输、仓储和邮政业	Transport, Storage and Post	5.01
批发、零售业和住宿、餐饮业	Wholesale and Retail Trade, Hotels and Catering Services	1.96
其 他	Others	3.18
四、人民生活	Residential Consumption	8.88
按品种分构成(%)	**Composition of Variety (%)**	**100.00**
一、第一产业	Primary Industry	100.00
农、林、牧、渔业	Farming,Forestry,Animal Husbandry And Fishery	100.00
二、第二产业	Secondry Industry	100.00
工 业	Industry	100.00
轻工业	Light Industry	100.00
重工业	Heavy Industry	100.00
建筑业	Construction	100.00
三、第三产业	Tertiary Industry	100.00
交通运输、仓储和邮政业	Transport,Storage and Post	100.00
批发、零售业和住宿、餐饮业	Wholesale and Retail Trade, Hotels and Catering Services	100.00
其 他	Others	100.00
四、人民生活	Residential Consumption	100.00

CONSUMPTION AND COMPOSITION OF END-USE ENERGY(2022)

(10 000 tons of SCE)

原 煤 Coal	洗精煤及其他洗煤 Washed Coal and Others	焦 炭 Coke	石油制品 Petroleum Products	电 力 Electricity	天然气煤气及其他 Natural Gas, Gas and Others
2302.32	**270.27**	**2620.15**	**1030.63**	**8163.33**	**5195.92**
56.55			86.45	161.23	6.03
56.55			86.45	161.23	6.03
2098.37	270.27	2620.15	287.82	6188.80	4082.52
2097.77	270.27	2620.15	207.16	6104.28	4079.97
27.46	0.06		1.99	138.45	48.87
2070.31	270.20	2620.15	205.17	5965.82	4031.09
0.60			80.66	84.53	2.55
8.00			595.17	960.39	422.74
0.52			575.69	266.21	137.93
2.13			11.41	228.60	140.99
5.35			8.06	465.58	143.82
139.41			61.19	852.92	684.63
100.00	**100.00**	**100.00**	**100.00**	**100.00**	**100.00**
2.46			8.39	1.98	0.12
2.46			8.39	1.98	0.12
91.14	100.00	100.00	27.93	75.81	78.57
91.12	100.00	100.00	20.10	74.78	78.52
1.19	0.02		0.19	1.70	0.94
89.92	99.98	100.00	19.91	73.08	77.58
0.03			7.83	1.04	0.05
0.35			57.75	11.76	8.14
0.02			55.86	3.26	2.65
0.09			1.11	2.80	2.71
0.23			0.78	5.70	2.77
6.05			5.94	10.45	13.18
11.76	**1.38**	**13.38**	**5.26**	**41.69**	**26.53**
18.23			27.86	51.97	1.94
18.23			27.86	51.97	1.94
13.50	1.74	16.85	1.85	39.80	26.26
13.64	1.76	17.04	1.35	39.69	26.53
12.66	0.03		0.92	63.85	22.54
13.65	1.78	17.28	1.35	39.35	26.59
0.35			47.92	50.22	1.51
0.40			29.96	48.35	21.28
0.05			58.72	27.15	14.07
0.56			2.98	59.67	36.80
0.86			1.29	74.75	23.09
8.02			3.52	49.07	39.39

6-14 分行业能源消费总量(2022年)

行 业	Sector	能源消费总量(万吨标准煤) Total Energy Consumption (10 000 tons of SCE)
能源消费总量	**Total**	**21918.50**
农、林、牧、渔业	**Farming, Forestry, Animal Husbandry And Fishery**	**310.25**
工 业	**Industry**	**17715.45**
轻工业	Light Industry	230.28
重工业	Heavy Industry	17485.17
按工业行业分	Grouped by Industry Sector	
采矿业	Mining	3789.47
煤炭开采和洗选业	Coal Mining and Dressing	3492.24
石油和天然气开采业	Petroleum and Natural Gas Extraction	69.96
黑色金属矿采选业	Ferrous Metals Mining and Dressing	160.00
有色金属矿采选业	Nonferrous Metals Mining and Dressing	33.75
非金属矿采选业	Nonmetal Minerals Mining and Dressing	13.85
开采辅助活动	Mining Auxiliary Activities	19.67
其他采矿业	Other Minerals Mining	
制造业	Manufacturing	11942.31
农副食品加工业	Farm and Sideline Food Processing	38.06
食品制造业	Food Manufacturing	21.56
酒、饮料和精制茶制造业	Alcohol, Beverage and Refined Tea Manufacturing	21.86
烟草制品业	Tobacoo Manufaturing	0.82
纺织业	Textile Industry	12.14
纺织服装、服饰业	Manufacture of Garments and Accessories	1.19
皮革、毛皮、羽毛及其制品和制鞋业	Manufacture of Leather, Fur, Feather and their Products and Footwear	0.32
木材加工和木、竹、藤、棕、草制品业	Processing of Timber, Manufacture of Wood, Bamboo, Rattan, Palm, and Straw Products	3.87
家具制造业	Manufacture of Funiture	1.60
造纸和纸制品业	Manufacture of Paper and Paper Products	25.61
印刷和记录媒介复制业	Printing and Record Medium Reproduction	2.41
文教、工美、体育和娱乐用品制造业	Manufacture of Articles For Culture, Education and Sport Activity	0.76

TOTAL ENERGY CONSUMPTION BY SECTOR(2022)

煤 炭 (万吨) Coal (10 000 tons)	电 力 (亿千瓦时) Electricity (100 million kwh)	焦 炭 (万吨) Coke (10 000 tons)	汽 油 (万吨) Gasoline (10 000 tons)	柴 油 (万吨) Diesel Oil (10 000 tons)	天然气 (亿立方米) Natural Gas (100 million cu.m)
38314.00	**2835.10**	**2752.44**	**228.57**	**416.48**	**99.46**
92.52	**54.40**		**16.32**	**42.85**	**0.53**
37862.32	**2140.37**	**2752.44**	**32.35**	**79.37**	**59.76**
68.82	52.06		0.12	0.40	2.50
37793.51	2088.32	2752.44	32.23	78.97	57.26
637.64	430.72	7.78	11.11	51.17	9.34
604.38	342.17	7.78	10.99	46.50	8.85
	22.02		0.09	0.02	0.39
32.72	45.17		0.02	3.01	
	11.03			0.70	
0.54	3.75			0.83	0.10
	6.58		0.01	0.11	
18229.07	1150.99	2744.66	21.01	25.41	25.73
6.10	10.27		0.04	0.11	0.30
0.45	4.74		0.03	0.06	0.58
0.05	2.70		0.01	0.03	0.93
	0.20				0.02
2.74	2.24			0.02	0.07
	0.35				0.01
	0.11				
	1.30				
	0.54				
37.23	4.08			0.08	0.11
	0.77		0.01	0.01	
	0.25			0.01	

主要统计指标解释

能源消费总量 指一定地域内，国民经济各行业和居民家庭在一定时期内消费的各种能源的总和。包括：原煤、原油、天然气、水能、核能、风能、太阳能、地热能、生物质能等一次能源；一次能源通过加工转换产生的洗煤、焦炭、煤气、电力、热力、成品油等二次能源和同时产生的其他产品；其他化石能源、可再生能源和新能源。其中水能、风能、太阳能、地热能、生物质能等可再生能源，是指人们通过一定技术手段获得的，并作为商品能源使用的部分。在核算过程中，一次能源、二次能源消费不能重复计算。能源消费总量分为终端能源消费量、能源加工转换损失量和能源损失量三部分。

1.终端能源消费量：指一定时期内，全省生产和生活消费的各种能源在扣除了用于加工转换二次能源消费量和损失量以后的数量。

2.能源加工转换损失量：指一定时期内，全省投入加工转换的各种能源数量之和与产出各种能源产品之和的差额。该指标是观察能源在加工转换过程中损失量变化的指标。

3.能源损失量：指一定时期内，能源在输送、分配、储存过程中发生的损失和由客观原因造成的各种损失量，不包括各种气体能源放空、放散量。

能源生产弹性系数 是研究能源生产增长速度与国民经济增长速度之间关系的指标。计算公式：

$$能源生产弹性系数=\frac{能源生产量年平均增长速度}{国民经济年平均增长速度}$$

电力生产弹性系数 是研究电力生产增长速度与国民经济增长速度之间关系的指标。一般来说，电力的发展应当快于国民经济的发展，也就是说电力应超前发展。计算公式为：

$$电力生产弹性系数=\frac{电力生产量年平均增长速度}{国民经济年平均增长速度}$$

能源消费弹性系数 反映能源消费增长速度与国民经济增长速度之间比例关系的指标。计算公式为：

$$能源消费弹性系数=\frac{能源消费量年平均增长速度}{国民经济年平均增长速度}$$

电力消费弹性系数 反映电力消费增长速度与国民经济增长速度之间比例关系的指标。计算公式为：

$$电力消费弹性系数=\frac{电力消费量年平均增长速度}{国民经济年平均增长速度}$$

能源加工转换效率 指一定时期内，能源经过加工、转换后，产出的各种能源产品的数量与同期内投入加工转换的各种能源数量的比率。该指标是观察能源加工转换装置和生产工艺先进与落后、管理水平高低等的重要指标。计算公式为：

$$能源加工转换效率=\frac{能源加工转换产出量}{能源加工转换投入量}\times100\%$$

Explanatory Notes on Main Statistical Indicators

Total Energy Consumption refers to the total consumption of energy of various kinds by the production sectors of the economy and the households in a given period of time. It includes the primary kinds of energy such as coal, crude oil, natural gas, hydro-power, nuclear power, wind power, solar power, geothermal power and bio-energy; the secondary kinds of energy and their products which are transformed from the primary energy such as washed coal, coke, coal gas, electricity, heating, and petroleum products; and other kinds of fossil energy, renewable energy and new energy. The renewable energy, including hydro-power, wind power, solar power, geothermal power and bio-energy, refers to the part attained with some given technical means and used for commercial purposes. Total energy consumption can be divided into three parts: end-use energy consumption; loss during the process of energy conversion; and energy loss.

1. End-use Energy Consumption: It refers to the total energy consumption by the production sectors and the households in the province in a given period of time. It does not include the consumption during the conversion of primary energy into secondary energy and the loss in the process of energy conversion.

2. Loss during the Process of Energy Conversion: It refers to the total input of various kinds of energy for conversion, minus the total output of various kinds of energy in the province in a given period of time. It is an indicator to show the loss that occurs during the process of energy conversion.

3. Energy Loss: It refers to the total of the loss of energy during the course of energy transport, distribution and storage and the loss caused by any objective reason in a given period of time. The loss of various kinds of gas due to gas discharges and stocktaking is not included.

Elasticity Ratio of Energy Production is an indicator to show the relationship between the growth rate of energy production and the growth rate of the national economy. The formula is:

$$\text{Elasticity Ratio of Energy Production} = \frac{\text{Average Annual Growth Rate of Energy Production}}{\text{Average Annual Growth Rate of National Economy}}$$

Elasticity Ratio of Electricity Production is an indicator to show the relationship between the growth rate of electricity production and the growth rate of the national economy. Generally speaking, the growth rate of electricity production should be higher than that of the national economy. Its formula is:

$$\text{Elasticity Ratio of Electricity Production} = \frac{\text{Average Annual Growth Rate of Electricity Production}}{\text{Average Annual Growth Rate of National Economy}}$$

Elasticity Ratio of Energy Consumption is an indicator to show the relationship between the growth rate of energy consumption and the growth rate of the national economy. The formula is:

$$\text{Elasticity Ratio of Energy Consumption} = \frac{\text{Average Annual Growth Rate of Energy Consumption}}{\text{Average Annual Growth Rate of National Economy}}$$

Elasticity Ratio of Electricity Consumption is an indicator to show the relationship between the growth rate of electricity consumption and the growth rate of the national economy. The formula is:

$$\text{Elasticity Ratio of Electricity Consumption} = \frac{\text{Average Annual Growth Rate of Electricity Consumption}}{\text{Average Annual Growth Rate of National Economy}}$$

Efficiency of Energy Processing and Conversion refers to the ratio of the total output of energy products of various kinds after processing and conversion to the total input of energy of various kinds for processing and conversion in the same reference period. It is an important indicator to show the current conditions of energy processing and conversion equipment, production technique and management. The formula is:

$$\text{Efficiency of Energy Processing and Conversion} = \frac{\text{Output of Energy after Processing and Conversion}}{\text{Input of Energy for Processing and Conversion}} \times 100\%$$

7

INVESTMENT IN FIXED ASSETS

固定资产投资

资料整理人员

邸慧东　芦巧娟　宋雅静　巩姣姣

固定资产投资

INVESTMENT IN FIXED ASSETS

固定资产投资增速	Growth Rate of Investment in Fixed Assets	5.9	(%)
第一产业	Primary Industry	3.1	(%)
第二产业	Secondary Industry	11.8	(%)
第三产业	Tertiary Industry	2.5	(%)

固定资产投资总额构成 (%)

Composition of Investment in Fixed Assets (%)

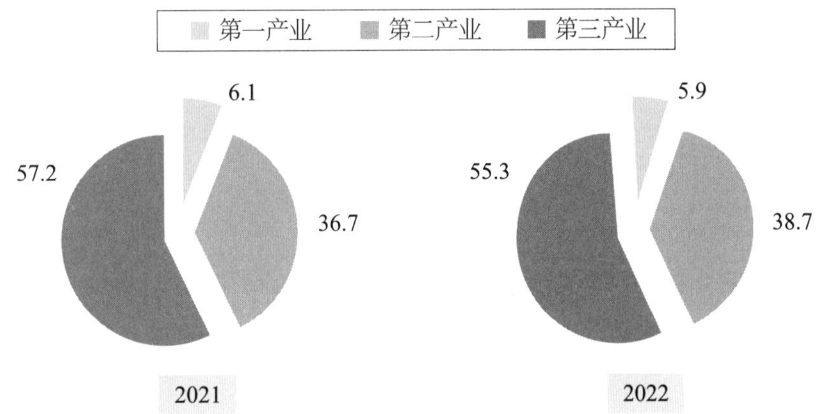

固定资产投资增速 (%)

Growth Rate of Investment in Fixed Assets (%)

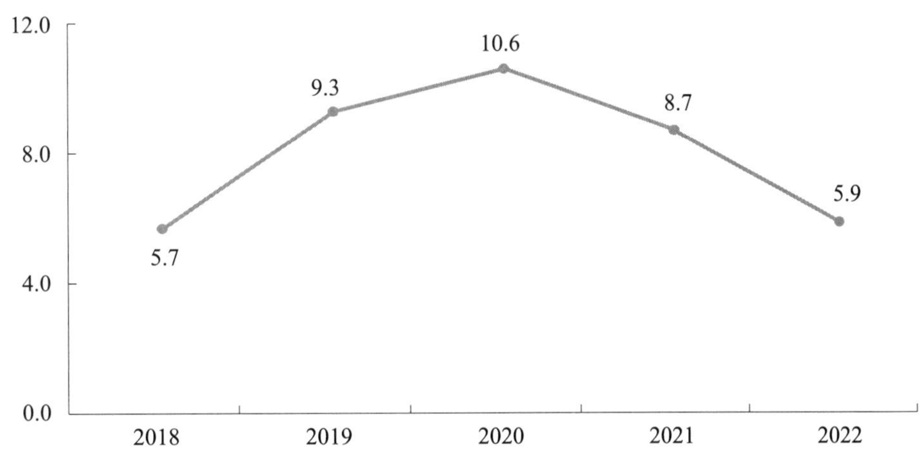

7-1 全社会固定资产投资主要指标增长速度(2022年)
GROWTH RATE OF MAJOR INDICATORS OF TOTAL INVESTMENT IN FIXED ASSETS(2022)

单位：% (%)

指　标	Item	2022
一、投资总额	**Total**	**5.5**
#房地产开发投资	Real Estate Investment	-9.3
#农户投资	Rural Households Investment	-21.7
1.按登记注册类型分	Grouped by Type of Registration Status	
内　资	Domestic-funded Enterprises	5.2
港、澳、台商投资	Enterprises with Investment from Hong Kong, Macao and Taiwan	23.7
外商投资	Enterprises with Foreign Investment	28.7
2.按控股情况分	Grouped by Share Holding	
国有控股	State-holding Enterprises	15.1
集体控股	Collective-holding Enterprises	6.2
私人控股	Private-holding Enterprises	-2.8
港澳台商控股	Enterprises with Investment from Hong Kong, Macao and Taiwan	43.7
外商控股	Enterprises with Foreign Investment	24.8
其　他	Others	-7.4
3.按构成分	Grouped by Composition	
建筑安装工程	Construction and Installation	2.2
设备工器具购置	Purchase of Equipment and Instruments	23.4
其他费用	Other Expenses	9.2
4.按三次产业分	Grouped by Type of Industry	
第一产业	Primary Industry	0.0
第二产业	Secondary Industry	11.9
第三产业	Tertiary Industry	2.1
二、本年资金来源小计	**Total Sources of Funds This Year**	**6.9**
国家预算内资金	State Budgetary Appropriation	33.9
国内贷款	Domestic Loans	10.3
利用外资	Foreign Investment	151.8
自筹资金	Self-Raised Funds	5.0
其　他	Others	-3.0

7-2 按国民经济行业分全社会固定资产投资增长速度(2022年)
GROWTH RATE OF TOTAL INVESTMENT IN FIXED ASSETS BY ECONOMIC SECTOR(2022)

单位：%　　　　(%)

行　业	Sector	全社会固定资产投资 Total Investment in Fixed Assets	#农户投资 Rural Households Investment
总　计	**Total**	**5.5**	**-21.7**
农、林、牧、渔业	Farming, Forestry, Animal Husbandry and Fishery	1.3	-28.6
采矿业	Mining	11.9	
制造业	Manufacturing	6.8	-10.0
电力、热力、燃气及水生产和供应业	Production and Supply of Electricity, Heat, Gas and Water	22.0	
建筑业	Construction	11.7	253.0
批发和零售业	Wholesale and Retail Trade	3.4	-35.3
交通运输、仓储和邮政业	Transport, Storage and Post	12.3	49.0
住宿和餐饮业	Hotels and Catering Services	-7.0	-84.2
信息传输、软件和信息技术服务业	Information Transmission, Software and Information Technology Services	23.9	
金融业	Banking and Insurance	-23.8	
房地产业	Real Estate Trade	-9.7	-33.2
租赁和商务服务业	Lease and Business Affairs Services	-2.5	59.3
科学研究和技术服务业	Scientific Research and Technical Services	1.2	
水利、环境和公共设施管理业	Management of Water Conservancy, Environmental and Public Facilities	16.1	
居民服务、修理和其他服务业	Resident Services, Repair and Other Services	157.6	21.9
教　育	Education	-22.1	-0.5
卫生和社会工作	Health Care and Social Work	35.4	1.9
文化、体育和娱乐业	Culture, Sports and Recreation	49.0	-3.7
公共管理、社会保障和社会组织	Public Management, Social Security and Social Organization	-1.9	

7-5 按登记注册类型分固定资产投资增长速度(2022年)

单位：%

行 业	Sector	本年完成投资 Investment Completed This Year
总 计	**Total**	**5.9**
农、林、牧、渔业	Farming, Forestry, Animal Husbandry and Fishery	4.5
农 业	Farming	33.4
林 业	Forestry	-17.6
畜牧业	Animal Husbandry	-10.5
渔 业	Fishery	27.3
农、林、牧、渔专业及辅助性活动	Professional and Support Activities for Farming, Forestry, Animal Husbandry and Fishery Services	38.3
采矿业	Mining	11.9
煤炭开采和洗选业	Coal Mining and Washsing	18.4
石油和天然气开采业	Extraction of Petroleum and Natural Gas	-12.7
黑色金属矿采选业	Mining and Dressing of Ferrous Metals	3.7
有色金属矿采选业	Mining and Dressing of Nonferrous Metals	57.8
非金属矿采选业	Mining and Dressing of Nonmetal Ores	-6.5
开采专业及辅助性活动	Professional and Support Activities for Mining	-44.2
其他采矿业	Others	-88.0
制造业	Manufacturing	6.8
农副食品加工业	Farm and Sideline Food Processing	-19.1
食品制造业	Food Manufacturing	-1.0
酒、饮料和精制茶制造业	Alcohol, Beverage and Refined Tea Manufacturing	-2.5
烟草制品业	Tobacoo Manufaturing	854.4
纺织业	Textile Industry	45.3
纺织服装、服饰业	Manufacture of Garments and Accessories	-33.1
皮革、毛皮、羽毛及其制品和制鞋业	Manufacture of Leather, Fur, Feather and their Products and Footwear	-2.8
木材加工和木、竹、藤、棕、草制品业	Processing of Timber, Manufacture of Wood, Bamboo, Rattan, Palm, and Straw Products	67.9
家具制造业	Manufacture of Furniture	14.6
造纸和纸制品业	Manufacture of Paper and Paper Products	-7.8
印刷和记录媒介复制业	Printing and Record Medium Reproduction	-8.5
文教、工美、体育和娱乐用品制造业	Manufacture of Articles For Culture, Education. Arts and Crafts, Sport and Entertainment Activities	96.0
石油、煤炭及其他燃料加工业	Petroleum, Coal and Other Fuels Processing	-14.3
化学原料和化学制品制造业	Manufacture Raw Chemical Materials and Chemical Products	1.6
医药制造业	Manufacture of Medical Products	37.7
化学纤维制造业	Manufacture of Chemical Fibers	286.0
橡胶和塑料制品业	Manufacture of Rubber and Plastic Products	23.7
非金属矿物制品业	Manufacture of Nonmetals Mineral Products	-0.6
黑色金属冶炼和压延加工业	Smelting and Pressing of Ferrous Metals	14.3
有色金属冶炼和压延加工业	Smelting and Pressing of Nonferrous Metals	-12.3
金属制品业	Manufacture of Metal Products	-13.4
通用设备制造业	Manufacture of Universal Purpose Equipment	18.7

GROWTH RATE OF INVESTMENT IN FIXED ASSETS BY REGISTRATION STATUS(2022)

(%)

内 资 Domestic-Funded Enterprises	港澳台商投资 Enterprises with Investment from Hong Kong, Macao and Taiwan	外商投资 Enterprises with Foreign Investment
5.6	**23.7**	**28.7**
4.5	8.5	-22.8
33.4		
-17.6	8.5	
-10.4		-39.0
27.3		
38.0		
11.2	-77.6	25.6
16.8	-66.8	119.5
-17.6		0.3
3.7		
59.1	-100.0	
-6.5		
-44.2		
-88.0		
7.6	-28.5	-18.8
-18.9		-32.9
4.6	-79.0	-90.2
-2.0		-66.4
854.4		
45.3		
-33.1		
-2.8		
67.9		
14.6		
-7.8		
-8.5		
96.0		
-12.9		-68.7
4.5	-92.2	-66.0
36.2	-97.9	
286.0		
23.7		-100.0
-0.4	-73.9	-100.0
14.2		93.2
-11.8	-100.0	208.7
-14.2	-100.0	426.6
18.4		

7-5 续表1

单位：%

行业	Sector	本年完成投资 Investment Completed This Year
专用设备制造业	Manufacture of Special Purpose Equipment	60.1
汽车制造业	Manufacture of Motor Vehicles	1.8
铁路、船舶、航空航天和其他运输设备制造业	Manufacture of Railways, Ships, Aviation, Aircrafts and Other Transportation Equipments	64.6
电气机械和器材制造业	Manufacture of Electrical Equipment and Machinery	40.4
计算机、通信和其他电子设备制造业	Manufacture of Computer, Telecommunication and Other Electronic Equipments	40.4
仪器仪表制造业	Manufacture of Measuring Instrument and Machinery	44.2
其他制造业	Other Manufacturing	-57.5
废弃资源综合利用业	Comprehensive Utilization of Waste	10.1
金属制品、机械和设备修理业	Repair of Metal Products, Machinery and Equipment	23.3
电力、热力、燃气及水生产和供应业	Production and Supply of Electricity, Heat, Gas and Water	22.0
电力、热力生产和供应业	Production and Supply of Electricity and Heat	22.4
燃气生产和供应业	Production and Supply of Gas	23.6
水的生产和供应业	Production and Supply of Water	19.1
建筑业	Construction	-7.8
房屋建筑业	Buildings Construction	
土木工程建筑业	Civil Engineering	-49.5
建筑安装业	Building Installation	-100.0
建筑装饰、装修和其他建筑业	Building Decoration and Other Construction	1495.6
批发和零售业	Wholesale and Retail Trade	5.3
批发业	Wholesale Trade	32.6
零售业	Retail Trade	-7.7
交通运输、仓储和邮政业	Transport, Storage and Post	12.4
铁路运输业	Railway Transport	10.2
道路运输业	Highway Transport	3.8
水上运输业	Water Transport	-100.0
航空运输业	Air Transport	709.6
管道运输业	Transport Via Pipelines	-100.0
多式联运和运输代理业	Intermodality and Forwarding Agency	-99.3
装卸搬运和仓储业	Loading, Unloading and Storage	19.4
邮政业	Post	634.4
住宿和餐饮业	Hotels and Catering Services	-4.6
住宿业	Hotels	-1.5
餐饮业	Catering Services	-28.7
信息传输、软件和信息技术服务业	Information Transmission, Software and Information Technology Services	23.9
电信、广播电视和卫星传输服务	Transmission Services of Telecommunication, Broadcast, Television and Satellite	46.8
互联网和相关服务	Internet and Relative Services	19.2
软件和信息技术服务业	Software and Information Technology Services	23.8

continued

(%)

内 资 Domestic-Funded Enterprises	港澳台商投资 Enterprises with Investment from Hong Kong, Macao and Taiwan	外商投资 Enterprises with Foreign Investment
61.9	-100.0	-98.2
4.6	-10.1	-100.0
116.1	-100.0	-37.1
35.9		
36.8	-24.4	200.1
44.2		
-57.5		
11.2		-75.6
23.3		
19.1	90.7	106.7
18.9	98.8	101.3
18.2	103.6	
20.3	-95.6	-95.8
-7.8		
-49.5		
-100.0		
1495.6		
4.8		10310.0
32.6		-100.0
-8.4		
12.3		1566.9
10.2		
3.8		
-100.0		
709.6		
-100.0		
-99.3		
17.6		1566.9
634.4		
-4.6		
-1.5		
-28.7		
18.7	27.4	97.1
50.9	-0.7	103.5
18.5	5.4	30.5
16.0	45.4	315.8

7–5 续表2

单位：%

行　业	Sector	本年完成投资 Investment Completed This Year
金融业	Banking and Insurance	–23.8
货币金融服务	Monetary Banking	15.6
资本市场服务	Capital Market	
保险业	Insurance	
其他金融业	Other Financial Activities	–100.0
房地产业	Real Estate Trade	–9.1
房地产业	Real Estate Trade	–9.1
租赁和商务服务业	Lease and Business Affairs Services	–3.0
租赁业	Leasing	504.2
商务服务业	Business Affairs Services	–4.1
科学研究和技术服务业	Scientific Research and Technical Services	1.2
研究和试验发展	Research and Experimental Development	20.9
专业技术服务业	Professional Technical Services	17.4
科技推广和应用服务业	Services of Science and Technology Exchanges and Promotion	–18.3
水利、环境和公共设施管理业	Management of Water Conservancy, Environment and Public Facilities	16.1
水利管理业	Water Conservancy	19.6
生态保护和环境治理业	Ecological Protection and Environmental Management	–22.7
公共设施管理业	Public Facilities	22.9
土地管理	Land Management	–8.4
居民服务、修理和其他服务业	Resident Services, Repair and Other Services	203.7
居民服务业	Residence Services	222.4
机动车、电子产品和日用产品修理业	Repair of Motor Vehicles, Electronic Products and Daily Products	29.4
其他服务业	Other Services	91.0
教　育	Education	–22.3
教　育	Education	–22.3
卫生和社会工作	Health Care and Social Work	35.5
卫　生	Health Care	34.2
社会工作	Social Work	46.1
文化、体育和娱乐业	Culture, Sports and Recreation	49.1
新闻和出版业	Journalism and Publishing Activities	–89.0
广播、电视、电影和录音制作业	Radio, Televisions, Motion Pictures and Audio Procuction	0.5
文化艺术业	Culture and Arts Activities	64.0
体　育	Sports Activities	48.5
娱乐业	Entertainment	30.8
公共管理、社会保障和社会组织	Public Management, Social Security and Social Organization	–1.9
中国共产党机关	Organs of CPC	339.3
国家机构	Government Agencies	–3.3
人民政协、民主党派	PPCC and Democratic Parties	–36.0
社会保障	Social Security	
群众团体、社会团体和其他成员组织	Mass Organizations, Social Organizations and Other Member Organizations	–40.3
基层群众自治组织及其他组织	Grass Roots Self–governing Organizations and Other Organizations	263.3

continued

(%)

内 资 Domestic-Funded Enterprises	港澳台商投资 Enterprises with Investment from Hong Kong, Macao and Taiwan	外商投资 Enterprises with Foreign Investment
-23.8		
15.6		
-100.0		
-9.0	-34.9	-60.6
-9.0	-34.9	-60.6
-3.0		
504.2		
-4.1		
1.2		
20.8		
17.4		
-18.3		
16.4	-82.8	-60.1
19.6		
-21.3	-82.8	-88.0
22.8		
-8.4		
203.7		
222.4		
29.4		
91.0		
-22.3		
-22.3		
35.5		
34.2		
46.1		
48.4		
-89.0		
0.5		
64.0		
42.8		
30.8		
-1.9		
339.3		
-3.3		
-36.0		
-40.3		
263.3		

7-6 按构成分固定资产投资增长速度(2022年)

单位：%

行 业	Sector	本年完成投资 Investment Completed This Year
总 计	**Total**	**5.9**
农、林、牧、渔业	Farming, Forestry, Animal Husbandry and Fishery	4.5
农 业	Farming	33.4
林 业	Forestry	-17.6
畜牧业	Animal Husbandry	-10.5
渔 业	Fishery	27.3
农、林、牧、渔专业及辅助性活动	Professional and Support Activities for Farming, Forestry, Animal Husbandry and Fishery Services	38.3
采矿业	Mining	11.9
煤炭开采和洗选业	Coal Mining and Washsing	18.4
石油和天然气开采业	Extraction of Petroleum and Natural Gas	-12.7
黑色金属矿采选业	Mining and Dressing of Ferrous Metals	3.7
有色金属矿采选业	Mining and Dressing of Nonferrous Metals	57.8
非金属矿采选业	Mining and Dressing of Nonmetal Ores	-6.5
开采专业及辅助性活动	Professional and Support Activities for Mining	-44.2
其他采矿业	Others	-88.0
制造业	Manufacturing	6.8
农副食品加工业	Farm and Sideline Food Processing	-19.1
食品制造业	Food Manufacturing	-1.0
酒、饮料和精制茶制造业	Alcohol, Beverage and Refined Tea Manufacturing	-2.5
烟草制品业	Tobacoo Manufaturing	854.4
纺织业	Textile Industry	45.3
纺织服装、服饰业	Manufacture of Garments and Accessories	-33.1
皮革、毛皮、羽毛及其制品和制鞋业	Manufacture of Leather, Fur, Feather and their Products and Footwear	-2.8
木材加工和木、竹、藤、棕、草制品业	Processing of Timber, Manufacture of Wood, Bamboo, Rattan, Palm, and Straw Products	67.9
家具制造业	Manufacture of Furniture	14.6
造纸和纸制品业	Manufacture of Paper and Paper Products	-7.8
印刷和记录媒介复制业	Printing and Record Medium Reproduction	-8.5
文教、工美、体育和娱乐用品制造业	Manufacture of Articles For Culture, Education, Arts and Crafts, Sport and Entertainment Activities	96.0
石油、煤炭及其他燃料加工业	Petroleum, Coal and Other Fuels Processing	-14.3
化学原料和化学制品制造业	Manufacture Raw Chemical Materials and Chemical Products	1.6
医药制造业	Manufacture of Medical Products	37.7
化学纤维制造业	Manufacture of Chemical Fibers	286.0
橡胶和塑料制品业	Manufacture of Rubber and Plastic Products	23.7
非金属矿物制品业	Manufacture of Nonmetals Mineral Products	-0.6
黑色金属冶炼和压延加工业	Smelting and Pressing of Ferrous Metals	14.3
有色金属冶炼和压延加工业	Smelting and Pressing of Nonferrous Metals	-12.3
金属制品业	Manufacture of Metal Products	-13.4
通用设备制造业	Manufacture of Universal Purpose Equipment	18.7

GROWTH RATE OF INVESTMENT IN FIXED ASSETS BY COMPOSITION(2022)

(%)

建筑安装工程 Construction and Installation	设备工器具购置 Purchase of Equipment and Instruments	其他费用 Others
2.4	**26.3**	**9.4**
-5.5	-8.7	-2.3
34.9	17.3	15.4
-17.4	385.6	-23.0
-8.7	-34.9	-10.2
24.7	31.9	
21.7	267.3	154.9
6.3	17.1	26.4
13.0	22.7	26.5
-12.0	-47.0	23.4
15.0	-36.5	-33.0
53.5	3.1	84.1
-5.9	-51.9	33.3
-52.5	-36.5	322.5
-14.9	-90.5	-100.0
2.0	23.6	-0.8
-18.4	-37.5	27.8
0.8	14.3	-42.4
10.3	-43.6	-3.8
	854.4	
34.5	-12.9	3639.8
-35.7	-33.4	11750.0
1.7		-100.0
34.2	199.1	174.3
1.4	96.4	827.9
5.1	-12.8	-41.8
-9.5	-6.2	13.8
187.2	-32.4	118.0
-17.0	-14.6	0.1
9.9	-1.4	-32.5
39.5	44.1	3.3
251.7	1988.4	-19.5
5.2	79.8	-45.5
-4.4	12.5	4.4
-11.2	54.9	40.9
-18.4	8.5	-5.4
-9.4	1.5	-51.7
15.2	20.9	48.2

7-6 续表1

单位：%

行　业	Sector	本年完成投资 Investment Completed This Year
专用设备制造业	Manufacture of Special Purpose Equipment	60.1
汽车制造业	Manufacture of Motor Vehicles	1.8
铁路、船舶、航空航天和其他运输设备制造业	Manufacture of Railways, Ships, Aviation, Aircrafts and Other Transportation Equipments	64.6
电气机械和器材制造业	Manufacture of Electrical Equipment and Machinery	40.4
计算机、通信和其他电子设备制造业	Manufacture of Computer, Telecommunication and Other Electronic Equipments	40.4
仪器仪表制造业	Manufacture of Measuring Instrument and Machinery	44.2
其他制造业	Other Manufacturing	-57.5
废弃资源综合利用业	Comprehensive Utilization of Waste	10.1
金属制品、机械和设备修理业	Repair of Metal Products, Machinery and Equipment	23.3
电力、热力、燃气及水生产和供应业	Production and Supply of Electricity, Heat, Gas and Water	22.0
电力、热力生产和供应业	Production and Supply of Electricity and Heat	22.4
燃气生产和供应业	Production and Supply of Gas	23.6
水的生产和供应业	Production and Supply of Water	19.1
建筑业	Construction	-7.8
房屋建筑业	Buildings Construction	
土木工程建筑业	Civil Engineering	-49.5
建筑安装业	Building Installation	-100.0
建筑装饰、装修和其他建筑业	Building Decoration and Other Construction	1495.6
批发和零售业	Wholesale and Retail Trade	5.3
批发业	Wholesale Trade	32.6
零售业	Retail Trade	-7.7
交通运输、仓储和邮政业	Transport, Storage and Post	12.4
铁路运输业	Railway Transport	10.2
道路运输业	Highway Transport	3.8
水上运输业	Water Transport	-100.0
航空运输业	Air Transport	709.6
管道运输业	Transport Via Pipelines	-100.0
多式联运和运输代理业	Intermodality and Forwarding Agency	-99.3
装卸搬运和仓储业	Loading, Unloading and Storage	19.4
邮政业	Post	634.4
住宿和餐饮业	Hotels and Catering Services	-4.6
住宿业	Hotels	-1.5
餐饮业	Catering Services	-28.7
信息传输、软件和信息技术服务业	Information Transmission, Software and Information Technology Services	23.9
电信、广播电视和卫星传输服务	Transmission Services of Telecommunication, Broadcast, Television and Satellite	46.8
互联网和相关服务	Internet and Relative Services	19.2
软件和信息技术服务业	Software and Information Technology Services	23.8

continued

(%)

建筑安装工程 Construction and Installation	设备工器具购置 Purchase of Equipment and Instruments	其他费用 Others
48.4	138.1	10.9
15.4	2.4	-75.5
55.0	-5.1	279.6
10.8	202.8	57.4
28.2	72.8	43.1
41.6	-97.4	893.1
	-82.1	
10.1	-4.8	52.1
-3.1	260.3	0.8
7.3	58.4	10.0
3.3	68.5	-7.7
14.3	18.7	133.0
23.9	-22.7	109.0
765.3	-59.4	145.2
1001.1	-91.8	41.8
	-100.0	
-53.4		
27.6	47.2	-50.7
30.5	-27.5	151.8
25.4	110.3	-58.2
9.2	-32.8	38.5
20.8	117.3	-17.3
6.7	-37.5	-4.2
-100.0	-100.0	
213.9	216.6	1097.7
-100.0	-100.0	
-100.0	-99.2	
18.2	-19.9	53.3
	-87.8	
-9.3	-6.4	31.8
-6.3	-61.4	41.8
-32.9	5900.0	-34.3
52.3	-5.9	6.0
58.6	74.6	-47.8
16.6	11.7	79.7
94.1	-13.3	-36.0

7-6 续表2

单位：%

行　业	Sector	本年完成投资 Investment Completed This Year
金融业	Banking and Insurance	-23.8
货币金融服务	Monetary Banking	15.6
资本市场服务	Capital Market	
保险业	Insurance	
其他金融业	Other Financial Activities	-100.0
房地产业	Real Estate Trade	-9.1
房地产业	Real Estate Trade	-9.1
租赁和商务服务业	Lease and Business Affairs Services	-3.0
租赁业	Leasing	504.2
商务服务业	Business Affairs Services	-4.1
科学研究和技术服务业	Scientific Research and Technical Services	1.2
研究和试验发展	Research and Experimental Development	20.9
专业技术服务业	Professional Technical Services	17.4
科技推广和应用服务业	Services of Science and Technology Exchanges and Promotion	-18.3
水利、环境和公共设施管理业	Management of Water Conservancy, Environment and Public Facilities	16.1
水利管理业	Water Conservancy	19.6
生态保护和环境治理业	Ecological Protection and Environmental Management	-22.7
公共设施管理业	Public Facilities	22.9
土地管理业	Land Management	-8.4
居民服务、修理和其他服务业	Resident Services, Repair and Other Services	203.7
居民服务业	Residence Services	222.4
机动车、电子产品和日用产品修理业	Repair of Motor Vehicles, Electronic Products and Daily Products	29.4
其他服务业	Other Services	91.0
教　育	Education	-22.3
教　育	Education	-22.3
卫生和社会工作	Health Care and Social Work	35.5
卫　生	Health Care	34.2
社会工作	Social Work	46.1
文化、体育和娱乐业	Culture, Sports and Recreation	49.1
新闻和出版业	Journalism and Publishing Activities	-89.0
广播、电视、电影和录音制作业	Radio, Televisions, Motion Pictures and Audio Procuction	0.5
文化艺术业	Culture and Arts Activities	64.0
体　育	Sports Activities	48.5
娱乐业	Entertainment	30.8
公共管理、社会保障和社会组织	Public Management, Social Security and Social Organization	-1.9
中国共产党机关	Organs of CPC	339.3
国家机构	Government Agencies	-3.3
人民政协、民主党派	PPCC and Democratic Parties	-36.0
社会保障	Social Security	
群众团体、社会团体和其他成员组织	Mass Organizations, Social Organizations and Other Member Organizations	-40.3
基层群众自治组织及其他组织	Grass Roots Self-governing Organizations and Other Organizations	263.3

continued

(%)

建筑安装工程 Construction and Installation	设备工器具购置 Purchase of Equipment and Instruments	其他费用 Others
−32.5	−37.7	1110.8
10.9	−37.7	1110.8
−100.0		
−12.8	8.5	6.2
−12.8	8.5	6.2
9.9	62.7	−49.2
508.3		144.2
8.6	54.7	−49.6
−1.7	−5.4	39.3
18.1	13.1	50.4
22.7	23.1	−24.0
−22.3	−25.2	54.5
17.9	−3.6	3.6
22.3	153.9	−9.2
−19.3	−26.1	−47.0
23.8	7.1	16.1
−12.3		−81.5
170.7	1154.3	581.5
193.9	789.3	807.7
−9.9	1755.9	−100.0
12.4	3780.3	13366.7
−26.5	−22.8	38.0
−26.5	−22.8	38.0
34.2	44.4	28.1
31.6	45.6	32.3
53.3	−55.3	8.4
50.9	19.8	40.5
	−89.0	
−54.9	−82.7	1204.7
57.4	−23.6	106.7
64.0	191.2	−39.9
41.0	192.8	−59.4
0.5	−30.5	−7.9
304.6		1497.6
0.9	−28.0	−29.5
−36.0		
−41.6	−100.0	137.6
289.3	−100.0	4311.1

7-7 按建设性质分固定资产投资增长速度(2022年)

单位：%

行 业	Sector	本年完成投资 Investment Completed This Year
总 计	**Total**	**10.5**
农、林、牧、渔业	Farming, Forestry, Animal Husbandry and Fishery	4.5
农 业	Farming	33.4
林 业	Forestry	-17.6
畜牧业	Animal Husbandry	-10.5
渔 业	Fishery	27.3
农、林、牧、渔专业及辅助性活动	Professional and Support Activities for Farming, Forestry, Animal Husbandry and Fishery Services	38.3
采矿业	Mining	11.9
煤炭开采和洗选业	Coal Mining and Washsing	18.4
石油和天然气开采业	Extraction of Petroleum and Natural Gas	-12.7
黑色金属矿采选业	Mining and Dressing of Ferrous Metals	3.7
有色金属矿采选业	Mining and Dressing of Nonferrous Metals	57.8
非金属矿采选业	Mining and Dressing of Nonmetal Ores	-6.5
开采专业及辅助性活动	Professional and Support Activities for Mining	-44.2
其他采矿业	Others	-88.0
制造业	Manufacturing	6.8
农副食品加工业	Farm and Sideline Food Processing	-19.1
食品制造业	Food Manufacturing	-1.0
酒、饮料和精制茶制造业	Alcohol, Beverage and Refined Tea Manufacturing	-2.5
烟草制品业	Tobacoo Manufaturing	854.4
纺织业	Textile Industry	45.3
纺织服装、服饰业	Manufacture of Garments and Accessories	-33.1
皮革、毛皮、羽毛及其制品和制鞋业	Manufacture of Leather, Fur, Feather and their Products and Footwear	-2.8
木材加工和木、竹、藤、棕、草制品业	Processing of Timber, Manufacture of Wood, Bamboo, Rattan, Palm, and Straw Products	67.9
家具制造业	Manufacture of Furniture	14.6
造纸和纸制品业	Manufacture of Paper and Paper Products	-7.8
印刷和记录媒介复制业	Printing and Record Medium Reproduction	-8.5
文教、工美、体育和娱乐用品制造业	Manufacture of Articles For Culture, Education, Arts and Crafts, Sport and Entertainment Activities	96.0
石油、煤炭及其他燃料加工业	Petroleum, Coal and Other Fuels Processing	-14.3
化学原料和化学制品制造业	Manufacture Raw Chemical Materials and Chemical Products	1.6
医药制造业	Manufacture of Medical Products	37.7
化学纤维制造业	Manufacture of Chemical Fibers	286.0
橡胶和塑料制品业	Manufacture of Rubber and Plastic Products	23.7
非金属矿物制品业	Manufacture of Nonmetals Mineral Products	-0.6
黑色金属冶炼和压延加工业	Smelting and Pressing of Ferrous Metals	14.3
有色金属冶炼和压延加工业	Smelting and Pressing of Nonferrous Metals	-12.3
金属制品业	Manufacture of Metal Products	-13.4
通用设备制造业	Manufacture of Universal Purpose Equipment	18.7

注：本表不含房地产开发投资。

Note: Investment in this table doesn't include investment in real estate development.

GROWTH RATE OF INVESTMENT IN FIXED ASSETS BY TYPE OF CONSTRUCTION(2022)

(%)

#新 建 New Construction	#扩 建 Expansion	#改建和技术改造 Reconstruction and Technical Reformation
9.2	**26.2**	**22.4**
0.6	10.8	217.5
29.0	34.2	158.6
-21.4	66.1	177.5
-14.1	-6.4	345.5
28.0	0.7	42.9
29.2	17.5	1400.3
1.1	48.4	7.6
4.4	69.3	10.1
-12.3	-9.3	-49.7
20.1	-27.8	-2.9
278.8	32.2	16.7
-2.8	-24.5	389.1
-36.1	-77.2	-54.1
-88.0		
14.0	-12.8	12.2
-25.2	3.5	42.4
-22.3	-17.9	68.2
12.9	-59.2	-14.5
15.4	334.3	715.9
-45.4	-9.5	157.3
-2.8		
40.2		-100.0
-15.3	166.5	462.8
-32.6	5.8	19.3
-46.9		25.2
198.9	-88.7	-20.1
19.9	-65.2	10.3
7.5	-67.3	-5.4
39.2	285.5	10.5
289.6		
20.6	187.3	81.5
-0.2	-9.7	13.3
-12.0	119.9	22.2
-16.0	-0.8	-12.1
-13.8	29.8	-28.4
-1.7	82.8	28.1

7-7 续表2

单位：%

行 业	Sector	本年完成投资 Investment Completed This Year
金融业	Banking and Insurance	-23.8
货币金融服务	Monetary Banking	15.6
资本市场服务	Capital Market	
保险业	Insurance	
其他金融业	Other Financial Activities	-100.0
房地产业	Real Estate Trade	-7.0
房地产业	Real Estate Trade	-7.0
租赁和商务服务业	Lease and Business Affairs Services	-3.0
租赁业	Leasing	504.2
商务服务业	Business Affairs Services	-4.1
科学研究和技术服务业	Scientific Research and Technical Services	1.2
研究和试验发展	Research and Experimental Development	20.9
专业技术服务业	Professional Technical Services	17.4
科技推广和应用服务业	Services of Science and Technology Exchanges and Promotion	-18.3
水利、环境和公共设施管理业	Management of Water Conservancy, Environment and Public Facilities	16.1
水利管理业	Water Conservancy	19.6
生态保护和环境治理业	Ecological Protection and Environmental Management	-22.7
公共设施管理业	Public Facilities	22.9
土地管理业	Land Management	-8.4
居民服务、修理和其他服务业	Resident Services, Repair and Other Services	203.7
居民服务业	Residence Services	222.4
机动车、电子产品和日用产品修理业	Repair of Motor Vehicles, Electronic Products and Daily Products	29.4
其他服务业	Other Services	91.0
教 育	Education	-22.3
教 育	Education	-22.3
卫生和社会工作	Health Care and Social Work	35.5
卫 生	Health Care	34.2
社会工作	Social Work	46.1
文化、体育和娱乐业	Culture, Sports and Recreation	49.1
新闻和出版业	Journalism and Publishing Activities	-89.0
广播、电视、电影和录音制作业	Radio, Televisions, Motion Pictures and Audio Procuction	0.5
文化艺术业	Culture and Arts Activities	64.0
体 育	Sports Activities	48.5
娱乐业	Entertainment	30.8
公共管理、社会保障和社会组织	Public Management, Social Security and Social Organization	-1.9
中国共产党机关	Organs of CPC	339.3
国家机构	Government Agencies	-3.3
人民政协、民主党派	PPCC and Democratic Parties	-36.0
社会保障	Social Security	
群众团体、社会团体和其他成员组织	Mass Organizations, Social Organizations and Other Member Organizations	-40.3
基层群众自治组织及其他组织	Grass Roots Self-governing Organizations and Other Organizations	263.3

continued

(%)

#新 建 New Construction	#扩 建 Expansion	#改建和技术改造 Reconstruction and Technical Reformation
358.0	−90.8	−55.3
358.0	−82.6	−55.3
	−100.0	
−6.1	38.1	−38.5
−6.1	38.1	−38.5
−4.4	103.9	40.7
433.1		
−5.4	103.9	40.7
1.7	−43.2	−5.8
35.3		−8.3
11.4	−43.2	936.7
−19.3		3.1
9.0	21.3	59.9
20.6	8.4	12.6
−23.0	10.5	−9.8
12.8	25.9	73.2
−16.1		390.7
291.6	156.7	1068.5
334.7	287.1	1719.3
−1.5	−58.8	
91.8		70.4
−24.7	9.2	−17.5
−24.7	9.2	−17.5
31.7	28.7	515.0
28.8	34.8	538.8
51.9	−93.3	211.0
51.3	108.4	14.4
−89.0		
101.4		−100.0
89.5	148.6	−13.8
24.9	−77.3	2022.0
22.1	190.3	1934.6
−7.3	10.3	66.8
304.3		
−4.3	−35.9	88.6
−36.0		
−41.7	331.3	−73.9
97.2	−84.2	

7-8 按控股情况分固定资产投资增长速度(2022年)

单位：%

行 业	Sector	本年完成投资 Investment Completed This Year
总 计	**Total**	**5.9**
农、林、牧、渔业	Farming, Forestry, Animal Husbandry and Fishery	4.5
农 业	Farming	33.4
林 业	Forestry	-17.6
畜牧业	Animal Husbandry	-10.5
渔 业	Fishery	27.3
农、林、牧、渔专业及辅助性活动	Professional and Support Activities for Farming, Forestry, Animal Husbandry and Fishery Services	38.3
采矿业	Mining	11.9
煤炭开采和洗选业	Coal Mining and Washsing	18.4
石油和天然气开采业	Extraction of Petroleum and Natural Gas	-12.7
黑色金属矿采选业	Mining and Dressing of Ferrous Metals	3.7
有色金属矿采选业	Mining and Dressing of Nonferrous Metals	57.8
非金属矿采选业	Mining and Dressing of Nonmetal Ores	-6.5
开采专业及辅助性活动	Professional and Support Activities for Mining	-44.2
其他采矿业	Others	-88.0
制造业	Manufacturing	6.8
农副食品加工业	Farm and Sideline Food Processing	-19.1
食品制造业	Food Manufacturing	-1.0
酒、饮料和精制茶制造业	Alcohol, Beverage and Refined Tea Manufacturing	-2.5
烟草制品业	Tobacoo Manufaturing	854.4
纺织业	Textile Industry	45.3
纺织服装、服饰业	Manufacture of Garments and Accessories	-33.1
皮革、毛皮、羽毛及其制品和制鞋业	Manufacture of Leather, Fur, Feather and their Products and Footwear	-2.8
木材加工和木、竹、藤、棕、草制品业	Processing of Timber, Manufacture of Wood, Bamboo, Rattan, Palm, and Straw Products	67.9
家具制造业	Manufacture of Furniture	14.6
造纸和纸制品业	Manufacture of Paper and Paper Products	-7.8
印刷和记录媒介复制业	Printing and Record Medium Reproduction	-8.5
文教、工美、体育和娱乐用品制造业	Manufacture of Articles For Culture, Education, Arts and Crafts, Sport and Entertainment Activities	96.0
石油、煤炭及其他燃料加工业	Petroleum, Coal and Other Fuels Processing	-14.3
化学原料和化学制品制造业	Manufacture Raw Chemical Materials and Chemical Products	1.6
医药制造业	Manufacture of Medical Products	37.7
化学纤维制造业	Manufacture of Chemical Fibers	286.0
橡胶和塑料制品业	Manufacture of Rubber and Plastic Products	23.7
非金属矿物制品业	Manufacture of Nonmetals Mineral Products	-0.6
黑色金属冶炼和压延加工业	Smelting and Pressing of Ferrous Metals	14.3
有色金属冶炼和压延加工业	Smelting and Pressing of Nonferrous Metals	-12.3
金属制品业	Manufacture of Metal Products	-13.4
通用设备制造业	Manufacture of Universal Purpose Equipment	18.7

GROWTH RATE OF INVESTMENT IN FIXED ASSETS BY SHARE HOLDING(2022)

(%)

#国有控股 State-holding	#集体控股 Collective-holding	#私人控股 Private-holding
15.3	**6.2**	**–2.1**
4.9	28.1	–0.3
49.3	45.7	18.2
–26.8	159.6	68.2
45.8	–5.1	–15.9
33.2	4308.7	9.7
23.5	–45.9	118.6
5.4	27.0	21.1
7.5	28.6	49.4
–21.3	127.1	–57.8
206.6		–2.3
249.7		17.6
12797.6	–100.0	–4.1
–22.1		–61.9
		–96.2
25.3	10.6	1.5
0.6	–55.6	–23.8
–34.8	–80.3	15.6
2.1	44.8	–4.8
854.4		
2819.8		12.6
–34.8		–28.6
		–2.8
–100.0		67.9
	–59.6	7.9
		–3.1
		–29.1
480.0		93.6
20.2	59.4	–20.1
–14.1	–69.2	8.5
13.5	–73.1	51.2
87.3		320.0
–45.2		–4.8
–11.0	–42.5	1.0
11.4		15.3
–6.7		–16.0
41.6		–23.0
44.7		1.7

7-8 续表2

单位：%

行 业	Sector	本年完成投资 Investment Completed This Year
金融业	Banking and Insurance	-23.8
货币金融服务	Monetary Banking	15.6
资本市场服务	Capital Market	
保险业	Insurance	
其他金融业	Other Financial Activities	-100.0
房地产业	Real Estate Trade	-9.1
房地产业	Real Estate Trade	-9.1
租赁和商务服务业	Lease and Business Affairs Services	-3.0
租赁业	Leasing	504.2
商务服务业	Business Affairs Services	-4.1
科学研究和技术服务业	Scientific Research and Technical Services	1.2
研究和试验发展	Research and Experimental Development	20.9
专业技术服务业	Professional Technical Services	17.4
科技推广和应用服务业	Services of Science and Technology Exchanges and Promotion	-18.3
水利、环境和公共设施管理业	Management of Water Conservancy, Environment and Public Facilities	16.1
水利管理业	Water Conservancy	19.6
生态保护和环境治理业	Ecological Protection and Environmental Management	-22.7
公共设施管理业	Public Facilities	22.9
土地管理业	Land Management	-8.4
居民服务、修理和其他服务业	Resident Services, Repair and Other Services	203.7
居民服务业	Residence Services	222.4
机动车、电子产品和日用产品修理业	Repair of Motor Vehicles, Electronic Products and Daily Products	29.4
其他服务业	Other Services	91.0
教 育	Education	-22.3
教 育	Education	-22.3
卫生和社会工作	Health Care and Social Work	35.5
卫 生	Health Care	34.2
社会工作	Social Work	46.1
文化、体育和娱乐业	Culture, Sports and Recreation	49.1
新闻和出版业	Journalism and Publishing Activities	-89.0
广播、电视、电影和录音制作业	Radio, Televisions, Motion Pictures and Audio Procuction	0.5
文化艺术业	Culture and Arts Activities	64.0
体 育	Sports Activities	48.5
娱乐业	Entertainment	30.8
公共管理、社会保障和社会组织	Public Management, Social Security and Social Organization	-1.9
中国共产党机关	Organs of CPC	339.3
国家机构	Government Agencies	-3.3
人民政协、民主党派	PPCC and Democratic Parties	-36.0
社会保障	Social Security	
群众团体、社会团体和其他成员组织	Mass Organizations, Social Organizations and Other Member Organizations	-40.3
基层群众自治组织及其他组织	Grass Roots Self-governing Organizations and Other Organizations	263.3

continued

(%)

#国有控股 State-holding	#集体控股 Collective-holding	#私人控股 Private-holding
-73.0	-100.0	18.7
-73.0	-100.0	
		-100.0
8.2	-37.6	-9.6
8.2	-37.6	-9.6
1.4	0.7	-12.9
		-29.0
-0.5	0.7	-12.8
-30.2		116.6
-15.4		424.5
-22.7		51.6
-45.2		70.2
19.7	37.9	-7.6
21.3	38.2	-8.7
-27.1	287.9	-15.1
26.3	19.1	-2.6
7.7		-54.7
232.5	891.0	47.5
226.9	891.0	76.9
		-39.9
619.6		31.7
-3.0	28.7	-32.0
-3.0	28.7	-32.0
39.2	3138.0	-0.5
38.6	2228.3	-41.4
50.7		50.2
41.3	117.9	53.0
-100.0		
-80.1		
51.8	288.1	91.6
22.1	-78.0	226.1
23.5	121.9	27.7
-1.3	30.1	-40.5
339.3		
-3.8		2.3
-47.3		-83.8
-0.6	20.1	

7-9 按资金来源分固定资产投资增长速度(2022年)

单位：%

行　业	Sector	本年资金来源小计 Total Source of Funds
总　计	**Total**	**6.9**
农、林、牧、渔业	Farming, Forestry, Animal Husbandry and Fishery	15.0
农　业	Farming	41.0
林　业	Forestry	9.1
畜牧业	Animal Husbandry	-5.1
渔　业	Fishery	35.8
农、林、牧、渔专业及辅助性活动	Professional and Support Activities for Farming, Forestry, Animal Husbandry and Fishery Services	36.0
采矿业	Mining	20.2
煤炭开采和洗选业	Coal Mining and Washsing	31.0
石油和天然气开采业	Extraction of Petroleum and Natural Gas	-7.0
黑色金属矿采选业	Mining and Dressing of Ferrous Metals	2.7
有色金属矿采选业	Mining and Dressing of Nonferrous Metals	26.1
非金属矿采选业	Mining and Dressing of Nonmetal Ores	-10.4
开采专业及辅助性活动	Professional and Support Activities for Mining	-63.2
其他采矿业	Others	-88.8
制造业	Manufacturing	4.0
农副食品加工业	Farm and Sideline Food Processing	-15.6
食品制造业	Food Manufacturing	-8.2
酒、饮料和精制茶制造业	Alcohol, Beverage and Refined Tea Manufacturing	2.8
烟草制品业	Tobacoo Manufaturing	854.4
纺织业	Textile Industry	18.8
纺织服装、服饰业	Manufacture of Garments and Accessories	8.3
皮革、毛皮、羽毛及其制品和制鞋业	Manufacture of Leather, Fur, Feather and their Products and Footwear	-3.4
木材加工和木、竹、藤、棕、草制品业	Processing of Timber, Manufacture of Wood, Bamboo, Rattan, Palm, and Straw Products	69.4
家具制造业	Manufacture of Furniture	7.3
造纸和纸制品业	Manufacture of Paper and Paper Products	-3.8
印刷和记录媒介复制业	Printing and Record Medium Reproduction	-27.2
文教、工美、体育和娱乐用品制造业	Manufacture of Articles For Culture, Education, Arts and Crafts, Sport and Entertainment Activities	160.1
石油、煤炭及其他燃料加工业	Petroleum, Coal and Other Fuels Processing	-11.2
化学原料和化学制品制造业	Manufacture Raw Chemical Materials and Chemical Products	-12.2
医药制造业	Manufacture of Medical Products	41.3
化学纤维制造业	Manufacture of Chemical Fibers	3.0
橡胶和塑料制品业	Manufacture of Rubber and Plastic Products	16.4
非金属矿物制品业	Manufacture of Nonmetals Mineral Products	3.2
黑色金属冶炼和压延加工业	Smelting and Pressing of Ferrous Metals	22.8
有色金属冶炼和压延加工业	Smelting and Pressing of Nonferrous Metals	-13.6
金属制品业	Manufacture of Metal Products	-7.2
通用设备制造业	Manufacture of Universal Purpose Equipment	37.2

GROWTH RATE OF INVESTMENT IN FIXED ASSETS BY SOURCE OF FUNDS(2022)

(%)

国家预算内资金 State Budgetary Appropriation	国内贷款 Domestic Loans	利用外资 Foreign Investment	自筹资金 Self-raised Funds	其他资金 Others
33.0	**10.6**	**151.8**	**5.6**	**-3.7**
30.7	-52.9	-100.0	7.9	221.3
33.6	-15.6		40.3	203.6
19.5	48.4		-11.9	248.6
6.6	-62.8		-7.2	132.3
2474.0			30.0	
91.2	-81.3	-100.0	9.6	1562.3
62.0	-27.9		23.5	-4.5
1.2	-44.3		35.4	9.7
			-7.0	-24.9
	-88.0		-0.5	608.7
	-100.0		34.4	
			-20.9	
	-100.0		-62.3	
			-96.5	
-59.6	61.9	168.2	3.1	166.7
20.8	-74.5	-60.5	-14.5	-33.3
-58.8	-32.6		0.6	5.1
-75.4	217.5		4.4	12.7
			854.4	
			18.8	
			-46.7	
			-3.4	
-100.0			63.5	
			7.3	
	-100.0		2.3	
			-45.2	15663.3
-100.0			155.3	
-92.3	-44.5		-9.5	
-100.0	75.0		-18.7	71.9
-14.9	140.7		46.9	-63.2
	457.7		3.4	-82.2
			-20.9	
46.1	130.8	-100.0	-1.8	498.3
-18.6			23.3	738.9
-65.5	42.5		-17.7	2258.3
223.1	157.1		-13.0	1672.7
85.4	102.1		20.7	

7-9 续表2

单位：%

行　业	Sector	本年资金来源小计 Total Source of Funds
金融业	Banking and Insurance	-25.5
货币金融服务	Monetary Banking	11.1
资本市场服务	Capital Market	
保险业	Insurance	
其他金融服务	Other Financial Activities	-100.0
房地产业	Real Estate Trade	-18.9
房地产业	Real Estate Trade	-18.9
租赁和商务服务业	Lease and Business Affairs Services	1.6
租赁业	Leasing	504.2
商务服务业	Business Affairs Services	0.3
科学研究和技术服务业	Scientific Research and Technical Services	17.9
研究和试验发展	Research and Experimental Development	12.2
专业技术服务业	Professional Technical Services	24.4
科技推广和应用服务业	Services of Science and Technology Exchanges and Promotion	21.8
水利、环境和公共设施管理业	Management of Water Conservancy, Environment and Public Facilities	63.5
水利管理业	Water Conservancy	24.5
生态保护和环境治理业	Ecological Protection and Environmental Management	13.3
公共设施管理业	Public Facilities	83.7
土地管理业	Land Management	32.5
居民服务、修理和其他服务业	Resident Services, Repair and Other Services	621.2
居民服务业	Residence Services	651.3
机动车、电子产品和日用产品修理业	Repair of Motor Vehicles, Electronic Products and Daily Products	28.3
其他服务业	Other Services	805.5
教　育	Education	34.3
教　育	Education	34.3
卫生和社会工作	Health Care and Social Work	56.3
卫　生	Health Care	58.0
社会工作	Social Work	42.9
文化、体育和娱乐业	Culture, Sports and Recreation	50.1
新闻和出版业	Journalism and Publishing Activities	
广播、电视、电影和录音制作业	Radio, Televisions, Motion Pictures and Audio Procuction	14.6
文化艺术业	Culture and Arts Activities	74.7
体　育	Sports Activities	52.4
娱乐业	Entertainment	24.1
公共管理、社会保障和社会组织	Public Management, Social Security and Social Organization	21.0
中国共产党机关	Organs of CPC	6613.3
国家机构	Government Agencies	31.8
人民政协、民主党派	PPCC and Democratic Parties	
社会保障	Social Security	
群众团体、社会团体和其他成员组织	Mass Organizations, Social Organizations and Other Member Organizations	-40.1
基层群众自治组织及其他组织	Grass Roots Self-governing Organizations and Other Organizations	759.8

continued

(%)

国家预算内资金 State Budgetary Appropriation	国内贷款 Domestic Loans	利用外资 Foreign Investment	自筹资金 Self-raisied Funds	其他资金 Others
			-37.7	1359.8
			-6.7	1359.8
			-100.0	
-16.0	-40.7	-78.2	-10.2	-22.6
-16.0	-40.7	-78.2	-10.2	-22.6
-60.4	533.1		11.5	-14.0
			-29.0	
-65.1	533.1		11.6	-14.0
-55.5			83.7	14.9
-24.8			73.0	-100.0
-23.7			44.1	
-100.0			114.2	161.6
97.2	41.5	-83.7	7.7	588.3
40.9	-46.4		-41.9	978.8
78.1	126.8	-100.0	-24.3	317.5
114.9	60.7		26.6	562.7
-55.5			45.3	
793.8			219.3	1618.1
853.8			202.2	1618.1
			28.3	
-100.0			720.9	
72.3	-59.3		-11.7	347.7
72.3	-59.3		-11.7	347.7
63.0	142.1	-93.3	0.3	300.3
63.7	118.2	-93.3	-2.9	290.7
50.9			12.5	603.2
29.5	115.5		26.1	1833.2
-77.3			230.4	-100.0
51.9	134.5		23.8	3860.7
-28.2	29.8		91.4	11466.1
52.8	60.6		16.4	652.6
-13.9			-7.7	344.5
2384.3				
-14.6			-4.0	304.7
-70.5			-37.4	-100.0
			677.2	

7-10 农户固定资产投资主要指标增长速度

GROWTH RATE OF MAJOR INDICATORS OF RURAL HOUSEHOLDS INVESTMENT IN FIXED ASSETS

单位：%　　　　(%)

指　标	Item	2021	2022
一、本年新增固定资产原值	Original Value of Newly Increased Fixed Assets This Year	8.1	-27.8
二、本年固定资产投资完成额	Completed Investment in Fixed Assets This Year	7.2	-21.7
按投资来源分	Grouped by Source of Funds		
国内贷款	Domestic Loans	9.8	-40.3
自筹资金	Self-raised Funds	7.5	-19.1
其他资金	Others	-100.0	
按投资构成分	Grouped by Composition		
建筑工程	Construction	11.9	-8.7
#水　利	Conservancy	10.1	-42.8
房　屋	Buildings	4.0	-0.3
#住　宅	Residential Buildings	6.4	43.8
安装工程	Installation		
设备工器具购置	Purchase of Equipment and Instruments	-4.3	-51.4
#生产设备	Production Equipment	-4.3	-48.6
其　他	Others	16.2	-45.4
按具体投资项目分	Grouped by Investment Projects		
房　屋	Buildings	4.0	-0.3
#住　宅	Residential Buildings	6.4	43.8
道　路	Roadway		
桥　梁	Bridge		
设　备	Equipment	-4.3	-51.4
水　利	Conservancy	10.1	-42.8
其　他	Others	123.7	-77.1
三、本年施工房屋面积	Floor Space of Buildings Under Construction This Year	2.3	-11.0
#住　宅	Residential Buildings	4.0	-15.4
#当年新开工	Newly Started in The Current Year	13.1	5.8
四、本年竣工房屋面积	Floor Space of Buildings Completed This Year	12.8	141.4
#住　宅	Residential Buildings	20.3	156.4
五、本年竣工房屋投资额	Investment in Buildings Completed This Year	18.7	-0.3
#住　宅	Residential Buildings	21.9	43.8

主要统计指标解释

全社会固定资产投资　是以货币形式表现的在一定时期内全社会建造和购置固定资产的工作量以及与此有关的费用的总称。该指标是反映固定资产投资规模、结构和发展速度的综合性指标，又是观察工程进度和考核投资效果的重要依据。全社会固定资产投资按登记注册类型可分为国有、集体、联营、股份制、私营和个体、港澳台商、外商、其他等。

固定资产投资（不含农户）　指城镇和农村各种登记注册类型的企业、事业、行政单位及城镇个体户进行的计划总投资500万元及以上的建设项目投资和房地产开发投资，包含原口径的城镇固定资产投资加上农村企事业组织项目投资，该口径自2011年起开始使用。

实际到位资金　指用于固定资产投资的各类货币资金。包括国家预算资金、国内贷款、利用外资、自筹资金和其他资金。

(1) 国家预算资金　国家预算包括一般预算、政府性基金预算、国有资本经营预算和社保基金预算。各类预算中用于固定资产投资的资金全部作为国家预算资金填报，其中一般预算中用于固定资产投资的部分包括基建投资、车购税、灾后恢复重建基金和其他财政投资。各级政府债券也应归入国家预算资金。

(2) 国内贷款　指报告期固定资产项目投资单位向银行及非银行金融机构借入用于固定资产投资的各种国内借款，包括银行利用自有资金及吸收存款发放的贷款、上级主管部门拨入的国内贷款、国家专项贷款（包括煤代油贷款、劳改煤矿专项贷款等），地方财政专项资金安排的贷款、国内储备贷款、周转贷款等。

(3) 利用外资　指报告期收到的境外（包括外国及港澳台地区）资金（包括设备、材料、技术在内）。包括对外借款（外国政府贷款、国际金融组织贷款、出口信贷、外国银行商业贷款、对外发行债券和股票）、外商直接投资、外商其他投资（包括利用外商投资收益在国内进行固定资产再投资活动的资金）。不包括我国自有外汇资金（国家外汇、地方外汇、留成外汇、调剂外汇和国内银行自有资金发放的外汇贷款等）。各类外资按报告期末的外汇牌价（中间价）折成人民币计算。

(4) 自筹资金　指在报告期内筹集的用于项目建设和购置的资金。包括自有资金、股东投入资金和借入资金，但不包括各类财政性资金、从各类金融机构借入资金和国外资金。

(5) 其他资金　指在报告期收到的除以上各种资金之外的用于固定资产投资的资金，包括社会集资、个人资金、无偿捐赠的资金及其他单位拨入的资金等。

固定资产投资按国民经济行业分　指根据其从事的社会经济活动性质对各类单位进行的分类。应根据建设项目建成投产后的主要产品种类或主要用途及社会经济活动种类来划分，不能根据项目单位本身的行业类别来划分。如果项目投产后有几种产品，应根据主要产品来确定行业类别。一般情况下，一个建设项目只能属于一种国民经济行业。

固定资产投资按建设性质分　按整个建设项目情况来确定。建设项目的性质一般分为新建、扩建、改建和技术改造、单纯建造生活设施、迁建、恢复、单纯购置。农户投资不划分建设性质。

(1) 新建　指从无到有"平地起家"开始建设的项目。现有企业、事业、行政单位投资的项目一般不属于新建。但如有的单位原有基础很小，经过建设后新增的固定资产价值超过该企业、事业、行政单位原有固定资产价值（原值）三倍以上的，也应作为新建。

(2) 扩建　指在厂内或其他地点，为扩大原有产品的生产能力（或效益）或增加新的产品生产能力，而增建的生产车间（或主要工程）、分厂、独立的生产线的企业、事业单位。行政、事业单位在原单位增建业务性用房（如学校增建教学用房、医院增建门诊部、病房等）也作为扩建。

现有企、事业单位为扩大原有主要产品生产能力或增加新的产品生产能力，增建一个或几个主要生产车间(或主要工程)、分厂，同时进行一些更新改造工程的，也应作为扩建。

(2) 改建和技术改造　指现有企业、事业单位对原有设施进行技术改造或更新（包括相应配套的辅助性生产、生活福利设施）的建设项目。改建项目包括现有企业、事业单位为适应市场变化的需要，而改变企业的主要产品种类（如军工企业转民产品等）的建设项目，原有产品生产作业线由于各工序（车间）之间能力不平衡，为填平补齐充分发挥原有生产能力而增建不增加本企业主要产品设计能力的车间的建设项目。技术改造是指企业、事业单位在现有基础上，用先进的技术代替落后的技术，用先进的工艺和装备代替落后的工艺和装备，以改变企业落后的技术经济面貌，实现以内涵为主的扩大再生产，达到提高产品质量、促进产品更新换代、节约能源、降低消耗、扩大生产规模、全面提高社会经济效益的目的。技术改造具体包括以下内容：机器设备和工具的更新改造；生产工艺改革、节约能源和原材料的改造；厂房建筑和公共设施的改造；保护环境进行的“三废”治理改造；劳动条件和生产环境的改造等。

固定资产投资按构成分

(1) 建筑工程　指各种房屋、建筑物的建造工程。这部分投资额必须兴工动料，通过施工活动才能实现，是固定资产投资额的重要组成部分。

(2) 安装工程　指各种设备、装置的安装工程。

在安装工程中，不包括被安装设备本身价值。

(3) 设备工具器具购置　指报告期内购置或自制的，达到固定资产标准的设备、工具、器具的价值。新建单位及扩建单位的新建车间，按照设计或计划要求购置或自制的全部设备、工具、器具，不论是否达到固定资产标准均计入“设备工具器具购置”中。

(4) 其他费用　指在固定资产建造和购置过程中发生的，除建筑安装工程和设备、工器具购置投资完成额以外的应当分摊计入固定资产投资的费用，不指经营中财务上的其他费用。

施工项目个数　是指本年正式进行过建筑或安装施工活动的建设项目个数。包括本年新开工项目，以前年度开工跨入本年继续施工项目，本年全部建成投产项目、以前年度全部停缓建在本年恢复施工的项目，本年进行过施工又在本年内全部停缓建的项目。施工项目个数可以反映一定时期固定资产投资的实际规模，与同期全部建成投产项目个数相比，可以从建设速度的角度反映固定资产投资的效果。

本年投产项目个数　指报告期内按设计文件规定建成主体工程和相应配套的辅助设施，形成生产能力或工程效益，经过验收合格，并且已正式投入生产或交付使用的建设项目。

Explanatory Notes on Main Statistical Indicators

Total Investment in Fixed Assets in the Whole Society refers to the volume of activities in construction and purchases of fixed assets of the whole society and related fees, expressed in monetary terms during the reference period. It is a comprehensive indicator which shows the size, structure and growth of the investment in fixed assets, providing a basis for observing the progress of construction projects and evaluating results of investment. Total investment in fixed assets in the whole society includes, by type of ownership, the investment by state-owned units, collective-owned units, joint ownership units, share-holding units, private units, individuals as well as investments by entrepreneurs from Hong Kong, Macao and Taiwan, foreign investors and others.

Investment in Fixed Assets (Excluding Rural Households) refers to the investment in construction projects with a total planned investment of 5 million yuan and over by enterprises of various ownerships, institutions, administrative units and urban self-employed individuals, and the investment in real estate development in both urban and rural areas. Since 2011, it covers the urban investment in fixed assets under the previous statistical coverage plus project investments by rural enterprises and institutions.

Actual Funds in Place refer to all kinds of monetary funds used for fixed assets investment. It includes funds from the State budget, domestic loans, foreign investment, self-raised funds, and others.

(1) Fund from the State budget: State budget consists of general budget, government fund budget, operation budget of state-owned assets and social security fund budget. Funds for investment in fixed assets from various budgets are reported as fund from the state budget, of which, the general budget utilized on fixed assets investment includes investment on infrastructure construction, vehicle purchase tax, post-disaster restoration and reconstruction funds and other financial investment. Government bonds at all levels should also be included.

(2) Domestic loans refer to loans of various forms borrowed by investing units from banks and non-bank financial institutions during the reference period for the purpose of investment in fixed assets, including loans issued by banks from their self-owned funds and deposit, loans appropriated by higher responsible authorities, special loans by government (including loan for substituting petroleum with coal, special loans for reform-through-labour coal mines), loans arranged by local government from special funds, domestic reserve loan, and revolving loan, etc.

(3) Foreign investment refers to overseas (including foreign countries, Hong Kong, Macao and Taiwan) funds received during the reference period (covering equipment, materials and technology), including foreign borrowings (loans from foreign governments and international financial institutions, export credit, commercial loans from foreign banks, issue of bonds and stocks overseas), foreign direct investment and other foreign investments (including funds from foreign direct investment income that are reinvested in fixed assets domestically). Excluded from this category is capital in foreign exchanges owned by China (foreign exchanges owned by the central and local governments, foreign exchanges retained by enterprises, foreign exchanges by enterprises through the regulating mechanism, loans in foreign exchanges issued by the Bank of China with its own fund, etc.). In calculating the utilization of foreign capital, foreign currencies are converted into Chinese RMB applying the exchange rate (central parity rate) at the end of the reference period.

(4) Self-raised funds refer to funds for investment in fixed assets received during the reference period by investing units, including investment in fixed assets using own funds of various enterprises and institutions or funds raised from other units other than financial funds, funds borrowed from financial institutions and overseas funds.

(5) Others refer to funds for investment in fixed assets received from sources other than those listed above, including funds raised from individuals and through donations, and funds transferred from other units.

Investment in Fixed Assets by Sector refers to the classification of investment by the nature of social economic activities the investing units are engaged in. The classification of construction projects by sector is determined by the major products or the purpose of the projects when they are put into production or use, and by the nature of their social economic activities, instead of being determined by industrial classification of the project enterprises. The project will be classified according to major product if there are several kinds of products yielded. In general, one project can only be classified into one sector.

Investment in Fixed Assets by Type of Construction Construction projects in general can be classified, by the type of construction, into new construction, expansion, reconstruction and technical transformation, purely construction of living facilities, moving, restoration and purely purchasing. However, investment by type of construction is not applied to investment by rural households.

(1) New construction in general refers to construction projects, which start from scratch. The existing projects invested by enterprises, institutions and administrative agencies cannot be classified as new construction. In case the size of the existing unit is quite small, and the value of newly added fixed assets is more than three times of the original value, the expansion will be considered

as new construction.

(2) Expansion refers to construction of new production workshop, branch factory or independent production line within a factory or in other locations, for the purpose of increasing the production capacity (or improving efficiency) or adding new production capacity by enterprises and institutions. Newly constructed accommodation for the operation of institutions and administrative organizations (such as newly constructed buildings for teaching in schools, buildings for clinics or wards in hospitals, etc.) are also classified as expansion.

Also included in expansion are investments by existing enterprises or institutions in building major production lines or branch factories along with some work on innovation, for the purpose of expanding the production capacity of original products or producing new products.

(3) Reconstruction and technical transformation refers to construction projects by existing enterprises or institutions in innovation or technical transformation of the old facilities (including auxiliary production equipment and welfare facilities). Also considered as reconstruction is the construction of new workshops by the existing enterprises or institutions to change the variety of products to meet the market demand (such as the production of civil products by defence industries), or to bring the designed production capacity into full play through a more balanced production process on production lines. Technical transformation refers to replacement of old technology or equipment by new technology or equipment, in order to expand the reproduction through improvement of technology contents in production, to improve product quality, to promote new products, to save energy, to reduce consumption, to expand the production scale and to improve overall social-economic efficiency. Contents of technical transformation include: updating of machinery, equipment and tools; reforming production process by using energy or materials saving technology; construction of factory workshops and transformation of public facilities; treatment transformation of "three wastes" (waste gas, waste water and industrial residue) aiming at environmental protection; improvement of working conditions and environment, etc.

Investment in Fixed Assets by Composition

(1) Construction refers to the construction of houses and buildings. This part of investment can only be achieved through construction activities, it is the major component of the total investment in fixed assets.

(2) Installation refers to the installation of various kinds of equipment and instruments.

The value of equipment installed itself is not included in the value of installation projects.

(3) Purchase of equipment and instruments refers to the total value of equipment, tools, and instruments purchased or self-produced which come up to the cut-off point for fixed assets during the reference period. Equipment, tools and instruments purchased or self-produced for new workshops by newly established or expanded units are categorized as "purchase of equipment and instruments" no matter whether they come up to the cut-off point for fixed assets.

(4) Other expenses refer to expenses arising during the construction or purchase of fixed assets other than those expenses on construction, installation and purchase of equipment and instruments. Other financial expenses arising in operation are not included.

Number of Projects under Construction refers to number of all projects with actual construction or installation activities in current year, including newly started projects, projects started previously and extended into the current year, projects completed and put into operation in current year, projects suspended previously and resumed in current year, and projects started this year but suspended or postponed in current year. The number of projects under construction can reflect the actual size of investment in fixed assets during a given period, and when compared with the number of projects completed and put into use during the same period, it demonstrates the results of investment in fixed assets from the angle of the speed of the construction.

Number of Projects Put into Use This Year refer to projects have completed the main construction and correspondent auxiliary facilities in accordance with the design documents, resulting in forming production capacity (efficiency) and have been checked and accepted after relevant tests, and have been formally delivered for use.

8

FOREIGN TRADE AND ECONOMIC COOPERATION

对外经济贸易

资料整理人员

王玉凤

FOREIGN TRADE AND ECONOMIC COOPERATION 对外经济贸易

进出口总额	Total Value of Imports and Exports	277.3	亿美元 (USD 100 million)
出口总额	Total Value of Exports	181.8	亿美元 (USD 100 million)
进口总额	Total Value of Imports	95.5	亿美元 (USD 100 million)
实际利用外资额	Actual Utilization of Foreign Capital	15.3	亿美元 (USD 100 million)

进出口总额构成 (%)
Composition of Total Value of Imports and Exports (%)

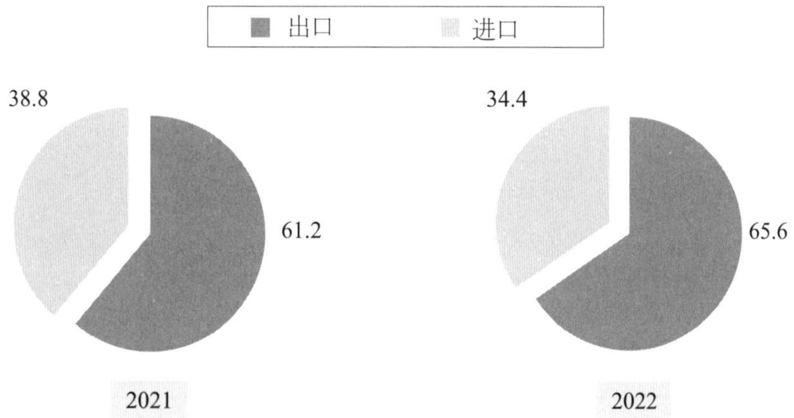

进出口总额（亿美元）
Total Value of Imports and Exports (USD 100 million)

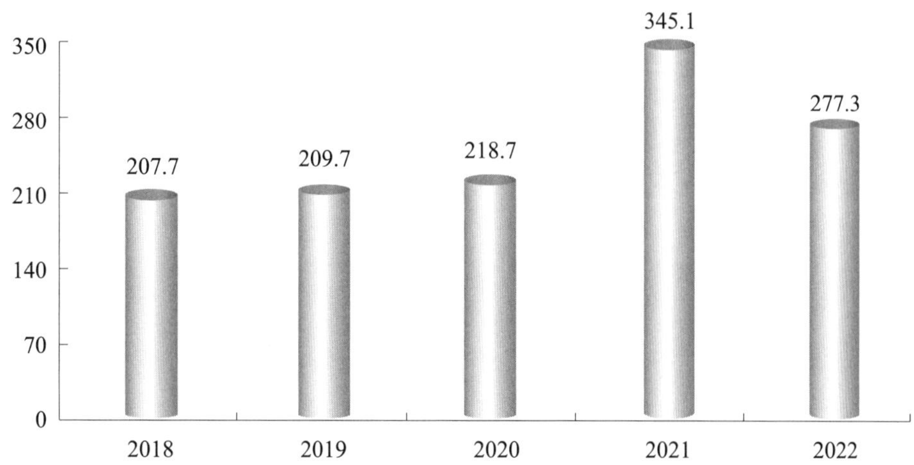

8-1 主要年份进出口贸易总额
TOTAL VALUE OF IMPORTS AND EXPORTS IN MAJOR YEARS

单位：万美元 (USD 10 000)

年 份 Year	进出口总额 Total	出口总额 Exports	进口总额 Imports
1990	35000	26300	8700
1995	140769	114367	26402
2000	176438	123687	52751
2005	554597	352871	201726
2010	1257839	470930	786909
2011	1475981	542823	933158
2012	1504325	701620	802705
2013	1579785	799649	780136
2014	1624852	894222	730631
2015	1471541	842091	629449
2016	1664428	993219	671210
2017	1717225	1019681	697544
2018	2077473	1226981	850491
2019	2096651	1169074	927577
2020	2186584	1273053	913530
2021	3451219	2113758	1337461
2022	2773249	1818104	955145

8-2 进出口贸易总额(2022年)
TOTAL VALUE OF IMPORTS AND EXPORTS(2022)

单位：万元 (10 000 yuan)

项 目	Item	进出口总额 Total	出口总额 Exports	进口总额 Imports
总 额	**Total**	**18455958**	**12114447**	**6341511**
一、按企业性质分	**Grouped by Ownership**			
国有企业	State-Owned Enterprises	4158212	1395796	2762415
外商投资企业	Foreign Funded Enterprises	8393629	8042504	351125
合作企业	Sino-Foreign Cooperative Operation Enterprises			
合资企业	Sino-Foreign Joint Ventures Enterprises	8316357	7974711	341646
独资企业	Solely Foreign-Funded Enterprises	77272	67793	9479

8-2 续表 continued

单位：万元 (10 000 yuan)

项 目	Item	进出口总额 Total	出口总额 Exports	进口总额 Imports
民营企业	Non-State-Owned Enterprises	5894006	2668078	3225928
集体企业	Collective-owned Enterprises	188219	18437	169782
私人企业	Private-owned Enterprises	5693699	2637553	3056146
个体工商户	Self-employed Business	12088	12088	
其 他	Others	10111	8069	2042
二、按贸易方式分	**Grouped by The Mode of Trade**			
一般贸易	Original Trade	8010033	4086434	3923600
国家间、国际组织无偿援助和赠送的物资	Aid and Donation between Countries and from International Organizations	1374	1374	
华侨、港澳台同胞、外籍华人捐赠物资	Donation of Overseas Chinese, Compatriots in Hong Kong, Macao and Taiwan and Chinese with Foreign Citizenship	70	70	
加工贸易	Processing Trade	10078863	7916067	2162796
来料加工装配贸易	Processing and Assembly Trade for Income Material	23538	10590	12948
进料加工贸易	Processing Trade for Imported Material	10055325	7905477	2149848
加工贸易进口设备	Processing Trade for Imported Equipment	3599		3599
对外承包工程出口货物	Exported Goods on Contracted Projects	18596	18596	
租赁贸易	Leasing Trade	102		102
外商投资企业作为投资进口的设备、物品	Equipments and Goods Imported as Foreign Investment			
保税仓库进出境货物	Goods of Bonded Warehouse	125799	77743	48055
保税区进出境仓储或转口货物	Storage and Transit Goods of Bonded Area	205118	4701	200416
出口加工区进口设备物品	Imported Equipment and Goods in Export Processing Zone	80		80
其 他	Others	12326	9463	2863

8-3 进出口主要商品分类总额(2022年)

TOTAL VALUE OF IMPORTS AND EXPORTS BY CATEGORY OF MAIN COMMODITIES(2022)

单位：万元 (10 000 yuan)

项　　目	Item	出口总额 Exports	进口总额 Imports
合　计	**Total**	**12114447**	**6341511**
1.活动物；动物产品	Live Animals; Animal Products	7741	88084
2.植物产品	Vegetables Products	81062	84301
3.动、植物油、脂、蜡及其分解产品	Animal or Vegetable Oils, Fats and Waxes and their Cleavage Products	32	22373
4.食品；饮料、酒及醋；烟草及制品	Foods, Beverages, Liquor and Vinegar; Tobacco and Its Products	33948	4127
5.矿产品	Mineral Products	251087	1748076
6.化学工业及其相关工业的产品	Chemicals and Related Products	666801	28727
7.塑料及其制品；橡胶及其制品	Plastics and Related Products; Rubber and Related Products	138607	42305
8.生皮、皮革、毛皮及其制品	Raw Hides, Leather, Furs and Related Products	9967	29
9.木及木制品；其他编结材料制品	Wood and Wooden Products; Plaited Products of Other Materials	3720	4822
10.纸浆；纸、纸板及其制品	Paper Pulp; Paper, Paperboard and Their Products	8810	7978
11.纺织原料及纺织制品	Textile Materials and Products	101795	8475
12.鞋帽伞杖鞭；羽毛制品；人造花	Footwear, Headgear, Umbrellas, Canes, Whips; Feather Products; Artificial Flowers	7595	113
13.石料及其制品；陶瓷玻璃及制品	Building Stone and Its Products; Ceramics, Glass and Glassware	123601	2224
14.珍珠、宝石、贵金属；仿首饰；硬币	Pearls, Precious Stones, Precious Metals; Imitation Jewelery; Coins	2610	67
15.贱金属及其制品	Base Metals and Related Products	1530328	1652528
16.机器、电子产品、电气设备及零件	Machinery, Electronic Products, Electric Equipment and Accessoris	8765070	2421333
17.车辆、航空器、船舶及运输设备	Vehicles, Aircraft, Vessels and Trasportation Equipment	230707	29788
18.光学、检测、医疗设备；钟表；乐器	Optical, Testing, Medical Apparatus, Clocks and Watches, Musical Instruments	29011	193416
19.杂项制品	Miscellaneous Products	113692	631
20.艺术品、收藏品及古物	Works of Art, Collectors' Pieces and Antiques		3
21.特殊交易品及未分类商品	Special Trading Goods and Non-classified Goods	8263	2110

8-4 分国别(地区)进出口贸易总额(2022年)
TOTAL VALUE OF IMPORTS AND EXPORTS BY COUNTRY(REGION)(2022)

单位：万元 (10 000 yuan)

国别（地区）	Country (Region)	进出口总额 Total	出口总额 Exports	进口总额 Imports
总　计	**Total**	**18455958**	**12114447**	**6341511**
亚　洲	**Asia**	**7164808**	**3795561**	**3369247**
#韩　国	Republic of Korea	967545	510899	456646
日　本	Japan	886985	615684	271301
印　度	India	571283	515805	55478
哈萨克斯坦	Kazakhstan	47635	20281	27355
印度尼西亚	Indonesia	741708	149660	592048
中国香港	Hong Kong, China	162728	162716	12
中国台湾	Taiwan, China	1314034	121341	1192693
新加坡	Singapore	456626	385831	70796
土耳其	Turkey	289444	280811	8634
马来西亚	Malaysia	106099	58232	47867
泰　国	Thailand	260953	249573	11380
越　南	Vietnam	419247	191557	227690
非　洲	**Africa**	**671845**	**183512**	**488333**
#南　非	South Africa	384376	72830	311546
欧　洲	**Europe**	**3155435**	**2761103**	**394332**
#荷　兰	Netherlands	671212	668049	3163
德　国	Germany	260178	138679	121499
意大利	Italy	391247	361151	30096
俄罗斯联邦	Russia	289487	249695	39792
英　国	United Kingdom	445066	440419	4647
捷　克	Czech Republic	595900	589619	6281
拉丁美洲	**Latin America**	**1986837**	**918901**	**1067936**
#巴　西	Brazil	477301	311576	165725
墨西哥	Mexico	468519	337514	131005
智　利	Chile	234624	99403	135221
哥伦比亚	Colombia	306642	91467	215174
北美洲	**North America**	**4374944**	**4192184**	**182760**
#加拿大	Canada	504819	416134	88684
美　国	United States	3870125	3776049	94076
大洋洲	**Oceania**	**1100046**	**263187**	**836860**
#澳大利亚	Australia	715669	247153	468516
新喀里多尼亚	New Caledonia	367724	71	367653
东盟组织	**ASEAN**	**2177464**	**1068147**	**1109317**
欧盟组织(除英国)	**EU**	**2287294**	**2043311**	**243983**
一带一路	**B&R**	**4750513**	**3312957**	**1437555**

8-5 实际利用外资额

ACTURAL UTILIZATION OF FOREIGN CAPITAL

单位：万美元 (USD 10 000)

项　目	Item	2015	2020	2022
总　计	**Total**	**325840**	**251403**	**153170**
一、对外借款	**Foreign Loans**	**38855**	**82345**	**70532**
外国政府贷款	Government Loans	4637	1561	4574
国际金融组织贷款	Loans form International Financial Organizations	5918	3030	1769
一般商业贷款	General Commercial Loans	28300	77754	64189
买方信贷	Buyer Credit			
二、外商直接投资	**Foreign Direct Investments**	**286985**	**169058**	**82638**
独资企业	Solely Foreign-Funded Enterprises	96802	57502	36485
合资企业	Joint Ventures Enterprises	164537	71587	3345
合作企业	Cooperative Operation Enterprises	25646	39969	42808

注：2022年实际利用外资额使用商务部口径数据。
Note: Data of actural utilization of foreign capital is from the MOC in 2022.

8-6 主要年份实际利用外资额

ACTURAL UTILIZATION OF FOREIGN CAPITAL IN MAJOR YEARS

单位：万美元 (USD 10 000)

年份 Year	利用外资总额 Total	对外借款 Foreign Loans	外商直接投资 Foreign Direct Investments	外商其他投资 Other Foreign Investments
1985	176	55	43	78
1990	3763	3006	340	417
1995	16085	7662	6383	2040
2000	63188	40716	22472	
2005	106369	78853	27516	
2006	132438	85239	47199	
2007	191471	57188	134283	
2008	172174	69892	102282	
2009	82646	33331	49315	
2010	116512	45091	71421	
2011	249530	42252	207278	
2012	276711	26332	250379	
2013	299096	18429	280667	
2014	335672	40486	295186	
2015	325840	38855	286985	
2016	343355	110113	233242	
2017	267653	98604	169049	
2018	359037	122866	236171	
2019	228460	92556	135904	
2020	251403	82345	169058	
2021	228977	58836	170141	
2022	153170	70532	82638	

注：实际利用外资额2011年至2021年为全口径，2022年为商务部口径，后同。
Note: The actural utilization of foreign capital uses the coverage of whole society from 2011 to 2021, and it uses the data of the MOC in 2022. The same applies to the following.

8-7 主要年份合同利用外资金额(外商直接投资)

CONTRACT UTILIZATION OF FOREIGN CAPITAL IN MAJOR YEARS(DIRECT INVESTMENT)

年 份 Year	项目投资总 额 Total Value of Project Investment	合同利用外资情况 Contract Utilization of Foreign Capital	独资企业 Solely Foreign -funded Enterprises	合资企业 Joint Venture Enterprises	合作企业 Cooperative Operation Enterprises	外商投资股份制 Foreign-funded Joint-stock
一、新批项目(企业)(个) New Projects and Enterprises (unit)						
1985		4		4		
1990		26		24	2	
1995		178	26	138	14	
2000		71	11	48	12	
2005		85	28	35	21	
2006		150	51	71	28	
2007		152	39	98	15	
2008		77	25	37	15	
2009		58	20	25	13	
2010		52	15	28	6	3
2011		62	35	21	6	
2012		39	12	18	7	2
2013		48	24	23	1	
2014		50	22	26	2	
2015		36	20	13	3	
2016		30	14	15	1	
2017		48	14	23	9	2
2018		47	21	21	4	1
2019		72	31	38	1	2
2020		114	60	50	2	2
2021		143	49	91	1	2
2022		91	41	50		
二、合同金额(万美元) Contracted Value (USD10 000)						
1985	201	53		53		
1990	2160	1194		458	736	
1995	40058	23133	3206	17223	2704	
2000	44409	26174	732	15028	10414	
2005	244292	110208	30712	35877	43619	
2006	338880	134207	53339	37109	43759	
2007	834379	247174	50496	175153	21525	
2008	171644	107758	48949	30175	28634	
2009	109438	66893	22326	22548	22019	
2010	132039	100301	32528	56198	7436	4139
2011	291687	155636	50325	7157	11539	86615
2012	144834	35605	6734	24009	4574	288
2013	286998	96152	27089	64083	4980	
2014	262216	96785	67251	23791	5743	
2015	184554	98210	59577	21471	16450	712
2016	228154	83030	29899	28141	24990	
2017	957424	223636	129946	16951	73692	3047
2018	1127069	411258	241714	55983	32094	81467
2019	1097411	244613	63501	50183	122261	8668
2020	276392	153431	87571	61627	23	4210
2021	1253175	130784	70680	36778	-670	23996
2022		55449	33330	7061	11	15047

注：2022年起，商务部门不再统计项目投资总额。

Note: The commercial department doesn't count the total value of project investment from 2022.

8-8 按行业分利用外商直接投资额(2022年)
UTILIZATION OF FOREIGN DIRECT INVESTMENT CAPITAL BY SECTOR(2022)

单位：万美元 (USD 10 000)

行　业	Item	新批项目(企业)(个) New Projects & Enterprises (unit)	合同金额 Contract Value	实际使用金额 Actual Value
总　计	**Total**	**91**	**55449**	**82638**
农、林、牧、渔业	Farming, Forestry, Animal Husbandry and Fishery	3		
采矿业	Mining			42808
制造业	Manufacturing	19	23742	16408
电力、热力、燃气及水生产和供应业	Production and Supply of Electricity, Heat, Gas and Water	7	5789	11521
建筑业	Construction	3	983	
批发和零售业	Wholesale and Retail Trade	20	20558	2270
交通运输、仓储和邮政业	Transportation, Storage and Post	4	1500	240
住宿和餐饮业	Hotels and Catering Services	3	297	
信息传输、软件和信息技术服务业	Information Transmission, Software and Information Technology Services	5	78	4442
金融业	Financial Industry	1	756	
房地产业	Real Estate Trade	3	4605	
租赁和商务服务业	Lease and Business Affairs Services	10	-11358	2700
科学研究和技术服务业	Scientific Reseach and Technical Services	7	7940	2049
水利、环境和公共设施管理业	Management of Water Conservancy, Environment and Public Facilities		203	200
居民服务、修理和其他服务业	Resident Services, Repair and Other Services	3		
教　育	Education	1	79	
文化、体育和娱乐业	Culture, Sports and Recreation	2	277	

8-9 按国别(地区)分利用外商直接投资额(2022年)
UTILIZATION OF FOREIGN DIRECT INVESTMENT CAPITAL BY COUNTRY(REGION)(2022)

单位：万美元 (USD 10 000)

国　别(地区)	Country (Region)	新批项目(企业)(个) New Projects and Enterprises (unit)	合同金额 Contract Value	实际使用金额 Actual Value
合　计	**Total**	**91**	**55449**	**82638**
#中国香港	Hong Kong, China	17	29404	28444
新加坡	Singapore	3	4812	304
韩　国	Republic of Korea	2	1627	661
日　本	Japan		-14	
中国台湾	Taiwan, China	8	2034	5
塞舌尔	Seychelles			270
德　国	Germany		80	146
意大利	Italy		65	
英属维尔京群岛	British Virgin Is.			8543
加拿大	Canada	1	79	32
美　国	United States	3	619	5542
澳大利亚	Australia			18552
荷　兰	Netherlands			929

8-10 主要年份对外承包工程和劳务合作

CONTRACTED PROJECTS AND LABOR COOPERATION WITH FOREIGN COUNTRIES AND REGIONS IN MAJOR YEARS

年 份 Year	新签合同份数 (个) Number of New Contracts (unit)	新签合同额 (万美元) New Contracted Value (USD 10 000)	完成营业额 (万美元) Value of Business (USD 10 000)	派出人数 (人) Persons Posted Abroad (person)	年末在外人数 (人) Persons Abroad at Year-end (person)
1985	1	101	132		
1990	12	186	118		73
1995	43	1537	728		574
2000	50	5563	3892		1518
2005	55	22187	20200	1195	2263
2010	8	48179	72228	1224	6147
2011	71	42187	70018	2447	5934
2012	42	64018	44927	3264	3513
2013	20	23599	76505	1816	4073
2014	14	34586	73542	1511	4232
2015	26	34875	73754	1595	5010
2016	20	22266	68641	2441	7587
2017	18	104648	71249	2066	5202
2018	34	101763	140296	4651	8322
2019	17	142877	142928	2714	3549
2020	45	285134	128040	2256	4382
2021	73	292186	159885	2349	4804
2022	33	160009	156075	4171	4814

8-11 开发区综合发展情况

KEY STATISTICS ON DEVELOPMENT ZONES

单位：亿元 (100 million yuan)

指 标	Item	2021	2022
当年进出口总额	Total Value of Imports and Exports	1760.1	1327.3
出口总额	Total Value of Exports	1153.8	976.5
进口总额	Total Value of Imports	606.3	350.8
当年税收收入	Tax Revenue	882.9	846.8
实际到位外资金额	Paid-in Foreign Funds	73.5	31.7
实际到位境内省外资金额	Paid-in Funds from Other Provinces	671.5	708.1
全区从业人员 (万人)	Employees (10 000 persons)	152.7	133.2
“四上”企业营业收入	Major Business Revenue of 4 Types of Enterprises above Designated Size	21265.7	25344.2

8-12 续表2 continued

单位：亿元 (100 million yuan)

开发区	Development Zone	"四上"企业营业收入 Major Business Revenue of 4 Types of Enterprises above Designated Size	税收收入 Tax Revenue	进出口总额 Total Value of Imports and Exports
长子经济技术开发区	Zhangzi Eco-Tech Development Zone	53.1	3.9	
黎城经济技术开发区	Licheng Eco-Tech Development Zone	94.2	2.0	0.1
晋城经济技术开发区	Jincheng Eco-Tech Development Zone	1223.3	26.1	37.0
高平经济技术开发区	Gaoping Eco-Tech Development Zone	315.3	7.8	0.3
沁水经济技术开发区	Qinshui Eco-Tech Development Zone	219.8	5.8	0.1
阳城经济技术开发区	Yangcheng Eco-Tech Development Zone	76.8	6.1	0.1
陵川生态文化旅游示范区	Lingchuan Eco-Cultural Tourism Demonstration Zone			
临汾经济开发区	Linfen Eonomic Development Zone	232.3	6.9	6.0
侯马经济开发区	Houma Econmic Development Zone	506.2	1.2	5.9
洪洞经济技术开发区	Hongtong Eco-Tech Development Zone	237.0	9.9	
襄汾经济技术开发区	Xiangfen Eco-Tech Development Zone	149.9	6.2	
安泽经济技术开发区	Anze Eco-Tech Development Zone	173.8	23.9	
隰县现代农业产业示范区	Xixian Modern Agricultural Industry Demonstration Zone			
尧都高新技术产业开发区	Yaodu High-Tech Industrial Development Zone	109.4	1.0	8.0
霍州经济技术开发区	Huozhou Eco-Tech Development Zone	51.0	0.6	
古县经济技术开发区	Guxian Eco-Tech Development Zone	92.2	4.0	
乡宁生态文化旅游示范区	Xiangning Eco-Cultural Tourism Demonstration Zone			
曲沃经济技术开发区	Quwo Eco-Tech Development Zone	562.5	8.6	0.2
吉县现代农业产业示范区	Jixian Modern Agricultural Industry Demonstration Zone			
运城经济技术开发区	Yuncheng Eco-Tech Development Zone	564.2	4.2	11.3
盐湖高新技术产业开发区	Yanhu High-Tech Industrial Development Zone	181.5	8.0	1.5
绛县经济开发区	Jiangxian Economic Development Zone	77.3	0.8	6.6
风陵渡经济开发区	Fenglingdu Economic Development Zone	85.6	1.3	0.1
闻喜经济技术开发区	Wenxi Eco-Tech Development Zone	517.9	7.4	1.7
永济经济技术开发区	Yongji Eco-Tech Development Zone	125.9	1.2	2.0
河津经济技术开发区	Hejin Eco-Tech Development Zone	790.0	8.7	
稷山经济技术开发区	Jishan Eco-Tech Development Zone	225.4	3.6	5.9
新绛经济技术开发区	Xinjiang Eco-Tech Development Zone	444.5	13.3	0.8
垣曲经济技术开发区	Yuanqu Eco-Tech Development Zone	182.4	8.5	44.5
万荣现代农业产业示范区	Wanrong Modern Agricultural Industry Demonstration Zone			0.3
临猗现代农业产业示范区	Linyi Modern Agricultural Industry Demonstration Zone			

8-13 人民币对主要外币年末汇价(中间价)
YEAR-END EXCHANGE RATE OF RMB YUAN AGAINST MAIN CONVERTIBLE CURRENCIES (MIDDLE RATE)

单位：人民币元 (RMB yuan)

年 份 Year	100美元 100 US Dollars	100日元 100 Japanese Yen	100港元 100 Hong Kong Dollars	100欧元 100 Euros
1985	293.66	1.25	37.57	
1986	345.28	2.07	44.22	
1987	372.21	2.58	47.74	
1988	372.21	2.91	47.70	
1989	376.51	2.74	48.28	
1990	478.32	3.32	61.39	
1991	532.33	3.96	68.45	
1992	551.46	4.36	71.24	
1993	576.20	5.20	74.41	
1994	861.87	8.44	111.53	
1995	835.10	8.92	107.96	
1996	831.42	7.64	107.51	
1997	828.98	6.86	107.09	
1998	827.91	6.35	106.88	
1999	827.83	7.29	106.66	
2000	827.84	7.69	106.18	
2001	827.70	6.81	106.08	
2002	827.70	6.62	106.07	800.58
2003	827.70	7.15	106.24	936.13
2004	827.68	7.66	106.23	1029.00
2005	819.17	7.45	105.30	1019.53
2006	797.18	6.86	102.62	1001.90
2007	760.40	6.46	97.46	1041.75
2008	694.51	6.74	89.19	1022.27
2009	682.78	7.68	88.11	1020.76
2010	662.27	8.11	85.09	878.96
2011	633.59	8.19	81.29	843.89
2012	630.00	7.67	81.30	816.73
2013	613.76	6.02	79.16	830.72
2014	611.62	5.14	78.85	745.22
2015	649.36	5.39	83.78	709.52
2016	693.70	5.96	89.45	730.68
2017	653.42	5.79	83.59	779.79
2018	686.32	6.19	87.62	784.73
2019	697.62	6.41	89.58	781.55
2020	652.49	6.32	84.16	802.50
2021	637.57	5.54	81.76	721.97
2022	696.46	5.24	89.33	742.29

主要统计指标解释

进出口总额 指实际进出我国关境的货物总金额。包括对外贸易实际进出口货物，来料加工装配进出口货物，国家间、联合国及国际组织无偿援助物资和赠送品，华侨、港澳台同胞和外籍华人捐赠品，租赁期满归承租人所有的租赁货物，进料加工进出口货物，边境地方贸易及边境地区小额贸易进出口货物（边民互市贸易除外），中外合资经营企业、中外合作经营企业、外商独资经营企业进出口货物和公用物品，到、离岸价格在规定限额以上的进出口货样和广告品（无商业价值、无使用价值和免费提供出口的除外），从保税仓库提取在中国境内销售的进出口货物，以及其他进出口货物。进出口总额用以观察一个国家在对外贸易方面的总规模。我国规定出口货物按离岸价格统计，进口货物按到岸价格统计。

实际利用外资 指我国各级政府、部门、企业和其他经济组织通过对外借款、吸收外商直接投资以及用其他方式筹措的境外现汇、设备、技术等。

对外借款 是我国利用外资的重要部分。包括我国通过外国政府贷款、国际金融组织贷款、外国银行商业贷款、出口信贷以及对外发行债券、股票等方式，从境外筹措的资金。

外商直接投资 是指外国企业和经济组织或个人（包括华侨、港澳台同胞以及我国在境外注册的企业）按我国有关政策、法规，用现汇、实物、技术等在我国境内开办外商独资企业，与我国境内的企业或经济组织共同举办中外合资经营企业、合作经营企业或合作开发资源的投资（包括外商投资收益的再投资）以及经政府有关部门批准的项目投资总额内企业从境外借入的资金。

对外承包工程 包括各对外承包公司以招标议标承包方式承揽下列业务：(1) 承包国外工程建设项目；(2) 承包我国对外经援项目；(3) 承包我国驻外机构的工程建设项目；(4) 承包我国境内利用外资进行建设的工程项目；(5) 与外国承包公司合营或联合承包工程项目时我国公司分包部分；(6) 以服务成果向业主收费的技术服务项目（包括承揽地形地貌测绘；地质资源勘探与普查；建设区域规划；提供设计文件、图纸、生产工艺技术资料和工程技术经济咨询；工程项目的可行性考察、研究和评估；进行技术指导和培训人员等）；(7) 对外承包兼经营的房屋开发业务。对外承包工程的营业额是以货币表现的本期内完成的对外承包工程的工作量，包括以前年度签订的合同和本年度新签订的合同在报告期完成的工作量。

Explanatory Notes on Main Statistical Indicators

Total Value of Imports and Exports refers to the real value of commodities imported and exported across the border of China. They include the actual imports and exports through foreign trade, imported and exported goods under the processing and assembling trades and materials, supplies and gifts as aid given gratis between governments and by the United Nations and other international organizations, and contributions donated by overseas Chinese, compatriots in Hong Kong and Macao and Chinese with foreign citizenship, leasing commodities owned by tenant at the expiration of leasing period, the imported and exported commodities processed with imported materials, commodities trading in border areas (excluding mutual exchange goods), the imported and exported commodities and articles for public use of the Sino-foreign joint ventures, cooperative enterprises and ventures with sole foreign investment. Also included is import or export of samples and advertising goods for which CIF or FOB value are beyond the permitted ceiling (excluding goods of no trading or use value and free commodities for export), imported goods sold in China from bonded warehouses and other imported or exported goods. The indicator of the total imports and exports at customs can be used to observe the total size of external trade in a country. In accordance with the stipulation of the Chinese government, imports are calculated at CIF, while exports are calculated at FOB.

Actual Utilization of Foreign Capital refers to remittance, equipment and technology financed from abroad, by loans, foreign direct investment and other forms undertaken by the Chinese governments at all levels, by various departments, enterprises and other economic units.

Foreign Borrowings refer to funds borrowed from abroad, including loans of foreign governments, loans of international financial institutions, commercial loans of foreign banks, export credit, and funds raised by Chinese bonds and shares issued abroad. It is an important part of China's utilization of foreign capitals.

Foreign Direct Investment refers to the investments inside china by foreign enterprises and economic organizations or individuals (including overseas Chinese, compatriots from Hong Kong and Macao, and Chinese enterprises registered abroad), following the relevant policies and laws of china, for the establishment of ventures exclusively with foreign own investment, Sino-foreign joint ventures and cooperative enterprises or for cooperative exploration of resources with enterprises or economic organizations in China. It includes the re-investment of the foreign entrepreneurs with the profits gained from the investment and the funds that enterprises borrow from abroad in the total investment of projects which are approved by the relevant department of the government.

Contracted Projects with Foreign Countries and Regions refer to projects undertaken by Chinese contractors (project contracting companies) through bidding process. They include: (1) overseas civil engineering construction projects financed by foreign investors; (2) overseas projects financed by the Chinese government through its foreign aid programs; (3) construction projects of Chinese diplomatic missions, trade offices and other institutions stationed abroad; (4) construction projects in china financed by foreign investment; (5) sub-contracted projects to be taken by Chinese contractors through a joint umbrella project with foreign contractor(s); (6) projects with charges for technical services from overseas operators. it includes geographic and topographic mapping, geological resource prospecting and survey planning of construction areas, provision of design documents, blueprints, materials on production process and techniques, as well as engineering technical and economic consultation, feasibility study research and evaluation of projects, technical supervising and staff training; (7) housing development projects. The business income from international contracted projects is the work volume of contracted projects completed during the reference period, expressed in monetary terms, including completed work on projects signed in previous years.

9

AGRICULTURE

农 业

资料整理人员

程英翠　郝静敏　王　辉　王　莎　陈　琰
张　姣

AGRICULTURE 农业

农作物播种面积	Sown Areas of Farm Crops	3611.59	千公顷 (1 000 ha)
#粮　食	Sown Areas of Grain	3150.33	千公顷 (1 000 ha)
粮食产量	Output of Grain	1464.3	万吨 (10 000 tons)
油料产量	Output of Oil-bearing Crops	15.0	万吨 (10 000 tons)
肉类产量	Output of Meat	143.2	万吨 (10 000 tons)

农林牧渔业总产值构成 (%)

Composition of Gross Output Value of Farming, Forestry, Animal Husbandry and Fishery (%)

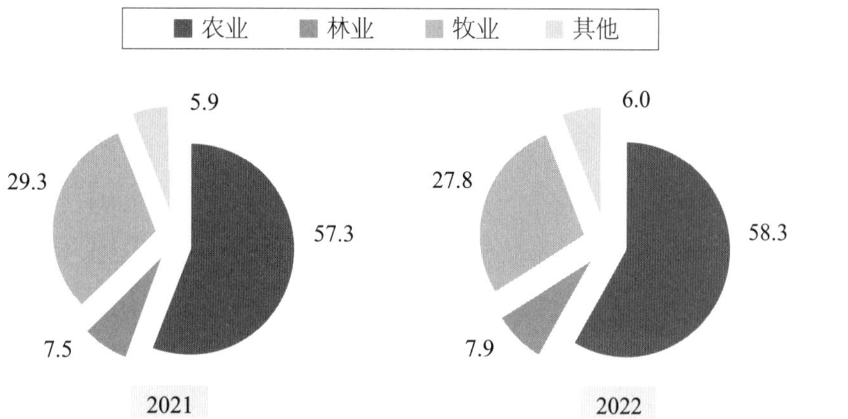

粮食总产量 (万吨)

Output of Grain (10 000 tons)

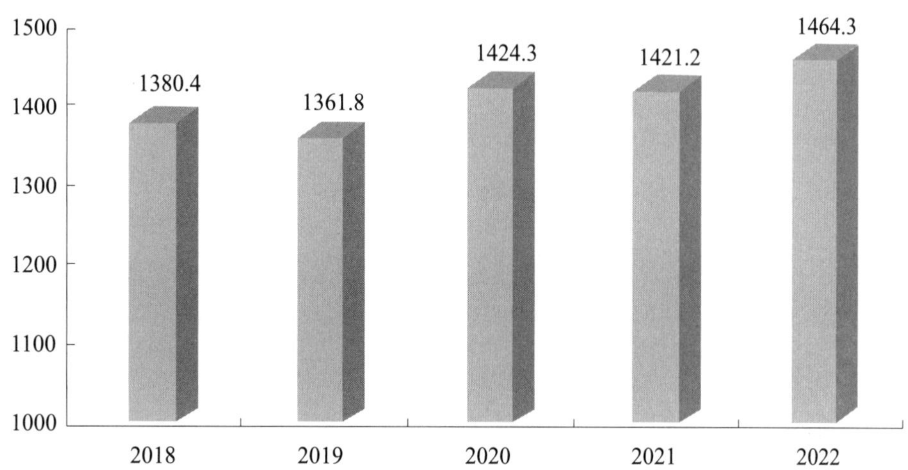

9-1 主要年份农林牧渔业总产值

GROSS OUTPUT VALUE OF FARMING, FORESTRY, ANIMAL HUSBANDRY AND FISHERY IN MAJOR YEARS

按当年价格计算 (at current price)

年份 Year	农林牧渔业总产值(万元) Total (10 000 yuan)	农业 Farming	林业 Forestry	牧业 Animal Husbandry	渔业 Fishery	农林牧渔专业及辅助性活动 Specializing and Supportive Activities for Agriculture, Forestry, Animal Husbandry and Fishery
1978	290133	239742	17391	32934	66	
1980	382302	286574	40154	55492	82	
1985	629163	484341	41218	102941	663	
1990	1247781	889037	78275	276170	4299	
1995	2996751	2033892	133136	817463	12260	
2000	3223544	2183303	127258	896667	16316	
2005	4837972	2817384	165153	1485882	26945	342608
2006	5123954	3039735	153420	1503994	35411	391394
2007	5878294	3818660	243935	1516848	33983	264868
2008	7392132	4678838	346918	1942008	40170	384198
2009	8889177	5484276	481729	2379527	48647	495000
2010	10164065	6299625	630003	2610390	55047	569000
2011	11634010	7116094	706389	3108030	65999	637500
2012	12659821	7743453	754326	3384811	71981	705250
2013	13720159	8390636	852565	3632998	78960	765000
2014	14405971	8725551	924834	3840043	79749	835794
2015	14249630	8468670	907813	3927425	78621	867100
2016	14299148	8244205	927435	4155926	76382	895200
2017	14187298	8618934	976551	3588444	76889	926480
2018	14609439	8949469	998981	3615290	68808	976891
2019	16265442	9367617	1013068	4785697	69090	1029970
2020	19358404	10759446	1370806	6063202	66174	1098776
2021	21340185	12231363	1597960	6243931	91240	1175690
2022	22115888	12884066	1745153	6158053	90607	1238010

9-2 农作物播种面积
SOWN AREA OF FARM CROPS

单位：千公顷 (1 000 ha)

指 标	Item	2015	2020	2022
农作物总播种面积	**Total Sown Area**	**3610.07**	**3541.51**	**3611.59**
一、粮 食	**Grain**	**3256.34**	**3130.02**	**3150.33**
(一)谷 物	Cereals	2845.88	2762.88	2821.09
#稻 谷	Rice	0.78	2.45	2.16
小 麦	Wheat	575.88	535.88	535.05
玉 米	Corn	1894.48	1742.22	1813.88
谷 子	Millet	203.56	220.30	219.13
高 粱	Sorghum	20.61	87.62	103.50
燕 麦	Nakedoats	53.81	53.55	52.33
(二)豆 类	Beans	242.22	183.84	153.90
#大 豆	Soybean	137.40	119.61	112.45
(三)薯 类	Tubers	168.25	183.30	175.34
#马铃薯	Potato	151.02	160.73	153.65
二、油 料	**Oil-bearing Crops**	**110.06**	**88.32**	**89.48**
#花 生	Peanuts	5.89	4.76	4.97
油菜籽	Rapeseeds	12.61	17.67	19.04
芝 麻	Sesame	1.96	1.74	1.13
胡麻籽	Benne	42.83	21.18	19.33
葵花籽	Sunflower Seeds	27.11	25.37	27.00
三、棉 花	**Cotton**	**5.71**	**1.13**	**0.32**
四、生 麻	**Rough Bast Fiber**	**0.02**	**1.68**	**0.15**
五、甜 菜	**Beetroots**	**1.19**	**0.04**	**0.05**
六、烟 叶	**Tobacco**	**1.97**	**1.35**	**1.51**
七、药 材	**Medicinal Materials**	**30.18**	**77.49**	**99.55**
八、蔬 菜	**Vegetables**	**165.06**	**188.98**	**226.22**
#设施蔬菜	Greenhouse Vegetables	41.68	38.73	46.48
九、瓜果类	**Melons**	**17.83**	**15.84**	**15.42**
十、其他作物	**Others**	**21.70**	**36.66**	**28.56**
#青饲料	Green Feed	18.71	33.32	25.29

9-3 主要年份主要农作物播种面积
SOWN AREAS OF MAJOR FARM CROPS IN MAJOR YEARS

单位：千公顷 (1 000 ha)

年 份 Year	总播种面积 Total Sown Area	#粮食作物 Grain Crops	#谷 物 Cereal	#油 料 Oil-bearing Crops	#棉 花 Cotton	#蔬 菜 Vegetables	#瓜果类 Melons
1978	4389.25	3692.43	3279.15	165.16	237.53	105.18	13.00
1980	4266.60	3508.76	3117.22	231.46	224.31	92.37	22.07
1985	3978.23	3055.05	2634.17	505.61	121.14	104.94	32.89
1990	4016.89	3290.79	2755.55	356.33	130.34	110.59	20.41
1995	3895.55	3151.48	2425.09	342.42	127.10	156.79	25.40
2000	4042.42	3186.46	2326.74	417.06	43.04	242.13	49.19
2005	3795.35	3033.59	2333.37	273.38	97.45	244.93	30.39
2010	3643.34	3210.28	2730.81	154.06	43.31	168.62	21.34
2011	3696.70	3259.28	2805.28	148.03	38.14	181.14	18.73
2012	3692.31	3267.53	2819.77	138.54	24.63	187.88	20.30
2013	3660.38	3245.20	2809.56	133.33	13.46	189.36	25.09
2014	3659.98	3256.77	2830.51	124.36	10.88	192.16	21.98
2015	3610.07	3256.34	2845.88	110.06	5.71	165.06	17.83
2016	3591.57	3227.31	2807.45	118.03	3.56	158.77	14.75
2017	3577.61	3180.92	2757.88	114.08	2.87	169.85	14.52
2018	3555.16	3137.06	2711.80	111.86	2.58	176.94	16.18
2019	3524.42	3126.17	2716.54	99.76	2.26	180.39	17.24
2020	3541.51	3130.02	2762.88	88.32	1.13	188.98	15.84
2021	3587.95	3138.06	2800.10	84.35	0.70	216.21	14.86
2022	3611.59	3150.33	2821.09	89.48	0.32	226.22	15.42

9-4 主要年份主要农作物产量
OUTPUT OF MAJOR FARM CROPS IN MAJOR YEARS

单位：吨 (ton)

年 份 Year	粮 食 Grain	1. 谷 物 Cereal	#稻 谷 Rice	#小 麦 Wheat	#玉 米 Corn	#谷 子 Millet
1978	7069560	6363715	58990	1288415	2711625	891140
1980	6857060	6201675	69290	1184780	2628820	960370
1985	8226767	7408051	58472	2950507	2098065	883671
1990	9690053	8643731	54429	3192990	3054441	876631
1995	9171000	8162190	41450	2701000	4035207	627530
2000	8533500	7029713	32770	2151500	3547500	602218
2005	9780000	8820582	8974	2022800	6161300	381889
2010	11075424	10616494	4837	2168894	8094496	193284
2011	12254032	11760406	4897	2204466	9145880	247143
2012	13094036	12569613	6432	2333639	9803388	251314
2013	13620056	13044258	7271	2038926	10494470	298545
2014	13872494	13275335	6800	2247070	10454832	353240
2015	13140206	12583730	5164	2315442	9747113	317546
2016	13803322	13105466	5503	2291486	10179585	378328
2017	13550954	12800561	5201	2323958	9778692	415886
2018	13803952	12932182	5568	2285888	9816207	472643
2019	13618048	12667748	17556	2262112	9393703	504951
2020	14242698	13312462	17088	2364953	9799465	542368
2021	14212495	13341416	17543	2433717	9775688	504691
2022	14642515	13803689	14566	2452045	10210691	528188

9-4 续表 continued

单位：吨 (ton)

年 份 Year	#高 粱 Sorghum	2. 豆 类 Beans	#大 豆 Soybean	3.薯 类 Tubers	#马铃薯 Potato	油 料 Oil-bearing Crops
1978	959400	137420	137420	568425		42290
1980	766805	130620	130620	524765		133672
1985	770607	176898	176898	641818	477197	444478
1990	767132	302242	302242	744080	585814	393810
1995	519119	366840	220104	641970	430120	222635
2000	299801	577822	359542	925965	704063	448259
2005	111894	366750	259806	592668	461451	212620
2010	50661	214589	134461	244340	202550	166037
2011	50715	211596	136696	282030	236058	176898
2012	57639	232112	147498	292310	243938	182816
2013	64217	249121	160845	326676	273374	181028
2014	68166	247711	155714	349448	290362	164463
2015	51322	233158	146332	323318	269578	121945
2016	56543	274216	167020	423639	370492	159474
2017	66005	283065	170875	467329	408732	150425
2018	115349	356154	235961	515616	453338	154676
2019	232301	342370	214689	607929	527256	137007
2020	317969	307232	207811	623003	537938	143146
2021	358859	217310	144064	653769	570355	154558
2022	366002	243009	189168	595818	516115	149528

年 份 Year	棉 花 Cotton	生 麻 Rough Bast Fiber	甜 菜 Beetroots	烟 叶 Tobacco	蔬 菜 Vegetables	瓜果类 Melons
1978	69430	5000	54605	1650	1888975	122315
1980	77500	5792	117024	1001	1804220	228910
1985	73455	3779	248541	4702	2915412	649195
1990	111526	1048	431641	8860	3474121	473778
1995	90817	2155	396978	10455	5428701	452951
2000	44796	680	210313	16319	9203364	1141231
2005	102907	38	39617	6327	9015370	689523
2010	46698	16	251185	7412	6940604	592158
2011	43536	10	204632	6951	7786117	524722
2012	28821	3	407233	7301	8616973	617403
2013	16543	10	204989	7001	9322640	755989
2014	12722	6	65123	7356	9734576	752506
2015	7279	37	54779	6280	8374328	520082
2016	4884	97	32374	6060	7779429	473631
2017	4000	134	6433	5217	8067422	465133
2018	3610	103	1183	3911	8218711	529861
2019	2958	444	623	3474	8278305	545073
2020	1560	6349	1629	4095	8611947	517906
2021	937	1642	4211	4251	9762978	550108
2022	441	265	1768	4413	10102812	584824

9-5 主要年份主要农作物单位面积产量
MAJOR FARM CROPS OUTPUT PER HECTARE IN MAJOR YEARS

单位：公斤/公顷 (kg/ha)

年 份 Year	粮 食 Grain	谷 物 Cereal	稻 谷 Rice	小 麦 Wheat	玉 米 Corn	谷 子 Millet	高 粱 Sorghum
1978	1915	1941	5207	1169	3419	1579	3171
1980	1954	1989	5670	1191	3541	1743	3269
1985	2693	2812	6871	2912	4221	2234	4315
1990	2945	3137	5923	3141	4797	2296	4532
1995	2910	3366	6436	2945	5253	2101	4430
2000	2678	3021	7234	2409	4470	2150	4393
2005	3224	3780	3349	2805	5205	1764	2903
2010	3450	3888	4440	3195	4950	990	1560
2011	3760	4192	4530	3391	5190	1275	1830
2012	4007	4458	5940	3766	5415	1307	2160
2013	4197	4643	6840	3406	5715	1548	2430
2014	4260	4690	6885	3841	5595	1800	2475
2015	4035	4422	6645	4021	5145	1560	2490
2016	4277	4668	7000	4063	5471	1932	2760
2017	4260	4641	6810	4146	5412	2088	2936
2018	4400	4769	6960	4080	5617	2390	3503
2019	4356	4663	6930	4137	5477	2387	3494
2020	4550	4818	6986	4413	5625	2462	3629
2021	4529	4765	6629	4533	5515	2284	3426
2022	4648	4893	6750	4583	5629	2410	3536

年 份 Year	豆 类 Beans	薯 类 Tubers	油 料 Oil-bearing Crops	棉 花 Cotton	甜 菜 Beetroots	蔬 菜 Vegetables	瓜果类 Melons
1978	1188	1910	256	292	6067	17959	9408
1980	943	2074	578	346	12077	19533	10372
1985	1066	2517	879	606	23034	27782	19738
1990	1200	2627	1105	856	25556	31414	23213
1995	884	2061	650	715	18243	34624	17833
2000	1194	2465	1075	1041	27819	38010	23200
2005	1059	1674	778	1056	32473	36808	22689
2010	718	1352	1078	1078	44939	41160	27751
2011	773	1565	1195	1141	27516	42984	28016
2012	854	1661	1320	1170	47693	45865	30419
2013	952	1879	1358	1229	44341	49233	30130
2014	972	2038	1322	1169	37078	50658	34235
2015	963	1922	1108	1274	46118	50734	29168
2016	1140	2363	1351	1374	61431	48998	32117
2017	1188	2530	1319	1395	50892	47496	32039
2018	1420	2954	1383	1399	46408	46448	32755
2019	1517	3305	1373	1308	35403	45892	31618
2020	1671	3399	1621	1377	36814	45570	32700
2021	1498	3390	1832	1329	39565	45154	37015
2022	1579	3398	1671	1390	37310	45570	37916

9-6 主要年份主要油料作物产量

OUTPUT OF MAJOR OIL-BEARING CROPS IN MAJOR YEARS

单位：吨 (ton)

年 份 Year	花 生 Peanuts	油菜籽 Rapeseeds	芝 麻 Sesame	胡麻籽 Benne Seeds	葵花籽 Sunflower Seeds
1978	888	2229	968	20437	3488
1980	5025	2800	2214	54932	31452
1985	50247	6766	11810	80071	164865
1990	48539	7758	23469	75102	139664
1995	48611	14759	11716	28820	78645
2000	41404	8638	19081	51279	257370
2005	28583	7676	4268	37889	102668
2010	17277	6253	3633	56395	52306
2011	18201	5749	3955	60211	52524
2012	17562	6558	2689	72961	47594
2013	15822	7190	2657	69651	47996
2014	13997	7212	2116	69289	44387
2015	10104	12788	1802	41205	38755
2016	12598	15179	1618	42136	63314
2017	13050	17759	1471	35376	60266
2018	13386	23705	1942	35217	58985
2019	13518	22201	1643	29262	50487
2020	13203	21351	1932	22499	53060
2021	13317	27943	1579	24389	57907
2022	14743	25679	1264	23088	56960

9-7 主要年份造林和果园面积

AREA OF AFFORESTATION AND ORCHARDS IN MAJOR YEARS

年 份 Year	当年造林面积 (千公顷) Afforestation Area in the year (1 000 ha)	零星植树 (万株) Planting Trees Piecemeal (10 000 units)	年末果园面积 (千公顷) Area of Orchards (1 000 ha)	#苹果园 Apple Orchards
1978	173.65	21992	64.00	37.57
1980	221.57	23129	68.21	40.80
1985	243.33	28764	111.47	56.98
1990	191.05	21057	184.71	101.15
1995	405.18	21418	286.34	188.47
2000	404.86	17176	288.89	177.98
2005	140.26	10596	279.69	151.40
2010	291.10	11098	291.07	136.25
2011	302.53	10803	320.71	145.38
2012	307.22	10415	336.89	152.84
2013	303.00	10504	346.47	156.99
2014	307.99	10062	354.90	160.52
2015	280.94	10023	359.54	160.34
2016	266.69	10131	357.35	152.99
2017	311.97	10775	359.53	152.06
2018	340.15	10775	363.27	147.54
2019	347.36	10857	374.86	145.94
2020	272.07	11200	381.05	144.26
2021	336.39	13893	387.66	139.42
2022	367.33	15197	383.94	133.35

9-8 造林和果园面积

AREA OF AFFORESTATION AND ORCHARDS

单位：千公顷 (1 000 ha)

指　标	Item	2015	2020	2022
一、当年造林面积	**Afforestation Area in the Year**	**280.9**	**272.1**	**367.3**
二、育苗面积	**Area of Growing Seedings**	**71.3**	**76.5**	**68.1**
三、零星植树(万株)	**Planting Trees Piecemeal (10 000 units)**	**10023**	**11200**	**15197**
四、年末果园面积	**Area of Orchards at Year-end**	**359.5**	**381.1**	**383.9**
#苹果园	Apple Orchards	160.3	144.3	133.3
桃　园	Peach Orchards	34.7	50.1	48.9
梨　园	Pear Orchards	35.9	46.7	53.1
葡萄园	Grape Orchards	12.7	15.4	16.6

9-9 主要林产品和水果产量

OUTPUT OF MAJOR FOREST PRODUCTS AND FRUITS

单位：吨 (ton)

指　标	Item	2015	2020	2022
一、主要林产品产量	**Output of Major Forest Products**			
核　桃	Walnuts	168076	194969	293629
板　栗	Chinese Chestnut	1951	2719	2523
二、水果产量	**Output of Fruits**	**7811497**	**8579836**	**9442851**
#苹　果	Apples	4634959	4366313	4183183
桃	Peaches	1028788	1575551	1853098
梨	Pears	747519	977267	1344597
葡　萄	Grapes	279016	345078	439712
红　枣(鲜枣)	Red Jujube (Fresh Jujube)	766246	721048	792965
柿　子(鲜柿)	Persimmon (Fresh Persimmon)	109718	249513	329338

9-10 渔业生产情况
PRODUCTION OF FISHERY

指 标	Item	2015	2020	2022
水产品总产量(吨)	**Total Aquatic Products (ton)**	**52427**	**46799**	**53081**
#鱼类产量	Fish	51850	46310	51768
1.养殖产量	Aquaculture Products	51264	45167	52619
#池 溏	Pond	34389	31999	38935
湖 泊	Lakes	2114	294	479
水 库	Reservoir	14473	12859	12654
2.捕捞产量	Fishing Products	1163	1632	462
水产养殖面积(公顷)	**Aquaculture Area (ha)**	**15715**	**12870**	**16772**

9-11 主要年份肉类产量和猪牛羊数量
OUTPUT OF MEAT AND NUMBER OF HOGS, CATTLE, SHEEP AND GOATS IN MAJOR YEARS

年 份 Year	肉类总产量(万吨) Total Output of Meat (10 000 tons)	#猪 肉 Pork	猪年末头数(万头) Hogs at Year-end (10 000 heads)	牛年末头数(万头) Cattle at Year-end (10 000 heads)	羊年末只数(万只) Sheep and Goats at Year-end (10 000 heads)	#山 羊 Goats
1978			578.50	108.19	872.04	532.45
1980	17.34	16.20	531.16	109.35	909.87	535.73
1985	22.34	17.67	372.12	140.94	414.28	174.06
1990	31.86	22.45	363.14	179.29	709.58	303.92
1995	60.97	43.44	560.99	251.65	915.01	408.03
2000	65.05	44.90	519.52	225.01	1058.42	474.86
2005	90.59	60.97	626.07	245.22	1196.35	488.82
2010	77.15	56.86	528.83	85.79	769.72	370.25
2011	77.12	56.88	510.39	81.03	825.37	391.33
2012	85.15	62.43	556.82	85.49	894.33	390.48
2013	93.03	68.98	606.34	87.08	952.51	420.35
2014	99.48	73.61	638.46	91.56	1012.81	436.56
2015	99.01	70.32	619.16	90.60	1112.09	484.40
2016	99.35	68.30	588.62	94.36	1022.81	408.45
2017	93.32	62.67	544.11	100.73	943.18	382.10
2018	93.09	62.46	549.48	101.97	875.63	344.11
2019	91.02	56.78	451.41	103.83	868.90	343.00
2020	102.65	62.80	569.41	117.43	970.13	381.93
2021	135.38	88.42	740.23	137.50	1068.11	381.03
2022	143.20	92.40	815.96	145.34	1110.84	393.77

9-12 畜牧业生产情况
NUMBER OF LIVESTOCK AND LIVESTOCK PRODUCTS

指　标	Item	2015	2020	2022
一、大牲畜年末存栏 (万头)	**Large Animals at Year-end (10 000 heads)**	**109.53**	**129.62**	**154.13**
1.牛　(万头)	Cattle (10 000 heads)	90.60	117.43	145.34
2.马　(万匹)	Horses (10 000 heads)	1.06	0.82	1.05
3.驴　(万头)	Donkeys (10 000 heads)	11.67	8.87	6.14
4.骡　(万头)	Mules (10 000 heads)	6.21	2.49	1.60
二、猪年末存栏 (万头)	**Hogs at Year-end (10 000 heads)**	**619.16**	**569.41**	**815.96**
#能繁殖的母猪	Reproducible Hogs	60.36	64.05	76.85
三、羊年末存栏 (万只)	**Sheep and Goats at Year-end (10 000 heads)**	**1112.09**	**970.13**	**1110.84**
1.山　羊	Goats	484.40	381.93	393.77
2.绵　羊	Sheep	627.68	588.20	717.07
四、家禽年末存栏 (万只)	**Poultry at Year-end (10 000 heads)**	**11052.91**	**13347.66**	**15529.54**
五、养兔年末存栏 (万只)	**Rabbits at Year-end (10 000 heads)**	**116.36**	**72.53**	**40.51**
六、猪、牛、羊出栏	**Slaughtered Hogs, Cattle and Sheep**			
猪全年出栏　(万头)	Slaughtered Hog in the Year (10 000 heads)	906.39	797.61	1185.94
牛全年出栏　(万头)	Slaughtered Cattle in the Year (10 000 heads)	40.23	47.90	57.20
羊全年出栏　(万只)	Slaughtered Sheep in the Year (10 000 heads)	537.86	573.14	747.96
七、畜禽产品产量	**Output of Animal and Poulty Products**			
1.肉类总产量 (万吨)	Total Output of Meat (10 000 tons)	99.01	102.65	143.20
#猪　肉	Pork	70.32	62.80	92.40
牛　肉	Beef	5.88	7.37	9.10
羊　肉	Mutton	7.67	8.58	11.17
禽　肉	Poultry	14.10	22.89	29.81
兔　肉	Rabbit	0.42	0.28	0.21
2.禽蛋产量 (吨)	Poultry Eggs (ton)	1089922	1092774	1185071
3.奶类产量 (吨)	Milk (ton)	768442	1173598	1431413
#牛　奶	Cow Milk	759772	1170122	1427952
4.山羊毛产量 (吨)	Output of Wool (ton)	2703	3860	3582
#山羊绒	Cashmere	1197	1424	1535
5.绵羊毛产量 (吨)	Sheep Wool (ton)	9172	8013	12034
6.蜂蜜产量 (吨)	Honey (ton)	5042	8866	7792
7.蚕茧产量 (吨)	Silkworm Cocoons (ton)	5498	2194	1931

9-13 农业现代化情况
AGRICULTURAL MODERNIZATION

指 标	Item	2015	2020	2022
一、农田水利情况	**Irrigation and Drainage**			
年末有效灌溉面积 (千公顷)	Effective Irrigated Area at Year-end (1 000 ha)	1460.28	1517.38	1450.96
机电排灌面积 (千公顷)	Mechanical and Electrical Irrigated Area (1 000 ha)	1111.71	1204.04	1199.93
灌溉机电井数量 (眼)	Electromechanical Well for Irrigation (unit)	91276	97585	90119
二、农用化学情况	**Consumption of Chemical Fertilizers**			
农用化肥施用折纯 (吨)	Effective Component of Chemical Fertilizers (ton)	1185472	1074111	1034738
1.氮 肥	Nitrogenous Fertilizer	335291	209422	184505
2.磷 肥	Phosphate Fertilizer	160235	93856	81740
3.钾 肥	Potash Fertilizer	104235	82130	73816
4.复合肥	Compownd Fertilizer	585710	688702	694677
农用塑料薄膜使用量 (吨)	Consumption of Farm Plastic Film (ton)	47864	48592	48798
三、农业机械化情况	**Agricultural Mechanization**			
1.当年实际机耕地面积 (千公顷)	Area Cultivated by Machine at This Year (1 000 ha)	2737	2694	2808
2.当年机械播种面积 (千公顷)	Area Sown by Machine at This Year (1 000 ha)	2647	2662	2760
占总播种面积 (%)	Percentage to Total Sown Area (%)	73.3	75.2	76.4
3.当年机械收获面积 (千公顷)	Mechanical Harvest Area at This Year (1 000 ha)	1825	2010	2169
占总播种面积 (%)	Percentage to Total Sown Area (%)	50.6	56.8	60.1

9-14 主要年份农业生产条件
CONDITIONS OF AGRICULTURAL PRODUCTION IN MAJOR YEARS

年 份 Year	耕地总资源 (千公顷) Resoruces of Cultivated Area (1 000 ha)	有效灌溉面积 (千公顷) Effective Irrigated Area (1 000 ha)	农用化肥施用量 (折纯量, 吨) Consumption of Chemical Fertilizer (ton)
1978	3923.41	1092.48	355990
1980	3921.46	1115.14	302904
1985	3761.09	1079.10	397907
1990	3692.51	1134.45	565624
1995	3645.09	1201.99	780568
2000	4341.94	1105.04	869882
2005	3793.19	1088.59	956999
2006	4054.30	1172.10	983000
2007	4053.45	1255.69	1008000
2008	4055.82	1254.56	1034042
2009	4068.40	1261.00	1043239
2010	4064.18	1274.15	1103663
2011	4064.51	1324.78	1145667
2012	4064.19	1319.16	1182795
2013	4061.73	1382.79	1210196
2014	4056.84	1408.17	1196138
2015	4058.79	1460.28	1185472
2016	4056.78	1487.21	1170719
2017	4056.32	1511.21	1119984
2018	4056.78	1518.68	1096108
2019	3869.50	1519.34	1084085
2020	3861.69	1517.38	1074111
2021	3863.21	1515.45	1056424
2022		1450.96	1034738

9-15 农业机械年末拥有量
AGRICULTURAL MACHINERY AT YEAR-END

年末数 (end of year)

指 标		Item	2015	2020	2022
农业机械总动力	**(万千瓦)**	**Total Power of Agricultural Machinery (10 000 kw)**	**3351.65**	**1595.26**	**1714.27**
柴油发动机动力	(万千瓦)	Diesel Engine Power (10 000 kw)	2871.04	1300.07	1411.09
汽油发动机动力	(万千瓦)	Gasoline Engine Power (10 000 kw)	70.61	38.83	44.17
电动机动力	(万千瓦)	Motor Power (10 000 kw)	410.00	256.32	257.14
大中型农用拖拉机	(台)	Large and Medium Tractors for Agriculture (unit)	130685	113170	126008
	(万千瓦)	(10 000 kw)	475.86	548.47	628.00
小型农用拖拉机	(台)	Mini-tractors for Agriculture (unit)	357935	278752	265697
	(万千瓦)	(10 000 kw)	332.47	272.91	262.81
拖拉机配套机具	(部)	Tractor Towing Farm Machinery (unit)	767971	567619	593501
联合收割机	(台)	Combine Harvesters (unit)	34363	34950	40524
脱粒机	(台)	Threshers (unit)	91441	53521	54397

9-16 农民家庭平均每户生产性固定资产原值
ORIGINAL VALUE OF PRODUCTIVE FIXED ASSETS PER RURAL HOUSEHOLD

单位：元 (yuan)

指 标	Item	2021	2022
一、农业生产性固定资产原值	**Original Value of Agricultural Productive Fixed Assets**		
生产性用房及建筑物	Productive Houses and Buildings	573.98	526.37
役 畜	Draught Animals	212.99	154.12
产品畜	Commodity Animals	1715.88	2768.77
农业设施	Agricultural Facilities	327.69	427.12
农业机械	Agricultural Machinery	1830.69	1693.72
农林牧渔服务业	Services of Farming, Forestry, Animal Husbandry and Fishery	2.82	10.73
二、非农产业固定资产原值	**Original Value of Nonagricultural Fixed Assets**		
采矿业	Mining	11.30	33.90
制造业	Manufacturing	557.63	338.85
电力、热力、燃气及水生产和供应业	Production and Supply of Power, Heat, Gas and Water	5.65	8.47
建筑业	Construction	1.69	1.69
批发和零售业	Wholesale and Retail Trade	1796.61	485.08
交通运输、仓储和邮政业	Transportation, Storage and Post	2635.03	2260.73
住宿和餐饮业	Hotels and Catering Services	100.62	178.59
房地产业	Real Estate		
租赁和商务服务业	Leasing and Business Services		
居民服务、修理和其他服务业	Resident Services, Repair and Other Services	90.03	56.68
其他行业	Others	35.03	16.95

9-17 农民家庭平均每百户拥有主要生产性固定资产数量
MAJOR PRODUCTIVE FIXED ASSETS PER 100 RURAL HOUSEHOLDS

指 标	Item	2021	2022
生产性用房及建筑物(平方米)	Productive Houses and Buildings (sq.m)	379.37	584.86
大中型农用拖拉机（台）	Large and Medium-sized Agricultural Tractors (unit)	2.03	1.92
小型农用拖拉机 （台）	Small Agricultural Tractors (unit)	9.77	7.80
插秧机（台）	Rice Transplanters (unit)	0.45	0.51
收割机（台）	Harvesters (unit)	0.45	0.45
脱粒机（台）	Threshing Machines (unit)	1.47	1.13
产品畜（头）	Commodity Animals (head)	33.84	60.17

9-18 农民家庭平均每人生产和销售的主要农林产品
PER CAPITA MAJOR FARM AND FOREST PRODUCTS PRODUCED AND SOLD BY RURAL HOUSEHOLDS

单位：公斤 (kg)

指 标	Item	生产量 Output		出售量 Sales	
		2021	2022	2021	2022
谷 物	Cereal	1258.35	1205.82	493.56	817.94
薯 类	Tubers	15.87	10.63	6.98	3.91
豆 类	Beans	5.36	4.65	4.18	4.79
油 料	Oil-bearing Crops	3.30	2.32	1.55	1.82

主要统计指标解释

农林牧渔业总产值 指以货币表现的农、林、牧、渔业全部产品和对农林牧渔业生产活动进行的各种支持性服务活动的价值总量，它反映一定时期内农林牧渔业生产总规模和总成果。1957 年以前的农林牧渔业总产值中包括了厩肥和农民自给性手工业（如农民自制衣服、鞋、袜，自己从事粮食初步加工等）。1958 年及以后，林业中增加了村及村以下竹木采伐产值；牧业中取消了厩肥产值；副业中取消了农民自给性手工业产值，增加了村及村以下办的工业产值；渔业中增加了海洋捕捞水产品产值。1980 年及以后，在副业中增加了农民家庭兼营工业商品部分的产值。从 1984 年起村及村以下工业产值划归工业。从 1993 年起取消副业，将野生动物的捕猎划入牧业，野生植物采集和农民家庭兼营商品性工业划归农业。从 2003 年起，执行新的国民经济行业分类标准，农林牧渔业总产值中包括了农林牧渔服务业产值。林业中增加了森林采运业产值。农业中取消了家庭兼营商品性工业产值，将野生林产品的采集划归林业。2010 年执行《统计用产品分类目录》，对 2009 年的农业、林业产值做了调整，将原林产品中的核桃、板栗和花椒产值调整到农业行业中。从 2018 年开始，将农林牧渔服务业名称改为农林牧渔专业及辅助性活动。

农林牧渔业总产值的计算方法通常是按农、林、牧、渔业产品及其副产品的产量分别乘以各自单位产品价格求得；少数生产周期较长，当年没有产品或产品产量不易统计的，则采用间接方法匡算其产值；然后将四业产品产值及农林牧渔专业及辅助性活动产值相加即为农林牧渔业总产值。

粮食产量 指农业生产经营者日历年度内生产的全部粮食数量。按收获季节包括夏收粮食、早稻和秋收粮食，按作物品种包括谷物、薯类和豆类。其产量计算方法：谷物按脱粒后的原粮计算，豆类按去豆荚后的干豆计算；薯类（包括甘薯和马铃薯，不包括芋头和木薯）1963 年以前按每 4 公斤鲜薯折 1 公斤粮食计算，从 1964 年开始改为按 5 公斤鲜薯折 1 公斤粮食计算；城市郊区作为蔬菜的薯类（如马铃薯等）按鲜品计算，不作粮食统计。

棉花产量 指全社会的产量。包括春播棉和夏播棉。产量按皮棉计算。不包括木棉。

油料产量 指全部油料作物的生产量。包括花生、油菜籽、芝麻、向日葵籽、胡麻籽（亚麻籽）和其他油料。不包括大豆、木本油料和野生油料。花生以带壳干花生计算。

水产品产量 指渔业（捕捞和养殖）生产活动的最终有效成果，包括全部海水和淡水鱼类、甲壳类（虾、蟹）、贝类、头足类、藻类和其他类渔业产品的最终产量。水产品产量是通过各级水产部门逐级上报取得数据。1995 年及以前，贝类中牡蛎按鲜肉计算；蚶、蛤、蛏按 5 斤鲜品折 1 斤计算。1996 年以后则统一按鲜品计算。

猪、牛、羊肉产量 指当年出栏并已屠宰、除去头蹄下水后带骨肉（即胴体重）的重量。包括全社会范围内的产量。1996 年以前为全面统计并逐级上报数据。1996 年第一次农业普查以后，根据普查结果，对畜牧业主要年报数据进行了修正。1999 年以后，国家统计局在部分地区开展了猪、牛、羊、禽等主要畜禽品种的抽样调查，并用抽样数据作为国家定案数据使用。未开展抽样调查的地区和品种，仍使用各级统计部门逐级上报数据。2007 年，根据第二次农业普查结果，对 2000–2006 年畜牧业主要年报数据进行了修正。2008 年，建立了主要畜禽监测调查制度，猪、牛、羊、禽等主要畜禽数据均以抽样调查数为法定数据。2018 年，根据第三次农业普查结果，对 2007–2017 年畜牧业主要年报数据进行了修正。

期初（末）畜禽存栏头（只）数 指报告期初（末）农村各种合作经济组织和国营农场、农民个人、机关、团体、学校、工矿企业、部队等单位以及城镇居民饲养的大牲畜、猪、羊、家禽等畜禽的数量。数据上报方式及数据调整情况同猪、牛、羊肉产量。

农作物播种面积 指农业生产经营者应在日历年度内收获农作物在全部土地（耕地或非耕地）上的播种或移植面积。凡是本年内收获的农作物，无论是本年还是上年播种，都算为播种面积，但不包括本年播种，下年收获的农作物面积。

耕地有效灌溉面积 指具有一定的水源，地块比较平整，灌溉工程或设备已经配套，在一般年景下能够进行正常灌溉的耕地面积。在一般情况下，耕地灌溉面积应等于灌溉工程或设备已经配套，能够进行正常灌溉的水田和水浇地面积之和。它是反映我国农田水利建设的重要指标。

农用化肥施用量 指本年内实际用于农业生产的化肥数量，包括氮肥、磷肥、钾肥和复合肥。化肥施用量要求按折纯量计算数量。折纯量是指把氮肥、磷肥、钾肥分别按含氮、含五氧化二磷、含氧化钾的百分之百成份进行折算后的数量。复合肥按其所含主要成分折算。公式为：

折纯量=实物量×某种化肥有效成份含量的百分比

农业机械总动力 指全部农业机械动力的额定功率之和。农业机械是指用于农业生产及其产品初加工等相关农事活动的机械及设备。农机总动力按使用能源不同分为以下四部分：

柴油发动机动力：指全部柴油发动机额定功率之和；

汽油发动机动力：指全部汽油发动机额定功率之和；

电动机动力：指全部电动机（含潜水电泵的电动机）额定功率之和；

其他机械动力：指采用柴油、汽油、电力之外的其他能源，如水力、风力、煤炭、太阳能等动力机械功率之和。

该指标统计数据主要来源于农机部门。

Explanatory Notes on Main Statistical Indicators

Gross Output Value of Agriculture, Forestry, Animal Husbandry and Fishery refers to the total value of products of agriculture, forestry, animal husbandry and fishery, and total value of services in support of agriculture, forestry, animal husbandry and fishery activities. It reflects the total scale and results of agricultural production during a given period. Prior to 1957, China's gross agricultural output value included barnyard manure and handicraft products for self-consumption (clothes, shoes, stockings, and initial grain processing undertaken by peasants). Since 1958, cutting and felling of bamboo and trees by villages and other cooperative organizations under villages have been included in forestry; value of barnyard manure has been excluded from animal husbandry; self consumed handicrafts have not been included from sideline occupations, while the output value of industries run by villages and cooperative organizations under village has been included in sideline occupations; and the output value of fish catches by motor fishing boats has been added to fishery. Since 1980, the value of handicraft products made for sale by individuals in households has been added to sideline occupations. Since 1984, industries run by villages and under villages have been included in the sector of industry. Since 1993, the subdivision of sideline occupations has been cancelled, and the hunting of wild animals has been classified into animal husbandry, and the gathering of wild plants and commodity industry run by rural household have been included in farming. A new industrial classification of economic activities was introduced in 2003. Under the classification, value of services to agriculture, forestry, animal husbandry and fishery is included in the gross output value of agriculture, value of wood felling and transport is included in forestry, value of industrial output by rural households is not included in agriculture, gathering wild forest products is included in forestry. *The Classification of Products for Statistical Purposes* implemented in 2010 made relevant revision on the output value of agriculture and forestry in 2009, and value of walnut, Chinese chestnut and Chinese prickly ash is included in farming. In 2018, agriculture, forestry, animal husbandry and fishery services was renamed specializing and supportive activities for agriculture, forestry, animal husbandry, and fishery.

Gross output value of agriculture is obtained by multiplying the output of each product or by-product by its price, resulting in the output value of each single item. For a small number of products, annual output of which is not available or difficult to get due to the long production (growing) process involved, the output value is estimated through an indirect approach. The sum of output values of all products of agriculture, forestry, animal husbandry and fishery and services in support to those industries is then equal to the gross output value of agriculture.

Grain Output refers to the total output of grains produced by agricultural producers within a calendar year. It includes summer grain, early rice and autumn grain if classified by harvest seasons; it covers cereal, tubers and beans if classified by type of crops. Output of cereal should be limited to husked grain only. Output of beans refers to dry beans without pods. The output of tubers (sweet potatoes and potatoes, not including taros and cassava) are converted into that of grain at the ratio 4:1, i.e. 4 kilograms of fresh tubers were equivalent to 1 kilogram of grain up to 1963. Since 1964 the ratio for conversion has been 5:1. Tubers supplied as vegetables (such as potatoes) in cities and suburbs are calculated as fresh vegetables and their output is not included in the output of grain.

Cotton Output refers to cotton production in the whole country including cotton planted in spring and in autumn. Output is measured as the weight of ginned cotton. Ceiba is not included.

Output of Oil-bearing Crops refers to the total production of oil-bearing crops of various kinds, including peanuts (dry, in shell), rapeseeds, sesame, sunflower seeds, flax seeds, and other oil-bearing crops. Soybeans, oil-bearing woody plants, and wild oil-bearing crops are not included.

Output of Aquatic Products refers to final output actually yielded from fishing production (fishery and breeding), including all output of marine and freshwater fish, crustaceans (shrimps, crabs), shellfish, cephalopod, seaweed and other fishery products. Data on output of aquatic products are reported by aquatic product agencies level by level. Before 1995, among the shellfish, oyster was counted as fresh meat; 5 kilograms of ark shell, clams and frogs are equivalent to 1 kilogram of fresh aquatic products; they have all been counted as fresh aquatic products since 1996.

Output of Pork, Beef, and Mutton refers to the meat of slaughtered hogs, cattle, sheep and goats with head, feet, and offal taken away. Data refers to the production of the whole country. Before 1996, it was a comprehensive reporting from the lower level to the upper one. The First Agricultural Census of China in 1996 revealed some discrepancy between the production of animal products from the annual reports and that from the census. Efforts were made to adjust the output value of animal husbandry to make the figures from the annual reports consistent with the census data. Since 1999, the NBS conducted sample surveys for the major animal husbandry products, such as hogs, cattle, sheep and goats and fowls, and the data from sample surveys are used as national finalized data. Those products, which are not covered by the sample survey, are still reported by statistical agencies level by level. In 2007, the data on animal husbandry from 2000 to 2006 were revised according to the results of the Second Agriculture Census of

China. In 2008, a monitoring and survey program was set up on main livestock, the data on the main livestock such as hog, cattle, sheep and poultry became the official data based on the sampling survey. In 2018, the data on animal husbandry from 2007 to 2017 were revised according to the results of the Third Agriculture Census of China.

Number of Livestock or Poultry in Stock at Beginning (or End) of Period refers to the total number of large animals, pigs, sheep, fowls, etc. raised by rural cooperative organizations, State farms, rural individuals, government agencies, schools, industrial and mining enterprises, army, and urban residents at the beginning (or end) of the reference period. Data reporting system and data adjustment are the same as that in the output of pork, beef and mutton.

Sown Area of Crops refers to area of all land (cultivated or non-cultivated area) sown or transplanted with crops that are harvested within the calendar year by agricultural producers. All crops harvested within the year are counted as sown area, regardless of being sown in this year or the previous year. Crops sown this year but will be harvested in the coming year are excluded.

Effective Irrigated Area of Cultivated Land refers to area of land that are effectively irrigated, i.e. relatively level land, where there are water sources or complete sets of irrigation facilities to lift and move adequate water for irrigation purpose under normal conditions. Under normal situations, irrigated area of cultivated land is the sum of watered fields and irrigated fields where irrigation systems or equipment have been installed for regular irrigation purpose. It is an important indicator to reflect the farmland water conservancy construction in China.

Consumption of Chemical Fertilizers in Agriculture refers to the quantity of chemical fertilizers applied in agriculture in the year, including nitrogenous fertilizer, phosphate fertilizer, potash fertilizer, and compound fertilizer. The consumption of chemical fertilizers is calculated in terms of volume of effective components by means of converting the gross weight of the respective fertilizers into weight containing effective component (e.g. nitrogen content in nitrogenous fertilizer, phosphorous pentoxide contents in phosphate fertilizer, and potassium oxide contents in potash fertilizer). Compound fertilizer is converted in regard to its major components. The formula is:

Volume of Effective Component = Physical Quantity × Effective Component of Certain Chemical Fertilizer (%)

Total Power of Agricultural Machinery refers to the total rated capacity of all agricultural machinery. Agricultural machinery refers to the machineries and equipment which are used for activities of planting, animal husbandry, fishery, primary processing of agricultural products, agricultural transport and infrastructure construction of farmland. Total power of agricultural machinery is grouped into four parts according to the energy used:

Diesel engine power refers to the total rated capacity of all diesel engines.

Gasoline engine power refers to the total rated capacity of all gasoline engines.

Motor power refers to the total rated capacity of all motors (include submersible pump motors).

Other mechanical powers refer to the total mechanical capacity of the sources of energy besides diesel, gasoline and motor power, such as hydro power, wind power, coal and solar energy.

Data are mainly from agricultural machinery agencies.

10

INDUSTRY

工 业

资料整理人员

文明佳　杨　健　黄岩峰　张国琪　牛玉龙

规模以上工业企业单位数	Number of Industrial Enterprises above Designated Size	7688	个 (unit)
产品产量（全社会）	Output of Products(Total Society)		
原　煤	Coal	132009	万吨 (10 000 tons)
发电量	Electricity	4298.8	亿千瓦时 (100 million kwh)
钢　材	Steel	6354.6	万吨 (10 000 tons)
非常规天然气	Unconventional Gas	132.1	亿立方米 (100 million cu.m)

规模以上工业增加值构成 (%)

Composition of Industrial Added Value above Designated Size (%)

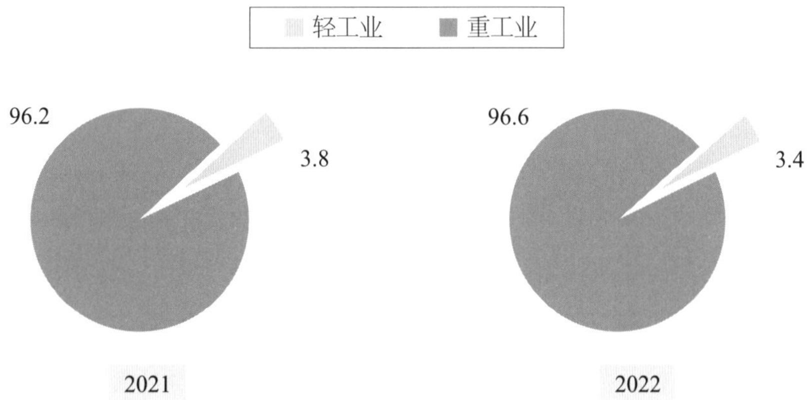

规模以上工业增加值增速 (%)

Growth Rate of Industrial Added Value above Designated Size (%)

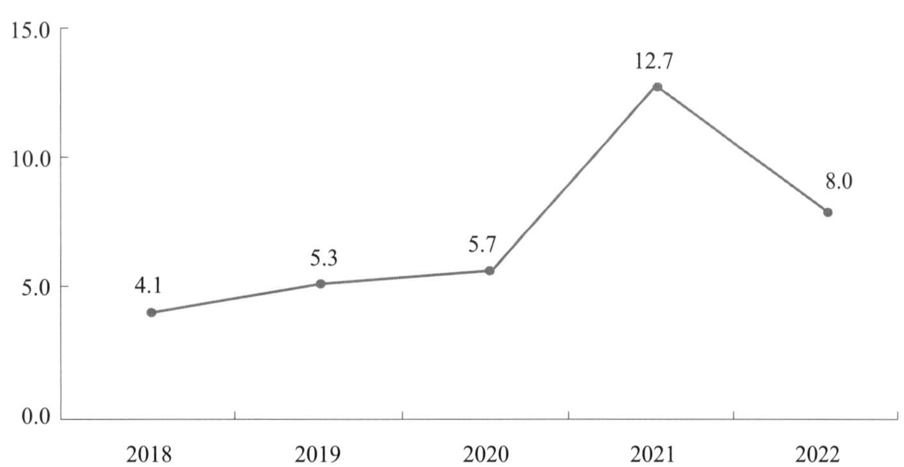

10-1 主要年份工业企业单位数

NUMBER OF INDUSTRIAL ENTERPRISES IN MAJOR YEARS

单位：个 (unit)

年 份 Year	工业企业单位数 Number of Industrial Enterprises	按轻重工业分 Grouped by Light & Heavy Industry		按经济类型分 Grouped by Ownership		
		轻工业 Light Industry	重工业 Heavy Industry	国有经济 State-owned Enterprise	集体经济 Collective-owned Enterprise	其他经济 Other Ownership
1978	9381	4463	4918	2547	6834	
1980	9533	4528	5005	2524	7009	
1985	11004	4875	6129	2421	8577	6
1990	12122	4922	7200	2776	9318	28
1995	12086	4080	8006	3042	8698	346
2000	3275	944	2331	1537	766	972
2005	4441	761	3680	879	928	2634
2010	4240	737	3503	266	181	3793
2011	3673	546	3127	227	114	3332
2012	3905	569	3336	237	97	3571
2013	3979	586	3393	110	72	3797
2014	3906	614	3292	84	56	3766
2015	3845	625	3220	74	45	3726
2016	3548	595	2953	56	39	3453
2017	3835	654	3181	54	38	3743
2018	4212	683	3529	48	36	4128
2019	4798	702	4096	50	30	4718
2020	5480	732	4748	60	26	5394
2021	6859	861	5998	47	23	6789
2022	7688	976	6712	45	21	7622

年 份 Year	按企业规模分 Grouped by Size of Enterprises				按隶属关系分 Grouped by Jurisdiction of Management	
	大型企业 Large Enterprises	中型企业 Medium-sized Enterprises	小型企业 Small Enterprises	微型企业 Microenterprises	中央企业 Central Enterprise	地方企业 Local Enterprise
1978	36	117	9228		100	9281
1980	50	94	9389		112	9421
1985	75	144	10785		168	10836
1990	97	169	11856		187	11935
1995	122	252	11712		183	11903
2000	137	228	2910		110	3165
2005	87	757	3597		95	4346
2010	149	970	3121		120	4120
2011	300	924	2297	152	135	3538
2012	295	889	2513	208	150	3755
2013	277	913	2542	247	148	3831
2014	246	898	2547	215	144	3762
2015	219	854	2476	296	147	3698
2016	223	843	2313	169	148	3400
2017	254	843	2516	222	171	3664
2018	271	840	2701	400	209	4003
2019	298	895	3110	495	210	4588
2020	289	906	3631	654	226	5254
2021	332	889	4569	1069	287	6572
2022	338	894	5021	1435	308	7380

注：(1)规模以上工业企业统计范围1998-2006年为国有企业、大中型企业和年产品销售收入500万元及以上非国有企业；2007-2010年为年主营业务收入500万元及以上的工业法人企业；2011年及以后为年主营业务收入2000万元及以上的工业法人企业。

(2)2011年起企业规模划分采用新标准。

Notes: (1)Enterprises in this table contains enterprises which is state-owned, large & medium-sized and non-state-owned with sales above 5 million yuan from 1998 to 2006; enterprises whose major business revenue is above 5 million yuan from 2007 to 2010; enterprises whose major business revenue is above 20 million yuan since 2011.

(2)New standards of enterprise size have been used since 2011.

10-2 主要年份主要工业产品产量
OUTPUT OF MAJOR INDUSTRIAL PRODUCTS IN MAJOR YEARS

年份 Year	原煤 (万吨) Coal (10 000 tons)	发电量 (亿千瓦时) Electricity (100 million kwh)	生铁 (万吨) Pig Iron (10 000 tons)	粗钢 (万吨) Crude Steel (10 000 tons)	钢材 (万吨) Steel Products (10 000 tons)	氧化铝 (万吨) Aluminum Oxide (10 000 tons)	原铝 (万吨) Electrolyzed Aluminum (10 000 tons)
1978	9825	106.6	150.4	120.0	74.0		0.5
1980	12103	120.2	171.4	149.4	86.4		0.6
1985	21418	184.6	229.5	183.7	110.8		1.0
1990	28597	314.2	454.9	238.6	128.8		1.9
1995	34731	506.0	1438.3	339.8	217.1		6.4
2000	25152	624.7	1628.0	472.7	392.6		17.7
2005	55426	1316.5	3229.8	1654.7	1368.6	151.2	34.5
2010	74096	2150.6	3402.4	3048.8	2866.4	358.9	80.6
2011	87228	2344.0	3786.1	3490.4	3371.2	500.9	104.7
2012	91333	2535.0	4009.6	3950.2	3799.5	508.6	105.6
2013	92167	2641.1	4310.7	4671.4	4487.0	784.6	104.2
2014	92794	2642.8	4059.3	4325.4	4701.0	903.0	82.7
2015	96680	2457.5	3576.4	3847.0	4267.3	1272.9	66.0
2016	83044	2510.5	3641.1	3936.1	4279.0	1414.1	86.8
2017	87221	2765.5	3951.9	4429.7	4335.4	1928.3	98.5
2018	92634	3087.6	4761.3	5386.2	4903.3	2024.5	93.3
2019	98795	3361.7	5557.1	6039.1	5594.2	1996.3	78.9
2020	107906	3503.5	6089.1	6637.8	6181.5	1812.4	76.2
2021	120346	3926.2	5988.4	6740.7	6173.9	1959.5	101.0
2022	132009	4298.8	5833.5	6423.2	6354.6	2045.3	118.6

年份 Year	焦炭 (万吨) Coke (10 000 tons)	铜 (吨) Copper (ton)	水泥 (万吨) Cement (10 000 tons)	平板玻璃 (万重量箱) Plate Glass (10 000 weight cases)	化学肥料 (折有效成份100%, 万吨) Chemical Fertilizer (10 000 tons)	#氮肥 Nitrogenous	初级形态的塑料 (万吨) Primary Form of Plastics (10 000 tons)
1978	356.5	13583	255.9	47.1	32.3	30.2	0.6
1980	321.0	26607	287.9	52.7	40.2	34.9	0.6
1985	417.3	24400	458.7	113.3	39.3	37.4	0.9
1990	1609.3	25147	612.5	181.6	71.9	60.1	1.8
1995	5297.6	27530	1169.9	241.4	102.3	83.3	2.6
2000	4967.0	28544	1434.0	358.0	170.2	137.6	3.0
2005	7981.0	27225	2310.7	360.2	353.5	336.4	29.3
2010	8502.1	80610	3670.3	1673.4	331.8	321.6	20.2
2011	9047.9	87785	4101.5	1847.6	363.8	353.7	46.3
2012	8612.7	98134	5076.2	1975.8	389.1	379.2	51.9
2013	9022.4	88564	5269.1	2065.3	446.1	439.8	48.5
2014	8765.9	144489	4802.0	1758.9	461.7	453.4	49.4
2015	8039.9	180935	3786.1	1400.8	465.0	455.7	65.5
2016	8186.0	195596	3851.5	1648.1	443.5	431.2	67.2
2017	8383.1	192287	3760.3	1702.6	373.9	368.3	79.5
2018	9256.2	180000	4376.8	2121.7	361.3	342.4	89.1
2019	9699.5	138091	4982.4	1846.9	400.5	392.6	97.8
2020	10493.7	112650	5616.7	2252.2	400.2	386.3	102.4
2021	9857.2	133100	5688.6	2197.9	383.3	376.5	111.1
2022	9799.7	142510	4844.6	2265.8	364.9	358.3	108.9

注：本表产量为全社会口径。
Note: Coverage of products in the table is total society.

10-2 续表 continued

年 份 Year	橡胶轮胎外胎 (万条) Rubber Tires (10 000 units)	矿山专用设备 (吨) Mining Equipment (ton)	纱 (吨) Yarn (ton)	布 (万米) Cloth (10 000 m)	白 酒 (千升) White Spirit (kiloliter)
1978	10.0	18214	72193	32756	
1980	14.4	9349	84145	38652	
1985	29.3	16345	77762	37555	
1990	57.3	25717	94237	42948	
1995	112.5	23675	72165	35593	
2000	154.3	6857	84765	33253	
2005	135.1	109570	149828	36256	77199
2010	173.5	329442	53913	7381	112022
2011	164.9	354327	54012	8139	145722
2012	170.3	434304	61575	7499	130691
2013	166.6	430963	56923	7553	111881
2014	165.2	255155	55125	8172	93597
2015	155.0	260185	52826	7720	83568
2016	145.8	223304	53769	4176	103239
2017	73.2	260521	32243	3668	139907
2018	78.5	324226	21591	2399	167227
2019	83.1	412156	24891	2094	209323
2020	79.3	506947	22040	1715	179311
2021	98.2	598480	23865	2090	217254
2022	72.5	645381	19445	1435	263229

年 份 Year	食 醋 (吨) Vinegar (ton)	卷 烟 (万箱) Cigarettes (10 000 cases)	机制纸及纸板(万吨) Machine-made Paper and Paperboard (10 000 tons)	合成洗涤剂(吨) Synthetic Detergents (ton)	非常规天然气 (亿立方米) Unconventional Gas (100 million cu.m)
1978		16.8	9.4	14409	
1980		18.6	11.6	18505	
1985		18.7	18.8	60746	
1990		24.2	35.4	68951	
1995		28.4	59.7	135359	
2000		30.3	27.0	189235	
2005		25.0	40.5	162303	
2010	385452	29.5	21.8	119774	29.9
2011	455262	31.0	20.5	98419	27.3
2012	550278	31.2	33.4	101898	33.6
2013	550229	31.7	34.2	108199	35.6
2014	474644	32.7	25.9	92683	38.1
2015	673052	32.7	35.3	87713	39.8
2016	626955	31.1	41.7	79342	43.2
2017	567275	30.0	45.5	72305	46.8
2018	518232	29.8	46.1	68306	52.7
2019	488801	31.0	60.9	70128	64.6
2020	491368	30.2	69.6	61088	85.9
2021	492110	30.5	108.0	54390	123.4
2022	460532	30.6	118.3	37292	132.1

注：本表2019年及以前年份非常规天然气只包含煤层气，2020年起包含煤层气和致密砂岩气，后表同。
Note: Unconventional gas in the table includes both coalbed methane and shale gas from 2020, while it just includes coalbed methane before 2020. The same applies to the following.

10-3 规模以上主要工业产品产量
OUTPUT OF MAJOR INDUSTRIAL PRODUCTS ABOVE DESIGNATED SIZE

指 标		Item	2021	2022
原 煤	(万吨)	Coal (10 000 tons)	119316	130715
发电量	(亿千瓦时)	Electricity (100 million kwh)	3734.4	4153.3
生 铁	(万吨)	Pig Iron (10 000 tons)	5988.4	5833.5
粗 钢	(万吨)	Crude Steel (10 000 tons)	6740.7	6423.2
钢 材	(万吨)	Steel Products (10 000 tons)	6173.9	6354.6
氧化铝	(万吨)	Aluminum Oxide (10 000 tons)	1959.5	2045.3
原 铝	(万吨)	Electrolyzed Aluminum (10 000 tons)	101.0	118.6
焦 炭	(万吨)	Coke (10 000 tons)	9857.2	9799.7
铜	(万吨)	Copper (10 000 tons)	13.3	14.3
水 泥	(万吨)	Cement (10 000 tons)	5537.3	4798.8
平板玻璃	(万重量箱)	Plate Glass (10 000 weight cases)	2197.9	2167.7
硫 酸	(折纯，万吨)	Sulfuric Acid (10 000 tons)	53.0	59.2
化学肥料	(折纯，万吨)	Chemical Fertilizer (10 000 tons)	381.0	364.4
化学农药原药	(吨)	Chemical Pesticide (ton)	6218	1906
初级形态的塑料	(万吨)	Primary Form of Plastics (10 000 tons)	111.1	108.9
橡胶轮胎外胎	(万条)	Rubber Tires (10 000 units)	81.0	62.1
矿山专用设备	(吨)	Mining Equipment (ton)	598480	645381
金属切削机床	(台)	Metal-cutting Machine Tools (unit)	30	23
工业锅炉	(蒸发量吨)	Industrial Boiler (Evaporate Capacity ton)	10581	4377
变压器	(万千伏安)	Transformer (10 000 kva)	891.4	947.7
泵	(台)	Pump (unit)	118553	125457
纱	(吨)	Yarn (ton)	23865	19445
布	(万米)	Cloth (10 000 m)	2090	1435
白 酒	(千升)	White Spirit (kiloliter)	217254	263229
啤 酒	(千升)	Beer (kiloliter)	179227	188793
卷 烟	(万箱)	Cigarettes (10 000 cases)	30.5	30.6
机制纸及纸板	(万吨)	Machine-made Paper and Paperboard (10 000 tons)	108.0	118.3
合成洗涤剂	(吨)	Synthetic Detergents (ton)	51890	37292
非常规天然气	(亿立方米)	Unconventional Gas (100 million cu.m)	123.3	132.1
电子计算机整机	(台)	Electronic Computers (set)	252710	59845
手 机	(万台)	Mobile Phones (10 000 units)	2732.9	2741.7
化学药品原药	(吨)	Chemical Medicine (ton)	57662	57287
食 醋	(吨)	Vinegar (ton)	492110	460532
太阳能电池	(千瓦)	Solar Cell (kw)	7273353	8041123
新能源汽车	(辆)	New Energy Motor Vehicles (unit)	53121	131236

10–4 工业企业主要财务指标(2022年)

单位：万元

指　　标	Item	单位数(个) Enterprises (unit)	#亏损企业 Loss–making Enterprises
总　计	**Total**	**7688**	**2260**
一、按登记注册类型分	Grouped by Registered Kind		
内资企业	Civil Funded Enterprises	7531	2221
国有企业	State–owned Enterprises	45	12
集体企业	Collective–owned Enterprises	21	7
股份合作企业	Share Holding Cooperative Enterprises	1	
联营企业	Joint Owned Enterprises		
有限责任公司	Limited Liability Corporations	2233	619
国有独资公司	State Sole Funed Corporations	213	65
其他有限责任公司	Other Limited Liability Corporations	2020	554
股份有限公司	Share Holding Limited Corporations	101	23
私营企业	Private Enterprises	5128	1560
私营独资企业	Private–funed Enterprises	225	80
私营合伙企业	Private Partnership Enterprises	16	4
私营有限责任公司	Private Limited Liability Corporations	4402	1383
私营股份有限公司	Private Share Holding Limited Corporations	485	93
其他企业	Others	2	
港、澳、台商投资企业	Enterprises Funded by Hong Kong, Macao and Taiwan	63	15
合资经营企业(港或澳、台资)	Joint Venture Enterprises	32	8
合作经营企业(港或澳、台资)	Cooperative Enterprises		
港澳台商独资企业	Solely Owned Enterprises	28	6
港澳台商投资股份有限公司	Share Holding Limited Corporations	3	1
其他港澳台商投资企业	Others		
外商投资企业	Foreign Funded Enterprises	94	24
中外合资经营企业	Joint Venture Enterprises	61	16
中外合作经营企业	Cooperative Enterprises	5	1
外资企业	Solely Owned Enterprises	27	7
外商投资股份有限公司	Share Holding Limited Corporations	1	
其他外商投资企业	Others		

MAIN FINANCIAL INDICATORS OF INDUSTRIAL ENTERPRISES(2022)

(10 000 yuan)

资产总计 Total Assets	流动资产合计 Total Current Assets	负债合计 Total Liabilities	所有者权益合计 Total Creditors' Equity	营业收入 Business Revenue	营业成本 Business Cost
608916743	**294968148**	**423159082**	**185761136**	**390453474**	**311717757**
580897102	278814078	406811388	174089190	369705074	294101600
6192368	3148469	4854991	1340921	3131793	2648169
1129036	526253	656879	472157	1330834	897373
4102	3908	947	3155	2225	1856
411120487	182135469	295971688	115148785	213926523	159736438
48869682	17985537	35275844	13593838	29867917	26317888
362250805	164149932	260695844	101554947	184058606	133418550
55119549	29358192	29081987	26037562	28692450	21393353
107328099	63638752	76242441	31085604	122616569	109420277
1169460	897123	1016166	153293	2258870	2133229
175384	131122	105707	69677	258119	227098
96080236	56549095	69670294	26409897	109750030	97712774
9903019	6061411	5450274	4452738	10349550	9347176
3462	3035	2455	1007	4681	4134
12431865	7764593	8502966	3928898	12539079	11907068
9562380	6962199	6720042	2842338	11438494	11016976
2741334	772150	1723727	1017607	1053089	854500
128151	30244	59198	68954	47497	35591
15587776	8389477	7844728	7743047	8209321	5709089
9676313	4956357	5428526	4247786	5382166	3993069
2686821	1687682	779047	1907775	1431567	511901
2609984	1270159	1352041	1257943	1136517	963435
614658	475279	285114	329544	259071	240684

10-4 续表2

单位：万元

指　　标	Item	单位数(个) Enterprises (unit)
家具制造业	Furniture Manufacturing	5
造纸和纸制品业	Paper Making and Paper Products	43
印刷和记录媒介复制业	Printing and Record Medium Reproduction	28
文教、工美、体育和娱乐用品制造业	Culture, Education, Art and Crafts, Sport and Entertainment Products	11
石油、煤炭及其他燃料加工业	Petroleum, Coal and Other Fuels Processing	160
化学原料和化学制品制造业	Raw Chemical Materials and Chemical Products	426
医药制造业	Medical and Pharmaceutical Products	125
化学纤维制造业	Chemical Fiber Manufacturing	6
橡胶和塑料制品业	Rubber and Plastic Products	126
非金属矿物制品业	Nonmetal Mineral Products	1293
黑色金属冶炼和压延加工业	Smelting and Pressing of Ferrous Metals	152
有色金属冶炼和压延加工业	Smelting and Pressing of Non-ferrous Metals	133
金属制品业	Metal Prodcuts	578
通用设备制造业	Ordinary Machinery Manufacturing	226
专用设备制造业	Special Purpose Equipment Manufacturing	335
汽车制造业	Automobile Manufacturing	61
铁路、船舶、航空航天和其他运输设备制造业	Railroad, Marine, Aviation and Other Transport Equipments Manufacturing	37
电气机械和器材制造业	Electrical Machinery and Equipment Manufacturing	167
计算机、通信和其他电子设备制造业	Computers, Telecommunication and Other Electronic Equipments Manufacturing	100
仪器仪表制造业	Equipments and Instruments Manufacturing	35
其他制造业	Other Manufacturing	10
废弃资源综合利用业	Comprehensive Utilization of Waste Resources	105
金属制品、机械和设备修理业	Metal Products, Machinery and Equipment Repair	57
电力、热力、燃气及水生产和供应业	Production and Supply of Electricity, Heat, Gas and Water	820
电力、热力生产和供应业	Production and Supply of Electricity and Heat	612
燃气生产和供应业	Production and Supply of Gas	147
水的生产和供应业	Production and Supply of Water	61

continued

(10 000 yuan)

#亏损企业 Loss-making Enterprises	资产总计 Total Assets	流动资产合计 Total Current Assets	负债合计 Total Liabilities	所有者权益合计 Total Creditors' Equity	营业收入 Business Revenue	营业成本 Business Cost
3	24865	11069	10820	14045	7593	6424
16	653889	277035	443610	210279	612276	593473
6	313907	152575	198475	115432	198643	162357
4	151754	79314	81588	70166	62323	51595
72	37411093	16664568	27083527	10327565	35198587	33118455
125	18836504	7128478	16135258	2701242	12532255	11244581
35	5152183	2938808	2421828	2730355	2800796	1824003
2	173088	43949	60981	112106	56806	51041
37	1233641	696397	789614	444025	816284	733441
419	17628286	10073006	12732533	4895742	10444093	8754654
76	38100535	14551993	24610630	13489905	44343271	41525956
48	10180467	4459121	6700965	3479502	12461305	11489610
131	6266844	3854772	3830013	2436825	7372773	6748162
48	3642773	2492894	2357731	1285039	1834989	1507962
54	10133271	7428181	6974338	3158929	4525610	3751513
30	5051685	3412334	3826208	1225476	5592148	5718245
3	4094329	2721476	2263325	1831004	2070212	1695118
44	5449729	3507241	3815094	1634632	3213980	2842735
38	12681422	10410025	8087194	4594227	15545126	14903198
5	818383	530711	402705	415678	292690	206153
3	2747285	1871327	1954284	796545	1412962	1227077
26	4146788	2343394	2968032	1178755	8721722	7758130
10	862358	714608	653400	208958	562878	488796
269	83190511	21905408	62648106	20542402	40736436	37740887
201	71268147	17727517	54290980	16977165	33897881	31475362
42	9300058	3568686	6918290	2381768	6273149	5785350
26	2622306	609205	1438836	1183470	565405	480175

10-4 续表4

单位：万元

指　标	Item	税金及附加 Tax and Extra Charges
二、在总计中: 亏损企业	Of the Total: Loss-making Enterprises	740951
在总计中: 国有控股企业	Of the Total: State-Controlled Share Holding Enterprises	7087861
在总计中: 轻工业	Of the Total: Light Industry	826790
重工业	Heavy Industry	8809444
在总计中: 大型企业	Of the Total: Large Enterprises	5663983
中型企业	Medium-sized Enterprises	3221093
小型企业	Small Enterprises	665095
微型企业	Microenterprises	86062
三、按工业行业大类分	Grouped by Sector	
采矿业	Mining	7939205
煤炭开采和洗选业	Coal Mining and Dressing	7779774
石油和天然气开采业	Petroleum and Natural Gas Extraction	53957
黑色金属矿采选业	Ferrous Metals Mining and Dressing	80348
有色金属矿采选业	Nonferrous Metals Mining and Dressing	19816
非金属矿采选业	Nonmetal Minerals Mining and Dressing	5236
开采专业及辅助性活动	Mining Professional and Auxiliary Activities	75
其他采矿业	Other Mining Industry	
制造业	Manufacturing	1509282
农副食品加工业	Farm Products Processing	4773
食品制造业	Food Manufacturing	6458
酒、饮料和精制茶制造业	Wine, Beverages and Refined Tea Manufacturing	523281
烟草制品业	Tobacoo Products Manufacturing	252577
纺织业	Textile Industry	1212
纺织服装、服饰业	Textile, Wearing Apparel and Accessories	1161
皮革、毛皮、羽毛及其制品和制鞋业	Leather, Fur, Feather and Related Products and Footwear	6
木材加工和木、竹、藤、棕、草制品业	Timber Processing,Bamboo,Cane,Palm Fiber and Straw Products	136

continued

(10 000 yuan)

销售费用 Costs of Sales	管理费用 Costs of Administration	财务费用 Costs of Finance	利润总额 Total Profits	亏损企业亏损总额 Total Loss of Loss-making Enterprises	应交增值税 Value Added Taxes Payable	平均用工人数 (万人) Average Employees (10 000 persons)
882041	3473429	2918832	–7960868	7960868	1467598	48.99
1224928	8487674	5627147	25014187	5106781	9232890	107.46
845796	693948	106742	1189930	181966	457032	16.64
4013361	12970959	7561995	37949315	7778903	13648947	187.96
1319277	6937517	3637542	23542637	2971629	7638502	105.64
1239583	3989087	2072515	11349725	2937402	4009053	53.92
2125558	2387270	1321157	3873191	1542523	2172090	41.47
174738	351032	637523	373692	509313	286334	3.57
2010052	8402145	4057338	35350498	2612658	9773042	95.74
1946013	8076088	3950784	34084884	2475482	9497503	92.64
27469	116404	52911	790842	82993	119185	0.55
17979	141463	39851	443217	40587	130822	1.78
2610	40998	9305	32755	3572	16672	0.48
14944	24204	4452	–2870	10025	8040	0.24
1039	2988	35	1670		819	0.05
2683152	4453958	1966813	3408202	3694206	3435846	94.54
52309	74541	34365	25933	30586	9952	2.37
76369	69513	15936	77007	14054	27658	1.65
90746	139050	1577	825174	17717	183631	2.63
6909	40289	–6355	65015		47964	0.09
3566	10623	3625	1708	3411	2991	0.45
8641	18046	1621	7850	4086	5386	0.39
266	352	7	223		57	0.02
778	1490	312	–322	918	1098	0.06

10–4 续表5

单位：万元

指　　标	Item	税金及附加 Tax and Extra Charges
家具制造业	Furniture Manufacturing	54
造纸和纸制品业	Paper Making and Paper Products	3910
印刷和记录媒介复制业	Printing and Record Medium Reproduction	1161
文教、工美、体育和娱乐用品制造业	Culture, Education, Art and Crafts, Sport and Entertainment Products	608
石油、煤炭及其他燃料加工业	Petroleum, Coal and Other Fuels Processing	155639
化学原料和化学制品制造业	Raw Chemical Materials and Chemical Products	51782
医药制造业	Medical and Pharmaceutical Products	22149
化学纤维制造业	Chemical Fiber Manufacturing	82
橡胶和塑料制品业	Rubber and Plastic Products	3865
非金属矿物制品业	Nonmetal Mineral Products	60184
黑色金属冶炼和压延加工业	Smelting and Pressing of Ferrous Metals	146343
有色金属冶炼和压延加工业	Smelting and Pressing of Non-ferrous Metals	68486
金属制品业	Metal Prodcuts	17114
通用设备制造业	Ordinary Machinery Manufacturing	10278
专用设备制造业	Special Purpose Equipment Manufacturing	23654
汽车制造业	Automobile Manufacturing	10900
铁路、船舶、航空航天和其他运输设备制造业	Railroad, Marine, Aviation and Other Transport Equipments Manufacturing	11911
电气机械和器材制造业	Electrical Machinery and Equipment Manufacturing	10643
计算机、通信和其他电子设备制造业	Computers, Telecommunication and Other Electronic Equipments Manufacturing	34346
仪器仪表制造业	Equipments and Instruments Manufacturing	2385
其他制造业	Other Manufacturing	7666
废弃资源综合利用业	Comprehensive Utilization of Waste Resources	73237
金属制品、机械和设备修理业	Metal Products, Machinery and Equipment Repair	3284
电力、热力、燃气及水生产和供应业	Production and Supply of Electricity, Heat, Gas and Water	187747
电力、热力生产和供应业	Production and Supply of Electricity and Heat	161867
燃气生产和供应业	Production and Supply of Gas	13171
水的生产和供应业	Production and Supply of Water	12709

continued

(10 000 yuan)

销售费用 Costs of Sales	管理费用 Costs of Administration	财务费用 Costs of Finance	利润总额 Total Profits	亏损企业亏损总额 Total Loss of Loss-making Enterprises	应交增值税 Value Added Taxes Payable	平均用工人数(万人) Average Employees (10 000 persons)
136	704	96	209	105	121	0.03
12289	14497	6216	-6713	12674	26403	0.33
6939	17781	2480	6931	1934	5794	0.43
4655	4536	1031	-246	1454	2334	0.17
369232	655238	462474	609314	843657	497761	8.76
248863	535856	430274	-320133	916847	257509	7.80
527276	210126	24912	138939	54370	97919	3.36
769	2634	-193	1203	145	1312	0.05
24473	41262	5061	-13725	38176	8023	1.20
376427	526085	181012	432130	217465	312993	11.89
317901	665923	413009	431164	608904	444756	11.95
95085	185076	176939	177019	188690	235453	3.99
111390	187322	52611	165066	81751	101270	6.78
48201	130050	29433	45998	34812	53247	2.68
98806	260824	92941	134824	42760	132356	4.98
34695	98958	11137	-350884	416025	50661	2.11
27526	111582	12325	153187	4267	64393	2.03
55817	132978	30603	47147	58482	80833	2.27
39213	127573	-39846	333651	45178	54275	12.12
17200	23688	3604	20766	4266	13557	0.35
2799	85627	-8082	75137	10338	57042	1.25
15587	41986	25447	318346	18752	630167	1.31
8292	39749	2243	6284	22384	28930	1.03
165952	808804	1644586	380546	1654004	897091	14.31
32533	573511	1483326	310005	1436777	815683	10.67
114343	162079	134841	98180	144332	66962	2.27
19076	73214	26419	-27640	72896	14445	1.37

10-5 国有控股工业企业主要财务指标(2022年)

单位：万元

指　标	Item	单位数(个) Enterprises (unit)	#亏损企业 Loss-making Enterprises
总　计	**Total**	**1435**	**368**
按工业行业大类分	Grouped by Sector		
采矿业	Mining	492	106
煤炭开采和洗选业	Coal Mining and Dressing	456	95
石油和天然气开采业	Petroleum and Natural Gas Extraction	25	9
黑色金属矿采选业	Ferrous Metals Mining and Dressing	4	
有色金属矿采选业	Nonferrous Metals Mining and Dressing	4	2
非金属矿采选业	Nonmetal Minerals Mining and Dressing	2	
开采专业及辅助性活动	Mining Professional and Auxiliary Activities	1	
其他采矿业	Other Mining Industry		
制造业	Manufacturing	439	121
农副食品加工业	Farm Products Processing	5	2
食品制造业	Food Manufacturing	5	2
酒、饮料和精制茶制造业	Wine, Beverages and Refined Tea Manufacturing	13	3
烟草制品业	Tobacoo Products Manufacturing	1	
纺织业	Textile Industry	2	1
纺织服装、服饰业	Textile, Wearing Apparel and Accessories	7	1
皮革、毛皮、羽毛及其制品和制鞋业	Leather, Fur, Feather and its products and Footwear		
木材加工和木、竹、藤、棕、草制品业	Timber Processing, Bamboo, Cane, Palm Fiber and Straw Products		
家具制造业	Furniture Manufacturing		
造纸和纸制品业	Paper Making and Paper Products		
印刷和记录媒介复制业	Printing and Record Medium Reproduction	7	1
文教、工美、体育和娱乐用品制造业	Culture, Education, Art and Crafts, Sport and Entertainment Products		

MAIN FINANCIAL INDICATORS OF STATE-HOLDING INDUSTRIAL ENTERPRISES(2022)

(10 000 yuan)

资产总计 Total Assets	流动资产合计 Total Current Assets	负债合计 Total Liabilities	所有者权益合计 Total Creditors' Equity	营业收入 Business Revenue	营业成本 Business Cost
394299949	**174089607**	**283176529**	**111126959**	**178704357**	**130400313**
256825916	126620058	183524758	73301157	97883368	57318997
249609467	124795572	180103296	69506169	94857064	55512374
5440403	1154938	2825893	2614511	2002195	1260562
1589294	567728	450603	1138690	924712	467403
105574	28283	68865	36709	67050	49272
7601	4737	6849	752	4164	3412
73577	68800	69252	4326	28184	25974
70621680	31005869	49264744	21360480	44911856	39481698
78951	38872	57180	21771	12934	11243
19815	15138	14442	5373	20627	16050
3738269	2762039	1848598	1889671	2008341	793568
525305	378024	139877	385428	526693	165379
101041	41945	65682	35359	33848	30185
88132	46510	63941	24191	45318	36656
132731	64256	81627	51104	62668	47134

10-5 续表1

单位：万元

指　　标	Item	单位数(个) Enterprises (unit)
石油、煤炭及其他燃料加工业	Petroleum, Coal and Other Fuels Processing	15
化学原料和化学制品制造业	Raw Chemical Materials and Chemical Products	54
医药制造业	Medical and Pharmaceutical Products	9
化学纤维制造业	Chemical Fiber	
橡胶和塑料制品业	Rubber and Plastic Products	11
非金属矿物制品业	Nonmetal Mineral Products	61
黑色金属冶炼和压延加工业	Smelting and Pressing of Ferrous Metals	9
有色金属冶炼和压延加工业	Smelting and Pressing of Non-ferrous Metals	15
金属制品业	Metal Prodcuts	21
通用设备制造业	Ordinary Machinery Manufacturing	29
专用设备制造业	Special Purpose Equipment Manufacturing	75
汽车制造业	Automobile Manufacturing	10
铁路、船舶、航空航天和其他运输设备制造业	Railroad, Marine, Aviation and Other Transport Equipments Manufacturing	18
电气机械和器材制造业	Electrical Machinery and Equipment Manufacturing	23
计算机、通信和其他电子设备制造业	Computers, Telecommunication and Other Electronic Equipments Manufacturing	9
仪器仪表制造业	Equipments and Instruments Manufacturing	6
其他制造业	Other Manufacturing	9
废弃资源综合利用业	Comprehensive Utilization of Waste Resources	9
金属制品、机械和设备修理业	Metal Products, Machinery and Equipment Repair	16
电力、热力、燃气及水生产和供应业	Production and Supply of Electricity, Heat, Gas and Water	504
电力、热力生产和供应业	Production and Supply of Electricity and Heat	384
燃气生产和供应业	Production and Supply of Gas	79
水的生产和供应业	Production and Supply of Water	41

continued

(10 000 yuan)

#亏损企业 Loss-making Enterprises	资产总计 Total Assets	流动资产合计 Total Current Assets	负债合计 Total Liabilities	所有者权益合计 Total Creditors' Equity	营业收入 Business Revenue	营业成本 Business Cost
8	6640287	1110767	4263845	2376442	3041488	2889524
25	9936500	3190228	10632337	-695837	5013017	4654021
3	1139305	595945	609458	529846	701304	537865
4	254578	109058	221546	33032	141271	136871
21	3003527	1172637	2056034	947492	1222833	1028440
1	15558900	3723346	8624907	6933993	13251940	12533190
5	4628980	1513422	3199905	1429076	5866184	5293021
2	941633	527561	627697	313937	677804	585748
5	1913836	1240662	1333610	580226	764571	631391
11	7827136	5804685	5646272	2180864	3090270	2610450
4	397887	239353	245990	151896	197436	169053
2	3813086	2494302	2063814	1749271	1896886	1562782
8	3223584	1857163	2497221	726363	1576212	1369711
3	630625	360234	403945	226680	417126	335945
1	394165	224409	199753	194412	115210	85871
2	2743352	1867853	1952703	794193	1412923	1227000
3	2387124	1216354	1983041	404083	2524092	2459885
3	502932	411107	431320	71613	290861	270717
141	66852353	16463681	50387028	16465323	35909133	33599619
96	57566815	13374045	43658330	13908484	30630237	28646901
26	7243692	2619120	5640778	1602914	4878760	4596599
19	2041846	470516	1087920	953926	400137	356119

10-5 续表2

单位：万元

指　标	Item	税金及附加 Taxes and Extra Charges
总　计	**Total**	**7087861**
按工业行业大类分	Grouped by Sector	
采矿业	Mining	5894631
煤炭开采和洗选业	Coal Mining and Dressing	5798748
石油和天然气开采业	Petroleum and Natural Gas Extraction	47044
黑色金属矿采选业	Ferrous Metals Mining and Dressing	46464
有色金属矿采选业	Nonferrous Metals Mining and Dressing	2175
非金属矿采选业	Nonmetal Minerals Mining and Dressing	156
开采专业及辅助性活动	Petroleum, Coal and Other Fuels Processing	44
其他采矿业	Other Mining Industry	
制造业	Manufacturing	1026192
农副食品加工业	Farm Products Processing	59
食品制造业	Food Manufacturing	97
酒、饮料和精制茶制造业	Wine, Beverages and Refined Tea Manufacturing	475522
烟草制品业	Tobacoo Products Manufacturing	252577
纺织业	Textile Industry	440
纺织服装、服饰业	Textile, Wearing Apparel and Accessories	671
皮革、毛皮、羽毛及其制品和制鞋业	Leather, Fur, Feather and its products and Footwear	
木材加工和木、竹、藤、棕、草制品业	Timber Processing, Bamboo, Cane, Palm Fiber and Straw Products	
家具制造业	Furniture Manufacturing	
造纸和纸制品业	Paper Making and Paper Products	
印刷和记录媒介复制业	Printing and Record Medium Reproduction	526
文教、工美、体育和娱乐用品制造业	Culture, Education, Art and Crafts, Sport and Entertainment Products	

continued

(10 000 yuan)

销售费用 Costs of Sales	管理费用 Costs of Administration	财务费用 Costs of Finance	利润总额 Total Profits	亏损企业亏损总额 Total Loss of Lossmaking Enterprises	应交增值税 Value Added Taxes Payable	平均用工人数(万人) Average Employees (10 000 persons)
1224928	**8487674**	**5627147**	**25014187**	**5106781**	**9232890**	**107.46**
614788	6154007	3469732	23673081	2298961	6963436	70.25
589724	6039983	3425326	22796733	2226441	6782750	69.43
24945	61802	41444	539825	72283	112611	0.40
	42557	2315	329127		62787	0.16
9	7233	535	7242	238	4804	0.21
111	299	113	96		181	0.01
	2133		57		302	0.03
500316	1693377	826213	1240470	1412641	1475475	25.79
755	1513	300	−775	1283	95	0.03
2350	2428	−22	−328	698	844	0.07
38078	108415	−3430	797420	3980	166070	1.86
6909	40289	−6355	65015		47964	0.09
418	2981	1682	−1900	2000	509	0.14
1316	10720	305	−1377	3563	2797	0.21
2669	10213	900	1895	1048	1936	0.16

10-6 外商投资和港澳台投资工业企业主要财务指标(2022年)

单位：万元

指 标	Item	单位数(个) Enterprises (unit)	#亏损企业 Loss-making Enterprises
总 计	**Total**	**157**	**39**
按工业行业大类分	Grouped by Sector		
采矿业	Mining	17	1
煤炭开采和洗选业	Coal Mining and Dressing	12	
石油和天然气开采业	Petroleum and Natural Gas Extraction	5	1
黑色金属矿采选业	Ferrous Metals Mining and Dressing		
有色金属矿采选业	Nonferrous Metals Mining and Dressing		
非金属矿采选业	Nonmetal Minerals Mining and Dressing		
开采专业及辅助性活动	Mining Professional and Auxiliary Activities		
其他采矿业	Other Mining Industry		
制造业	Manufacturing	99	29
农副食品加工业	Farm Products Processing	4	2
食品制造业	Food Manufacturing	8	2
酒、饮料和精制茶制造业	Wine, Beverages and Refined Tea Manufacturing	12	2
烟草制品业	Tobacoo Products Manufacturing		
纺织业	Textile Industry	1	
纺织服装、服饰业	Textile, Wearing Apparel and Accessories		
皮革、毛皮、羽毛及其制品和制鞋业	Leather, Fur, Feather and its products and Footwear		
木材加工和木、竹、藤、棕、草制造业	Timber Processing, Bamboo, Cane, Palm Fiber and Straw Products		
家具制造业	Furniture Manufacturing		
造纸和纸制品业	Paper Making and Paper Products		
印刷和记录媒介复制业	Printing and Record Medium Reproduction		
文教、工美、体育和娱乐用品制造业	Culture, Education, Art and Crafts, Sport and Entertainment Products		

MAIN FINANCIAL INDICATORS OF INDUSTRIAL ENTERPRISES WITH HONG KONG, MACAO, TAIWAN AND FOREIGN FUNDS(2022)

(10 000 yuan)

资产总计 Total Assets	流动资产合计 Total Current Assets	负债合计 Total Liabilities	所有者权益合计 Total Creditors' Equity	营业收入 Business Revenue	营业成本 Business Cost
28019641	**16154070**	**16347694**	**11671945**	**20748400**	**17616157**
6821596	4068826	3014253	3807344	4346062	2283476
5447591	3372100	2214257	3233334	3973907	2115127
1374005	696727	799995	574010	372155	168350
14920942	10353118	9267249	5653692	13525233	12757575
156499	66073	118513	37987	237833	227712
483759	239693	210635	273124	464464	382034
267064	154349	132800	134264	256028	197566
11250	5828	3578	7672	2709	2449

10-6 续表1

单位：万元

指　标	Item	单位数(个) Enterprises (unit)
石油、煤炭及其他燃料加工业	Petroleum, Coal and Other Fuels Processing	4
化学原料和化学制品制造业	Raw Chemical Materials and Chemical Products	16
医药制造业	Medical and Pharmaceutical Products	2
化学纤维制造业	Chemical Fiber Manufacturing	
橡胶和塑料制品业	Rubber and Plastic Products	1
非金属矿物制品业	Nonmetal Mineral Products	8
黑色金属冶炼和压延加工业	Smelting and Pressing of Ferrous Metals	2
有色金属冶炼和压延加工业	Smelting and Pressing of Non-ferrous Metals	2
金属制品业	Metal Prodcuts	6
通用设备制造业	Ordinary Machinery Manufacturing	4
专用设备制造业	Special Purpose Equipment Manufacturing	9
汽车制造业	Automobile Manufacturing	4
铁路、船舶、航空航天和其他运输设备制造业	Railroad, Marine, Aviation and Other Transport Equipment Manufacturing	5
电气机械和器材制造业	Electrical Machinery and Equipment Manufacturing	3
计算机、通信和其他电子设备制造业	Computers, Telecommunication and Other Electronic Equipments Manufacturing	5
仪器仪表制造业	Equipments and Instruments Manufacturing	
其他制造业	Other Manufacturing	
废弃资源综合利用业	Comprehensive Utilization of Waste Resources	1
金属制品、机械和设备修理业	Metal products, Machinery and Equipment Repair	2
电力、热力、燃气及水生产和供应业	Production and Supply of Electricity, Heat, Gas and Water	41
电力、热力生产和供应业	Production and Supply of Electricity and Heat	29
燃气生产和供应业	Production and Supply of Gas	9
水的生产和供应业	Production and Supply of Water	3

continued

(10 000 yuan)

#亏损企业 Loss-making Enterprises	资产总计 Total Assets	流动资产合计 Total Current Assets	负债合计 Total Liabilities	所有者权益合计 Total Creditors' Equity	营业收入 Business Revenue	营业成本 Business Cost
3	2107395	1349665	1221123	886272	449890	435705
7	1510536	298404	1128768	381768	514403	403678
	154984	59630	35300	119684	51222	19636
1	44231	37672	17249	26981	11905	12150
	346780	125649	252993	93787	333687	284957
1	2879	2492	2166	713	8441	6725
	621918	169404	345098	276819	592313	483743
3	61609	32883	34730	26879	57887	47561
	53729	42361	16033	37696	60020	49764
1	162139	124433	98844	63295	152010	115064
2	28540	19537	23823	4717	18984	17696
1	440496	347614	218092	222404	181293	136085
1	681589	527925	333473	348116	303549	272117
2	7699402	6699048	5037713	2661690	9785290	9640955
	44548	13188	4762	39786	25746	7051
1	41596	37271	31557	10039	17559	14928
9	6277104	1732126	4066193	2210910	2877105	2575105
7	5570658	1444936	3661130	1909527	2521016	2302719
1	544542	252777	315345	229197	302950	238775
1	161903	34413	89717	72186	53138	33611

10-6 续表2

单位：万元

指 标	Item	税金及附加 Taxes and Extra Charges
总 计	**Total**	**281330**
按工业行业大类分	Grouped by Sector	
采矿业	Mining	210594
煤炭开采和洗选业	Coal Mining and Dressing	209719
石油和天然气开采业	Petroleum and Natural Gas Extraction	875
黑色金属矿采选业	Ferrous Metals Mining and Dressing	
有色金属矿采选业	Nonferrous Metals Mining and Dressing	
非金属矿采选业	Nonmetal Minerals Mining and Dressing	
开采专业及辅助性活动	Mining Professional and Auxiliary Activities	
其他采矿业	Other Mining Industry	
制造业	Manufacturing	52653
农副食品加工业	Farm Products Processing	443
食品制造业	Food Manufacturing	1470
酒、饮料和精制茶制造业	Wine, Beverages and Refined Tea Manufacturing	2099
烟草制品业	Tobacoo Products Manufacturing	
纺织业	Textile Industry	35
纺织服装、服饰业	Textile, Wearing Apparel and Accessories	
皮革、毛皮、羽毛及其制品和制鞋业	Leather, Fur, Feather and its products and Footwear	
木材加工和木、竹、藤、棕、草制造业	Timber Processing, Bamboo, Cane, Palm Fiber and Straw Products	
家具制造业	Furniture Manufacturing	
造纸和纸制品业	Paper Making and Paper Products	
印刷和记录媒介复制业	Printing and Record Medium Reproduction	
文教、工美、体育和娱乐用品制造业	Culture, Education, Art and Crafts, Sport and Entertainment Products	

continued

(10 000 yuan)

销售费用 Costs of Sales	管理费用 Costs of Administration	财务费用 Costs of Finance	利润总额 Total Profits	亏损企业亏损总额 Total Loss of Loss-making Enterprises	应交增值税 Value Added Taxes Payable	平均用工人数(万人) Average Employees (10 000 persons)
207835	**376459**	**126412**	**2170684**	**172971**	**448902**	**11.46**
61679	140162	5640	1682739	4507	280733	1.75
60437	96470	2847	1497687		278428	1.67
1242	43691	2793	185052	4507	2304	0.09
114884	200909	16188	320540	84078	98894	8.83
4754	3923	–210	1563	287	645	0.06
22775	25838	5319	27547	8712	3744	0.25
36315	6871	314	14145	4706	7805	0.23
44	133	8	41		62	0.01

10-6 续表3

单位：万元

指　　标	Item	税金及附加 Taxes and Extra Charges
石油、煤炭及其他燃料加工业	Petroleum, Coal and Other Fuels Processing	5163
化学原料和化学制品制造业	Raw Chemical Materials and Chemical Products	3150
医药制造业	Medical and Pharmaceutical Products	753
化学纤维制造业	Chemical Fiber Manufacturing	
橡胶和塑料制品业	Rubber and Plastic Products	28
非金属矿物制品业	Nonmetal Mineral Products	1403
黑色金属冶炼和压延加工业	Smelting and Pressing of Ferrous Metals	727
有色金属冶炼和压延加工业	Smelting and Pressing of Non-ferrous Metals	10264
金属制品业	Metal Prodcuts	248
通用设备制造业	Ordinary Machinery Manufacturing	233
专用设备制造业	Special Purpose Equipment Manufacturing	478
汽车制造业	Automobile Manufacturing	63
铁路、船舶、航空航天和其他运输设备制造业	Railroad, Marine, Aviation and Other Transport Equipment Manufacturing	1112
电气机械和器材制造业	Electrical Machinery and Equipment Manufacturing	787
计算机、通信和其他电子设备制造业	Computers, Telecommunication and Other Electronic Equipments Manufacturing	23824
仪器仪表制造业	Equipments and Instruments Manufacturing	
其他制造业	Other Manufacturing	
废弃资源综合利用业	Comprehensive Utilization of Waste Resources	303
金属制品、机械和设备修理业	Metal products, Machinery and Equipment Repair	69
电力、热力、燃气及水生产和供应业	Production and Supply of Electricity, Heat, Gas and Water	18083
电力、热力生产和供应业	Production and Supply of Electricity and Heat	16444
燃气生产和供应业	Production and Supply of Gas	748
水的生产和供应业	Production and Supply of Water	891

continued

(10 000 yuan)

销售费用 Costs of Sales	管理费用 Costs of Administration	财务费用 Costs of Finance	利润总额 Total Profits	亏损企业亏损总额 Total Loss of Loss-making Enterprises	应交增值税 Value Added Taxes Payable	平均用工人数(万人) Average Employees (10 000 persons)
6652	24808	-637	-14855	15476	4172	0.14
2412	34518	42864	23287	33449	27570	0.26
11728	2635	554	11579		2413	0.08
483	594	-725	-600	600	612	0.03
3497	9214	2353	32029		6742	0.15
244	528	52	165	126	429	
753	6288	6264	51096		16884	0.12
2063	1873	837	3624	914	1378	0.12
2194	2403	309	6046		1093	0.03
8021	6748	1302	14284	899	2464	0.12
389	1066	33	-280	589	212	0.05
3676	9138	2955	31536	2202	8219	0.10
6136	5512	2327	12822	510	8606	0.12
2167	49782	-47762	96703	14383	4704	6.94
417	7594	-59	10301		1779	0.01
165	1444	91	-492	1227	-641	0.02
31272	35388	104584	167406	84386	69275	0.88
	15552	100475	137066	82806	62731	0.54
30790	17177	510	17818	1300	3871	0.30
482	2659	3600	12522	280	2674	0.04

10-7 大中型工业企业主要财务指标(2022年)

单位：万元

指 标	Item	单位数(个) Enterprises (unit)	#亏损企业 Loss-making Enterprises
总 计	**Total**	**1232**	**323**
按工业行业大类分	Grouped by Sector		
采矿业	Mining	614	100
煤炭开采和洗选业	Coal Mining and Dressing	597	97
石油和天然气开采业	Petroleum and Natural Gas Extraction	3	
黑色金属矿采选业	Ferrous Metals Mining and Dressing	9	2
有色金属矿采选业	Nonferrous Metals Mining and Dressing	4	1
非金属矿采选业	Nonmetal Minerals Mining and Dressing		
开采专业及辅助性活动	Mining Professional and Auxiliary Activities	1	
其他采矿业	Other Mining Industry		
制造业	Manufacturing	523	173
农副食品加工业	Farm Products Processing	12	4
食品制造业	Food Manufacturing	16	1
酒、饮料和精制茶制造业	Wine, Beverages and Refined Tea Manufacturing	9	1
烟草制品业	Tobacoo Products Manufacturing	1	
纺织业	Textile Industry	2	
纺织服装、服饰业	Textile, Wearing Apparel and Accessories	4	1
皮革、毛皮、羽毛及其制品和制鞋业	Leather, Fur, Feather and its products and Footwear		
木材加工和木、竹、藤、棕、草制品业	Timber Processing, Bamboo, Cane, Palm Fiber and Straw Products		
家具制造业	Furniture Manufacturing		
造纸和纸制品业	Paper Making and Paper Products	1	
印刷和记录媒介复制业	Printing and Record Medium Reproduction	5	
文教、工美、体育和娱乐用品制造业	Culture, Education, Art and Crafts, Sport and Entertainment Products	1	

MAIN FINANCIAL INDICATORS OF LARGE AND MEDIUM-SIZED INDUSTRIAL ENTERPRISES(2022)

(10 000 yuan)

资产总计 Total Assets	流动资产合计 Total Current Assets	负债合计 Total Liabilities	所有者权益合计 Total Creditors' Equity	营业收入 Business Revenue	营业成本 Business Cost
477710691	**231583349**	**325537841**	**152176388**	**282710288**	**216733755**
295871967	151002531	199098224	96773739	119659686	66428923
289962789	148305426	196313685	93649100	117529869	65262410
2557090	1305905	907890	1649200	755596	401259
2844311	1251018	1462655	1381655	1195774	636868
434201	71383	344742	89459	150263	102412
73577	68800	69252	4326	28184	25974
145830186	71526661	100171808	45661921	136275919	124750879
872440	414014	639171	233269	1275608	1194904
935542	394008	462111	473431	876218	730883
3848925	2787322	2010278	1838647	2041886	814301
525305	378024	139877	385428	526693	165379
95223	68047	49303	45920	99895	90320
120399	82350	79750	40650	51203	36957
184702	60043	112782	71920	205707	197745
150533	51702	102157	48376	78591	60290
32147	21896	13754	18393	13452	10886

10–7 续表1

单位：万元

指　　标	Item	单位数(个) Enterprises (unit)
石油、煤炭及其他燃料加工业	Petroleum, Coal and Other Fuels Processing	75
化学原料和化学制品制造业	Raw Chemical Materials and Chemical Products	58
医药制造业	Medical and Pharmaceutical Products	28
化学纤维制造业	Chemical Fiber Manufacturing	
橡胶和塑料制品业	Rubber and Plastic Products	10
非金属矿物制品业	Nonmetal Mineral Products	64
黑色金属冶炼和压延加工业	Smelting and Pressing of Ferrous Metals	49
有色金属冶炼和压延加工业	Smelting and Pressing of Non–ferrous Metals	28
金属制品业	Metal Prodcuts	44
通用设备制造业	Ordinary Machinery Manufacturing	11
专用设备制造业	Special Purpose Equipment Manufacturing	31
汽车制造业	Automobile Manufacturing	14
铁路、船舶、航空航天和其他运输设备制造业	Railroad, Marine, Aviation and Other Transport Equipments Manufacturing	13
电气机械和器材制造业	Electrical Machinery and Equipment Manufacturing	10
计算机、通信和其他电子设备制造业	Computers, Telecommunication and Other Electronic Equipments Manufacturing	16
仪器仪表制造业	Equipments and Instruments Manufacturing	4
其他制造业	Other Manufacturing	7
废弃资源综合利用业	Comprehensive Utilization of Waste Resources	3
金属制品、机械和设备修理业	Metal Products, Machinery and Equipment Repair	7
电力、热力、燃气及水生产和供应业	Production and Supply of Electricity, Heat, Gas and Water	95
电力、热力生产和供应业	Production and Supply of Electricity and Heat	64
燃气生产和供应业	Production and Supply of Gas	18
水的生产和供应业	Production and Supply of Water	13

continued

(10 000 yuan)

#亏损企业 Loss-making Enterprises	资产总计 Total Assets	流动资产合计 Total Current Assets	负债合计 Total Liabilities	所有者权益合计 Total Creditors' Equity	营业收入 Business Revenue	营业成本 Business Cost
42	33345435	14101540	24163230	9182204	33264819	31282883
24	13884722	4637774	12852285	1032437	8381885	7625756
5	3565597	2012340	1384826	2180770	1828679	1122865
6	437840	188139	313827	124013	234970	221646
18	4134200	1941746	2796619	1337581	2577622	2023522
24	35877391	13154899	23079602	12797789	40626439	37957566
9	9228432	3849869	5951829	3276604	10367581	9502820
12	2456475	1458660	1531726	924750	3864051	3619856
1	1598606	1004498	1062096	536509	698635	586631
6	7144870	5274018	5079117	2065754	2810829	2342225
6	3863542	2486426	2812903	1050639	4038703	4194635
3	3494576	2290135	2052799	1441778	1816102	1482137
4	3378620	2047809	2433069	945551	1796450	1578417
1	11087582	9314585	6995048	4092534	15022823	14448280
1	440401	271194	199414	240987	136677	99528
2	2696465	1830295	1914270	785739	1403246	1218902
	1992377	1040250	1604630	387747	1977818	1911550
2	437839	365078	335336	102503	259337	229995
50	36008538	9054157	26267809	9740728	26774683	25553952
31	29440516	6873631	21509181	7931336	24319569	23268388
8	5225897	1826723	4046361	1179536	2187141	2027462
11	1342124	353803	712267	629857	267974	258102

10–7 续表2

单位：万元

指　标	Item	税金及附加 Tax and Extra Charges
总　计	**Total**	**8885076**
按工业行业大类分	Grouped by Sector	
采矿业	Mining	7484337
煤炭开采和洗选业	Coal Mining and Dressing	7410184
石油和天然气开采业	Petroleum and Natural Gas Extraction	10216
黑色金属矿采选业	Ferrous Metals Mining and Dressing	59621
有色金属矿采选业	Nonferrous Metals Mining and Dressing	4271
非金属矿采选业	Nonmetal Minerals Mining and Dressing	
开采专业及辅助性活动	Mining Professional and Auxiliary Activities	44
其他采矿业	Other Mining Industry	
制造业	Manufacturing	1280780
农副食品加工业	Farm Products Processing	1975
食品制造业	Food Manufacturing	4693
酒、饮料和精制茶制造业	Wine, Beverages and Refined Tea Manufacturing	471074
烟草制品业	Tobacoo Products Manufacturing	252577
纺织业	Textile Industry	289
纺织服装、服饰业	Textile, Wearing Apparel and Accessories	512
皮革、毛皮、羽毛及其制品和制鞋业	Leather, Fur, Feather and its products and Footwear	
木材加工和木、竹、藤、棕、草制品业	Timber Processing, Bamboo, Cane, Palm Fiber and Straw Products	
家具制造业	Furniture Manufacturing	
造纸和纸制品业	Paper Making and Paper Products	2791
印刷和记录媒介复制业	Printing and Record Medium Reproduction	731
文教、工美、体育和娱乐用品制造业	Culture, Education, Art and Crafts, Sport and Entertainment Products	252

continued

(10 000 yuan)

销售费用 Costs of Sales	管理费用 Costs of Administration	财务费用 Costs of Finance	利润总额 Total Profits	亏损企业亏损总额 Total Loss of Loss-making Enterprises	应交增值税 Value Added Taxes Payable	平均用工人数(万人) Average Employees (10 000 persons)
2558860	**10926604**	**5710056**	**34892362**	**5909032**	**11647555**	**159.56**
794124	7515974	3607887	32507101	2055804	8878429	86.12
783256	7390861	3580733	31838436	2051030	8758949	84.81
730	32376	4213	289804		33736	0.23
8972	77139	18576	359361	3109	81188	0.73
1166	13465	4365	19444	1665	4254	0.31
	2133		57		302	0.03
1667815	2931864	1538935	2506967	2994114	2260861	63.72
10944	26839	14559	20110	5549	3560	1.12
40877	33180	7781	56726	305	20214	0.97
65689	110150	−2751	782098	3241	163447	1.99
6909	40289	−6355	65015		47964	0.09
2179	3832	−883	2155		514	0.18
4915	4847	681	3722	3563	1742	0.19
9406	7324	−270	1111		17655	0.05
2592	9181	779	3607		3379	0.21
824	746	83	74		864	0.04

10-7 续表3

单位：万元

指　标	Item	税金及附加 Tax and Extra Charges
石油、煤炭及其他燃料加工业	Petroleum, Coal and Other Fuels Processing	144877
化学原料和化学制品制造业	Raw Chemical Materials and Chemical Products	39361
医药制造业	Medical and Pharmaceutical Products	16965
化学纤维制造业	Chemical Fiber Manufacturing	
橡胶和塑料制品业	Rubber and Plastic Products	1693
非金属矿物制品业	Nonmetal Mineral Products	18329
黑色金属冶炼和压延加工业	Smelting and Pressing of Ferrous Metals	138683
有色金属冶炼和压延加工业	Smelting and Pressing of Non-ferrous Metals	63455
金属制品业	Metal Prodcuts	7701
通用设备制造业	Ordinary Machinery Manufacturing	4937
专用设备制造业	Special Purpose Equipment Manufacturing	15951
汽车制造业	Automobile Manufacturing	9044
铁路、船舶、航空航天和其他运输设备制造业	Railroad, Marine, Aviation and Other Transport Equipments Manufacturing	10432
电气机械和器材制造业	Electrical Machinery and Equipment Manufacturing	6178
计算机、通信和其他电子设备制造业	Computers, Telecommunication and Other Electronic Equipments Manufacturing	32764
仪器仪表制造业	Equipments and Instruments Manufacturing	970
其他制造业	Other Manufacturing	7602
废弃资源综合利用业	Comprehensive Utilization of Waste Resources	24902
金属制品、机械和设备修理业	Metal Products, Machinery and Equipment Repair	2042
电力、热力、燃气及水生产和供应业	Production and Supply of Electricity, Heat, Gas and Water	119959
电力、热力生产和供应业	Production and Supply of Electricity and Heat	109432
燃气生产和供应业	Production and Supply of Gas	5638
水的生产和供应业	Production and Supply of Water	4889

continued

(10 000 yuan)

销售费用 Costs of Sales	管理费用 Costs of Administration	财务费用 Costs of Finance	利润总额 Total Profits	亏损企业亏损总额 Total Loss of Loss-making Enterprises	应交增值税 Value Added Taxes Payable	平均用工人数(万人) Average Employees (10 000 persons)
341122	577967	429411	651403	774785	469908	8.07
136128	360519	373076	-415107	799744	174147	5.27
419376	132031	9436	94894	37659	69182	2.34
11933	13299	1477	-21842	22339	-2801	0.50
71793	114816	50749	236453	65253	86692	3.13
249401	615901	402130	459638	533858	418380	10.81
71590	154798	164755	157637	168361	197462	3.29
37287	68465	16318	68112	43272	39537	2.62
11145	52715	13710	-7068	23669	18696	1.12
57090	143532	77707	66583	27744	81178	2.80
30037	79854	6550	-345762	403946	11122	1.68
21399	94586	12511	141526	4267	55525	1.78
28329	78222	17337	26954	36916	58030	1.30
26384	88809	-48786	344460	9254	43193	11.49
6360	9261	1139	10344	75	5334	0.13
2615	84103	-8126	75007	10261	56647	1.22
749	4926	5990	33583		200434	0.64
742	21670	-71	-4466	20054	18858	0.70
96921	478767	563235	-121706	859113	508265	9.72
19509	362944	472541	-22128	696590	474368	7.56
59789	63989	83086	-42258	101490	25888	1.20
17624	51833	7607	-57320	61033	8009	0.96

10-8 工业企业主要效益指标(2022年)
MAIN BENEFIT INDICATORS OF INDUSTRIAL ENTERPRISES(2022)

单位：%　　(%)

指　　标	Item	亏损面 Range of Deficits	资产负债率 Ratio of Debts to Assets	营业收入利润率 Ratio of Profits to Business Revenue
总　计	**Total**	**29.4**	**69.5**	**10.02**
一、按登记注册类型分	Grouped by Registered Kind			
内资企业	Civil Funded Enterprises	29.5	70.0	10.00
国有企业	State-owned Enterprises	26.7	78.4	1.97
集体企业	Collective-owned Enterprises	33.3	58.2	20.11
股份合作企业	Share Holding Cooperative Enterprises		23.1	3.70
联营企业	Joint Owned Enterprises			
有限责任公司	Limited Liability Corporations	27.7	72.0	12.54
国有独资公司	State Sole Funed Corporations	30.5	72.2	4.53
其他有限责任公司	Other Limited Liability Corporations	27.4	72.0	13.84
股份有限公司	Share Holding Limited Corporations	22.8	52.8	17.85
私营企业	Private Enterprises	30.4	71.0	3.83
私营独资企业	Private-funed Enterprises	35.6	86.9	1.50
私营合伙企业	Private Partnership Enterprises	25.0	60.3	10.35
私营有限责任公司	Private Limited Liability Corporations	31.4	72.5	3.96
私营股份有限公司	Private Share Holding Limited Corporations	19.2	55.0	2.78
其他企业	Others		70.9	1.53
港、澳、台商投资企业	Enterprises Funded by Hong Kong, Macao and Taiwan	23.8	68.4	2.75
合资经营企业(港或澳、台资)	Joint Venture Enterprises	25.0	70.3	1.94
合作经营企业(港或澳、台资)	Cooperative Enterprises			
港澳台商独资企业	Solely Owned Enterprises	21.4	62.9	11.49
港澳台商投资股份有限公司	Share Holding Limited Corporations	33.3	46.2	5.86
其他港澳台商独资企业	Others			
外商投资企业	Foreign Funded Enterprises	25.5	50.3	22.24
中外合资经营企业	Joint Venture Enterprises	26.2	56.1	17.88
中外合作经营企业	Cooperative Enterprises	20.0	29.0	53.80
外资企业	Solely Owned Enterprises	25.9	51.8	7.64
外商投资股份有限公司	Share Holding Limited Corporations		46.4	2.27
其他外商投资企业	Others			

10-8 续表1 continued

单位：% (%)

指 标	Item	亏损面 Range of Deficits	资产负债率 Ratio of Debts to Assets	营业收入利润率 Ratio of Profits to Business Revenue
二、在总计中:亏损企业	Of the Total: Loss-making Enterprises	100.0	94.5	-9.30
在总计中:国有控股企业	Of the Total: State-Controlled Share Holding Enterprises	25.6	71.8	14.00
在总计中:轻工业	Of the Total: Light Industry	29.7	55.0	8.28
重工业	Heavy Industry	29.4	70.0	10.09
在总计中:大型企业	Of the Total: Large Enterprises	20.1	67.9	12.00
中型企业	Medium-sized Enterprises	28.5	68.8	13.12
小型企业	Small Enterprises	29.3	72.0	4.03
微型企业	Microenterprises	32.3	82.9	3.21
三、按工业行业大类分	Grouped by Sector			
采矿业	Mining	28.1	68.7	20.75
煤炭开采和洗选业	Coal Mining and Dressing	26.0	69.1	20.75
石油和天然气开采业	Petroleum and Natural Gas Extraction	30.0	52.1	28.38
黑色金属矿采选业	Ferrous Metals Mining and Dressing	44.0	64.0	16.73
有色金属矿采选业	Nonferrous Metals Mining and Dressing	30.0	82.4	8.46
非金属矿采选业	Nonmetal Minerals Mining and Dressing	38.3	70.9	-1.43
开采专业及辅助性活动	Mining Professional and Auxiliary Activities		91.6	3.41
其他采矿业	Other Mining Industry			
制造业	Manufacturing	29.4	68.4	1.90
农副食品加工业	Farm Products Processing	32.5	71.0	0.71
食品制造业	Food Manufacturing	24.7	50.0	5.38
酒、饮料和精制茶制造业	Wine, Beverages and Refined Tea Manufacturing	27.9	51.4	31.54
烟草制品业	Tobacoo Products Manufacturing		26.6	12.34
纺织业	Textile Industry	45.5	59.2	0.68
纺织服装、服饰业	Textile,Wearing Apparel and Accessories	15.0	67.7	4.89
皮革、毛皮、羽毛及其制品和制鞋业	Leather, Fur, Feather and Related Products and Footwear		77.9	4.69
木材加工和木、竹、藤、棕、草制品业	Timber Processing, Bamboo, Cane, Palm Fiber and Straw Products	47.6	86.7	-0.56

10-9 续表 continued

单位：%　　(%)

指　标	Item	亏损面 Range of Deficits	资产负债率 Ratio of Debts to Assets	营业收入利润率 Ratio of Profits to Business Revenue
石油、煤炭及其他燃料加工业	Petroleum, Coal and Other Fuels Processing	53.3	64.2	1.99
化学原料和化学制品制造业	Raw Chemical Materials and Chemical Products	46.3	107.0	-11.47
医药制造业	Medical and Pharmaceutical Products	33.3	53.5	0.17
化学纤维制造业	Chemical Fiber			
橡胶和塑料制品业	Rubber and Plastic Products	36.4	87.0	-12.25
非金属矿物制品业	Nonmetal Mineral Products	34.4	68.5	0.04
黑色金属冶炼和压延加工业	Smelting and Pressing of Ferrous Metals	11.1	55.4	3.02
有色金属冶炼和压延加工业	Smelting and Pressing of Non-ferrous Metals	33.3	69.1	2.53
金属制品业	Metal Prodcuts	9.5	66.7	5.84
通用设备制造业	Ordinary Machinery Manufacturing	17.2	69.7	-0.31
专用设备制造业	Special Purpose Equipment Manufacturing	14.7	72.1	1.89
汽车制造业	Automobile Manufacturing	40.0	61.8	-2.57
铁路、船舶、航空航天和其他运输设备制造业	Railroad, Marine, Aviation and Other Transport Equipments Manufacturing	11.1	54.1	7.37
电气机械和器材制造业	Electrical Machinery and Equipment Manufacturing	34.8	77.5	1.51
计算机、通信和其他电子设备制造业	Computers, Telecommunication and Other Electronic Equipments Manufacturing	33.3	64.1	2.21
仪器仪表制造业	Equipments and Instruments Manufacturing	16.7	50.7	5.48
其他制造业	Other Manufacturing	22.2	71.2	5.32
废弃资源综合利用业	Comprehensive Utilization of Waste Resources	33.3	83.1	1.25
金属制品、机械和设备修理业	Metal Products, Machinery and Equipment Repair	18.8	85.8	-4.97
电力、热力、燃气及水生产和供应业	Production and Supply of Electricity, Heat, Gas and Water	28.0	75.4	0.28
电力、热力生产和供应业	Production and Supply of Electricity and Heat	25.0	75.8	0.50
燃气生产和供应业	Production and Supply of Gas	32.9	77.9	-0.06
水的生产和供应业	Production and Supply of Water	46.3	53.3	-12.60

10-10 外商投资和港澳台投资工业企业主要效益指标(2022年)

MAIN BENEFIT INDICATORS OF INDUSTRIAL ENTERPRISES WITH HONG KONG, MACAO, TAIWAN AND FOREIGN FUNDS(2022)

单位：%　　(%)

指　标	Item	亏损面 Range of Deficits	资产负债率 Ratio of Debts to Assets	营业收入利润率 Ratio of Profits to Business Revenue
总　计	**Total**	**24.8**	**58.3**	**10.46**
按工业行业大类分	Grouped by sector			
采矿业	Mining	5.9	44.2	38.72
煤炭开采和洗选业	Coal Mining and Dressing		40.7	37.69
石油和天然气开采业	Petroleum and Natural Gas Extraction	20.0	58.2	49.72
黑色金属矿采选业	Ferrous Metals Mining and Dressing			
有色金属矿采选业	Nonferrous Metals Mining and Dressing			
非金属矿采选业	Nonmetal Minerals Mining and Dressing			
开采专业及辅助性活动	Mining Professional and Auxiliary Activities			
其他采矿业	Other Mining Industry			
制造业	Manufacturing	29.3	62.1	2.37
农副食品加工业	Farm Products Processing	50.0	75.7	0.66
食品制造业	Food Manufacturing	25.0	43.5	5.93
酒、饮料和精制茶制造业	Wine, Beverages and Refined Tea Manufacturing	16.7	49.7	5.52
烟草制品业	Tobacoo Products Manufacturing			
纺织业	Textile Industry		31.8	1.50
纺织服装、服饰业	Textile, Wearing Apparel and Accessories			
皮革、毛皮、羽毛及其制品和制鞋业	Leather, Fur, Feather and Related Products and Footwear			
木材加工和木、竹、藤、棕、草制品业	Timber Processing, Bamboo, Cane, Palm Fiber and Straw Products			
家具制造业	Furniture Manufacturing			
造纸和纸制品业	Paper Making and Paper Products			
印刷和记录媒介复制业	Printing and Record Medium Reproduction			
文教、工美、体育和娱乐用品制造业	Culture, Education, Art and Crafts, Sport and Entertainment Products			

10-10 续表 continued

单位：% (%)

指　标	Item	亏损面 Range of Deficits	资产负债率 Ratio of Debts to Assets	营业收入利润率 Ratio of Profits to Business Revenue
石油、煤炭及其他燃料加工业	Petroleum, Coal and Other Fuels Processing	75.0	57.9	-3.30
化学原料和化学制品制造业	Raw Chemical Materials and Chemical Products	43.8	74.7	4.53
医药制造业	Medical and Pharmaceutical Products		22.8	22.61
化学纤维制造业	Chemical Fiber Manufacturing			
橡胶和塑料制品业	Rubber and Plastic Products	100.0	39.0	-5.04
非金属矿物制品业	Nonmetal Mineral Products		73.0	9.60
黑色金属冶炼和压延加工业	Smelting and Pressing of Ferrous Metals	50.0	75.2	1.95
有色金属冶炼和压延加工业	Smelting and Pressing of Non-ferrous Metals		55.5	8.63
金属制品业	Metal Prodcuts	50.0	56.4	6.26
通用设备制造业	Ordinary Machinery Manufacturing		29.8	10.07
专用设备制造业	Special Purpose Equipment Manufacturing	11.1	61.0	9.40
汽车制造业	Automobile Manufacturing	50.0	83.5	-1.48
铁路、船舶、航空航天和其他运输设备制造业	Railroad, Marine, Aviation and Other Transport Equipment Manufacturing	20.0	49.5	17.39
电气机械和器材制造业	Electrical Machinery and Equipment Manufacturing	33.3	48.9	4.22
计算机、通信和其他电子设备制造业	Computers, Telecommunication and Other Electronic Equipments Manufacturing	40.0	65.4	0.99
仪器仪表制造业	Equipments and Instruments Manufacturing			
其他制造业	Other Manufacturing			
废弃资源综合利用业	Comprehensive Utilization of Waste Resources		10.7	40.01
金属制品、机械和设备修理业	Metal products, Machinery and Equipment Repair	50.0	75.9	-2.80
电力、热力、燃气及水生产和供应业	Production and Supply of Electricity, Heat, Gas and Water	22.0	64.8	5.82
电力、热力生产和供应业	Production and Supply of Electricity and Heat	24.1	65.7	5.44
燃气生产和供应业	Production and Supply of Gas	11.1	57.9	5.88
水的生产和供应业	Production and Supply of Water	33.3	55.4	23.57

10-11 大中型工业企业主要效益指标(2022年)

MAIN BENEFIT INDICATORS OF LARGE AND MEDIUM-SIZED INDUSTRIAL ENTERPRISES(2022)

单位：% (%)

指 标	Item	亏损面 Range of Deficits	资产负债率 Ratio of Debts to Assets	营业收入利润率 Ratio of Profits to Business Revenue
总 计	**Total**	**26.2**	**68.2**	**12.34**
按工业行业大类分	Grouped by Sector			
采矿业	Mining	16.3	67.3	27.17
煤炭开采和洗选业	Coal Mining and Dressing	16.2	67.7	27.09
石油和天然气开采业	Petroleum and Natural Gas Extraction		35.5	38.35
黑色金属矿采选业	Ferrous Metals Mining and Dressing	22.2	51.4	30.05
有色金属矿采选业	Nonferrous Metals Mining and Dressing	25.0	79.4	12.94
非金属矿采选业	Nonmetal Minerals Mining and Dressing			
开采专业及辅助性活动	Mining Professional and Auxiliary Activities		94.1	0.20
其他采矿业	Other Mining Industry			
制造业	Manufacturing	33.1	68.7	1.84
农副食品加工业	Farm Products Processing	33.3	73.3	1.58
食品制造业	Food Manufacturing	6.3	49.4	6.47
酒、饮料和精制茶制造业	Wine, Beverages and Refined Tea Manufacturing	11.1	52.2	38.30
烟草制品业	Tobacoo Products Manufacturing		26.6	12.34
纺织业	Textile Industry		51.8	2.16
纺织服装、服饰业	Textile,Wearing Apparel and Accessories	25.0	66.2	7.27
皮革、毛皮、羽毛及其制品和制鞋业	Leather, Fur, Feather and its products and Footwear			
木材加工和木、竹、藤、棕、草制品业	Timber Processing, Bamboo, Cane, Palm Fiber and Straw Products			
家具制造业	Furniture Manufacturing			
造纸和纸制品业	Paper Making and Paper Products		61.1	0.54
印刷和记录媒介复制业	Printing and Record Medium Reproduction		67.9	4.59
文教、工美、体育和娱乐用品制造业	Culture, Education, Art and Crafts, Sport and Entertainment Products		42.8	0.55

10-11 续表 continued

单位：%　　　　(%)

指　　标	Item	亏损面 Range of Deficits	资产负债率 Ratio of Debts to Assets	营业收入利润率 Ratio of Profits to Business Revenue
石油、煤炭及其他燃料加工业	Petroleum, Coal and Other Fuels Processing	56.0	72.5	1.96
化学原料和化学制品制造业	Raw Chemical Materials and Chemical Products	41.4	92.6	-4.95
医药制造业	Medical and Pharmaceutical Products	17.9	38.8	5.19
化学纤维制造业	Chemical Fiber Manufacturing			
橡胶和塑料制品业	Rubber and Plastic Products	60.0	71.7	-9.30
非金属矿物制品业	Nonmetal Mineral Products	28.1	67.7	9.17
黑色金属冶炼和压延加工业	Smelting and Pressing of Ferrous Metals	49.0	64.3	1.13
有色金属冶炼和压延加工业	Smelting and Pressing of Non-ferrous Metals	32.1	64.5	1.52
金属制品业	Metal Prodcuts	27.3	62.4	1.76
通用设备制造业	Ordinary Machinery Manufacturing	9.1	66.4	-1.01
专用设备制造业	Special Purpose Equipment Manufacturing	19.4	71.1	2.37
汽车制造业	Automobile Manufacturing	42.9	72.8	-8.56
铁路、船舶、航空航天和其他运输设备制造业	Railroad, Marine, Aviation and Other Transport Equipments Manufacturing	23.1	58.7	7.79
电气机械和器材制造业	Electrical Machinery and Equipment Manufacturing	40.0	72.0	1.50
计算机、通信和其他电子设备制造业	Computers, Telecommunication and Other Electronic Equipments Manufacturing	6.3	63.1	2.29
仪器仪表制造业	Equipments and Instruments Manufacturing	25.0	45.3	7.57
其他制造业	Other Manufacturing	28.6	71.0	5.35
废弃资源综合利用业	Comprehensive Utilization of Waste Resources		80.5	1.70
金属制品、机械和设备修理业	Metal products, Machinery and Equipment Repair	28.6	76.6	-1.72
电力、热力、燃气及水生产和供应业	Production and Supply of Electricity, Heat, Gas and Water	52.6	73.0	-0.45
电力、热力生产和供应业	Production and Supply of Electricity and Heat	48.4	73.1	-0.09
燃气生产和供应业	Production and Supply of Gas	44.4	77.4	-1.93
水的生产和供应业	Production and Supply of Water	84.6	53.1	-21.39

主要统计指标解释

工业 指从事自然资源的开采，对采掘品和农产品进行加工和再加工的物质生产部门。具体包括：(1)对自然资源的开采，如采矿、晒盐等（但不包括禽兽捕猎和水产捕捞）；(2)对农副产品的加工、再加工，如粮油加工、食品加工、缫丝、纺织、制革等；(3)对采掘品的加工、再加工，如炼铁、炼钢、化工生产、石油加工、机器制造、木材加工等，以及电力、燃气及水的生产和供应等；(4)对工业品的修理、翻新，如机器设备的修理等。

工业统计调查单位为工业法人单位。

工业法人单位指从事工业生产经营活动的法人单位。工业法人单位应同时具备以下条件：①依法成立，有自己的名称、组织机构和场所，能够独立承担民事责任；②独立拥有（或授权）使用资产，承担负债，有权与其他单位签订合同；③具有包括资产负债表在内的帐户，或者能够根据需要编制帐户。

企业（单位）登记注册类型 是以在工商行政管理机关登记注册的各类企业为划分对象，以工商行政管理部门对企业登记注册的类型为依据，将企业登记注册类型分为内资企业、港澳台商投资企业和外商投资企业三大类。内资企业包括国有企业、集体企业、股份合作企业、联营企业、有限责任公司、股份有限公司、私营企业和其他企业；港澳台商投资企业和外商投资企业分别包括合资经营企业、合作经营企业、独资经营企业和股份有限公司等。对不在工商行政管理部门进行登记注册的行政机关、事业单位和社会团体，主要按其经费来源和管理方式进行划分。

国有企业 指企业全部资产归国家所有，并按《中华人民共和国企业法人登记管理条例》规定登记注册的非公司制的经济组织。不包括有限责任公司中的国有独资公司。

集体企业 指企业资产归集体所有，并按《中华人民共和国企业法人登记管理条例》规定登记注册的经济组织。

股份合作企业 指以合作制为基础，由企业职工共同出资入股，吸收一定比例的社会资产投资组建，实行自主经营，自负盈亏，共同劳动，民主管理，按劳分配与按股分红相结合的一种集体经济组织。

联营企业 指两个及两个以上相同或不同所有制性质的企业法人或事业单位法人，按自愿、平等、互利的原则，共同投资组成的经济组织。联营企业包括国有联营企业、集体联营企业、国有与集体联营企业和其他联营企业。

有限责任公司 指根据《中华人民共和国公司登记管理条例》规定登记注册，由两个以上、五十个以下的股东共同出资，每个股东以其所认缴的出资额对公司承担有限责任，公司以其全部资产对其债务承担责任的经济组织。有限责任公司包括国有独资公司以及其他有限责任公司。

股份有限公司 指根据《中华人民共和国公司登记管理条例》规定登记注册，其全部注册资本由等额股份构成并通过发行股票筹集资本，股东以其认购的股份对公司承担有限责任，公司以其全部资产对其债务承担责任的经济组织。

私营企业 指由自然人投资设立或由自然人控股，以雇佣劳动为基础的营利性经济组织。包括按照《公司法》《合伙企业法》《私营企业暂行条例》规定登记注册的私营有限责任公司、私营股份有限公司、私营合伙企业和私营独资企业。

其他企业 指上述企业之外的其他内资经济组织。

合资经营企业（港或澳、台资） 指港澳台地区投资者与内地企业依照《中华人民共和国中外合资经营企业法》及有关法律的规定，按合同规定的比例投资设立、分享利润和分担风险的企业。

合作经营企业（港或澳、台资） 指港澳台地区投资者与内地企业依照《中华人民共和国中外合作经营企业法》及有关法律的规定，依照合作合同的约定进行投资或提供条件设立、分配利润和分担风险的企业。

港澳台商独资经营企业 指依照《中华人民共和国外资企业法》及有关法律的规定，在内地由港澳台地区投资者全额投资设立的企业。

港澳台商投资股份有限公司 指根据国家有关规定，经原外经贸部依法批准设立，其中港、澳、台商的股本占公司注册资本的比例达25%以上的股份有限公司。凡其中港、澳、台商的股本占公司注册资本的比例小于25%的，属于内资企业中的股份有限公司。

其他港澳台商投资企业 指在中国境内参照《外国企业或个人在中国境内设立合伙企业管理办法》和《外商投资合伙企业登记管理规定》，依法设立的港、澳、台商投资合伙企业等。

中外合资经营企业 指外国企业或外国人与中国内地企业依照《中华人民共和国中外合资经营企业法》及有关法律的规定，按合同规定的比例投资设立、分享利润和分担风险的企业。

中外合作经营企业 指外国企业或外国人与中国内地企业依照《中华人民共和国中外合作经营企业法》及有关法律的规定，依照合作合同的约定进行投资或提供条件设立、分配利润和分担风险的企业。

外资企业 指依照《中华人民共和国外资企业法》及有关法律的规定，在中国内地由外国投资者全额投资设立的企业。

外商投资股份有限公司 指根据国家有关规定，经原外经贸部依法批准设立，其中外资的股本占公司注册资本的比例达25% 以上的股份有限公司。凡其中外资股本占公司注册资本的比例小于 25%的，属于内资企业中的股份有限公司。

其他外商投资企业 指在中国境内依照《外国企业或个人在中国境内设立合伙企业管理办法》和《外商投资合伙企业登记管理规定》，依法设立的外商投资合伙企业等。

国有控股企业 即原来的国有及国有控股企业，根据企业实收资本中国有经济成分的出资人的实际投资情况，或国有经济成分的出资人对企业资产的实际控制、支配程度进行分类。以下情况为国有控股：(1)在企业的全部实收资本中，国有经济成分的出资人拥有的实收资本（股本）所占企业全部实收资本（股本）的比例大于 50%的国有绝对控股。(2)在企业的全部实收资本中，国有经济成分的出资人拥有的实收资本（股本）所占比例虽未大于 50%，但相对大于其他任何一方经济成分的出资人所占比例的国有相对控股；或者虽不大于其他经济成分，但根据协议规定拥有企业实际控制权的国有协议控股。(3)投资双方各占 50%，且未明确由谁绝对控股的企业，若其中一方为国有经济成分的，一律按国有控股处理。

轻工业 主要提供生活消费品和制作手工工具的工业。按其所使用的原料不同，可分为两大类：(1)以农产品为原料的轻工业，是指直接或间接以农产品为基本原料的轻工业。主要包括食品制造、饮料制造、烟草加工、纺织、缝纫、皮革和毛皮制作、造纸以及印刷等工业；(2)以非农产品为原料的轻工业，是指以工业品为原料的轻工业。主要包括文教体育用品、化学药品制造、合成纤维制造、日用化学制品、日用玻璃制品、日用金属制品、手工工具制造、医疗器械制造、文化和办公用机械制造等工业。

重工业 指为国民经济各部门提供物质技术基础的主要生产资料的工业。按其生产性质和产品用途，可以分为下列三类：(1)采掘工业，是指对自然资源的开采，包括石油开采、煤炭开采、金属矿开采、非金属矿开采和木材采伐等工业；(2)原材料工业，指向国民经济各部门提供基本材料、动力和燃料的工业。包括金属冶炼及加工、炼焦及焦炭、化学、化工原料、水泥、人造板以及电力、石油和煤炭加工等工业；(3)加工工业，是指对工业原材料进行再加工制造的工业。包括装备国民经济各部门的机械设备制造工业、金属结构、水泥制品等工业，以及为农业提供的生产资料如化肥、农药等工业。

根据上述划分原则，修理业中以重工业产品为修理作业对象的划为重工业，反之划为轻工业。从 2003 年起轻、重工业内部不再细划分。

资产总计 指企业过去的交易或者事项形成的、由企业拥有或者控制的、预期会给企业带来经济利益的资源。资产一般按流动性（资产的变现或耗用时间长短）分为流动资产和非流动资产。其中流动资产可分为货币资金、交易性金融资产、应收票据、应收账款、预付款项、其他应收款、存货等；非流动资产可分为长期股权投资、固定资产、无形资产及其他非流动资产等。

流动资产合计 资产满足以下条件之一应归为流动资产：(1)预计在一个正常营业周期中变现、出售或耗用，主要包括存货、应收账款等；(2)主要为交易目的而持有；(3)预计在资产负债表日起一年内（含一年）变现；(4)自资产负债日起一年内，交换其他资产或清偿负债的能力不受限制的现金或现金等价物。包括货币资金、应收票据、应收账款、存货等项目。

负债合计 指企业过去的交易或者事项形成的，预期会导致经济利益流出企业的现时义务。负债一般按偿还期长短分为流动负债和非流动负债。

所有者权益合计 指企业资产扣除负债后由所有者享有的剩余权益。公司的所有者权益又称股东权益。包括实收资本、资本公积、盈余公积、未分配利润等。

营业收入 指企业从事销售商品、提供劳务和让渡资产使用权等生产经营活动形成的经济利益流入。

营业成本 指企业从事销售商品、提供劳务和让渡资产使用权等生产经营活动发生的实际成本。

税金及附加 指企业因从事生产经营活动按税法规定应缴纳的消费税、城市维护建设税、资源税、环境保护税、教育费附加及房产税、土地使用税、车船使用税、印花税等相关税费。

销售费用 指企业在销售商品和材料、提供劳务的过程中发生的各种费用，包括保险费、包装费、展览费和广告费、商品维修费、预计产品质量保证损失、运输费、装卸费等以及为销售本企业商品而专设的销售机构（含销售网点、售后服务网点等）的职工薪酬、业务费、折旧费等经营费用。

管理费用 指企业为组织和管理企业生产经营所发生的费用，包括企业在筹建期间内发生的开办费、董事会和行政管理部门在企业经营管理中发生的，或者应当由企业统一负担的公司经费等。

财务费用 指企业为筹集生产经营所需资金等而发生的筹资费用，包括企业生产经营期间发生的利息支出（减利息收入）、汇兑损失（减汇兑收益）以及相关的手续费等。

利润总额 指企业在一定会计期间的经营成果，是生产经营过程中各种收入扣除各种耗费后的盈余，反映企业在报告期内实现的盈亏总额。利润总额为营业利润加上营业外收入，减去营业外支出后的金额。

应交增值税 指按照税法规定，以销售货物、服务、无形资产、不动产或提供加工、修理修配劳务的增值额和货物进口金额为计税依据而课征的一种流转税。

平均用工人数 指报告期企业平均实际拥有的、参与本企业生产经营活动的人员数。

亏损面 指亏损企业单位数占全部工业企业单位数的比重。计算公式为：

亏损面=亏损企业单位数/全部工业企业单位数×100%

资产负债率 又称举债经营比率，反映企业利用债权人提供资金进行经营活动的能力，也是衡量企业负债水平及经营风险程度的重要指标。计算公式：

资产负债率=负债总额/资产总额×100%

营业收入利润率 指企业实现的利润与同期营业收入的比率。该指标既可考核企业利润计划的完成情况，又可比较各企业之间或不同时期的经营管理水平。计算公式：

营业收入利润率=利润总额/营业收入×100%

Explanatory Notes on Main Statistical Indicators

Industry refers to the material production sector which is engaged in the extraction of natural resources and processing and reprocessing of minerals and agricultural products, including (1) extraction of natural resources, such as mining, salt production (but not including hunting and fishing); (2) processing and reprocessing of farm and sideline products, such as grain and oil processing, food processing, silk reeling, spinning and weaving and leather making; (3) processing and reprocessing of mineral products, such as steel making, iron smelting, chemicals manufacturing, petroleum processing, machine building, timber processing, and production and supply of electricity, gas and water; (4) repairing and renovating of industrial products such as the machinery.

In industrial surveys, the units of enquiry are industrial corporate units.

Industrial corporate units refer to corporate units engaging in industrial production and operation activities, which meet the following requirements: (1) They are established legally, having their own names, organizations, location, and are able to take civil liability independently; (2) They possess (or are authorized to use) assets independently, assume liabilities and are entitled to sign contracts with other units; (3) They have accounts including the balance sheets or can compile the accounts according to the need.

Registration Status of Enterprises (Units) Enterprises are classified into 3 categories, namely domestic-funded enterprises, enterprises with investment from Hong Kong, Macao and Taiwan, and enterprises with foreign investment, according to the registration status of an enterprise in industrial and commercial administration agencies. Domestic-funded enterprises include State-owned enterprises, collective-owned enterprises, cooperative enterprises, joint ownership enterprises, limited liability corporations, share-holding corporations Ltd., private enterprises and other enterprises. Included in the enterprises with investment from Hong Kong, Macao and Taiwan and enterprises with foreign investment are joint-venture enterprises, cooperative enterprises, sole investment enterprises and share-holding corporations Ltd. For government agencies, institutions and social organizations which are not registered in industrial and commercial administration agencies, they are classified mainly by their sources of funding and manner of management.

State-owned Enterprises refer to non-corporation economic units where the entire assets are owned by the State and which have been registered in accordance with the *Regulation of the People's Republic of China on the Management of Registration of Corporate Enterprises*. Not included from this category are solely State-funded corporations in the limited liability corporations.

Collective-owned Enterprises refer to economic units where the assets are owned collectively and which have been registered in accordance with the *Regulation of the People's Republic of China on the Management of Registration of Corporate Enterprises*.

Share-holding Cooperative Enterprises refer to a form of collective economic units (enterprises) where capitals come mainly from employees as their shares, with certain proportion of capital from the outside, where production is organized on the basis of independent operation, independent accounting for profits and losses, joint work, democratic management, and a distribution system that integrates remuneration according to work with dividend according to capital share.

Joint Ownership Enterprises refer to economic units established by two or more corporate enterprises or corporate institutions of the same or different ownership, through joint investment on the basis of voluntary participation, equality, and mutual benefits. They include State joint ownership enterprises; collective joint ownership enterprises; joint State-collective enterprises; and other joint ownership enterprises.

Limited Liability Corporations refer to economic units established with investment from 2-50 investors and registered in accordance with the *Regulation of the People's Republic of China on the Management of Registration of Corporations*, each investor bearing limited liability to the corporation depending on its share of investment, and the corporation bearing liability to its debt to the maximum of its total assets. Limited liability corporations include solely State-funded limited liability corporations and other limited liability corporations.

Share-holding Corporations Ltd. refer to economic units registered in accordance with the *Regulation of the People's Republic of China on the Management of Registration of Corporations*, with total registered capital divided into equal shares and raised through issuing stocks. Each investor bears limited liability to the corporation depending on the holding of shares, and the corporation bears liability to its debt to the maximum of its total assets.

Private Enterprises refer to profit-making economic units invested and established by natural persons, or controlled by natural persons using employed labour. Included in this category are private limited liability corporations, private share-holding corporations Ltd., private partnership enterprises and private-funded enterprises registered in accordance with the *Company Law*, the *Law on Partnership Business* and *Interim Regulations on Private Enterprises*.

Other Domestic-funded Enterprises refer to domestic-funded economic units other than those mentioned above.

Joint Venture Enterprises (Funded by Hong Kong, Macao and Taiwan) are enterprises established by investors from Hong Kong, Macao and Taiwan with enterprises in the mainland of China in accordance with the *Law of the People's Republic of China on Sino-foreign Equity Joint Ventures* and other relevant laws, where the establishment of the investment and the sharing of profits and risks are stipulated under joint venture contracts.

Cooperative Enterprises (Funded by Hong Kong, Macao and Taiwan) established by investors from Hong Kong, Macao and Taiwan with enterprises in the mainland of China in accordance with the *Law of the People's Republic of China on Sino-foreign Contractual Joint Venture* and other relevant laws, where the investment or provision of facilities and the sharing of profits and risks are stipulated under cooperative contracts.

Enterprises with Sole Investment from Hong Kong, Macao and Taiwan refer to enterprises established in the mainland of China with exclusive investment from investors from Hong Kong, Macao and Taiwan in accordance with the *Law of the People's Republic of China on Wholly Foreign-owned Enterprises* and other relevant laws.

Share-holding Corporations Ltd. with Investment from Hong Kong, Macao and Taiwan refer to share-holding corporations Ltd. established with the approval from the former Ministry of Foreign Trade and Economic Relations in line with relevant State regulations, where the share of investment from Hong Kong, Macao or Taiwan businessmen exceeds 25% of the total registered capital of the corporation. In case the share of investment from Hong Kong, Macao or Taiwan is less than 25% of the total registered capital, the enterprise is to be classified as domestic-funded share-holding corporation Ltd.

Other Enterprises with Funds from Hong Kong, Macao and Taiwan refer to partnership enterprises with investments from Hong Kong, Macao and Taiwan established within the territory of China in accordance with *Administrative Measures on the Establishment of Partnership Enterprises in China by Foreign Enterprises or Foreign Individuals* and *Regulations for the Administration of the Registration of Foreign-invested Partnership Enterprises*.

Joint Venture Enterprises with Foreign Investment refer to enterprises jointly established by foreign enterprises or foreigners with enterprises in the mainland of China in accordance with the *Law of the People's Republic of China on Sino-foreign Equity Joint Ventures* and other relevant laws, where the sharing of investment, profits and risks is stipulated under contract.

Cooperative Enterprises with Foreign Investment refer to enterprises jointly established by foreign enterprises or foreigners with enterprises in the mainland of China in accordance with the *Law of the People's Republic of China on Sino-foreign Contractual Joint Venture* and other relevant laws, where the investment or provision of facilities and the sharing of profits and risks are stipulated under cooperative contracts.

Enterprises with Sole Foreign Investment refer to enterprises established in the mainland of China with exclusive investment from foreign investors in accordance with the *Law of the People's Republic of China on Wholly Foreign-owned Enterprises* and other relevant laws.

Share-holding Corporations Ltd. with Foreign Investment refer to share-holding corporations Ltd. established with the approval from the former Ministry of Foreign Trade and Economic Relations in line with relevant State regulations, where the share of investment from foreign investors exceeds 25% of the total registered capital of the corporation. In case the share of foreign investment is less than 25% of the total registered capital, the enterprise is to be classified as domestic-funded share-holding corporation Ltd.

Other Enterprises with Foreign Funds refer to partnership enterprises established within the territory of China in accordance with *Administrative Measures on the Establishment of Partnership Enterprises in China by Foreign Enterprises or Foreign Individuals* and *Regulations for the Administration of the Registration of Foreign-invested Partnership Enterprises*.

State-holding Enterprises cover the original state-owned enterprises and state-holding enterprises. They are classified according to the actual investment made by the contributor of state-owned part in the paid-in capital of the enterprises, or the degree of control or dominance of the contributor on the assets of the enterprises. The following cases are regarded as state-holding: (1) Absolute state-holding in which the contributors of state-owned parts possess more than 50% of all the paid-in capital (stocks) of the enterprises; (2) Relative state-holding in which the contributors of state-owned parts possess no more than 50% of the paid-in capital (stocks) of the enterprises, but more than that of any other contributors; or agreed state-holding in which the contributors of state-owned parts possess no more than other contributors but have actual control over the enterprises according to agreements; (3) In the case both contributors possess 50% and it is not clear which one is in absolute holding position, the enterprise is regarded as state-holding enterprise if one of the contributor has state-owned elements.

Light Industry refers to the industry that produces consumer goods and hand tools. It consists of two categories depending on the raw materials used:

(1)Industries using farm products as raw materials. These are branches of light industry which directly or indirectly use farm products as basic raw materials, including the manufacture of food and beverages, tobacco processing, textile, clothing, fur and leather manufacturing, paper making, printing, etc. (2)Industries using non-farm products as raw materials. These are branches of light industry which use manufactured goods as raw materials, including the manufacture of cultural, educational articles and sports goods chemicals synthetic fiber chemical products for daily use glass products for daily use metal products for daily use hand tools medical apparatus and instruments and the manufacture of cultural and clerical machinery.

Heavy Industry refers to the industry which produces capital goods and provides various sectors of the national economy with necessary material and technical basis. It consists of the following three branches according to the purpose of production or the use of products: (1)Mining and Quarrying Industry refers to the industry that extracts natural resources including extraction of petroleum coal metal and non-metal ores and logging. (2)Raw Materials Industry refers to the industry that provides various sectors of the national economy with raw materials fuels and power. It includes smelting and processing of metals, coking and coke, chemistry, chemical materials and building materials such as cement, plywood and power, petroleum refining and coal dressing. (3)Manufacturing Industry refers to the industry that processes raw materials. It includes machine building industry, metal structure industry, cement products industry, which equips sectors of the national economy, and chemical fertilizers industry and pesticides industry, which supplies productive materials for agriculture.

According to the above principle of classification the repairing trades which are engaged primarily in repairing products of heavy industry are classified into heavy industry while those engaged in repairing products of light industry are classified into light industry. It is not divided further in the interior of light industry and heavy industry from 2003.

Total Assets refer to all resources that are owned or controlled by enterprises through previous trades or transactions with expectation of making economic profits. Classified by the degree of liquidity, total assets include current assets and non-current assets. Current assets can be classified into monetary capital, trading financial assets, notes receivable, accounts receivable, advanced payments, other receivables and inventories. Non-current assets can be divided into long-term equity investment, fixed assets, intangible assets and other non-current assets.

Total Current Assets refer to the assets that meet one of the following requirements: (1) expected to be cashed, sold or used in a normal operation cycle, mainly including inventory and accounts receivable; (2) be owned for trading purpose mainly; (3) expected to be cashed in one year (including one year) from the day of the Balance Sheet; (4) unlimited cash or cash equivalents that can be exchanged with other assets or being capable of settling debts during one year since the day of the Balance Sheet. Included are monetary capital, notes receivable, accounts receivable and inventories.

Total Liabilities refer to payable liabilities of enterprises that accumulated from previous trades or transactions with expectation of economic profits leaking out. In terms of payment, it can be divided into liquid liabilities and long-term liabilities.

Total Creditors' Equity refers to the residual interest in the assets of an enterprise after deducting all its liabilities. Creditors' equity of a company is also known as shareholders' equity. Included are paid-in capital, capital reserve, surplus reserve, undistributed profits, etc.

Business Revenue refers to the economic benefits enterprises gained in the production and operating activities such as selling products, providing services and alienating the right to use assets.

Business Cost refers to the actual cost occurred in the production and operating activities of enterprises such as selling products, providing services and alienating the right to use assets.

Taxes and Extra Charges refer to the relevant taxes and fees that enterprises should bear in the production and operating activities according to the tax law, including consumption tax, city maintenance and construction tax, resources tax, environmental protection tax, extra charge of education, real estate tax, land use tax, vehicle and vessel use tax, stamp tax, etc.

Costs of Sales refers to the cost during the sale of goods and materials, providing labour services, including insurance, packing, exhibition fees and advertising fees, merchandise maintenance costs, expected product quality guarantee loss, transportation fees, handling fees, and operating expenses for the sales of the company's products such as employee compensation, business expenses, depreciation costs for dedicated sales offices (including sales outlets, after-sales service outlets, etc.).

Administrative Expenses refers to the expenses for the organization and management of enterprise operating, including the start-up costs during the construction of enterprises, funds occurred during enterprises operating by board of directors and executive management in the enterprise management, or burden by enterprises.

Financial Expenses refers to cost of raising fund for enterprises to raise funds for production and operation, including interest payments (a reduction in interest income), exchange loss (less exchange gains) and related fees during the period of production.

Total Profits refers to the operation results in a certain accounting period, and it is the balance of various incomes minus various spending in the course of operation, reflecting the total profits and losses of enterprises in reference period. It is balance of business profits plus non-business income, minus non-business expense.

Value Added Taxes Payable refers to the turnover taxes which is imposed on the added value of selling goods, services, intangible assets, real estate, or providing processing and repairing, and on imported value of import goods according to the tax laws.

Average Employees refers to the number of persons engaged in the enterprise production and operation activities in the reporting period, which are actually owned by the enterprise.

Range of Deficits refers to the proportion of loss-making enterprises in the number of all industrial enterprises. The formula is as follows:

Range of Deficits = Number of Loss-making Enterprises / Total Number of Industrial Enterprises ×100%

Ratio of Debts to Assets is also called leverage ratio. It reflects both the capability and the operation risk of the enterprises in making use of the capital from the creditors. It is calculated as follows:

Ratio of Debts to Assets = Total Debts / Total Assets ×100%

Ratio of Profits to Business Revenue refers to the profits to the business revenue in the same period. This indicator can evaluate accomplishment of profits plan of enterprises, as well as compare management level of different enterprises or different periods. The formula is as follows:

Ratio of Profits to Business Revenue = Total Profits / Business Revenue ×100%

11

CONSTRUCTION

建筑业

资料整理人员

郝志军　陈烨松　许婷瑜

建筑业

CONSTRUCTION

建筑业施工企业个数	Number of Construction Enterprises	3689	个 (unit)
建筑业总产值	Gross Output Value of Construction	6145.5	亿元 (100 million yuan)
建筑业竣工产值	Completed Output Value of Costruction	1826.8	亿元 (100 million yuan)
建筑业房屋竣工面积	Floor Space of Buildings of Construction Completed	5635	万平方米 (10 000 sq.m)

建筑业总产值构成 (%)
Composition of Gross Output Value of Construction (%)

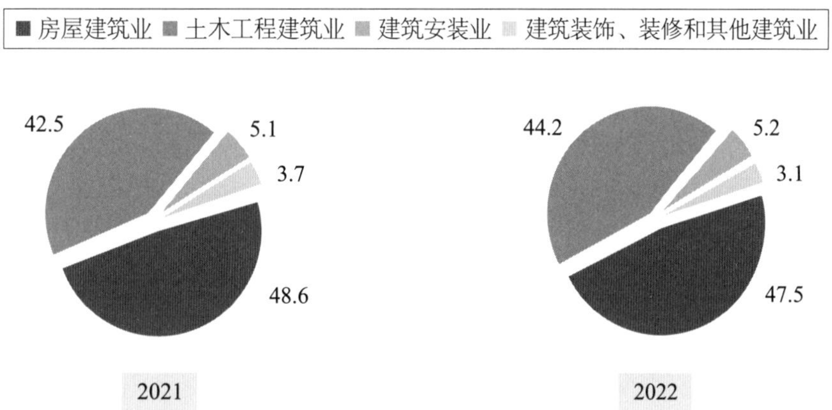

建筑业总产值(亿元)
Gross Output Value of Construction (100 million yuan)

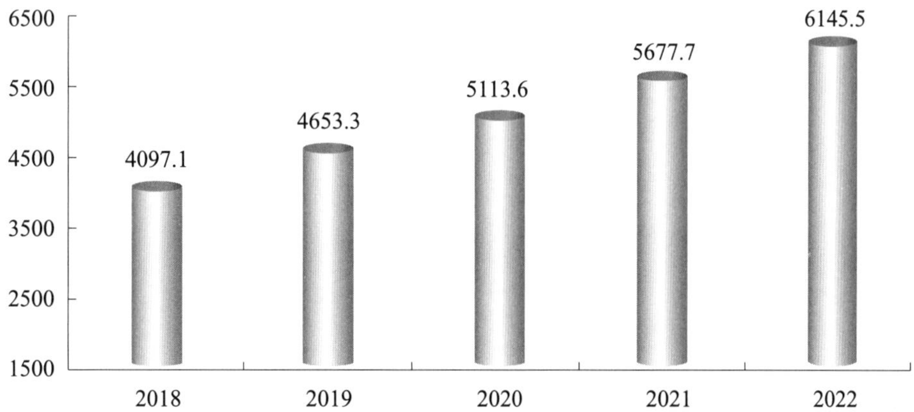

11-1 建筑施工企业主要经济指标

MAJOR ECONOMIC INDICATORS OF CONSTRUCTION ENTERPRISES

指 标	Item	2021	2022
施工企业个数 (个)	Number of Construction Enterprises (unit)	3733	3689
从事建筑业活动的平均人数 (万人)	Average Number of Employees Engaged in Construction Activities (10 000 persons)	123	130
建筑业企业期末人数 (万人)	Number of Employees at The End of Period (10 000 persons)	90	87
固定资产原价 (万元)	Original Value of Fixed Assets (10 000 yuan)	6120232	7048671
自有机械设备年末总台数 (台)	Number of Machinery and Equipment Owned (set)	199889	187747
自有机械设备年末净值 (万元)	Net Value of Machinery and Equipment Owned (10 000 yuan)	1411617	2249749
自有机械设备年末总功率 (万千瓦)	Total Power of Machinery and Equipment Owned (10 000 kw)	748	823
建筑业总产值 (万元)	Gross Output Value of Construction (10 000 yuan)	56777141	61454730
竣工产值 (万元)	Output Value of Buildings Completed (10 000 yuan)	18975492	18268325
累计折旧 (万元)	Accumulated Depreciation (10 000 yuan)	3336977	3663103
本年折旧 (万元)	Depreciation in This Year (10 000 yuan)	569252	637765
施工面积 (万平方米)	Floor Space of Buildings under Construction (10 000 sq.m)	23316	22648
房屋建筑竣工面积 (万平方米)	Floor Space of Buildings Completed (10 000 sq.m)	5048	5635
房屋建筑竣工价值 (万元)	Value of Buildings Completed (10 000 yuan)	10040303	9647371
营业利润 (万元)	Profits of Business (10 000 yuan)	1481956	1445022
管理费用 (万元)	Costs of Administration (10 000 yuan)	1820060	1913705
利润总额 (万元)	Total Profits (10 000 yuan)	1492859	1446953
按总产值计算的劳动生产率 (元/人)	Labor Productivity in Terms of Total Output Value (yuan/person)	462366	472018
实收资本 (万元)	Capitals Hold (10 000 yuan)	11579259	12635758
资产总计 (万元)	Total Assets (10 000 yuan)	87957836	98565929
负债合计 (万元)	Total Liabilities (10 000 yuan)	66071681	73680459
所有者权益合计 (万元)	Total Creditors Equity (10 000 yuan)	21886155	24885470
竣工率(按产值计算) (%)	Rate of Completed (by Output Value) (%)	33.4	29.7
技术装备率 (元/人)	Value of Machines per Laborer (yuan/person)	15626	25893
动力装备率 (千瓦/人)	Power of Machines per Laborer (kw/person)	8.3	9.5
资产负债率 (%)	Ratio of Debts to Assets (%)	75.1	74.8
产值利润率 (%)	Ratio of Profit to Gross Output Value (%)	2.6	2.4

11-2 建筑业企业总产值和竣工产值(2022年)
GROSS OUTPUT VALUE AND COMPLETED VALUE OF CONSTRUCTION ENTERPRISES(2022)

单位：万元 (10 000 yuan)

指 标	Item	建筑业总产值 Gross Output Value	#建筑工程 Construction	#安装工程 Installation	竣工产值 Output Value of Buildings Completed
总 计	**Total**	**61454730**	**54522955**	**5530219**	**18268325**
#国有及国有控股	State Owned and State Controlling Share	38184529	35027060	2773139	9477539
按登记注册类型分	**Grouped by Registered Kind**				
内资企业	Civil Funded Enterprises	61453050	54522955	5528549	18266645
国有企业	State-owned Enterprises	233079	217252	3807	176456
集体企业	Collective-owned Enterprises	224215	215657	6055	105420
股份合作企业	Share Cooperative Enterprises				
联营企业	Joint Ownership Enterprises				
有限责任公司	Limited Responsibility Corporations	39032411	35759213	2667820	9611221
国有独资公司	Company Exclusively with Investment from State	6274685	6013680	145607	1692609
其他有限责任公司	Other Limited Responsibility Company	32757726	29745533	2522213	7918612
股份有限公司	Share-holding Limited Corporations	1440562	688384	752178	615899
私营企业	Private-owned Enterprises	20522784	17642448	2098691	7757649
私营独资企业	Enterprise Exclusively with Investment from Private				
私营合伙企业	Private Partnership Enterprises				
私营有限责任公司	Private Limited Responsibility Corporations	19529093	16784696	2028851	7580926
私营股份有限公司	Private Share-holding Limited Corporations	993691	857753	69840	176722
其他企业	Other Enterprises				
港、澳、台商投资企业	Enterprises Funded by Hong Kong, Macao and Taiwan				
外商投资企业	Foreign Funded Enterprises	1680		1669	1680
按国民经济行业分	**Grouped by Economic Sector**				
房屋建筑业	Construction of Buildings	29173622	26865762	1750770	11097937
土木工程建筑业	Civil Engineering	27171936	24656399	2173391	5087928
建筑安装业	Building Installation	3218515	1542967	1447543	1441705
建筑装饰、装修和其他建筑业	Building Decoration and Other Construction	1890656	1457827	158515	640755
按隶属关系分	**Grouped by Subordination**				
中 央	Central Enterprises	18686311	17293810	1180216	1970728
地 方	Local Enterprises	19816999	17903604	1744563	7687564
其 他	Others	22951420	19325541	2605439	8610033
按企业资质等级分	**Grouped by Qualification Criteria**				
施工总承包	Overall Contract	57900123	52170092	4703738	16984983
专业承包	Specialized Contract	3554607	2352863	826481	1283342

11-3 按主要用途分的房屋建筑竣工面积(2022年)

单位：平方米

指 标	Item	总 计 Total	住宅房屋 Residential Buildings
总 计	**Total**	**56349175**	**34727403**
#国有及国有控股	State Owned and State Controlling Share	34498765	20061507
按登记注册类型分	**Grouped by Registered Kind**		
内资企业	Civil Funded Enterprises	56349175	34727403
国有企业	State-owned Enterprises	461266	415032
集体企业	Collective-owned Enterprises	503661	475381
股份合作企业	Share Cooperative Enterprises		
联营企业	Joint Ownership Enterprises		
有限责任公司	Limited Responsibility Corporations	35800450	20765682
国有独资公司	Company Exclusively with Investment from State	2602502	1147365
其他有限责任公司	Other Limited Responsibility Company	33197948	19618317
股份有限公司	Share-holding Limited Corporations	5010	
私营企业	Private-owned Enterprises	19578788	13071308
私营独资企业	Enterprise Exclusively with Investment from Private		
私营合伙企业	Private Partnership Enterprises		
私营有限责任公司	Private Limited Responsibility Corporations	19284317	13071308
私营股份有限公司	Private Share-holding Limited Corporations	294471	
其他企业	Other Enterprises		
港、澳、台商投资企业	Enterprises Funded by Hong Kong, Macao and Taiwan		
外商投资企业	Foreign Funded Enterprises		
按国民经济行业分	**Grouped by Economic Sector**		
房屋建筑业	Construction of Buildings	52008420	33163053
土木工程建筑业	Civil Engineering	2012997	717363
建筑安装业	Building Installation	1436534	469952
建筑装饰、装修和其他建筑业	Building Decoration and Other Construction	891224	377035
按隶属关系分	**Grouped by Subordination**		
中 央	Central Enterprises	17953789	9942273
地 方	Local Enterprises	16981972	10476359
其 他	Others	21413414	14308771
按企业资质等级分	**Grouped by Qualification Criteria**		
施工总承包	Overall Contract	53863898	34023017
专业承包	Specialized Contract	2485277	704386

FLOOR SPACE OF BUILDINGS COMPLETED BY MAJOR USE(2022)

(sq.m)

商业及服务用房屋 Commercial and Service Buildings	办公用房 Oiffices	科研、教育、医疗用房屋 Scientific Research, Education and Healthcare Buildings	文化、体育、娱乐用房屋 Culture, Sports and Entertaninment Buildings	厂房及建筑物 Factory Buildings	仓库 Warehouses	其他未列明的房屋建筑物 Other Unlisted Buildings
3881002	**1545870**	**8509362**	**542340**	**4597865**	**135757**	**2409576**
2266750	961670	7159491	390981	1998673	103479	1556214
3881002	1545870	8509362	542340	4597865	135757	2409576
1393	2939	266		922		40714
20337		2835		1129	1600	2379
2284489	1007699	7206524	403644	2490657	107043	1534712
212806	274693	510176	142316	228379	4836	81931
2071683	733006	6696348	261328	2262278	102207	1452781
	210			4800		
1574783	535022	1299737	138696	2100357	27114	831771
1393456	504847	1299737	138696	2059732	27114	789427
181327	30175			40625		42344
3323593	1482290	8265898	532971	3046881	39676	2154058
137208	27392	65500		798532	87950	179052
27150	20960	176077	9137	722666	8096	2496
393051	15228	1887	232	29786	35	73970
990285	217844	4506550	1837	968860	1196	1324944
1296802	717036	2684018	398281	1074055	103883	231538
1593915	610990	1318794	142222	2554950	30678	853094
3461300	1487631	8331364	528870	3598227	128378	2305111
419702	58239	177998	13470	999638	7379	104465

11-4 按主要用途分的房屋建筑竣工价值(2022年)

单位：万元

指 标	Item	总 计 Total	住宅房屋 Residential Buildings
总 计	**Total**	**9647371**	**5272014**
#国有及国有控股	State Owned and State Controlling Share	6219484	2727470
按登记注册类型分	**Grouped by Registered Kind**		
内资企业	Civil Funded Enterprises	9647371	5272014
国有企业	State-owned Enterprises	76264	73676
集体企业	Collective-owned Enterprises	89065	83381
股份合作企业	Share Cooperative Enterprises		
联营企业	Joint Ownership Enterprises		
有限责任公司	Limited Responsibility Corporations	6388286	2840465
国有独资公司	Company Exclusively with Investment from State	696796	234454
其他有限责任公司	Other Limited Responsibility Company	5691490	2606011
股份有限公司	Share-holding Limited Corporations	748	
私营企业	Private-owned Enterprises	3093008	2274491
私营独资企业	Enterprise Exclusively with Investment from Private		
私营合伙企业	Private Partnership Enterprises		
私营有限责任公司	Private Limited Responsibility Corporations	3071172	2274491
私营股份有限公司	Private Share-holding Limited Corporations	21837	
其他企业	Other Enterprises		
港、澳、台商投资企业	Enterprises Funded by Hong Kong, Macao and Taiwan		
外商投资企业	Foreign Funded Enterprises		
按国民经济行业分	**Grouped by Economic Sector**		
房屋建筑业	Construction of Buildings	8614697	5065535
土木工程建筑业	Civil Engineering	938484	179543
建筑安装业	Building Installation	52762	9704
建筑装饰、装修和其他建筑业	Building Decoration and Other Construction	41428	17233
按隶属关系分	**Grouped by Subordination**		
中 央	Central Enterprises	1580519	776155
地 方	Local Enterprises	4709867	2016494
其 他	Others	3356985	2479364
按企业资质等级分	**Grouped by Qualification Criteria**		
施工总承包	Overall Contract	9537339	5252144
专业承包	Specialized Contract	110032	19870

VALUE OF BUILDINGS COMPLETED BY MAJOR USE(2022)

(10 000 yuan)

商业及服务用房屋 Commercial and Service Buildings	办公用房 Oiffices	科研、教育、医疗用房屋 Scientific Research, Education and Healthcare Buildings	文化、体育、娱乐用房屋 Culture, Sports and Entertaninment Buildings	厂房及建筑物 Factory Buildings	仓 库 Warehouses	其他未列明的房屋建筑物 Other Unlisted Buildings
783268	**330034**	**1320799**	**242991**	**1021280**	**425735**	**251251**
574297	226184	1156262	222164	754014	420742	138350
783268	330034	1320799	242991	1021280	425735	251251
181	483	47		161		1716
3117		850		95	1206	416
577560	236569	1160826	222983	788378	421384	140121
49936	80275	197005	67369	53489	869	13399
527624	156294	963821	155614	734888	420515	126723
	14			734		
202410	92968	159077	20008	231912	3146	108997
194170	86950	159077	20008	226001	3146	107331
8240	6019			5912		1666
730150	318613	1261827	242766	759834	9071	226901
37890	7049	58000		218032	416096	21874
991	1623	640	191	38944	553	118
14237	2750	331	35	4469	16	2358
70205	34276	328493	524	269829	424	100614
507210	191392	828384	221832	485068	421524	37964
205853	104367	163922	20636	266383	3787	112673
768115	326180	1319822	242035	956709	425389	246946
15154	3855	976	956	64571	346	4305

11-5 建筑业企业房屋建筑面积(2022年)

FLOOR SPACE OF BUILDINGS CONSTRUCTED BY CONSTRUCTION ENTERPRISES(2022)

单位: 平方米 (sq.m)

指 标	Item	房屋建筑施工面积 Floor Space of Buildings under Construction	#本年新开工面积 Newly Started This Year
总 计	**Total**	**226480910**	**62295589**
#国有及国有控股	State Owned and State Controlling Share	146912828	37463990
按登记注册类型分	**Grouped by Registered Kind**		
内资企业	Civil Funded Enterprises	226480910	62295589
国有企业	State-owned Enterprises	2348290	647892
集体企业	Collective-owned Enterprises	2085352	696975
股份合作企业	Share Cooperative Enterprises		
联营企业	Joint Ownership Enterprises		
有限责任公司	Limited Responsibility Corporations	148151241	38185644
国有独资公司	Company Exclusively with Investment from State	14313951	3051163
其他有限责任公司	Other Limited Responsibility Company	133837290	35134481
股份有限公司	Share-holding Limited Corporations	5010	210
私营企业	Private-owned Enterprises	73891017	22764868
私营独资企业	Enterprise Exclusively with Investment from Private		
私营合伙企业	Private Partnership Enterprises		
私营有限责任公司	Private Limited Responsibility Corporations	72220138	22337753
私营股份有限公司	Private Share-holding Limited Corporations	1670879	427115
其他企业	Other Enterprises		
港、澳、台商投资企业	Enterprises Funded by Hong Kong, Macao and Taiwan		
外商投资企业	Foreign Funded Enterprises		
按国民经济行业分	**Grouped by Economic Sector**		
房屋建筑业	Construction of Buildings	212742569	57886801
土木工程建筑业	Civil Engineering	9644606	2136937
建筑安装业	Building Installation	1770999	1045046
建筑装饰、装修和其他建筑业	Building Decoration and Other Construction	2322736	1226805
按隶属关系分	**Grouped by Subordination**		
中 央	Central Enterprises	37697226	9885373
地 方	Local Enterprises	111054944	28231497
其 他	Others	77728740	24178719
按企业资质等级分	**Grouped by Qualification Criteria**		
施工总承包	Overall Contract	222632718	60088654
专业承包	Specialized Contract	3848192	2206935

11-6 建筑业企业机械设备情况(2022年)
MACHINERY AND EQUIPMENT OF CONSTRUCTION ENTERPRISES(2022)

指 标	Item	自有机械设备年末总台数(台) Number of Machinery and Equipment Owned(unit)	自有机械设备年末总功率(千瓦) Total Power of Machinery and Equipment Owned(kw)	自有机械设备年末净值(万元) Net Value of Machinery and Equipment Owned (10 000 yuan)
总 计	**Total**	**187747**	**8229427**	**2249749**
#国有及国有控股	State Owned and State Controlling Share	104688	5749463	1757047
按登记注册类型分	**Grouped by Registered Kind**			
内资企业	Civil Funded Enterprises	187747	8229427	2249749
国有企业	State-owned Enterprises	3041	36061	7872
集体企业	Collective-owned Enterprises	1834	35541	7166
股份合作企业	Share Cooperative Enterprises			
联营企业	Joint Ownership Enterprises			
有限责任公司	Limited Responsibility Corporations	106411	5807694	1778151
国有独资公司	Company Exclusively with Investment from State	42556	489009	426748
其他有限责任公司	Other Limited Responsibility Company	63855	5318685	1351403
股份有限公司	Share-holding Limited Corporations	967	107116	3182
私营企业	Private-owned Enterprises	75494	2243015	453378
私营独资企业	Enterprise Exclusively with Investment from Private			
私营合伙企业	Private Partnership Enterprises			
私营有限责任公司	Private Limited Responsibility Corporations	72480	2207895	448864
私营股份有限公司	Private Share-holding Limited Corporations	3014	35120	4514
其他企业	Other Enterprises			
港、澳、台商投资企业	Enterprises Funded by Hong Kong, Macao and Taiwan			
外商投资企业	Foreign Funded Enterprises			
按国民经济行业分	**Grouped by Economic Sector**			
房屋建筑业	Construction of Buildings	104363	2168051	349294
土木工程建筑业	Civil Engineering	67662	5656966	1470284
建筑安装业	Building Installation	10274	307157	396414
建筑装饰、装修和其他建筑业	Building Decoration and Other Construction	5448	97253	33757
按隶属关系分	**Grouped by Subordination**			
中 央	Central Enterprises	39394	4598674	1115025
地 方	Local Enterprises	67300	1189334	648800
其 他	Others	81053	2441419	485924
按企业资质等级分	**Grouped by Qualification Criteria**			
施工总承包	Overall Contract	172099	7927176	2136937
专业承包	Specialized Contract	15648	302251	112812

11-7 建筑业企业劳动生产率(2022年)

LABOR PRODUCTIVITY OF CONSTRUCTION ENTERPRISES(2022)

指 标	Item	企业个数(个) Number of Enterprises (unit)	从事建筑业活动的平均人数(人) Average Number of Employees (person)	按总产值计算的劳动生产率(元/人) Labor Productivity in Terms of Gross Output Value (yuan/person)	人均竣工产值(元/人) Per Capita Output Value of Buildings Completed (yuan/person)
总 计	**Total**	**3689**	**1301958**	**472018**	**140314**
#国有及国有控股	State Owned and State Controlling Share	303	681946	559935	138978
按登记注册类型分	**Grouped by Registered Kind**				
内资企业	Civil Funded Enterprises	3688	1301923	472018	140305
国有企业	State-owned Enterprises	23	8685	268369	203174
集体企业	Collective-owned Enterprises	37	4818	465369	218805
股份合作企业	Share Cooperative Enterprises				
联营企业	Joint Ownership Enterprises				
有限责任公司	Limited Responsibility Corporations	443	725207	538224	132531
国有独资公司	Company Exclusively with Investment from State	85	81952	765654	206537
其他有限责任公司	Other Limited Responsibility Company	358	643255	509249	123102
股份有限公司	Share-holding Limited Corporations	8	15074	955660	408584
私营企业	Private-owned Enterprises	3177	548139	374408	141527
私营独资企业	Enterprise Exclusively with Investment from Private				
私营合伙企业	Private Partnership Enterprises				
私营有限责任公司	Private Limited Responsibility Corporations	3105	527122	370485	143817
私营股份有限公司	Private Share-holding Limited Corporations	72	21017	472803	84085
其他企业	Other Enterprises				
港、澳、台商投资企业	Enterprises Funded by Hong Kong, Macao and Taiwan				
外商投资企业	Foreign Funded Enterprises	1	35	479857	479857
按国民经济行业分	**Grouped by Economic Sector**				
房屋建筑业	Construction of Buildings	1523	651914	447507	170236
土木工程建筑业	Civil Engineering	1069	530102	512579	95980
建筑安装业	Building Installation	534	68862	467386	209361
建筑装饰、装修和其他建筑业	Building Decoration and Other Construction	563	51080	370136	125441
按隶属关系分	**Grouped by Subordination**				
中 央	Central Enterprises	49	364870	512136	54012
地 方	Local Enterprises	285	326092	607712	235748
其 他	Others	3355	610996	375639	140918
按企业资质等级分	**Grouped by Qualification Criteria**				
施工总承包	Overall Contract	2449	1192073	485710	142483
专业承包	Specialized Contract	1240	109885	323484	116790

11-8 建筑业企业资本金及资产(2022年)

CAPITAL AND ASSETS OF CONSTRUCTION ENTERPRISES(2022)

单位：万元 (10 000 yuan)

指 标	Item	实收资本 Capitals Hold	资产总计 Total Assets	#流动资产合计 Total Current Assets	#固定资产原价 Original Value of Fixed Assets
总 计	**Total**	**12635758**	**98565929**	**73691225**	**7048671**
#国有及国有控股	State Owned and State Controlling Share	6700415	72342303	50871677	4243278
按登记注册类型分	**Grouped by Registered Kind**				
内资企业	Civil Funded Enterprises	12634758	98561341	73686671	7048512
国有企业	State-owned Enterprises	39469	425159	393531	33870
集体企业	Collective-owned Enterprises	53658	618345	581253	40444
股份合作企业	Share Cooperative Enterprises				
联营企业	Joint Ownership Enterprises				
有限责任公司	Limited Responsibility Corporations	7084903	73962411	52467785	4515493
国有独资公司	Company Exclusively with Investment from State	1337072	15202524	8823229	444647
其他有限责任公司	Other Limited Responsibility Company	5747830	58759887	43644557	4070847
股份有限公司	Share-holding Limited Corporations	147112	1821778	1528220	29588
私营企业	Private-owned Enterprises	5309617	21733649	18715882	2429117
私营独资企业	Enterprise Exclusively with Investment from Private				
私营合伙企业	Private Partnership Enterprises				
私营有限责任公司	Private Limited Responsibility Corporations	5077980	20575929	17731929	2358664
私营股份有限公司	Private Share-holding Limited Corporations	231637	1157720	983953	70453
其他企业	Other Enterprises				
港、澳、台商投资企业	Enterprises Funded by Hong Kong, Macao and Taiwan				
外商投资企业	Foreign Funded Enterprises	1000	4588	4554	159
按国民经济行业分	**Grouped by Economic Sector**				
房屋建筑业	Construction of Buildings	5348915	38530059	28689314	2385616
土木工程建筑业	Civil Engineering	5765905	52552484	38527715	4022019
建筑安装业	Building Installation	897960	4637102	3982558	370370
建筑装饰、装修和其他建筑业	Building Decoration and Other Construction	622978	2846283	2491638	270666
按隶属关系分	**Grouped by Subordination**				
中 央	Central Enterprises	2647987	32546682	25346807	2514839
地 方	Local Enterprises	4105219	40388035	26055962	1805062
其 他	Others	5882552	25631212	22288456	2728769
按企业资质等级分	**Grouped by Qualification Criteria**				
施工总承包	Overall Contract	11082732	92139081	68198692	6331435
专业承包	Specialized Contract	1553026	6426848	5492532	717236

11-9 建筑业企业负债及所有者权益(2022年)
LIABILITIES AND CREDITORS' EQUITY OF CONSTRUCTION ENTERPRISES(2022)

单位：万元 (10 000 yuan)

指 标	Item	负债合计 Total Liabilities	#流动负债合计 Current Liabilities	#非流动负债合计 Non-current Liabilities	所有者权益合计 Total Creditors' Equity
总 计	**Total**	**73680459**	**66771314**	**6374619**	**24885470**
#国有及国有控股	State Owned and State Controlling Share	56010949	49987332	6000054	16331355
按登记注册类型分	**Grouped by Registered Kind**				
内资企业	Civil Funded Enterprises	73678176	66769033	6374618	24883165
国有企业	State-owned Enterprises	360514	326084	34429	64645
集体企业	Collective-owned Enterprises	556673	547916	30	61672
股份合作企业	Share Cooperative Enterprises				
联营企业	Joint Ownership Enterprises				
有限责任公司	Limited Responsibility Corporations	57049865	50855508	6035867	16912546
国有独资公司	Company Exclusively with Investment from State	11103396	8812118	2273627	4099128
其他有限责任公司	Other Limited Responsibility Company	45946469	42043390	3762240	12813418
股份有限公司	Share-holding Limited Corporations	1447915	1426885	21030	373862
私营企业	Private-owned Enterprises	14263210	13612640	283261	7470439
私营独资企业	Enterprise Exclusively with Investment from Private				
私营合伙企业	Private Partnership Enterprises				
私营有限责任公司	Private Limited Responsibility Corporations	13466421	12821495	278057	7109509
私营股份有限公司	Private Share-holding Limited Corporations	796789	791145	5204	360930
其他企业	Other Enterprises				
港、澳、台商投资企业	Enterprises Funded by Hong Kong, Macao and Taiwan				
外商投资企业	Foreign Funded Enterprises	2283	2281	1	2305
按国民经济行业分	**Grouped by Economic Sector**				
房屋建筑业	Construction of Buildings	27701992	25146364	2146151	10828067
土木工程建筑业	Civil Engineering	40605631	36409013	4119721	11946853
建筑安装业	Building Installation	3411293	3328500	58619	1225810
建筑装饰、装修和其他建筑业	Building Decoration and Other Construction	1961543	1887436	50128	884740
按隶属关系分	**Grouped by Subordination**				
中 央	Central Enterprises	27802947	26096488	1705893	4743734
地 方	Local Enterprises	28704683	24380585	4294451	11683352
其 他	Others	17172828	16294241	374275	8458384
按企业资质等级分	**Grouped by Qualification Criteria**				
施工总承包	Overall Contract	69608041	62919538	6217484	22531040
专业承包	Specialized Contract	4072418	3851776	157136	2354430

11-10 建筑业企业收入及成本情况(2022年)
REVENUE AND COST OF CONSTRUCTION ENTERPRISES(2022)

单位：万元 (10 000 yuan)

指 标	Item	营业收入 Revenue of Business	#主营业务收入 Revenue of Major Business	主营业务成本 Cost of Major Business
总 计	**Total**	**65438443**	**64451748**	**59538267**
#国有及国有控股	State Owned and State Controlling Share	43881760	43559752	40232543
按登记注册类型分	**Grouped by Registered Kind**			
内资企业	Civil Funded Enterprises	65436763	64450086	59537212
国有企业	State-owned Enterprises	204436	203786	189900
集体企业	Collective-owned Enterprises	247362	245201	233428
股份合作企业	Share Cooperative Enterprises			
联营企业	Joint Ownership Enterprises			
有限责任公司	Limited Responsibility Corporations	44732223	44330353	40965938
国有独资公司	Company Exclusively with Investment	6246716	6203914	5517504
其他有限责任公司	Other Limited Responsibility Company	38485507	38126439	35448434
股份有限公司	Share-holding Limited Corporations	1548594	1547812	1393489
私营企业	Private-owned Enterprises	18704148	18122935	16754458
私营独资企业	Enterprise Exclusively with Investment from Private			
私营合伙企业	Private Partnership Enterprises			
私营有限责任公司	Private Limited Responsibility Corporations	18053667	17478846	16183299
私营股份有限公司	Private Share-holding Limited Corporations	650482	644089	571160
其他企业	Other Enterprises			
港、澳、台商投资企业	Enterprises Funded by Hong Kong, Macao and Taiwan			
外商投资企业	Foreign Funded Enterprises	1680	1661	1055
按国民经济行业分	**Grouped by Economic Sector**			
房屋建筑业	Construction of Buildings	27506649	26989002	24873091
土木工程建筑业	Civil Engineering	32351087	31964914	29787767
建筑安装业	Building Installation	3556332	3512366	3131110
建筑装饰、装修和其他建筑业	Building Decoration and Other Construction	2024376	1985466	1746299
按隶属关系分	**Grouped by Subordination**			
中 央	Central Enterprises	23814416	23688027	22487016
地 方	Local Enterprises	20432532	20235355	18099064
其 他	Others	21191494	20528366	18952188
按企业资质等级分	**Grouped by Qualification Criteria**			
施工总承包	Overall Contract	61238356	60366624	55942737
专业承包	Specialized Contract	4200087	4085124	3595531

11-11 建筑业企业费用情况(2022年)
EXPENSES OF CONSTRUCTION ENTERPRISES(2022)

单位：万元 (10 000 yuan)

指 标	Item	销售费用 Sales Expenses	管理费用 Administrative Expenses	财务费用 Financial Expenses
总 计	**Total**	**96894**	**1913705**	**446669**
#国有及国有控股	State Owned and State Controlling Share	15531	925330	350410
按登记注册类型分	**Grouped by Registered Kind**			
内资企业	Civil Funded Enterprises	96894	1913394	446664
国有企业	State-owned Enterprises	172	8974	219
集体企业	Collective-owned Enterprises	1079	9280	300
股份合作企业	Share Cooperative Enterprises			
联营企业	Joint Ownership Enterprises			
有限责任公司	Limited Responsibility Corporations	20465	1006700	327484
国有独资公司	Company Exclusively with Investment	3063	188648	147791
其他有限责任公司	Other Limited Responsibility Company	17402	818053	179693
股份有限公司	Share-holding Limited Corporations	217	40904	30702
私营企业	Private-owned Enterprises	74961	847535	87959
私营独资企业	Enterprise Exclusively with Investment from Private			
私营合伙企业	Private Partnership Enterprises			
私营有限责任公司	Private Limited Responsibility Corporations	73645	800869	82984
私营股份有限公司	Private Share-holding Limited Corporations	1316	46667	4975
其他企业	Other Enterprises			
港、澳、台商投资企业	Enterprises Funded by Hong Kong, Macao and Taiwan			
外商投资企业	Foreign Funded Enterprises		311	5
按国民经济行业分	**Grouped by Economic Sector**			
房屋建筑业	Construction of Buildings	26264	768504	186935
土木工程建筑业	Civil Engineering	42329	817597	205677
建筑安装业	Building Installation	17134	195334	41144
建筑装饰、装修和其他建筑业	Building Decoration and Other Construction	11167	132270	12913
按隶属关系分	**Grouped by Subordination**			
中 央	Central Enterprises	7455	261168	57647
地 方	Local Enterprises	9390	676501	293126
其 他	Others	80049	976036	95896
按企业资质等级分	**Grouped by Qualification Criteria**			
施工总承包	Overall Contract	74191	1609889	420064
专业承包	Specialized Contract	22704	303816	26605

11-12 建筑业企业薪酬及利润情况(2022年)
REMUNERATION AND PROFITS OF CONSTRUCTION ENTERPRISES(2022)

单位：万元 (10 000 yuan)

指　标	Item	应付职工薪酬 Remuneration Payable	营业利润 Business Profits	其他业务利润 Profits of Other Business
总　计	**Total**	**4245831**	**1445022**	**81713**
#国有及国有控股	State Owned and State Controlling Share	2447381	1055954	67767
按登记注册类型分	**Grouped by Registered Kind**			
内资企业	Civil Funded Enterprises	4245616	1444733	81713
国有企业	State-owned Enterprises	21581	3367	259
集体企业	Collective-owned Enterprises	19605	-95	166
股份合作企业	Share Cooperative Enterprises			
联营企业	Joint Ownership Enterprises			
有限责任公司	Limited Responsibility Corporations	2600543	1105957	68986
国有独资公司	Company Exclusively with Investment from State	360243	220972	5917
其他有限责任公司	Other Limited Responsibility Company	2240300	884985	63069
股份有限公司	Share-holding Limited Corporations	56266	13912	741
私营企业	Private-owned Enterprises	1547621	321592	11561
私营独资企业	Enterprise Exclusively with Investment from Private			
私营合伙企业	Private Partnership Enterprises			
私营有限责任公司	Private Limited Responsibility Corporations	1480412	306125	10611
私营股份有限公司	Private Share-holding Limited Corporations	67209	15467	950
其他企业	Other Enterprises			
港、澳、台商投资企业	Enterprises Funded by Hong Kong, Macao and Taiwan			
外商投资企业	Foreign Funded Enterprises	216	290	
按国民经济行业分	**Grouped by Economic Sector**			
房屋建筑业	Construction of Buildings	1692474	615716	27510
土木工程建筑业	Civil Engineering	2069082	728989	48059
建筑安装业	Building Installation	314633	59430	4686
建筑装饰、装修和其他建筑业	Building Decoration and Other Construction	169642	40888	1458
按隶属关系分	**Grouped by Subordination**			
中　央	Central Enterprises	1173843	407164	35539
地　方	Local Enterprises	1320365	654596	32434
其　他	Others	1751623	383262	13741
按企业资质等级分	**Grouped by Qualification Criteria**			
施工总承包	Overall Contract	3863969	1334809	74749
专业承包	Specialized Contract	381862	110213	6964

11-13 建筑业企业利润及税金情况(2022年)
PROFITS AND TAXES OF CONSTRUCTION ENTERPRISES(2022)

单位：万元 (10 000 yuan)

指 标	Item	利润总额 Total Profits	主营业务税金及附加 Taxes and Extra Charges of Major Business	应交增值税 Value-added Taxes Payable
总 计	**Total**	**1446953**	**182154**	**1362461**
#国有及国有控股	State Owned and State Controlling Share	1066463	91987	705550
按登记注册类型分	**Grouped by Registered Kind**			
内资企业	Civil Funded Enterprises	1446660	182153	1362451
国有企业	State-owned Enterprises	3620	1478	6749
集体企业	Collective-owned Enterprises	515	1224	6945
股份合作企业	Share Cooperative Enterprises			
联营企业	Joint Ownership Enterprises			
有限责任公司	Limited Responsibility Corporations	1122283	100553	751394
国有独资公司	Company Exclusively with Investment from State	225687	21416	164693
其他有限责任公司	Other Limited Responsibility Company	896595	79137	586701
股份有限公司	Share-holding Limited Corporations	13728	1908	29904
私营企业	Private-owned Enterprises	306515	76990	567459
私营独资企业	Enterprise Exclusively with Investment from Private			
私营合伙企业	Private Partnership Enterprises			
私营有限责任公司	Private Limited Responsibility Corporations	291044	74807	553399
私营股份有限公司	Private Share-holding Limited Corporations	15471	2183	14060
其他企业	Other Enterprises			
港、澳、台商投资企业	Enterprises Funded by Hong Kong, Macao and Taiwan			
外商投资企业	Foreign Funded Enterprises	293	1	10
按国民经济行业分	**Grouped by Economic Sector**			
房屋建筑业	Construction of Buildings	601175	94501	743942
土木工程建筑业	Civil Engineering	742853	71149	478500
建筑安装业	Building Installation	61813	10439	91223
建筑装饰、装修和其他建筑业	Building Decoration and Other Construction	41112	6065	48796
按隶属关系分	**Grouped by Subordination**			
中 央	Central Enterprises	410794	32243	177562
地 方	Local Enterprises	662634	61169	537817
其 他	Others	373526	88743	647082
按企业资质等级分	**Grouped by Qualification Criteria**			
施工总承包	Overall Contract	1330460	163529	1246174
专业承包	Specialized Contract	116493	18624	116287

主要统计指标解释

建筑业总产值　指以货币表现的建筑业企业在一定时期内生产的建筑业产品和服务的总和。建筑业总产值包括建筑工程产值、安装工程产值和其他产值三部分内容。

竣工产值　一般是以单位工程为对象，当该工程按照设计所规定的工程内容全部完成，达到了设计规定的交工条件，经有关部门检查验收鉴定合格的单位工程价值，即为竣工产值。竣工产值包括范围应是报告期内竣工单位工程从开工到竣工的全部自行完成的价值，竣工产值不包括附属辅助企业或内部核算的其他单位为外单位生产和服务的价值。

房屋施工面积　指报告期内施工的全部房屋建筑面积。包括本期新开工的房屋建筑面积、上期跨入本期继续施工的房屋建筑面积、上期停缓建在本期恢复施工的房屋建筑面积、本期竣工的房屋建筑面积以及本期施工后又停缓建的房屋建筑面积。

房屋竣工面积　指报告期内房屋建筑按照设计要求已全部完工，达到住人和使用条件，经验收鉴定合格或达到竣工验收标准，可正式移交使用的各栋房屋建筑面积的总和。

房屋竣工价值　指在报告期内按规定已经上报竣工的房屋本身的建造价值。一般按房屋设计和预算规定的内容计算。一般按结算价格（或中标价）计算。

资产总计　指企业过去的交易或者事项形成的、由企业拥有或者控制的、预期会给企业带来经济利益的资源。资产一般按流动性分为流动资产和非流动资产。

负债合计　指企业过去的交易或者事项形成的，预期会导致经济利益流出企业的现时义务。负债一般按偿还期长短分为流动负债和非流动负债。

所有者权益合计　指企业资产扣除负债后由所有者享有的剩余权益。公司的所有者权益又称股东权益。包括实收资本、资本公积、盈余公积、未分配利润等。

主营业务收入　指企业经营主要业务所实现的收入。

销售费用　指企业从事施工生产活动过程中发生的各项费用，包括应由企业负担的运输费、装卸费、包装费、保险费、维修费、展览费、差旅费、广告费和其他经费。

营业利润　指企业从事生产经营活动所取得的利润。

利润总额　指企业在一定会计期间的经营成果，是生产经营过程中各种收入扣除各种耗费后的盈余，反映企业在报告期内实现的亏盈总额。利润总额为营业利润加上营业外收入，减去营业外支出后的金额。

应付职工薪酬　指企业为获得职工提供的服务或解除劳动关系而给予的各种形式的报酬或补偿。包括职工工资、奖金、津贴和补贴，职工福利费，医疗保险费、养老保险费、失业保险费、工伤保险费和生育保险费等社会保险费，住房公积金，工会经费和职工教育经费，带薪缺勤，利润分享计划，非货币性福利，辞退福利和其他为获得职工提供的服务而给予的报酬或补偿。

应交增值税　指按照税法规定，以销售货物、服务、无形资产、不动产或提供加工、修理修配劳务的增值额和货物进口金额为计税依据而课征的一种流转税。

Explanatory Notes on Main Statistical Indicators

Gross Output Value of Construction refers to total of construction products and services, expressed in money terms, completed by construction enterprises during a given period of time. It includes three parts: output value of construction projects, output value of installation projects and output value of others.

Output Value of Buildings Completed refers to the value of unit project that is completed in accordance with the requirements of the design, up to the standard for handing in, and has been checked and accepted by concerned departments as qualified one. It includes entire value of the completed project from start to completing in the reference period. If a project is under construction in two years, the output value of building completed should include completed value last year. Some large projects, such as large factory building, senior hotel, pipelines, roads, railways, which can be constructed by span, layer or fragment and can be put into use separately by contract, can calculate their output value separately. It excludes the value of products and services which affiliated enterprises or other inner accounting units provide to outer units.

Floor Space of Buildings under Construction refers to total floor space of buildings under construction during the reference period, including newly started buildings, buildings started earlier and continued during the reference period, and buildings suspended earlier but restarted during the reference period, buildings completed during the reference period, and buildings under construction and then suspended during the reference period.

Floor Space of Buildings Completed refers to the floor space of buildings that are completed in the reference period in accordance with the requirement of the design, up to the standard for being resided in and put into use, and have been checked and accepted by concerned departments as qualified ones or up to the standard of buildings completed and can be handed over for putting into use.

Value of Buildings Completed refers to the constructing value of buildings which have reported completing in accordance with the requirement in reference period. Generally, it calculates by stipulated items in design and budget. It can report in term of settling value or value of attaining contract.

Total Assets refer to all resources that are owned or controlled by enterprises through previous trades or transactions with expectation of making economic profits. Classified by the degree of liquidity, total assets include current assets and non-current assets.

Total Liabilities refer to payable liabilities of enterprises that accumulated from previous trades or transactions with expectation of economic profits leaking out. In terms of payment, it can be divided into liquid liabilities and long-term liabilities.

Total Creditors' Equity refers to the residual interest in the assets of an enterprise after deducting all its liabilities. Creditors' equity of a company is also known as shareholders' equity. Included are paid-in capital, capital reserve, surplus reserve, undistributed profits, etc.

Revenue of Major Business refers to the revenue enterprises achieved from the major business.

Sales Expenses refer to kinds of costs through constructing activities, which include costs of transport, loading and unloading, packing, insurance, maintaining, showing, business trip, advertisement and others.

Profits of Business refer to profits realized through the business of enterprises.

Total Profits refers to the operation results in a certain accounting period, and it is the balance of various incomes minus various spending in the course of operation, reflecting the total profits and losses of enterprises in reference period. It is balance of business profits plus non-business income, minus non-business expense.

Remuneration Payable of Staff and Workers refers to all kinds of payments and compensation that enterprises pay staff and workers for getting services or terminating labor relations. It includes wages, bonus, allowances, subsides, welfare fees, health insurance premiums, endowment insurance premiums, unemployment insurance premiums, employment injury insurance premiums, birth insurance premiums, housing provident funds, labor union expenditures, educational expenditures, paid absence, profit-sharing plan, non-monetary welfare, termination benefits, etc.

Value Added Taxes Payable refers to the turnover taxes which is imposed on the added value of selling goods, services, intangible assets, real estate, or providing processing and repairing, and on imported value of import goods according to the tax laws.

12

REAL ESTATE

房地产

资料整理人员

郝志军　蒋文鑫

房地产

REAL ESTATE

房地产开发投资	Investment in Real Estate Development	1764.2	亿元 (100 million yuan)
#住　宅	Residential Buildings	1395.4	亿元 (100 million yuan)
房屋施工面积	Floor Space of Buildings under Construction	25350.5	万平方米 (10 000 sq.m)
#住　宅	Residential Buildings	19068.6	万平方米 (10 000 sq.m)
房屋竣工面积	Floor Space of Buildings Completed	2126.8	万平方米 (10 000 sq.m)
#住　宅	Residential Buildings	1636.6	万平方米 (10 000 sq.m)

房地产开发投资构成 (%)

Composition of Investment in Real Estate Development (%)

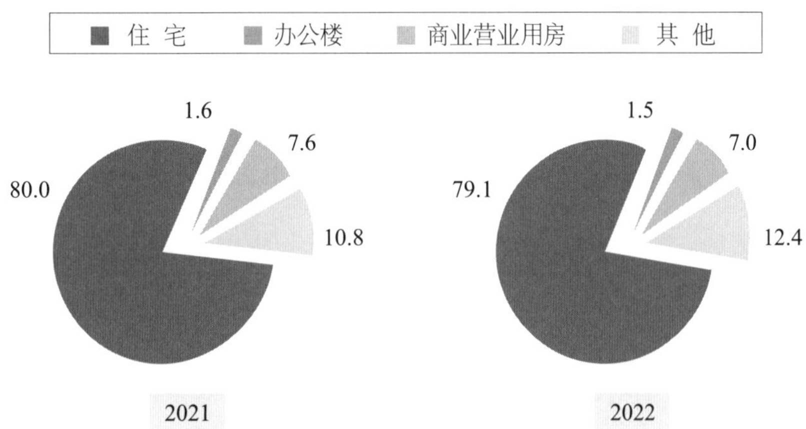

房地产开发投资 (亿元)

Investment in Real Estate Development (100 million yuan)

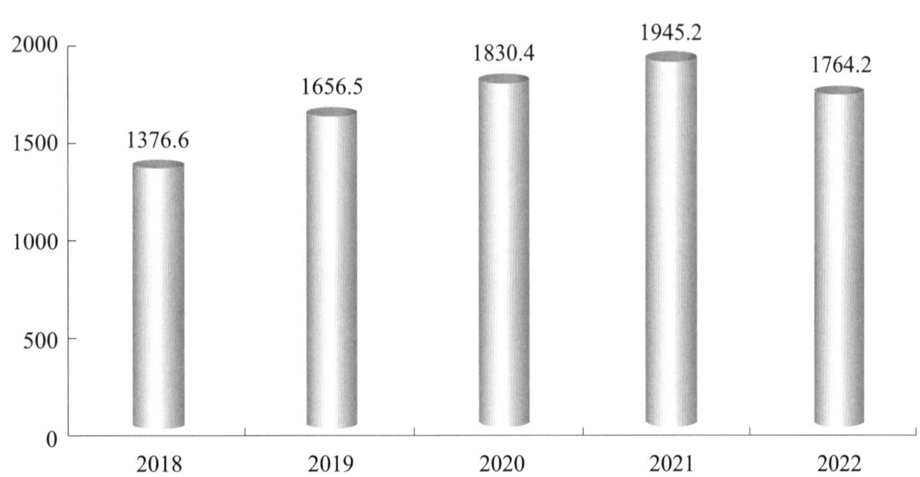

12-1 房地产开发企业主要指标
MAJOR INDICATORS OF REAL ESTATE DEVELOPMENT ENTERPRISES

单位：万元 (10 000 yuan)

指 标	Item	2021	2022
一、企业个数(个)	**Number of Enterprises (unit)**	**2690**	**2768**
二、本年完成投资	**Investment Completed This Year**	**19452324**	**17641986**
按工程用途分	Grouped by Use of Projects		
住 宅	Residential Buildings	15560775	13954190
办公楼	Office Buildings	305701	271409
商业营业用房	Buildings for Business Operation	1478167	1230536
其 他	Other Expenses	2107681	2185851
三、本年新增固定资产	**Newly Increased Fixed Assets This Year**	**9744044**	**6617567**
四、本年购置土地面积(平方米)	**Land Area Purchased This Year (sq.m)**	**3162298**	**2281049**
五、本年实际到位资金	**Actual Funds in Place This Year**	**25443815**	**20311225**
#国内贷款	Domestic Loans	1130538	622539
自筹资金	Self-raised Fund	9027019	8002362
定金及预收款	Deposit and Pre Payment	9701890	7105327
个人按揭贷款	Individual Mortgage Loans	4717087	3649682
其他到位资金	Others	860987	931315
六、房屋建筑面积(平方米)	**Floor Space of Buildings (sq.m)**		
房屋施工面积	Floor Space of Buildings Under Construction	249303651	253505089
#住 宅	Residential Buildings	186004811	190686198
本年新开工面积	Floor Space of Buildings Newly Started Construction This Year	43477411	34539127
#住 宅	Residential Buildings	33920890	27349105
房屋竣工面积	Floor Space of Buildings Completed	26393043	21268247
#住 宅	Residential Buildings	20208214	16365938
七、商品房销售(平方米)	**Selling of Commercial Buildings (sq.m)**		
商品房销售面积	Floor Space of Commercial Buildings Sold	32044132	22567120
#住 宅	Residential Buildings	30349161	21521608
商品房销售额(万元)	Sales of Commercial Buildings (10 000 yuan)	21709081	15149825
#住 宅	Residential Buildings	20300960	14184188
八、经营状况	**Operation Condition**		
资产总计	Total Assets	167086756	167566874
营业收入	Business Revenue	19793220	18202810
#主营业务收入	Revenue of Major Business	18468682	16736391
营业利润	Business Profits	1144641	191558
利润总额	Total Profits	1073561	112369
九、从业人员平均人数(人)	**Average Number of Employees (person)**	**57422**	**56158**

12-2 房地产开发企业完成投资
COMPLETED INVESTMENT OF REAL ESTATE DEVELOPMENT ENTERPRISES

单位：万元 (10 000 yuan)

年 份 Year	本年完成投资 Investement Completed This Year	住 宅 Residential Buildings	办公楼 Office Buildings	商业营业用房 Buildings for Business Operation	其 他 Others
1990	28486	24635	342	2108	1401
1991	32642	27132			5510
1992	51869	41963	1473	1451	6982
1993	129685	102732		2362	24591
1994	116512	87606	2964	6169	19773
1995	150866	101914	12353	13841	22758
1996	147893	107111	6442	7471	26869
1997	181736	151687	6258	6990	16801
1998	278653	199862	9774	21609	47408
1999	350458	270496	7771	30307	41884
2000	394556	272280	19201	48178	54897
2001	466464	288916	17639	67861	92048
2002	674331	369041	46104	88518	170668
2003	950740	473991	53641	211630	211478
2004	1449898	846989	110917	353485	138507
2005	1779937	1168931	107448	274199	229359
2006	2086231	1558224	83778	238224	206005
2007	2589251	1902509	51973	245495	389274
2008	3279807	2287311	81888	389808	520800
2009	4772748	3778904	106264	437877	449703
2010	5922376	4574340	125367	604588	618081
2011	7901982	6153199	172888	736434	839461
2012	10104513	7356137	227958	1392518	1127900
2013	13086275	9588469	484284	1825554	1187968
2014	14035549	10106901	692123	1913124	1323401
2015	14948719	10983176	855037	1712127	1398379
2016	15973532	11410813	751536	2172920	1638263
2017	11662833	8463841	356003	1477912	1365077
2018	13765808	10337564	367745	1531545	1528954
2019	16565005	12964760	452789	1384146	1763310
2020	18303640	14318037	402935	1486123	2096545
2021	19452324	15560775	305701	1478167	2107681
2022	17641986	13954190	271409	1230536	2185851

12-3 房地产开发企业施工、销售和待售情况(2022年)

指 标	Item	合 计 Total
房屋施工面积 (平方米)	Floor Space of Buildings under Construction (sq.m)	253505089
#本年新开工面积	Buildings Newly Started Construction This Year	34539127
房屋竣工面积 (平方米)	Floor Space of Buildings Completed (sq.m)	21268247
#不可销售面积	Buildings Unable to be Sold	1917660
住宅竣工套数 (套)	Sets of Residential Buildings Completed (set)	
房屋竣工价值 (万元)	Value of Buildings Completed (10 000 yuan)	6384766
房屋出租面积 (平方米)	Floor Space of Buildings Leased (sq.m)	2500
商品房销售面积(平方米)	Floor Space of Commercial Residential Buildings Sold (sq.m)	22567120
现 房	Completed Buildings	2401205
期 房	Forward Delivery Buildings	20165915
商品房销售额 (万元)	Sales of Commercial Buildings (10 000 yuan)	15149825
现 房	Completed Buildings	1304848
期 房	Forward Delivery Buildings	13844977
商品住宅销售套数(套)	Sets of Commercial Residential Buildings Sold (set)	
现 房	Completed Buildings	
期 房	Forward Delivery Buildings	
待售面积 (平方米)	Floor Space for Sale (sq.m)	8018939
#待售1-3年面积	Floor Space for Sale in 1-3 Years	4003586
待售3年以上面积	Floor Space for Sale More Than 3 Years	1574717

BUILDINGS UNDER CONSTRUCTION, SELLING AND FOR SALE OF REAL ESTATE DEVELOPMENT ENTERPRISES(2022)

住 宅 Residential Buildings	办公楼 Office Buildings	商业营业用房 Buildings for Business Operation	其 他 Others
190686198	5269907	18360135	39188849
27349105	295784	1703977	5190261
16365938	297877	1410579	3193853
840190	7395	173701	896374
137528			
5100289	96013	517414	671050
		2500	
21521608	145294	643843	256375
2137759	48527	192768	22151
19383849	96767	451075	234224
14184188	155100	682032	128505
1080254	42751	170394	11449
13103934	112349	511638	117056
187048			
17069			
169979			
5336415	244661	1617667	820196
2748606	121362	694990	438628
878560	73623	436485	186049

12-4 房地产开发企业投资完成情况(2022年)

单位：万元

指　标	Item	企业个数 (个) Enterprises (unit)
总　计	**Total**	**2768**
按登记注册类型分	**Grouped by Type of Registration Status**	
内　资	Domestic-Funded Enterprises	2756
国　有	State-owned Enterprises	11
集　体	Collective-owned Enterprises	2
股份合作	Share Cooperative Enterprises	
国有联营	State Joint Ownership Enterprises	
集体联营	Collective Joint Ownership Enterprises	
国有与集体联营	Joint State-collective Enterprises	
其他联营	Other Joint Ownership Enterprises	
国有独资公司	State-funded Corporations	69
其他有限责任公司	Other Limited Liability Corporations	660
股份有限公司	Share Corporations Ltd.	
私营独资	Private-funded Enterprises	
私营合伙	Private Partnership Enterprises	1
私营有限责任公司	Private Limited Liability Corporations	2009
私营股份有限公司	Private Share-holding Corporations Ltd.	4
其　他	Others	
港澳台投资	Enterprises with Investment from Hong Kong, Macao and Taiwan	6
合资经营	Joint-venture Enterprises	2
合作经营	Cooperative Enterprises	1
独　资	Enterprises with Sole Investment	3
股份有限	Share Corporations Ltd.	
其　他	Others	
外商投资	Enterprises with Foreign Investment	6
合资经营	Joint-Venture Enterprises	1
合作经营	Cooperative Enterprises	
外　资	Enterprises with Sole Foreign Investment	5
股份有限	Share Corporations Ltd.	
其　他	Others	
按控股情况分	**Grouped by Share Holding**	
国有控股	State Holding Enterprises	240
集体控股	Collective-owned Holding Enterprises	36
私人控股	Private Holding Enterprises	2481
港澳台商控股	Hong Kong, Macao and Taiwan Holding Enterprises	5
外商控股	Foreign Holding Enterprises	6
其　他	Others	

COMPLETED INVESTMENT OF REAL ESTATE DEVELOPMENT ENTERPRISES(2022)

(10 000 yuan)

计划总投资 Total Planned Investment	自开始建设累计完成投资 Accumulative Investment Completed	本年完成投资 Investment Completed This Year	建筑工程 Construction	安装工程 Installation
174938643	**93069366**	**17641986**	**12571377**	**864169**
172605847	92266562	17581515	12531788	862746
480178	237175	24773	11002	3568
29907	8950	2354	2053	97
11199731	5486856	1272703	875509	26231
96688388	49694345	8364171	5490426	472322
49815	10584	10584	10584	
63972987	36740006	7896537	6132564	360528
184841	88646	10393	9650	
1135741	313272	16091	9581	
901317	224682			
234424	88590	16091	9581	
1197055	489532	44380	30008	1423
1197055	489532	44380	30008	1423
40564501	21623014	3855928	2598729	98349
1740506	1094382	136529	99723	8583
130481157	69604529	13589058	9833336	755814
955424	257909	16091	9581	
1197055	489532	44380	30008	1423

12-4 续表1

单位：万元

指　标	Item	设备工器具购置 Purchase of Equipment and Instruments
总　计	**Total**	**159507**
按登记注册类型分	**Grouped by Type of Registration Status**	
内　资	Domestic-Funded Enterprises	159507
国　有	State-owned Enterprises	
集　体	Collective-owned Enterprises	
股份合作	Share Cooperative Enterprises	
国有联营	State Joint Ownership Enterprises	
集体联营	Collective Joint Ownership Enterprises	
国有与集体联营	Joint State-collective Enterprises	
其他联营	Other Joint Ownership Enterprises	
国有独资公司	State-funded Corporations	805
其他有限责任公司	Other Limited Liability Corporations	99048
股份有限公司	Share Corporations Ltd.	
私营独资	Private-funded Enterprises	
私营合伙	Private Partnership Enterprises	
私营有限责任公司	Private Limited Liability Corporations	59654
私营股份有限公司	Private Share-holding Corporations Ltd.	
其　他	Others	
港澳台投资	Enterprises with Investment from Hong Kong, Macao and Taiwan	
合资经营	Joint-venture Enterprises	
合作经营	Cooperative Enterprises	
独　资	Enterprises with Sole Investment	
股份有限	Share Corporations Ltd.	
其　他	Others	
外商投资	Enterprises with Foreign Investment	
合资经营	Joint-Venture Enterprises	
合作经营	Cooperative Enterprises	
外　资	Enterprises with Sole Foreign Investment	
股份有限	Share Corporations Ltd.	
其　他	Others	
按控股情况分	**Grouped by Share Holding**	
国有控股	State Holding Enterprises	21867
集体控股	Collective-owned Holding Enterprises	3059
私人控股	Private Holding Enterprises	134581
港澳台商控股	Hong Kong, Macao and Taiwan Holding Enterprises	
外商控股	Foreign Holding Enterprises	
其　他	Others	

continued

(10 000 yuan)

其他费用 Other Expenses	#旧建筑物购置费 Purchase of old Building	#土地购置费 Purchase of Land	住宅 Residential Buildings	#90平方米及以下住房 90 sq.m and Below
4046933	**4482**	**2747457**	**13954190**	**1707807**
4027474	4482	2739059	13903442	1702129
10203		4904	22415	1037
204			2354	
370158		250269	854500	164752
2302375	3665	1480743	6396880	921594
			4653	732
1343791	817	1003143	6612304	613975
743			10336	39
6510		4019	8128	2646
6510		4019	8128	2646
12949		4379	42620	3032
12949		4379	42620	3032
1136983	1293	671185	2808708	499431
25164	691	16354	113938	16534
2865327	2498	2051520	10980796	1186164
6510		4019	8128	2646
12949		4379	42620	3032

12-4 续表2

单位：万元

指　标	Item	#144平方米以上住房 Above 144 sq.m
总　计	**Total**	**2574862**
按登记注册类型分	**Grouped by Type of Registration Status**	
内　资	Domestic-Funded Enterprises	2571578
国　有	State-owned Enterprises	639
集　体	Collective-owned Enterprises	631
股份合作	Share Cooperative Enterprises	
国有联营	State Joint Ownership Enterprises	
集体联营	Collective Joint Ownership Enterprises	
国有与集体联营	Joint State-collective Enterprises	
其他联营	Other Joint Ownership Enterprises	
国有独资公司	State-funded Corporations	50329
其他有限责任公司	Other Limited Liability Corporations	1618808
股份有限公司	Share Corporations Ltd.	
私营独资	Private-funded Enterprises	
私营合伙	Private Partnership Enterprises	3269
私营有限责任公司	Private Limited Liability Corporations	897902
私营股份有限公司	Private Share-holding Corporations Ltd.	
其　他	Others	
港澳台投资	Enterprises with Investment from Hong Kong, Macao and Taiwan	
合资经营	Joint-venture Enterprises	
合作经营	Cooperative Enterprises	
独　资	Enterprises with Sole Investment	
股份有限	Share Corporations Ltd.	
其　他	Others	
外商投资	Enterprises with Foreign Investment	3284
合资经营	Joint-Venture Enterprises	
合作经营	Cooperative Enterprises	
外　资	Enterprises with Sole Foreign Investment	3284
股份有限	Share Corporations Ltd.	
其　他	Others	
按控股情况分	**Grouped by Share Holding**	
国有控股	State Holding Enterprises	554979
集体控股	Collective-owned Holding Enterprises	21491
私人控股	Private Holding Enterprises	1995108
港澳台商控股	Hong Kong, Macao and Taiwan Holding Enterprises	
外商控股	Foreign Holding Enterprises	3284
其　他	Others	

continued

(10 000 yuan)

办公楼 Office Buildings	商业营业用房 Buildings for Business Operation	其　他 Others	本年新增固定资产 Newly Increased Fixed Assets This Year
271409	**1230536**	**2185851**	**6617567**
271409	1224954	2181710	6617567
	212	2146	
21123	91931	305149	432780
148616	606471	1212204	2523243
	4312	1619	
101670	521975	660588	3661544
	53	4	
	5100	2863	
	5100	2863	
	482	1278	
	482	1278	
68424	251646	727150	640962
670	13103	8818	121385
202315	960205	1445742	5855220
	5100	2863	
	482	1278	

12-5 房地产开发企业资金来源情况(2022年)

单位：万元

指　标	Item	上年末结余资金 Remaining Funds at The End of Last Year
总　计	**Total**	**7367617**
按登记注册类型分	**Grouped by Type of Registration Status**	
内　资	Domestic-Funded Enterprises	7340566
国　有	State-owned Enterprises	11940
集　体	Collective-owned Enterprises	
股份合作	Share Cooperative Enterprises	
国有联营	State Joint Ownership Enterprises	
集体联营	Collective Joint Ownership Enterprises	
国有与集体联营	Joint State-collective Enterprises	
其他联营	Other Joint Ownership Enterprises	
国有独资公司	State-funded Corporations	436147
其他有限责任公司	Other Limited Liability Corporations	4071942
股份有限公司	Share Corporations Ltd.	
私营独资	Private-funded Enterprises	
私营合伙	Private Partnership Enterprises	
私营有限责任公司	Private Limited Liability Corporations	2820527
私营股份有限公司	Private Share-holding Corporations Ltd.	10
其　他	Others	
港澳台投资	Enterprises with Investment from Hong Kong, Macao and Taiwan	1388
合资经营	Joint-venture Enterprises	
合作经营	Cooperative Enterprises	
独　资	Enterprises with Sole Investment	1388
股份有限	Share Corporations Ltd.	
其　他	Others	
外商投资	Enterprises with Foreign Investment	25663
合资经营	Joint-Venture Enterprises	
合作经营	Cooperative Enterprises	
外　资	Enterprises with Sole Foreign Investment	25663
股份有限	Share Corporations Ltd.	
其　他	Others	
按控股情况分	**Grouped by Share Holding**	
国有控股	State Holding Enterprises	1508035
集体控股	Collective-owned Holding Enterprises	60369
私人控股	Private Holding Enterprises	5772162
港澳台商控股	Hong Kong, Macao and Taiwan Holding Enterprises	1388
外商控股	Foreign Holding Enterprises	25663
其　他	Others	

SOURCE OF FUNDS FOR REAL ESTATE DEVELOPMENT ENTERPRISES(2022)

(10 000 yuan)

本年实际到位资金 Actual Funds in Place This Year	#国内贷款 Domestic Loans	#自筹资金 Self-raised Funds	#定金及预付款 Deposit and Pre Payment	#个人按揭贷款 Individual Mortgage	#其他到位资金 Others
20311225	**622539**	**8002362**	**7105327**	**3649682**	**931315**
20187835	622539	7964044	7053884	3616053	931315
21826		4256	13084	4486	
4614		435	3914	265	
1519753	81801	491304	429946	79020	437682
9497731	458471	2958020	3758235	2039671	283334
10584		8695			1889
9115422	82267	4490298	2841836	1492611	208410
17905		11036	6869		
29795		29635	160		
29795		29635	160		
93595		8683	51283	33629	
93595		8683	51283	33629	
4820301	388119	1786253	1507867	623421	514641
146325	900	35099	76350	23520	10456
15221209	233520	6142692	5469667	2969112	406218
29795		29635	160		
93595		8683	51283	33629	

12-6 房地产开发企业土地购置、开发和待售情况(2022年)

单位：平方米

指 标	Item	待开发土地面积 Land Area Pending Development
总 计	**Total**	**8764558**
按登记注册类型分	**Grouped by Type of Registration Status**	
内 资	Domestic-Funded Enterprises	8764558
国 有	State-owned Enterprises	8724
集 体	Collective-owned Enterprises	
股份合作	Share Cooperative Enterprises	
国有联营	State Joint Ownership Enterprises	
集体联营	Collective Joint Ownership Enterprises	
国有与集体联营	Joint State-collective Enterprises	
其他联营	Other Joint Ownership Enterprises	
国有独资公司	State-funded Corporations	502954
其他有限责任公司	Other Limited Liability Corporations	4395028
股份有限公司	Share Corporations Ltd.	
私营独资	Private-funded Enterprises	
私营合伙	Private Partnership Enterprises	
私营有限责任公司	Private Limited Liability Corporations	3857852
私营股份有限公司	Private Share-holding Corporations Ltd.	
其 他	Others	
港澳台投资	Enterprises with Investment from Hong Kong, Macao and Taiwan	
合资经营	Joint-venture Enterprises	
合作经营	Cooperative Enterprises	
独 资	Enterprises with Sole Investment	
股份有限	Share Corporations Ltd.	
其 他	Others	
外商投资	Enterprises with Foreign Investment	
合资经营	Joint-Venture Enterprises	
合作经营	Cooperative Enterprises	
外 资	Enterprises with Sole Foreign Investment	
股份有限	Share Corporations Ltd.	
其 他	Others	
按控股情况分	**Grouped by Share Holding**	
国有控股	State Holding Enterprises	1436233
集体控股	Collective-owned Holding Enterprises	148163
私人控股	Private Holding Enterprises	7180162
港澳台商控股	Hong Kong, Macao and Taiwan Holding Enterprises	
外商控股	Foreign Holding Enterprises	
其 他	Others	

LAND PURCHASING, DEVELOPING AND FOR SALE OF REAL ESTATE DEVELOPMENT ENTERPRISES(2022)

(sq.m)

本年购置土地面积 Land Area Purchased This Year	本年土地成交价款(万元) Deal Value of Land This Year (10 000 yuan)	待售面积 Land Area for Sale	#待售面积(一年至三年) Land Area for Sale in 1–3 Years	#待售面积(三年以上) Land Area for Sale More Than Three Years
2281049	**851102**	**8018939**	**4003586**	**1574717**
2281049	851102	8018939	4003586	1574717
		344523		143672
215007	256260	21409		13031
506645	223691	1843275	1230302	351853
1559397	371151	5809732	2773284	1066161
459942	426969	733088	271099	181511
		267716	107650	154067
1821107	424133	7018135	3624837	1239139

12-7 房地产开发企业施工和销售情况(2022年)

单位：平方米

指 标	Item	房屋施工面积 Floor Space of Buildings under Construction
总 计	**Total**	**253505089**
按登记注册类型分	**Grouped by Type of Registration Status**	
内 资	Domestic-Funded Enterprises	250926492
国 有	State-owned Enterprises	582771
集 体	Collective-owned Enterprises	29930
股份合作	Share Cooperative Enterprises	
国有联营	State Joint Ownership Enterprises	
集体联营	Collective Joint Ownership Enterprises	
国有与集体联营	Joint State-collective Enterprises	
其他联营	Other Joint Ownership Enterprises	
国有独资公司	State-funded Corporations	15303427
其他有限责任公司	Other Limited Liability Corporations	109696809
股份有限公司	Share Corporations Ltd.	
私营独资	Private-funded Enterprises	
私营合伙	Private Partnership Enterprises	113374
私营有限责任公司	Private Limited Liability Corporations	124893661
私营股份有限公司	Private Share-holding Corporations Ltd.	306520
其 他	Others	
港澳台投资	Enterprises with Investment from Hong Kong, Macao and Taiwan	1541698
合资经营	Joint-venture Enterprises	1311169
合作经营	Cooperative Enterprises	
独 资	Enterprises with Sole Investment	230529
股份有限	Share Corporations Ltd.	
其 他	Others	
外商投资	Enterprises with Foreign Investment	1036899
合资经营	Joint-Venture Enterprises	
合作经营	Cooperative Enterprises	
外 资	Enterprises with Sole Foreign Investment	1036899
股份有限	Share Corporations Ltd.	
其 他	Others	
按控股情况分	**Grouped by Share Holding**	
国有控股	State Holding Enterprises	48241056
集体控股	Collective-owned Holding Enterprises	2150399
私人控股	Private Holding Enterprises	200744206
港澳台商控股	Hong Kong, Macao and Taiwan Holding Enterprises	1332529
外商控股	Foreign Holding Enterprises	1036899
其 他	Others	

CONSTRUCTION AND SALES OF REAL ESTATE DEVELOPMENT ENTERPRISES(2022)

(sq.m)

住 宅 Residential Buildings	办公楼 Office Buildings	商业营业用房 Buildings for Business Operation	其 他 Others
190686198	**5269907**	**18360135**	**39188849**
189259201	4880207	18111568	38675516
444684		6364	131723
25830		3600	500
10929208	257687	976044	3140488
81914502	2730105	7003569	18048633
28891		55030	29453
95642646	1892415	10059782	17298818
273440		7179	25901
655428	389700	166175	330395
445027	389700	154455	321987
210401		11720	8408
771569		82392	182938
771569		82392	182938
35961708	944087	2727098	8608163
1608439	7817	127621	406522
151787381	3928303	15360704	29667818
557101	389700	62320	323408
771569		82392	182938

12–7 续表1

单位：平方米

指　标	Item	本年新开工面积 Floor Space of Builings Newly Started Construction
总　计	**Total**	**34539127**
按登记注册类型分	**Grouped by Type of Registration Status**	
内　资	Domestic–Funded Enterprises	34468488
国　有	State–owned Enterprises	258170
集　体	Collective–owned Enterprises	8490
股份合作	Share Cooperative Enterprises	
国有联营	State Joint Ownership Enterprises	
集体联营	Collective Joint Ownership Enterprises	
国有与集体联营	Joint State–collective Enterprises	
其他联营	Other Joint Ownership Enterprises	
国有独资公司	State–funded Corporations	2519273
其他有限责任公司	Other Limited Liability Corporations	10637893
股份有限公司	Share Corporations Ltd.	
私营独资	Private–funded Enterprises	
私营合伙	Private Partnership Enterprises	
私营有限责任公司	Private Limited Liability Corporations	21044662
私营股份有限公司	Private Share–holding Corporations Ltd.	
其　他	Others	
港澳台投资	Enterprises with Investment from Hong Kong, Macao and Taiwan	70639
合资经营	Joint–venture Enterprises	
合作经营	Cooperative Enterprises	
独　资	Enterprises with Sole Investment	70639
股份有限	Share Corporations Ltd.	
其　他	Others	
外商投资	Enterprises with Foreign Investment	
合资经营	Joint–Venture Enterprises	
合作经营	Cooperative Enterprises	
外　资	Enterprises with Sole Foreign Investment	
股份有限	Share Corporations Ltd.	
其　他	Others	
按控股情况分	**Grouped by Share Holding**	
国有控股	State Holding Enterprises	6033393
集体控股	Collective–owned Holding Enterprises	251095
私人控股	Private Holding Enterprises	28184000
港澳台商控股	Hong Kong, Macao and Taiwan Holding Enterprises	70639
外商控股	Foreign Holding Enterprises	
其　他	Others	

continued

(sq.m)

住　宅 Residential Buildings	办公楼 Office Buildings	商业营业用房 Buildings for Business Operation	其　他 Others
27349105	**295784**	**1703977**	**5190261**
27288521	295784	1695203	5188980
223926			34244
8490			
1745354	20738	163884	589297
8297596	100413	470409	1769475
17013155	174633	1060910	2795964
60584		8774	1281
60584		8774	1281
4361917	57806	314923	1298747
186210	333	16534	48018
22740394	237645	1363746	3842215
60584		8774	1281

12-7 续表2

单位：平方米

指　标	Item	房屋竣工面　积 Floor Space of Buildings Completed
总　计	**Total**	**21268247**
按登记注册类型分	**Grouped by Type of Registration Status**	
内　资	Domestic-Funded Enterprises	21268247
国　有	State-owned Enterprises	
集　体	Collective-owned Enterprises	
股份合作	Share Cooperative Enterprises	
国有联营	State Joint Ownership Enterprises	
集体联营	Collective Joint Ownership Enterprises	
国有与集体联营	Joint State-collective Enterprises	
其他联营	Other Joint Ownership Enterprises	
国有独资公司	State-funded Corporations	850304
其他有限责任公司	Other Limited Liability Corporations	8211513
股份有限公司	Share Corporations Ltd.	
私营独资	Private-funded Enterprises	
私营合伙	Private Partnership Enterprises	
私营有限责任公司	Private Limited Liability Corporations	12206430
私营股份有限公司	Private Share-holding Corporations Ltd.	
其　他	Others	
港澳台投资	Enterprises with Investment from Hong Kong, Macao and Taiwan	
合资经营	Joint-venture Enterprises	
合作经营	Cooperative Enterprises	
独　资	Enterprises with Sole Investment	
股份有限	Share Corporations Ltd.	
其　他	Others	
外商投资	Enterprises with Foreign Investment	
合资经营	Joint-Venture Enterprises	
合作经营	Cooperative Enterprises	
外　资	Enterprises with Sole Foreign Investment	
股份有限	Share Corporations Ltd.	
其　他	Others	
按控股情况分	**Grouped by Share Holding**	
国有控股	State Holding Enterprises	1609406
集体控股	Collective-owned Holding Enterprises	308007
私人控股	Private Holding Enterprises	19350834
港澳台商控股	Hong Kong, Macao and Taiwan Holding Enterprises	
外商控股	Foreign Holding Enterprises	
其　他	Others	

continued

(sq.m)

住　宅 Residential Buildings	办公楼 Office Buildings	商业营业用房 Buildings for Business Operation	其　他 Others
16365938	**297877**	**1410579**	**3193853**
16365938	297877	1410579	3193853
695561	3007	50769	100967
6189073	126051	552684	1343705
9481304	168819	807126	1749181
1265299	3007	97323	243777
187799		19544	100664
14912840	294870	1293712	2849412

12-7 续表3

单位：万元

指　标	Item	房屋竣工价　值 Value of Buildings Completed
总　计	**Total**	**6384766**
按登记注册类型分	**Grouped by Type of Registration Status**	
内　资	Domestic-Funded Enterprises	6384766
国　有	State-owned Enterprises	
集　体	Collective-owned Enterprises	
股份合作	Share Cooperative Enterprises	
国有联营	State Joint Ownership Enterprises	
集体联营	Collective Joint Ownership Enterprises	
国有与集体联营	Joint State-collective Enterprises	
其他联营	Other Joint Ownership Enterprises	
国有独资公司	State-funded Corporations	369617
其他有限责任公司	Other Limited Liability Corporations	2484422
股份有限公司	Share Corporations Ltd.	
私营独资	Private-funded Enterprises	
私营合伙	Private Partnership Enterprises	
私营有限责任公司	Private Limited Liability Corporations	3530727
私营股份有限公司	Private Share-holding Corporations Ltd.	
其　他	Others	
港澳台投资	Enterprises with Investment from Hong Kong, Macao and Taiwan	
合资经营	Joint-venture Enterprises	
合作经营	Cooperative Enterprises	
独　资	Enterprises with Sole Investment	
股份有限	Share Corporations Ltd.	
其　他	Others	
外商投资	Enterprises with Foreign Investment	
合资经营	Joint-Venture Enterprises	
合作经营	Cooperative Enterprises	
外　资	Enterprises with Sole Foreign Investment	
股份有限	Share Corporations Ltd.	
其　他	Others	
按控股情况分	**Grouped by Share Holding**	
国有控股	State Holding Enterprises	577799
集体控股	Collective-owned Holding Enterprises	121385
私人控股	Private Holding Enterprises	5685582
港澳台商控股	Hong Kong, Macao and Taiwan Holding Enterprises	
外商控股	Foreign Holding Enterprises	
其　他	Others	

continued

(10 000 yuan)

住 宅 Residential Buildings	办公楼 Office Buildings	商业营业用房 Buildings for Business Operation	其 他 Others
5100289	**96013**	**517414**	**671050**
5100289	96013	517414	671050
314365	1595	15188	38469
2014720	38665	227743	203294
2771204	55753	274483	429287
477079	1595	34074	65051
88140		14223	19022
4535070	94418	469117	586977

12-7 续表4

单位：平方米

指　标	Item	商品房销售面积 Floor Space of Commercial Buildings Sold	住　宅 Residential Buildings
总　计	**Total**	**22567120**	**21521608**
按登记注册类型分	**Grouped by Type of Registration Status**		
内　资	Domestic-Funded Enterprises	22408078	21363493
国　有	State-owned Enterprises	62862	62862
集　体	Collective-owned Enterprises	5645	5645
股份合作	Share Cooperative Enterprises		
国有联营	State Joint Ownership Enterprises		
集体联营	Collective Joint Ownership Enterprises		
国有与集体联营	Joint State-collective Enterprises		
其他联营	Other Joint Ownership Enterprises		
国有独资公司	State-funded Corporations	787583	778263
其他有限责任公司	Other Limited Liability Corporations	8930104	8319097
股份有限公司	Share Corporations Ltd.		
私营独资	Private-funded Enterprises		
私营合伙	Private Partnership Enterprises		
私营有限责任公司	Private Limited Liability Corporations	12526903	12102645
私营股份有限公司	Private Share-holding Corporations Ltd.	94981	94981
其　他	Others		
港澳台投资	Enterprises with Investment from Hong Kong, Macao and Taiwan	9870	9870
合资经营	Joint-venture Enterprises		
合作经营	Cooperative Enterprises		
独　资	Enterprises with Sole Investment	9870	9870
股份有限	Share Corporations Ltd.		
其　他	Others		
外商投资	Enterprises with Foreign Investment	149172	148245
合资经营	Joint-Venture Enterprises		
合作经营	Cooperative Enterprises		
外　资	Enterprises with Sole Foreign Investment	149172	148245
股份有限	Share Corporations Ltd.		
其　他	Others		
按控股情况分	**Grouped by Share Holding**		
国有控股	State Holding Enterprises	3249268	3117202
集体控股	Collective-owned Holding Enterprises	158820	153651
私人控股	Private Holding Enterprises	18999990	18092640
港澳台商控股	Hong Kong, Macao and Taiwan Holding Enterprises	9870	9870
外商控股	Foreign Holding Enterprises	149172	148245
其　他	Others		

continued

(sq.m)

#90平方米及以下住房 90 sq.m and Below	#144平方米以上住房 Above 144 sq.m	办公楼 Office Buildings	商业营业用房 Buildings for Business Operation	其 他 Others
1358240	**2725948**	**145294**	**643843**	**256375**
1320584	2714462	145294	643083	256208
4796	20938			
232204	19271		7977	1343
550181	1545288	69183	333687	208137
533283	1128965	76111	301419	46728
120				
	9870			
	9870			
37656	1616		760	167
37656	1616		760	167
377252	364142		96241	35825
14441	35676	224	2243	2702
928891	2314644	145070	544599	217681
	9870			
37656	1616		760	167

12-7 续表5

单位：万元

指　标	Item	商品房销售额 Sales of Commercial Buildings	住　宅 Residential Buildings
总　计	**Total**	**15149825**	**14184188**
按登记注册类型分	**Grouped by Type of Registration Status**		
内　资	Domestic-Funded Enterprises	15037708	14073386
国　有	State-owned Enterprises	34888	34888
集　体	Collective-owned Enterprises	2075	2075
股份合作	Share Cooperative Enterprises		
国有联营	State Joint Ownership Enterprises		
集体联营	Collective Joint Ownership Enterprises		
国有与集体联营	Joint State-collective Enterprises		
其他联营	Other Joint Ownership Enterprises		
国有独资公司	State-funded Corporations	605495	592055
其他有限责任公司	Other Limited Liability Corporations	7359840	6803425
股份有限公司	Share Corporations Ltd.		
私营独资	Private-funded Enterprises		
私营合伙	Private Partnership Enterprises		
私营有限责任公司	Private Limited Liability Corporations	6968183	6573716
私营股份有限公司	Private Share-holding Corporations Ltd.	67227	67227
其　他	Others		
港澳台投资	Enterprises with Investment from Hong Kong, Macao and Taiwan	8490	8490
合资经营	Joint-venture Enterprises		
合作经营	Cooperative Enterprises		
独　资	Enterprises with Sole Investment	8490	8490
股份有限	Share Corporations Ltd.		
其　他	Others		
外商投资	Enterprises with Foreign Investment	103627	102312
合资经营	Joint-Venture Enterprises		
合作经营	Cooperative Enterprises		
外　资	Enterprises with Sole Foreign Investment	103627	102312
股份有限	Share Corporations Ltd.		
其　他	Others		
按控股情况分	**Grouped by Share Holding**		
国有控股	State Holding Enterprises	2797915	2636912
集体控股	Collective-owned Holding Enterprises	111102	108483
私人控股	Private Holding Enterprises	12128691	11327991
港澳台商控股	Hong Kong, Macao and Taiwan Holding Enterprises	8490	8490
外商控股	Foreign Holding Enterprises	103627	102312
其　他	Others		

continued

(10 000 yuan)

#90平方米及以下住房 90 sq.m and Below	#144平方米以上住房 Above 144 sq.m	办公楼 Office Buildings	商业营业用房 Buildings for Business Operation	其他 Others
845333	**2437463**	**155100**	**682032**	**128505**
831698	2427530	155100	680890	128332
1806	6880			
153291	16515		11381	2059
385393	1673311	54326	391017	111072
291116	730824	100774	278492	15201
92				
	8490			
	8490			
13635	1443		1142	173
13635	1443		1142	173
250265	415798		135722	25281
7474	35620	157	1729	733
573959	1976112	154943	543439	102318
	8490			
13635	1443		1142	173

12-8 房地产开发企业财务状况(2022年)

单位：万元

指 标	Item	固定资产原 价 Original Value of Fixed Assets
总 计	**Total**	**2747428**
按登记注册类型分	**Grouped by Type of Registration Status**	
内 资	Domestic-Funded Enterprises	2733401
国 有	State-owned Enterprises	11043
集 体	Collective-owned Enterprises	719
股份合作	Share Cooperative Enterprises	
国有联营	State Joint Ownership Enterprises	
集体联营	Collective Joint Ownership Enterprises	
国有与集体联营	Joint State-collective Enterprises	
其他联营	Other Joint Ownership Enterprises	
国有独资公司	State-funded Corporations	743423
其他有限责任公司	Other Limited Liability Corporations	774741
股份有限公司	Share Corporations Ltd.	
私营独资	Private-funded Enterprises	
私营合伙	Private Partnership Enterprises	
私营有限责任公司	Private Limited Liability Corporations	1200459
私营股份有限公司	Private Share-holding Corporations Ltd.	3017
其 他	Others	
港澳台投资	Enterprises with Investment from Hong Kong, Macao and Taiwan	1639
合资经营	Joint-venture Enterprises	1078
合作经营	Cooperative Enterprises	170
独 资	Enterprises with Sole Investment	391
股份有限	Share Corporations Ltd.	
其 他	Others	
外商投资	Enterprises with Foreign Investment	12388
合资经营	Joint-Venture Enterprises	177
合作经营	Cooperative Enterprises	
外 资	Enterprises with Sole Foreign Investment	12211
股份有限	Share Corporations Ltd.	
其 他	Others	
按控股情况分	**Grouped by Share Holding**	
国有控股	State Holding Enterprises	1011276
集体控股	Collective-owned Holding Enterprises	16943
私人控股	Private Holding Enterprises	1706127
港澳台商控股	Hong Kong, Macao and Taiwan Holding Enterprises	695
外商控股	Foreign Holding Enterprises	12388
其 他	Others	

FINANCIAL CONDITION OF REAL ESTATE DEVELOPMENT ENTERPRISES(2022)

(10 000 yuan)

累计折旧 Accumulative Depreciation	#本年折旧 Depreciation of This Year	资产总计 Total Assets	负债合计 Total Liabilities	所有者权益合计 Total Creditors' Equity	#实收资本 Paid-in Capital
724123	**110250**	**167566874**	**152091684**	**15475190**	**13138049**
715678	109558	165734972	150621564	15113408	12875378
4041	985	1139965	1135140	4825	20951
170	4	59456	60995	-1538	487
51259	2724	20257646	14993498	5264148	2811690
209669	34222	81629140	74849983	6779158	5698799
		22786	22031	755	1000
447640	70224	62268593	59175859	3092734	4331152
2899	1399	357385	384059	-26673	11300
1385	44	395350	258457	136893	115219
867	19	200588	97578	103010	110000
159	1	5946	4222	1724	2100
359	25	188816	156657	32159	3119
7061	648	1436552	1211663	224889	147453
141		30192	27775	2417	933
6919	648	1406360	1183888	222472	146519
100920	13470	43207996	36142792	7065204	4162217
5817	798	1513170	1372861	140309	165847
609681	95309	121033338	113114018	7919320	8557315
645	26	375818	250351	125467	105219
7061	648	1436552	1211663	224889	147453

12-8 续表1

单位：万元

指　标	Item	营业收入 Business Revenue
总　计	**Total**	**18202810**
按登记注册类型分	**Grouped by Type of Registration Status**	
内　资	Domestic-Funded Enterprises	18139062
国　有	State-owned Enterprises	147639
集　体	Collective-owned Enterprises	430
股份合作	Share Cooperative Enterprises	
国有联营	State Joint Ownership Enterprises	
集体联营	Collective Joint Ownership Enterprises	
国有与集体联营	Joint State-collective Enterprises	
其他联营	Other Joint Ownership Enterprises	
国有独资公司	State-funded Corporations	1753748
其他有限责任公司	Other Limited Liability Corporations	7760300
股份有限公司	Share Corporations Ltd.	
私营独资	Private-funded Enterprises	
私营合伙	Private Partnership Enterprises	
私营有限责任公司	Private Limited Liability Corporations	8452280
私营股份有限公司	Private Share-holding Corporations Ltd.	24664
其　他	Others	
港澳台投资	Enterprises with Investment from Hong Kong, Macao and Taiwan	3193
合资经营	Joint-venture Enterprises	22
合作经营	Cooperative Enterprises	3167
独　资	Enterprises with Sole Investment	3
股份有限	Share Corporations Ltd.	
其　他	Others	
外商投资	Enterprises with Foreign Investment	60555
合资经营	Joint-Venture Enterprises	748
合作经营	Cooperative Enterprises	
外　资	Enterprises with Sole Foreign Investment	59807
股份有限	Share Corporations Ltd.	
其　他	Others	
按控股情况分	**Grouped by Share Holding**	
国有控股	State Holding Enterprises	4262380
集体控股	Collective-owned Holding Enterprises	325796
私人控股	Private Holding Enterprises	13550909
港澳台商控股	Hong Kong, Macao and Taiwan Holding Enterprises	3170
外商控股	Foreign Holding Enterprises	60555
其　他	Others	

continued

(10 000 yuan)

#主营业务收入 Revenue of Major Business	土地转让收入 Land Transferred Revenue	商品房屋销售收入 Sales Revenue of Commercial Buildings	自持物业收入 Revenue from Self-owned Real Estate	#房屋出租收入 Revenue from Buildings Leasing	其他收入 Other Revenue
16736391	**15134**	**15847806**	**132135**	**102097**	**741316**
16673769	15134	15785970	132113	102074	740553
145966		132953	12752	1258	262
430		430			
1739035		1260576	12679	11189	465780
7120144	10368	6824674	60529	48070	224573
7643531	4766	7542673	46154	41557	49938
24664		24664			
2737		2712	22	22	3
22			22	22	
3167		3167			
–453		–456			3
59884		59124			760
748		748			
59136		58376			760
4200836	10277	3582046	63866	40867	544647
317409		316984	353	353	72
12155547	4857	11886940	67916	60877	195834
2715		2712			3
59884		59124			760

12-8 续表2

单位：万元

指 标	Item	营业成本 Business Costs
总 计	**Total**	**16124258**
按登记注册类型分	**Grouped by Type of Registration Status**	
内 资	Domestic-Funded Enterprises	16080311
国 有	State-owned Enterprises	143924
集 体	Collective-owned Enterprises	335
股份合作	Share Cooperative Enterprises	
国有联营	State Joint Ownership Enterprises	
集体联营	Collective Joint Ownership Enterprises	
国有与集体联营	Joint State-collective Enterprises	
其他联营	Other Joint Ownership Enterprises	
国有独资公司	State-funded Corporations	1485941
其他有限责任公司	Other Limited Liability Corporations	6909571
股份有限公司	Share Corporations Ltd.	
私营独资	Private-funded Enterprises	
私营合伙	Private Partnership Enterprises	60
私营有限责任公司	Private Limited Liability Corporations	7518812
私营股份有限公司	Private Share-holding Corporations Ltd.	21668
其 他	Others	
港澳台投资	Enterprises with Investment from Hong Kong, Macao and Taiwan	3487
合资经营	Joint-venture Enterprises	
合作经营	Cooperative Enterprises	3136
独 资	Enterprises with Sole Investment	350
股份有限	Share Corporations Ltd.	
其 他	Others	
外商投资	Enterprises with Foreign Investment	40461
合资经营	Joint-Venture Enterprises	446
合作经营	Cooperative Enterprises	
外 资	Enterprises with Sole Foreign Investment	40015
股份有限	Share Corporations Ltd.	
其 他	Others	
按控股情况分	**Grouped by Share Holding**	
国有控股	State Holding Enterprises	3600415
集体控股	Collective-owned Holding Enterprises	272879
私人控股	Private Holding Enterprises	12207017
港澳台商控股	Hong Kong, Macao and Taiwan Holding Enterprises	3487
外商控股	Foreign Holding Enterprises	40461
其 他	Others	

continued

(10 000 yuan)

#主营业务成　本 Costs of Major Business	税金及附加 Tax and Extra Charges	营业利润 Business Profits	利润总额 Total Profits	所得税费用 Income Taxes Expenses	从业人员期末人数(人) Employees at The End of Period (person)
15268077	**459094**	**191558**	**112369**	**227133**	**54713**
15224238	457258	190404	112491	228168	54428
143355	1496	–2450	4210	457	760
335	11	–514	–515		255
1465442	22481	223986	221988	52098	2467
6666048	231970	–89339	–134390	102138	15608
		–130	–223		5
6927390	199956	60578	23313	73475	35242
21668	1345	–1727	–1892		91
3487	117	–1605	–1630	1	58
		–152	–152		23
3136	19	–32	–35		10
350	98	–1421	–1443	1	25
40352	1718	2760	1508	–1035	227
446	19	73	–147		32
39907	1699	2687	1656	–1035	195
3522475	120965	299772	303476	102590	7881
264980	6856	33338	32590	1410	775
11436783	329438	–142859	–223728	124167	45795
3487	117	–1453	–1478	1	35
40352	1718	2760	1508	–1035	227

主要统计指标解释

房地产开发投资　指各种登记注册类型的房地产开发法人单位统一开发的住宅、厂房、仓库、饭店、宾馆、度假村、写字楼、办公楼等房屋建筑物，配套的服务设施，土地开发工程（如道路、给水、排水、供电、供热、通讯、平整场地等基础设施工程）和土地购置的投资；不包括单纯的土地开发和交易活动。

本年实际到位资金　指在报告期内收到的，用于在建项目投资的各种货币资金。包括国内贷款、利用外资、自筹资金、定金及预付款、个人按揭贷款和其他资金。

本年土地购置面积　指在本年内通过各种方式获得土地使用权的土地面积。

本年土地成交价款　指进行土地使用权交易活动的最终金额。在土地一级市场，是指土地最后的划拨款、“招拍挂”价格和出让价；在土地二级市场是指土地转让、出租、抵押等最后确定的合同价格。土地成交价款与土地购置面积同口径，可以计算土地的平均购置价格。

房屋新开工面积　指报告期内新开工建设的房屋建筑面积，以单位工程为核算对象，即整栋房屋的全部建筑面积，不能分割计算。不包括在上期开工跨入报告期继续施工的房屋建筑面积和上期停缓建而在本期恢复施工的房屋建筑面积。房屋的开工应以房屋正式开始破土刨槽（地基处理或打永久桩）的日期为准。

房屋竣工面积　指报告期内房屋建筑按照设计要求已全部完工，达到住人和使用条件，经验收鉴定合格或达到竣工验收标准，可正式移交使用的各栋房屋建筑面积的总和。

房屋竣工价值　指报告期内按规定已经上报竣工的房屋本身的建造价值。

商品房销售面积　指报告期内出售商品房屋的合同总面积（即双方签署的正式买卖合同中所确定的建筑面积）。商品房销售面积由现房销售面积和期房销售面积两部分组成。

商品房销售额　指报告期内出售商品房屋的合同总价款（即双方签署的正式买卖合同中所确定的合同总价）。该指标与商品房销售面积同口径，由现房销售额和期房销售额两部分组成。

待售面积　指报告期末已竣工的可供销售或出租的商品房屋建筑面积中，尚未销售或出租的商品房屋建筑面积，包括以前年度竣工和本期竣工的房屋面积，但不包括报告期已竣工的拆迁还建、统建代建、公共配套建筑、房地产公司自用及周转房等不可销售或出租的房屋面积。按照商品房待售时间的长短可以划分为待售一年以下、待售一到三年（含一年）和待售三年以上（含三年）。

Explanatory Notes on Main Statistical Indicators

Investment in Real Estate Development refers to investment by real estate development corporation units of various types of ownership in the construction of buildings, such as residential buildings, factory buildings, warehouses, hotels, guesthouses, holiday villages, office buildings, complementary service facilities, land development projects and land purchase, such as roads, water supply, water drainage, power supply, heating supply, telecommunications, land leveling and other infrastructural projects. It does not include activities in pure land transactions.

Actual Funds in Place This Year refers to all kinds of monetary funds received in the reference period for investment in projects under construction, including domestic loans, foreign investment, self-raising fund, down payment and advance payment, personal mortgage loans and other funds.

Land Area Purchased This Year refers to the land area which has been got the land use right by all means.

Value of Land Transaction This Year refers to the final value of land use right in the land transaction. It refers to the final appropriations of land, remising price and transfer price in primary land market, while it refers to the contract price of land transfer, lease and mortgage in the secondary land market. Value of land transaction has the same coverage with land area purchased, which can be used to calculate the average price of land purchased.

Floor Space of Buildings Newly Started This Year refers to the total floor space area of the buildings started in the year by real estate development companies. It excludes the buildings started in previous years and continued in the year, and the buildings suspended in previous years but restarted in the year. The start of a construction is defined by the date of ground breaking or pile driving.

Floor Space of Buildings Completed refers to the floor space of buildings that are completed in the reference period in accordance with the requirement of the design, up to the standard for being resided in and put into use, and have been checked and accepted by concerned departments as qualified ones or up to the standard of buildings completed and can be handed over for putting into use.

Value of Buildings Completed refers to the constructing value of buildings which have reported completing in accordance with the requirement in reference period.

Floor Space of Commercial Buildings Sold refers to total contracted area of commercialized buildings sold, i.e. area of floor space as designated in the formal contracts signed by both sides, during the reference time. It consists of floor space of completed buildings sold and forward delivery buildings sold.

Sales of Commercial Buildings refers to the total contracted value, i.e. value of commercialized buildings as designated in the contract signed by both sides, during the reference period. This indicator has the same coverage with the area of commercialized buildings sold, and it consists of sales of completed buildings and sales of forward delivery buildings.

Floor Space for Sale refers to the floor space of commercial buildings hasn't been sold or leased which is marketable or rentable in the reference period. It includes floor space of building which has been completed in the previous and current period, excluding floor space of completed buildings, such as relocation building, buildings built for employees by the government agencies and institutions units, auxiliary facilities of public buildings, buildings of real estate enterprises for self use, temporary houses, which cannot be sold or rent. Floor space for sale can be divided into floor space for sale less than a year, floor space for sale in 1-3 years, floor space for sale more than 3years according to the sales time.

13

WHOLESALE AND RETAIL TRADE

批发和零售业

资料整理人员

雷士伟　张艳芳　邓　娜　郭俊凯　尹　伊

批发和零售业

WHOLESALE AND RETAIL TRADE

社会消费品零售总额	Total Retail Sales of Consumer Goods	7562.7	亿元 (100 million yuan)
城　镇	Urban Area	6242.6	亿元 (100 million yuan)
乡　村	Rural Area	1320.1	亿元 (100 million yuan)

社会消费品零售总额构成 (%)

Composition of Total Retail Sales of Consumer Goods (%)

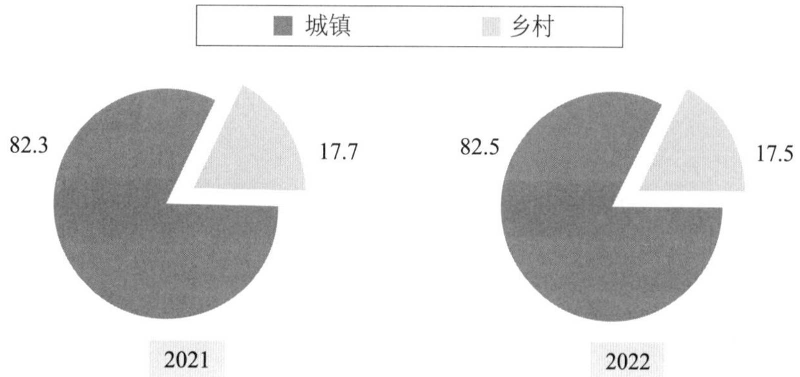

社会消费品零售总额（亿元）

Total Retail Sales of Consumer Goods (100 million yuan)

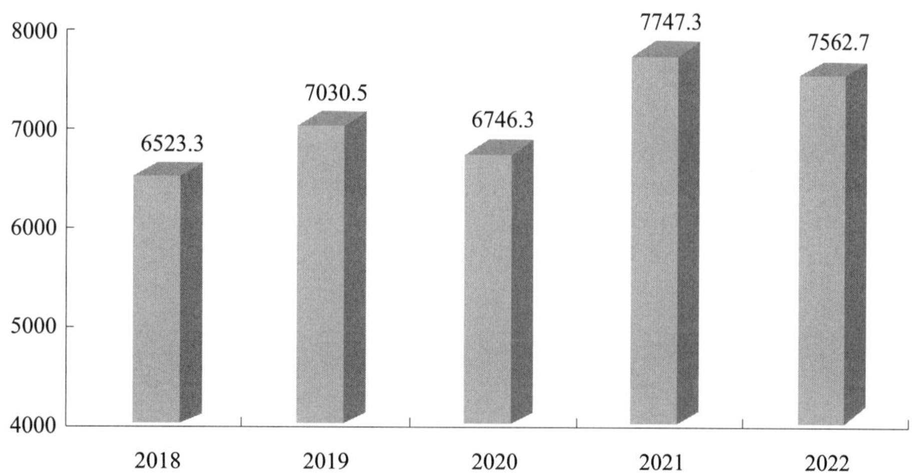

13-1 主要年份社会消费品零售总额

TOTAL RETAIL SALES OF CONSUMER GOODS IN MAJOR YEARS

单位：万元　　(10 000 yuan)

年份 Year	社会消费品零售总额 Total Retail Sales of Consumer Goods	市 City	县 County	县以下 Below County
1952	57436	19536	37900	
1957	119600	52278	67322	
1962	146532	59686	86846	
1965	153257	57252	96005	
1970	190949	63853	127096	
1975	265190	108543	133713	22934
1978	323837	121772	113985	88080
1980	426597	163154	122191	141252
1985	894413	394784	278646	220983
1990	1580415	848543	413831	318041
1995	3700291	2097078	847914	755299
2000	6927050	4064919	1458760	1403372
2001	7448622	4473751	1486665	1488206
2002	8224337	4949494	1631444	1643399
2003	9481701	6127870	1757629	1596201
2004	11488364	7541053	2056225	1891086
2005	13227915	8518777	2473620	2235518
2006	15255403	9916013	2822249	2517141
2007	18126034	11818174	3335190	2972670
2008	22353311	14574359	4135363	3643589
2009	25786488	16043280	5321536	4421671

年份 Year	社会消费品零售总额 Total Retail Sales of Consumer Goods	城镇 Urban Area	乡村 Rural Area
2010	30270955	24356011	5914944
2011	35373104	28894590	6478514
2012	40605496	33178694	7426802
2013	46039562	37557812	8481750
2014	50912784	41509151	9403633
2015	53451365	43561024	9890341
2016	56992471	46474433	10518039
2017	60585324	49424218	11161106
2018	65232605	52949234	12283371
2019	70304842	58073157	12231685
2020	67463422	55700211	11763211
2021	77472612	63767425	13705187
2022	75627306	62425972	13201334

注：本表2010年起分区域划分为“城镇”和“乡村”。

Note: Regions are divided into urban and rural area since 2010 in this table.

13-2 社会消费品零售总额
TOTAL RETAIL SALES OF CONSUMER GOODS

单位：亿元 (100 million yuan)

指 标	Item	2021	2022
社会消费品零售总额	**Total Retail Sales of Consumer Goods**	**7747.3**	**7562.7**
#网上零售额	Online Retail Sales	871.2	847.4
#实物商品网上零售额	Online Retail Sales in Goods	566.4	701.3
按销售地区分	By Selling Region		
城 镇	Urban Area	6376.7	6242.6
#城 区	Urban District	4437.9	4311.6
乡 村	Rural Area	1370.5	1320.1
按消费形态分	By Consumption Pattern		
商品零售	Retail Sales	6992.9	6807.9
餐饮收入	Catering Income	754.4	754.9

13-3 限额以上连锁批发零售业经营情况(2022年)
MANAGEMENT OF CHAIN ENTERPRISES ABOVE DESIGNATED SIZE IN WHOLESALE AND RETAIL TRADE(2022)

指 标	Item	合 计 Total	直营店 Regular Chain	加盟店 Franchise Chain
一、门店总数 (个)	Number of Stores (unit)	6941	3912	3029
二、年末零售业营业面积 (平方米)	Business Area of Retail at Year-end (sq.m)	2490047	2181549	308498
三、年末从业人员 (人)	Employees at Year-end (person)	37100	23722	13378
四、商品购进总额 (万元)	Total Purchases Value (10 000 yuan)	3974044	3569750	404295
#统一配送商品购进额	Value of Unified Distribution	2148181	1917781	230400
自有配送中心配送商品购进额	Disrtibuted by Owned Distribution Center	2145718	1915318	230400
非自有配送中心配送商品购进额	Distributed by Other Distribution Center	2463	2463	
五、商品销售总额 (万元)	Total Sales Value (10 000 yuan)	4587492	4169453	418040
#零售额	Retail Sales	3513127	3099303	413824

13-4 限额以上批发和零售业法人企业经营情况(2022年)

单位：万元

指 标	Item	法人企业数(个) Corporation Enterprises(unit)
总 计	**Total**	**7029**
一、批发业	**Wholesale Trade**	**3949**
1.按登记注册类型分	Grouped by Registered Kind	
内资企业	Civil Funded Enterprises	3938
国有企业	State-owned Enterprises	20
集体企业	Collective-owned Enterprises	6
股份合作企业	Share Cooperative Enterprises	1
有限责任公司	Limited Responsibility Corporations	662
国有独资公司	Company Exclusively with Investment from State	102
其他有限责任公司	Other Limited Responsibility Company	560
股份有限公司	Share-holding Limited Corporations	13
私营企业	Private-owned Enterprises	3235
私营独资企业	Enterprise Exclusively with Investment from Private	18
私营合伙企业	Private Partnership Enterprises	2
私营有限责任公司	Private Limited Responsibility Corporations	3105
私营股份有限公司	Private Share-holding Limited Corporations	110
其他企业	Others	1
港、澳、台商投资企业	Enterprises Funded by Hong Kong, Macao and Taiwan	4
合资经营企业(港或澳、台资)	Joint Venture Enterprises	1
港、澳、台商独资经营企业	Solely Owned Enterprises	2
港澳台商投资股份有限公司	Share-holding Limited Corporations	1
外商投资企业	Foreign Funded Enterprises	7
中外合资经营企业	Joint Venture Enterprises	3
外资企业	Enterprises with Sole Foreign Investment	3
外商投资股份有限公司	Share-holding Limited Corporations	1
2.按批发行业小类分	Grouped by Wholesale Trade	
农、林、牧、渔产品批发	Wholesale of Agricultural, Forestry, Animal Husbandry and Fishery Products	72
食品、饮料及烟草制品批发	Wholesale of Food, Beverage and Tobaccos	274
#米、面制品及食用油批发	Rice, Flour and Edible Oil	47
烟草制品批发	Tobacoo Products Manufacturing	14
纺织、服装及家庭用品批发	Wholesale of Textiles, Garments and Family Articles	63
#服装批发	Wholesale of Garments	15
文化、体育用品及器材批发	Wholesale of Culture, Sports Articles and Equipments	48
医药及医疗器材批发	Wholesale of Medicines and Medical Appliances	276
#西药批发	Wholesale of Western Medicine	105
中药批发	Wholesale of Chinese Traditional Medicine	36

MANAGEMENT OF CORPORATION ENTERPRISES ABOVE DESIGNATED SIZE IN WHOLESALE AND RETAIL TRADE(2022)

(10 000 yuan)

从业人员期末人数(人) Employees at Year-end(person)	商品购进额 Total Purchases Value	#进口 Imports	商品销售额 Total Sales Value	#通过公共网络实现的商品销售额 by Public Network	#通过非自营平台实现的商品销售额 by Non-self-operating Platform
249465	**212312585**	**2166725**	**236018928**	**9458673**	**594358**
115361	**191416898**	**1826712**	**212174929**	**7559222**	**370661**
114862	190835946	1805974	211531526	7559222	370661
6913	3363596		4646131	1722476	3704
1580	992754		1130593		
14	1700		1839		
52081	115185995	1201511	130380561	3061949	230104
11237	22520012	684078	35314678	348199	47
40844	92665983	517432	95065883	2713750	230058
2031	6696511		7030286		
52213	64592812	604464	68339074	2774796	136853
243	135004		148074		
26	9700		10346		
50038	63480097	604328	67143004	2763884	132199
1906	968012	136	1037650	10912	4655
30	2579		3042		
233	402774		442697		
58	9673		6397		
80	23998		27453		
95	369103		408847		
266	178178	20738	200707		
81	46514	19309	58221		
163	103605		109574		
22	28059	1429	32912		
2423	627159	5023	714874	72062	
17452	7622356	31	10108913	1765229	15979
1284	406749		430009	3915	3193
6757	3037749		4324180	1722476	3704
2358	731532		765933	12479	4308
1004	111537		120868	17	
1449	959472		1034281	33299	1279
16951	6595288	20995	7207967	283582	157931
10603	4856564	13028	5200511	223673	153560
3037	656551		767977	47085	

13-4 续表1

单位：万元

指　标	Item	法　人 企业数 (个) Corporation Enterprises(unit)
矿产品、建材及化工产品批发	Wholesale of Mineral Products, Building and Chemical Products	2576
#煤炭及制品批发	Coal and Related Products	1387
石油及制品批发	Petroleum and Related Products	134
金属及金属矿批发	Metals and Metals Materials	573
建材批发	Building Materials	235
化肥批发	Chemical Fertilizer	38
机械设备、五金产品及电子产品批发	Wholesale of Machinery, Hardwaresand Electronic Products	547
#汽车及零配件批发	Motor Vehicles and Parts	188
计算机、软件及辅助设备批发	Computer, Sofeware and Accessories	44
贸易经纪与代理	Trade Brokerage and Agency	6
其他批发业	Other Wholesales	87
3.按控股情况分	Grouped by Share Holding	
国有控股	State Holding Enterprises	410
集体控股	Collective-owned Holding Enterprises	29
私人控股	Private Holding Enterprises	3504
港澳台商控股	Hong Kong, Macao and Taiwan Holding Enterprises	3
外商控股	Foreign Holding Enterprises	3
4.按经营形式分	Grouped by Management Form	
独立门店	Independent Stores	2607
连锁总店(总部)	Chain Headquarters	13
连锁直营店	Direct Chain Stores	1
连锁加盟店	Franchise Chain Stores	6
其　他	Others	1322
5.按单位规模分	Grouped by Enterprise Size	
大　型	Large-size	78
中　型	Medium-size	765
小　型	Small-size	2101
微　型	Micro-size	1005
二、零售业	**Retail Trade**	**3080**
1.按登记注册类型分	Grouped by Registered Kind	
内资企业	Civil Funded Enterprises	3058
国有企业	State-owned Enterprises	8
集体企业	Collective-owned Enterprises	24

continued

(10 000 yuan)

从业人员期末人数(人) Employees at Year-end(person)	商品购进额 Total Purchases Value	#进口 Imports	商品销售额 Total Sales Value	#通过公共网络实现的商品销售额 by Public Network	#通过非自营平台实现的商品销售额 by Non-self-operating Platform
59490	163960794	1736937	180888854	1452239	136632
44652	123761736	512643	128024377	917342	76259
3077	4975757	3941	5079219	10169	
5053	28615179	1205130	29430475	66965	2988
3085	2643365	3730	14262823	351447	2526
732	1362114		1362998	49677	
13123	6146450	37450	6563915	79462	39179
3628	2892924		3019689	3637	3637
1101	283681	6144	318967	9641	
37	34320	18838	37511		
2078	4739528	7439	4852681	3860870	15353
47617	102847640	1202283	118585229	2910903	229229
4086	4365778		4630932	8	
63357	84066203	624429	88815345	4648311	141432
138	33671		33850		
163	103605		109574		
66163	105785484	1238504	122526396	1657159	168489
1256	4537221		4793339	2606	
25	1067		1069		
509	40242		43740		
47408	81052885	588208	84810385	5899456	202172
36437	49814355		53703684	1756037	1820
47734	84054551	1364965	98549745	5156572	289289
27521	40912067	455656	42834976	411748	48222
3669	16635926	6091	17086524	234865	31329
134104	**20895687**	**340013**	**23843999**	**1899452**	**223698**
129133	19241118	277905	21238296	1731981	211500
666	292741		298951		
526	39107		43466		

13-4 续表2

单位：万元

指　标	Item	法　人 企业数 (个) Corporation Enterprises(unit)
股份合作企业	Share-holding Cooperative Enterprises	1
有限责任公司	Limited Responsibility Corporations	406
国有独资公司	Company Exclusively with Investment from State	34
其他有限责任公司	Other Limited Responsibility Company	372
股份有限公司	Share-holding Limited Corporations	19
私营企业	Private-owned Enterprises	2589
私营独资企业	Enterprise Exclusively with Investment from Private	228
私营合伙企业	Private Partnership Enterprises	14
私营有限责任公司	Private Limited Responsibility Corporations	2256
私营股份有限公司	Private Share-holding Limited Corporations	91
其他企业	Others	11
港、澳、台商投资企业	Enterprises Funded by Hong Kong, Macao and Taiwan	7
合资经营企业(港或澳、台资)	Joint Venture Enterprises	2
港、澳、台商独资经营企业	Solely Owned Entersprises	5
外商投资企业	Foreign Funded Enterprises	15
中外合资经营企业	Joint Venture Enterprises	1
外资企业	Enterprises with Sole Foreign Investment	9
外商投资股份有限公司	Share-holding Limited Corporations	5
2.按零售行业小类分	Grouped by Wholesale Trade	
综合零售	General Retail Sales Trade	438
百货零售	Daily Goods	154
超级市场零售	Supermarkets	258
便利店零售	Covenience Stores	14
其他综合零售	Others	12
食品、饮料及烟草制品专门零售	Retail of Food, Beverage and Tobaccos	242
纺织、服装及日用品专门零售	Retail of Textiles, Garments and Daily Articles	125
#服装零售	Garments	79
文化、体育用品及器材专门零售	Retail of Culture, Sports Articles and Equipments	97
#图书、报刊零售	Books and Mangzines	39
医药及医疗器材专门零售	Retail of Medicines and Medical Appliances	182
#西药零售	Western Medicines	158
中药零售	Traditional Chinese Medicines	13
汽车、摩托车、零配件和燃料及其他动力销售	Retail of Motor Vehicles, Motorcycles, Feuls, Parts and Others	1347
#汽车新车零售	New Motor Vehicles	881
汽车旧车零售	Used Motor Vehicles	11
家用电器及电子产品专门零售	Retail of Household Appliances and Electronic Products	433
#日用家电零售	Household Appliances	222
计算机、软件及辅助设备零售	Computer, Software and Auxiliary Appliancets	60
通信设备零售	Communication Equipments	133

continued

(10 000 yuan)

从业人员期末人数(人) Employees at Year-end(person)	商品购进额 Total Purchases Value	#进口 Imports	商品销售额 Total Sales Value	#通过公共网络实现的商品销售额 by Public Network	#通过非自营平台实现的商品销售额 by Non-self-operating Platform
4	793		962		
30946	5424177	131309	5879980	899963	14629
2801	268426		562591	622	
28145	5155751	131309	5317389	899341	14629
3782	1205967		1596889	20243	57
92895	12217220	146595	13352148	751685	151993
3633	360531	1896	382684	899	165
168	21677		22355		
82201	10843449	144699	11930529	658473	149880
6893	991563		1016579	92313	1948
314	61113		65899	60091	44820
782	304505	42240	333699	108102	
186	103217	42240	108905		
596	201288		224794	108102	
4189	1350064	19869	2272005	59369	12198
57	11459	989	11729		
1686	972519	18880	906895	59369	12198
2446	366086		1353381		
34698	2624673		3529124	151714	16943
12003	770745		1562218	25436	1445
22104	1682199		1782901	103950	15006
450	160014		171283	22327	493
141	11715		12722		
6453	943448	755	1002482	88411	3406
7124	445913	316	603948	5214	46
5293	286934	316	405790	1353	
4424	347841	1374	433337	11549	699
2871	229228		242562	644	642
23954	1067207	42423	1301414	27196	1566
23058	1010841	42423	1232638	26881	1352
605	27876		31037		
44481	12788339	293446	14174166	355927	2535
29067	8828035	289939	8899873	347847	835
123	27415		32990	566	566
6277	1085929	500	1158578	84886	5071
3411	589297	500	619793	67103	1
892	73006		85187	9562	4515
1725	346735		375010	4646	264

13-4 续表3

单位：万元

指　标	Item	法　人 企业数 (个) Corporation Enterprises(unit)
五金、家具及室内装饰材料专门零售	Retail of Hardwares, Furniture and Room Decorative Building	74
货摊、无店铺及其他零售业	Retail of Stall, Non-store and Others	142
#互联网零售	Retails on the Internet	118
3.按控股情况分	Grouped by Share Holding	
国有控股	State Holding Enterprises	148
集体控股	Collective-owned Holding Enterprises	53
私人控股	Private Holding Enterprises	2857
港澳台商控股	Hong Kong, Macao and Taiwan Holding Enterprises	8
外商控股	Foreign Holding Enterprises	11
其　他	Others	1
4.按经营形式分	Grouped by Management Form	
独立门店	Independent Stores	2688
连锁总店	Chain Headquarters	106
连锁直营店	Direct Chain Stores	40
连锁加盟店	Franchise Chain Stores	20
其　他	Others	226
5.按单位规模分	Grouped by Enterprise Size	
大　型	Large-size	43
中　型	Medium-size	571
小　型	Small-size	1509
微　型	Micro-size	957
6.按零售业态分	Grouped by Retail Format	
有店铺零售	Store-based	2902
便利店	Convenient Store	25
超　市	Supermarket	332
折扣店	Discount Store	1
仓储会员店	Warehouse Club	14
百货店	Department Store	128
购物中心	Shopping Center	51
专业店	Specialty Store	1305
品牌专卖店	Exclusive Store	954
集合店	Collection Store	92
无店铺零售	Non-store	178
#网络零售	Online	116
其　他	Others	52

continued

(10 000 yuan)

从业人员期末人数(人) Employees at Year-end(person)	商品购进额 Total Purchases Value	#进口 Imports	商品销售额 Total Sales Value	#通过公共网络实现的商品销售额 by Public Network	#通过非自营平台实现的商品销售额 by Non-self-operating Platform
2075	247853		263100	2797	1420
4618	1344486	1199	1377850	1171758	192009
3708	1201173	1199	1224626	1171758	192009
19292	2936430	24556	4158843	21212	3126
2480	299692	2201	319361	1741	
108707	15999947	251148	17563377	1703730	203075
839	315964	43229	345428	108102	
2701	1338605	18880	1451102	59369	12198
14	352		590		
95784	14853569	294480	17642930	648461	128212
20805	2257199	42423	2509105	78347	1003
9277	1417687		1388527	137276	13918
586	69353		70858	530	493
7652	2297879	3111	2232579	1034839	80071
31819	4474362	42423	6242211	212773	1100
62230	7853566	243789	8508119	485110	64662
35225	5698329	48555	6033408	437235	87114
4830	2869431	5246	3060261	764333	70821
129277	19536396	337441	22435525	707818	35150
1296	396711		409584	27074	493
24601	1882924		2014218	108359	15017
3	1204		956		
389	16631		18180		
8439	524102		1128979	18181	2976
5560	334566		584058	2030	
57350	7725846	93785	9095281	105199	9737
29872	8460269	243155	8648500	435178	4540
1767	194144	500	535770	11797	2387
4827	1359291	2573	1408474	1191634	188548
3672	1194871		1215063	1160881	183962
862	144828	1374	167842	16546	200

13-4 续表4

单位：万元

指　标	Item	批发额 Wholesale Value
总　计	**Total**	**212024681**
一、批发业	**Wholesale Trade**	**209412115**
1.按登记注册类型分	Grouped by Registered Kind	
内资企业	Civil Funded Enterprises	208803140
国有企业	State-owned Enterprises	4646096
集体企业	Collective-owned Enterprises	1130497
股份合作企业	Share Cooperative Enterprises	1839
有限责任公司	Limited Responsibility Corporations	129273860
国有独资公司	Company Exclusively with Investment from State	35236907
其他有限责任公司	Other Limited Responsibility Company	94036953
股份有限公司	Share-holding Limited Corporations	6976940
私营企业	Private-owned Enterprises	66771989
私营独资企业	Enterprise Exclusively with Investment from Private	139350
私营合伙企业	Private Partnership Enterprises	7962
私营有限责任公司	Private Limited Responsibility Corporations	65658153
私营股份有限公司	Private Share-holding Limited Corporations	966524
其他企业	Others	1920
港、澳、台商投资企业	Enterprises Funded by Hong Kong, Macao and Taiwan	426058
合资经营企业(港或澳、台资)	Joint Venture Enterprises	6006
港、澳、台商独资经营企业	Solely Owned Entersprises	11205
港澳台商投资股份有限公司	Share-holding Limited Corporations	408847
外商投资企业	Foreign Funded Enterprises	182917
中外合资经营企业	Joint Venture Enterprises	58221
外资企业	Enterprises with Sole Foreign Investment	91784
外商投资股份有限公司	Share-holding Limited Corporations	32912
2.按批发行业小类分	Grouped by Wholesale Trade	
农、林、牧、渔产品批发	Wholesale of Agricultural, Forestry, Animal Husbandry and Fishery Products	681368
食品、饮料及烟草制品批发	Wholesale of Food, Beverage and Tobaccos	9781378
#米、面制品及食用油批发	Rice, Flour and Edible Oil	340996
烟草制品批发	Tobacoo Products Manufacturing	4324180
纺织、服装及家庭用品批发	Wholesale of Textiles, Garments and Family Articles	679055
#服装批发	Wholesale of Garments	113946
文化、体育用品及器材批发	Wholesale of Culture, Sports Articles and Equipments	998201
医药及医疗器材批发	Wholesale of Medicines and Medical Appliances	6995210
#西药批发	Wholesale of Western Medicine	5023507
中药批发	Wholesale of Chinese Traditional Medicine	757158

continued

(10 000 yuan)

#出口 Exports	零售额 Retail Value	#通过公共网络实现的商品零售额 by Public Network	#通过非自营平台实现的商品零售额 by Non-self-operating Platform	期末商品库存额 Stock at Year-end	服务营业额 Turnover of Services	年末零售营业面积(平方米) Retail Operating Area at Year-end (sq.m)
628149	**23798218**	**2000527**	**248146**	**8188665**	**420693**	**11328989**
627837	**2570979**	**171624**	**34123**	**5528948**	**225580**	**1728034**
607863	2552799	171624	34123	5506631	225580	1724884
	35			211191		9461
	96			47589		130
				82		60
202948	1050722	111154	1352	2497126	156623	384219
44286	48037	157	47	683654	30704	20660
158662	1002685	110998	1306	1813472	125919	363559
	53347			115533		52005
404915	1447477	60470	32771	2635000	68957	1278709
	8724			5909		9913
	2384			1042		2970
402758	1365244	59439	32462	2562997	66311	1217787
2157	71126	1032	310	65052	2646	48039
	1122			110		300
	391			8531		150
	391			8531		150
19974	17790			13786		3000
223				10595		
1296	17790			3112		3000
18456				80		
29	23621	1726		164678		67844
65621	272923	10339	4536	1114036	6809	203762
	59790	3915	3193	81115	896	38394
				170330		6461
17565	86878	8796	4216	63492	4819	29290
	6922	17		24799	2273	7899
55589	36080	6016	1011	113238	980	15692
22587	209412	1787		657715	13825	242663
4131	177004	1616		490560	4029	206000
	10820			64467	8	18956

13-4 续表5

单位：万元

指　标	Item	批发额 Wholesale Value
矿产品、建材及化工产品批发	Wholesale of Mineral Products, Building and Chemical Products	179408277
#煤炭及制品批发	Coal and Related Products	127142112
石油及制品批发	Petroleum and Related Products	4839754
金属及金属矿批发	Metals and Metals Materials	29290069
建材批发	Building Materials	14190349
化肥批发	Chemical Fertilizer	1353644
机械设备、五金产品及电子产品批发	Wholesale of Machinery, Hardwaresand Electronic Products	6096085
#汽车及零配件批发	Motor Vehicles and Parts	2820643
计算机、软件及辅助设备批发	Computer, Sofeware and Accessories	286960
贸易经纪与代理	Trade Brokerage and Agency	36786
其他批发业	Other Wholesales	4735755
3.按控股情况分	Grouped by Share Holding	
国有控股	State Holding Enterprises	117849840
集体控股	Collective-owned Holding Enterprises	4585753
私人控股	Private Holding Enterprises	86867527
港澳台商控股	Hong Kong, Macao and Taiwan Holding Enterprises	17211
外商控股	Foreign Holding Enterprises	91784
4.按经营形式分	Grouped by Management Form	
独立门店	Independent Stores	120828129
连锁总店(总部)	Chain Headquarters	4779159
连锁直营店	Direct Chain Stores	1069
连锁加盟店	Franchise Chain Stores	37717
其　他	Others	83766039
5.按单位规模分	Grouped by Enterprise Size	
大　型	Large-size	53297308
中　型	Medium-size	97732392
小　型	Small-size	41924382
微　型	Micro-size	16458033
二、零售业	**Retail Trade**	**2612566**
1.按登记注册类型分	Grouped by Registered Kind	
内资企业	Civil Funded Enterprises	1817194
国有企业	State-owned Enterprises	13599
集体企业	Collective-owned Enterprises	1717

continued

(10 000 yuan)

#出　口 Exports	零售额 Retail Value	#通过公共网络实现的商品零售额 by Public Network	#通过非自营平台实现的商品零售额 by Non-self-operating Platform	期末商品库存额 Stock at Year-end	服　务 营业额 Turnover of Services	年末零售营业面积(平方米) Retail Operating Area at Year-end (sq.m)
344208	1362048	18833	3541	2845412	174288	934992
92322	837847	1217	1210	1786967	164319	388558
	195616	10169		238377	2046	374818
177633	131746	5067	827	554612	3487	74705
6274	56226	2380	1504	156695	1811	29898
19993	9355			49209		1426
72368	464702	25195	15650	545154	24122	193979
16906	195918			164029	4506	128413
	32007	42		46036	3123	6799
5844	137			450		
44026	115179	98932	5169	24773	737	39812
119424	692712	97923	47	2270137	151201	216329
	45179	8		125639		1890
507118	1814908	73694	34077	3121529	74379	1506665
	391			8531		150
1296	17790			3112		3000
197314	1552235	32714	10906	3204834	93465	1253594
	14180	104		142331	706	9887
						50
	6023			4080	854	10238
430523	998542	138807	23217	2177702	130554	454265
54645	406376			1397183	98342	98843
235793	817353	27846	18890	2374358	75607	912043
299264	910594	14315	6297	1383849	45851	564327
38135	436656	129463	8936	373558	5780	152821
312	**21227238**	**1828902**	**214022**	**2659717**	**195113**	**9600955**
312	19416907	1662475	201825	2579579	168096	8941220
	285351			5697		5207
	41749			1316		48482

13-4 续表6

单位：万元

指　标	Item	批发额 Wholesale Value
股份合作企业	Share-holding Cooperative Enterprises	
有限责任公司	Limited Responsibility Corporations	665695
国有独资公司	Company Exclusively with Investment from State	283687
其他有限责任公司	Other Limited Responsibility Company	382007
股份有限公司	Share-holding Limited Corporations	285459
私营企业	Private-owned Enterprises	848857
私营独资企业	Enterprise Exclusively with Investment from Private	25849
私营合伙企业	Private Partnership Enterprises	2221
私营有限责任公司	Private Limited Responsibility Corporations	789599
私营股份有限公司	Private Share-holding Limited Corporations	31188
其他企业	Others	1868
港、澳、台商投资企业	Enterprises Funded by Hong Kong, Macao and Taiwan	1044
合资经营企业(港或澳、台资)	Joint Venture Enterprises	
港、澳、台商独资经营企业	Solely Owned Entersp728rises	1044
外商投资企业	Foreign Funded Enterprises	794328
中外合资经营企业	Joint Venture Enterprises	
外资企业	Enterprises with Sole Foreign Investment	352003
外商投资股份有限公司	Share-holding Limited Corporations	442325
2.按零售行业小类分	Grouped by Wholesale Trade	
综合零售	General Retail Sales Trade	278345
百货零售	Daily Goods	276074
超级市场零售	Supermarkets	747
便利店零售	Covenience Stores	1524
其他综合零售	Others	
食品、饮料及烟草制品专门零售	Retail of Food, Beverage and Tobaccos	125117
纺织、服装及日用品专门零售	Retail of Textiles, Garments and Daily Articles	42664
#服装零售	Garments	20541
文化、体育用品及器材专门零售	Retail of Culture, Sports Articles and Equipments	14510
#图书、报刊零售	Books and Mangzines	799
医药及医疗器材专门零售	Retail of Medicines and Medical Appliances	27054
#西药零售	Western Medicines	24202
中药零售	Traditional Chinese Medicines	
汽车、摩托车、零配件和燃料及其他动力销售	Retail of Motor Vehicles, Motorcycles, Feuls, Parts and Others	1811616
#汽车新车零售	New Motor Vehicles	422744
汽车旧车零售	Used Motor Vehicles	
家用电器及电子产品专门零售	Retail of Household Appliances and Electronic Products	93529
#日用家电零售	Household Appliances	37857
计算机、软件及辅助设备零售	Computer, Software and Auxiliary Appliancets	15729
通信设备零售	Communication Equipments	38875

continued

(10 000 yuan)

#出口 Exports	零售额 Retail Value	#通过公共网络实现的商品零售额 by Public Network	#通过非自营平台实现的商品零售额 by Non-self-operating Platform	期末商品库存额 Stock at Year-end	服务营业额 Turnover of Services	年末零售营业面积(平方米) Retail Operating Area at Year-end (sq.m)
	962			6		103
	5211850	867476	14629	677330	42006	2360910
	278904	622		51670		65879
	4932946	866853	14629	625660	42006	2295031
	1311431	20243	57	39958	869	952463
312	12501533	714666	142318	1854929	125221	5525396
	356712	899	165	25930	1932	276149
	20134			2165		18042
312	11139295	622767	140205	1774442	121556	4925929
	985392	91000	1948	52392	1732	305276
	64031	60091	44820	343		48659
	332655	107058		18880	5944	148223
	108905			10902	4073	22386
	223750	107058		7978	1871	125837
	1477676	59369	12198	61258	21074	511512
	11729			1401	393	825
	554892	59369	12198	45499	13583	89558
	911056			14358	7097	421129
	3250779	150184	16943	309046	13489	2884382
	1286145	25429	1445	185975	6284	1515695
	1782154	103950	15006	116932	7163	1208906
	169758	20805	493	4016	29	152766
	12722			2123	13	7015
312	877365	88043	2983	113688	2572	278122
	561284	5214	46	113949	3012	574175
	385250	1353		79361	2468	523445
	418828	11549	699	120870	322	92551
	241762	644	642	45449	290	61545
	1274359	26995	1466	186001	254	800060
	1208436	26881	1352	174484	254	768742
	31037			6141		14818
	12361295	351329	2482	1588850	161684	4412178
	8476358	343333	835	1360802	131808	2184688
	32990	566	566	2852	1258	37507
	1062732	80486	4991	158527	10602	397438
	579618	66840	1	100215	2085	331950
	69458	8249	4515	14342	3386	12018
	336135	1821	184	37470	3945	38886

13-4 续表7

单位：万元

指　标	Item	批发额 Wholesale Value
五金、家具及室内装饰材料专门零售	Retail of Hardwares, Furniture and Room Decorative Building	94353
货摊、无店铺及其他零售业	Retail of Stall, Non-store and Others	125379
#互联网零售	Retails on the Internet	93599
3.按控股情况分	Grouped by Share Holding	
国有控股	State Holding Enterprises	910986
集体控股	Collective-owned Holding Enterprises	7738
私人控股	Private Holding Enterprises	1096658
港澳台商控股	Hongkong, Macao and Taiwan Holding Enterprises	1044
外商控股	Foreign Holding Enterprises	596142
其　他	Others	
4.按经营形式分	Grouped by Management Form	
独立门店	Independent Stores	1788757
连锁总店	Chain Headquarters	266758
连锁直营店	Direct Chain Stores	180261
连锁加盟店	Franchise Chain Stores	2371
其　他	Others	374419
5.按单位规模分	Grouped by Enterprise Size	
大　型	Large-size	1354972
中　型	Medium-size	352890
小　型	Small-size	507528
微　型	Micro-size	397178
6.按零售业态分	Grouped by Retail Format	
有店铺零售	Store-based	2493793
便利店	Convenient Store	3511
超　市	Supermarket	6104
折扣店	Discount Store	
仓储会员店	Warehouse Club	483
百货店	Department Store	281847
购物中心	Shopping Center	429
专业店	Specialty Store	1292799
品牌专卖店	Exclusive Store	777504
集合店	Collection Store	131115
无店铺零售	Non-store	118774
#网络零售	Online	94012
其　他	Others	22411

continued

(10 000 yuan)

#出口 Exports	零售额 Retail Value	#通过公共网络实现的商品零售额 by Public Network	#通过非自营平台实现的商品零售额 by Non-self-operating Platform	期末商品库存额 Stock at Year-end	服务营业额 Turnover of Services	年末零售营业面积(平方米) Retail Operating Area at Year-end (sq.m)
	168747	1377		18784	354	86804
	1251850	1113726	184412	50001	2824	75245
	1130909	1113726	184412	45185	2777	52531
	3247857	21212	3126	329414	19951	1852678
	311623	1741		39846	5141	211312
312	16462525	1634224	193400	2212518	150102	7198564
	344384	107058		20281	6337	149048
	854960	59369	12198	57649	13583	179133
	590			3		2060
312	15850240	632931	120094	2148754	167308	7277182
	2242347	76824	1003	186303	741	1429187
	1208266	137276	13918	86822	14599	516252
	68486	530	493	11021	1092	30930
	1857899	981342	78514	226817	11373	347404
	4887240	212288	1100	361261	29882	2110755
	8155229	481984	64662	1007417	91353	3884407
	5525881	431738	86591	710340	64292	2815094
312	2658888	702891	61669	580699	9586	790699
312	19937656	696815	33172	2593348	191383	9525340
	406073	27074	493	16372	66	214218
	2008114	106835	15017	140416	7503	1240647
	956			1032		140
	17696			1822	295	21410
	847132	16670	1503	67616	6568	1051666
	583629	2030		160445	847	908027
312	7799680	104964	9314	870036	56869	4010132
	7869722	430269	4540	1298468	117641	1925553
	404655	8972	2306	37141	1594	153547
	1289582	1132088	180850	66369	3730	75615
	1120932	1102910	176364	45216	2784	47941
	145431	14971	100	14996	888	26072

13-5 限额以上批发和零售业法人企业财务状况(2022年)

单位：万元

指 标	Item	年初存货 Beginning Inventory
总 计	**Total**	**7634928**
一、批发业	**Wholesale Trade**	**5610688**
1.按登记注册类型分	Grouped by Registered Kind	
内资企业	Civil Funded Enterprises	5589965
国有企业	State-owned Enterprises	193448
集体企业	Collective-owned Enterprises	36926
股份合作企业	Share Cooperative Enterprises	17
有限责任公司	Limited Responsibility Corporations	2504434
国有独资公司	Company Exclusively with Investment from State	747690
其他有限责任公司	Other Limited Responsibility Company	1756744
股份有限公司	Share-holding Limited Corporations	133744
私营企业	Private-owned Enterprises	2720634
私营独资企业	Enterprise Exclusively with Investment from Private	3517
私营合伙企业	Private Partnership Enterprises	653
私营有限责任公司	Private Limited Responsibility Corporations	2645039
私营股份有限公司	Private Share-holding Limited Corporations	71425
其他企业	Others	763
港、澳、台商投资企业	Enterprises Funded by Hong Kong, Macao and Taiwan	5524
合资经营企业(港或澳、台资)	Joint Venture Enterprises	4228
港、澳、台商独资经营企业	Solely Owned Entersprises	1296
港澳台商投资股份有限公司	Share-holding Limited Corporations	
外商投资企业	Foreign Funded Enterprises	15199
中外合资经营企业	Joint Venture Enterprises	10499
外资企业	Enterprises with Sole Foreign Investment	4699
外商投资股份有限公司	Share-holding Limited Corporations	
2.按批发行业小类分	Grouped by Wholesale Trade	
农、林、牧、渔产品批发	Wholesale of Agricultural, Forestry, Animal Husbandry and Fishery Products	189669
食品、饮料及烟草制品批发	Wholesale of Food, Beverage and Tobaccos	949591
#米、面制品及食用油批发	Rice, Flour and Edible Oil	77033
烟草制品批发	Tobacoo Products Manufacturing	154367
纺织、服装及家庭用品批发	Wholesale of Textiles, Garments and Family Articles	76162
#服装批发	Wholesale of Garments	19072
文化、体育用品及器材批发	Wholesale of Culture, Sports Articles and Equipments	106052
医药及医疗器材批发	Wholesale of Medicines and Medical Appliances	486792
#西药批发	Wholesale of Western Medicine	336457
中药批发	Wholesale of Chinese Traditional Medicine	57835

FINANCIAL CONDITION OF CORPORATION ENTERPRISES IN WHOLESALE AND RETAIL TRADE ABOVE DESIGNATED SIZE(2022)

(10 000 yuan)

流动资产合计 Total Current Assets	#应收帐款 Accounts Receivable	#存货 Inventory	固定资产原价 Original Value of Fixed Assets	累计折旧 Accumulated Depreciation	#本年折旧 Depreciation This Year	资产总计 Total Assets
108378079	**21063034**	**8645997**	**8906919**	**3990300**	**494550**	**137516551**
100115104	**19919480**	**6151924**	**6064681**	**2712305**	**321573**	**125551290**
99607240	19751969	6130746	6052088	2704052	321083	124190151
1464677	54576	189425	400632	254155	17362	1663612
300250	34884	48587	76138	43731	330	334150
877	3	73	1933	996	16	1860
74083477	14542379	2922550	4153249	1801611	189869	92353880
19846121	4890234	1054075	2291869	1001259	82356	24451463
54237356	9652145	1868475	1861380	800352	107514	67902417
4441090	300402	138431	60902	28434	3014	6665057
19314967	4819514	2831479	1357871	575020	110473	23169076
52126	27892	5600	5069	3297	394	60587
5587	3977	922	1647	1194	−156	6222
18846417	4649955	2738294	1315824	554898	107105	22644512
410838	137691	86662	35331	15632	3130	457755
1902	211	202	1363	107	19	2516
375844	115396	8659	8110	6555	136	1198946
8612	791	7549	7630	6165	121	19561
24568	14738	1110	29	20	5	24568
342664	99867		450	371	11	1154817
132020	52115	12519	4484	1698	354	162193
47783	28778	9376	4088	1523	220	51917
50029	14898	3112	276	142	116	50200
34208	8439	31	119	34	19	60076
581167	81335	189798	89546	38676	4004	741702
4275365	289086	1044285	573748	341978	28093	4813856
164263	20086	89004	45219	21080	3734	206095
1361502	15163	152626	387880	247415	16970	1545089
378269	89913	80274	9814	5879	717	415228
67576	27815	20019	2055	1555	97	70124
549187	106163	114412	55593	30183	2255	735525
4525904	1939334	603712	187283	95193	17011	4864414
3101677	1200811	439664	127300	59645	8949	3339551
440749	154672	64758	28684	13422	3631	483222

13-5 续表1

单位：万元

指　标	Item	年初存货 Beginning Inventory
矿产品、建材及化工产品批发	Wholesale of Mineral Products, Building Materials and Chemical Products	3144924
#煤炭及制品批发	Coal and Related Products	1912219
石油及制品批发	Petroleum and Related Products	176081
金属及金属矿批发	Metals and Metals Materials	802236
建材批发	Building Materials	158517
化肥批发	Chemical Fertilizer	29643
机械设备、五金产品及电子产品批发	Wholesale of Machinery, Hardwaresand Electronic Products	620645
#汽车及零配件批发	Motor Vehicles and Parts	232065
计算机、软件及辅助设备批发	Computer, Sofeware and Accessories	46064
贸易经纪与代理	Trade Brokerage and Agency	3925
其他批发业	Other Wholesales	32927
3.按控股情况分	Grouped by Share Holding	
国有控股	State Holding Enterprises	2254871
集体控股	Collective-owned Holding Enterprises	106126
私人控股	Private Holding Enterprises	3239467
港澳台商控股	Hong Kong, Macao and Taiwan Holding Enterprises	5524
外商控股	Foreign Holding Enterprises	4699
4.按经营形式分	Grouped by Management Form	
独立门店	Independent Stores	3077632
连锁总店(总部)	Chain Headquarters	261191
连锁直营店	Direct Chain Stores	
连锁加盟店	Franchise Chain Stores	4229
其　他	Others	2267635
5.按单位规模分	Grouped by Enterprise Size	
大　型	Large-size	1289947
中　型	Medium-size	2433848
小　型	Small-size	1495920
微　型	Micro-size	390973
二、零售业	**Retail Trade**	**2024240**
1.按登记注册类型分	Grouped by Registered Kind	
内资企业	Civil Funded Enterprises	1888317
国有企业	State-owned Enterprises	6938
集体企业	Collective-owned Enterprises	1881

continued

(10 000 yuan)

流动资产合计 Total Current Assets	#应收帐款 Accounts Receivable	#存货 Inventory	固定资产原价 Original Value of Fixed Assets	累计折旧 Accumulated Depreciation	#本年折旧 Depreciation This Year	资产总计 Total Assets
85831004	16152489	3515453	4748503	2016118	232514	108964356
67286287	10319035	1998795	2968485	1198306	145197	86665966
1135149	383436	229723	177105	83876	9218	2216753
5351570	1528374	705179	158645	52938	9842	6094083
10602010	3499657	467864	1261605	620421	52779	12085765
596957	158733	49762	70901	18004	3617	770624
3342154	1175652	576933	345720	159766	32228	4130810
1023048	391166	157296	56653	28714	5594	1168664
155652	52356	46162	4770	2344	562	160364
21209	8712	866	759	151	47	26822
610844	76795	26192	53716	24361	4706	858577
72830199	13562559	2634616	3997307	1839847	175393	91631069
1864952	140903	123593	299152	117858	16499	2499409
25336744	6185590	3381945	1760287	748274	129440	31326484
33181	15530	8659	7659	6185	126	44129
50029	14898	3112	276	142	116	50200
62085581	11499155	3584902	3297902	1579454	184516	76626559
1192377	78821	290251	61991	36412	2091	1333503
55152	1121		8345	4853	355	63470
12500	1034	3873	479	118	68	13254
36769494	8339349	2272898	2695964	1091467	134544	47514503
45189045	6335202	1422397	2193807	968676	94636	57205359
39833147	9149225	2913747	3041555	1362092	153985	51321665
10429718	3068566	1393102	653306	320848	60839	11486997
4663194	1366487	422678	176012	60689	12113	5537268
8262975	**1143554**	**2494074**	**2842238**	**1277995**	**172976**	**11965261**
7878291	1135163	2295838	2311611	1021645	147870	11063968
21989	2688	11896	69759	34947	2493	85706
17065	6315	2189	14027	6921	375	25310

13-5 续表2

单位：万元

指　标	Item	年初存货 Beginning Inventory
股份合作企业	Share-holding Cooperative Enterprises	36
有限责任公司	Limited Responsibility Corporations	438362
国有独资公司	Company Exclusively with Investment from State	31285
其他有限责任公司	Other Limited Responsibility Company	407077
股份有限公司	Share-holding Limited Corporations	46584
私营企业	Private-owned Enterprises	1393715
私营独资企业	Enterprise Exclusively with Investment from Private	24261
私营合伙企业	Private Partnership Enterprises	1662
私营有限责任公司	Private Limited Responsibility Corporations	1323336
私营股份有限公司	Private Share-holding Limited Corporations	44455
其他企业	Others	803
港、澳、台商投资企业	Enterprises Funded by Hong Kong, Macao and Taiwan	16524
合资经营企业(港或澳、台资)	Joint Venture Enterprises	7219
港、澳、台商独资经营企业	Solely Owned Entersprises	9305
外商投资企业	Foreign Funded Enterprises	119400
中外合资经营企业	Joint Venture Enterprises	417
外资企业	Enterprises with Sole Foreign Investment	59754
外商投资股份有限公司	Share-holding Limited Corporations	59229
2.按零售行业小类分	Grouped by Wholesale Trade	
综合零售	General Retail Sales Trade	214661
百货零售	Daily Goods	75148
超级市场零售	Supermarkets	131749
便利店零售	Covenience Stores	5812
其他综合零售	Others	1952
食品、饮料及烟草制品专门零售	Retail of Food, Beverage and Tobaccos	117933
纺织、服装及日用品专门零售	Retail of Textiles, Garments and Daily Articles	106470
#服装零售	Garments	74956
文化、体育用品及器材专门零售	Retail of Culture, Sports Articles and Equipments	105276
#图书、报刊零售	Books and Mangzines	31675
医药及医疗器材专门零售	Retail of Medicines and Medical Appliances	190511
#西药零售	Western Medicines	181406
中药零售	Traditional Chinese Medicines	6400
汽车、摩托车、零配件和燃料及其他动力销售	Retail of Motor Vehicles, Motorcycles, Feuls, Parts and Others	1049234
#汽车新车零售	New Motor Vehicles	829520
汽车旧车零售	Used Motor Vehicles	1949
家用电器及电子产品专门零售	Retail of Household Appliances and Electronic Products	174960
#日用家电零售	Household Appliances	107111
计算机、软件及辅助设备零售	Computer, Software and Auxiliary Appliancets	16465
通信设备零售	Communication Equipments	42770

continued

(10 000 yuan)

流动资产合计 Total Current Assets	#应收帐款 Accounts Receivable	#存货 Inventory	固定资产原价 Original Value of Fixed Assets	累计折旧 Accumulated Depreciation	#本年折旧 Depreciation This Year	资产总计 Total Assets
130		6	65	17	9	177
1874569	318948	566701	639361	268721	40453	2842437
227671	35624	40743	77029	34360	3421	297619
1646898	283324	525959	562332	234361	37033	2544818
251276	6573	70900	403444	185906	19849	727061
5691928	785347	1641523	1182472	524334	84524	7358551
107779	28342	30329	36848	12888	3018	148206
8252	1905	2385	3290	846	194	10621
5398201	791124	1542874	1061733	477208	76200	6875908
177697	-36023	65936	80601	33393	5113	323817
21334	15292	2623	2483	799	166	24727
64460	6350	15310	29719	19251	1761	105715
14074	731	9861	13020	7921	1040	21119
50386	5619	5449	16700	11330	721	84596
320224	2040	182926	500908	237099	23345	795578
3324	187	1401	3050	1038	94	6648
223236	1002	91824	133944	67438	4852	386272
93664	852	89701	363915	168623	18400	402658
1870963	42499	212246	596677	262855	29302	2824239
904564	46047	65900	306749	118852	12997	1423319
891547	-11502	139800	287999	142929	16028	1317376
69465	6751	4865	1811	996	252	77984
5387	1203	1681	118	78	26	5560
469782	98331	131310	72684	28135	4449	613015
338101	37688	116311	62739	22034	3308	434778
236090	16257	79408	49065	15635	2231	310825
380238	67191	107447	139566	62713	6154	512247
236337	50891	29704	104943	45755	4205	320613
553857	132560	210473	48790	32277	8126	750581
514737	120065	197295	45632	30700	7772	708531
17008	2923	7261	1104	755	122	18037
3736015	528722	1448394	1739149	819878	114787	5687584
2890407	399279	1118945	590133	280086	57391	3560793
7523	670	3220	1225	753	86	8668
537555	106853	187839	42379	19745	2831	589472
272655	42078	119378	26750	9751	1790	312221
89709	34108	18014	4371	2744	467	92881
126143	21174	41399	5414	4143	322	130175

13-5 续表3

单位：万元

指　标	Item	年初存货 Beginning Inventory
五金、家具及室内装饰材料专门零售	Retail of Hardware, Furniture and Interior Decoration Materials	28234
货摊、无店铺及其他零售业	Retail of Stall, Non-store and Others	36963
#互联网零售	Retails on the Internet	31655
3.按控股情况分	Grouped by Share Holding	
国有控股	State Holding Enterprises	233111
集体控股	Collective-owned Holding Enterprises	33942
私人控股	Private Holding Enterprises	1657361
港澳台商控股	Hong Kong, Macao and Taiwan Holding Enterprises	16940
外商控股	Foreign Holding Enterprises	82843
其　他	Others	5
4.按经营形式分	Grouped by Management Form	
独立门店	Independent Stores	1592475
连锁总店	Chain Headquarters	206610
连锁直营店	Direct Chain Stores	91343
连锁加盟店	Franchise Chain Stores	7403
其　他	Others	126410
5.按单位规模分	Grouped by Enterprise Size	
大　型	Large-size	309968
中　型	Medium-size	739248
小　型	Small-size	670826
微　型	Micro-size	304198
6.按零售业态分	Grouped by Retail Format	
有店铺零售	Store-based	1971356
便利店	Convenient Store	21213
超　市	Supermarket	167029
折扣店	Discount Store	1037
仓储会员店	Warehouse Club	2807
百货店	Department Store	38999
购物中心	Shopping Center	71685
专业店	Specialty Store	811468
品牌专卖店	Exclusive Store	824409
集合店	Collection Store	32710
无店铺零售	Non-store	52884
#网络零售	Online	31769
其　他	Others	17377

continued

(10 000 yuan)

流动资产合计 Total Current Assets	#应收帐款 Accounts Receivable	#存货 Inventory	固定资产原价 Original Value of Fixed Assets	累计折旧 Accumulated Depreciation	#本年折旧 Depreciation This Year	资产总计 Total Assets
123621	47214	25702	31364	8266	911	168464
252843	82496	54352	108890	22092	3108	384883
164969	54388	47589	15132	6210	1181	192453
910393	142142	304008	901679	416865	47377	2056500
88165	12814	38036	47808	25144	2319	127025
6926530	980496	1998823	1591126	685706	110411	9133218
67784	6537	16711	32769	20289	1854	112363
267341	1260	134441	267766	129424	10945	532853
53	21	3	296	49	3	317
6591586	966786	1964496	2188119	966521	134940	9245823
853884	92277	217318	289262	139012	19439	1376850
246656	-42065	132579	173473	84634	7577	512107
28238	3559	11299	5287	1474	498	32989
542610	122996	168383	186098	86355	10523	797492
1158148	79328	430522	970848	480565	52834	2541817
3355700	342956	917934	1136715	504287	72466	4894303
2366215	387963	772659	599764	240902	35406	2980663
1382911	333307	372958	134912	52240	12271	1548479
7987800	1051117	2424913	2815527	1268892	171104	11648715
111238	9169	6106	10757	6842	740	152027
960913	-3687	172207	264125	135321	16056	1370290
1917	450	1032				1917
10105	2004	2801	789	365	56	10834
417481	52504	47013	213807	72174	9763	731827
633856	14429	47438	190146	77409	6405	942950
2989798	559690	1022840	1448874	651505	82621	4795574
2740880	404155	1071262	609089	288555	51115	3442349
121611	12404	54214	77942	36722	4348	200946
275175	92437	69160	26711	9103	1873	316547
162318	54383	45690	14557	5925	1137	190402
101823	36542	17671	11893	3056	687	114189

13-5 续表4

单位：万元

指　标	Item	流动负债合　计 Total Liquid Liabilities	负　债合　计 Total Liabilities
总　计	**Total**	**98722407**	**108053110**
一、批发业	**Wholesale Trade**	**89983621**	**97611214**
1.按登记注册类型分	Grouped by Registered Kind		
内资企业	Civil Funded Enterprises	89546619	97008932
国有企业	State-owned Enterprises	613157	619993
集体企业	Collective-owned Enterprises	292111	292493
股份合作企业	Share Cooperative Enterprises	2045	2045
有限责任公司	Limited Responsibility Corporations	62482857	72758621
国有独资公司	Company Exclusively with Investment from State	18098804	20070857
其他有限责任公司	Other Limited Responsibility Company	44384053	52687764
股份有限公司	Share-holding Limited Corporations	4130739	4855738
私营企业	Private-owned Enterprises	22025711	18479257
私营独资企业	Enterprise Exclusively with Investment from Private	56383	56848
私营合伙企业	Private Partnership Enterprises	5629	5629
私营有限责任公司	Private Limited Responsibility Corporations	21649045	18090185
私营股份有限公司	Private Share-holding Limited Corporations	314654	326595
其他企业	Others		785
港、澳、台商投资企业	Enterprises Funded by Hong Kong, Macao and Taiwan	372551	537831
合资经营企业(港或澳、台资)	Joint Venture Enterprises	12513	12513
港、澳、台商独资经营企业	Solely Owned Enterssprises	476	1336
港澳台商投资股份有限公司	Share-holding Limited Corporations	359562	523982
外商投资企业	Foreign Funded Enterprises	64451	64451
中外合资经营企业	Joint Venture Enterprises	11340	11340
外资企业	Enterprises with Sole Foreign Investment	43784	43784
外商投资股份有限公司	Share-holding Limited Corporations	9327	9327
2.按批发行业小类分	Grouped by Wholesale Trade		
农、林、牧、渔产品批发	Wholesale of Agricultural, Forestry, Animal Husbandry and Fishery Products	347663	388891
食品、饮料及烟草制品批发	Wholesale of Food, Beverage and Tobaccos	2556108	2597160
#米、面制品及食用油批发	Rice, Flour and Edible Oil	130380	148973
烟草制品批发	Tobacoo Products Manufacturing	499758	500434
纺织、服装及家庭用品批发	Wholesale of Textiles, Garments and Family Articles	391811	394835
#服装批发	Wholesale of Garments	82516	82496
文化、体育用品及器材批发	Wholesale of Culture, Sports Articles and Equipments	470869	475520
医药及医疗器材批发	Wholesale of Medicines and Medical Appliances	3750855	3895067
#西药批发	Wholesale of Western Medicine	2633530	2763670
中药批发	Wholesale of Chinese Traditional Medicine	386271	392480

continued

(10 000 yuan)

所有者权益合计 Total Creditors' Equity	#实收资本 Capital Hold	#个人资本 Individual	营业收入 Business Revenue	主营业务收入 Revenue of Major Business	营业成本 Business Costs	税金及附加 Taxes and Extra Charges	其他业务利润 Profits of Other Business
29436461	**18139794**	**2509513**	**210750658**	**207540990**	**200550656**	**875105**	**528028**
27886646	**13681680**	**1233304**	**189084752**	**186560681**	**180932280**	**829485**	**319031**
27137988	13468055	1222008	188507830	185990693	180385661	828891	318905
1043619	48956		4127298	4125625	2989617	526949	444
41657	24566		1013866	1011575	991354	1815	2116
-185	1505	1505	1627	1627	1449	1	
19581876	9949406	122293	116473447	114288101	112331525	227634	259035
4379356	1585568	224	31761927	31602058	29836432	134047	14744
15202520	8363838	122070	84711520	82686043	82495093	93587	244291
1809319	678590	5400	6250941	6248015	5958381	8117	-343
4659971	2763431	1092679	60637840	60313718	58111320	64374	57654
3739	5033	1227	124661	124243	120727	530	
593	115	115	9156	9156	8249	19	
4524479	2668967	1047709	59564370	59245242	57090136	63134	56182
131160	89317	43628	939654	935077	892209	692	1471
1731	1600	131	2811	2032	2016	2	
650916	150400	6296	397587	390666	388181	313	114
7047	8889	6296	5661	5661	5239	12	
13034	3712		16724	9916	13839	50	1
630835	137799		375202	375089	369103	252	113
97742	63226	5000	179335	179322	158438	281	12
40577	11100	5000	51634	51622	41529	180	12
6416	2429		97191	97191	91652	85	
50749	49697		30509	30509	25258	15	
352811	109796	37570	683468	679818	595353	409	1430
2215197	311018	48903	9046992	8968994	6802989	543249	11349
56702	38522	7598	390217	375657	366599	258	
1044655	13854	52	3841480	3839905	2701057	526827	443
20393	55594	8497	697196	692078	648343	620	1610
-12372	15502	2490	108733	107010	94033	173	221
260005	56962	11045	952855	950716	901131	953	463
969447	585573	85113	6424969	6331911	5777978	14491	136488
575881	365543	45904	4621646	4538112	4255176	9337	133033
90742	54919	17714	692428	691322	569767	2026	3443

13-5 续表5

单位：万元

指　标	Item	流动负债合　计 Total Liquid Liabilities	负　债合　计 Total Liabilities
矿产品、建材及化工产品批发	Wholesale of Mineral Products, Building Materials and Chemical Products	79085184	86029029
#煤炭及制品批发	Coal and Related Products	62742481	67729716
石油及制品批发	Petroleum and Related Products	1197485	1437111
金属及金属矿批发	Metals and Metals Materials	4439971	4741102
建材批发	Building Materials	9304459	10631734
化肥批发	Chemical Fertilizer	556503	632135
机械设备、五金产品及电子产品批发	Wholesale of Machinery, Hardware and Electronic Products	3033870	3256557
#汽车及零配件批发	Motor Vehicles and Parts	1031026	1091403
计算机、软件及辅助设备批发	Computer, Sofeware and Accessories	90447	100970
贸易经纪与代理	Trade Brokerage and Agency	10611	11507
其他批发业	Other Wholesales	336652	562649
3.按控股情况分	Grouped by Share Holding		
国有控股	State Holding Enterprises	61015410	71171071
集体控股	Collective-owned Holding Enterprises	1778022	2005724
私人控股	Private Holding Enterprises	27133415	24376786
港澳台商控股	Hong Kong, Macao and Taiwan Holding Enterprises	12989	13849
外商控股	Foreign Holding Enterprises	43784	43784
4.按经营形式分	Grouped by Management Form		
独立门店	Independent Stores	50008936	59388846
连锁总店(总部)	Chain Headquarters	1158993	1213984
连锁直营店	Direct Chain Stores	57678	57973
连锁加盟店	Franchise Chain Stores	7994	8302
其　他	Others	38750019	36942109
5.按单位规模分	Grouped by Enterprise Size		
大　型	Large-size	41062807	43777103
中　型	Medium-size	35892171	39961173
小　型	Small-size	8916267	9238201
微　型	Micro-size	4112376	4634737
二、零售业	**Retail Trade**	**8738786**	**10441896**
1.按登记注册类型分	Grouped by Registered Kind		
内资企业	Civil Funded Enterprises	7554247	9160243
国有企业	State-owned Enterprises	188965	198353
集体企业	Collective-owned Enterprises	15281	16315

continued

(10 000 yuan)

所有者权益合计 Total Creditors' Equity	#实收资本 Capital Hold	#个人资本 Individual	营业收入 Business Revenue	主营业务收入 Revenue of Major Business	营业成本 Business Costs	税金及附加 Taxes and Extra Charges	其他业务利润 Profits of Other Business
22885100	11905688	893748	161005176	158762192	156345059	259477	157253
18901105	9513465	447306	114452433	112423091	111028970	151284	138408
776127	298230	36870	4575106	4518865	4486953	3322	3619
1351879	1270083	271000	25646783	25611879	25352187	18421	5305
1443832	438751	73085	12572698	12477979	11863163	81977	3621
138490	166648	12584	1237787	1234627	1211797	2181	237
874233	555986	136973	5979333	5884579	5661805	6739	10271
77468	178853	28753	2756805	2730291	2696926	1946	4680
59394	45389	18608	283561	283145	262824	304	121
13788	12800	600	34613	33849	32662	146	
295671	88264	10854	4260150	4256545	4166961	3401	169
20453763	9483508	14485	105861069	103742778	101216305	735805	215908
487052	194188		4132355	4118457	3903078	6306	15657
6919333	3988955	1212523	78971752	78586678	75702167	87227	87466
20081	12601	6296	22385	15577	19078	61	1
6416	2429		97191	97191	91652	85	
17197755	6936734	732088	108926348	107107425	104253238	398627	82043
119518	73916	60445	3708493	3690738	3585495	49282	1083
5497	10001		2373	1069	1412	181	
4952	4354	500	42992	42966	40716	80	88
10558923	6656674	440271	76404547	75718483	73051419	381316	235817
13428255	6166576	35118	48019705	47557979	44339820	616366	74570
11360493	4887387	415163	87779475	85949338	84768693	164203	215092
2248796	1862945	567743	38236389	38169804	37039243	29804	26990
849102	764772	215280	15049183	14883560	14784524	19113	2379
1549816	**4458114**	**1276209**	**21665906**	**20980309**	**19618376**	**45620**	**208997**
1930175	4388188	1276209	19332508	18715627	17475514	40274	201364
-112647	2961	80	258533	258460	255255	342	72
8994	1838	59	45975	42979	40410	63	108

13-5 续表6

单位：万元

指 标	Item	流动负债合计 Total Liquid Liabilities	负债合计 Total Liabilities
股份合作企业	Share-holding Cooperative Corporations	155	155
有限责任公司	Limited Responsibility Corporations	1795131	2077598
国有独资公司	Company Exclusively with Investment from State	189070	207903
其他有限责任公司	Other Limited Responsibility Company	1606060	1869695
股份有限公司	Share-holding Limited Corporations	541401	840555
私营企业	Private-owned Enterprises	5001006	6022545
私营独资企业	Enterprise Exclusively with Investment from Private	95799	108255
私营合伙企业	Private Partnership Enterprises	8261	8261
私营有限责任公司	Private Limited Responsibility Corporations	4774791	5649396
私营股份有限公司	Private Share-holding Limited Corporations	122155	256633
其他企业	Others	12308	4722
港、澳、台商投资企业	Enterprises Funded by Hong Kong, Macao and Taiwan	40679	65495
合资经营企业(港或澳、台资)	Joint Venture Enterprises	9559	9563
港、澳、台商独资经营企业	Solely Owned Enterprises	31120	55932
外商投资企业	Foreign Funded Enterprises	1143860	1216158
中外合资经营企业	Joint Venture Enterprises	3811	3914
外资企业	Enterprises with Sole Foreign Investment	541577	566260
外商投资股份有限公司	Share-holding Limited Corporations	598472	645984
2.按零售行业小类分	Grouped by Wholesale Trade		
综合零售	General Retail Sales Trade	1473544	2536126
百货零售	Daily Goods	572201	1239785
超级市场零售	Supermarkets	840107	1234720
便利店零售	Covenience Stores	56699	56984
其他综合零售	Others	4538	4638
食品、饮料及烟草制品专门零售	Retail of Food, Beverage and Tobaccos	372887	360774
纺织、服装及日用品专门零售	Retail of Textiles, Garments and Daily Articles	280375	325748
#服装零售	Garments	197655	248008
文化、体育用品及器材专门零售	Retail of Culture, Sports Articles and Equipments	291526	300251
#图书、报刊零售	Books and Mangzines	183778	191271
医药及医疗器材专门零售	Retail of Medicines and Medical Appliances	533361	583561
#西药零售	Western Medicines	506821	551490
中药零售	Traditional Chinese Medicines	14105	16004
汽车、摩托车、零配件和燃料及其他动力销售	Retail of Motor Vehicles, Motorcycles, Feuls, Parts and Others	5017462	5476611
#汽车新车零售	New Motor Vehicles	2817728	2951162
汽车旧车零售	Used Motor Vehicles	6367	6369
家用电器及电子产品专门零售	Retail of Household Appliances and Electronic Products	413515	459056
#日用家电零售	Household Appliances	249139	282514
计算机、软件及辅助设备零售	Computer, Software and Auxiliary Appliances	44271	45947
通信设备零售	Communication Equipments	86545	87781

continued

(10 000 yuan)

所有者权益合计 Total Creditors' Equity	#实收资本 Capital Hold	#个人资本 Individual	营业收入 Business Revenue	主营业务收入 Revenue of Major Business	营业成本 Business Costs	税金及附加 Taxes and Extra Charges	其他业务利润 Profits of Other Business
21	12	12	851	851	732	3	
761166	611752	35875	5319203	5173107	4755733	15193	33433
89716	41738		526593	520633	479380	895	1725
671450	570015	35875	4792611	4652475	4276353	14298	31708
-113494	12078	132	1431367	1369591	1356339	2574	1550
1366129	3757078	1239287	12211170	11805530	11003024	22076	166199
39221	24139	10741	347008	342690	316584	840	94
2360	2469	2322	20106	20106	18165	40	
1257365	3062927	1203952	10917241	10589632	9826494	20174	104904
67183	667543	22273	926816	853103	841781	1022	61201
20005	2469	764	65409	65108	64022	23	2
40221	14763		305708	288596	265024	2782	5988
11556	10000		99945	95717	89927	1961	2486
28665	4763		205764	192879	175097	822	3502
-420580	55163		2027689	1976086	1877838	2564	1645
2734	8833		10604	10366	10267	44	
-179988	46330		799057	785681	734990	965	1645
-243326			1218029	1180039	1132582	1555	
350051	362106	60402	3050258	2867026	2648149	10423	123564
246247	224660	15770	1282463	1215688	1117765	7191	27624
81882	132121	43783	1603531	1487478	1383029	2987	94987
21000	3858	195	152784	152429	136680	220	953
923	1468	654	11480	11432	10675	26	
252241	139295	21721	936474	917628	797437	1444	5387
108997	66571	16187	579369	558885	460621	1994	10254
62783	51211	13713	399369	380141	319880	1467	9309
211996	85292	4141	409899	402751	328081	3929	2656
129342	60012	881	240926	234045	181521	899	2380
167020	76500	20193	1196009	1178916	935352	2159	3041
157041	69070	18684	1132995	1115934	884742	2037	2943
2033	2940	549	28340	28309	23850	58	97
203217	3501380	1044074	12917062	12585045	12061665	23318	60558
607881	2576969	988669	8208567	8014779	7678007	16188	57867
2299	2133	778	30839	30454	27948	22	
131364	128032	58245	1051411	989560	971568	1075	1672
29951	57577	20823	551790	532311	511004	588	825
46186	32428	21154	83204	82178	69586	206	489
42365	28300	9247	341365	337133	321031	214	359

13-5 续表7

单位：万元

指　标	Item	流动负债合　计 Total Liquid Liabilities	负　债合　计 Total Liabilities
五金、家具及室内装饰材料专门零售	Retail of Hardware, Furniture and Interior Decoration Materials	89154	111015
货摊、无店铺及其他零售业	Retail of Stall, Non-store and Others	266962	288756
#互联网零售	Retails on the Internet	147932	152467
3.按控股情况分	Grouped by Share Holding		
国有控股	State Holding Enterprises	1501948	1820818
集体控股	Collective-owned Holding Enterprises	99818	105804
私人控股	Private Holding Enterprises	6358087	7678614
港澳台商控股	Hong Kong, Macao and Taiwan Holding Enterprises	44490	69409
外商控股	Foreign Holding Enterprises	732351	765161
其　他	Others	29	27
4.按经营形式分	Grouped by Management Form		
独立门店	Independent Stores	6809411	8025154
连锁总店	Chain Headquarters	1056151	1352929
连锁直营店	Direct Chain Stores	304626	503183
连锁加盟店	Franchise Chain Stores	25489	26671
其　他	Others	543109	533958
5.按单位规模分	Grouped by Enterprise Size		
大　型	Large-size	2472158	3088426
中　型	Medium-size	3157799	3808127
小　型	Small-size	2153468	2284264
微　型	Micro-size	955362	1261079
6.按零售业态分	Grouped by Retail Format		
有店铺零售	Store-based	8472114	10210421
便利店	Convenient Store	103334	104108
超　市	Supermarket	902289	1286847
折扣店	Discount Store	1896	1894
仓储会员店	Warehouse Club	7875	7873
百货店	Department Store	345906	477520
购物中心	Shopping Center	353239	928594
专业店	Specialized Store	3699322	4177317
品牌专卖店	Exclusive Store	2680159	2820095
集合店	Collection Store	378093	406174
无店铺零售	Non-store	266672	231475
#网络零售	Online	144762	148814
其　他	Others	113354	73580

continued

(10 000 yuan)

所有者权益合计 Total Creditors' Equity	#实收资本 Capital Hold	#个人资本 Individual	营业收入 Business Revenue	主营业务收入 Revenue of Major Business	营业成本 Business Costs	税金及附加 Taxes and Extra Charges	其他业务利润 Profits of Other Business
34120	25909	5003	246835	245889	225105	419	-221
90811	73028	46243	1278590	1234609	1190399	860	2087
38418	24982	9653	1117040	1093547	1041042	720	792
235681	334803	2541	3751894	3647133	3400671	8101	10310
21221	22896	550	286607	280724	265500	492	3473
1481055	4030068	1272802	16018988	15495998	14488319	32573	187580
42954	23596		316312	298962	275290	2826	5988
-232308	46330		1286587	1251974	1183379	1625	1645
290	115	10	583	583	516	2	2
1249591	4137457	1233892	16080931	15607720	14630521	36612	132465
23921	75945	12345	2265444	2195920	1987580	4133	8681
8923	27720	1386	1254377	1164430	1096185	1806	65054
6318	9071	2974	64937	63861	59530	63	1142
261062	207921	25612	2000217	1948379	1844561	3006	1656
-546610	149975	2974	5659638	5425775	5091374	9238	92319
1086176	987224	158900	7604710	7373244	6860929	22145	87494
696399	3100929	1034927	5556728	5465556	5047850	11023	23470
313850	219986	79408	2844830	2715735	2618223	3214	5714
1467060	4404048	1251669	20377943	19717553	18427012	44534	207758
47920	5338	1593	383489	375708	349946	681	2440
83248	164055	48538	1786648	1681691	1546556	3184	88853
23	23		914	914	910		
2596	1467	850	15372	14730	13703	8	86
254373	187217	4809	1042383	982905	902201	4993	12617
76755	57666	19820	438680	404134	362110	3406	28199
590393	1430589	190195	8230207	7960209	7388022	15961	24471
616990	2535134	975428	7991790	7818500	7407322	15537	50793
-205238	22560	10437	488460	478763	456243	764	298
82756	54066	24540	1287963	1262756	1191364	1087	1239
39273	26151	9092	1107900	1083888	1031732	543	804
40609	24871	14319	157103	156249	140404	351	154

13-5 续表8

单位：万元

指 标	Item	销售费用 Costs of Sales	管理费用 Costs of Administration
总 计	**Total**	**3597372**	**2627080**
一、批发业	**Wholesale Trade**	**2407868**	**1917590**
1.按登记注册类型分	Grouped by Registered Kind		
内资企业	Civil Funded Enterprises	2397829	1907359
国有企业	State-owned Enterprises	58009	236689
集体企业	Collective-owned Enterprises	7621	11823
股份合作企业	Share Cooperative Enterprises	97	87
有限责任公司	Limited Responsibility Corporations	1024876	1010609
国有独资公司	Company Exclusively with Investment from State	334068	301394
其他有限责任公司	Other Limited Responsibility Company	690808	709215
股份有限公司	Share-holding Limited Corporations	54233	59713
私营企业	Private-owned Enterprises	1252958	588381
私营独资企业	Enterprise Exclusively with Investment from Private	3022	1946
私营合伙企业	Private Partnership Enterprises	167	301
私营有限责任公司	Private Limited Responsibility Corporations	1223284	571709
私营股份有限公司	Private Share-holding Limited Corporations	26485	14425
其他企业	Others	35	57
港、澳、台商投资企业	Enterprises Funded by Hong Kong, Macao and Taiwan	2008	3391
合资经营企业(港或澳、台资)	Joint Venture Enterprises	1043	422
港、澳、台商独资经营企业	Solely Owned Entersprises	965	732
港澳台商投资股份有限公司	Share-holding Limited Corporations	1	2237
外商投资企业	Foreign Funded Enterprises	8031	6840
中外合资经营企业	Joint Venture Enterprises	2002	3258
外资企业	Enterprises with Sole Foreign Investment	3218	1107
外商投资股份有限公司	Share-holding Limited Corporations	2811	2475
2.按批发行业小类分	Grouped by Wholesale Trade		
农、林、牧、渔产品批发	Wholesale of Agricultural, Forestry, Animal Husbandry and Fishery Products	17919	16529
食品、饮料及烟草制品批发	Wholesale of Food, Beverage and Tobaccos	498228	313688
#米、面制品及食用油批发	Rice, Flour and Edible Oil	16598	8793
烟草制品批发	Tobacoo Products Manufacturing	57188	235114
纺织、服装及家庭用品批发	Wholesale of Textiles, Garments and Family Articles	27669	16910
#服装批发	Wholesale of Garments	8525	5761
文化、体育用品及器材批发	Wholesale of Culture, Sports Articles and Equipments	21278	19577
医药及医疗器材批发	Wholesale of Medicines and Medical Appliances	358222	150158
#西药批发	Wholesale of Western Medicine	209624	78077
中药批发	Wholesale of Chinese Traditional Medicine	95222	16724

continued

(10 000 yuan)

财务费用 Costs of Finance	#利息收入 Interest Revenues	#利息费用 Interest Expenses	营业利润 Business Profits	利润总额 Total Profits	所得税费用 Income Tax Expenses	应付职工薪酬 (本年贷方累计发生额) Remuneration Payable (Accumulated Credit Balance of The Year)	应交增值税 Added Taxes Payable
934917	**543250**	**1467993**	**3826094**	**3886593**	**665031**	**2018326**	**1350460**
801273	**536808**	**1396278**	**3894393**	**3926368**	**628195**	**1347755**	**1148319**
799827	536890	1395103	3886333	3918171	626361	1340615	1140897
-37262	39184	1894	358005	359850	108234	179774	146629
2857	1010	1685	318	379	54	9437	7129
63	3	66	-68	-68		43	90
646182	470866	1230963	2083553	2081944	374630	792857	580864
183137	183988	335799	1051846	1045206	252636	164588	256565
463046	286878	895164	1031707	1036738	121994	628269	324299
25465	14912	39692	513316	512910	36686	56891	32166
162518	10915	120803	930513	962989	106751	301551	374019
312	2	236	-1899	-1633	169	1030	7906
-1		-1	421	421	124	93	79
159596	10724	118832	928852	959610	105985	292062	361072
2610	190	1736	3140	4592	473	8367	4962
6			696	167	6	63	1
1449	-310	774	2230	2284	53	2930	5626
368			-1423	-1424		327	40
-30			1143	1202	53	985	348
1111	-310	774	2510	2507		1619	5238
-4	228	401	5830	5913	1782	4210	1795
81	216	396	4585	4600	1468	1432	1322
42		-3	1079	1149	416	2417	464
-126	12	8	166	164	-102	361	9
2025	464	2209	46835	49980	266	10476	1492
-30865	39723	4096	949108	957278	255653	292467	283384
1370	123	1046	556	2357	264	6273	1238
-38384	38738	401	360836	362735	108490	177621	146871
2527	1509	4220	-794	-256	833	12446	7343
57	-158	153	436	485	104	5364	1137
-671	1852	209	17930	18148	1740	16706	1692
43152	13932	41312	86551	85650	22195	138098	108965
33470	12675	31723	47143	47515	14105	80550	67425
3019	760	2801	3913	3911	1350	29933	12325

13-5 续表9

单位：万元

指　标	Item	销售费用 Costs of Sales	管理费用 Costs of Administration
矿产品、建材及化工产品批发	Wholesale of Mineral Products, Building Materials and Chemical Products	1337390	1250829
#煤炭及制品批发	Coal and Related Products	1065632	985105
石油及制品批发	Petroleum and Related Products	38657	30844
金属及金属矿批发	Metals and Metals Materials	105940	69949
建材批发	Building Materials	54065	122398
化肥批发	Chemical Fertilizer	11790	9170
机械设备、五金产品及电子产品批发	Wholesale of Machinery, Hardware and Electronic Products	127954	126321
#汽车及零配件批发	Motor Vehicles and Parts	29599	26452
计算机、软件及辅助设备批发	Computer, Sofeware and Accessories	6755	9029
贸易经纪与代理	Trade Brokerage and Agency	732	516
其他批发业	Other Wholesales	18476	23062
3.按控股情况分	Grouped by Share Holding		
国有控股	State Holding Enterprises	753555	1142040
集体控股	Collective-owned Holding Enterprises	81960	64120
私人控股	Private Holding Enterprises	1567128	709169
港澳台商控股	Hong Kong, Macao and Taiwan Holding Enterprises	2007	1154
外商控股	Foreign Holding Enterprises	3218	1107
4.按经营形式分	Grouped by Management Form		
独立门店	Independent Stores	1466209	1028381
连锁总店(总部)	Chain Headquarters	11041	28733
连锁直营店	Direct Chain Stores		319
连锁加盟店	Franchise Chain Stores	2773	1777
其　他	Others	927844	858380
5.按单位规模分	Grouped by Enterprise Size		
大　型	Large-size	693326	828710
中　型	Medium-size	978298	729793
小　型	Small-size	622349	301792
微　型	Micro-size	113894	57295
二、零售业	**Retail Trade**	**1189505**	**709490**
1.按登记注册类型分	Grouped by Registered Kind		
内资企业	Civil Funded Enterprises	1077213	650037
国有企业	State-owned Enterprises	10280	3283
集体企业	Collective-owned Enterprises	1029	3395

continued

(10 000 yuan)

财务费用 Costs of Finance	#利息收入 Interest Revenues	#利息费用 Interest Expenses	营业利润 Business Profits	利润总额 Total Profits	所得税费用 Income Tax Expenses	应付职工薪酬(本年贷方累计发生额) Remuneration Payable (Accumulated Credit Balance of The Year)	应交增值税 Added Taxes Payable
758405	471638	1320212	2721836	2719681	307661	771950	686024
536419	370337	1046492	2330965	2325689	192465	663430	469230
11869	417	11080	13097	13633	2674	27487	13864
83018	11896	67672	24516	27560	12103	35552	50179
109467	84097	176001	339688	336821	95743	23103	134252
6785	4319	10587	–4960	–3776	1133	5429	3012
22541	7277	20681	27047	38420	24407	88972	49458
8212	6367	10371	–12440	–11934	14455	18099	11412
979	66	659	1747	1878	649	7880	4172
522	73	1	154	202	251	301	44
3637	339	3337	45727	57266	15191	16339	9917
586796	499775	1206350	2605288	2594038	426193	919479	646064
20263	17050	33709	62967	62372	14097	31980	28315
193834	19983	156222	1225339	1269032	187436	392568	473088
338			–280	–222	53	1312	388
42		–3	1079	1149	416	2417	464
581204	417675	868743	2318636	2323556	360172	758646	705794
17771	8983	24071	19118	18326	9169	16983	21616
738	36	773	–277	–185		124	66
307	128	61	–103	–82	45	1936	510
201254	109987	502629	1557019	1584752	258809	570066	420334
350375	317452	855010	2209637	2193669	291872	673488	444947
324732	211716	448936	1442011	1472142	263110	443318	460771
88164	5487	64561	199447	214156	54565	212397	181925
38002	2153	27771	43298	46401	18649	18552	60676
133645	**6441**	**71716**	**–68299**	**–39774**	**36836**	**670571**	**202141**
127794	6440	71053	–67401	–40186	34335	625542	164031
541	21	11	–10998	–11153	30	1117	514
7	52	48	964	1166	65	2287	511

13-5 续表10

单位：万元

指　标	Item	销售费用 Costs of Sales	管理费用 Costs of Administration
股份合作企业	Share-holding Cooperative Enterprises	36	3
有限责任公司	Limited Responsibility Corporations	328312	161672
国有独资公司	Company Exclusively with Investment from State	28548	11949
其他有限责任公司	Other Limited Responsibility Company	299763	149724
股份有限公司	Share-holding Limited Corporations	86511	16583
私营企业	Private-owned Enterprises	650044	464654
私营独资企业	Enterprise Exclusively with Investment from Private	9980	16263
私营合伙企业	Private Partnership Enterprises	1129	635
私营有限责任公司	Private Limited Responsibility Corporations	581000	423821
私营股份有限公司	Private Share-holding Limited Corporations	57936	23935
其他企业	Others	1001	448
港、澳、台商投资企业	Enterprises Funded by Hong Kong, Macao and Taiwan	22995	8784
合资经营企业(港或澳、台资)	Joint Venture Enterprises	4033	978
港、澳、台商独资经营企业	Solely Owned Entersprises	18962	7807
外商投资企业	Foreign Funded Enterprises	89297	50669
中外合资经营企业	Joint Venture Enterprises	526	380
外资企业	Enterprises with Sole Foreign Investment	37099	10399
外商投资股份有限公司	Share-holding Limited Corporations	51673	39890
2.按零售行业小类分	Grouped by Wholesale Trade		
综合零售	General Retail Sales Trade	245007	138889
百货零售	Daily Goods	85452	67005
超级市场零售	Supermarkets	150487	66118
便利店零售	Covenience Stores	8689	5384
其他综合零售	Others	379	383
食品、饮料及烟草制品专门零售	Retail of Food, Beverage and Tobaccos	44740	28448
纺织、服装及日用品专门零售	Retail of Textiles, Garments and Daily Articles	66696	48494
#服装零售	Garments	45045	38282
文化、体育用品及器材专门零售	Retail of Culture, Sports Articles and Equipments	55555	19278
#图书、报刊零售	Books and Mangzines	41389	11874
医药及医疗器材专门零售	Retail of Medicines and Medical Appliances	178488	51057
#西药零售	Western Medicines	173746	47002
中药零售	Traditional Chinese Medicines	3103	1390
汽车、摩托车、零配件和燃料及其他动力销售	Retail of Motor Vehicles, Motorcycles, Feuls, Parts and Others	494966	351418
#汽车新车零售	New Motor Vehicles	279823	231009
汽车旧车零售	Used Motor Vehicles	892	1836
家用电器及电子产品专门零售	Retail of Household Appliances and Electronic Products	44028	35384
#日用家电零售	Household Appliances	29468	17656
计算机、软件及辅助设备零售	Computer, Software and Auxiliary Appliances	3447	6303
通信设备零售	Communication Equipments	8712	8544

continued

(10 000 yuan)

财务费用 Costs of Finance			营业利润 Business Profits	利润总额 Total Profits	所得税费用 Income Tax Expenses	应付职工薪酬(本年贷方累计发生额) Remuneration Payable (Accumulated Credit Balance of The Year)	应交增值税 Added Taxes Payable
	#利息收入 Interest Revenues	#利息费用 Interest Expenses					
			78	77	2	14	34
27964	3478	14820	29077	35229	17828	198520	57708
755	169	804	10012	10494	2918	19903	2218
27210	3309	14016	19065	24735	14910	178617	55490
6328	34	2833	−46142	−47831	507	39664	5788
92891	2856	53319	−40780	−18038	15875	383015	99447
1115	13	528	4048	4301	366	10058	2445
33	1	29	102	114	4	538	120
84779	2796	51895	−44532	−24159	15389	339157	91600
6965	45	867	−398	1706	117	33262	5283
63		23	399	364	28	925	28
−38	−60	44	5621	7460	2093	8781	4031
−65	90	25	2991	2988	822	2393	719
27	−150	19	2631	4472	1271	6388	3311
5888	61	618	−6519	−7048	408	36248	34079
51	10	57	−663	−636		453	9
2979	51	261	−23443	−23393	408	14728	31058
2859		300	17587	16981		21067	3012
44254	1087	21756	−1151	1639	9742	131898	34794
24115	334	12424	9980	9350	7699	44945	22355
18941	753	8912	−12318	−9019	1540	79994	10848
816		51	1543	1642	503	6495	1538
382		369	−357	−334	1	465	53
1886	387	2550	22325	25136	5307	32017	11359
3406	494	1795	−3966	−1252	1426	33457	10908
2684	−23	1724	−7687	−5062	587	22644	6609
784	23	325	9439	11006	3353	36759	2811
−112	209	−1	12227	12348	2851	28201	560
5154	1505	3757	20093	21903	7348	97218	16552
4619	1500	3615	17017	18782	6935	93496	14268
180		108	−117	−111	24	2262	391
64440	2779	33664	−102175	−90763	8428	277319	108613
44681	2279	24387	−46407	−32369	6836	169221	50201
19	7	2	120	132	2	395	267
4763	−27	1518	−11012	−8910	508	30337	10288
2764	−75	893	−13884	−12602	114	15922	4509
270	10	226	2165	2537	182	5306	1544
1157	36	341	1724	2049	194	7848	3915

13-5 续表11

单位：万元

指　标	Item	销售费用 Costs of Sales	管理费用 Costs of Administration
五金、家具及室内装饰材料专门零售	Retail of Hardware, Furniture and Interior Decoration Materials	7343	8067
货摊、无店铺及其他零售业	Retail of Stall, Non-store and Others	52681	28456
#互联网零售	Retails on the Internet	47897	21216
3.按控股情况分	Grouped by Share Holding		
国有控股	State Holding Enterprises	274220	86730
集体控股	Collective-owned Holding Enterprises	8829	13679
私人控股	Private Holding Enterprises	828979	556739
港澳台商控股	Hong Kong, Macao and Taiwan Holding Enterprises	23520	9164
外商控股	Foreign Holding Enterprises	53803	43126
其　他	Others	21	9
4.按经营形式分	Grouped by Management Form		
独立门店	Independent Stores	764677	567052
连锁总店	Chain Headquarters	224361	63694
连锁直营店	Direct Chain Stores	114011	24983
连锁加盟店	Franchise Chain Stores	3232	2574
其　他	Others	83224	51188
5.按单位规模分	Grouped by Enterprise Size		
大　型	Large-size	400346	135631
中　型	Medium-size	448929	273840
小　型	Small-size	225159	201764
微　型	Micro-size	115071	98255
6.按零售业态分	Grouped by Retail Format		
有店铺零售	Store-based	1133730	680158
便利店	Convenient Store	19094	8941
超　市	Supermarket	181029	66920
折扣店	Discount Store	9	8
仓储会员店	Warehouse Club	1106	1010
百货店	Department Store	53346	54391
购物中心	Shopping Center	37448	46295
专业店	Specialty Store	523652	256883
品牌专卖店	Exclusive Store	302644	234556
集合店	Collection Store	15401	11155
无店铺零售	Non-store	55775	29332
#网络零售	Online	47998	21128
其　他	Others	5149	7362

continued

(10 000 yuan)

财务费用 Costs of Finance	#利息收入 Interest Revenues	#利息费用 Interest Expenses	营业利润 Business Profits	利润总额 Total Profits	所得税费用 Income Tax Expenses	应付职工薪酬(本年贷方累计发生额) Remuneration Payable (Accumulated Credit Balance of The Year)	应交增值税 Added Taxes Payable
1503	11	474	4136	4476	511	8318	2357
7454	182	5877	–5988	–3009	214	23248	4460
4886	59	4002	–2911	–1346	86	17152	3851
12886	2639	7164	–24677	–25864	10806	140492	38403
1420	54	455	–1719	–1229	107	10373	1609
115428	3748	63727	–39751	–12759	23422	488382	126044
13	–50	101	4958	6824	2093	9234	4040
3891	51	261	–7185	–6821	408	21774	32037
7		7	17	17	1	55	7
110539	4348	63104	–33367	–11748	28385	460864	129142
9771	1374	5080	–20709	–18086	5006	98603	23551
8607	62	630	–25858	–23911	1587	56427	32296
219	14	112	–460	–439	33	2485	754
4509	645	2790	12094	14410	1825	52191	16398
23570	836	6909	–7872	–7973	9690	184992	67906
71482	3740	46960	–53386	–35721	16916	307493	73895
31215	1731	14475	–9698	–2053	4314	151519	43918
7377	134	3372	2656	5973	5916	26567	16422
128272	6555	67474	–67410	–41628	36649	647609	196350
324	–481	54	6882	7200	1637	11290	3553
19023	764	9446	–14627	–11178	1389	94529	13473
			–13	2		9	1
85		56	–242	75	2	1107	169
9451	316	5409	19097	18471	6401	30646	10351
16321	1	7310	–8626	–6389	2085	19594	14644
39411	3914	21520	–46746	–39240	13812	306726	98064
41177	1912	21664	–16751	–4728	11246	171456	52964
2481	129	2015	–6385	–5841	76	12252	3132
5373	–113	4242	–889	1854	187	22962	5791
4909	60	4024	–2991	–1421	86	17009	3873
451	–174	210	2034	3122	99	4797	1788

13-6 限额以上批发零售业商品销售类值(2022年)
SALES VALUE OF ENTERPRISES ABOVE DESIGNATED SIZE IN WHOLESALE AND RETAIL TRADE BY CATEGORY OF COMMODITIES(2022)

单位：万元 (10 000 yuan)

指 标	Item	销售额 Sales Value	批发额 Wholesale	零售额 Retail
总 计	**Total**	**231444836**	**206930681**	**24514155**
一、批发业	**Wholesale Trade**	**205771442**	**204717615**	**1053827**
1.粮油、食品类	Grain, Oil and Food	1330723	1240035	90689
2.饮料类	Beverages	173982	163492	10490
3.烟酒类	Tobacco and Liquor	8519073	8393044	126028
4.服装、鞋帽、针纺织品类	Clothing, Shoes and Hats, Textiles	202435	190337	12098
5.化妆品类	Cosmetics	14136	13756	381
6.金银珠宝类	Gold, Silver and Jewellery	294183	281583	12600
7.日用品类	Articles for Daily Use	142922	120572	22350
8.五金、电料类	Hardware and Electrical Materials	166358	142749	23609
9.体育、娱乐用品类	Sports and Recreation Articles	76974	73257	3717
10.书报杂志类	Newspapers and Magazines	212977	210218	2759
11.电子出版物及音像制品类	Electronic Publications and Audiovisual Products	15634	14623	1011
12.家用电器和音像器材类	Household Appliances and Audiovisual Equipment	443759	385179	58580
13.中西药品类	Traditional Chinese and Western Medicine	5813180	5656351	156829
#西 药	Western Medicine	4216981	4081186	135795
中草药及中成药类	Traditional Chinese Medicine	678003	657162	20840
14.文化办公用品类	Culture and Office Articles	613660	563309	50352
#计算机及其配套产品	Computer and Related Equipment	220584	206910	13674
15.家具类	Furnitures	7130	6687	443
16.通讯器材类	Communication Equipment	617492	565527	51965
17.煤炭及制品类	Coal and Related Products	125705940	125689596	16344
18.木材及制品类	Timber and Related Products	41018	41018	
19.石油及制品类	Petroleum and Related Products	4406796	4263157	143639
20.化工材料及制品类	Chemical Materials and Related Products	3291408	3291408	
#化肥类	Chemical Fertilizer	1347868	1347868	
21.金属材料类	Metal Materials	40739231	40739231	
22.建筑及装潢材料类	Building and Decoration Materials	1800323	1732632	67691
23.机电产品及设备类	Mechanical and Electrical Products and Equipment	1844001	1832341	11660
#农机类	Farm Machineries	42395	42395	
24.汽车类	Automobiles	2861176	2781614	79562
#新能源汽车	New Energy Vehicles	1275911	1267178	8733
25.种子饲料类	Seeds and Forages	354267	354267	
26.棉麻类	Cotton and Hemp	52669	52669	
27.其他类	Others	6029997	5918964	111033

13-6 续表 continued

单位：万元 (10 000 yuan)

指 标	Item	销售额 Sales Value	批发额 Wholesale	零售额 Retail
二、零售业	**Retail Trade**	**25673394**	**2213067**	**23460328**
1.粮油、食品类	Grain, Oil and Food	3101179	44476	3056703
2.饮料类	Beverages	301790	4644	297146
3.烟酒类	Tobacco and Liquor	1113291	111194	1002097
4.服装、鞋帽、针纺织品类	Clothing, Shoes and Hats, Textiles	1671443	21462	1649980
5.化妆品类	Cosmetics	292320	8139	284181
6.金银珠宝类	Gold, Silver and Jewellery	337656	7862	329794
7.日用品类	Articles for Daily Use	498421	17466	480955
8.五金、电料类	Hardware and Electrical Materials	134451	14318	120133
9.体育、娱乐用品类	Sports and Recreation Articles	61648	9868	51779
10.书报杂志类	Newspapers and Magazines	244625	2033	242593
11.电子出版物及音像制品类	Electronic Publications and Audiovisual Products	6430		6430
12.家用电器和音像器材类	Household Appliances and Audiovisual Equipment	1051138	43503	1007635
13.中西药品类	Traditional Chinese and Western Medicine	1270369	24154	1246216
#西 药	Western Medicine	817501	19410	798091
中草药及中成药类	Traditional Chinese Medicine	184872	3858	181014
14.文化办公用品类	Culture and Office Articles	186487	33943	152544
#计算机及其配套产品	Computer and Related Equipment	107145	14631	92514
15.家具类	Furnitures	137846	650	137196
16.通讯器材类	Communication Equipment	678785	51539	627246
17.煤炭及制品类	Coal and Related Products	322274	274106	48168
18.木材及制品类	Timber and Related Products			
19.石油及制品类	Petroleum and Related Products	5012090	1181316	3830775
20.化工材料及制品类	Chemical Materials and Related Products	2038	2038	
21.金属材料类	Metal Materials	87287	87287	
22.建筑及装潢材料类	Building and Decoration Materials	170860	7937	162924
23.机电产品及设备类	Mechanical and Electrical Products and Equipment	63368	9571	53796
24.汽车类	Automobiles	8311014	203658	8107356
#新能源汽车	New Energy Vehicles	1189498	68614	1120884
25.种子饲料类	Seeds and Forages	13327	13327	
26.棉麻类	Cotton and Hemp	10		10
27.其他类	Others	603248	38576	564672

13-7 亿元以上商品交易市场基本情况(2022年)

BASIC STATISTICS ON COMMODITY EXCHANGE MARKETS OF TRANSACTION VOLUME OVER 100 MILLION YUAN(2022)

市　场	Market Category	市场数量(个) Number of Markets (unit)	年末出租摊位数(个) Number of Stalls at Year-end (unit)	营业面积(平方米) Area of Bussiness (sq.m)	成交额(万元) Volume of Transaction (10 000 yuan)
总　计	**Total**	**32**	**20504**	**2395524**	**5636282**
一、按市场类别分	Grouped by Market Category				
1.综合市场	Comprehensive Markets	13	14677	1697288	4863715
生产资料综合市场	Productive Materials Comprehensive Markets	1	103	23000	11823
工业消费品综合市场	Industrial Consumable Comprehensive Markets	1	212	59720	10895
农产品综合市场	Farm Products Comprehensive Markets	8	3288	383948	1758620
其他综合市场	Others	3	11074	1230620	3082377
2.专业市场	Special Markets	19	5827	698236	772567
农产品市场	Farm Products Comprehensive Markets	6	1614	210580	264884
肉禽蛋市场	Meat, Poulry, and Eggs Markets	1	317	11500	46784
水产品市场	Aquatic Products Markets	1	232	12000	8056
蔬菜市场	Vegetables Markets	2	665	146200	148244
干鲜果品市场	Dried and Fresh Melons and Fruits Markets	2	400	40880	61800
食品、饮料及烟酒市场	Food, Beverages, Tobacco and Liquor Markets	1	103	3000	12661
纺织、服装、鞋帽市场	Textiles, Clothing, Shoes and Hats Markets	9	3067	305594	371800
服装市场	Clothing Markets	8	2865	276594	363200
鞋帽市场	Shoes and Hats Markets	1	202	29000	8600
家具、五金及装饰材料市场	Furniture, Hardware and Decoration Materials	3	1043	179062	123222
家具市场	Furniture Markets	1	491	135256	58132
装饰材料市场	Decoration Materials Markets	2	552	43806	65090
二、按经营方式分	Grouped by Business Style				
1.以批发为主	Wholesale mainly	27	19198	2029182	5297529
2.以零售为主	Retail mainly	5	1306	366342	338753
三、按经营环境分	Grouped by Business Environment				
1.露天式	Open-air Markets	6	1806	260300	230554
2.封闭式	Enclosed Markets	21	14921	1918604	5195243
3.其　他	Others	5	3777	216620	210485

13-8 亿元以上商品交易市场按摊位分类成交情况(2022年)

CLASSIFICATION OF COMMODITY EXCAHNGE MARKETS OF TRANSACTION VOLUME OVER 100 MILLION YUAN(2022)

类 别	Classification	年末出租摊位数(个) Number of Stalls at Year-end (unit)	成交额(万元) Volume of Transaction (10 000 yuan)
总 计	**Total**	**20504**	**5636282**
1.粮油、食品类	Grain, Oil and Food	4888	2078291
#粮油类	Grain and Oil	538	342847
肉禽蛋类	Meat, Poultry and Eggs	753	204315
水产品类	Aquatic Products	533	136306
蔬菜类	Vegetables	1695	794390
干鲜果品类	Dried and Fresh Fruits	1269	502833
2.饮料类	Beverages	201	15614
3.烟酒类	Tobacco and Liquor	252	247774
4.服装、鞋帽、针纺织品类	Clothing, Shoes, Hats and Textiles	7829	723464
服装类	Clothing	4937	566745
鞋帽类	Footwear and Hats	1269	41613
针纺织品类	Knitwear and Textiles	1623	115106
5.化妆品类	Cosmetics	227	1761
6.金银珠宝类	Gold, Silver and Jewellery	2	49
7.日用品类	Articles for Daily Use	1460	399674
8.五金、电料类	Hardware and Electrical Materials	570	210573
9.体育、娱乐用品类	Sports and Recreational Articles	9	431
10.电子出版物及音像制品类	Electronic Publication and Audiovisual Products	4	75
11.家用电器和音像器材类	Household Appliances and Audiovisual Equipment	40	2973
#能效等级为1和2级的商品	EEI of Level Ⅰ and Ⅱ	12	1291
#智能家用电器和音像器材	Intelligent Products	18	1052
12.中西药品类	Traditional Chinese and Western Medicine	1	8
13.文化办公用品类	Cultural and Official Articles	24	2561
14.家具类	Furniture	1123	71527
15.通讯器材类	Communication Equipment	5	12
16.化工材料及制品类	Raw Chemical Materials and Related Products	4	243
17.金属材料类	Metal Materials	106	496800
18.建筑及装潢材料类	Building and Decoration Materials	1718	598239
19.汽车类	Automobiles	45	682600
20.其他类	Others	1996	103613

13-9 城市商业综合体基本情况(2022年)

项 目	Item	商户数(个) Commercial Tenants (unit)	法 人 Corporations
自营、联营部分的经营情况	**Operation of Self-support and Pool**		
合 计	**Total**	**1120**	**773**
一、零售业	**Retail Trade**	**1015**	**754**
1.百货零售	Reatail of General Merchandise	42	1
2.超级市场零售	Supermarket Retail	2	2
3.食品、饮料及烟草制品零售	Retail of Food, Beverage and Tobaccos	30	1
4.服装鞋帽针纺织品零售	Retail of Clothing, Shoes, Hats and Textiles	857	677
5.化妆品零售	Retail of Cosmetics	30	24
6.日用品零售	Retail of Daily Articles	4	4
7.家用电器及电子产品零售	Retail of Household Appliances and Electronic Products	10	7
8.珠宝首饰零售	Retail of Jewellery	31	29
9.其 他	Others	9	9
二、餐饮业	**Catering Services**	**64**	**10**
三、服务业	**Services**	**41**	**9**
1.电影放映	Motion Picture Projection	4	2
2.教育培训	Education and Training	4	2
3.室内娱乐活动	Indoor Recreation	24	4
4.健身休闲活动	Fitness and Leisure Activities	9	1

BASIC STATISTICS ON URBAN COMMERCIAL COMPLEXES(2022)

分支机构 Branches	个体户 Individuals	商户从业人员期末人数(人) Employees at Year-end (person)	商户商品销售额(商户营业额)(万元) Sales Value (Business Volume) (10 000 yuan)	营业面积(平方米) Operating Area (sq.m)
15	**332**	**5506**	**273360**	**203366**
12	**249**	**4722**	**264983**	**161922**
3	38	252	3626	5922
		387	16029	12416
	29	254	5496	3620
5	175	3455	208009	133074
3	3	99	3089	2137
		16	1110	492
	3	35	4567	971
1	1	213	22366	2757
		11	691	533
1	**53**	**402**	**4347**	**8728**
2	**30**	**382**	**4030**	**32716**
	2	56	1646	10027
	2	82	58	1186
1	19	151	2129	18043
1	7	93	197	3460

13-9 续表

项 目	Item	商户数(个) Commercial Tenants (unit)	法 人 Corporations
租赁部分的经营情况	**Operation of Lease**		
合 计	**Total**	**5158**	**1267**
一、零售业	**Retail Trade**	**3303**	**771**
1.百货零售	Reatail of General Merchandise	227	30
2.超级市场零售	Supermarket Retail	19	11
3.食品、饮料及烟草制品零售	Retail of Food, Beverage and Tobaccos	111	27
4.服装鞋帽针纺织品零售	Retail of Clothing, Shoes, Hats and Textiles	2182	413
5.化妆品零售	Retail of Cosmetics	164	54
6.日用品零售	Retail of Daily Articles	75	17
7.家用电器及电子产品零售	Retail of Household Appliances and Electronic Products	150	85
8.珠宝首饰零售	Retail of Jewellery	201	62
9.其 他	Others	174	72
二、餐饮业	**Catering Services**	**1328**	**296**
三、服务业	**Services**	**527**	**200**
1.电影放映	Motion Picture Projection	26	18
2.教育培训	Education and Training	70	42
3.室内娱乐活动	Indoor Recreation	182	61
4.理发及美容服务	Hairdressing and Beauty Services	92	23
5.健身休闲活动	Fitness and Leisure Activities	27	12
6.摄影服务	Photography Services	20	7
7.其 他	Others	110	37

continued

分支机构 Branches	个体户 Individuals	商户从业人员期末人数(人) Employees at Year-end (person)	租金总额 (万元) Total Rental (10 000 yuan)	商户商品销售额(商户营业额)(万元) Sales Value (Business Volume) (10 000 yuan)	营业面积 (平方米) Operating Area (sq.m)
306	**3585**	**31561**	**110017**	**1299754**	**1273047**
220	**2312**	**15576**	**72506**	**999519**	**711967**
39	158	1875	8214	86176	162695
7	1	1859	4445	140200	131710
4	80	459	1725	15082	8531
101	1668	7625	40249	352102	334660
7	103	726	2742	28982	13584
10	48	364	1239	13283	9462
14	51	674	3373	81241	17339
23	116	1218	5183	110167	20493
15	87	776	5336	172286	13493
56	**976**	**12106**	**24964**	**231607**	**223151**
30	**297**	**3879**	**12547**	**68628**	**337929**
5	3	451	2663	14591	116152
4	24	634	1383	6057	35998
2	119	1169	4651	23371	110209
6	63	649	1449	9872	9797
2	13	293	659	3581	29044
1	12	228	289	2943	13078
10	63	455	1453	8213	23651

13-10 私营企业基本情况(2022年)
BASIC STATISTICS ON PRIVATE-OWNED ENTERPRISES(2022)

单位：户 (household)

指 标	Item	年末实有户数 Real Number of Enterprises at Year-end	#本年登记 Registered This Year	注册资金(万元) Registered Capital (10 000 yuan)
总 计	**Total**	**975821**	**203130**	**504648823**
农、林、牧、渔业	Farming, Forestry, Animal Husbandry and Fishery	56021	20733	19207743
采矿业	Mining	5670	395	8414363
制造业	Manufacturing	58274	7073	49653555
电力、热力、燃气及水生产和供应业	Production and Supply of Electricity, Heat, Gas and Water	5697	925	9708261
建筑业	Construction	107764	23500	64775115
批发和零售业	Wholesale and Retail Trade	350167	72860	130980286
交通运输、仓储和邮政业	Transport, Storage and Post	31422	5130	12955297
住宿和餐饮业	Hotels and Catering Services	18806	4379	5955392
信息传输、软件和信息技术服务业	Information Transmission, Software and Information Technology Services	35605	8260	13424975
金融业	Financial Industry	5270	161	35461075
房地产业	Real Estate	29281	4496	22469726
租赁和商务服务业	Lease and Business Affairs Services	101315	20533	50630939
科学研究和技术服务业	Scientific Reseach and Technical Services	94690	19663	50096071
水利、环境和公共设施管理业	Water, Environmental Protection and Public Facility Management	6657	1318	4376227
居民服务、修理和其他服务业	Resident Services, Repair and Other Services	29874	6307	15848366
教 育	Education	5450	677	815286
卫生和社会工作	Health Care and Social Work	7043	1361	2344660
文化、体育和娱乐业	Culture, Sports and Recreation	25803	5346	6352528
其他行业	Others	1012	13	1178959

13-11 个体工商业基本情况(2022年)

BASIC STATISTICS ON INDIVIDUAL BUSINESS(2022)

单位：户 (household)

指　标	Item	年末实有户　数 Real Number of Households at Year-end	#本年登记 Registered This Year	投资总额(万元) Total Investment (10 000 yuan)
总　计	**Total**	**2794930**	**806962**	**23071272**
农、林、牧、渔业	Farming, Forestry, Animal Husbandry and Fishery	240328	179878	4751602
采矿业	Mining	591	40	24877
制造业	Manufacturing	106279	28666	925273
电力、热力、燃气及水生产和供应业	Production and Supply of Electricity, Heat, Gas and Water	782	19	8433
建筑业	Construction	17668	5530	295227
批发和零售业	Wholesale and Retail Trade	1415718	325786	9170766
交通运输、仓储和邮政业	Transport, Storage and Post	191007	31875	2298047
住宿和餐饮业	Hotels and Catering Services	405384	105298	2597600
信息传输、软件和信息技术服务业	Information Transmission, Software and Information Technology Services	11854	3984	65386
金融业	Financial Industry	464	38	7396
房地产业	Real Estate	8890	8217	129705
租赁和商务服务业	Lease and Business Affairs Services	54226	26411	618657
科学研究和技术服务业	Scientific Reseach and Technical Services	10498	6982	102114
水利、环境和公共设施管理业	Water, Environmental Protection and Public Facility Management	3771	1071	31607
居民服务、修理和其他服务业	Resident Services, Repair and Other Services	286861	67357	1711344
教　育	Education	938	125	9112
卫生和社会工作	Health Care and Social Work	11826	2201	85108
文化、体育和娱乐业	Culture, Sports and Recreation	27536	13175	236474
其他行业	Others	309	309	2543

主要统计指标解释

批发业 指向其他批发或零售单位（含个体经营者）及其他企事业单位、机关团体等批量销售生活用品、生产资料的活动，以及从事进出口贸易和贸易经纪与代理的活动。

零售业 指百货商店、超级市场、专门零售商店、品牌专卖店、售货摊等主要面向最终消费者（如居民等）的销售活动，以互联网、邮政、电话、售货机等方式的销售活动，还包括在同一地点，后面加工生产，前面销售的店铺（如面包房）。

批发和零售业法人企业 指具备如下条件的批发零售贸易企业：(1)依法成立，有自己的名称、组织机构和场所，能够承担民事责任；(2)独立拥有和使用资产，承担负债，有权与其他单位签订合同；(3)独立核算盈亏，并能够编制包括资产负债表在内的全部会计帐户。

限额以上批发企业 年主营业务收入2000万元及以上的批发企业。

限额以上零售企业 年主营业务收入500万元及以上的零售企业。

社会消费品零售总额 指企业（单位、个体户）通过交易直接售给个人、社会集团非生产、非经营用的实物商品金额，以及提供餐饮服务所取得的收入金额。个人包括城乡居民和入境人员，社会集团包括机关、社会团体、部队、学校、企事业单位、居委会或村委会等。

批发和零售业零售额 指批发和零售业企业、产业活动单位和个体户售给城乡居民用于生活消费和社会集团用于公共消费的商品金额。

门店总数 指该连锁企业所拥有的全部门店（包括直营店和加盟店）数量。其中，总店（如果总公司有门店的话）作为一个直营店处理。此外，有的地区分出控股店，控股店按直营店统计。

连锁总店（总部） 负责连锁企业资源（商号、商誉、经营模式、服务标准、管理模式等）的开发、配置、控制或使用等功能的企业核心管理机构。连锁经营是指经营同类商品或服务，使用统一商号的若干店铺，在同一总店（总部）的管理下，采取统一采购或特许经营等方式实现规模效益的组织形式，包括直营连锁、特许连锁和自愿连锁三种形式。

直营店 由连锁企业总部投资开设，按连锁经营管理模式，由总店（总部）统一管理，按照总店（总部）的指示和服务规范要求，承担日常销售业务的店铺。

加盟店 在特许连锁中，被特许人获得特许人授权后，使用其商标、商号、经营模式、专利和专有技术等经营资源建立的，按照总店（总部）的指示和服务规范要求，承担日常销售业务的店铺，也包括自愿连锁的成员店。

零售业态 指零售企业（单位）为满足不同的消费需求进行相应的要素组合而形成的不同经营形态；分类原则是，零售业态按零售店铺的结构特点，根据其经营方式、商品结构、服务功能，以及选址、商圈、规模、店堂设施、目标顾客和有无固定营业场所进行分类。

零售业态从总体上可以分为有店铺零售业态和无店铺零售业态两类。有店铺零售业态分为便利店、超市、折扣店、仓储会员店、百货店、购物中心、专业店、品牌专卖店、集合店、无人值守商店等；无店铺零售业态分为网络零售、电视/广播零售、邮寄零售、无人售货设备零售、电话零售、直销、流动货摊零售、其他等。

商品购进额 指从本企业以外的单位和个人购进(包括从国外直接进口)作为转卖或加工后转卖的商品金额(含增值税)。本指标反映批发和零售业从国内外市场上购进商品的总价。

商品销售额 指对本单位以外的单位和个人出售的商品金额（包括售给本单位消费用的商品，含增值税），在批发零售业中本指标反映在国内市场上销售商品以及出口商品的总量。

期末商品库存额 对于批发和零售业法人单位和个体经营户，是指报告期末取得所有权的全部商品金额（含增值税）；对于批发和零售业产业活动单位，是指报告期末实际在库且归属法人具有所有权的全部商品金额（含增值税）。该指标反映批发和零售业商品库存情况，以及对市场商品供应的保证程度。

服务营业额　指批发和零售业单位在经营活动中，因提供服务取得的收入（含增值税），包括贸易经济代理服务、拍卖服务、汽车维修和装饰服务、各种商务服务和商品代理、互联网交易平台服务、场地和商品租赁、充电服务等。

城市商业综合体　指以区域为中心、以购物中心为主导，融合了商业零售、餐饮、休闲养生、娱乐、文化、教育等多项城市主要功能活动，面向各类生活消费人群、提供综合性服务的大型建筑综合体。城市商业综合体除具备以上特征外，还应同时满足以下几个条件：(1)由企业有计划地管理运营，有统一的名称，如**中心、**广场、**城等。(2)涵盖超市、百货、专业店、专卖店等商品零售业态，正餐、快餐等餐饮业态，以及文化、娱乐、健身、培训等两项及以上主要服务业态。(3)营业面积不少于 1 万平方米且独立开展经营活动的商户不少于 50 个。(4)具备专门的停车场所，专供在城市商业综合体内进行消费的顾客使用。

亿元以上商品交易市场　指年成交额在亿元及以上的商品交易市场。商品交易市场是指经有关部门和组织批准设立，有固定场所、设施，有经营管理部门和监管人员，若干市场经营者入内，常年或实际开业三个月以上，集中、公开、独立地进行生活消费品、生产资料等现货商品交易以及提供相关服务的交易场所，包括各类消费品市场、生产资料市场等。

Explanatory Notes on Main Statistical Indicators

Wholesale Trade refers to the activities of wholesaler selling commodities in bulk for daily use and capital goods to other wholesale and retail enterprises, institutions and government offices, including the activities of wholesaler engaged in import and export and acting as a trade agent.

Retail Trade refers to the activities of department store, supermarket, franchised store, brand store, retail stall and on-the-spot-making-selling store selling commodities to the final consumers (citizens) by any means including internet, post, telephone, sales machine.

Wholesale and Retail Corporation Enterprises refer to the wholesale and retail trade enterprises satisfy the conditions as follow: (1) They are established legally, having their own names, organizations, location, able to take civil liability; (2) They possess and use their assets independently, assume liabilities, and are entitled to sign contracts with other units; (3) They are financially independent and compile their own balance sheets.

Wholesale Enterprises above Designated Size refer to wholesale enterprises whose annual revenue of major business amounts to 20 million yuan and over.

Retail Trade Enterprises above Designated Size refer to retail enterprises whose annual revenue of major business amounts to 5 million yuan and over.

Total Retail Sales of Consumer Goods refer to the amount obtained by enterprises (units, self-employed individuals) through direct sales of non-production and non-business physical commodity to individuals, social institutions, and revenue from providing catering services. Individuals include rural and urban households, population from abroad, and social institutions include government agencies, social organizations, military units, schools, institutions, neighborhood (village) committees, etc.

Total Retail Sales of Wholesale and Retail Trade refer to the amount obtained by wholesale and retail enterprises, active units and self-employed individuals through sales to residents and social groups for mass consumption.

Total Number of Stores refers to the total number of stores owned by the chain enterprises, including direct stores and franchises. The headquarter (if there has one) is counted as a direct store. In addition, there are some holding stores in some regions, and these stores are also counted as direct stores.

Chain Head Stores (Headquarters) refer to the core leading stores responsible for development, allocation, administration and utilization of resources (name of stores, brand of stores, operation model, service standard, management way, etc.) of chain stores. Chain stores refer to the stores engaged in providing homogeneous commodities or services, with the central leadership of head stores (headquarters) and guided by common policies, conduct centralized purchase and efficiency through standardized operation. The chain stores include direct chain stores, franchise chain stores and voluntary chain stores.

Direct Chain stores refer to stores that are invested and set up by the headquarters of chain enterprises. They are under the unified management of the head stores (headquarters) according to the chain operation management mode, and undertake the daily sales business according to the instructions and service specification requirements of the head stores (headquarters).

Franchise Chain Stores In the franchise chain, the franchisee, after being authorized by the franchisor, uses its trademark, trade name, business model, patent and proprietary technology and other business resources to undertake daily sales business in accordance with the instructions and service specification requirements of the head stores (headquarters). The member stores of voluntary chain are also included.

Retail Trade Format refers to the different business forms which combined by corresponding factors to satisfy different consumption needs. It is classified according to retail stores' structure characters, such as business form, commodities' structure, service function, address, business circle, scale, store facilities, target customers and whether having a fixed business place.

Retail trade format can be divided into store-based and non-store retail. Store-based retail includes convenient store, supermarket, discount store, warehouse club, department store, shopping center, specialty store, exclusive store, collection store, unattended store, etc. Non-store retail includes online retail, TV/Radio retail, mail retail, unmanned vending machine retail, telephone retail, direct sale, mobile stall retail, etc.

Value of Commodities Purchases refers to the value of commodities purchasing by enterprises from other units or individuals with value-added tax, including direct import form abroad, for the purpose of re-selling, either with or without further processing of the commodities purchased. It reflects the total commodities value that wholesale and retail trade purchased from the domestic and abroad market.

Value of Commodities Sales refers to the value of commodities sold by the units to other units or individuals with value-added tax, including goods sold for self consumption. It reflects the total commodities amount sold and exported in domestic market in wholesale and retail trade.

Total Value of Storing at The End of Period refers to total possessed commodities value including value-added tax for the wholesale and retail corporation units and individuals at the end of report period. And it refers to the total commodities value at the end of report period, including value-added tax, which are in stock and belong to the corporation units for the wholesale and retail active units. It reflects the goods stock of the wholesale and retail trade and the guarantee degree of goods supply to the market.

Turnover of Services refers to the income (including value-added taxes) obtained by wholesale and retail enterprises in business activities due to the provision of services, including trade brokerage services, auction services, automobile maintenance and decoration services, various business services and commodity agency, internet trading platform services, venue and commodity leasing ,charging services, etc.

Urban Commercial Complex refers to a large-scale building complex which is based on the regional center, and is mainly shopping center. It integrates many major urban functional activities such as commercial retail, catering, leisure and health care, entertainment, culture, education, etc., and provides comprehensive services for all kinds of consumer groups. In addition to the above characteristics, the urban commercial complexes should also meet the following conditions: (1) It should be managed and operated by the enterprises in a planned way, and have a unified name, such as ** center, ** square, and ** city. (2) It covers supermarkets, department stores, specialized stores, exclusive stores and other commodity retail formats, catering formats such as dinner and fast food, and two or more major service formats such as culture, entertainment, fitness and training. (3) The business area is no less than 10 thousand square meters, and there are no less than 50 independent commercial tenants. (4) There is a special parking space for customers to consume in the urban commercial complex.

Commodities Trading Market over 100 Million Yuan refers to the commodity market with an annual transaction at and above 100 million yuan. Commodities trading market refers market that is approved by related government departments, which has fixed sites, facilities, managers and administration offices, traders, and has operated for more than three months. It is a place where the commodities including the articles for daily consumption, productive materials, goods transactions and services are traded in a centralized, independent and open way. And it includes consumer market, materials market and etc.

14

HOTELS, CATERING SERVICES AND TOURISM

住宿、餐饮业和旅游

资料整理人员

雷士伟　邓　娜　郭俊凯　尹　伊

住宿和餐饮业

HOTELS AND CATERING SERVICES

限额以上住宿、餐饮业营业额	Business Volume of Hotels and Catering Services above Designated Size	145.1	亿元 (100 million yuan)
住宿业	Hotels	51.3	亿元 (100 million yuan)
餐饮业	Catering Services	93.7	亿元 (100 million yuan)

限额以上住宿业营业额（亿元）

Business Volume of Hotels above Designated Size (100 million yuan)

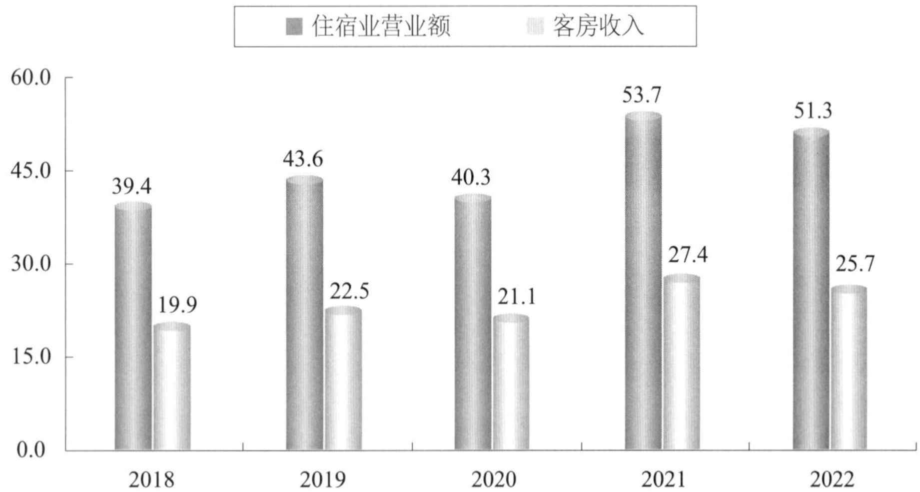

限额以上餐饮业营业额（亿元）

Business Volume of Catering Services above Designated Size (100 million yuan)

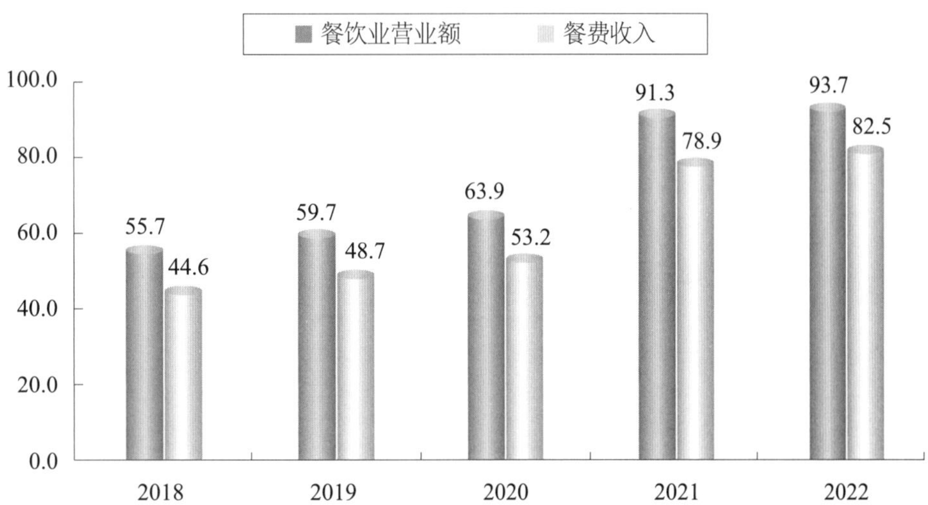

14-1 限额以上住宿和餐饮业法人企业经营情况(2022年)

单位：万元

指 标	Item	法人企业数(个) Corporation Enterprises (unit)
总 计	**Total**	**1484**
一、住宿业	**Hotels**	**603**
1.按登记注册类型分	Grouped by Registered Kind	
内资企业	Civil Funded Enterprises	603
国有企业	State-owned Enterprises	18
集体企业	Collective-owned Enterprises	5
有限责任公司	Limited Responsibility Corporations	89
国有独资公司	Company Exclusively with Investment from State	17
其他有限责任公司	Other Limited Responsibility Corporations	72
股份有限公司	Share-holding Limited Corporations	1
私营企业	Private-owned Enterprises	490
私营独资企业	Enterprise Exclusively with Investment from Private	24
私营合伙企业	Private Partnership Enterprises	1
私营有限责任公司	Private Limited Responsibility Corporations	463
私营股份有限公司	Private Share-holding Limited Corporations	2
2.按住宿行业小类分	Grouped by Hotels	
旅游饭店	Tourist Hotels	242
一般旅馆	Ordinary Hotels	342
经济型连锁酒店	Economical Chain Hotels	74
其他一般旅馆	Others	268
民宿服务	Homestay Hotels	3
露营地服务	Campsite Services	2
其他住宿业	Others	14
3.按控股情况分	Grouped by Share Holding	
国有控股	State Holding Enterprises	62
集体控股	Collective-owned Holding Enterprises	6
私人控股	Private Holding Enterprises	534
其 他	Others	1
4.按经营形式分	Grouped by Management Form	
独立门店	Independent Stores	483
连锁总店(总部)	Chain Headquarters	1
连锁直营店	Direct Chain Stores	8
连锁加盟店	Franchise Chain Stores	79
其 他	Others	32
5.按单位规模分	Grouped by Enterprise Size	
大 型	Large-size	2
中 型	Medium-size	35
小 型	Small-size	491
微 型	Micro-size	75
6.按星级分	Grouped by Stars	
五 星	Five Star	15
四 星	Four Star	44
三 星	Three Star	65
二 星	Two Star	13
其 他	Others	466

MANAGEMENT OF HOTELS AND CATERING CORPORATION ENTERPRISES ABOVE DESIGNATED SIZE(2022)

(10 000 yuan)

从业人员期末人数(人) Employees at The End of Period (person)	营业额 Business Volume	客房收入 Revenue of Guest Room	#通过公共网络实现的客房收入 by Public Network	#通过非自营平台实现的客房收入 by Non-self-operating Platform
86723	**1450858**	**327270**	**41602**	**14392**
34283	**513443**	**257245**	**36988**	**13150**
34283	513443	257245	36988	13150
4634	62938	14861	385	106
137	2459	1639	64	
9432	127100	52656	4295	2021
2113	25423	7208	441	274
7319	101677	45449	3853	1748
47	570	232	43	
20033	320376	187857	32201	11023
930	11145	5810	174	29
17	192	110		
18911	307401	180941	31883	10994
175	1638	996	145	
19587	302526	120108	14746	4604
13583	195065	127759	20850	8228
1880	36193	29287	8520	1891
11703	158872	98472	12331	6337
59	3545	1546	284	4
106	1154	637	212	212
948	11153	7195	895	103
10172	136746	40504	1265	493
238	3920	2321	64	
23336	367368	212728	35573	12571
537	5409	1692	86	86
30114	447221	207315	23790	9378
24	313	275		
233	5959	5456	496	231
1944	36335	32676	10746	3520
1968	23614	11523	1956	21
1613	42784	5260	365	
10572	156595	44115	2244	1177
21675	296606	193756	31555	11360
423	17458	14114	2824	613
3517	69075	14778	588	165
4011	60751	23912	2028	552
5465	68452	25051	1564	568
393	4408	2999	680	142
20897	310758	190505	32127	11723

14-1 续表1

单位：万元

指　标	Item	法人企业数(个) Corporation Enterprises (unit)
二、餐饮业	**Catering**	**881**
1.按登记注册类型分	Grouped by Registered Kind	
内资企业	Civil Funded Enterprises	877
国有企业	State-owned Enterprises	9
集体企业	Collective-owned Enterprises	1
股份合作企业	Share Cooperative Enterprises	1
有限责任公司	Limited Responsibility Corporations	125
国有独资公司	Company Exclusively with Investment from State	11
其他有限责任公司	Other Limited Responsibility Company	114
私营企业	Private-owned Enterprises	741
私营独资企业	Enterprise Exclusively with Investment from Private	52
私营合伙企业	Private Partnership Enterprises	2
私营有限责任公司	Private Limited Responsibility Corporations	676
私营股份有限公司	Private Share-holding Limited Corporations	11
港、澳、台商投资企业	Enterprises Funded by Hong Kong, Macao and Taiwan	2
港、澳、台商独资经营企业	Solely Owned Enperprises	2
外商投资企业	Foreign Funded Enterprises	2
外资企业	Enterprises Funded by Foreign Invetments	2
2.按餐饮行业小类分	Grouped by Catering Services	
正餐服务	Dinner	844
快餐服务	Fast Food	18
饮料及冷饮服务	Beverages and Cold Drinks	8
咖啡馆服务	Cafes	2
其他饮料及冷饮服务	Others	6
餐饮配送及外卖送餐服务	Catering Delivery and Takeout Delivery	3
餐饮配送服务	Catering Delivery	2
外卖送餐服务	Takeout Delivery	1
其他餐饮业	Others	8
小吃服务	Snacks	3
其他未列明餐饮业	Other Unlisted	5
3.按控股情况分	Grouped by Share Holding	
国有控股	State Holding Enterprises	43
集体控股	Collective-owned Holding Enterprises	10
私人控股	Private Holding Enterprises	824
港澳台商控股	Hong Kong, Macao and Taiwan Holding Enterprises	2
外商控股	Foreign Holding Enterprises	2
4.按经营形式分	Grouped by Management Form	
独立门店	Independent Stores	788
连锁总店(总部)	Chain Headquarters	8
连锁直营店	Direct Chain Stores	9
连锁加盟店	Franchise Chain Stores	8
其　他	Others	68
5.按单位规模分	Grouped by Enterprise Size	
大　型	Large-size	5
中　型	Medium-size	51
小　型	Small-size	701
微　型	Micro-size	124

continued

(10 000 yuan)

从业人员期末人数(人) Employees at The End of Period (person)	营业额 Business Volume	客房收入 Revenue of Guest Room	#通过公共网络实现的客房收入 by Public Network	#通过非自营平台实现的客房收入 by Non-self-operating Platform
52440	**937415**	**70025**	**4615**	**1243**
47119	831979	70025	4615	1243
422	3955	1492		
115	1184	879		
43	356	37		
11260	184205	14935	1122	418
798	12279	2683	195	195
10462	171927	12252	927	223
35279	642279	52682	3493	825
1434	20530	3669	59	9
55	1283			
32505	596192	46406	3294	816
1285	24275	2607	140	
1486	30965			
1486	30965			
3835	74471			
3835	74471			
44740	782191	70025	4615	1243
6649	127081			
255	8595			
75	3814			
180	4781			
31	3187			
31	2351			
	836			
765	16361			
80	1635			
685	14726			
6644	74022	12612	868	394
482	5820	1174	16	
39993	752137	56240	3731	849
1486	30965			
3835	74471			
40328	720416	64257	4483	1243
6640	116750	117		
397	11847			
139	2389			
4936	86014	5651	131	
9171	158868	1248	318	
11492	220519	19504	1934	714
31233	515709	47524	2284	513
544	42319	1749	79	16

14-1 续表2

单位：万元

指标	Item	餐费收入 Revenue of Dining	#通过公共网络实现的餐费收入 by Public Network
总　计	**Total**	**1013028**	**48366**
一、住宿业	**Hotels**	**187663**	**2465**
1.按登记注册类型分	Grouped by Registered Kind		
内资企业	Civil Funded Enterprises	187663	2465
国有企业	State-owned Enterprises	24168	5
集体企业	Collective-owned Enterprises	693	
有限责任公司	Limited Responsibility Corporations	51302	451
国有独资公司	Company Exclusively with Investment from State	11876	118
其他有限责任公司	Other Limited Responsibility Corporations	39426	333
股份有限公司	Share-holding Limited Corporations	329	19
私营企业	Private-owned Enterprises	111171	1990
私营独资企业	Enterprise Exclusively with Investment from Private	5212	175
私营合伙企业	Private Partnership Enterprises		
私营有限责任公司	Private Limited Responsibility Corporations	105743	1815
私营股份有限公司	Private Share-holding Limited Corporations	217	
2.按住宿行业小类分	Grouped by Hotels		
旅游饭店	Tourist Hotels	131990	1573
一般旅馆	Ordinary Hotels	50373	722
经济型连锁酒店	Economical Chain Hotels	4887	397
其他一般旅馆	Others	45486	325
民宿服务	Homestay Hotels	1385	
露营地服务	Campsite Services	427	3
其他住宿业	Others	3490	166
3.按控股情况分	Grouped by Share Holding		
国有控股	State Holding Enterprises	54333	164
集体控股	Collective-owned Holding Enterprises	1471	
私人控股	Private Holding Enterprises	130054	2300
其　他	Others	1805	
4.按经营形式分	Grouped by Management Form		
独立门店	Independent Stores	175817	1975
连锁总店(总部)	Chain Headquarters	38	
连锁直营店	Direct Chain Stores	364	6
连锁加盟店	Franchise Chain Stores	2205	245
其　他	Others	9239	239
5.按单位规模分	Grouped by Enterprise Size		
大　型	Large-size	23383	89
中　型	Medium-size	82679	610
小　型	Small-size	78873	1757
微　型	Micro-size	2729	9
6.按星级分	Grouped by Stars		
五　星	Five Star	34861	89
四　星	Four Star	25830	546
三　星	Three Star	32700	411
二　星	Two Star	1090	7
其　他	Others	93183	1411

continued

(10 000 yuan)

#通过非自营平台实现的餐费收入 by Non-self-operating Platform	商品销售额收入 Sales Revenue of Commodities	其他收入 Other Revenue	#外卖送餐服务收入 Takeout Delivery	客房数(间) Rooms (unit)	床位数(个) Beds (unit)	餐位数(位) Tables (unit)	年末餐饮营业面积(平方米) Operating Area of Catering Services at Year-end(sq.m)
4182	**19402**	**91158**	**1795**	**108131**	**173653**	**709349**	**4042107**
801	**6280**	**62255**	**71**	**76916**	**125502**	**147138**	**1943418**
801	6280	62255	71	76916	125502	147138	1943418
	105	23803		2561	4313	8498	54304
	2	126		311	474	175	600
230	1807	21335	46	18057	31115	30543	608713
118	81	6259	46	1860	3285	5525	35479
112	1727	15076		16197	27830	25018	573234
	9			90	156	300	9836
571	4358	16990	25	55897	89444	107622	1269965
1	85	39		2426	4216	6072	49732
		82		60	120		
570	4273	16444	25	53085	84514	100446	1207034
		426		326	594	1104	13199
565	2961	47467	71	32876	53052	87069	1100132
234	2644	14290		42207	69380	53839	771314
4	500	1519		7264	10678	4836	143502
230	2144	12771		34943	58702	49003	627812
	593	21		269	473	1090	5460
3	65	26		102	159	220	2024
	18	451		1462	2438	4920	64488
118	1080	40830	46	8919	15187	23430	256367
	2	126		461	786	175	5350
683	5199	19387	25	67188	108954	123133	1676841
		1911		348	575	400	4860
736	5520	58570	71	63434	105832	124412	1630919
				66	96	30	2000
4	40	99		1215	1540	197	41004
61	340	1114		8345	12009	5366	161225
	380	2472		3856	6025	17133	108270
		14142		899	1481	3626	22000
324	1626	28176	46	8360	13835	29195	235641
470	4496	19481	25	62394	101863	110120	1639431
7	159	456		5263	8323	4197	46346
	193	19243		3454	5672	8985	134045
283	233	10776		6673	11331	22323	193199
118	1979	8722	46	7021	12264	30173	207915
5	42	277		1197	1924	2161	25835
395	3834	23236	25	58571	94311	83496	1382424

14-2 限额以上住宿和餐饮业法人企业主要财务状况(2022年)

单位：万元

指 标	Item	年初存货 Beginning Inventory
总 计	**Total**	**113993**
一、住宿业	**Hotels**	**40487**
1.按登记注册类型分	Grouped by Registered Kind	
内资企业	Civil Funded Enterprises	40487
国有企业	State-owned Enterprises	2091
集体企业	Collective-owned Enterprises	45
有限责任公司	Limited Responsibility Corporations	11671
国有独资公司	Company Exclusively with Investment from State	860
其他有限责任公司	Other Limited Responsibility Corporations	10811
股份有限公司	Share-holding Limited Corporations	13
私营企业	Private-owned Enterprises	26667
私营独资企业	Enterprise Exclusively with Investment from Private	1298
私营合伙企业	Private Partnership Enterprises	
私营有限责任公司	Private Limited Responsibility Corporations	25001
私营股份有限公司	Private Share-holding Limited Corporations	369
2.按住宿行业小类分	Grouped by Hotels	
旅游饭店	Tourist Hotels	24334
一般旅馆	Ordinary Hotels	15071
经济型连锁酒店	Economical Chain Hotels	1099
其他一般旅馆	Others	13972
民宿服务	Homestay Hotels	97
露营地服务	Campsite Services	88
其他住宿业	Others	897
3.按控股情况分	Grouped by Share Holding	
国有控股	State Holding Enterprises	8120
集体控股	Collective-owned Holding Enterprises	202
私人控股	Private Holding Enterprises	31942
其 他	Others	223
4.按经营形式分	Grouped by Management Form	
独立门店	Independent Stores	35511
连锁总店(总部)	Chain Headquarters	
连锁直营店	Direct Chain Stores	38
连锁加盟店	Franchise Chain Stores	2685
其 他	Others	2254
5.按单位规模分	Grouped by Enterprise Size	
大 型	Large-size	1006
中 型	Medium-size	10681
小 型	Small-size	27289
微 型	Micro-size	1511
6.按星级分	Grouped by Stars	
五 星	Five Star	2958
四 星	Four Star	7073
三 星	Three Star	4545
二 星	Two Star	223
其 他	Others	25688

FINANCIAL CONDITION OF HOTELS AND CATERING CORPORATION ENTERPRISES ABOVE DESIGNATED SIZE(2022)

(10 000 yuan)

流动资产合计 Total Current Assets	#应收帐款 Accounts Receivable	#存货 Inventory	固定资产原价 Original Value of Fixed Assets	累计折旧 Accumulated Depreciation	#本年折旧 Depreciation This Year	资产总计 Total Assets
1483464	**241809**	**122636**	**2256671**	**993494**	**99693**	**3743965**
768703	**110277**	**39852**	**1528663**	**688796**	**64222**	**2115710**
768703	110277	39852	1528663	688796	64222	2115710
44188	4308	2241	234019	125520	8477	167228
1357	124	49	11209	2237	11	10844
235479	40632	11428	643994	279014	27117	767420
21617	4171	906	110479	48845	2794	102261
213862	36461	10522	533516	230170	24323	665158
8875	14	11	2013	284	66	8875
478805	65199	26123	637428	281740	28552	1161344
13342	465	1375	12822	5424	338	23870
191	1		205			216
457724	64130	24391	595080	265425	28027	1108170
7547	604	358	29321	10890	187	29088
416059	56543	22032	1038367	507366	34913	1189014
342323	51284	16927	463369	176520	28087	889484
36481	4641	1694	55360	12359	3954	96458
305842	46643	15233	408009	164161	24133	793026
1302	194	117	341	91	71	2551
825	15	25	9044	759	519	9625
8195	2241	749	17542	4060	632	25037
116931	15234	7245	612125	309974	21877	512196
1891	310	316	15951	3223	307	15318
646042	93669	31965	857291	356066	41623	1558836
3840	1064	326	43296	19533	415	29360
670368	87490	35822	1448248	651647	57901	1864896
149	18					149
3315	1609	28	6048	2880	327	16645
29242	4180	1550	24401	12213	2103	79073
65630	16981	2452	49967	22055	3891	154947
32131	416	1030	78233	57578	2271	61260
218913	21368	10985	649684	244296	25335	756959
491702	81988	26407	766245	371339	36104	1233348
25958	6506	1430	34502	15582	511	64144
89212	12895	3122	281176	149311	7729	300988
87573	13595	6383	288115	165666	9456	271450
88687	10213	4898	186947	87522	6719	270623
10084	1180	193	23037	12416	723	22405
493148	72394	25256	749389	273882	39595	1250244

14-2 续表1

单位：万元

指　标	Item	年初存货 Beginning Inventory
二、餐饮业	**Catering**	**73506**
1.按登记注册类型分	Grouped by Registered Kind	
内资企业	Civil Funded Enterprises	72262
国有企业	State-owned Enterprises	397
集体企业	Collective-owned Enterprises	355
股份合作企业	Share Cooperative Enterprises	10
有限责任公司	Limited Responsibility Corporations	32298
国有独资公司	Company Exclusively with Investment from State	526
其他有限责任公司	Other Limited Responsibility Company	31772
私营企业	Private-owned Enterprises	39202
私营独资企业	Enterprise Exclusively with Investment from Private	1482
私营合伙企业	Private Partnership Enterprises	8
私营有限责任公司	Private Limited Responsibility Corporations	36505
私营股份有限公司	Private Share-holding Limited Corporations	1207
港、澳、台商投资企业	Enterprises Funded by Hong Kong, Macao and Taiwan	428
港、澳、台商独资经营企业	Solely Owned Enterprises	428
外商投资企业	Foreign Funded Enterprises	817
外资企业	Enterprises Funded by Foreign Invetments	817
2.按餐饮行业小类分	Grouped by Catering Services	
正餐服务	Dinner	71027
快餐服务	Fast Food	2282
饮料及冷饮服务	Beverages and Cold Drinks	109
咖啡馆服务	Cafes	5
其他饮料及冷饮服务	Others	105
餐饮配送及外卖送餐服务	Catering Delivery and Takeout Delivery	
餐饮配送服务	Catering Delivery	
外卖送餐服务	Takeout Delivery	
其他餐饮业	Others	87
小吃服务	Snacks	42
其他未列明餐饮业	Other Unlisted	45
3.按控股情况分	Grouped by Share Holding	
国有控股	State Holding Enterprises	28461
集体控股	Collective-owned Holding Enterprises	436
私人控股	Private Holding Enterprises	43364
港澳台商控股	Hong Kong, Macao and Taiwan Holding Enterprises	428
外商控股	Foreign Holding Enterprises	817
4.按经营形式分	Grouped by Management Form	
独立门店	Independent Stores	68084
连锁总店(总部)	Chain Headquarters	2728
连锁直营店	Direct Chain Stores	317
连锁加盟店	Franchise Chain Stores	144
其　他	Others	2233
5.按单位规模分	Grouped by Enterprise Size	
大　型	Large-size	2708
中　型	Medium-size	33680
小　型	Small-size	35176
微　型	Micro-size	1942

continued

(10 000 yuan)

流动资产合计 Total Circulating Assets	#应收帐款 Accounts Receivable	#存货 Inventory	固定资产原价 Original Value of Fixed Assets	累计折旧 Accumulated Depreciation	#本年折旧 Depreciation This Year	资产总计 Total Assets
714761	**131532**	**82785**	**728008**	**304698**	**35472**	**1628255**
708066	131363	81449	698686	291935	34088	1549108
4559	754	294	23963	8642	1258	22688
1865	969	313	2804	2035	187	3041
122	15	5	246	138	14	288
208461	51085	33912	285980	88440	10264	541283
4992	1364	915	5870	2452	434	16304
203468	49721	32998	280110	85988	9830	524979
493060	78540	46925	385692	192681	22365	981808
12657	2142	1915	20949	9368	960	26154
115		3	66	22	12	276
455084	71914	43656	346037	177059	20500	899201
25204	4485	1352	18641	6232	893	56178
1869	118	453	14802	6006	1299	32094
1869	118	453	14802	6006	1299	32094
4826	51	883	14520	6758	86	47053
4826	51	883	14520	6758	86	47053
672411	116876	79977	690251	288541	33076	1497446
33800	12346	2541	35877	15414	2056	115311
1798	36	85	704	299	63	3675
549	21		10	4	2	1506
1249	15	85	695	295	60	2169
443	227		111	110	76	444
385	171		111	110	76	386
58	55					58
6310	2047	182	1064	334	201	11379
1432	514	38	758	124	28	2654
4878	1534	145	306	210	173	8725
127932	36110	30180	205659	60642	7594	364835
6866	1368	441	21594	2262	254	30456
573269	93886	50828	471433	229031	26240	1153818
1869	118	453	14802	6006	1299	32094
4826	51	883	14520	6758	86	47053
632720	100556	74566	639645	261051	31942	1424069
37175	20647	3464	41147	22589	1929	116664
3325	278	286	969	694	96	7336
1186	221	282	476	194	108	1666
40355	9830	4187	45771	20171	1398	78520
22360	9899	2098	39259	18575	2191	100034
188781	43110	35132	230577	86963	8364	497549
469313	70882	43925	422616	178019	23902	970653
34307	7641	1629	35556	21141	1015	60020

14-2 续表2

单位：万元

指　标	Item	流动负债合　计 Liquid Liabilities
总　计	**Total**	**2898614**
一、住宿业	**Hotels**	**1690273**
1.按登记注册类型分	Grouped by Registered Kind	
内资企业	Civil Funded Enterprises	1690273
国有企业	State-owned Enterprises	120167
集体企业	Collective-owned Enterprises	11619
有限责任公司	Limited Responsibility Corporations	512439
国有独资公司	Company Exclusively with Investment from State	88337
其他有限责任公司	Other Limited Responsibility Corporations	424102
股份有限公司	Share-holding Limited Corporations	7074
私营企业	Private-owned Enterprises	1038974
私营独资企业	Enterprise Exclusively with Investment from Private	16454
私营合伙企业	Private Partnership Enterprises	1
私营有限责任公司	Private Limited Responsibility Corporations	994747
私营股份有限公司	Private Share-holding Limited Corporations	27773
2.按住宿行业小类分	Grouped by Hotels	
旅游饭店	Tourist Hotels	1075595
一般旅馆	Ordinary Hotels	583576
经济型连锁酒店	Economical Chain Hotels	77514
其他一般旅馆	Others	506062
民宿服务	Homestay Hotels	1254
露营地服务	Campsite Services	1946
其他住宿业	Others	27901
3.按控股情况分	Grouped by Share Holding	
国有控股	State Holding Enterprises	438608
集体控股	Collective-owned Holding Enterprises	17122
私人控股	Private Holding Enterprises	1216397
其　他	Others	18146
4.按经营形式分	Grouped by Management Form	
独立门店	Independent Stores	1478291
连锁总店(总部)	Chain Headquarters	
连锁直营店	Direct Chain Stores	12996
连锁加盟店	Franchise Chain Stores	80787
其　他	Others	118198
5.按单位规模分	Grouped by Enterprise Size	
大　型	Large-size	17092
中　型	Medium-size	538781
小　型	Small-size	1113445
微　型	Micro-size	20954
6.按星级分	Grouped by Stars	
五　星	Five Star	190180
四　星	Four Star	220241
三　星	Three Star	292033
二　星	Two Star	24279
其　他	Others	963539

continued

(10 000 yuan)

负债合计 Total Liabilities	所有者权益 Creditors' Equity	#实收资本 Capital Hold	#个人资本 Individual
3412064	**319273**	**1311477**	**208267**
2030328	**74420**	**644581**	**122796**
2030328	74420	644581	122796
167612	-460	55722	
12270	-1426	473	
639195	128195	238988	18636
114126	-11893	12886	
525069	140089	226102	18636
7074	1802	1300	
1204178	-53691	348098	104159
22174	1696	4900	2219
1	215	215	215
1153326	-56013	332186	101725
28678	410	10798	
1339699	-146194	353842	45402
655591	218440	285103	76684
80726	15732	23924	11660
574865	202708	261179	65024
1574	977	1110	210
5390	4235		
28075	-3038	4526	500
570013	-57922	129665	1570
17773	-2455	573	
1424050	123927	476993	121226
18491	10869	37349	
1790087	63847	553801	100265
110	39		
19272	-2627	340	75
86549	-7476	20434	9451
134311	20636	70006	13005
48146	13114	6131	500
708383	48576	210793	5093
1227194	11406	422415	115805
46606	1324	5242	1398
267334	33655	129300	3356
297064	-20867	83999	18390
317487	-46872	69268	7914
24426	-2022	7058	4070
1124016	110526	354957	89066

14-2 续表3

单位：万元

指　标	Item	流动负债合　计 Liquid Liabilities
二、餐饮业	**Catering**	**1208342**
1.按登记注册类型分	Grouped by Registered Kind	
内资企业	Civil Funded Enterprises	1173945
国有企业	State-owned Enterprises	12331
集体企业	Collective-owned Enterprises	925
股份合作企业	Share Cooperative Enterprises	25
有限责任公司	Limited Responsibility Corporations	357321
国有独资公司	Company Exclusively with Investment from State	14112
其他有限责任公司	Other Limited Responsibility Company	343209
私营企业	Private-owned Enterprises	803342
私营独资企业	Enterprise Exclusively with Investment from Private	25142
私营合伙企业	Private Partnership Enterprises	294
私营有限责任公司	Private Limited Responsibility Corporations	736266
私营股份有限公司	Private Share-holding Limited Corporations	41640
港、澳、台商投资企业	Enterprises Funded by Hong Kong, Macao and Taiwan	19318
港、澳、台商独资经营企业	Solely Owned Enterprises	19318
外商投资企业	Foreign Funded Enterprises	15079
外资企业	Enterprises Funded by Foreign Invetments	15079
2.按餐饮行业小类分	Grouped by Catering Services	
正餐服务	Dinner	1143373
快餐服务	Fast Food	53597
饮料及冷饮服务	Beverages and Cold Drinks	2887
咖啡馆服务	Cafes	2321
其他饮料及冷饮服务	Others	566
餐饮配送及外卖送餐服务	Catering Delivery and Takeout Delivery	255
餐饮配送服务	Catering Delivery	255
外卖送餐服务	Takeout Delivery	
其他餐饮业	Others	8230
小吃服务	Snacks	2228
其他未列明餐饮业	Other Unlisted	6002
3.按控股情况分	Grouped by Share Holding	
国有控股	State Holding Enterprises	195835
集体控股	Collective-owned Holding Enterprises	29555
私人控股	Private Holding Enterprises	948555
港澳台商控股	Hong Kong, Macao and Taiwan Holding Enterprises	19318
外商控股	Foreign Holding Enterprises	15079
4.按经营形式分	Grouped by Management Form	
独立门店	Independent Stores	1060123
连锁总店(总部)	Chain Headquarters	85216
连锁直营店	Direct Chain Stores	6940
连锁加盟店	Franchise Chain Stores	1979
其　他	Others	54084
5.按单位规模分	Grouped by Enterprise Size	
大　型	Large-size	54965
中　型	Medium-size	335222
小　型	Small-size	780152
微　型	Micro-size	38003

continued

(10 000 yuan)

负债合计 Total Liabilities	所有者权益 Creditors' Equity	#实收资本 Capital Hold	#个人资本 Individual
1381736	**244853**	**666896**	**85471**
1320747	226742	660058	85471
22308	695	3150	
925	2116	2116	
25	262	100	100
376787	164543	202651	8328
14440	1864	5002	
362347	162679	197649	8328
920701	59126	452041	77043
28108	-2062	7335	3607
294	-18	3	3
844054	53274	423103	71933
48246	7932	21600	1500
24520	7574	5100	
24520	7574	5100	
36470	10537	1739	
36470	10537	1739	
1288496	207315	647716	81783
80806	34505	16694	2255
3919	-244	376	1
3089	-1583	4	1
830	1339	372	
283	131	190	190
255	131	190	190
28			
8233	3146	1921	1242
2231	423	166	42
6002	2723	1755	1200
210328	154821	119666	1132
29575	881	4471	800
1080844	71041	535921	83540
24520	7574	5100	
36470	10537	1739	
1198006	224398	534506	81550
111749	4915	11509	600
7708	-372	100329	13
2180	-514	663	343
62094	16427	19890	2965
82548	17486	9189	2000
363518	134031	198352	7697
873889	96764	450748	73299
61782	-3427	8609	2476

14-2 续表4

单位：万元

指　标	Item	营业收入 Business Revenue
总　计	**Total**	**1404544**
一、住宿业	**Hotels**	**495356**
1.按登记注册类型分	Grouped by Registered Kind	
内资企业	Civil Funded Enterprises	495356
国有企业	State-owned Enterprises	60051
集体企业	Collective-owned Enterprises	1927
有限责任公司	Limited Responsibility Corporations	122242
国有独资公司	Company Exclusively with Investment from State	23869
其他有限责任公司	Other Limited Responsibility Corporations	98373
股份有限公司	Share-holding Limited Corporations	570
私营企业	Private-owned Enterprises	310566
私营独资企业	Enterprise Exclusively with Investment from Private	10903
私营合伙企业	Private Partnership Enterprises	192
私营有限责任公司	Private Limited Responsibility Corporations	297945
私营股份有限公司	Private Share-holding Limited Corporations	1526
2.按住宿行业小类分	Grouped by Hotels	
旅游饭店	Tourist Hotels	292863
一般旅馆	Ordinary Hotels	186752
经济型连锁酒店	Economical Chain Hotels	34748
其他一般旅馆	Others	152003
民宿服务	Homestay Hotels	3503
露营地服务	Campsite Services	1103
其他住宿业	Others	11135
3.按控股情况分	Grouped by Share Holding	
国有控股	State Holding Enterprises	130784
集体控股	Collective-owned Holding Enterprises	3512
私人控股	Private Holding Enterprises	355851
其　他	Others	5210
4.按经营形式分	Grouped by Management Form	
独立门店	Independent Stores	431831
连锁总店(总部)	Chain Headquarters	313
连锁直营店	Direct Chain Stores	5490
连锁加盟店	Franchise Chain Stores	35026
其　他	Others	22696
5.按单位规模分	Grouped by Enterprise Size	
大　型	Large-size	40368
中　型	Medium-size	155423
小　型	Small-size	283474
微　型	Micro-size	16091
6.按星级分	Grouped by Stars	
五　星	Five Star	63912
四　星	Four Star	56010
三　星	Three Star	65609
二　星	Two Star	4214
其　他	Others	305611

continued

(10 000 yuan)

#主营业务收入 Revenue in Major Business	营业成本 Business Costs	税金及附加 Taxes and Extra Charges	其他业务利润 Profits of Other Business	销售费用 Costs of Sales
1369029	**812987**	**13177**	**9235**	**403259**
479925	**260458**	**8754**	**4055**	**149001**
479925	260458	8754	4055	149001
55628	43001	2752	-914	5449
1922	1230	30		481
115334	65300	2620	1602	45090
20836	10457	668	7	11608
94499	54843	1952	1596	33481
570	437			
306471	150489	3353	3366	97982
10796	7432	38	-1	2384
192	163	2		5
293957	142421	3313	3368	95588
1526	474			5
281969	167713	7134	1508	80981
182230	85422	1499	2546	61858
34522	13786	301	18	12363
147707	71637	1198	2528	49495
3503	1841	6		1042
1103	500	3		697
11121	4981	112		4424
122090	85808	4820	-705	37515
3507	2009	42		1186
349226	167962	3550	4760	109961
5102	4678	342		339
418332	235539	8223	2730	127346
313	244	1		
5374	4213	139		1298
34974	11690	158	180	11998
20932	8773	233	1145	8358
37059	32150	1024	-4426	2353
151405	77506	4451	4855	49683
278008	142222	3207	3625	92453
13454	8580	72		4513
60495	43079	2249	-4389	12839
50950	29670	1182	1670	18737
64055	35742	1594	423	23388
4087	1577	17	95	2291
300338	150390	3712	6256	91747

14-2 续表5

单位：万元

指　标	Item	营业收入 Business Revenue
二、餐饮业	**Catering**	**909188**
1.按登记注册类型分	Grouped by Registered Kind	
内资企业	Civil Funded Enterprises	810189
国有企业	State-owned Enterprises	3350
集体企业	Collective-owned Enterprises	1317
股份合作企业	Share Cooperative Enterprises	352
有限责任公司	Limited Responsibility Corporations	183425
国有独资公司	Company Exclusively with Investment from State	11840
其他有限责任公司	Other Limited Responsibility Company	171585
私营企业	Private-owned Enterprises	621745
私营独资企业	Enterprise Exclusively with Investment from Private	20035
私营合伙企业	Private Partnership Enterprises	1231
私营有限责任公司	Private Limited Responsibility Corporations	578098
私营股份有限公司	Private Share-holding Limited Corporations	22382
港、澳、台商投资企业	Enterprises Funded by Hong Kong, Macao and Taiwan	29211
港、澳、台商独资经营企业	Solely Owned Enterprises	29211
外商投资企业	Foreign Funded Enterprises	69788
外资企业	Enterprises Funded by Foreign Invetments	69788
2.按餐饮行业小类分	Grouped by Catering Services	
正餐服务	Dinner	763035
快餐服务	Fast Food	119492
饮料及冷饮服务	Beverages and Cold Drinks	7932
咖啡馆服务	Cafes	3400
其他饮料及冷饮服务	Others	4532
餐饮配送及外卖送餐服务	Catering Delivery and Takeout Delivery	3034
餐饮配送服务	Catering Delivery	2223
外卖送餐服务	Takeout Delivery	812
其他餐饮业	Others	15694
小吃服务	Snacks	1582
其他未列明餐饮业	Other Unlisted	14113
3.按控股情况分	Grouped by Share Holding	
国有控股	State Holding Enterprises	72496
集体控股	Collective-owned Holding Enterprises	5840
私人控股	Private Holding Enterprises	731854
港澳台商控股	Hong Kong, Macao and Taiwan Holding Enterprises	29211
外商控股	Foreign Holding Enterprises	69788
4.按经营形式分	Grouped by Management Form	
独立门店	Independent Stores	697655
连锁总店(总部)	Chain Headquarters	114338
连锁直营店	Direct Chain Stores	11219
连锁加盟店	Franchise Chain Stores	2530
其　他	Others	83445
5.按单位规模分	Grouped by Enterprise Size	
大　型	Large-size	155369
中　型	Medium-size	214661
小　型	Small-size	499661
微　型	Micro-size	39497

continued

(10 000 yuan)

#主营业务收入 Revenue in Major Business	营业成本 Business Costs	税金及附加 Taxes and Extra Charges	其他业务利润 Profits of Other Business	销售费用 Costs of Sales
889104	**552529**	**4422**	**5181**	**254258**
790189	503358	4361	5181	219623
3145	1584	23	65	913
1162	364	1		530
352	127	6		163
175640	131375	2298	717	46341
11780	9156	53	2	1367
163860	122219	2245	715	44974
609889	369909	2034	4398	171676
19151	11970	95		5434
1231	649	1		385
567142	344079	1758	4074	160180
22366	13211	179	324	5676
29211	9671	21		17672
29211	9671	21		17672
69704	39500	40		16963
69704	39500	40		16963
744320	471471	4292	4398	210995
119449	62524	101	782	39394
7932	4770	3		2795
3400	3054	1		20
4532	1716	2		2774
2223	2453	1		1
2223	1772	1		
	681			
15181	11312	25		1074
1582	607	18		586
13600	10705	7		488
70750	63858	1909	505	10186
5653	3614	15	16	1551
713785	435886	2437	4659	207885
29211	9671	21		17672
69704	39500	40		16963
678133	430087	3749	4352	191624
114338	58773	360	24	41165
11219	5706	9	8	4961
2530	1378	9		1002
82883	56586	295	796	15505
155364	97512	190	87	38393
209245	125745	2268	1634	67311
491457	302151	1920	2766	141959
33037	27122	45	693	6595

14-2 续表6

单位：万元

指　标	Item	管理费用 Costs of Administration
总　计	**Total**	**332423**
一、住宿业	**Hotels**	**191489**
1.按登记注册类型分	Grouped by Registered Kind	
内资企业	Civil Funded Enterprises	191489
国有企业	State-owned Enterprises	26515
集体企业	Collective-owned Enterprises	484
有限责任公司	Limited Responsibility Corporations	62591
国有独资公司	Company Exclusively with Investment from State	6678
其他有限责任公司	Other Limited Responsibility Corporations	55913
股份有限公司	Share-holding Limited Corporations	136
私营企业	Private-owned Enterprises	101763
私营独资企业	Enterprise Exclusively with Investment from Private	2472
私营合伙企业	Private Partnership Enterprises	1
私营有限责任公司	Private Limited Responsibility Corporations	98632
私营股份有限公司	Private Share-holding Limited Corporations	659
2.按住宿行业小类分	Grouped by Hotels	
旅游饭店	Tourist Hotels	102940
一般旅馆	Ordinary Hotels	84548
经济型连锁酒店	Economical Chain Hotels	12743
其他一般旅馆	Others	71805
民宿服务	Homestay Hotels	669
露营地服务	Campsite Services	391
其他住宿业	Others	2941
3.按控股情况分	Grouped by Share Holding	
国有控股	State Holding Enterprises	51777
集体控股	Collective-owned Holding Enterprises	818
私人控股	Private Holding Enterprises	134918
其　他	Others	3977
4.按经营形式分	Grouped by Management Form	
独立门店	Independent Stores	160883
连锁总店(总部)	Chain Headquarters	32
连锁直营店	Direct Chain Stores	1349
连锁加盟店	Franchise Chain Stores	17641
其　他	Others	11584
5.按单位规模分	Grouped by Enterprise Size	
大　型	Large-size	8167
中　型	Medium-size	63476
小　型	Small-size	115089
微　型	Micro-size	4757
6.按星级分	Grouped by Stars	
五　星	Five Star	22655
四　星	Four Star	20960
三　星	Three Star	19389
二　星	Two Star	2014
其　他	Others	126473

continued

(10 000 yuan)

财务费用 Costs of Finance	#利息收入 Interest Revenues	#利息费用 Interest Expenses	营业利润 Business Profits	利润总额 Total Profits	所得税费用 Income Tax Expenses	应付职工薪酬 (本年贷方累计发生额) Remuneration Payable (Accumulated Credit Balance of The Year)	应交增值税 Value-added Taxes Payable
32138	**636**	**16929**	**-200391**	**-192224**	**2380**	**334718**	**19851**
16946	**517**	**9379**	**-133416**	**-131414**	**28**	**153312**	**6678**
16946	517	9379	-133416	-131414	28	153312	6678
110	51	47	-17764	-18181		32407	862
1			-299	-292		408	8
4102	139	2058	-56947	-54189	-213	49062	2022
129	33	38	-5502	-3024	6	11138	743
3973	106	2020	-51445	-51165	-219	37924	1280
13		12	-16	-7		13	
12720	327	7262	-58390	-58746	241	71423	3786
64		19	-1035	-1011	26	2875	146
1	1		21	21		66	2
11789	326	7203	-55346	-55750	214	67989	3567
867		39	-2031	-2007	1	493	72
10219	254	5677	-79482	-80566	-159	96251	4903
6319	263	3615	-51754	-48764	186	53875	1454
1105	70	996	-6212	-6070	25	6565	357
5214	193	2619	-45542	-42695	161	47310	1097
21		9	-76	-55		295	114
295			-766	-765		349	
93	1	78	-1337	-1264	1	2542	207
2072	167	1013	-50265	-48088	-281	64273	1637
49	43	5	-592	-639		958	8
14842	287	8358	-78384	-78523	309	84073	4981
-17	20	4	-4176	-4165		4009	53
14834	396	7813	-117235	-115769	293	137105	5548
8		7	30	30	1	6	
329	18	309	-1828	-1821	-295	1130	196
578	61	246	-6953	-6962	24	7324	409
1198	42	1004	-7430	-6893	6	7748	525
890	12	865	-4215	-4509		14395	362
4669	68	3119	-46271	-44097	85	57392	1560
11113	382	5350	-81210	-79930	-110	79882	4612
274	55	46	-1721	-2879	53	1644	145
2129	37	1333	-18573	-17097	19	24490	431
2329	-1	1452	-18436	-18109	72	18823	1104
1505	181	506	-15588	-16036	20	25455	1240
195	27	200	-2103	-2015		1456	76
10788	274	5889	-78716	-78157	-84	83089	3828

14-2 续表7

单位：万元

指　标	Item	管理费用 Costs of Administration
二、餐饮业	**Catering**	**140933**
1.按登记注册类型分	Grouped by Registered Kind	
内资企业	Civil Funded Enterprises	133520
国有企业	State-owned Enterprises	2884
集体企业	Collective-owned Enterprises	359
股份合作企业	Share Cooperative Enterprises	34
有限责任公司	Limited Responsibility Corporations	29413
国有独资公司	Company Exclusively with Investment from State	4163
其他有限责任公司	Other Limited Responsibility Company	25250
私营企业	Private-owned Enterprises	100830
私营独资企业	Enterprise Exclusively with Investment from Private	3861
私营合伙企业	Private Partnership Enterprises	176
私营有限责任公司	Private Limited Responsibility Corporations	93629
私营股份有限公司	Private Share-holding Limited Corporations	3164
港、澳、台商投资企业	Enterprises Funded by Hong Kong, Macao and Taiwan	1333
港、澳、台商独资经营企业	Solely Owned Enterprises	1333
外商投资企业	Foreign Funded Enterprises	6081
外资企业	Enterprises Funded by Foreign Invetments	6081
2.按餐饮行业小类分	Grouped by Catering Services	
正餐服务	Dinner	126806
快餐服务	Fast Food	10142
饮料及冷饮服务	Beverages and Cold Drinks	559
咖啡馆服务	Cafes	262
其他饮料及冷饮服务	Others	297
餐饮配送及外卖送餐服务	Catering Delivery and Takeout Delivery	572
餐饮配送服务	Catering Delivery	439
外卖送餐服务	Takeout Delivery	133
其他餐饮业	Others	2855
小吃服务	Snacks	251
其他未列明餐饮业	Other Unlisted	2603
3.按控股情况分	Grouped by Share Holding	
国有控股	State Holding Enterprises	18364
集体控股	Collective-owned Holding Enterprises	1686
私人控股	Private Holding Enterprises	113469
港澳台商控股	Hong Kong, Macao and Taiwan Holding Enterprises	1333
外商控股	Foreign Holding Enterprises	6081
4.按经营形式分	Grouped by Management Form	
独立门店	Independent Stores	118110
连锁总店(总部)	Chain Headquarters	9063
连锁直营店	Direct Chain Stores	481
连锁加盟店	Franchise Chain Stores	666
其　他	Others	12614
5.按单位规模分	Grouped by Enterprise Size	
大　型	Large-size	11250
中　型	Medium-size	31325
小　型	Small-size	91353
微　型	Micro-size	7006

continued

(10 000 yuan)

财务费用 Costs of Finance			营业利润 Business Profits	利润总额 Total Profits	所得税费用 Income Tax Expenses	应付职工薪酬(本年贷方累计发生额) Remuneration Payable (Accumulated Credit Balance of The Year)	应交增值税 Value-added Taxes Payable
	#利息收入 Interest Revenues	#利息费用 Interest Expenses					
15192	**119**	**7550**	**-66974**	**-60810**	**2352**	**181406**	**13172**
13171	105	6894	-73238	-66775	848	169343	10913
-78	1	28	-1975	-281		1711	70
			62	80		321	25
			23	26	1	122	3
1854	46	1583	-30797	-28209	182	48086	2736
15	1		-2807	-2290	1	4084	337
1839	45	1583	-27990	-25919	181	44002	2399
11395	58	5283	-40551	-38392	666	119102	8080
215	2	56	-1370	-1316	21	4108	113
4			16	16		88	4
10265	54	5024	-38437	-36501	622	110133	7405
911	2	203	-760	-591	23	4774	558
642	14	656	234	219	45	10945	2259
642	14	656	234	219	45	10945	2259
1379			6030	5746	1459	1119	
1379			6030	5746	1459	1119	
12665	108	6652	-72633	-66584	718	162061	10755
2356	10	779	5499	5539	1590	16644	2338
25			-131	-140	24	1751	20
19			66	70		655	1
6			-197	-210	24	1096	19
10		10	-1	22		221	26
10		10	1	24		221	2
			-2	-2			24
137	1	109	291	354	19	729	35
111		110	9	9	3	371	3
26	1	-1	283	346	16	358	32
377	42	501	-20791	-18540	6	29525	1974
61		48	-1330	-1392	-1	1441	78
12733	63	6345	-51117	-46844	843	138377	8860
642	14	656	234	219	45	10945	2259
1379			6030	5746	1459	1119	
12283	92	6177	-67182	-61265	697	148462	9244
2395	21	1021	3069	2748	1508	15535	2521
34			122	171	10	2591	87
24			-604	-600		561	44
457	6	352	-2379	-1864	136	14258	1276
2428	21	918	6209	5968	1503	21735	3297
2848	52	1016	-22607	-21105	285	49891	3488
9555	45	5344	-48886	-44984	531	107045	6187
361	2	272	-1691	-688	33	2735	200

14-3 限额以上连锁住宿餐饮业经营情况(2022年)
MANAGEMENT OF CHAIN ENTERPRISES ABOVE DESIGNATED SIZE IN HOTELS AND CATERING SERVICES(2022)

指标	Item	合计 Total	直营店 Regular Chain	加盟店 Franchise Chain
一、门店总数(个)	Number of Stores (uint)	237	231	6
二、年末餐饮业营业面积(平方米)	Business Area of Catering at Year-end (sq.m)	66461	65511	950
三、年末从业人员(人)	Employees at Year-end (person)	5605	5506	99
四、年末经营餐饮业务餐位数(位)	Number of Catering Tables at Year-end (uint)	21280	20670	610
五、商品购进总额(万元)	Total Purchases Value (10 000 yuan)	46538	46112	427
#统一配送商品购进额	Value of Unified Distribution	46112	46112	
自有配送中心配送商品购进额	Disrtibuted by Owned Distribution Center	44575	44575	
非自有配送中心配送商品购进额	Distributed by Other Distribution Center	1537	1537	
六、营业收入(万元)	Business Revenue (10 000 yuan)	108756	107352	1404
餐费收入	Revenue of Dining	106186	104784	1401

14-4 主要年份旅游接待人数
NUMBER OF TOURISTS IN MAJOR YEARS

年份 Year	接待国内游客人数(万人次) Domestic Tourists (10 000 person-times)	接待入境过夜游客人数(人次) Inbound Overnight Tourists (person-time)	外国人 Foreigners	华侨 Overseas Chinese	港澳台同胞 Compatriots from Hong Kong, Macao and Taiwan	#台湾同胞 Compatriots from Taiwan
1985	360	34327	26066	1523	6738	2628
1990	465	46777	26983	908	18886	10786
1995	977	71199	51513	1106	18580	10035
2000	2905	165282	116578		48704	21460
2005	6545	421458	253986		167472	64970
2010	12497	1302856	820935		481921	178480
2011	14975	1553208	982522		570686	213088
2012	19434	1891758	1204155		687603	261330
2013	24605	2126372	1350399		775973	296177
2014	29951	564770	361272		203498	82258
2015	36007	593772	380390		213382	86425
2016	44330	629836	404221		225615	91981
2017	56073	670023	434686		235337	96628
2018	70378	713466	465950		247516	103753
2019	83390	762230	498047		264183	106216
2020	33252	16529	10012		6517	2268
2021	32815					
2022	29049					

注：2014年起，海外旅游相关指标采用新口径；2021年起，国内旅游相关指标采用新口径，后同。

Note: Oversea tourism and related indicators have adopted a new coverage since 2014. Domestic tourism and related indicators have adopted a new coverage since 2021. The same applies to the following.

14-5 主要年份旅游收入
TOTAL INCOME OF TOURISM IN MAJOR YEARS

单位：亿元 (100 million yuan)

年 份 Year	旅 游 总收入 Total Income of Tourism	国 内 旅游收入 Revenue from Domestic Tourism	旅游外汇 收入(万美元) Foreign Exchange Earnings from Tourism (USD 10 000)	国内旅游 人均花费(元) Per Capita Expenditure of Domestic Tourists (yuan)
1985	0.48	0.36	146	10
1990	2.80	2.22	458	48
1995	16.71	15.00	2062	154
2000	81.35	77.21	4991	266
2005	291.99	281.91	11622	447
2010	1083.46	1052.26	46460	861
2011	1342.59	1305.10	56720	879
2012	1813.01	1766.28	72024	903
2013	2305.44	2253.65	82268	966
2014	2846.51	2829.29	28073	855
2015	3447.50	3428.91	29710	884
2016	4247.12	4227.97	31738	963
2017	5360.21	5338.61	35014	907
2018	6728.70	6699.46	37798	947
2019	8026.92	7999.35	40995	959
2020	2920.08	2919.71	605	878
2021		2920.54		738
2022		1452.99		479

14-6 旅游4A级以上景区(2022年)
TOURIST ATTRACTIONS ABOVE 4A GRADE(2022)

名 称	Name	地 址	Address
5A 级	**5A Grade**		
云冈石窟	Yungang Grottoes	大同市云冈区云冈旅游区	Yungang Tourist Area, Yungang, Datong
五台山风景名胜区	Wutai Mount Scenic Area	忻州市五台县台怀镇	Taihuai, Wutai, Xinzhou
代县雁门关风景区	Yanmenguan Pass Scenic Area	忻州市代县雁门关乡	Yanmenguan, Daixian, Xinzhou
平遥古城景区	Pingyao Accient City	晋中市平遥县古陶镇	Gutao, Pingyao, Jinzhong
绵山景区	Mianshan Scenic Area	晋中市介休市南槐志村	Nanhuaizhi Vil., JieXiu, Jinzhong
太行山八泉峡景区	Baquan Gorge under Taihang Mount	长治市壶关县	Huguan, Changzhi
皇城相府	Royal Prime Minister's Palace	晋城市阳城县北留镇	Beiliu, Yangcheng, Jincheng
洪洞大槐树寻根祭祖园	Hongtong Dahuaishu Ancestor Memorial Garden	临汾市洪洞县	Hongtong, Linfen
乡宁县云丘山景区	Mount Yun Scenic Area	临汾市乡宁县	Xiangning, Linfen
黄河壶口瀑布风景名胜区	Hukou Waterfall Scenic Spot	临汾市吉县壶口镇	Hukou, Jixian, Linfen

14-6 续表1 continued

名 称	Name	地 址	Address
4A 级	**4A Grade**		
晋祠天龙山	Jinci-Tianlongshan Scenic Area	太原市晋源区晋祠镇	Jinci, Jinyuan, Taiyuan
汾河景区	Fenhe Scenic Area	太原市滨河东路中段	East Binhe Rd., Taiyuan
蒙山大佛景区	Mengshan Grand Buddha	太原市晋源区罗城寺底旧村	Sidi Vil., Jinyuan, Taiyuan
东湖醋园	Vinegar Park in East Lake	太原市杏花岭区赛马场马道坡街	Madaopo St., Xinghualing, Taiyuan
太原动物园	Taiyuan Zoo	太原市杏花岭区东山马路	Dongshan Rd., Xinghualing, Taiyuan
太原市森林公园	Taiyuan Forest Park	太原市尖草坪区大同路	Datong Rd., Jiancaoping, Taiyuan
中国煤炭博物馆“煤海探秘游”	China Coal Museum	太原市万柏林区迎泽西大街	West Yingze St., Wanbailin, Taiyuan
宝源老醋坊	Baoyuan Vinegar Mill	太原市清徐县孟封镇	Mengfeng, Qingxu, Taiyuan
紫林醋文化工业园区	Zilin Vinegar Cultural and Industrial Zone	太原市清徐县紫林路	Zilin Rd., Xingxu, Taiyuan
六味斋云梦坞	Liuweizhai Yunmengwu	清徐县太茅路	Taimao Rd., Qingxu
恒山风景名胜区	Mount Hengshan Scenic Area	大同市浑源县恒山南路	South Hengshan Rd., Hunyuan, Datong
大同华严寺	Huayan Temple in Datong	大同市城区下寺坡街	Xiasipo St., Chengqu, Datong
大同善化寺景区	Shanhua Temple in Datong	大同市城区南寺巷	Nansi Lane, Chengqu, Datong
大同城墙景区	Datong Circumvallation	大同市平城区和阳门内街	Heyangmennei St., Pingcheng, Datong
晋华宫矿井下游景区	Jinhuagong Mine Park	大同市矿区晋华宫街	Jinhuagong St., Kuangqu, Datong
大同方特欢乐世界景区	Datong Fantawild Adventure	大同市平城区南环路	Nanhuan Rd., Pingcheng, Datong
大同魏都水世界	Datong Weidu Water World	大同市云冈区西韩岭乡	Xihanling, Yungang, Datong
李二口长城景区	Lierkou Great Wall Scenic Spot	大同市天镇县	Tianzhen, Datong
平型关大捷纪念馆	Pingxingguan Memorial Hall	大同市灵丘县白崖台乡	Baiyatai, Lingqiu, Datong
应县木塔	Sakyamuni Pagoda of Fogong Temple	朔州市应县金城镇	Jincheng, Yingxian, Shuozhou
金沙滩生态旅游区	Golden Beach Ecotourism Area	朔州市怀仁市何家堡乡	Hejiapu, Huairen, Shuozhou
右玉生态旅游区	Youyu Ecotourism Area	朔州市右玉县	Youyu, Shuozhou
崇福寺景区	Chongfu Temple	朔州市朔城区老城东大街	East Laocheng St., Shuocheng, Shuozhou
定襄河边民俗博物馆	Hebian Folk Museum	忻州市定襄县河边镇	Hebian, Dingxiang, Xinzhou
宁武万年冰洞旅游区	Ningwu Ice Cave	忻州市宁武县	Ningwu, Xinzhou
宁武芦芽山生态旅游区	Ningwu Luya Mountain Ecotourism Area	忻州市宁武县东寨镇	Dongzhai, Ningwu, Xinzhou
宁武汾河源头旅游区	Source Area of Fenhe	忻州市宁武县	Ningwu, Xinzhou
忻府区云中河景区	Yunzhonghe Scenic Area	忻州市忻府区	Xinfu, Xinzhou
忻府区禹王洞景区	Yuwang Cave Scenic Area	忻州市忻府区西张乡	Xizhang, Xinfu, Xinzhou

14-6 续表2 continued

名　称	Name	地　址	Address
忻州滹源景区	Huyuan Scenic Area	忻州市繁峙县向阳南路	South Xiangyang Rd., Fanshi, Xinzhou
原平市天涯山	Yuanping Tianya Mountain	忻州市原平市子干乡	Zigan, Yuanping, Xinzhou
偏关县老牛湾景区	Pianguan Laoniu River Bend	忻州市偏关县万家寨镇	Wanjiazhai, Pianguan, Xinzhou
忻府区忻州古城	Xinzhou Ancient City	忻州市忻府区	Xinfu, Xinzhou
静乐县天柱山	Jingle Tianzhu Mountain	忻州市静乐县鹅城镇	Echeng, Jingle, Xinzhou
繁峙县憨山文化旅游景区	Hanshan Cultrual Tourism Scenic Spot	忻州市繁峙县	Fanshi, Xinzhou
偏关县红门口地下长城	Underground Great Wall at Hongmenkou Scenic Spot	偏关县水泉镇水泉村	Shuiquan Vil., Shuiquan, Pianguan
常家庄园	Mansion of the Chang's	晋中市榆次区	Yuci, Jinzhong
乌金山国家森林公园	Wujinshan National Forest Park	晋中市榆次区乌金山镇	Wujinshan, Yuci, Jinzhong
榆次老城	Yuci Ancient City	晋中市榆次区	Yuci, Jinzhong
九龙国际文化生态旅游区	Jiulong Ecotourism Spot	晋中市榆次区	Yuci, Jinzhong
后沟古村	Hougou Ancient Village	晋中市榆次区	Yuci, Jinzhong
昭馀古城茶商文化旅游景区	Zhaoyu Ancient City Tea Cultural Tourism Area	晋中市祁县昭馀镇	Zhaoyu, Qixian, Jinzhong
太行龙泉旅游区	Taihang Dragon Spring Tourist Area	晋中市左权县龙泉乡	Longquan, Zuoquan, Jinzhong
麻田八路军总部纪念馆	Memorial Hall of the Eighth Route Army Headquarters in Matian	晋中市左权县麻田镇	Matian, Zuoquan, Jinzhong
灵石县王家大院民居艺术馆	Wang's Grand Courtyard	晋中市灵石县静升镇	Jingsheng, Lingshi, Jinzhong
红崖峡谷景区	Hongya Gorge Scenic Area	晋中市灵石县马和乡	Mahe, Lingshi, Jinzhong
石膏山风景区	Shigaoshan Scenic Area	晋中市灵石县峪口村	Yukou Vil., Lingshi, Jinzhong
张壁古堡景区	Zhangbi Ancient Castle	晋中市介休市龙凤镇	Longfeng, Jiexiu, Jinzhong
平遥县双林寺彩塑艺术馆	Painted Sculpture Art Gallery in Shuanglin Temple	晋中市平遥县中都乡	Zhongdu, Pingyao, Jinzhong
平遥县镇国寺	Pingyao Zhenguo Temple	晋中市平遥县襄垣乡	Xiangyuan, Pingyao, Jinzhong
大寨景区	Dazhai Scenic Area	晋中市昔阳县大寨镇	Dazhai, Xiyang, Jinzhong
小西沟	Xiaoxigou Scenic Spot	晋中市榆次区	Yuci, Jinzhong
藏山	Cang Mountain Scenic Area	阳泉市盂县苌池镇	Changchi, Yuxian, Yangquan
大汖温泉	Dachang Hot Spring	阳泉市盂县梁家寨乡	Liangjiazhai, Yuxian, Yangquan
娘子关	Niangzi Pass	阳泉市平定县娘子关镇	Pingding, Yangquan
桃林沟	Taolingou Scenic Spot	阳泉市郊区平坦镇	Pingtan, Jiaoqu, Yangquan
翠枫山	Cuifeng Mountain	阳泉市郊区平坦镇	Pingtan, Jiaoqu, Yangquan
方山县北武当山风景名胜区	Mount Beiwudang Scenic Area	北武当镇真武山庄	Zhenwu Mountain Villa, Beiwudang
汾阳汾酒文化景区	Fenjiu Cultural Scenic Spot	吕梁市汾阳市	Fenyang, Lvliang
汾阳市贾家庄文化生态旅游区	Jiajiazhuang Ecotourism Area	吕梁市汾阳市	Fenyang, Lvliang

14-6 续表3 continued

名 称	Name	地 址	Address
交城县卦山景区	Guashan Tourist Attraction	吕梁市交城县	Jiaocheng, Lvliang
交城县玄中寺景区	Xuanzhong Temple	吕梁市交城县洪相乡	Hongxiang, Jiaocheng, Lvliang
孝义三皇庙景区	Xiaoyi Sanhuang Temple	吕梁市孝义市三皇庙	Xiaoyi, Lvliang
孝义市金龙山风景区	Xiaoyi Jinlongshan Scenic Area	吕梁市孝义市高阳园区南	Gaoyang Zone, Xiaoyi, Lvliang
孝义市胜溪湖国家森林公园	Shengxihu National Forest Park	吕梁市孝义市时代大道	Shidai Blvd., Xiaoyi, Lvliang
孝义市孝河湿地公园	Xiaoyi Xiaohe Wetland Park	吕梁市孝义市时代大道	Shidai Blvd., Xiaoyi, Lvliang
临县义居寺景区	Linxian Yiju Temple	吕梁市临县三交镇	Sanjiao, Linxian, Lvliang
临县碛口景区	Linxian Qikou Sceninc Area	吕梁市临县碛口镇	Qikou, Linxian, Lvliang
吕梁市兴县蔡家崖晋绥文化景区	Caijia Cliff Revolutionary Cultural Scenic Spot in Shanxi-Suiyuan Region	兴县蔡家崖村	Caijiaya Vil., Xingxian
太行山大峡谷景区	Grand Canyon of Taihang Mountain	长治市壶关县	Huguan, Changzhi
洗耳河景区	Xier River Scenic Area	长治市黎城县彭庄村	Pengzhuang Vil., Licheng, Changzhi
欢乐太行谷	Taihang Happy Valley	长治市壶关县集店乡	Jidian, Huguan, Changzhi
太行水乡	Taihang Water Town Scenic Spot	长治市平顺县阳高乡	Yanggao, Pingshun, Changzhi
振兴小镇	Zhenxing Town	长治市上党区振兴村	Zhenxing Vil., Shangdang, Changzhi
通天峡景区	Tongtian Gorge Scenic Area	长治市平顺县虹梯关乡	Hongtiguan, Pingshun, Changzhi
天脊山景区	Tianjishan Scenic Area	长治市平顺县东寺头乡	Dongsitou, Pingshun, Changzhi
黄崖洞文化旅游区	Yellow Cliff Cave Tourist Resort	长治市黎城县黄崖洞镇	Huangyadong, Licheng, Changzhi
八路军太行纪念馆	Taihang Museum for the Eighth Route Army	长治市武乡县	Wuxiang, Changzhi
八路军文化园	Cultural Park for the Eighth Route Army	长治市武乡县太行西街	West Taihang Rd., Wuxiang, Changzhi
太行龙洞	Taihang Dragon Cave	长治市武乡县蟠龙镇	Panlong, Wuxiang, Changzhi
仙堂山	Xiantang Mountain Scenic Area	长治市襄垣县下良镇	Xialiang, Xiangyuan, Changzhi
珏山景区	Jue Mountain Scenic Area	晋城市金村镇	Jincun, Jincheng
大阳古镇景区	Daiyang Ancient Town	晋城市泽州县大阳镇	Daiyang, Zezhou, Jincheng
炎帝陵景区	Tomb of Emperor Yan	晋城市高平市神农镇	Shennong, Gaoping, Jincheng
天官王府	Tianguan Palace	晋城市阳城县	Yangcheng, Jincheng
郭峪古城	Guoyu Ancient Castle	晋城市阳城县北留镇	Beiliu, Yangcheng, Jincheng
蟒河景区	Python River Scenic Spot	晋城市阳城县蟒河镇	Manghe, Yangcheng, Jincheng
王莽岭景区	Wangmangling Scenic Spot	晋城市陵川县古郊乡	Gujiao, Lingchuan, Jincheng
历山景区	Mount Li Scenic Spot	晋城市沁水县中村镇	Zhongcun, Qinshui, Jincheng
柳氏民居景区	Liu's Folk House	晋城市沁水县	Qinshui, Jincheng
湘峪古堡景区	Xiangyu Ancient Castle	晋城市沁水县郑村镇	Zhengcun, Qinshui, Jincheng
司徒小镇景区	Situ Town	晋城市泽州县北石店镇	Beishidian, Zezhou, Jincheng

14-6 续表4 continued

名　称	Name	地　址	Address
海会书院	Haihui Academy	晋城市阳城县北留镇	Beiliu, Yangcheng, Jincheng
尧庙-华门景区	Yaomiao Huamen Scenic Spot	临汾市尧都区尧庙镇	Yaomiao, Yaodu, Linfen
汾河文化生态景区	Fenhe Ecological Scenic Area	临汾市尧都区滨河西路	West Binhe Rd., Yaodu, Linfen
古县牡丹文化旅游景区	Gu County Peony Culture Scenic Spot	临汾市古县石壁乡	Shibi, Guxian, Linfen
隰县小西天景区	Small Western Paradise in Xixian	隰县小西天沟	Xiaoxitiangou, Xixian
蒲县柏山东岳庙	Dongyue Temple in Cypress Mountain	临汾市蒲县东岳路	Dongyue Rd., Puxian, Linfen
彭真故居纪念馆	Former Residence of Pengzhen	临汾市侯马市新田乡	Xintian, Houma, Linfen
曲沃晋国博物馆	Quwo Jin State Museum	临汾市曲沃县曲村镇	Qucun, Quwo, Linfen
临汾人祖山景区	Linfen Renzushan Scenic Area	临汾市吉县屯里镇	Tunli, Jixian, Linfen
曲沃晋园景区	Quwo Jinyuan Scenic Spot	临汾市曲沃县东城新区	Dongchengxinqu, Quwo, Linfen
霍太山(广胜)风景名胜区	Huotaishan Scenic Area	临汾市洪洞县广胜寺镇	Guangshengsi, Hongtong, Linfen
襄汾龙澍峪景区	Xiangfen Longshuyu Scenic Spot	临汾市襄汾县襄陵镇	Xiangling, Xiangfen, Linfen
永和县黄河乾坤湾景区	Yellow River Qiankun Bay	临汾市永和县	Yonghe, Linfen
襄汾县荷花小镇旅游景区	Lotus Town Tourist Attraction	临汾市襄汾县邓庄镇	Dengzhuang, Xiangfen, Linfen
临汾市尧都区尧帝陵景区	Emperor Yao Mausoleum	临汾市尧都区大阳镇	Dayang, Yaodu, Linfen
襄汾尧京酒庄	Chateau YaoKing	襄汾县大邓乡上西梁村	Shangxiliang Vil., Dadeng, Xiangfen
解州关帝庙	Temple of Guanyu in Haizhou Town	运城市盐湖区解州镇	Haizhou, Yanhu, Yuncheng
永乐宫壁画艺术博物馆	Yongle Palace Mural Art Museum	运城市芮城县永乐北街	North Yongle St., Ruicheng, Yuncheng
李家大院	Li's Courtyard	运城市万荣县高村乡	Gaocun, Wanrong, Yuncheng
运城盐湖	Salt Lake of Yuncheng	运城市盐湖区城南	South of Yanhu, Yuncheng
历山风景区	Lishan Scenic Area	运城市垣曲县历山镇	Lishan, Yuanqu, Yuncheng
运城市永济鹳雀楼	Stork Tower in Yongji	运城市永济市蒲州古城西	West of Ancient Puzhou City, Yongji, Yuncheng
永济五老峰风景名胜区	Five Old Men Peak Landscape Resort	运城市永济市虞乡镇	Yuxiang, Yongji, Yuncheng
普救寺旅游区	Pujiu Temple	运城市永济市蒲州镇	Puzhou, Yongji, Yuncheng
神潭大峡谷	Shentan Grand Gorge	运城市永济市城西街道	Chengxi Subdistrict, Yongji, Yuncheng
大禹渡黄河风景区	Dayu Ferry Scenic Spot	运城市芮城县大禹渡村	Dayudu Vil., Ruicheng, Yuncheng
圣天湖	Shengtian Lake Scenic Spot	运城市芮城县陌南镇	Monan, Ruicheng, Yuncheng
舜帝陵	Tomb of Emperor Shun	运城市盐湖区北相镇	Beixiang, Yanhu, Yuncheng
夏县司马光祠	Temple of Simaguang	运城市夏县水头镇	Shuitou, Xiaxian, Yuncheng
黄河大梯子崖	Ancient Ladder Cliff	运城市河津市下化乡	Xiahua, Hejin, Yuncheng
万荣后土祠	Wanrong Houtu Temple	运城市万荣县荣河镇	Ronghe, Wanrong, Yuncheng
望仙大峡谷	Wangxian Grand Gorge	运城市垣曲县历山镇	Lishan, Yuanqu, Yuncheng
运城市夏县堆云洞景区	Duiyundong Scenic Spot	夏县水头镇上牛村洞沟	Shangniu Vil., Shuitou, Xiaxian
运城市河津市黄河龙门景区	Longmen Scenic Spot of the Yellow River	河津市清涧街道办龙门村	Longmen Vil., Qingjian Subdistrict, Hejin

14–7 旅游四星级以上饭店(2022年)
TOURIST HOTELS ABOVE FOUR STAR GRADE(2022)

名 称	Name	地 址	Address
五星级	**5 Star**		
山西国贸大饭店	Shanxi World Trade Hotel	太原市府西街69号	No.69, Fuxi St., Taiyuan
晋祠宾馆	Jinci Hotel	太原晋祠路中段669号	No.669, Middle Section of Jinci Rd., Taiyuan
丽华大酒店	Lihua Grand Hotel	太原长风街1号	No.1, Changfeng St., Taiyuan
金地豪生大酒店	Howard Johnson Jindi Plaza	大同市御河北路甲1号	No. Jia1, North Yuhe Rd., Datong
宏源国际饭店	Hongyuan International Hotel	灵石静升镇旌介村	Jingjie Vil., Jingsheng Town, Lingshi
万豪美悦国际酒店	Wanhaomeiyue International Hotel	榆次迎宾西街345号	No.345, West Yingbin St., Yuci
阳泉煤业(集团)有限责任公司药林宾馆	Yaolin Hotel of Yangquan Coal Industry (Group) Co., Ltd.	阳泉平定县张庄镇南后峪村	South Houyu Vil., Zhangzhuang Town, Pingding County, Yangquan
益东国际酒店	Yidong International Hotel	长治市西环路	West Ring Rd., Changzhi
东明国际大酒店	Dongming International Hotel	长治市紫金东街369号	No.369, East Zijin St., Changzhi
阳城环城凯斯顿酒店	Huancheng Caston Hotel	阳城县滨河西路1001号	No.1001,West Binhe Rd., Yangcheng
东兴帝豪酒店	Royal Dongxing Hotel	孝义市崇文大街181号	No.181, Chongwen St., Xiaoyi
阳城美韵花园大酒店	Yangcheng Meiyun Garden Hotel	阳城县新阳西街	West Xinyang St., Yangcheng
四星级	**4 Star**		
山西大酒店	Shanxi Grand Hotel	太原新建南路5号	No.5, South Xinjian Rd., Taiyuan
山西愉园大酒店	Shanxi Yuyuan Hotel	太原开化寺街86号	No.86, Kaihuasi St.,Taiyuan
三晋国际饭店	Sanjin International Hotel	太原迎泽大街108号	No.108, Yingze St., Taiyuan
黄河京都大酒店	Huanghe Jingdu Grand Hotel	太原平阳路19号	No.19, Pingyang Rd., Taiyuan
山西阳光晋泽源酒店	Shanxi Yangguang Jinzeyuan Hotel	太原北大街93号	No.93, North St., Taiyuan
山西晋协宾馆	Shanxi Jinxie Hotel	太原东缉虎营35号	No.35, Dongjihuying, Taiyuan
西山大厦	Xishan Hotel	太原西矿街318号	No.318, Xikuang St., Taiyuan
云水国际大酒店	Yunshui International Hotel	太原平阳路48号	No.48, Pingyang Rd., Taiyuan

14-7 续表1 continued

名 称	Name	地 址	Address
山西滨河饭店	Shanxi Binhe Hotel	太原市府西街103号	No.103, Fuxi St., Taiyuan
泰瑞国际商务酒店	Tairui International Commercial Hotel	太原长风街7号	No.7, Changfeng St., Taiyuan
大同宾馆	Datong Hotel	大同迎宾西路37号	No.37, West Yingbin Rd., Datong
大同国宾大酒店	Datong Presidential Hotel	大同御河西路898号	No.898, West Yuhe Rd., Datong
花园大饭店	Huayuan Hotel	大同大南街59号	No.59, Danan St., Datong
浩海国际酒店	Haohai International Hotel	大同魏都大道	Weidu Ave., Datong
晨光国际酒店	Chenguang International Hotel	大同迎宾路68号	No.68, Yingbin Rd., Datong
北冰洋大酒店	Beibingyang Hotel	阳泉北大街80号	No.80, North St., Yangquan
山西泉美国际大酒店	Shanxi quanmei International Hotel	阳泉市南大西街15号	No.15, West of South Street, Yangquan
祥禾大酒店	Xianghe Grand Hotel	阳泉市开发区烟台路1号	No.1 Yantai Rd., Development Zone, Yangquan
晋城大酒店	Jincheng Grand Hotel	晋城凤台西街88号	No.88, West Fengtai St., Jincheng
太平洋大厦	Pacific Ocean Hotel	晋城凤台西街899号	No.899, West Fengtai St., Jincheng
颐宾大酒店	Yibin Hotel	晋城前进路1428号	No.1428, Qianjin Rd., Jincheng
晋城高都大酒店	Jincheng Gaodu Grand Hotel	晋城新市东街9号	No.9, East Xinshi St., Jincheng
晋城阳光大酒店	Jincheng Sunshine Hotel	晋城市泽州南路568号	No.568, South Zezhou Rd., Jincheng
棋源山庄	Qiyuan Mountain Village	晋城陵川县古郊乡	Gujiao Township, Lingchuan, Jincheng
兰花大酒店	Lanhua Hotel	晋城凤台东街2288号	No.2288, East Fengtai St., Jincheng
泽州大酒店	Zezhou Hotel	晋城市凤台西街2839号	No.2839, West Feitai St., Jincheng
皇城相府贵宾楼	Xiangfu Grand Hotel	晋城市阳城北留皇城村	Huangcheng Vil., Beiliu, Yangcheng, Jincheng
万通源平鲁宾馆	Wantongyuan Pinglu Hotel	朔州市平鲁区胜利南路	South Shengli Rd., Pinglu District, Shuozhou
平朔宾馆	Pingshuo Hotel	朔州平朔生活区	Living District , Pingshuo, Shuozhou

14-7 续表2 continued

名 称	Name	地 址	Address
圣厚源大酒店	Shenghouyuan Hotel	朔州开发区安泰街2号	No.2, Antai St., Development Zone, Shuozhou
玉龙国际酒店	Yulong International Hotel	右玉县新城镇大西街	Daxi St., Xincheng Town, Youyu
颐景国际大酒店	Yijing International Hotel	晋中市榆次区西顺城街150号	No.150, Xishuncheng St., Yuci District, Jinzhong
平遥峰岩大酒店	Pingyao Fengyan Hotel	晋中市平遥县曙光路26号	No.26, Shuguang Rd., Pingyao, Jinzhong
介休市正达海悦酒店	Jiexiu Zhengdahaiyue Hotel	晋中市介休市北坛东路25号	No.25, East Beitan Rd., Jiexiu, Jinzhong
介休市锦源大酒店	Jiexiu Jinyuan Hotel	晋中市介休市区北坛中路	Middle Beitan Rd., Jiexiu, Jinzhong
天都大酒店	Tiandu Hotel	河津市振兴东路	East Zhenxing Rd., Hejin
芮城惠阳大酒店	Ruicheng Huiyang Hotel	芮城县洞宾街8号	No.8, Dongbin St., Ruicheng
五台山银海山庄	Wutai Mountain Yinhai Village	忻州五台山杨柏峪	Yangbaiyu Vil., Wutai Mountain, Xinzhou
原平市黄河京都大酒店	Yuanping Huanghe Jingdu Grand Hotel	忻州原平前进西街479号	No.479, West Qianjin St., Yuanping, Xinzhou
花卉山庄	Huahui Mountain Village	忻州五台山风景区	Wutai Mount Scenic Area, Xinzhou
繁峙县嘉盛伦大酒店	Fanshi Jiashenglun Hotel	忻州市繁峙县向阳路	Xiangyang Rd., Fanshi, Xinzhou
侯马华翔大酒店	Houma Huaxiang Hotel	临汾市侯马市花园南街15号	No.15, South Huayuan St., Houma, Linfen
思麦尔国际酒店	Smir International Hotel	临汾市鼓楼东大街40号	No.40, East Gulou St., Linfen
山西丁陶国际大酒店	Shanxi Dingtao International Hotel	临汾市襄汾县丁陶大道1号	No.1, Dingtao Ave., Xiangfen, Linfen
华强大酒店	Huaqiang Grand Hotel	侯马市呈王东路69号	No.69, East Chengwang Rd., Houma
吕梁国际宾馆	Lvliang International Hotel	离石区滨河南中路268号	No.268, South Binhe Rd., Lishi District
贾家庄裕和花园酒店	Jiajiazhuang Yuhe Garden Hotel	吕梁市汾阳县贾家庄腾飞路	Tengfei Rd., Jiajiazhuang, Fenyang, Lvliang
东兴酒店	Dongxing Hotel	孝义市府前街55号	No.55, Fuqian St., Xiaoyi

主要统计指标解释

住宿业　指为旅行者提供短期留宿场所的活动，有些单位只提供住宿，也有些单位提供住宿、饮食、商务、娱乐一体的服务。

餐饮业　指通过即时制作加工、商业销售和服务性劳动等，向消费者提供食品和消费场所及设施的服务。

限额以上住宿企业　年主营业务收入 200 万元及以上的住宿企业。

限额以上餐饮企业　年主营业务收入 200 万元及以上的餐饮企业。

住宿业单位星级评定情况　星级等级指根据《旅游饭店星级的划分与评定》（GB/T14308-2010）标准，经过有关旅游管理权威部门评定（验收）后授予的“星级”称号填写，分为一星级到五星级 5 个标准。

营业额　指住宿和餐饮业单位在经营活动中因提供服务或销售商品等取得的全部收入（含增值税），收入主要来源于提供客房、餐费服务、商品销售和其他服务，如商务服务。不包括多产业法人企业附营的其他行业产业活动单位的餐费收入、商品销售收入等各项收入。

客房收入　指住宿和餐饮业单位在经营活动中因提供住宿服务取得的收入（含增值税）。不包括多产业法人企业附营的其他行业产业活动单位的客房收入。

餐费收入　指本单位为顾客提供就餐服务取得的收入（含增值税）。包括：经烹饪、调制加工后出售的各种食品，如主食、炒菜、凉拌菜等的收入。不包括多产业法人企业附营的其他行业产业活动单位的餐费收入。

商品销售额　指对本单位以外的单位和个人出售的商品金额（包括售给本单位消费用的商品，含增值税）。在住宿和餐饮业中，本指标反映住宿和餐饮业单位出售商品的销售总额（含增值税），不包括法人企业附营的其他行业产业活动单位的商品销售额。

其他收入　指提供客房、餐饮服务、商品销售以外的其他服务获得的收入（含增值税），如商品服务、健身娱乐等。

入境过夜游客　指入境游客中在中国（大陆）的旅游住宿单位内至少停留一夜的外国人、港澳台同胞。

国内游客　指报告期内在中国（大陆）观光游览、休闲度假、探亲访友、保健疗养、购物娱乐、学习交流、会议培训或开展经济、文化、体育、宗教等活动的中国（大陆）居民，其出游的目的不是通过所从事的活动谋取报酬。

旅游外汇收入　入境游客在中国（大陆）境内旅行、游览过程中用于交通、参观游览、住宿、餐饮、购物、娱乐等全部花费。

国内旅游收入　指国内游客在国内旅行、游览过程中用于交通、参观游览、住宿、餐饮、购物、娱乐等全部花费。

Explanatory Notes on Main Statistical Indicators

Hotel Services refer to the accommodation services provided to visitors. Some units may provide only accommodation while others provide a combination of accommodation, meals, business services and recreational facilities.

Catering Services refer to the activities of providing foods, serving locations and facilities to customers through instant processing, commercial sales and service-type labor.

Hotel Enterprises above Designated Size refer to hotel enterprises whose annual revenue of major business amounts to 2 million yuan and over.

Catering Enterprises above Designated Size refer to catering enterprises whose annual revenue of major business amounts to 2 million yuan and over.

Star Rating of Hotels refers to hotels rated with stars as evaluated (accepted) by the relevant tourism authorities according to GB/T14308-2010 standard. Hotels can be divided into five standards from one-star to five-star.

Business Revenue refers to total revenue (including value-added tax) of hotels and catering services received from providing services or selling commodities through business activities, income comes mainly from providing hotels, catering services, selling of commodities and other services, such as commodity services. It does not include revenue such as meal fees, selling of commodities of other industrial units affiliated with multi industrial legal entities.

Room Revenue refers to business revenue (including value-added tax) hotel and catering enterprises got by providing lodging services. It does not include the revenue get from other industrial active units which belonging to the multi-industry enterprises.

Dinning Revenue refers to revenue (including value-added tax) hotel and catering enterprises got by providing customers catering services, including selling of cooked or prepared foods, such as staple food, cooked dishes, or cold dishes. It does not include the revenue get from other industrial units affiliated with multi industrial legal entities.

Commodity Sales refer to value of commodities sold by the units to other units and individuals (including goods sold for self-consumption, including the value-added tax). It reflects the total commodities value sold by hotel and catering units (including the value-added tax). It does not include the sales value get from other industrial units affiliated with multi industrial legal entities.

Other Revenue refers to other revenue (including value-added tax) hotel and catering enterprises got by providing other services, such as commodities service, fitness and entertainment.

Inbound Overnight Tourists refer to foreigners and compatriots from Hong Kong, Macao and Taiwan among the inbound tourists, who come to China (the mainland) and stay in the tourist accommodation units for at least one night.

Domestic Tourists refer to residents of China (the mainland) who travel within China (the mainland) for sightseeing, leisure vacation, visiting relatives and friends, health care, shopping and entertainment, studying and exchanging, meetings and training, engaging in economic, cultural, sports and religious activities, etc. And the purpose of their travelling isn't for profits.

Foreign Exchange Earnings from Tourism refer to the total expenditures of inbound tourists during their stay in the mainland of China on transportation, sightseeing, accommodation, food, shopping and entertainment.

Revenue from Domestic Tourism refers to the total expenditures of domestic tourists during their stay in the mainland of China on transportation, sightseeing, accommodation, food, shopping and entertainment.

15

TRANSPORTATION, POST AND TELECOMMUNICATION SERVICES

交通运输、邮电通信业

资料整理人员

阮并晶　高彤彤

TRANSPORTATION, POST AND TELECOMMUNICATION SERVICES 交通运输、邮电通信业

铁路营业里程	Length of Railways in Operation	6252	公里 (km)
公路通车里程	Length of Highways	145469	公里 (km)
货物周转量	Turnover Volume of Freight Traffic	6473.0	亿吨公里 (100 million ton-km)
旅客周转量	Turnover Volume of Passenger Traffic	119.1	亿人公里 (100 million person-km)
邮政行业业务总量	Business Volume of Post Services	124.9	亿元 (100 million yuan)
电信业务总量	Business Volume of Telecommunication Services	360.0	亿元 (100 million yuan)

民用汽车拥有量（万辆）
Number of Civil Motor Vihicles (10 000 units)

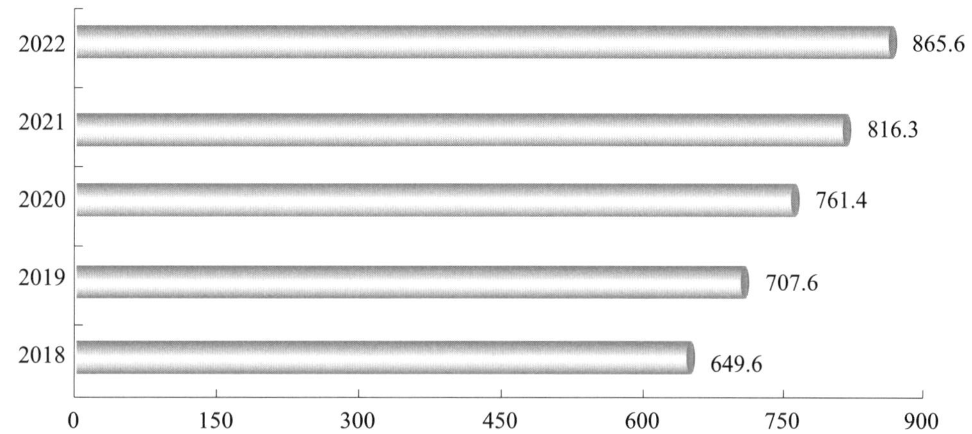

公路通车里程（公里）
Length of Highways (km)

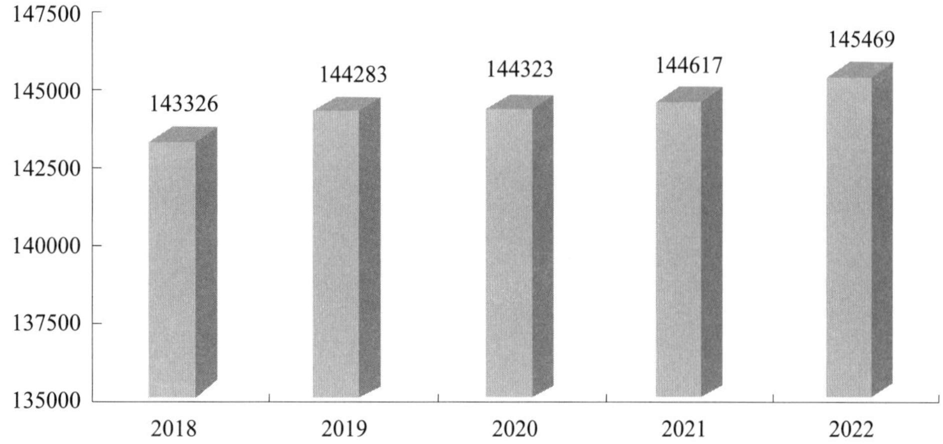

15-1　主要年份运输线路长度
LENGTH OF TRANSPORT ROUTES IN MAJOR YEARS

单位：公里　　(km)

年　份 Year	铁路营业里程 Length of Railways in Operation	公路通车里程 Length of Highways	#高速公路 Expressways	每百平方公里平均里程 Average Length Per Square Kilometre 铁　路 Railways	公　路 Highways
1978	2057	31868		1.3	20.3
1980	2129	27261		1.4	17.4
1985	2169	28762		1.4	18.4
1990	2330	30784		1.5	19.6
1995	2435	33644		1.6	21.5
2000	2511	55408	518	1.6	35.4
2005	3514	111227	1686	2.2	71.0
2010	3752	131644	3003	2.4	84.0
2011	3774	134808	4005	2.4	86.0
2012	3775	137771	5011	2.4	87.9
2013	3786	139434	5011	2.4	89.1
2014	4980	140436	5011	3.2	89.9
2015	5086	140960	5028	3.2	90.0
2016	5293	142066	5265	3.4	90.7
2017	5317	142855	5335	3.4	91.2
2018	5428	143326	5605	3.5	91.7
2019	5890	144283	5711	3.8	92.1
2020	6247	144323	5745	4.0	92.1
2021	6252	144617	5763	4.0	92.3
2022	6252	145469	5859	4.0	92.8

注：2005年起公路线路里程包括村道里程数；2006年起铁路营业里程包括国铁、合资和地方铁路。

Note: Length of highways and all-weather highways has included length of roads between villages since 2005. Length of railways has included length of national railways，joint-venture railways and local railways since 2006.

15-2　主要年份货运量
FREIGHT TRAFFIC IN MAJOR YEARS

单位：万吨　　(10 000 tons)

年　份 Year	合　计 Total	铁　路 Railways	#中央铁路 National Railways	公　路 Highways	水　运 Water Transport	民　航 Civil Aviation
1978	15620	9166	9166	6443	11	0.09
1980	18080	11067	11067	7004	9	0.15
1985	29181	16110	16092	13071		0.35
1990	50111	23332	23082	26706	72	0.55
1995	65962	26095	25718	39776	90	0.67
2000	86624	28779	28469	57813	31	0.60
2005	125367	49067	47697	76201	95	3.80
2010	124677	63836	60808	60819	18	4.49
2011	134441	69194	65695	65201	41	4.53
2012	144622	71437	68294	73150	30	4.84
2013	156048	73181	69894	82834	28	5.00
2014	164924	76411	75059	88491	17	5.07
2015	161772	70509	68268	91240	17	5.04
2016	167082	64861	62563	102200	16	5.49
2017	189521	74616	72285	114880	20	5.50
2018	211503	85260	82943	126213	23	6.15
2019	219312	91321	88448	127961	24	6.74
2020	190238	92002	88087	98206	24	5.85
2021	217637	102909	99469	114705	16	6.57
2022	211545	104515	100816	107024	1	4.51

15-3 主要年份货物周转量

TURNOVER VOLUME OF FREIGHT TRAFFIC IN MAJOR YEARS

单位：万吨公里　　(10 000 ton-km)

年 份 Year	合 计 Total	铁 路 Railways	#中央铁路 National Railways	公 路 Highways	水 运 Water Transport
1978	1896350	1784790	1784790	111483	77
1980	2253618	2096450	2096450	157126	42
1985	3609795	3086917	3086584	522878	
1990	5948295	4795516	4784200	1152520	259
1995	7179630	5363846	5346060	1815463	321
2000	8679954	5979696	5958000	2700206	52
2005	13625549	9697012	9599369	3927715	822
2010	23324205	13624714	13436905	9698896	595
2011	30827489	20355804	20153949	10471189	496
2012	33458466	21435390	21231815	12022480	596
2013	35923686	23137331	23117075	12785747	608
2014	37108069	23475689	23453328	13631956	423
2015	34385474	20637317	20478663	13747614	543
2016	35654565	21133151	20965576	14520591	823
2017	41850327	24262711	24096950	17586569	1047
2018	44894386	25815610	25651515	19077478	1298
2019	46904687	27747481	27541490	19155877	1328
2020	57117630	29267489	29047234	27849561	580
2021	64446663	32189198	31967393	32257121	345
2022	64729994	33087449	32846103	31642533	12

注：2011年起，铁路为全行业数据，包括国家铁路(含控股)、非控股合资铁路及地方铁路。

Note: Volume of railways is calculated by the whole industry coverage from 2011, which includes national railways, non-shareholding joint venture railways and local railways.

15-4 主要年份旅客运输量和周转量

PASSENGER TRAFFIC AND TURNOVER VOLUME IN MAJOR YEARS

年 份 Year	客运量(万人) Passenger Traffic (10 000 persons)	#铁 路 Railways	#公 路 Highways	旅客周转量(万人公里) Passenger Kilometers (10 000 person-km)	#铁 路 Railways	#公 路 Highways
1978	4498	2124	2375	387366	270950	116416
1980	5865	2523	3342	497897	356420	141477
1985	10564	3391	7173	931783	621351	310432
1990	15960	3226	12728	1260441	668100	587953
1995	21337	3308	17956	1750989	806580	861061
2000	31818	2953	28821	2245807	833600	1358962
2005	40209	3433	36456	3295406	1056422	1809406
2010	39059	5746	32606	3715683	1558206	2157019
2011	39932	6219	32865	4158078	1957808	2199108
2012	40839	6208	33662	4229773	1923652	2306121
2013	34781	6294	28487	3864404	1898201	1966203
2014	34040	6949	27091	3843762	2023842	1819920
2015	30676	7393	22085	3799506	2154182	1645324
2016	27619	7530	18702	3604561	2193137	1411424
2017	26749	7664	17333	3737555	2232856	1503565
2018	25679	7958	15717	3939476	2342289	1596434
2019	24342	8153	14009	3955728	2366931	1588193
2020	13757	4890	7460	2262321	1356669	905652
2021	13267	6454	5279	2212877	1654405	558472
2022	7047	3716	2477	1191434	965670	225459

注：2009年起旅客周转量不包括民航数据。

Note: Passenger turnover volume doesn't include civil aviation data from 2009.

15-5 主要年份民用汽车拥有量

NUMBER OF CIVIL MOTOR VEHICLES IN MAJOR YEARS

单位：辆 (unit)

年份 Year	民用汽车总数 Total	#载货汽车 Trucks	#载客汽车 Passenger Vehicles	#个人 Individual	#载货 Trucks	#载客 Passenger Vehicles	每百公里公路平均汽车数 Average Number of Motor Vehicles Per 100 km
1978	45634	34383	8341				143.2
1980	70730	47872	10329				259.5
1985	129286	102033	20968	23664	21525	1884	449.5
1990	232665	174618	46390	46540	36084	10450	755.8
1995	332886	210157	106924	94987	54806	40131	989.4
2000	550148	278235	253481	235078	98837	135909	992.9
2005	1074350	379599	677746	587721	155570	430314	965.9
2010	2478905	558169	1899271	1865984	319589	1541432	1883.0
2011	2953253	612696	2316189	2301975	364040	1931590	2190.7
2012	3275805	567788	2708017	2697177	362482	2334695	2377.7
2013	3758528	582913	3175615	3180579	385930	2794649	2695.6
2014	4219470	591108	3628362	3661596	400345	3261251	3004.6
2015	4665842	571789	4094053	4137927	393407	3744520	3310.0
2016	5240814	595149	4645665	4720486	406394	4314092	3689.0
2017	5896070	639361	5256709	5327549	413659	4913890	4127.3
2018	6495704	702534	5793170	5873204	443827	5429377	4532.1
2019	7076377	763988	6312389	6396485	472023	5924462	4904.5
2020	7613865	833675	6780190	6862334	486928	6375406	5275.6
2021	8163074	908769	7254305	7327155	507741	6819414	5644.6
2022	8655557	948576	7706981	7766147	526336	7239811	5950.1

注：民用汽车总数和个人汽车数不包括三轮汽车和低速货车。

Note: Number of civil motor vehicles and number of private cars exclude tricars and lower-speed cars.

15-6 民用汽车拥有量(2022年)

NUMBER OF CIVIL MOTOR VEHICLES(2022)

单位：辆 (unit)

指标	Item	合计 Total	#营运 Business	#非营运 Non-business	#个人 Individual
一、民用汽车	Civil Motor Vehicles	8871851	742097	8127719	7814138
1.载客汽车	Passenger Vehicles	7706981	85476	7619470	7239811
#大型	Large	35646	25328	9023	565
中型	Medium	10818	2362	7716	1756
小型	Small	7553572	57661	7495911	7134811
微型	Mini	106945	125	106820	102679
#轿车	Cars	5282523	55446	5227077	5045405
2.载货汽车	Trucks	948576	626746	321830	526336
#重型	Heavy	377751	370861	6890	92401
中型	Medium	8287	5408	2879	2777
轻型	Light	562303	250414	311889	430967
微型	Mini	235	63	172	191
#普通载货汽车	Ordinary	344998	107965	237033	284590
3.其他汽车	Others	216294	29875	186419	47991
二、拖拉机	Tractors	284150		284150	
三、摩托车	Motorcycles	561703	28222	533481	509697
四、载货挂车	Trailers	248244	247092	1152	64215
五、其他类型车	Other Kinds of Vehicles	21	1	20	7

注：民用汽车拥有量包括三轮汽车和低速货车。

Note: Number of civil motor vehicles include tricars and lower-speed cars.

15-7 民用航空航线(2022年)
CIVIL AVIATION ROUTES(2022)

太原-北京	Taiyuan-Beijing	太原-珠海	Taiyuan-Zhuhai
太原-上海	Taiyuan-Shanghai	太原-南昌	Taiyuan-Nanchang
太原-广州	Taiyuan-Guangzhou	太原-桂林	Taiyuan-Guilin
太原-深圳	Taiyuan-Shenzhen	太原-温州	Taiyuan-Wenzhou
太原-西宁	Taiyuan-Xining	太原-合肥	Taiyuan-Hefei
太原-成都	Taiyuan-Chengdu	太原-丽江	Taiyuan-Lijiang
太原-青岛	Taiyuan-Qingdao	太原-徐州	Taiyuan-Xuzhou
太原-无锡	Taiyuan-Wuxi	太原-南昌-深圳	Taiyuan-Nanchang-Shenzhen
太原-南京	Taiyuan-Nanjing	太原-遵义-深圳	Taiyuan-Zunyi-Shenzhen
太原-厦门	Taiyuan-Xiamen	太原-恩施-深圳	Taiyuan-Enshi-Shenzhen
太原-长沙	Taiyuan-Changsha	太原-南京-泉州	Taiyuan-Nanjing-Quanzhou
太原-福州	Taiyuan-Fuzhou	太原-武汉-泉州	Taiyuan-Wuhan-Quanzhou
太原-杭州	Taiyuan-Hangzhou	太原-武汉-福州	Taiyuan-Wuhan-Fuzhou
太原-三亚	Taiyuan-Sanya	太原-武汉-厦门	Taiyuan-Wuhan-Xiamen
太原-昆明	Taiyuan-Kunming	太原-合肥-厦门	Taiyuan-Hefei-Xiamen
太原-海口	Taiyuan-Haikou	太原-长治-厦门	Taiyuan-Changzhi-Xiamen
太原-重庆	Taiyuan-Chongqing	太原-杭州-厦门	Taiyuan-Hangzhou-Xiamen
太原-天津	Taiyuan-Tianjin	太原-长沙-厦门	Taiyuan-Changsha-Xiamen
太原-琼海	Taiyuan-Qionghai	太原-长沙-珠海	Taiyuan-Changsha-Zhuhai
太原-大同	Taiyuan-Datong	太原-长沙-福州	Taiyuan-Changsha-Fuzhou
太原-宁波	Taiyuan-Ningbo	太原-南通-福州	Taiyuan-Nantong-Fuzhou
太原-兰州	Taiyuan-Lanzhou	太原-盐城-杭州	Taiyuan-Yancheng-Hangzhou
太原-大连	Taiyuan-Dalian	太原-杭州-三亚	Taiyuan-Hangzhou-Sanya
太原-贵阳	Taiyuan-Guiyang	太原-合肥-昆明	Taiyuan-Hefei-Kunming
太原-哈尔滨	Taiyuan-Harbin	太原-合肥-海口	Taiyuan-Hefei-Haikou
太原-海拉尔	Taiyuan-Hailar	太原-贵阳-海口	Taiyuan-Guiyang-Haikou

15-7　续表1　continued

太原-桂林-海口	Taiyuan-Guilin-Haikou	重庆-太原-北京	Chongqing-Taiyuan-Beijing
太原-长治-重庆	Taiyuan-Changzhi-Chongqing	上海-太原-呼和浩特	Shanghai-Taiyuan-Hohhot
太原-长治-南宁	Taiyuan-Changzhi-Nanning	西宁-太原-深圳	Xining-Taiyuan-Shenzhen
太原-南京-三亚	Taiyuan-Nanjing-Sanya	深圳-太原-呼和浩特	Shenzhen-Taiyuan-Hohhot
太原-长沙-台州	Taiyuan-Changsha-Taizhou	成都-太原-大连	Chengdu-Taiyuan-Dalian
太原-长沙-海口	Taiyuan-Changsha-Haikou	成都-太原-日照	Chengdu-Taiyuan-Rizhao
太原-宜宾-贵阳	Taiyuan-Yibin-Guiyang	成都-太原-大同	Chengdu-Taiyuan-Datong
太原-桂林-三亚	Taiyuan-Guilin-Sanya	乌鲁木齐-太原-青岛	Urumqi-Taiyuan-Qingdao
太原-鄂尔多斯-银川	Taiyuan-Erdos-Yinchuan	青岛-太原-兰州	Qingdao-Taiyuan-Lanzhou
太原-合肥-深圳	Taiyuan-Hefei-Shenzhen	南京-太原-乌鲁木齐	Nanjing-Taiyuan-Urumqi
太原-绵阳-南宁	Taiyuan-Mianyang-Nanning	长沙-太原-沈阳	Changsha-Taiyuan-Shenyang
太原-南昌-珠海	Taiyuan-Nanchang-Zhuhai	哈尔滨-太原-三亚	Harbin-Taiyuan-Sanya
太原-南昌-桂林	Taiyuan-Nanchang-Guilin	昆明-太原-长春	Kunming-Taiyuan-Changchun
太原-吕梁-南宁	Taiyuan-Lvliang-Nanning	昆明-太原-哈尔滨	Kunming-Taiyuan-Harbin
太原-宜昌-珠海	Taiyuan-Yichang-Zhuhai	昆明-太原-大同	Kunming-Taiyuan-Datong
太原-徐州-福州	Taiyuan-Xuzhou-Fuzhou	昆明-太原-呼和浩特	Kunming-Taiyuan-Hohhot
太原-南昌-厦门	Taiyuan-Nanchang-Xiamen	昆明-太原-大连	Kunming-Taiyuan-Dalian
太原-张家界-惠州	Taiyuan-Zhangjiajie-Huizhou	昆明-太原-沈阳	Kunming-Taiyuan-Shenyang
太原-南昌-广州	Taiyuan-Nanchang-Guangzhou	大连-太原-海口	Dalian-Taiyuan-Haikou
太原-济宁-宁波	Taiyuan-Jining-Ningbo	重庆-太原-沈阳	Chongqing-Taiyuan-Shenyang
太原-淮安-宁波	Taiyuan-Huai'an-Ningbo	重庆-太原-长春	Chongqing-Taiyuan-Changchun
太原-长沙-昆明	Taiyuan-Changsha-Kunming	大连-太原-银川	Dalian-Taiyuan-Yinchuan
太原-长治-海口	Taiyuan-Changzhi-Haikou	南宁-太原-大连	Nanning-Taiyuan-Dalian
太原-合肥-三亚	Taiyuan-Hefei-Sanya	哈尔滨-太原-南宁	Harbin-Taiyuan-Nanning
北京-太原-昆明	Beijing-Taiyuan-Kunming	贵阳-太原-哈尔滨	Guiyang-Taiyuan-Harbin
温州-太原-北京	Wenzhou-Taiyuan-Beijing	济南-太原-包头	Jinan-Taiyuan-Baotou

15-7 续表2 continued

榆林-太原-天津	Yulin-Taiyuan-Tianjin	南京-太原-呼和浩特	Nanjing-Taiyuan-Hohhot
南京-太原-呼和浩特	Nanjing-Taiyuan-Hohhot	杭州-太原-兰州	Hangzhou-Taiyuan-Lanzhou
南京-太原-兰州	Nanjing-Taiyuan-Lanzhou	成都-太原-营口	Chengdu-Taiyuan-Yingkou
南京-太原-银川	Nanjing-Taiyuan-Yinchuan	沈阳-太原-合肥	Shenyang-Taiyuan-Hefei
长沙-太原-大连	Changsha-Taiyuan-Dalian	包头-太原-桂林	Baotou-Taiyuan-Guilin
哈尔滨-太原-桂林	Harbin-Taiyuan-Guilin	沈阳-太原-琼海	Shenyang-Taiyuan-Qionghai
南京-太原-西宁	Nanjing-Taiyuan-Xining	北京首都-长治	Beijing Capital-Changzhi
天津-太原-西宁	Tianjin-Taiyuan-Xining	北京南苑-长治	Beijing Nanyuan-Changzhi
大连-太原-西宁	Dalian-Taiyuan-Xining	上海浦东-长治	Shanghai Pudong-Changzhi
乌鲁木齐-太原-烟台	Urumqi-Taiyuan-Yantai	广州-长治	Guangzhou-Changzhi
青岛-太原-绵阳	Qingdao-Taiyuan-Mianyang	广州-武汉-长治	Guangzhou-Wuhan-Changzhi
福州-太原-银川	Fuzhou-Taiyuan-Yinchuan	成都-长治	Chengdu-Changzhi
桂林-太原-沈阳	Guilin-Taiyuan-Shenyang	海口-长治-天津	Haikou-Changzhi-Tianjin
南昌-太原-银川	Nanchang-Taiyuan-Yinchuan	西安-长治-大连	Xi'an-Changzhi-Dalian
丽江-太原-哈尔滨	Lijiang-Taiyuan-Harbin	昆明-长治-沈阳	Kunming-Changzhi-Shenyang
海口-太原-乌海	Haikou-Taiyuan-Wuhai	昆明-长治-天津	Kunming-Changzhi-Tianjin
呼和浩特-太原-济南	Hohhot-Taiyuan-Jinan	天津-长治-桂林	Tianjin-Changzhi-Guilin
兰州-太原-烟台	Lanzhou-Taiyuan-Yantai	太原-长治-海口	Taiyuan-Changzhi-Haikou
无锡-太原-呼和浩特	Wuxi-Taiyuan-Hohhot	大同-北京	Datong-Beijing
长春-太原-兰州	Changchun-Taiyuan-Lanzhou	大同-上海	Datong-Shanghai
乌鲁木齐-太原-宁波	Urumqi-Taiyuan-Ningbo	银川-大同-北京南苑	Yinchuan-Datong-Beijing Nanyuan
合肥-太原-包头	Hefei-Taiyuan-Baotou	哈尔滨-大同-厦门	Harbin-Datong-Xiamen
南昌-太原-长春	Nanchang-Taiyuan-Changchun	西安-大同-沈阳	Xi'an-Datong-Shenyang
南宁-太原-满洲里	Nanning-Taiyuan-Manzhouli	天津-大同-呼和浩特	Tianjin-Datong-Hohhot
南宁-太原-海拉尔	Nanning-Taiyuan-Hailar	大同-武汉-广州	Datong-Wuhan-Guangzhou
宁波-太原-呼和浩特	Ningbo-Taiyuan-Hohhot	大同-大连	Datong-Dalian

15-7 续表3 continued

天津-大同-海口	Tianjin-Datong-Haikou	运城-昆明	Yuncheng-Kunming
大同-暹粒	Datong-Siem Reap	大连-运城-贵阳	Dalian-Yuncheng-Guiyang
大同-岘港	Datong-Da Nang	大连-运城-海口	Dalian-Yuncheng-Haikou
大同-曼谷	Datong-Bangkok	哈尔滨-运城-三亚	Harbin-Yuncheng-Sanya
大同-金边	Datong-Phnom Penh	天津-运城-桂林	Tianjin-Yuncheng-Guilin
吕梁-北京	Lvliang-Beijing	三亚-运城-哈尔滨	Sanya-Yuncheng-Harbin
吕梁-呼和浩特	Lvliang-Hohhot	运城-长沙-海口	Yuncheng-Changsha-Haikou
吕梁-长沙	Lvliang-Changsha	运城-成都	Yuncheng-Chengdu
吕梁-青岛	Lvliang-Qingdao	运城-上海	Yuncheng-Shanghai
吕梁-南京	Lvliang-Nanjing	天津-运城-香港	Tianjin-Yuncheng-Hong Kong
吕梁-西安	Lvliang-Xi'an	南京-运城-芭提雅	Nanjing-Yuncheng-Pattaya
吕梁-广州	Lvliang-Guangzhou	临汾-武汉	Linfen-Wuhan
吕梁-杭州	Lvliang-Hangzhou	临汾-北京	Linfen-Beijing
上海浦东-吕梁-兰州	Shanghai Pudong-Lvliang-Lanzhou	临汾-长春	Linfen-Changchun
重庆-吕梁-天津	Chongqing-Lvliang-Tianjin	呼和浩特-临汾-成都	Hohhot-Linfen-Chengdu
上海浦东-五台山-银川	Shanghai Pudong-Wutaishan-Yinchuan	临汾-昆明	Linfen-Kunming
		临汾-广州	Linfen-Guangzhou
广州/深圳-郑州-五台山	Guangzhou/Shenzhen-Zhengzhou-Wutaishan	上海-临汾-银川	Shanghai-Linfen-Yinchuan
		青岛-临汾-昆明	Qingdao-Linfen-Kunming
海口-桂林-五台山	Haikou-Guilin-Wutaishan	天津-临汾-海口	Tianjin-Linfen-Haikou
厦门-南京-五台山	Xiamen-Nanjing-Wutaishan	海口-桂林-临汾	Haikou-Guilin-Linfen
三亚-五台山-哈尔滨	Sanya-Wutaishan-Harbin	重庆-临汾-天津	Chongqing-Linfen-Tianjin
深圳-五台山-哈尔滨	Shenzhen-Wutaishan-Harbin	太原-海口-悉尼	Taiyuan-Haikou-Sydney
昆明-五台山-哈尔滨	Kunming-Wutaishan-Harbin	太原-成都-圣彼得堡	Taiyuan-Chengdu-Saint Petersburg
重庆-五台山-天津	Chongqing-Wutaishan-Tianjin		
济南-五台山-兰州	Jinan-Wutaishan-Lanzhou	太原-浦东-芝加哥	Taiyuan-Pudong-Chicago
运城-北京	Yuncheng-Beijing	太原-昆明-芭提雅	Taiyuan-Kunming-Pattaya
运城-广州	Yuncheng-Guangzhou	太原-昆明-合艾	Taiyuan-Kunming-Hat Yai
运城-珠海	Yuncheng-Zhuhai	大同-香港	Datong-Hong Kong
重庆-运城-沈阳	Chongqing-Yuncheng-Shenyang	南京-五台山-曼谷	Nanjing-Wutaishan-Bangkok

15-8 太原局国家铁路分货类运输量(2022年)

NATIONAL RAILWAY FREIGHT TRAFFIC BY CATEGORY OF CARGO OF TAIYUAN BUREAU(2022)

指标	Item	货运量 (万吨) Volume of Freight Traffic (10 000 tons)	货物周转量 (万吨公里) Turnover Volume of Freight Traffic (10 000 ton-km)	平均运程 (公里) Average Transport Mileage (km)
合计	**Total**	**105679.3**	**43307906.2**	**409.8**
煤炭	Coal	82238.0	37549048.5	456.6
石油	Petroleum	592.5	167625.0	282.9
焦炭	Coke	2352.3	672527.9	285.9
金属矿石	Metal Ore	5936.8	1283230.4	216.1
钢铁	Steel	2897.0	720391.3	248.7
非金属矿石	Nonmetal Ores	760.1	146144.6	192.3
磷矿石	Phosphate Rock	15.3	1285.2	84.1
矿建筑材料	Mine Construction Materials	2545.1	185247.6	72.8
水泥	Cement	0.4	176.4	476.5
木材	Timber	4.2	981.7	236.5
粮食	Grain	317.7	133393.6	419.9
棉花	Cotton	63.3	22982.8	363.0
化肥及农药	Chemical Fertilizers and Pesticides	388.2	104711.7	269.7
盐	Salt	64.1	21829.3	340.4
化工品	Chemical Products	318.2	106304.5	334.1
金属制品	Metal Products	8.9	3184.4	356.1
工业机械	Industrial Machinery	54.1	18224.7	336.6
电子电气机械	Electronic and Electrical Appliances	2.4	699.0	289.2
农业机具	Agricultural Machinery		3.4	317.8
鲜活货物	Fresh and Live Goods	2.4	1612.9	663.9
农副产品	Agricultural and Sideline Products	1.0	404.9	402.5
饮食及烟草	Diet and Tobacco	23.7	9716.9	410.0
纺织皮革毛	Textile, Leather and Wool	2.9	929.2	316.7
纸及文教品	Paper and Staionery	27.5	8533.1	310.7
医药品	Medical Products	0.4	190.9	462.1
集装箱	Container Transport	6997.2	2126979.7	304.0
其他	Others	65.5	21546.6	329.0

15-9 地方铁路营运概况(2022年)
BASIC STATISTICS ON LOCAL RAILWAYS(2022)

线路名称 Name of Railway Lines	起讫地址 The Beginning and The End	线路长度(公里) Length of Railways (km)		机 车(台) Locomotives (unit)		
		延展里程 Length of Extention	正线里程 Length of the Truck Lines	合 计 Total	电 气 Electrical	内 燃 Diesel
总 计 Total		**485**	**356**	**49**	**21**	**28**
一、合资铁路 Joint Venture Railways		332	234	40	21	19
武沁铁路公司 Wuqin Railway Company	武乡-左权；沁县-沁源 Wuxiang-Zuoquan;Qinxian-Qinyuan	147	118	10		10
孝柳有限责任公司 Xiaoliu Railway Co., Ltd.	孝西-穆村 Xiaoxi-Mucun	185	116	30	21	9
二、地方铁路 Local Railways		153	122	9		9
宁静铁路 Ningjing Railway	宁武-静乐 Ningwu-Jingle	121	94	7		7
静静铁路 Jingjing Railway	静乐-静游 Jingle-Jingyou	32	28	2		2

线路名称 Name of Railway Lines	货物运输 Freight Traffic		财务状况 Financial Situation			
	货运量 (万吨) Freight Traffic (10 000 tons)	货物周转量 (万吨公里) Turnover of Freight Traffic (10 000 ton-km)	运输收入 (万元) Transportation Revenue (10 000 yuan)	运输支出 (万元) Transportation Expend (10 000 yuan)	实现利润 (万元) Profits (10 000 yuan)	上缴税金 (万元) Taxes (10 000 yuan)
总 计 Total	**3699**	**241346**	**280043**	**257247**	**28499**	**20565**
一、合资铁路 Joint Venture Railways	3117	226376	274128	242550	27991	20349
武沁铁路公司 Wuqin Railway Company	745	36701	36938	32090	2119	750
孝柳有限责任公司 Xiaoliu Railway Co., Ltd.	2373	189675	237190	210460	25872	19599
二、地方铁路 Local Railways	582	14970	5915	14697	508	216
宁静铁路 Ningjing Railway	415	10473	5915	14697	508	216
静静铁路 Jingjing Railway	167	4497				

15-10 邮电业务基本情况
BASIC CONDITIONS OF POST AND TELECOMMUNICATION SERVICES

指 标	Item	2021	2022
邮政行业业务总量 (亿元)	**Business Volume of Post Services (100 million yuan)**	**130.8**	**124.9**
函 件 (万件)	Number of Letters (10 000 pcs)	693	564
包 裹 (万件)	Number of Parcels (10 000 pcs)	10	11
汇 兑 (万笔)	Number of Postal Money Orders (10 000 pcs)	14	12
机要邮件 (万件)	Number of Confidential Letters (10 000 pcs)	57	52
快 递 (万件)	Express Mail Services (10 000 pcs)	78131	70585
订销报纸期发数 (万份)	Newspapers Circulation (10 000 copies)	212	219
订销报纸累计数 (万份)	Accumulative Total of Newspapers Circulation (10 000 copies)	56735	57940
订销杂志期发数 (万份)	Magazines Circulation (10 000 copies)	108	108
订销杂志累计数 (万份)	Accumulative Total of Magazines Circulation (10 000 copies)	1730	1731
电信业务总量 (亿元)	**Business Volume of Telecommunication Services (100 million yuan)**	**374.6**	**360.0**
固定电话用户 (万户)	Number of Fixed Telephone Subscribers (10 000 subscribers)	262.7	270.4
移动电话用户 (万户)	Number of Mobile Telephone Subscribers (10 000 subscribers)	4126.0	4141.0
#4G移动电话用户	4G Mobile Phone Subscribers	2760.2	2422.1
5G移动电话用户	5G Mobile Phone Subscribers	900.0	1414.0
移动互联网接入流量 (万GB)	Flow Accessed to Mobile Internet (10 000 GB)	486348	539706

注：2021年起，邮政行业业务总量按2020年不变价格计算，电信业务总量按上年不变价格计算。

Note: From 2021, busincess volume of post services is calculated at 2020 costant price, and business volume of telecommunication services is calculated at the constant price of last year.

15-11 主要年份邮电通信网
NETWORK OF POST AND TELECOMMUNICATION IN MAJOR YEARS

年 份 Year	邮政支局所 (处) Number of Branch Post Offices (unit)	#在农村 In Rural Area	邮路长度 (公里) Length of Postal Routes (km)	#航 空 Air Mail Routes	#汽 车 Highway Routes
1978	1675	1444	143907		17672
1980	1629	1380	141596		17902
1985	1890	1591	146024		21454
1990	1813	1456	146251		20320
1995	1888	1454	157202		30700
2000	1730	1239	203725		45488
2005	1603	1045	181703		48016
2010	1306	759	184998		58698
2011	1526	853	213310		81394
2012	1516	738	169908		82490
2013	1483	773	150648		58770
2014	1518	1072	87520		68938
2015	1582	1158	86946		74542
2016	1636	1194	93323		83107
2017	1637	1191	104080		103414
2018	1639	1190	108802		108582
2019	1645	1182	115074	56217	58857
2020	1649	1189	139456	75182	64274
2021	1650	1149	136812	60963	75344
2022	1650	1175	155847	76298	77247

注：2014年邮政实施网运改革，邮路长度采用新口径；2019年起，邮路长度指单程长度，包含航空邮路和汽车邮路。

Note: Length of postal routes has adopted a new coverage since 2014 because of the post reform of network operation. And from 2019, it refers to the single length, which includes air mail routes and highway routes.

15-12　邮政邮路
POSTAL ROUTES

单位：公里　　(km)

指　标	Item	2021	2022
邮路条数(条)	Number of Postal Routes (route)	1078	934
#汽　车	Highway Postal Routes	1031	868
邮路长度	Length of Postal Routes	136812	155847
#汽　车	Highway Postal Routes	75344	77247
农村邮路条数(条)	Number of Rural Postal Routes (route)	296	301
农村邮路长度	Length of Rural Postal Routes	15398	16559
城市投递路线条数(条)	Number of Rural Delivery Routes (route)	2884	2811
城市投递路线长度	Length of Rural Delivery Routes	53074	51445
农村投递路线条数(条)	Number of Rural Delivery Routes (route)	2036	1971
#摩托车	Motorcycles	1762	1579
自行车	Bicycles	3	
农村投递线路长度	Length of Rural Delivery Routes	98449	97653
#摩托车	Motorcycles	82433	74980
自行车	Bicycles	25	

15-13　邮政局所、房屋、服务点
NUMBER OF POSTAL OFFICES, BUILDINGS AND SERVICE PLACES

单位：处　　(unit)

指　标	Item	2021	2022
邮政支局所	Number of Branch Post Offices	1650	1650
#设在农村的	In Rural Area	1149	1175
#电子化支局	Electrical Branch Offices	1650	1650
#邮政支局	Nmber of Branch Post Offices	436	432
#自办邮政所	Number of Post Offices Operated by Post Department	1214	1218
邮政信筒信箱 (个)	Post Boxes (unit)	1761	1782

主要统计指标解释

铁路营业里程 又称营业长度，指投入客货运输营业或临时营业的线路长度。

公路里程 指报告期末公路的实际长度。统计范围：包括城间、城乡间、乡（村）间能行驶汽车的公共道路，公路通过城镇街道的里程，公路桥梁长度、隧道长度、渡口宽度。不包括城市街道里程，断头路里程，农（林）业生产用道路里程，工（矿）企业等内部道路里程。统计原则：按已竣工验收或交付使用的实际里程计算；两条或多条公路共同经由同一路段的重复里程，只计算一次。

货（客）运量 指在一定时期内，各种运输工具实际运送的货物重量（旅客数量）。货运按吨计算，客运按人计算。货物不论运输距离长短、货物类别，均按实际重量统计。旅客不论行程远近或票价多少，均按一人一次客运量统计；半价票、儿童票也按一人统计。

货物（旅客）周转量 指在一定时期内，由各种运输工具运送的货物（旅客）数量与其相应运输距离的乘积之总和。该指标可以反映运输业生产的总成果，也是编制和检查运输生产计划，计算运输效率、劳动生产率以及核算运输单位成本的主要基础资料。计算货物周转量通常按发出站与到达站之间的最短距离，也就是计费距离计算。计算公式为：

货物（旅客）周转量=∑（货物（旅客）运输量×运输距离）

民用汽车拥有量 指报告期末，在公安交通管理部门按照《机动车注册登记工作规范》，已注册登记领有民用车辆牌照的全部汽车数量。汽车拥有量统计的主要分类：根据汽车结构分为载客汽车、载货汽车及其他汽车；根据汽车所有者不同分为个人(私人)汽车、单位汽车；根据汽车的使用性质分为营运汽车、非营运汽车；根据汽车大小规格不同，载客汽车分为大型、中型、小型和微型，载货汽车分为重型、中型、轻型和微型。

邮政、电信业务总量 指以货币形式表示的邮政、电信通信企业为社会提供各类邮政、电信通信服务的总数量。计算方法为各类业务的实物量分别乘以相应的不变单价，求出各类业务的货币量加总求得。没有不变单价的业务按其业务收入直接相加。

移动电话用户 指在电信运营企业营业网点办理开户登记手续，通过移动电话交换机进入移动电话网，占用移动电话号码的各类电话用户。包括各类签约用户、智能网预付费用户、无线上网卡用户。

固定电话用户 指在电信企业营业网点办理开户登记手续并已接入固定电话网上的全部电话用户。包括普通电话用户、无线市话用户、公用电话用户、窄带综合业务数字网（N-ISDN）用户、智能网专用接入终端用户等。

邮路 各邮政局所之间，邮政局所与车站、码头、机场、转运站、邮件处理中心、报刊社之间，邮区中心局与邮政局所及各邮区中心局之间由自办或委办人员按固定班期规定路线交换邮件（包括机要文件）、报刊的路线。包括农村地区运邮兼投递的路线，不包括城市、农村地区纯投递路线。按运输方式可分为航空邮路、铁路邮路、汽车邮路、水路邮路和其他邮路等。

邮路长度 邮路由起点到终点的长度。单程长度统计法的计算方法是直线算单程，环型算全程；直环混合中直线部分算单程，环型部分算全程；Y 型三段相加算单程。

资料整理人员

徐永库　吴丹宁　王俊鹏

教育、科技

EDUCATION, SCIENCE AND TECHNOLOGY

普通、职业高等学校数	Regular and Vocational Institutions of Higher Education	82	所 (unit)
普通、职业高等学校专任教师数	Full-time Teachers of Regular and Vocational HEIs	4.3	万人 (10 000 persons)
普通、职业本专科在校生数	Students Enrollment of Regular and Vocational HEIs	94.6	万人 (10 000 persons)
普通、职业本专科毕业生数	Graduates of Regular and Vocational HEIs	24.8	万人 (10 000 persons)
科学研究机构	Scientific Research Institutions	66	个 (unit)

研究生在校生数（人）

Number of Postgraduate Enrollment (person)

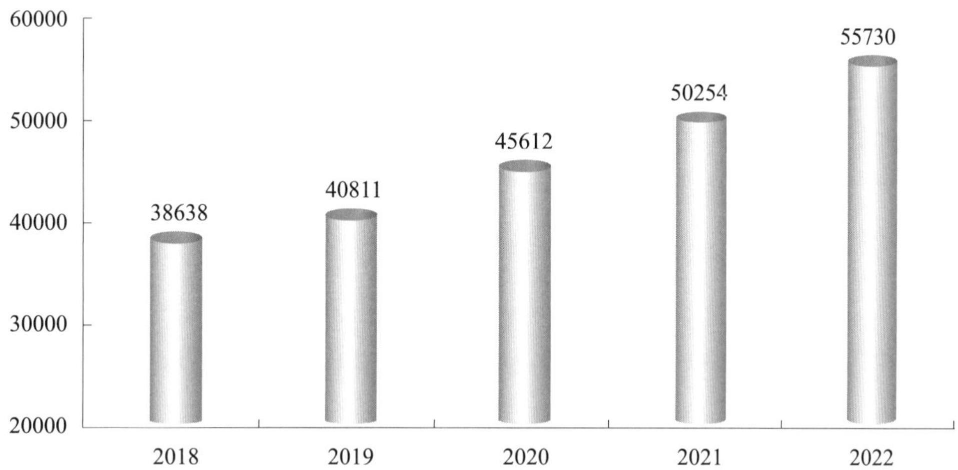

全社会R&D经费内部支出（亿元）

Total Internal Expenditures on R&D (100 million yuan)

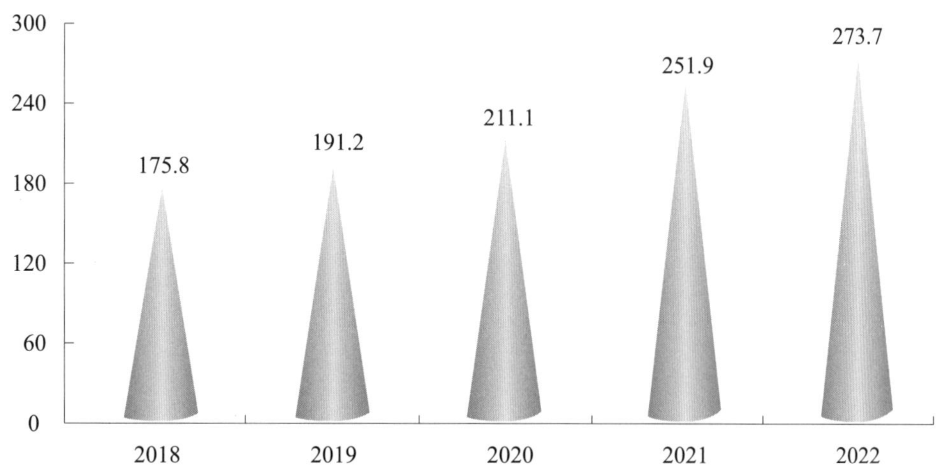

16-1 主要年份各类学校数

SCHOOLS BY LEVEL IN MAJOR YEARS

单位：所 (unit)

年份 Year	普通、职业高等学校 Regular and Vocational Instiutions of Higher Education	中等职业教育 Secondary Vocational Education	#普通中专 Regular Specialized Secondary Schools	#职业中学 Vocational Schools	#技工学校 Skilled Workers Schools	普通中学 Regular Secondary Schools	普通小学 Regular Primary Schools	特殊教育学校 Special Education Schools
1978	16	731	73	87	50	14062	33393	12
1980	16	3628	90	342	60	9895	37746	12
1985	22	746	113	408	70	4749	42394	12
1990	26	793	125	380	97	3944	42195	13
1995	26	791	129	377	110	3401	40795	63
2000	24	787	127	339	134	3346	37451	39
2005	59	629	73	309	106	3279	24339	40
2010	65	584	92	259	110	2747	12776	45
2011	66	573	93	249	111	2611	10936	51
2012	67	556	90	246	100	2534	10042	53
2013	70	507	92	234	62	2495	8946	56
2014	71	543	92	233	99	2418	6885	62
2015	79	542	92	233	98	2400	6403	64
2016	80	544	92	235	98	2353	6043	69
2017	80	535	92	238	86	2340	5646	73
2018	83	442	89	229	84	2299	5445	76
2019	82	429	88	230	86	2284	5312	80
2020	85	427	88	227	87	2227	5153	85
2021	82	411	86	228	74	2055	4668	86
2022	82	415	85	240	75	1911	4208	87

注：2015年起，普通高等学校数含独立学院。

Note: Independent colleges has been included in regular institutions of higher education since 2015.

16-2 主要年份各类学校专任教师数

NUMBER OF FULL-TIME TEACHERS BY LEVEL OF SCHOOL IN MAJOR YEARS

单位：人 (person)

年份 Year	普通、职业高等教育 Regular and Vocational Instiutions of Higher Education	中等职业教育 Secondary Vocational Education	#普通中专 Regular Specia-lized Secondary Schools	#职业中学 Vocational Schools	#技工学校 Skilled Workers Schools	普通中学 Regular Secondary Schools	普通小学 Regular Primary Schools
1978	4244	5933	3246	330	938	103772	132785
1980	5077	7915	3991	1090	1386	104075	148255
1985	7417	14322	6176	4512	1931	92619	157251
1990	8963	22440	8295	6976	4165	108774	163693
1995	9140	24729	9161	8632	4446	113216	171860
2000	10466	26916	9823	10343	3655	127582	180362
2005	27862	25005	5687	11132	5500	159803	192271
2010	36492	26578	7437	12461	3542	172793	190538
2011	37527	28004	7877	13030	3888	175443	188820
2012	38124	29295	7903	13597	4365	176319	184326
2013	40764	28871	7943	13806	3652	177344	180548
2014	40317	30744	7793	13671	5803	176853	176840
2015	40406	32652	7830	13997	7485	175053	172957
2016	41301	32877	7853	14199	7583	173503	171535
2017	40971	30534	7691	14150	5338	172224	169057
2018	41910	28865	7615	14010	5491	172249	168018
2019	42798	28868	7316	14440	5620	173428	167801
2020	43642	29435	7176	14959	5863	172916	168284
2021	40205	31877	6860	15768	6468	171294	171741
2022	42613	32316	6843	16677	6228	168525	167962

注：专任教师按照教育层次进行归类。

Note: Full-time teachers are classified by education levels.

16-3 主要年份各类学校在校生数

STUDENTS ENROLMENT BY LEVEL OF SCHOOL IN MAJOR YEARS

单位：万人 (10 000 persons)

年 份 Year	普通、职业本专科 Ungraduate in Regular and Vocational HEIs	中等职业教育 Secondary Vocational Education	#普通中专 Regular Specialized Secondary Schools	#职业中学 Vocational Schools	#技工学校 Skilled Workers Schools	普通中学 Regular Secondary Schools	#高中 Senior	普通小学 Regular Primary Schools
1978	2.09	4.73	2.90	0.64	1.19	194.28	58.45	377.36
1980	3.31	8.38	4.61	2.12	1.65	179.55	31.06	384.16
1985	4.19	14.58	5.14	7.58	1.86	156.97	22.87	335.20
1990	5.13	21.47	8.68	8.78	4.01	145.08	22.31	297.40
1995	6.74	26.40	10.74	10.51	5.15	150.97	19.04	327.04
2000	12.57	37.19	19.65	13.62	3.92	199.75	33.72	343.60
2005	40.70	46.58	20.15	17.04	9.39	261.15	71.37	350.26
2010	56.29	56.51	20.73	24.65	11.13	253.67	82.29	291.06
2011	59.45	61.94	18.33	22.32	11.08	249.55	85.27	277.19
2012	63.73	60.00	17.85	21.45	11.68	235.74	85.50	261.76
2013	67.68	50.46	16.38	19.40	6.82	213.99	84.85	229.64
2014	71.32	51.03	15.37	18.39	11.10	204.68	82.78	224.50
2015	74.02	43.59	13.99	17.91	10.62	192.06	79.37	226.95
2016	75.63	43.82	12.12	17.83	10.03	184.65	75.38	227.09
2017	76.30	42.95	11.55	17.73	10.02	180.21	71.97	228.12
2018	76.56	39.25	9.99	16.90	9.05	181.69	67.93	228.50
2019	80.20	38.41	9.36	17.05	8.75	180.20	66.01	229.33
2020	84.20	39.12	10.70	18.46	8.99	177.01	65.45	235.28
2021	89.08	41.82	9.33	19.69	9.61	177.57	68.31	232.83
2022	94.57	42.37	8.97	21.48	9.09	178.06	68.69	230.18

注：中等职业教育学生数包含普通中专学校、成人中专学校、职业高中学校、技工学校、中等职业教育其他机构、附设中职班学生数，下表同。

Note: Students enrolment of secondary vocational education includes students of regular specialized secondary schools, adult specialized secondary schools, vocational senior schools, skilled workers schools, other institutions and attached classes of secondary vocational education. The same applies to the following.

16-4 主要年份各类学校招生数

ENTRANTS BY LEVEL OF SCHOOL IN MAJOR YEARS

单位：人 (person)

年 份 Year	普通、职业本专科 Ungraduate in Regular and Vocational HEIs	中等职业教育 Secondary Vocational Education	#普通中专 Regular Specialized Secondary Schools	#职业中学 Vocational Schools	#技工学校 Skilled Workers Schools	普通中学 Regular Secondary Schools	#高中 Senior	普通小学 Regular Primary Schools	特殊教育学校 Special Education Schools
1978	10744	29699	15531	5708	8460	884918	275642	879737	376
1980	8287	97500	18990	11696	8096	539613	65803	664927	234
1985	14107	95883	20864	37437	9122	529347	75238	548667	390
1990	15710	103887	28615	38566	14606	482926	78749	557803	503
1995	20926	116548	35898	46721	18817	552978	69774	642867	1110
2000	48041	157521	67975	52476	13823	726669	137662	631942	856
2005	127514	187674	75240	65842	40000	887403	263159	548755	743
2010	184399	274149	71680	134823	37303	852635	280984	451390	1088
2011	184602	217326	66613	87893	41030	795844	286680	440802	1339
2012	208122	214892	74147	87237	42475	755080	292630	440460	906
2013	215296	164653	64007	73583	21710	701819	288826	394203	729
2014	214394	170977	56337	71877	39134	634452	255585	347419	824
2015	222685	156124	46966	68497	37247	583570	248426	376640	913
2016	219954	145033	42662	65749	34020	620287	244539	383579	1153
2017	221360	141457	35438	62193	31765	597077	227416	379249	1441
2018	223904	126946	32314	56376	26475	600486	207013	400913	1353
2019	253357	136764	34010	62421	29819	602496	224654	398696	2226
2020	263597	145010	36771	70081	35163	562744	221156	410415	1725
2021	275321	152992	31356	76494	34059	601669	235639	355801	1622
2022	309498	149620	29096	80333	31592	603086	228491	356434	1698

16-5 主要年份各类学校毕业生数
GRADUATES BY LEVEL OF SCHOOL IN MAJOR YEARS

单位：万人 (10 000 persons)

年 份 Year	普通、职业本专科 Ungraduate in Regular and Vocational HEIs	普通中专 Regular Specialized Secondary Schools	职业中学 Vocational Schools	技工学校 Skilled Workers Schools	普通中学 Regular Secondary Schools	#高 中 Senior	普通小学 Regular Primary Schools	特殊教育学校 Special Education Schools
1978	0.45	1.18	0.08	0.38	75.26	19.11	62.09	0.01
1980		1.36	0.49	1.06	84.83	28.31	59.05	0.01
1985	0.85	1.68	1.69	0.64	39.09	5.49	64.68	0.01
1990	1.51	2.68	3.18	1.17	47.63	7.27	51.31	0.05
1995	2.03	3.15	3.82	1.55	43.17	7.08	55.36	0.06
2000	1.98	4.24	4.84	1.77	56.18	7.86	64.09	0.06
2005	8.83	5.49	4.75	1.80	82.95	19.69	63.56	0.05
2010	16.55	7.53	8.72	5.30	83.48	25.94	57.35	0.09
2011	15.27	7.80	8.89	4.03	82.54	27.01	52.78	0.08
2012	16.26	7.35	9.08	3.23	86.39	28.53	54.73	0.09
2013	17.33	6.97	8.23	2.54	82.76	28.61	47.73	0.09
2014	17.41	6.45	7.75	3.82	72.22	27.35	38.81	0.06
2015	19.13	6.35	6.18	3.79	71.12	28.36	34.11	0.06
2016	19.93	5.45	7.04	3.85	69.54	28.44	38.03	0.07
2017	21.04	3.83	5.97	2.97	64.16	26.03	37.50	0.10
2018	21.66	3.78	6.00	3.27	58.61	24.76	40.15	0.10
2019	21.18	3.69	5.87	2.95	61.96	24.44	38.66	0.11
2020	21.88	3.62	6.08	2.79	59.75	22.71	34.78	0.12
2021	21.94	2.63	5.24	2.79	60.07	20.76	37.59	0.14
2022	24.82	3.01	5.85	3.17	60.52	22.49	38.21	0.17

16-6 高等教育学校学生数(2022年)
STUDENTS IN HIGHER EDUCATION INSTITUTIONS(2022)

单位：人 (person)

项 目	Item	毕(结)业生数 Number of Graduates	授予学位数 Degrees Awarded	招生数 Number of Entrants	在校生数 Number of Enrolment
普通本科	Regular Undergraduates	136315	135484	148319	543231
职业本科、专科生	Undergraduates in Vocational HEIs	111859		161179	402479
专 科	Short-cycle Courses	111859		154269	390872
本 科	Normal Courses			6910	11607
成人本科、专科生	Undergraduates in Adult HEIs	37597	2284	71105	177681
专 科	Short-cycle Courses	10041		20934	50919
本 科	Normal Courses	27556	2284	50171	126762
研究生	Postgraduates	14127	14293	20201	55730
硕 士	Master's Degree	13546	13711	19050	51458
博 士	Doctor's Degree	581	582	1151	4272
国际学生	International Students	258	237	328	1297

16-7 主要年份研究生数
NUMBER OF POSTGRADUATES IN MAJOR YEARS

单位：人 (person)

年 份 Year	培养研究生的单位数(个) Institutions(unit)	毕业生数 Graduates	招生数 Entrants	在校生数 Enrolment
1978	4		151	151
1980	6		15	218
1985	8	84	399	670
1990	9	288	219	688
1995	12	263	524	1336
2000	12	466	1190	2633
2005	12	2069	4929	12059
2010	12	5929	8074	23555
2011	12	7330	8745	24790
2012	12	7771	9212	26098
2013	13	7754	9384	27473
2014	14	8492	9141	27962
2015	14	8795	9769	28668
2016	14	9118	10078	29299
2017	15	8983	12143	37870
2018	15	9593	12731	38638
2019	16	9978	14128	40811
2020	16	11850	17709	45612
2021	16	12285	18928	50254
2022	16	14127	20201	55730

注：2017年至2020年，在校研究生数包含在职人员申请硕士学位在校研究生数。
Note：Inservice personnels applying for master degree have been included in the enrolment during 2017 to 2020.

16-8 研究生数(2022年)
NUMBER OF POSTGRADUATES(2022)

单位：人 (person)

项 目	Item	毕业生数 Graduates	#硕士 Master Degree	招生数 Entrants	#硕士 Master Degree	在校生数 Enrolment	#硕士 Master Degree
总 计	**Total**	**14127**	**13546**	**20201**	**19050**	**55730**	**51458**
按类型分	By Type						
普通高校	Regular HEIs	14050	13469	20078	18927	55379	51107
科研机构	Scentific Institutions	77	77	123	123	351	351
按计划分	By Scheme						
全日制	Full-time	12510	11929	18471	17320	50555	46283
非全日制	Part-time	1617	1617	1730	1730	5175	5175
总计中：学术学位	In total: Academic Degree	5847	5290	8170	7189	24543	20630
专业学位	Professional Degree	8280	8256	12031	11861	31187	30828

16-9 普通本科分形式、分学科学生情况(2022年)
REGULAR STUDENTS FOR NORMAL COURSES IN HEIS BY FORM AND DISCIPLINE(2022)

单位：人 (person)

类 别	Type	毕业生数 Graduates	招生数 Entrants	在校生数 Enrolment
总 计	**Total**	**136315**	**148319**	**543231**
按形式分	By Form			
高中起点	From High Schools	120033	124798	502258
专科起点	From Colleges	16178	23388	40829
第二学士学位	The Second Bachlor's Degree	104	133	144
按学科分	By Discipline			
哲 学	Philosophy	75	119	411
经济学	Economics	5228	5572	19686
法 学	Law	4875	5575	20267
教育学	Education	7985	8170	28721
文 学	Literature	10067	10545	38712
历史学	History	1428	1546	6009
理 学	Science	11031	11658	45806
工 学	Engineering	47750	58016	205872
农 学	Agriculture	2275	2600	9915
医 学	Medicine	10403	12212	48988
管理学	Administration	21986	18939	69256
艺术学	Artistics	13212	13367	49588
总计中：师范生	Of the Total: Normal University Students	21132	22856	84444

16-10 职业本科分形式、分专业大类学生情况(2022年)
VOCATIONAL STUDENTS FOR NORMAL COURSES IN HEIS BY FORM AND DISCIPLINE(2022)

单位：人 (person)

类 别	Type	毕业生数 Graduates	招生数 Entrants	在校生数 Enrolment
总 计	**Total**		**6910**	**11607**
按形式分	By Form			
高中起点	From High Schools		5882	10579
专科起点	From Colleges		1028	1028
第二学士学位	The Second Bachlor's Degree			
按专业大类分	By Major			
农林牧渔大类	Farming, Forestry, Animal Husbandry and Fishery			
资源环境与安全大类	Resource, Environment and Security		233	491
能源动力与材料大类	Engery, Power and Materials			
土木建筑大类	Civil Construction		1900	3206
水利大类	Hydraulic Engineering			
装备制造大类	Equipment Manufacturing		972	1480
生物与化工大类	Biology and Chemical Engineering			
轻工纺织大类	Light and Textile Industry			
食品药品与粮食大类	Food, Medicine and Grain			
交通运输大类	Transportation		313	623
电子与信息大类	Electronics and Information		994	1667
医药卫生大类	Medicine and Hygiene		253	665
财经商贸大类	Economics, Finance and Business		1440	2127
旅游大类	Tourism		77	77
文化艺术大类	Culture and Art		330	558
新闻传播大类	Journalism and Communication			
教育与体育大类	Education and Sports		198	358
公安与司法大类	Public Security and Justice		120	198
公共管理与服务大类	Public Administration and Service		80	157

16-11 高职(专科)分专业大类学生情况(2022年)

VOCATIONAL STUDENTS FOR SHORT-CYCLE COURSES IN HEIS BY DISCIPLINE(2022)

单位：人 (person)

类别	Type	毕业生数 Graduates	招生数 Entrants	在校生数 Enrolment
总计	**Total**	**111859**	**154269**	**390872**
农林牧渔大类	Farming, Forestry, Animal Husbandry and Fishery	1661	3426	7767
资源环境与安全大类	Resource, Environment and Security	3572	5296	12667
能源动力与材料大类	Engery, Power and Materials	1622	1999	5336
土木建筑大类	Civil Construction	6880	7129	22426
水利大类	Hydraulic Engineering	212	393	987
装备制造大类	Equipment Manufacturing	11999	19342	44859
生物与化工大类	Biology and Chemical Engineering	518	1203	2676
轻工纺织大类	Light and Textile Industry	226	325	861
食品药品与粮食大类	Food, Medicine and Grain	923	980	2629
交通运输大类	Transportation	4899	6459	17877
电子与信息大类	Electronics and Information	19304	28253	69255
医药卫生大类	Medicine and Hygiene	16434	24293	58604
财经商贸大类	Economics, Finance and Business	14426	20454	52910
旅游大类	Tourism	2441	2327	7305
文化艺术大类	Culture and Art	5373	8327	25011
新闻传播大类	Journalism and Communication	543	1086	2343
教育与体育大类	Education and Sports	17996	19990	50178
公安与司法大类	Public Security and Justice	1997	1558	4044
公共管理与服务大类	Public Administration and Service	833	1429	3137

16-12 普通本科高校专任教师教学领域分学科门类情况(2022年)
FULL-TIME TEACHERS OF REGULAR HIGHER EDUCATION INSTITUTIONS BY FIELD OF STUDY(2022)

单位：人 (person)

类别	Type	专任教师 Full-time Teachers	正高级 Senior	副高级 Sub-senior	中级 Middle	初级 Junior	未定职称 No Rank
总计	**Total**	**29726**	**2920**	**8493**	**12731**	**3632**	**1950**
总计中：哲学	Of the Total: Philosophy	933	101	251	337	180	64
经济学	Economics	986	95	304	421	124	42
法学	Law	1469	77	387	613	250	142
教育学	Education	2602	144	725	1167	421	145
文学	Literature	3353	142	851	1672	499	189
历史学	History	449	53	136	180	50	30
理学	Science	4322	557	1420	1657	320	368
工学	Engineering	8194	1027	2450	3536	687	494
农学	Agriculture	880	158	311	324	49	38
医学	Medicine	2081	330	611	803	196	141
管理学	Administration	2027	124	525	930	336	112
艺术学	Artistics	2430	112	522	1091	520	185

16-13 职业高校专任教师教学领域所属大类情况(2022年)

FULL-TIME TEACHERS OF VOCATIONAL HIGHER EDUCATION INSTITUTIONS BY DISCIPLINE(2022)

单位：人 (person)

类 别	Type	专任教师 Full-time Teachers	正高级 Senior	副高级 Sub-senior	中 级 Middle	初 级 Junior	未定职称 No Rank
总 计	**Total**	**12887**	**236**	**3581**	**5497**	**2750**	**823**
农林牧渔大类	Farming, Forestry, Animal Husbandry and Fishery	293	9	116	121	44	3
资源环境与安全大类	Resource, Environment and Security	290	5	64	136	62	23
能源动力与材料大类	Engery, Power and Materials	233	10	42	144	22	15
土木建筑大类	Civil Construction	590	18	145	310	79	38
水利大类	Hydraulic Engineering	39	3	18	12	1	5
装备制造大类	Equipment Manufacturing	740	13	220	310	152	45
生物与化工大类	Biology and Chemical Engineering	168	4	49	88	23	4
轻工纺织大类	Light and Textile Industry	12		4	8		
食品药品与粮食大类	Food, Medicine and Grain	90	2	24	42	20	2
交通运输大类	Transportation	218	7	74	69	50	18
电子与信息大类	Electronics and Information	1082	18	315	459	231	59
医药卫生大类	Medicine and Hygiene	765	30	209	260	166	100
财经商贸大类	Economics, Finance and Business	1319	27	371	603	244	74
旅游大类	Tourism	283	7	70	149	51	6
文化艺术大类	Culture and Art	1132	32	235	527	294	44
新闻传播大类	Journalism and Communication	75		13	29	31	2
教育与体育大类	Education and Sports	1384	13	443	538	325	65
公安与司法大类	Public Security and Justice	94		31	46	12	5
公共管理与服务大类	Public Administration and Service	230	4	45	120	51	10

注：本表专任教师总计中包含公共基础课教师。
Note: Teachers of public basic courses are included in the total in this table.

16-14 中等职业教育分科类学生情况(2022年)

STUDENTS IN SECONDARY VOCATIONAL EDUCATION BY FIELD OF STUDY(2022)

单位：人 (person)

类 别	Type	毕业生数 Graduates	#职业类证书 Occupational Certificates	#职业技能等级证书 Skill Level Certificates	招生数 Entrans	在校生数 Enrolment
总 计	**Total**	**99445**	**79446**	**45671**	**118028**	**332805**
农林牧渔大类	Farming, Forestry, Animal Husbandry and Fishery	4113	1375	646	4059	14877
资源环境与安全大类	Resource, Environment and Security	1299	800	608	969	2367
能源动力与材料大类	Engery, Power and Materials				95	138
土木建筑大类	Civil Construction	2436	2231	1667	3648	8960
水利大类	Hydraulic Engineering	3	1	1		
装备制造大类	Equipment Manufacturing	7778	6905	4057	12913	30547
生物与化工大类	Biology and Chemical Engineering	391	340	177	353	1113
轻工纺织大类	Light and Textile Industry	275	261	167	120	292
食品药品与粮食大类	Food, Medicine and Grain	64	51	33	111	308
交通运输大类	Transportation	5274	4297	2867	7476	20535
电子与信息大类	Electronics and Information	28731	25615	14386	29904	85798
医药卫生大类	Medicine and Hygiene	7890	5343	3119	8865	25984
财经商贸大类	Economics, Finance and Business	7744	6483	3304	9066	24459
旅游大类	Tourism	4851	4017	2280	4511	12916
文化艺术大类	Culture and Art	18761	15236	9261	23941	70293
新闻传播大类	Journalism and Communication	1453	1304	472	1837	5064
教育与体育大类	Education and Sports	5669	2855	1764	5337	17257
公安与司法大类	Public Security and Justice	720	456	140	1012	2433
公共管理与服务大类	Public Administration and Service	1993	1876	722	3811	9464

注：本表不含技工学校数。

Note: The coverage doesn't include skilled workers schools in this table.

16-15 中等职业学校教职工数(2022年)
TEACHERS AND STAFF OF SECONDARY VOCATIONAL SCHOOLS(2022)

单位：人 (person)

项 目	Item	教职工数 Total	#专任教师 Full-time Teachers	正高级 Senior	副高级 Sub-senior	中 级 Middle
总 计	**Total**	**31270**	**26088**	**41**	**5008**	**9122**
按办学类型分	by Type of Schools					
调整后中等职业学校	Adjusted Secondary Vocational Schools					
普通中专学校	Regular Specialized Secondary Schools	9636	6843	9	2098	2818
成人中专学校	Adult Specialized Secondary Schools	1274	1056	7	104	516
职业高中学校	Vocational High Schools	20124	16677	24	2516	5173
其他中职机构	Others	236	178		46	70
附设中职班	Subsidiary Secondary Vocational Class		1334	1	244	545
按举办者分	by the Providers					
1.中央部门办(机构)	Under the Central Minitries & Agencies					
2.地方公办	Under Local Auth.	24152	20787	14	4844	8737
教育部门	Education Departments	18414	16723	5	3782	6961
其他部门	Other Departments	5579	3963	9	1047	1723
地方企业	Local Enterprises	159	101		15	53
3.民 办	Non-government	7118	5301	27	164	385

项 目	Item	初 级 Junior	未定职级 No Rank	校外教师 Part-time Teachers	行业导师 Professional Tutors
总 计	**Total**	**6571**	**5346**	**3690**	**250**
按办学类型分	by Type of Schools				
调整后中等职业学校	Adjusted Secondary Vocational Schools				
普通中专学校	Regular Specialized Secondary Schools	1354	564	588	119
成人中专学校	Adult Specialized Secondary Schools	379	50	2169	
职业高中学校	Vocational High Schools	4453	4511	877	131
其他中职机构	Others	40	22	56	
附设中职班	Subsidiary Secondary Vocational Class	345	199		
按举办者分	by the Providers				
1.中央部门办(机构)	Under the Central Minitries & Agencies				
2.地方公办	Under Local Auth.	6124	1068	3506	157
教育部门	Education Departments	5108	867	1143	130
其他部门	Other Departments	985	199	2363	27
地方企业	Local Enterprises	31	2		
3.民 办	Non-government	447	4278	184	93

注：本表不含技工学校数。
Note: Skilled worker schools are not included in the table.

16–16 普通中学基本情况(2022年)

单位：人

项 目	Item	学校数(所) Schools (unit)	初级中学 Junior	九年一贯制学校 9 Year Education	高级中学 Senior	完全中学 Junior And Senior
总 计	**Total**	**1911**	**938**	**465**	**238**	**216**
教育部门	Education Departments	1551	859	341	178	169
其他部门	Other Departments	11	2	3		4
地方企业	Local Enterprises					
民 办	Non–Government	349	77	121	60	43
城 区	Urban Areas	647	241	124	87	159
教育部门	Education Departments	481	212	81	58	126
其他部门	Other Departments	10	2	2		4
地方企业	Local Enterprises					
民 办	Non–Government	156	27	41	29	29
镇 区	Township	880	490	197	136	43
教育部门	Education Departments	751	459	144	110	38
其他部门	Other Departments					
地方企业	Local Enterprises					
民 办	Non–Government	129	31	53	26	5
乡 村	Rural Areas	384	207	144	15	14
教育部门	Education Departments	319	188	116	10	5
其他部门	Other Departments	1		1		
地方企业	Local Enterprises					
民 办	Non–Government	64	19	27	5	9

BASIC STATISTICS ON REGULAR SECONDARY SCHOOLS(2022)

(person)

十二年一贯制学校 12 Year Education	毕业生数 Graduates	#高 中 Senior	招生数 Entrants	#高 中 Senior	在校生数 Enrolment	#高 中 Senior
54	**605158**	**224880**	**603086**	**228491**	**1780551**	**686908**
4	478922	186907	521752	192512	1474036	576521
2	4148	1686	3849	1860	10850	5395
48	122088	36287	77485	34119	295665	104992
36	284659	115623	298095	119934	866489	355750
4	213876	93400	246579	96248	682689	284981
2	4148	1686	3849	1860	10840	5395
30	66635	20537	47667	21826	172960	65374
14	267989	96451	260530	96884	772789	294955
	230280	85520	241107	88476	693715	267629
14	37709	10931	19423	8408	79074	27326
4	52510	12806	44461	11673	141273	36203
	34766	7987	34066	7788	97632	23911
					10	
4	17744	4819	10395	3885	43631	12292

16-17 普通中学教职工数(2022年)
TEACHERS AND STAFF OF REGULAR SECONDARY SCHOOLS(2022)

单位：人 (person)

项 目	Item	教职工数 Total	#专任教师 Full-time Teachers	#行政人员 Administrative Personnel	校外教师 Part-time Teachers
总 计	**Total**	**223842**	**189476**	**6228**	**617**
#女	Female	153223	134746	2258	426
#少数民族	Minority Nationality	366	329	12	
#在编人员	Permanent Staff	160431	145721	3019	
教育部门	Education Departments	170151	152685	3373	508
其他部门	Other Departments	1216	1047	96	8
地方企业	Local Enterprises				
民 办	Non-Government	52475	35744	2759	101
城 区	Urban Areas	103348	86153	3608	283
教育部门	Education Departments	72076	64953	1956	248
其他部门	Other Departments	1194	1032	95	8
地方企业	Local Enterprises				
民 办	Non-Government	30078	20168	1557	27
镇 区	Township	97591	84776	1980	306
教育部门	Education Departments	82330	74248	1159	232
其他部门	Other Departments				
地方企业	Local Enterprises				
民 办	Non-Government	15261	10528	821	74
乡 村	Rural Areas	22903	18547	640	28
教育部门	Education Departments	15745	13484	258	28
其他部门	Other Departments	22	15	1	
地方企业	Local Enterprises				
民 办	Non-Government	7136	5048	381	

注：本表包括初级中学、九年一贯制学校、高级中学、完全中学和十二年一贯制学校。
Note: Teachers and staff who work in junior schools, 9 year education schools, senior schools, compined secondary schools and 12 year education schools are included in the table.

16-18 普通小学基本情况(2022年)
BASIC STATISTICS ON REGULAR PRIMARY SCHOOLS(2022)

单位：人 (person)

项 目	Item	学校数(所) Schools (unit)	毕业生数 Graduates	招生数 Entrant	在校生数 Enrolment
总 计	**Total**	**4208**	**382149**	**356434**	**2301805**
教育部门	Education Departments	4039	338506	332931	2079938
其他部门	Other Departments	7	698	1001	5464
地方企业	Local Enterprises	1	80	71	454
民 办	Non-Government	161	42865	22431	215949
城 区	Urban Areas	942	167513	189865	1126007
教育部门	Education Departments	853	144891	174493	994415
其他部门	Other Departments	6	689	978	5367
地方企业	Local Enterprises				
民 办	Non-Government	83	21933	14394	126225
镇 区	Township	1375	157774	135772	922228
教育部门	Education Departments	1325	141760	129545	850140
其他部门	Other Departments				
地方企业	Local Enterprises				
民 办	Non-Government	50	16014	6227	72088
乡 村	Rural Areas	1891	56862	30797	253570
教育部门	Education Departments	1861	51855	28893	235383
其他部门	Other Departments	1	9	23	97
地方企业	Local Enterprises	1	80	71	454
民 办	Non-Government	28	4918	1810	17636

16-19 普通小学教职工数(2022年)
TEACHERS AND STAFF OF REGULAR PRIMARY SCHOOLS(2022)

单位：人 (person)

项　目	Item	教职工数 Total	#专任教师 Full-time Teachers	#行政人员 Administrative Personnel	校外教师 Part-time Teachers
总　计	**Total**	**170907**	**151545**	**3294**	**1627**
教育部门	Education Departments	158268	143182	2656	1613
其他部门	Other Departments	282	268	11	
地方企业	Local Enterprises	59	53		
民　办	Non-Government	12298	8042	627	14
城　区	Urban Areas	64004	57654	1409	722
教育部门	Education Departments	55494	52087	981	711
其他部门	Other Departments	260	250	8	
地方企业	Local Enterprises				
民　办	Non-Government	8250	5317	420	11
镇　区	Township	67443	60742	1073	340
教育部门	Education Departments	64325	58642	915	337
其他部门	Other Departments				
地方企业	Local Enterprises				
民　办	Non-Government	3118	2100	158	3
乡　村	Rural Areas	39460	33149	812	565
教育部门	Education Departments	38449	32453	760	565
其他部门	Other Departments	22	18	3	
地方企业	Local Enterprises	59	53		
民　办	Non-Government	930	625	49	

注：本表为小学、教学点数。
Note: The coverage includes primary schools and their relavent teaching schools in this table.

16-20 学前教育基本情况(2022年)
BASIC STATISTICS ON PRE-PRIMARY EDUCATION(2022)

单位：人 (person)

项 目	Item	幼儿园园数(所) Kindergartens(unit)	入园(班)人数 Entrants	在园(班)人数 Enrolment	离园(班)人数 Leavers
总 计	**Total**	**7037**	**280929**	**996592**	**336516**
教育部门	Education Departments	2480	123223	424282	143292
其他部门	Other Departments	55	3049	10417	3283
地方企业	Local Enterprises	128	8702	29523	8914
事业单位	Institutional Units	20	1837	5700	1486
部 队	Troops	6	217	663	123
集 体	Collectives	1243	22932	78207	27029
民 办	Non-government	3105	120969	447800	152389
#普惠性民办	Inclusive Private	2074	84937	314965	109956
城 区	Urban Areas	2413	125219	443720	141345
教育部门	Education Departments	392	38210	128149	40347
其他部门	Other Departments	24	2128	6839	2209
地方企业	Local Enterprises	105	7550	25437	7509
事业单位	Institutional Units	18	1731	5334	1367
部 队	Troops	5	191	544	98
集 体	Run by Collectives	225	7070	24714	8175
民 办	Non-government	1644	68339	252703	81640
#普惠性民办	Inclusive Private	1015	45253	168084	54736
镇 区	Township	2264	115112	412243	142572
教育部门	Education Departments	854	61612	215673	71752
其他部门	Other Departments	19	853	3349	980
地方企业	Local Enterprises	15	817	2878	975
事业单位	Institutional Units	2	106	366	119
部 队	Troops				
集 体	Collectives	323	9424	32208	11078
民 办	Non-government	1051	42300	157769	57668
#普惠性民办	Inclusive Private	742	31688	118190	44670
乡 村	Rural Areas	2360	40598	140629	52599
教育部门	Education Departments	1234	23401	80460	31193
其他部门	Other Departments	12	68	229	94
地方企业	Local Enterprises	8	335	1208	430
事业单位	Institutional Units				
部 队	Troops	1	26	119	25
集 体	Collectives	695	6438	21285	7776
民 办	Non-government	410	10330	37328	13081
#普惠性民办	Inclusive Private	317	7996	28691	10550

16–21 主要年份学前教育基本情况
BASIC STATISTICS ON PRE–PRIMARY EDUCATION IN MAJOR YEARS

单位：人 (person)

年 份 Year	幼儿园园数(所) Kindergartens(unit)	在园(班)人数 Enrolment	教职工数 Teachers and Staff	#专任教师 Full–time Teachers
1978	5997	305783	13243	6473
1980	7461	408471	17363	10390
1985	7731	592600	26855	20714
1990	7849	816087	38074	28922
1995	8477	1026401	45760	37483
2000	10856	1025982	51694	42565
2005	4619	641470	32666	21711
2010	4352	710297	42782	28509
2011	4908	820608	51472	33294
2012	5489	914797	58666	38194
2013	5882	951431	63684	41317
2014	6183	968237	68785	44475
2015	6450	982943	74823	48285
2016	6708	990985	79984	51110
2017	6937	1027546	86508	54796
2018	6973	987853	90319	56742
2019	7089	996978	99034	60555
2020	7165	997800	106798	65339
2021	7252	1009673	121794	76965
2022	7037	996592	125932	78597

16–22 特殊教育学生数(2022年)
STUDENTS IN SPECIIAL EDUCATION(2022)

单位：人 (person)

类 别	Type	毕业生数 Graduates	招生数 Entrants	在校生数 Enrolment
总 计	**Total**	**3614**	**3487**	**20738**
特殊教育学校	Special Education Schools	1646	1689	10315
#送教上门	Sending Education to Door	314	285	2443
小学附设特教班	Special Classes Attached to Primary Schools	14	9	155
小学随班就读	Learning in Regular Classes of Primary Schools	694	571	5256
小学送教上门	Sending Education to Door from Primary Schools	216	155	1479
初中附设特教班	Special Classes Attached to Junior Secondary Schools	2		6
初中随班就读	Learning in Regular Classes of Junior Secondary Schools	781	797	2642
初中送教上门	Sending Education to Door from Junior Secondary Schools	261	266	885
其他学校附设特教班	Special Classes Attached to Other Schools			

16-23 科学研究机构及人员(2022年)

INSTITUTIONS AND PERSONNELS OF SCIENTIFIC RESEARCH(2022)

单位：人 (person)

项　目	Item	机　构(个) Institutions (unit)	职　工人　数 Employees	从事科技活动人员 Personnels	#大学本科及以上学历 Bachelor Degree and above
总　计	**Total**	**66**	**9008**	**6876**	**5642**
按机构服务的国民经济行业分	**Grouped by Served Sector**				
农、林、牧、渔业	Farming, Forestry, Animal Husbandry and Fishery	9	382	269	224
采矿业	Mining	1	64	49	44
制造业	Manufacturing	5	217	208	161
信息传输、软件和信息技术服务业	Information Transmission, Software and Information Technology	2	883	882	481
科学研究和技术服务业	Scientific Reseach and Technical Services	20	3720	2741	2443
水利、环境和公共设施管理业	Water, Environmental Protection and Public Facility Management	8	1588	1542	1232
教　育	Education	2	174	174	167
卫生和社会工作	Health Care and Social Work	5	1139	225	214
文化、体育和娱乐业	Culture, Sports and Recreation	6	458	406	332
公共管理、社会保障和社会组织	Public Management, Social Security and Social Organization	8	383	380	344
按机构所属学科分	**Grouped by Subject**				
自然科学领域	Natural Science	7	988	308	291
农业科学领域	Agricultural Science	9	393	284	229
医学科学领域	Medical Science	6	1186	263	252
工程科学与技术领域	Engineering Science and Technology	24	5194	4877	3829
社会、人文科学领域	Social Science and Humanities	20	1247	1144	1041

16-24 主要年份公有经济企事业单位专业技术人员数

PROFESSIONAL AND TECHNICAL PERSONNELS OF PUBLIC ENTERPRISES AND INSTITUTIONS IN MAJOR YEARS

单位：人 (person)

年 份 Year	工程技术人员 Engineering	农业技术人员 Agriculture	卫生技术人员 Health Care	科学研究人员 Scientific Research
1952	4764	448	7196	105
1957	20010	3131	19883	379
1962	25777	5111	33155	1417
1965	28591	5498	37877	2174
1975	34998	5778	42016	3391
1978	51127	13671	46557	5906
1980	54683	10825	41755	5602
1985	112064	12641	63502	5837
1990	152920	14608	77013	5218
1995	167114	11808	82407	4789
2000	121751	17074	83886	3681
2001	125134	17549	86843	3463
2002	126244	17705	89348	3442
2003	124547	18596	90826	3794
2004	121807	20011	97924	4637
2005	127236	20191	100160	4118
2006	133263	20456	112702	4006
2007	137329	20280	113775	3903
2008	145019	20507	116453	4007
2009	146990	20840	119458	3958
2010	148829	23269	119979	3652
2011	153618	23823	122011	3613
2012	162442	25613	126525	4930
2013	167161	25931	123205	4077
2014	177869	25313	124146	4442
2015	183053	23736	123148	4597
2016	192515	22836	126100	4500
2017	192731	22509	123226	4716
2018	194462	20775	120265	4239
2019	196425	17898	120712	4798
2020	187495	17541	113088	4475
2021	207029	15259	112964	8804
2022	204188	15518	108450	9209

16-25 省科学技术协会及所属学会工作情况(2022年)
PROVINCIAL SCIENCE AND TECHNOLOGY ASSOCIATION AND ITS BRANCHES(2022)

项 目	Item	省科协 Provincial Associations	省级学会 Provincial Learned Societies	地(市)科协 Prefectural (civic) Associations
一、机构与从业人员	**Organization and Personnel**			
机 构 (个)	Organization (unit)	1	126	11
从业人员 (人)	Personnel (person)	611	790	219
二、学术交流	**Academic Exchange**			
学术会议 (次)	Academic Meetings (time)	2	139	10
参加人员 (人次)	Participants (person-time)	580	130557	3410631
交流论文 (篇)	Papers Presented (piece)	12	2566	53
#国内学术会议 (次)	Domestic Academic Meetings (time)	2	134	10
参加人员 (人次)	Participants (person-time)	580	130207	3410631
交流论文 (篇)	Papers Presented (piece)	12	2300	53
国际学术会议 (次)	International Academic Meetings (time)		5	
参加人员 (人次)	Participants (person-time)		350	
交流论文 (篇)	Papers Presented (piece)		266	
三、科学普及	**Science Universal**			
举办科普宣讲活动 (次)	Science Universal Lectures (time)	558	1899	399
宣讲活动受众人数 (人次)	Participants (person-time)	853900	2338616	1046530
四、科技培训	**Science and Technology Training**			
举办实用技术培训 (次)	Practical Techniques Training (time)	12	1614	72
培训人数 (人次)	Persons Trained (person-time)	541	235428	4133
五、青少年科技活动	**Science and Technology Activity for Teenagers**			
举办青少年科普宣讲活动 (次)	Science Universal Lectures to teenagers (time)	2	45	61
青少年科技竞赛 (次)	Teenagers Participating in Science and Technology Competitions (time)	3	14	19
参加人数 (人次)	Number of Participants (person-time)	5060	21642	64484

16-26 全社会R&D经费内部支出
TOTAL INTERNAL EXPENDITURES ON R&D

单位：万元 (10 000 yuan)

项　目	Item	2021	2022
总　计	**Total**	**2518889**	**2737192**
按活动类型分	**Grouped by Activities**		
基础研究	Basic Research	120411	115121
应用研究	Applied Research	338220	361699
试验发展	Experimental Development	2060258	2260372
按执行部门分	**Grouped by Executive Departments**		
企　业	Enterprises	2106776	2303177
科研机构	Research Institutions	226428	227320
高等院校	Higher Education	175457	202591
其　他	Others	10228	4103
按支出用途分	**Grouped by Object of Expenditure**		
日常性支出	General Expenses	2383671	2587204
#人员劳务费	Personnel Service Charges	464706	531419
资产性支出	Assets Expenses	135219	149988
#仪器和设备	Instruments and Equipments	111738	122776
按资金来源分	**Grouped by Sources of Funds**		
#政府资金	Government Appropriation Funds	329505	362738
企业资金	Self-raised Funds by Enterprises	2098493	2305553

16-27 规模以上工业企业研究与试验发展(R&D)活动基本情况

BASIC STATISTICS ON R&D ACTIVITIES OF INDUSTRIAL ENTERPRISES ABOVE DESIGNATED SIZE

指 标	Item	2021	2022
一、企业基本情况	**Statistics on Industrial Enterprises**		
有R&D活动企业数 (个)	Number of Enterprises Having R&D Activities (unit)	976	1076
有R&D活动企业所占比重 (%)	Percentage of Enterprises Having R&D Activities to Total Number of Enterprises (%)	14.2	14.0
二、R&D活动情况	**Statistics on R&D Activities**		
R&D人员全时当量 (万人年)	Full-time Equivalent of R&D Personnel (10 000 man-years)	3.5	4.0
R&D经费支出 (亿元)	Expenditure on R&D (100 million yuan)	186.2	202.3
R&D经费支出与营业收入之比(%)	Percentage of Expenditure on R&D to Business Revenue (%)	0.6	0.5
三、企业办研发机构情况	**Statistics on Enterprise Research Institutions**		
机构数 (个)	Number of Institutions (unit)	1413	1484
机构人员数 (万人)	Personnel (10 000 persons)	6.3	6.8
机构经费支出 (亿元)	Expenditure (100 million yuan)	197.9	230.4
四、新产品开发及生产情况	**Statistics on New Products Development and Production**		
新产品开发项目数 (个)	Projects for New Products Development (unit)	7501	7997
新产品开发经费支出 (亿元)	Expenditure on New Products Development (100 million yuan)	187.1	193.5
新产品销售收入 (亿元)	Sales Revenue of New Products (100 million yuan)	2940.6	3554.8
#新产品出口	Exports of New Products	228.6	555.0
五、专利情况 (件)	**Statistics on Patents (piece)**		
有效发明专利数	Number of Valid Invention Patents	12336	12861
六、技术获取和技术改造情况 (亿元)	**Statistics on Technology Acquisition and Technology Reconstruction (100 million yuan)**		
引进国外技术经费支出	Expenditure for Acquisition of Foreign Technology	0.2	0.1
引进技术消化吸收经费支出	Expenditure for Assimilation of Technology	0.1	0.1
购买国内技术经费支出	Expenditure for Purchase of Domestic Technology	0.9	1.0
技术改造经费支出	Expenditure for Technical Renovation	91.4	91.3

16–28 按登记注册类型分规模以上工业企业研究与试验发展(R&D)活动及专利情况(2022年)

STATISTICS ON R&D ACTIVITIES AND PATENTS OF INDUSTRIAL ENTERPRISES ABOVE DESIGNATED SIZE BY REGISTRATION STATUS(2022)

登记注册类型	Status of Registration	R&D人员全时当量(人年) Full-time Equivalent of R&D Personnel (man-year)	R&D经费(万元) Expenditure on R&D (10 000 yuan)	有效发明专利数(件) Valid Invention Patents (piece)
合　计	**Total**	**40034**	**2023083**	**12861**
#大中型工业企业	Large and Medium-sized Industrial Enterprises	33620	1752971	7864
内资企业	**Domestic Funded Enterprises**	**38890**	**1970876**	**12657**
国有企业	State-owned Enterprises	588	30275	339
集体企业	Collective-owned Enterprises			
股份合作企业	Cooperative Enterprises	4	66	
联营企业	Joint Ownership Enterprises			
有限责任公司	Limited Liability Corporations	22531	839688	6463
#国有独资公司	State Sole Funded Corporations	2680	98707	2623
股份有限公司	Share-holding Corporations Ltd.	6961	511155	1844
私营企业	Private Enterprises	8805	589691	4011
其他企业	Other Enterprises			
港、澳、台商投资企业	**Enterprises with Funds from Hong Kong, Macao and Taiwan**	**170**	**8318**	**83**
合资经营企业	Joint-venture Enterprises	123	3200	49
合作经营企业	Cooperative Enterprises			
独资经营企业	Enterprises with Sole Fund	44	5037	8
投资股份有限公司	Share-holding Corporations Ltd.	2	81	26
外商投资企业	**Foreign Funded Enterprises**	**975**	**43889**	**121**
中外合资经营企业	Joint-venture Enterprises	502	20102	103
中外合作经营企业	Cooperation Enterprises	262	9724	
外资企业	Enterprises with Sole Fund	123	5739	4
外商投资股份有限公司	Share-holding Corporations Ltd.	88	8324	14

16-29 按行业分规模以上工业企业研究与试验发展(R&D)活动及专利情况(2022年)

STATISTICS ON R&D ACTIVITIES AND PATENTS OF INDUSTRIAL ENTERPRISES ABOVE DESIGNATED SIZE BY INDUSTRIAL SECTOR(2022)

行　业	Sector	R&D人员全时当量(人年) Full-time Equivalent of R&D Personnel (man-year)	R&D经费(万元) Expenditure on R&D (10 000 yuan)	有效发明专利数(件) Valid Invention Patents (piece)
总　计	**Total**	**40034**	**2023083**	**12861**
煤炭开采和洗选业	Mining and Washing of Coal	12086	358583	396
石油和天然气开采业	Extraction of Petroleum and Natural Gas	150	15909	68
黑色金属矿采选业	Mining and Processing of Ferrous Metal Ores	62	4366	39
有色金属矿采选业	Mining and Processing of Non-ferrous Metal Ores	41	350	
非金属矿采选业	Mining and Processing of Non-metal Ores	6		2
农副食品加工业	Processing of Food from Agricultural Products	242	12781	105
食品制造业	Manufacture of Foods	371	6750	173
酒、饮料和精制茶制造业	Manufacture of Liquor, Beverages and Refined Tea	70	2756	80
烟草制品业	Manufacture of Tobacco			2
纺织业	Manufacture of Textile	93	2479	15
纺织服装、服饰业	Manufacture of Textile, Wearing Apparel and Accessories	19	261	
皮革、毛皮、羽毛及其制品和制鞋业	Manufacture of Leather, Fur, Feather and Related Products and Footwear			
木材加工和木、竹、藤、棕、草制品业	Processing of Timber, Manufacture of Wood, Bamboo, Rattan, Palm and Straw Products			
家具制造业	Manufacture of Furniture			
造纸和纸制品业	Manufacture of Paper and Paper Products	22	2145	12
印刷和记录媒介复制业	Printing and Reproduction of Recording Media	9	448	17
文教、工美、体育和娱乐用品制造业	Manufacture of Articles for Culture, Education, Arts and Crafts, Sport and Entertainment Activities	58	831	7
石油、煤炭及其他燃料加工业	Processing of Petroleum, Coal and Other Fuels	1269	98437	109

16–29 续表 continued

行　业	Sector	R&D人员全时当量(人年) Full-time Equivalent of R&D Personnel (man-year)	R&D经费(万元) Expenditure on R&D (10 000 yuan)	有效发明专利数(件) Valid Invention Patents (piece)
化学原料和化学制品制造业	Manufacture of Raw Chemical Materials and Chemical Products	2475	108063	874
医药制造业	Manufacture of Medicines	1589	49269	704
化学纤维制造业	Manufacture of Chemical Fibre	30	4309	
橡胶和塑料制品业	Manufacture of Rubber and Plastics Products	187	4643	149
非金属矿物制品业	Manufacture of Non-metallic Mineral Products	1625	65935	1002
黑色金属冶炼和压延加工业	Smelting and Pressing of Ferrous Metals	5036	731941	1115
有色金属冶炼和压延加工业	Smelting and Pressing of Non-ferrous Metals	507	50111	216
金属制品业	Manufacture of Metal Products	1561	56825	753
通用设备制造业	Manufacture of General Purpose Machinery	776	39051	494
专用设备制造业	Manufacture of Special Purpose Machinery	1991	90629	2164
汽车制造业	Manufacture of Automobiles	1059	34240	147
铁路、船舶、航空航天和其他运输设备制造业	Manufacture of Railway, Ship, Aerospace and Other Transport Equipments	1330	40602	680
电气机械和器材制造业	Manufacture of Electrical Machinery and Apparatus	1227	73570	798
计算机、通信和其他电子设备制造业	Manufacture of Computers, Communication and Other Electronic Equipment	4223	65105	468
仪器仪表制造业	Instruments and Meters	184	5580	227
其他制造业	Other Manufacturing	665	57552	529
废弃资源综合利用	Utilization of Waste Resources	37	1092	11
金属制品、机械和设备修理业	Repair Service of Metal Products, Machinery and Equipment	51	1577	27
电力、热力生产和供应业	Production and Supply of Electric Power and Heat Power	759	32381	1446
燃气生产和供应业	Production and Supply of Gas	206	4193	19
水的生产和供应业	Production and Supply of Water	19	321	13

16-30 按登记注册类型分规模以上工业企业新产品开发及生产情况(2022年)

NEW PRODUCTS DEVELOPMENT AND PRODUCTION OF INDUSTRIAL ENTERPRISES ABOVE DESIGNATED SIZE BY REGISTRATION STATUS(2022)

登记注册类型	Status of Registration	新产品开发项目数(项) Projects for New Products Development (unit)	新产品开发经费支出(万元) Expenditure on New Products Development (10 000 yuan)	新产品销售收入(万元) Sales Revenue of New Products (10 000 yuan)	#出口 Exports
合　计	**Total**	**7997**	**1934732**	**35548442**	**5550339**
#大中型工业企业	Large and Medium-sized Industrial Enterprises	3984	1541439	31637545	5379162
内资企业	**Domestic Funded Enterprises**	**7771**	**1886124**	**31218257**	**3584622**
国有企业	State-owned Enterprises	107	34957	67820	2779
集体企业	Collective-owned Enterprises	1	224		
股份合作企业	Cooperative Enterprises	4	99	1535	
联营企业	Joint Ownership Enterprises				
有限责任公司	Limited Liability Corporations	3243	869135	15094927	2381105
#国有独资公司	State Sole Funded Corporations	404	136753	1263087	64386
股份有限公司	Share-holding Corporations Ltd.	686	439395	9025379	968784
私营企业	Private Enterprises	3730	542314	7028597	231954
其他企业	Other Enterprises				
港、澳、台商投资企业	**Enterprises with Funds from Hong Kong, Macao and Taiwan**	**68**	**6744**	**3742283**	**1859983**
合资经营企业	Joint-venture Enterprises	30	4129	3696305	1859722
合作经营企业	Cooperative Enterprises				
独资经营企业	Enterprises with Sole Fund	37	2565	22693	105
投资股份有限公司	Share-holding Corporations Ltd.	1	50	23285	157
外商投资企业	**Foreign Funded Enterprises**	**158**	**41864**	**587901**	**105733**
中外合资经营企业	Joint-venture Enterprises	112	12851	319123	67809
中外合作经营企业	Cooperation Enterprises	22	14509		
外资企业	Enterprises with Sole Fund	17	6181	11463	38
外商投资股份有限公司	Share-holding Corporations Ltd.	7	8324	257316	37886

16-31 按行业分规模以上工业企业新产品开发及生产情况(2022年)
NEW PRODUCTS DEVELOPMENT AND PRODUCTION OF INDUSTRIAL ENTERPRISES ABOVE DESIGNATED SIZE BY INDUSTRIAL SECTOR(2022)

行业	Sector	新产品开发项目数(项) Projects for New Products Development (unit)	新产品开发经费支出(万元) Expenditure on New Products Development (10 000 yuan)	新产品销售收入(万元) Sales Revenue of New Products (10 000 yuan)	#出口 Exports
总计	**Total**	**7997**	**1934732**	**35548442**	**5550339**
煤炭开采和洗选业	Mining and Washing of Coal	547	167930	2279845	29666
石油和天然气开采业	Extraction of Petroleum and Natural Gas	33	11857	107030	
黑色金属矿采选业	Mining and Processing of Ferrous Metal Ores	10	14240		
有色金属矿采选业	Mining and Processing of Non-Ferrous Metal Ores	6	407		
非金属矿采选业	Mining and Processing of Non-metal Ores	8	2420	22881	
农副食品加工业	Processing of Food from Agricultural Products	82	7536	103126	793
食品制造业	Manufacture of Foods	173	11198	96781	27
酒、饮料和精制茶制造业	Manufacture of Liquor, Beverages and Refined Tea	25	3319	28905	
烟草制品业	Manufacture of Tobacco	3	1204	250	
纺织业	Manufacture of Textile	15	4960	36465	5037
纺织服装、服饰业	Manufacture of Textile, Wearing Apparel and Accessories	9	727	5906	1182
皮革、毛皮、羽毛及其制品和制鞋业	Manufacture of Leather, Fur, Feather and Related Products and Footwear				
木材加工和木、竹、藤、棕、草制品业	Processing of Timber, Manufacture of Wood, Bamboo, Rattan, Palm and Straw Products	3	142		

16-31 续表1 continued

行　业	Sector	新产品开发项目数(项) Projects for New Products Development (unit)	新产品开发经费支出(万元) Expenditure on New Products Development (10 000 yuan)	新产品销售收入(万元) Sales Revenue of New Products (10 000 yuan)	#出口 Exports
家具制造业	Manufacture of Furniture				
造纸和纸制品业	Manufacture of Paper and Paper Products	13	4087	60524	104
印刷和记录媒介复制业	Printing and Reproduction of Recording Media	30	2506	34496	
文教、工美、体育和娱乐用品制造业	Manufacture of Articles for Culture, Education, Arts and Crafts, Sport and Entertainment Activities	15	1348	9581	360
石油、煤炭及其他燃料加工业	Processing of Petroleum, Coal and Other Fuels	138	60558	1106450	23075
化学原料和化学制品制造业	Manufacture of Raw Chemical Materials and Chemical Products	643	123094	1259660	36622
医药制造业	Manufacture of Medicines	878	70096	1094188	187480
化学纤维制造业	Manufacture of Chemical Fibres			8954	
橡胶和塑料制品业	Manufacture of Rubber and Plastics Products	180	16534	139691	42966
非金属矿物制品业	Manufacture of Non-metallic Mineral Products	535	81983	1078347	39121
黑色金属冶炼和压延加工业	Smelting and Pressing of Ferrous Metals	385	525756	12074861	873231
有色金属冶炼和压延加工业	Smelting and Pressing of Non-ferrous Metals	154	46103	2641908	62221
金属制品业	Manufacture of Metal Products	591	83971	811120	22196
通用设备制造业	Manufacture of General Purpose Machinery	500	73829	502099	6848

16-31 续表2 continued

行　业	Sector	新产品开发项目数(项) Projects for New Products Development (unit)	新产品开发经费支出(万元) Expenditure on New Products Development (10 000 yuan)	新产品销售收入(万元) Sales Revenue of New Products (10 000 yuan)	#出口 Exports
专用设备制造业	Manufacture of Special Purpose Machinery	940	167367	1450333	120920
汽车制造业	Manufacture of Automobiles	184	50266	1637740	99683
铁路、船舶、航空航天和其他运输设备制造业	Manufacture of Railway, Ship, Aerospace and Other Transport Equipments	461	79901	969853	60799
电气机械和器材制造业	Manufacture of Electrical Machinery and Apparatus	439	74694	1315306	112309
计算机、通信和其他电子设备制造业	Manufacture of Computers, Communication and Other Electronic Equipment	449	149408	6048742	3811965
仪器仪表制造业	Manufacture of Measuring Instruments and Machinery	192	16107	112225	2359
其他制造业	Other Manufacture	107	56584	330981	11375
废弃资源综合利用	Utilization of Waste Resources	18	1995	17882	
金属制品、机械和设备修理业	Repair Service of Metal Products, Machinery and Equipment	41	2679	27556	
电力、热力生产和供应业	Production and Supply of Electric Power and Heat Power	155	13850	130918	
燃气生产和供应业	Production and Supply of Gas	23	4925	1863	
水的生产和供应业	Production and Supply of Water	12	1150	1978	

主要统计指标解释

毕业生数 指上学年度具有学籍的学生完成教学计划规定课程，考试合格并且取得毕业证书的学生数。

招生数 指实际招收入学并完成学籍注册的新生数。

在校生数 指具有学籍并在本学年初进行学籍注册的学生数。

工程技术人员 指在国民经济各行业从事工程技术工作的自然科学技术的专业人员。包括：高级工程师、工程师、助理工程师、技术员和未评定职称的技术人员。

农业技术人员 指在国民经济各行业从事农业技术工作的自然科学技术的专业人员。包括：高级农艺师、农艺师、助理农艺师、技术员和未评定职称的技术人员。

卫生技术人员 指在国民经济各行业从事卫生医务工作的自然科学技术的专业人员。包括：正副主任医师、主治医师、医师、医（护）士和未评定职称的技术人员。

科学研究人员 指在国民经济各行业从事科学技术活动的自然科学技术的专业人员。包括：正副研究员、助理研究员、实习研究员、技术员和未评定职称的技术人员。

R&D 人员全时当量 是国际上通用的、用于比较科技人力投入的指标。指 R&D 全时人员（全年从事 R&D 活动累积工作时间占全部工作时间的 90%及以上人员）工作量与非全时人员按实际工作时间折算的工作量之和。例如：有两个 R&D 全时人员和三个 R&D 非全时人员(工作时间分别为 0.2 年、0.3 年和 0.7 年)，则 R&D 人员全时当量为 1+1+0.2+0.3+0.7=3.2 人年。

Explanatory Notes on Main Statistical Indicators

Number of Graduates refers to the number of students with student status who have completed the courses specified in the teaching plan, passed the examination and obtained the graduation certificate in the school years.

Number of Entrants refers to the number of new students actually enrolled and registered.

Number of Enrolment refers to the number of students with student status who have registered at the beginning of this school year.

Engineering Personnel refer to the persons who are engaged in engineering science and technology in different sectors of the national economy, including senior engineers, engineers, assistant engineers, technicians and technical personal without professional titles.

Agricultural Personnel refer to the persons who are working on the science of agriculture in different sectors of the national economy, including senior agronomists, agronomists, assistant agronomists, technicians and technical personnel without professional titles.

Public Health Personnel refer to those personnel engaged in medical and health work in different sectors of the national economy, including director doctors and their deputies, doctors in charge, doctors, paramedics, nurses and technical personnel without professional title.

Scientific Research Personnel refers to the persons who are engaged in scientific and technical activities in different sectors of the national economy, including research fellows and their deputies, assistant research fellows, research trainees, technicians and technical personnel without professional titles.

Full-time Equivalent of R&D Personnel is an international indicator to compare R&D manpower input. It refers to the sum of the workload of full-time persons, whose work time on R&D isn't less than 90% on the whole work time, and the converted workload of part-time persons according to the actual working time. For instance, if there are 2 full-time persons and 3 part-time persons whose working time are respectively 0.2 year, 0.3 year, and 0.7 year, the full-time equivalent are 1+1+0.2+0.3+0.7=3.2 person-years.

17

CULTURE, SPORTS, PUBLIC HEALTH AND ENVIRONMENTAL PROTECTION

文化、体育、卫生、环保

资料整理人员

王俊鹏　樊梅洁　吕　洁

CULTURE, SPORTS, PUBLIC HEALTH AND ENVIRONMENTAL PROTECTION 文化、体育、卫生、环保

公共图书馆数	Number of Public Libraries	127	个 (unit)
图书出版总印数	Number of Books Published	12109	万册 (10 000 copies)
篮球场地数	Number of Basketball Courts	28217	个 (unit)
医院数	Number of Hospitals	1376	个 (unit)
废水排放量	Waste Water Discharged	19796	万吨 (10 000 tons)

卫生技术人员构成 (%)

Composition of Medical Technical Personnels (%)

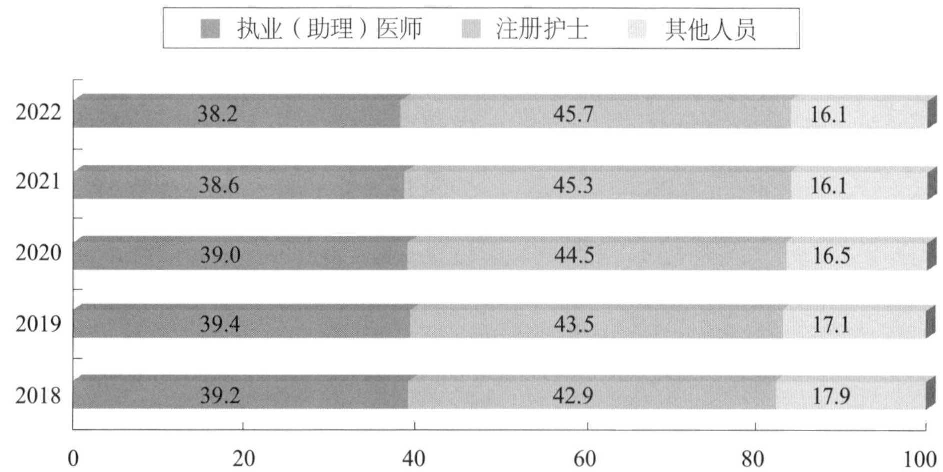

报纸总印数（万份）

Total Printed Copies of Newspapers (10 000 copies)

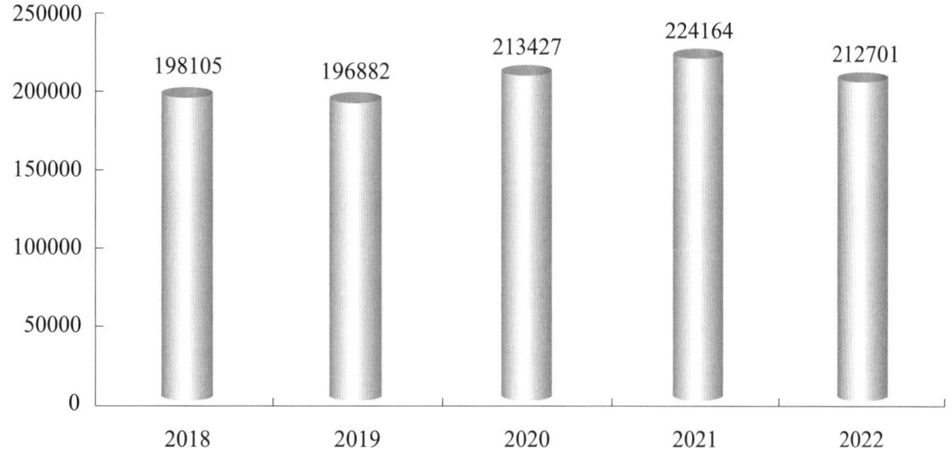

17-1 主要文化机构和人员数(2022年)

MAJOR CULTURAL INSTITUTIONS AND PERSONNEL(2022)

机构类别	Item	机构数(个) Institutions (unit)	人数(人) Personnel (person)
新闻出版	**Press and Publication**		
图书出版社	Book Publishing Houses	8	661
出版物发行	Publication Distribution	3273	25251
广播、电视	**Radio and Television**		
行政管理	Adiministraion Department	112	26196
省　级	Provincial Level	1	7503
地市级	Prefecture Level	15	8086
县(市)级	County Level	96	10607
文化艺术	**Culture and Art**		
艺术表演团体	Art Performance Troupes	766	21928
艺术表演场馆	Art Performance Venues	158	1741
艺术教育业	Art Education	11	1053
文化科研机构	Art Research Institutions	19	950
文物保护	**Cultural Relic Protection**		
文物保护管理机构	Agencies of Cultural Relics Protection	82	1687
博物馆	Museums	176	4375
文物商店	Cultural Relics Shops		
文物科研机构	Research Institutions of Relics	14	880
其他文物机构	Others	139	2676
公共图书馆	**Public Libraries**		
省级图书馆	Provincial Level	1	223
市级图书馆	Prefecture Level	10	601
县级图书馆	County Level	116	974
群众文化	**Mass Culture**		
群众艺术馆、文化馆	Art Centers and Cultural Centers	129	1840
文化站	Cultural Stations	1302	2495
文化娱乐	**Cultural Entertainment**		
娱乐场所	Entertainmental Venues	1335	7344
网　吧	Internet Bars	2293	3402
其他文化	**Others**		
文化行政主管机构	Cultural Administrative Authorities	129	2645
文化市场执法机构	Law Enforcement Agencies of Cultural Markets	107	1218

17-2 主要年份图书、期刊和报纸总印数

TOTAL PRINTED COPIES OF BOOKS, MAGAZINES AND NEWSPAPERS IN MAJOR YEARS

年份 Year	图书 Books		期刊 Magazines		报纸 Newspapers	
	种数(种) Number of Kinds (kind)	总印数(万册) Total Printed Copies (10 000 copies)	种数(种) Number of Kinds (kind)	总印数(万份) Total Printed Copies (10 000 copies)	种数(种) Number of Kinds (kind)	总印数(万份) Total Printed Copies (10 000 copies)
1978	290	6422	16	598	14	17869
1980	361	9055	33	1905	10	17590
1985	550	9991	110	7981	72	55174
1990	989	12166	129	2815	39	54361
1991	1381	14079	130	3086	42	46872
1992	1782	14163	139	3589	49	70047
1993	2261	13058	151	4001	55	73240
1994	2108	12300	158	3948	56	62568
1995	1728	13919	164	3586	59	59254
1996	1783	14654	160	3119	59	58363
1997	1741	15109	158	3199	59	66262
1998	1639	14016	157	2792	56	71954
1999	2214	15487	152	2816	57	69108
2000	1894	10105	165	2659	59	62815
2001	2177	11800	187	3030	66	101712
2002	2505	13264	195	4290	65	140950
2003	2004	11098	198	4208	67	160553
2004	1950	11398	202	4641	60	195992
2005	1683	10081	200	5914	60	329713
2006	1813	9337	199	4441	60	206067
2007	1979	11764	199	5434	60	210541
2008	2586	10535	199	3950	77	163296
2009	2629	11187	200	3402	77	183273
2010	3032	13183	200	4000	77	206698
2011	3401	13887	200	3428	77	202664
2012	4002	14789	198	3733	77	208938
2013	4025	13452	198	3384	77	219694
2014	3458	12866	200	2930	60	214620
2015	3832	12439	200	2573	60	203549
2016	3513	9860	201	2421	60	201619
2017	3517	10899	201	2217	60	201110
2018	3304	10174	201	2259	60	198105
2019	3380	11185	201	2250	60	196882
2020	3154	11033	201	1996	60	213427
2021	3187	11906	198	1940	54	224164
2022	3011	12109	198	1909	54	212701

注：本表2008年至2013年报纸相关数据包含高校校报。

Note：Newspaper data from 2008 to 2013 include college newspaper.

17-3 主要年份广播、电视台(站)数

NUMBER OF RADIO AND TELEVISION STATIONS IN MAJOR YEARS

单位：个 (unit)

年份 Year	无线 Radio Broadcast		电视广播 Telecast		人口覆盖率(%) Population Coverage Rate (%)	
	广播电台 Broadcasting Stations	中、短波转播发射台 Transmission and Relaying Stations of Medium and Short Wave	电视台 Television Stations	100W以上(含100W)调频、电视发射台 Transmission Stations above 100W (100W included)	广播 Radio	电视 TV
1980	1	10	1	11	44.5	46.6
1985	3	12	6	16	43.0	60.0
1990	14	20	25	36	51.0	78.0
1995	53	21	31	46	68.0	84.1
2000	8	17	12	53	90.0	95.2
2005	10	15	12	309	91.8	95.8
2010	7	15	8	151	93.3	97.5
2011	4	15	6	148	93.6	97.7
2012	2	15	4	148	95.4	98.1
2013	1	15	3	145	96.8	98.5
2014	1	15	2	178	98.0	99.0
2015		13	2	192	98.5	99.3
2016		13	2	190	98.6	99.4
2017		15	2	174	98.8	99.6
2018		15	2	170	98.8	99.6
2019		17		169	98.9	99.6
2020		16		154	99.2	99.7
2021		15		148	98.8	99.2
2022		15		146	99.0	99.3

注：2006年以前电视台和转播台为1000瓦以上口径。

Note: Coverage of TV transmission stations and relaying stations before 2006 is above 1000w.

17-4 主要年份广播剧、电视剧、电影故事片制作情况

PRODUCTION OF RADIO PLAYS, TELEVISION PLAYS AND FEATURE FILMS IN MAJOR YEARS

年份 Year	广播剧 Radio Plays		电视剧 TV Plays		电影故事片(部) Feature Films (unit)
	部 Unit	时长 Hour	部 Unit	集数 Part	
1985	13	50	18	39	2
1990	5	14	28	122	
1995			12	80	1
2000	5	8	3	42	
2005	7	353	19	371	18
2010	25	1133	2	32	6
2011			2	67	8
2012			1	50	18
2013			7	199	12
2014		4819	8	211	11
2015		5593	7	221	15
2016		6624	9	314	26
2017		9047	13	206	24
2018		11198	5	145	
2019		18579	5	44	
2020		12543	1	40	
2021		18027	1	12	
2022		16044	2	62	

注：2014年起，广播剧类广播节目统计口径由集数改为时长。

Note:The coverage of radio plays has changed into length of play from the part of play since 2014.

17-5 主要年份国有文化艺术、文物单位数

INSTITUTION NUMBER OF STATE-OWNED CULTURE, ART AND CULTURAL RELICS IN MAJOR YEARS

单位：个 (unit)

年 份 Year	国有艺术表演团体 State-owned Art Troupes	文化馆 Cultural Centers	公共图书馆 Public Libraries	博物馆 Museums
1978	147	124	61	15
1980	162	126	72	19
1985	175	129	103	56
1990	169	130	111	67
1995	162	130	119	67
2000	159	130	121	76
2005	156	131	122	86
2010	167	131	126	89
2011	162	131	126	89
2012	163	131	126	92
2013	155	131	127	98
2014	163	131	126	99
2015	157	131	126	131
2016	150	131	127	140
2017	149	131	128	140
2018	152	130	128	152
2019	151	130	128	158
2020	140	130	128	159
2021	132	130	128	182
2022	123	130	127	176

注：2015年起，博物馆包含民办博物馆、行业博物馆。

Note: Museums include non-state-owned museums and industrial museums from 2015.

17-6 文化艺术机构和人员数(2022年)

INSTITUTIONS AND PERSONNELS OF CULTURE AND ART(2022)

类 别	Type	机构数(个) Institutions (unit)	文化部门 Cultural Institutions	其他部门 Other Institutions	从业人员(人) Personnels (person)	文化部门 Cultural Institutions	其他部门 Other Institutions
总 计	**Total**	**7301**	**2101**	**5200**	**65198**	**20233**	**44965**
艺术业	Art Performance Troupes	766	122	644	21928	6363	15565
艺术表演场馆	Art Performance Venues	158	67	91	1741	814	927
图书馆业	Libraries	127	127		1798	1798	
群众文化服务业	Mass Culture Services	1431	1431		4335	4335	
艺术展览机构	Art Exibition Institutions	41	41		268	268	
艺术教育业	Art Education	11	11		1053	1053	
文化市场经营机构	Business Institutions of Culture Market	4456		4456	28065		28065
文艺科研	Art Research	19	19		950	950	
文化行政主管部门	Administrative Department for Culture	129	129		2645	2645	
其 他	Others	163	154	9	2415	2007	408

注：文化市场经营机构不含非公有制艺术表演团体及艺术表演场馆。

Note: Business institutions of culture market don't include non-public ownership art troupes and art performance venues.

17-7 国有艺术表演团体演出情况(2022年)
PERFORMANCE OF STATE-OWNED ART TROUPES(2022)

单位：千场 (1 000 shows)

类 别	Type	国内演出场次 Number of Domestic Performances	#到农村演出场次 Shows in Rural Areas	国内演出观众人次(千人次) Number of Spectators (1 000 person-times)
总 计	**Total**	**17.4**	**13.6**	**13048**
按登记注册类型分	**By Status of Registration**			
国有经营剧团	State-owned	9.4	7.4	7789
集体经营剧团	Collective-owned	5.5	4.7	4083
其 他	Others	2.5	1.5	1176
按剧种分	**By Type of Art**			
话剧、儿童剧、滑稽剧类	Drama, Children's Play and Comedy	0.3		72
#儿童剧	Children's Play Troupes	0.1		12
歌舞、音乐类	Song and Dance	2.1	1.0	1663
京剧、昆曲类	Peking Opera and Kunqu Opera	0.1	0.1	65
#京 剧	Peking Opera	0.1	0.1	65
地方戏曲类	Local Opera	13.2	12.2	9734
杂技、魔术、马戏类	Acrobatics, Magic and Circus	0.1		119
曲艺类	Folk Arts	0.3	0.1	569
综艺性艺术表演团体	Comprehensive Art Performance	1.3	0.2	826

17-8 国有艺术表演团体收入和支出(2022年)
REVENUE AND EXPENDITURE OF STATE-OWNED ART TROUPES(2022)

单位：千元 (1 000 yuan)

类 别	Type	剧团(个) Number of Art Troupes (unit)	#国家经费补贴剧团 Government Subsidies	总收入 Total Revenue	#演出收入 Revenue from Performances	总支出 Total Expenditures
总 计	**Total**	**123**	**100**	**534053**	**117683**	**589200**
按登记注册类型分	**By Status of Registration**					
国有经营剧团	State-owned	80	68	459515	78302	493373
集体经营剧团	Collective-owned	30	24	47129	19290	53893
其 他	Others	13	8	27409	20091	41934
按剧种分	**By Type of Art**					
话剧、儿童剧、滑稽剧类	Drama, Children Play and Comedy	3	2	32034	4007	32174
#儿童剧	Children's Play	1		4245		3465
歌舞、音乐类	Song and Dance	20	14	123102	24651	135300
京剧、昆曲类	Peking Opera and Kunqu Opera	1	1	18141	52	21653
#京 剧	Peking Opera	1	1	18141	52	21653
地方戏曲类	Local Opera	90	75	315608	71382	339656
杂技、魔术、马戏类	Acrobatics, Magic and Circus	1	1	6957	1931	6957
曲艺类	Folk Arts	3	3	6406	5387	7959
综艺性艺术表演团体	Comprehensive Art Performance	5	4	31805	10273	45501

17-9 文化馆(站)业务活动及经费

ACTIVITIES AND FUNDS OF CULTURAL CENTERS AND STATIONS

项 目	Item	2021	2022
单位数 (个)	Number of Units (unit)	1491	1431
举办展览 (个)	Number of Exhibtions (unit)	3331	2934
举办培训班 (次)	Training Courses (time)	15961	12558
组织文艺活动次数 (次)	Art Performances (time)	33244	30563
总支出 (千元)	Total Expenditures (1 000 yuan)	373482	423374
#商品和服务支出	Expenditures on Goods and Services	51172	57906

17-10 公共图书馆业务活动及经费(2022年)

ACTIVITIES AND FUNDS OF PUBLIC LIBRARIES(2022)

项 目	Item	总 计 Total	省级公共图书馆 Provincial Level	地市级公共图书馆 Prefecture Level	县级公共图书馆 County Level
总藏量 (千册)	Total Collections (1 000 volumes)	25191	3954	7449	13789
书架单层总长度 (千米)	Total Length of Bookshelves (1 000 m)	297	37	112	149
实际持证读者数 (千个)	Actual Number of Readers with Library Cards (1 000 units)	2065	473	1130	462
总流通人次 (千人次)	Total Number of Circulation Books (1 000 person-times)	13481	987	5554	6940
#书刊文献外借人次	Borrowing from Libraries	4797	330	2478	1989
为读者服务举办各种活动次数 (次)	Number of Service Activities Provided for Readers (time)	4475	346	978	3151
参加人数 (千人次)	Number of Readers Involved (1 000 person-times)	2220	253	1139	827
电子阅览室终端数 (个)	Number of Terminal in Electrical Reading Room (unit)	4276	267	778	3231
总支出 (千元)	Total Expenditures (1 000 yuan)	396289	101468	152634	142187
#新增藏量及数字资源购置费	Purchase Expenses of New Collections and Digital Resources	44377	5715	29690	8972
本年新增藏量(含电子图书) (千册)	New Collections (including Electronic Books) of The Year (1 000 volumes)	5391	1111	2873	1407
实际使用公用房屋建筑面积 (千平方米)	Actual Usage Floor Space of Public Buildings (1 000 sq.m)	600	75	209	316
#书 库	Stock Rooms	85	11	22	53
阅览室座席 (千个)	Seating Capacity of Reading Rooms (1 000 seats)	45	3	15	27

17-13 体育场地数

NUMBER OF SPORTS VENUES

单位：个 (unit)

项　目	Item	2021	2022
体育公园	**Sports Parks**		
体育公园	Sports Parks	92	119
大型体育场馆	**Large-scale Stadiums**		
体育场	Stadiums	6	7
体育馆	Gymnasiums	45	48
游泳馆	Natatoriums	5	7
田径场地	**Athletic Fields**		
标　准	Standard Fields	1241	1370
其　它	Others	4019	4286
游泳场地	**Swimming Venues**		
室　内	Indoor Venues	374	415
室　外	Outdoor Venues	86	88
球类运动场地	**Ball Fields**		
足球场地	Football Fields	2552	2694
篮球场地	Basketball Courts	27590	28217
排球场地	Volleyball Courts	624	625
乒乓球场地	Table Tennis Courts	16131	16653
羽毛球场地	Badminton Courts	6653	6856
其它球类	Others	7073	7462
冰雪场地	**Skating and Skiing Ground**		
滑冰场地	Skating Ground	8	11
滑雪场地	Skiing Ground	45	45
全民健身场地	**National Fitness Sites**		
健身房	Gymnasiums	2863	3109
全民健身路径	National Fitness Paths	36505	37125
健身步道	Fitness Trails	2355	2460

注：(1) 本表体育场地指可供居民开展运动训练、比赛和健身等的各类体育场地，统计范围为除军队和铁路系统外的体育场地法人单位。

(2) 本表体育场为固定座席数量大于等于20000座的体育场，固定座席数量小于20000座（不含20000座）的体育场统计在田径场地内；体育馆为固定座席数量大于等于3000座的体育馆；游泳馆为固定座席数量大于等于1500座的游泳馆，固定座席数量小于1500座（不含1500座）的游泳馆统计在游泳场地内。

Notes: (1) Sports venues in the table refer to all kinds of sports venues for residents to carry out sports training, competition and fitness, and the statistical coverage includes sports venues of legal entities except military and railway systems.

(2) In the table, the stadiums refer to stadiums with fixed seats more than or equal to 20,000, and the stadiums with fixed seats less than 20,000 (excluding 20,000) are counted in the athletic field. The gymnasiums refer to gymnasiums with fixed seats more than or equal to 3000. The natatoriums refer to natatoriums with fixed seats more than or equal to 1500, and the natatoriums with fixed seats less than 1500 are counted in the swimming venues.

17-14 分项目等级运动员发展人数(2022年)

CERTIFIED ATHLETES BY TYPE OF SPORTS(2022)

单位：人 (person)

运动项目	Item	人数合计 Number of Persons	国际级运动健将 International Master of Sports	#女 Female	一级 First Grade	#女 Female	二级 Second Grade	#女 Female
总　计	**Total**	**2025**			**423**	**186**	**1602**	**424**
田　径	Track and Field	371			7	2	364	34
游　泳	Swimming	143			14	10	129	41
水　球	Water Polo							
跳　水	Diving	6					6	3
体　操	Gymnastics	34			29	8	5	5
艺术体操	Artistic Gymnastics	5			1	1	4	4
蹦　床	Trampoline	28			25	10	3	
举　重	Weightlifting	7					7	3
拳　击	Boxing	32			2	1	30	6
国际式摔跤	International Wrestling	62					62	10
中国式摔跤	Chinese-style Wrestling	7			7			
柔　道	Judo	50					50	13
跆拳道	Kickboxing	73			10	2	63	19
自行车	Cycle Racing	35					35	11
击　剑	Fencing	19			15	8	4	1
射　击	Shooting	25			2	1	23	9
射　箭	Sport Archery	20					20	5
足　球	Football	20					20	
篮　球	Basketball	120					120	42
排　球	Volleyball	95			23	13	72	25
乒乓球	Table Tennis	68			4	4	64	22
羽毛球	Badminton	50			16	11	34	10
网　球	Tennis	36			6	2	30	13
手　球	Handball	130					130	29
曲棍球	Field Hockey	35			35	20		
棒　球	Baseball	60			60	26		
健美操	Bodybuilding Gymnastics							
街　舞	Hip Hop							
软式网球	Soft Tennis							
武　术	Wushu	239					239	91
蹼　泳	Fin Swimming							
摩托艇	Motorboat							
围　棋	Weiqi	1					1	1
国际象棋	International Chess							
中国象棋	Chinese Chess							
橄榄球	Rugby Football	18					18	4
航空模型	Model Airplane							
其　他	Others	236			167	67	69	23

17-15 主要年份运动员打破纪录情况
RECORDS BROKEN BY ATHLETES IN MAJOR YEARS

年 份 Year	打破世界纪录 World Records Chalked Up			打破全国纪录 National Records Chalked Up			打破省纪录 Provincial Records Chalked Up		
	项数(项) Events (item)	次数(次) Times (time)	人数(人) Persons (person)	项数(项) Events (item)	次数(次) Times (time)	人数(人) Persons (person)	项数(项) Events (item)	次数(次) Times (time)	人数(人) Persons (person)
1978				15	21	10	118	260	95
1980				11	31	4	123	233	132
1985				2	2	2	48	64	35
1990	1	1	1	7	10	7	106	152	62
1995				2	2	5	60	89	84
2000				3	4	6	70	78	57
2005				2	2	2	17	17	25
2010				2	2	2	5	8	8
2011							3	3	3
2012				1	1	1	11	11	3
2013							13	13	18
2014							4	5	4
2015							12	18	12
2016							8	8	7
2017							15	15	18
2018							14	14	22
2019	2	2	1	1	1	1	34	44	31
2020							12	12	18
2021							16	16	19
2022							14	17	18

17-16 体育彩票、福利彩票发行情况
ISSUE OF SPORTS LOTTERY AND WELFARE LOTTERY

单位：万元 (10 000 yuan)

项 目	Item	2021	2022
体育电脑彩票销售点 (个)	Computer Sale Place of Sports Lottery Ticket (unit)	3172	3815
体育彩票销售收入	Sale Revenue of Sports Lottery Ticket	365453	432519
#用于兑奖金额	Value of Exchanging Awards	244592	282459
福利彩票销售点(个)	Sale Place of Welfare Lottery Ticket (unit)	5971	5698
福利彩票销售收入	Sale Revenue of Welfare Lottery Ticket	251282	240935

17-17 主要年份卫生机构数
HEALTH CARE INSTITUTIONS IN MAJOR YEARS

单位：个 (unit)

年 份 Year	总 计 Total	#医 院 Hospitals	#门诊部(所) Outpatient Departments	#疾病预防控制中心 Centers for Disease Control and Prevention	#妇幼保健院(所、站) Maternity and Child Care Centers	#医学科学研究机构 Research Institutes of Medical Science
1978	4995	2302	2345	136	128	3
1980	5190	2346	2432	137	129	12
1985	5834	2468	2910	135	123	19
1990	6108	2573	3020	141	123	23
1995	5922	2590	2790	153	131	22
2000	3273	716	92	148	136	23
2005	3009	885	52	157	131	10
2010	11889	1201	106	147	133	6
2011	12004	1216	291	147	132	7
2012	11907	1215	317	135	132	7
2013	12040	1219	297	134	132	7
2014	12528	1234	284	134	133	7
2015	12903	1274	312	134	132	7
2016	13178	1393	355	136	134	7
2017	13549	1388	391	135	135	7
2018	13740	1368	406	135	134	6
2019	14048	1398	493	134	131	5
2020	14343	1419	561	132	129	4
2021	14656	1431	664	132	127	1
2022	14605	1376	746	132	129	1

注：2011年起，卫生机构数不包括村卫生室数，后同。
Note: Rural clinics aren't included in health care institutions from 2011. The same applies to the following.

17-18 主要年份卫生机构床位数
NUMBER OF BEDS IN HEALTH CARE INSTITUTIONS IN MAJOR YEARS

单位：张 (unit)

年 份 Year	总 计 Total	医 院 Hospitals	其他卫生机构 Other Institutions	平均每千人口拥有医院床位数 Number of Hospital Beds Per 1000 Population
1978	65426	63293	2133	2.69
1980	71702	69141	2561	2.89
1985	87768	82076	5692	3.34
1990	105324	98142	7182	3.45
1995	110422	101936	8486	3.37
2000	111880	77300	34580	2.38
2005	107968	81150	26818	2.42
2010	155973	108333	47640	3.09
2011	158459	111335	47124	3.11
2012	165294	119856	45438	3.32
2013	172620	128294	44326	3.54
2014	177442	133957	43485	3.67
2015	183209	140257	42952	3.83
2016	189778	147096	42682	4.00
2017	197527	154184	43343	4.16
2018	208298	163584	44714	4.40
2019	218120	174807	43313	4.69
2020	223650	181312	42338	5.19
2021	228922	186065	42857	5.35
2022	228439	186300	42139	5.35

17-19 主要年份卫生技术人员数

NUMBER OF HEALTH TECHNICAL PERSONNEL IN MAJOR YEARS

单位：人 (person)

年 份 Year	卫生技术人员 Health Technical Personnel	#执业(助理)医师 Licensed Assistant Doctors	#注册护士 Registered Nurses	平均每千人口拥有卫生技术人员数 Number of Medical Technical Personnel Per 1000 Population
1978	76475	35157	10775	3.16
1980	87815	40479	11561	3.54
1985	109596	48557	16488	4.17
1990	128465	60185	27956	4.52
1995	142239	68658	34907	5.68
2000	136224	64900	37057	4.19
2005	130955	58617	38117	3.90
2010	190917	85376	62251	5.45
2011	189283	82547	64793	5.27
2012	199601	87319	70337	5.54
2013	203385	88182	74849	5.62
2014	209491	89852	79055	5.63
2015	213995	90216	83344	5.84
2016	225770	91748	92139	6.13
2017	227939	89824	96317	6.16
2018	240655	94314	103335	6.47
2019	249278	98230	108345	6.68
2020	260536	101667	115851	7.46
2021	273038	105403	123813	7.84
2022	275071	105146	125698	7.90

17-20 卫生机构分类人员数

NUMBER OF PERSONNEL IN HEALTH CARE INSTITUTIONS BY CATEGORY

单位：人 (person)

人员分类	Type of Personnel	2021	2022
一、各类人员总计	**Total Personnel**	**324859**	**326781**
卫生技术人员	Health Technical Personnel	273038	275071
其他技术人员	Other Technical Personnel	16363	16329
管理人员	Managerial Personnel	12206	12451
工勤人员	Logistics Workers	23252	22930
二、卫生技术人员	**Medical Technical Personnel**	**273038**	**275071**
执业(助理)医师	Licensed Assistant Doctors	105403	105146
#执业医师	Licensed Doctors	93785	93625
注册护士	Registered Nurses	123813	125698
药师(士)	Pharmacists	11445	11348
技师(士)	Technicians	17102	17803
其 他	Others	15275	15076

17-21 卫生机构、床位、人员数(2022年)
INSTITUTIONS, BEDS AND PERSONNELS IN HEALTH CARE INSTITUTIONS(2022)

类 别	Type	机构数(个) Institutions (unit)	床位数(张) Beds (unit)	人员合计(人) Personnel (person)	#卫生技术人员 Health Technical Personnel
总 计	**Total**	**14605**	**228439**	**326781**	**275071**
一、医院合计	**Total Number of Hospitals**	**1376**	**186300**	**226051**	**189334**
综合医院	General Hospitals	646	121616	156224	132042
中医医院	Hospitals of Chinese Medicine	210	21687	24032	20398
中西医结合医院	Hospitals for Chinese and Western Medicine	37	3381	3398	2945
民族医院	Nationality Hospitals				
专科医院	Special Hospitals	475	38930	41864	33609
口腔医院	Stomatological Hospitals	57	597	2452	1934
眼科医院	Ophthalmology Hospitals	42	2658	3590	2544
耳鼻喉科医院	Otolaryngology Hospitals	6	288	275	217
肿瘤医院	Tumor Hospitals	4	3429	3927	3388
心血管病医院	Cardiovascular Hospitals	14	2137	2621	2242
血液病医院	Hematological Hospitals	1	60	42	42
妇产(科)医院	Maternity Hospitals	33	1586	2417	1934
儿童医院	Children Hospitals	4	2356	4504	3750
精神病医院	Mental Hospitals	59	9782	5423	4022
传染病院	Hospitals for Infections Diseases	7	2105	2675	2103
皮肤病医院	Dermatology Hospitals	10	295	285	233
结核病医院	Tuberculosis Hospitals	3	1083	1017	828
职业病医院	Occupational Disease Hospital	3	519	831	687
骨科医院	Orthopaedics Hospitals	54	2808	3033	2571
康复医院	Recovered Hospitals	23	1650	1329	1085
整形外科医院	Plastics Hospitals	1	20	12	6
美容医院	Cosmetic Hospitals	10	204	384	286
其他专科医院	Other Specialized Hospitals	144	7353	7047	5737
护理院	Nursing Hospitals	8	686	533	340
二、社区卫生服务中心(站)	**Community Medical Service Centers and Stations**	**1040**	**4298**	**14883**	**13100**
#社区卫生服务中心	Community Medical Service Centers	233	3868	8032	6903
三、卫生院合计	**Total Number of Health Centers**	**1547**	**32365**	**29458**	**24135**
街道卫生院	Urban Health Centers	244	2488	2157	1708
乡镇卫生院	Township Health Centers	1303	29877	27301	22427
中心卫生院	Central Health Centers	406	12841	10644	8833
乡卫生院	Other Township Health Centers	897	17036	16657	13594

注：卫生机构床位数为实有数。
Note: The number of beds in health care institutions is an actual data.

17–21 续表 continued

类 别	Type	机构数(个) Institutions (unit)	床位数(张) Beds (unit)	人员合计(人) Personnel (person)	#卫生技术人员 Health Technical Personnel
四、门诊部合计	**Total Number of Clinics**	**746**	**300**	**8420**	**7630**
综合门诊部	General Clinics	125	93	2158	1847
中医门诊部	Chinese Medicine Clinics	58	54	589	502
中西医结合门诊部	Chinese and Western Medicine Clinics	8		82	80
专科门诊部	Special Clinics	555	153	5591	5201
五、诊所、卫生所、医务室	**Clinics, Health Centers and Infirmaries**	**9427**	**110**	**23276**	**22447**
诊 所	Clinics	8765	107	20984	20333
卫生所、医务室	Health Centres and Infirmaries	662	3	2292	2114
六、采供血机构	**Selection and Supplyment Blood Institutions**	**23**		**1417**	**1069**
七、妇幼保健院 (所、站)	**Maternity and Child Care Centers**	**129**	**4146**	**11995**	**9459**
1.省 属	Belong to Province	1			
省辖市(地区)属	Belong to City (prefecture) of Province	9	1554	4200	3505
地辖市属	Belong to City of Prefecture	35	754	2581	1999
县 属	Belong to County	80	1814	5053	3821
其 他	Others	4	24	161	134
2.妇幼保健院	Maternity and Child Care Hospitals	92	3917	10615	8472
妇幼保健所	Maternity and Child Care Institutes	5		132	105
妇幼保健站	Maternity and Child Care Stations	32	229	1248	882
生殖保健中心	Reproduction Care Centers				
八、疾病预防控制中心(防疫站)	**Centers for Disease Control and Prevention**	**132**		**5197**	**3527**
省 属	Belong to Province	1		250	191
省辖市(地区)属	Belong to City (prefecture) of Province	10		927	611
地辖市属	Belong to City of Prefecture	36		1296	911
县 属	Belong to County	72		2153	1395
其 他	Others	13		571	419
九、卫生监督所	**Sanitation Supervision Stations**	**114**		**2748**	**2288**
省 属	Belong to Province	1		82	82
省辖市(地区)属	Belong to City (prefecture) of Province	12		500	419
地辖市属	Belong to City of Prefecture	27		659	560
县 属	Belong to County	74		1507	1227
其 他	Others				
十、医学科学研究机构	**Research Institutes of Medical Science**	**1**		**43**	**39**
十一、医学在职培训机构	**Medical In–service Training Institutes**				
十二、健康教育所 (站、中心)	**Care Education Institutes**	**5**		**64**	**15**
十三、其他卫生机构	**Other Medical Institues**	**65**	**920**	**3229**	**2028**

17-22 医疗机构医疗服务量情况(2022年)
SERVICES QUANTITY IN HEALTH CARE INSTITUTIONS(2022)

类 别	Item	总诊疗人次(万人次) Total Diagnosis and Treatment (10 000 person-times)	出院人数(万人) Discharged Patients (10 000 persons)
总 计	**Total**	**12725.9**	**414.9**
#医 院	Hospital	6986.9	385.6
#综合医院	General Hospitals	5092.3	285.4
中医医院	Hospitals of Chinese Medicine	888.0	35.0
专科医院	Special Hospitals	939.1	60.0
卫生院	Commune Hospitals	1577.2	16.3
#乡镇卫生院	Town and Township Hospitals	1446.5	15.4
门诊部	Clinics	216.8	0.4
妇幼保健院 (所、站)	Maternity and Child Care Centers	397.9	10.3
专科疾病防治院 (所、站)	Special Disease Prevention Institutions	6.9	0.3

17-23 公证工作和调解
STATISTICS ON NOTARIZATION AND MEDIATION

项 目		Item	2021	2022
公证工作		**Notarization**		
公证处	(个)	Number of Notarization Offices (unit)	112	112
公证员(含公证员助理)	(人)	Notaries (Assistant Notaries) (person)	821	839
办理国内公证	(件)	Handle Civil Affair Notarization (case)	340576	406364
办理涉外及涉港澳台公证	(件)	Handle Foreign Nationals Notarization (case)	25815	26544
调解工作		**Mediation**		
专职人民调解员	(人)	Full-time People's Mediators (person)	3518	4790
人民调解委员会	(个)	Number of People Mediation Committees (unit)	23764	23989
调解人员	(人)	Number of Mediators (person)	73449	79829
调解各类纠纷	(件)	Mediation Various Quarrels (case)	120157	128899

17-24 律师工作
STATISTICS ON LAWYERS

项 目	Item	2021	2022
律师事务所 (个)	Number of Law Offices (unit)	902	938
律师工作人员(注册) (人)	Number of Lawyers (person)	12131	13758
#专职律师	Full-time Lawyers	9105	10227
兼职律师	Part-time Lawyers	486	495
聘请常年法律顾问的单位 (个)	Number of Units with Permanent Legal Advisors (unit)	11698	11456
民事诉讼代理 (件)	Agent of Civil Cases (case)	97561	95713
行政诉讼代理 (件)	Agent of Administrative Action (case)	4431	4021
刑事辩护及代理 (件)	Agent and Defender of Criminal Cases (case)	28981	22154
非诉讼法律事务 (件)	Agent of Non-Litigious Legal Affairs (case)	10674	12900
咨询和代书 (件)	Agent of Legal Advisory Services (case)	60874	53541

17-25 主要年份婚姻登记数
MARRIAGE REGISTRATION IN MAJOR YEARS

单位：对 (couple)

年 份 Year	登记结婚数 Permitting Marriage Registration	#恢复结婚 Resuming Marriage	初婚数 (人) First Marriage (person)	再婚数 (人) Remarriage (person)	男 Male	女 Female	登记离婚数 Permitting Divorce Registration
1985	236206	1787	453433	18979	9400	9579	7615
1990	220581	1115	422721	18441	8770	9671	7471
1995	179300	1090	343561	15039	7566	7473	7100
2000	164639	981	313195	16083	8407	7676	7612
2005	189855	1222	354147	25563	12163	13400	17398
2010	360581	4481	675719	45443	24033	21410	26473
2011	339607	3330	633629	45585	21910	23675	31260
2012	362827	4102	677046	48608	22845	25763	35585
2013	384006	4725	710324	57688	26399	31289	41939
2014	350711	5216	637477	63945	29134	34811	47894
2015	346789	8992	623132	70446	31818	38628	54166
2016	300121	6943	530845	69397	31423	37974	58962
2017	287723	8884	502961	72485	32439	40046	65091
2018	278525	9410	475647	81403	45090	36313	70873
2019	255043	10262	426325	83761	46666	37095	73647
2020	215796	9420	356612	74980	32999	41981	66890
2021	223593	9041	369875	77311	33409	43902	41522
2022	180878	7174	300033	61723	26461	35262	38394

17-26 妇联组织情况
WOMEN'S FEDERATION ORGANIZATION

单位：个 (unit)

项　目	Item	2021	2022
地市妇联数	Number of Women's Federation of Prefecture and City	11	11
县(市)妇联数	Number of Women's Federation of County and City	117	117
乡妇联数	Number of Women's Federation of Township	1189	1061
街妇联数	Number of Women's Federation for Subdistrict Office	207	217
基层妇代会数	Number of Women's Federation of Basic Level	21747	21766
城市 (社区妇联)	Urban Areas (Women's Federation of Community)	2794	2955
农村妇联数	Rural Areas	18953	18811
非公有经济组织中妇女组织	Women's Federation in Non–Public Ownership Economic Organization	5552	6414
直属机关妇工委	Women's Council in Department Directly under Governments	4151	4832
高等院校妇女组织	Women's Orgaization in University	46	57
省级所属	Provincial Level	25	32
市级所属	City Level	20	19
民办高校	University Run by Private Insititutions	1	6
民主党派妇委会数	Number of Women's Federation in Democratic Party	25	35

17-27 全省工业企业“三废”排放与治理情况
DISCHARGE AND TREATMENT OF WASTE WATER, WASTE GAS AND SOLID WASTES BY INDUSTRIAL ENTERPRISES

项　目	Item	2021	2022
废　水	**Waste Water**		
废水排放量 (万吨)	Waste Water Discharged (10 000 tons)	18603	19796
化学需氧量排放量 (吨)	COD Discharged (ton)	4515	3547
氨氮排放量 (吨)	Ammonia Nitrogen Discharged (ton)	157	119
废　气	**Waste Gas**		
废气排放量 (亿标立方米)	Waste Gas Emission (100 million cu.m)	52793	52004
二氧化硫排放量 (吨)	Sulphur Dioxide Emission (ton)	103813	90866
氮氧化物排放量 (吨)	Nitrogen Dioxide Emission (ton)	173682	153194
固体废物	**Solid Wastes**		
一般工业固体废物产生量 (万吨)	Common Industrial Solid Wastes Generated (10 000 tons)	45901	48014
一般工业固体废物综合利用量 (万吨)	Common Industrial Solid Wastes Integrated Use (10 000 tons)	18585	18743
一般工业固体废物处置量 (万吨)	Common Industrial Solid Wastes Disposed (10 000 tons)	21664	23287
危险废物产生量 (万吨)	Hazardous Wastes Generated (10 000 tons)	377.5	383.4
危险废物综合利用处置量 (万吨)	Hazardous Wastes Integrated Use and Disposed (10 000 tons)	376.0	381.6
污染治理	**Pollution Treatment**		
当年污染治理施工项目总数 (个)	Number of Projects for Pollution Treatment in the Year (unit)	99	75
污染治理项目本年完成投资额 (万元)	Investment of the Project for Pollution Treatment in the Year (10 000 yuan)	76071.1	43483.5
治理废水	Treatment of Waste Water	7747.5	8044.7
治理废气	Treatment of Waste Gas	44865.3	27340.1
治理固体废物	Treatment of Solid Wastes	1165.0	1894.0
治理噪声	Noise Abatement	177.6	335.4
治理其他	Others	22115.8	5869.3

注：2022年为初步统计数。
Note: Data of 2022 are preliminary statistics.

主要统计指标解释

艺术表演团体 指从事戏曲、音乐、舞蹈、杂技等专业艺术表演，有独立帐户，实行单独核算的团体。不包括半工半艺、半农半艺的业余团体。

文化馆 指专门从事群众文化活动的群众文化场馆。不包括临时抽调人员组成、没有编制的农村和街道文化工作队、服务站等。

文化市场经营机构 指经文化市场行政部门审批或已申报登记并领取相关许可证的、从事文化经营和文化服务活动的机构。

图书馆 指各类图书馆的管理与服务（对文献和信息的搜集、整理、存储、利用和管理，向社会公众开放并提供科学、文化等各种知识普及教育）。包括公共图书馆和各类机构内部举办的或单独举办的图书馆的管理与服务。不包括部队系统以及文化馆（文化中心、群众艺术馆）、文化站内设的图书室。

文化艺术研究机构 指有明确的研究方向和任务，有一定水平的学术带头人和一定数量、质量的研究人员，有开展工作的基本条件，主要进行文化艺术研究（含科技）的机构。

博物馆 指以教育、研究和欣赏为目的，收藏、保护并向公众展示人类活动和自然环境的见证物，经登记管理机关依法登记的非营利组织。

艺术表演观众人数 指售票、包场演出或民族地区免费演出艺术表演观众人次数。不包括彩排审查和内部观摩演出的观看人次数。

工业废水排放量 指调查年度经过企业厂区所有排放口排到企业外部的工业废水量。包括生产废水、外排的直接冷却水、废气治理设施废水、超标排放的矿井地下水和与工业废水混排的厂区生活污水，不包括独立外排的间接冷却水(清浊不分流的间接冷却水应计算在内)。

一般工业固体废物产生量 指当年全年调查对象实际产生的一般工业固体废物的量。一般工业固体废物指企业在工业生产过程中产生且不属于危险废物的工业固体废物。

一般工业固体废物综合利用量 指调查年度企业通过回收、加工、循环、交换等方式，从固体废物中提取或者使其转化为可以利用的资源、能源和其他原材料的固体废物量（包括当年利用的往年工业固体废物累计贮存量）。如用作农业肥料、生产建筑材料、筑路、用作充填回填材料等。

一般工业固体废物处置量 指调查年度企业将工业固体废物焚烧和用其他改变工业固体废物的物理、化学、生物特性的方法，达到减少或者消除其危险成分的活动，或者将工业固体废物最终置于符合生态环境保护规定要求的填埋场的活动中，所消纳固体废物的量（包括当年处置的往年工业固体废物累计贮存量）。

危险废物产生量 指调查年度调查对象实际产生的危险废物的量，包括利用处置危险废物过程中二次产生的危险废物的量。

危险废物综合利用处置量 指调查年度调查对象从危险废物中提取物质作为原材料或者燃料的活动中消纳危险废物的量，以及将危险废物焚烧和用其他改变危险废物物理、化学、生物特性的方法，达到减少或者消除其危险成分的活动，或者将危险废物最终置于符合环境保护规定要求的填埋场的活动中，所消纳危险废物的量。包括本单位自行处置利用的本单位产生和接收外单位危险废物量。

Explanatory Notes on Main Statistical Indicators

Art Performance Troupes refer to the troupes which are engaged in drama, music, dance, acrobatics or other art performance, have independent accounts with banks and have self-supporting accounting system. Amateur troupes which are engaged partly in industrial or agricultural activities and partly in art performance are not included.

Culture Centers refer to mass cultural centers which specialize in mass cultural activities. They do not include rural and street cultural teams or service stations that comprise of temporary transferred staff or personnel who do not have a personnel quota.

Business Institutions of Cultural Market refer to the institutions dealing in culture and cultural services, which registered and permitted with the relative certificate by cultural market administration.

Libraries refer to management and services of all kinds of libraries, that is, collect, collate, store and manage literature and information, supply various popular knowledge and education of science and culture openly. They include management and service that are carried out internally and singly by public libraries and all kinds of agencies, but don't include library rooms of army and culture centers or stations.

Culture and Art Research Institutions refer to institutions that mainly do research on culture and art. These institutions own academic leaders to a certain degree and research personnel to a certain quantity and quality, have the basic condition to carry out work under definite research direction and task.

Museums refer to legally registered non-profit organizations which collect, protect, exhibit the evidence of human's activities and natural environment for the purpose of education, research and appreciation.

Number of Spectators at Art Performance refers to the number of attendants at commercial shows completely booked shows or free shows given in minority national areas and does not include the number of spectators at rehearsals for examination and internal shows for study.

Industrial Waste Water Discharged refers to the volume of industrial waste water discharged through all outlets to the outside of industrial enterprises over the year, including production wastewater, direct-cooling water, wastewater from waste gas treatment facilities, underground water from mines that does not meet the standard and the domestic sewage mixed up with industrial waste water, excluding indirect-cooling water discharged separately.

Common Industrial Solid Wastes Generated refers to the amount of common industrial solid wastes the surveyed units actual generated in the survey year. The common industrial solid wastes refers to the industrial solid wastes, which are not hazardous wastes, generated by the enterprises in the process of industrial production.

Common Industrial Solid Wastes Integrated Use refers to amount of solid wastes from which useable materials can be extracted or converted into usable resources, energy or other materials through reclamation, processing, recycling and exchange (including utilizing in the year the stocks of industrial solid wastes of the previous year) generated by enterprises in the survey year, e.g. being used as agricultural fertilizers, building materials, paving materials, filling and backfilling materials.

Common Industrial Solid Wastes Disposed refers to the amount of industrial solid wastes disposed, which covers the amount of previous years, through incineration or other methods to change its physical, chemical and biological properties to reduce or eliminate the hazardous landfilled in the sites following the requirements for environmental protection by surveyed enterprises in the survey year.

Hazardous Wastes Generated refers to the amount of actual hazardous wastes generated by surveyed units in the survey year, which is covered secondary generation during the process of disposal and reuse of hazardous wastes.

Hazardous Wastes Integrated Used and Disposed refers to the amount of hazardous wastes that are used to extract materials for raw materials or fuel in the survey year, and the amount of hazardous wastes which are incineration or specially disposed using other methods to change its physical, chemical and biological properties and thus to reduce or eliminate the hazards, or placed ultimately in the sites following the requirements for environmental protection in the survey year. It includes the hazardous wastes generated from the surveyed units and received from other units.

18

GENERAL SURVEY OF CITIES

城市概况

资料整理人员

李艳旭　李悦榕　杨　敏

18-1 地级城市主要经济指标(2022年)
MAJOR ECONOMIC INDICATORS OF CITIES AT PREFECTURE LEVEL(2022)

指 标	Item	太原市区 Taiyuan Urban District	大同市区 Datong Urban District	阳泉市区 Yangquan Urban District
年末总户数 (万户)	Households at Year-end (10 000 households)	99.28	71.11	25.91
年出生人数 (人)	Birth Population of the Year (person)	27273	9305	4064
年死亡人数 (人)	Death Population (person)	9722	7250	5753
地区生产总值 (亿元)	Gross Domestic Product (100 million yuan)	4988	1364	667
第一产业	Primary Industry	15	32	4
第二产业	Secondary Industry	2063	633	352
第三产业	Tertiary Industry	2911	700	311
工业经济指标	Economic Industrial Indicators			
工业企业数 (个)	Number of Industrial Enterprises (unit)	579	307	145
内资企业	Domestic Funded Enterprises	561	294	138
港澳台商投资企业	Enterprises Funded by Hong Kong, Macao and Taiwan	2	3	3
外商投资企业	Foreign Funded Enterprises	16	10	4
流动资产合计 (万元)	Total Current Assets (10 000 yuan)	32997689	40136141	12650743
营业收入 (万元)	Business Revenue (10 000 yuan)	45922769	23982691	5656379
利润总额 (万元)	Total Profits (10 000 yuan)	1782409	562847	810780
房地产开发投资	Investment in Real Estate	5039040	2561014	107785
#住 宅	Residential Buildings	3843416	1897305	88583
商品房销售面积 (万平方米)	Floor Space of Commercial Houses Sold (10 000 sq.m)	472.65	166.38	22.55
商品房销售额 (万元)	Sales of Commercial Houses (10 000 yuan)	4790262	1102731	131399
社会消费品零售总额 (万元)	Total Retail Sales of Consumer Goods (10 000 yuan)	16467748	6100555	2040834
一般公共预算收入 (万元)	General Public Budget Revenue (10 000 yuan)	896153	1531199	158080
一般公共预算支出 (万元)	General Public Budget Expenditure (10 000 yuan)	1876129	2462536	412742
住户存款余额 (万元)	Balance of Household Deposits (10 000 yuan)	70854940	24463525	

18-1 续表

指　标	Item	长治市区 Changzhi Urban District	晋城市区 Jincheng Urban District
年末总户数 (万户)	Households at Year-end (10 000 households)	53.65	15.02
年出生人数　(人)	Birth Population of the Year (person)	12302	4123
年死亡人数　(人)	Death Population (person)	6278	1152
地区生产总值 (亿元)	Gross Domestic Product (100 million yuan)	1415	425
第一产业	Primary Industry	33	1
第二产业	Secondary Industry	844	108
第三产业	Tertiary Industry	538	317
工业经济指标	Economic Industrial Indicators		
工业企业数 (个)	Number of Industrial Enterprises (unit)	387	84
内资企业	Domestic Funded Enterprises	377	80
港澳台商投资企业	Enterprises Funded by Hong Kong, Macao and Taiwan	7	1
外商投资企业	Foreign Funded Enterprises	3	3
流动资产合计 (万元)	Total Current Assets (10 000 yuan)	14548578	1771579
营业收入　(万元)	Business Revenue (10 000 yuan)	22056662	1784926
利润总额　(万元)	Total Profits (10 000 yuan)	2785980	81071
房地产开发投资	Investment in Real Estate	1209659	582395
#住　宅	Residential Buildings	884390	405963
商品房销售面积 (万平方米)	Floor Space of Commercial Houses Sold (10 000 sq.m)	191.86	68.30
商品房销售额　(万元)	Sales of Commercial Houses (10 000 yuan)	1383399	535260
社会消费品零售总额 (万元)	Total Retail Sales of Consumer Goods (10 000 yuan)	4786840	3188966
一般公共预算收入　(万元)	General Public Budget Revenue (10 000 yuan)	609140	891723
一般公共预算支出　(万元)	General Public Budget Expenditure (10 000 yuan)	1328540	1234385
住户存款余额　(万元)	Balance of Household Deposits (10 000 yuan)	17769106	11335477

continued

朔州市区 Shuozhou Urban District	晋中市区 Jinzhong Urban District	运城市区 Yuncheng Urban District	忻州市区 Xinzhou Urban District	临汾市区 Linfen Urban District	吕梁市区 Lvliang Urban District
26.31	23.56	25.01	23.70	26.74	10.85
2112	4859	5884	3450	6484	2657
1791	1779	3263	2137	4127	1117
761	356	393	244	442	250
20	20	26	15	14	4
378	107	112	73	139	150
363	228	255	156	289	97
155	243	105	62	96	44
149	233	104	61	94	43
2	5	1		1	
4	5		1	1	1
6111095	3295271	935060	1036362	1689123	4338139
9717620	5329362	1519256	1155100	3115732	3632316
1745229	-196452	-28229	7710	432438	1122023
68766	1094020	725748	294323	634348	91590
55687	881487	628271	209522	540905	70168
8.46	96.00	104.02	51.30	92.46	17.48
35730	695193	654264	294250	658204	110740
1549696	2144141	2846959	1484435	2869038	764023
1000517	138841	151515	69224	253297	316514
1349631	387584	520087	303981	472593	354192
8356263	10215398	7574663	6535536	9968003	4633618

18-2 地级城市公共服务及公用事业(2022年)

指　标	Item	太原市区 Taiyuan Urban District
中等职业教育学校数 (所)	Secondary Vocational Education Schools (unit)	46
普通中学学校数 (所)	Regular Secondary Schools (unit)	189
普通小学学校数 (所)	Regular Primary Schools (unit)	279
中等职业教育专任教师数 (人)	Full-Time Teachers of Secondary Vocational Education (person)	4275
普通中学专任教师数 (人)	Full-Time Teachers of Regular Secondary Schools (person)	18252
普通小学专任教师数 (人)	Full-Time Teachers of Regular Primary Schools (person)	18914
中等职业教育在校学生数 (人)	Students Enrollment of Secondary Vocational Education (person)	58159
普通中学在校学生数 (万人)	Students Enrollment of Regular Secondary Schools (10 000 persons)	20.22
普通小学在校学生数 (万人)	Students Enrollment of Regular Primary Schools (10 000 persons)	31.13
医院数 (个)	Number of Hospitals (unit)	140
医院床位数 (张)	Number of Hospital Beds (unit)	41575
执业(助理)医师数 (人)	Number of Licensed Assistant Doctors (person)	23713
注册护士数 (人)	Number of Registered Nurses (person)	30904
公共供水综合生产能力 (万立方米/日)	Comprehensive Production Capacity of Public Water Supply (10 000 cu.m/day)	
年末排水管道长度 (公里)	Lenth of Drainage Pipelines at Year End (km)	
年末实有城市道路面积 (万平方米)	Actual Area of City Roads at the Year End (10 000 sq.m)	
年末实有公共汽(电)车营运车辆数 (辆)	Number of Public Buses (Trolly Buses) under Operation at Year-end (unit)	2533
年末实有巡游出租汽车运营车数(辆)	Number of Taxis under Operation at Year-end (unit)	8292
公共汽(电)车客运总量 (万人次)	Number of Passengers Carried by Public Buses (Trolly Buses) (10 000 person-times)	18800
绿地面积 (公顷)	Green Area (ha)	14378
#公园绿地面积	Green Area of Parks	5204
建成区绿化覆盖率 (%)	Green Coverage Rate of Completed Areas (%)	45.08

PUBLIC SERVICES AND FACILITIES IN CITIES AT PREFECTURE LEVEL(2022)

大同市区 Datong Urban District	阳泉市区 Yangquan Urban District	长治市区 Changzhi Urban District	晋城市区 Jincheng Urban District	朔州市区 Shuozhou Urban District
20	9	24	5	9
82	41	97	33	36
120	61	211	55	46
1372	361	2276	546	668
9285	2941	8323	3055	6687
8959	2295	8382	2011	3607
16979	3578	30527	8868	6839
9.20	3.05	9.36	3.03	4.74
11.86	3.73	11.71	4.15	5.88
78	43	60	42	51
13363	5787	10693	5954	4492
7602	3152	6515	3187	2041
8362	4209	8002	3968	2554
61.65	36.49	21.04	13.00	6.00
1614	541	671	607	320
2720	1003	1598	931	1390
1379	747	927	562	213
5261	1885	2229	1453	2224
12386	8655	6922	2521	684
6254	2474	4519	2202	1985
2192	739	1369	1032	650
43.40	44.07	46.06	47.14	43.98

18-2 续表

指 标	Item	晋中市区 Jinzhong Urban District
中等职业教育学校数 (所)	Secondary Vocational Education Schools (unit)	8
普通中学学校数 (所)	Regular Secondary Schools (unit)	36
普通小学学校数 (所)	Regular Primary Schools (unit)	84
中等职业教育专任教师数 (人)	Full-Time Teachers of Secondary Vocational Education (person)	767
普通中学专任教师数 (人)	Full-Time Teachers of Regular Secondary Schools (person)	4089
普通小学专任教师数 (人)	Full-Time Teachers of Regular Primary Schools (person)	2993
中等职业教育在校学生数 (人)	Students Enrollment of Secondary Vocational Education (person)	13422
普通中学在校学生数 (万人)	Students Enrollment of Regular Secondary Schools (10 000 persons)	4.15
普通小学在校学生数 (万人)	Students Enrollment of Regular Primary Schools (10 000 persons)	5.75
医院数 (个)	Number of Hospitals (unit)	24
医院床位数 (张)	Number of Hospital Beds (unit)	4495
执业(助理)医师数 (人)	Number of Licensed Assistant Doctors (person)	2695
注册护士数 (人)	Number of Registered Nurses (person)	3284
公共供水综合生产能力 (万立方米/日)	Comprehensive Production Capacity of Public Water Supply (10 000 cu.m/day)	12.90
年末排水管道长度 (公里)	Lenth of Drainage Pipelines at Year End (km)	
年末实有城市道路面积 (万平方米)	Actual Area of City Roads at the Year End (10 000 sq.m)	
年末实有公共汽(电)车营运车辆数 (辆)	Number of Public Buses (Trolly Buses) under Operation at Year-end (unit)	628
年末实有出租汽车运营车数 (辆)	Number of Taxis under Operation at Year-end (unit)	1180
公共汽(电)车客运总量 (万人次)	Number of Passengers Carried by Public Buses (Trolly Buses) (10 000 person-times)	1037
绿地面积 (公顷)	Green Area (ha)	3778
#公园绿地面积	Green Area of Parks	983
建成区绿化覆盖率 (%)	Green Coverage Rate of Completed Areas (%)	43.07

continued

运城市区 Yuncheng Urban District	忻州市区 Xinzhou Urban District	临汾市区 Linfen Urban District	吕梁市区 Lvliang Urban District
24	10	19	10
43	34	60	23
76	85	128	40
1444	330	884	1182
5921	4003	5670	3078
3656	2935	4539	3003
25041	7220	12600	6679
6.74	4.65	6.44	3.78
8.61	4.09	7.53	5.13
99	40	58	23
9083	3414	8367	2790
5135	1952	4604	1428
6018	2396	5761	1784
15.75	13.51	8.90	8.50
595	824	517	422
1077	932	773	440
807	230	600	465
1801	712	1862	453
2153	812	3773	1211
2720	1504	2177	1361
801	508	932	468
45.21	44.25	42.33	43.11

主要统计指标解释

公共供水综合生产能力 指年末按供水设施取水、净化、送水、出厂输水干管等环节设计能力计算的综合生产能力。包括在原设计能力的基础上，经挖、革、改增加的生产能力。计算时，以四个环节中最薄弱的环节为主确定能力。

年末实有城市道路面积 指道路实际铺装面积和与道路相通的广场、桥梁、隧道的铺装面积（统计时，将人行道面积单独统计）。人行道面积按道路两侧面积相加计算，包括步行街和广场，不含人车混行的道路。

年末实有公共汽（电）车营运车辆数 指年末实际运营的公共汽车、公共电车的数量。

公共汽（电）车客运总量 指一年内公共汽车、公共电车总共搭载的人次。

绿地面积 指报告期末用作园林和绿化的各种绿地面积。包括公园绿地、生产绿地、防护绿地、附属绿地和其他绿地的面积。

Explanatory Notes on Main Statistical Indicators

Comprehensive Production Capacity of Public Water Supply refers to the designed overall production capacity of water facilities at the end of the year, covering the four segments of water collection, purification, conveyance, and outflow through trunk pipelines. Increased capacity through transformation and innovation projects is included as well. The capacity is determined mainly on the weakest of the above-mentioned four segments.

Actual Area of City Roads at Year-end refers to the actual pavement area of roads and the paving area of squares, bridges and tunnels connected with roads (The sidewalk area is counted separately.). The sidewalk area is counted on both side area of the roads, including pedestrian street and squares, but excluding mixed roads for people and vehicles.

Number of Public Buses (Trolley Buses) under Operation at Year-end refers to the actual number of operational public buses and trolley buses.

Number of Passengers Carried by Buses (Trolley Buses) refers to the total person-times of passengers carried by buses and trolley buses in the year.

Green Area refers to the total area occupied for green projects at the end of the reference period, including park green land, production green land, protection green land, green land attached to institutions, and other green areas.

19

CITIES AT PREFECTURE LEVEL

地市篇

19-1 地区生产总值(2022年)
GROSS DOMESTIC PRODUCT(2022)

单位：万元 (10 000 yuan)

市名 City		地区生产总值 Gross Domestic Product	第一产业 Primary Industry	第二产业 Secondary Industry	第三产业 Tertiary Industry	#工业 Industry	#批发和零售业 Wholesale and Retail Trade	#交通运输、仓储和邮政业 Transportation, Storage and Post	人均地区生产总值(元) Per Capita GDP(yuan)
全省	**Total**	**256425885**	**13403996**	**138408482**	**104613407**	**127585990**	**16667134**	**11985277**	**73675**
太原市	Taiyuan	55711745	480687	24660997	30570061	19691522	4597553	2208170	102922
大同市	Datong	18425237	1072781	8275288	9077168	7425518	1310775	1391452	59447
阳泉市	Yangquan	10129306	160154	5629182	4339970	5202858	621719	420813	77263
长治市	Changzhi	28048480	971498	18467278	8609704	17855663	1465612	920104	89137
晋城市	Jincheng	23054352	781467	15222381	7050504	14648323	1182112	1034434	105322
朔州市	Shuozhou	15361869	980494	7584917	6796458	7296521	1389349	988865	96585
晋中市	Jinzhong	21122997	1557048	11761484	7804465	10975156	1227490	1434806	62269
运城市	Yuncheng	23011461	3513127	9699552	9798782	8557125	1805295	1126173	48693
忻州市	Xinzhou	15005823	1228170	7945142	5832511	7582476	689627	677313	56426
临汾市	Linfen	22278556	1580326	12430197	8268033	11825547	1364806	984988	56986
吕梁市	Lvliang	24189048	1078245	16842647	6268156	16525280	1012794	798158	71722

注：本表数据为初步核算数，后同。
Note: Data in the table are preliminary figures, the same applies to the following.

19-2 地区生产总值指数(2022年)
INDICES OF GROSS DOMESTIC PRODUCT(2022)

上年=100 (last year=100)

市名 City		地区生产总值 Gross Domestic Product	第一产业 Primary Industry	第二产业 Secondary Industry	第三产业 Tertiary Industry	#工业 Industry	#批发和零售业 Wholesale and Retail Trade	#交通运输、仓储和邮政业 Transportation, Storage and Post
全省	**Total**	**104.4**	**105.1**	**106.2**	**102.7**	**106.4**	**97.5**	**97.9**
太原市	Taiyuan	103.3	104.0	105.8	101.7	106.7	92.5	97.2
大同市	Datong	103.5	103.9	103.5	103.5	104.0	98.7	97.1
阳泉市	Yangquan	103.5	104.3	105.9	101.3	106.9	90.4	97.0
长治市	Changzhi	107.2	105.7	109.7	103.9	110.2	100.0	100.0
晋城市	Jincheng	107.3	103.9	109.9	104.1	109.9	108.9	102.8
朔州市	Shuozhou	101.0	104.1	100.1	101.3	100.1	94.1	94.5
晋中市	Jinzhong	105.2	105.5	107.3	103.0	107.2	105.1	98.8
运城市	Yuncheng	105.6	105.3	106.7	104.9	108.1	104.2	98.3
忻州市	Xinzhou	103.8	105.6	103.6	103.6	104.0	104.1	96.6
临汾市	Linfen	105.2	105.2	107.0	103.4	107.6	101.8	98.0
吕梁市	Lvliang	103.9	106.1	103.7	103.9	103.9	99.9	96.8

19–3 基本单位数(2022年)
NUMBER OF BASIC UNITS (2022)

单位：个 (unit)

市 名 City	法人单位数 Corporation Units	单产业法人 Single Industry	多产业法人 Multi–industry	产业活动单位数 Active Units	#多产业法人所属产业活动单位 Units Belong to Multi–industry Corporation
全 省 Total	**918920**	**901586**	**17334**	**994027**	**92441**
太原市 Taiyuan	243596	238349	5247	259544	21195
大同市 Datong	45720	44853	867	50200	5347
阳泉市 Yangquan	20273	19447	826	23642	4195
长治市 Changzhi	69605	68031	1574	76966	8935
晋城市 Jincheng	59786	58307	1479	65805	7498
朔州市 Shuozhou	47332	46676	656	50249	3573
晋中市 Jinzhong	78945	77259	1686	87204	9945
运城市 Yuncheng	130134	128555	1579	138144	9589
忻州市 Xinzhou	55550	54529	1021	61056	6527
临汾市 Linfen	89550	87878	1672	97968	10090
吕梁市 Lvliang	78429	77702	727	83249	5547

注：(1)本表根据有关部门行政登记资料，采用电话、互联网查询等方式更新维护单位信息，后表同；
(2)本表不含注册未经营的单位数据，后表同。

Notes: (1)Data in this table is based on the administrative registration data of relevant departments, and is updated and maintained by telephone and internet inquiries. The same applies to the following.
(2)The units which have been registered but haven't been in operation are not included in the table. The same applies to the following.

19–4 按登记注册类型分基本单位数(2022年)
NUMBER OF BASIC UNITS BY REGISTRATION STATUS(2022)

单位：个 (unit)

市 名 City	法人单位数 Corporation Units	内资单位 Civil Funded	港澳台商投资单位 Funded by Hong Kong, Macao and Taiwan	外商投资单位 Foreign Funded	产业活动单位数 Active Units	内资单位 Civil Funded	港澳台商投资单位 Funded by Hong Kong, Macao and Taiwan	外商投资单位 Foreign Funded
全 省 Total	**918920**	**918109**	**328**	**483**	**994027**	**989549**	**1785**	**2693**
太原市 Taiyuan	243596	243304	103	189	259544	258496	427	621
大同市 Datong	45720	45668	21	31	50200	49966	100	134
阳泉市 Yangquan	20273	20247	12	14	23642	23484	67	91
长治市 Changzhi	69605	69557	18	30	76966	76605	108	253
晋城市 Jincheng	59786	59738	20	28	65805	65491	118	196
朔州市 Shuozhou	47332	47300	15	17	50249	50095	40	114
晋中市 Jinzhong	78945	78862	37	46	87204	86796	189	219
运城市 Yuncheng	130134	130060	27	47	138144	137503	287	354
忻州市 Xinzhou	55550	55514	16	20	61056	60794	88	174
临汾市 Linfen	89550	89493	31	26	97968	97461	221	286
吕梁市 Lvliang	78429	78366	28	35	83249	82858	140	251

19-5 按产业分基本单位数(2022年)
NUMBER OF BASIC UNITS BY INDUSTRY(2022)

单位：个 (unit)

市名 City		法人单位数 Corporation Units	第一产业 Primary Industry	第二产业 Secondary Industry	第三产业 Tertiary Industry
全省	**Total**	**918920**	**105382**	**144681**	**668857**
太原市	Taiyuan	243596	3591	29988	210017
大同市	Datong	45720	7573	6994	31153
阳泉市	Yangquan	20273	1845	3502	14926
长治市	Changzhi	69605	9337	12088	48180
晋城市	Jincheng	59786	5335	11056	43395
朔州市	Shuozhou	47332	10399	7618	29315
晋中市	Jinzhong	78945	8840	16271	53834
运城市	Yuncheng	130134	21461	21909	86764
忻州市	Xinzhou	55550	10747	9449	35354
临汾市	Linfen	89550	13082	14015	62453
吕梁市	Lvliang	78429	13172	11791	53466

市名 City		产业活动单位数 Active Units	第一产业 Primary Industry	第二产业 Secondary Industry	第三产业 Tertiary Industry
全省	**Total**	**994027**	**105692**	**151694**	**736641**
太原市	Taiyuan	259544	3611	31377	224556
大同市	Datong	50200	7599	7367	35234
阳泉市	Yangquan	23642	1857	3819	17966
长治市	Changzhi	76966	9364	12866	54736
晋城市	Jincheng	65805	5372	11740	48693
朔州市	Shuozhou	50249	10425	7897	31927
晋中市	Jinzhong	87204	8865	16999	61340
运城市	Yuncheng	138144	21508	22570	94066
忻州市	Xinzhou	61056	10784	9973	40299
临汾市	Linfen	97968	13118	14835	70015
吕梁市	Lvliang	83249	13189	12251	57809

19-6 按行业分法人单位数(2022年)
NUMBER OF CORPORATION UNITS BY SECTOR(2022)

单位：个 (unit)

市 名 City	合 计 Total	农、林、牧、渔业 Farming, Forestry, Animal Husbandry and Fishery	采矿业 Ming	制造业 Manufacturing	电力、热力、燃气及水生产和供应业 Production and Supply of Electricity, Heat, Gas and Water
全 省 Total	**918920**	**114790**	**6162**	**48268**	**7205**
太原市 Taiyuan	243596	3892	309	7008	628
大同市 Datong	45720	8057	348	3081	798
阳泉市 Yangquan	20273	1966	172	1354	262
长治市 Changzhi	69605	10258	465	3241	1006
晋城市 Jincheng	59786	6098	505	2437	531
朔州市 Shuozhou	47332	11301	435	2508	530
晋中市 Jinzhong	78945	10036	850	6389	577
运城市 Yuncheng	130134	22808	420	8980	540
忻州市 Xinzhou	55550	11622	871	4072	706
临汾市 Linfen	89550	14224	802	3450	1111
吕梁市 Lvliang	78429	14528	985	5748	516

市 名 City	建筑业 Construction	批发和零售业 Wholesale and Retail Trade	交通运输、仓储和邮政业 Transport, Storage and Post	住宿和餐饮业 Hotels and Catering Services	信息传输、软件和信息技术服务业 Information Transmission, Software and Information Technology Services
全 省 Total	**85349**	**275450**	**27209**	**16657**	**44387**
太原市 Taiyuan	22591	80444	4253	5812	24353
大同市 Datong	2989	12708	1558	796	1104
阳泉市 Yangquan	1776	6084	675	320	479
长治市 Changzhi	7589	21256	1912	1400	1917
晋城市 Jincheng	7787	19970	1654	867	1816
朔州市 Shuozhou	4287	13408	1469	686	1066
晋中市 Jinzhong	8690	21229	3268	1522	2575
运城市 Yuncheng	12179	36434	3740	2295	5465
忻州市 Xinzhou	3896	12387	2393	711	1122
临汾市 Linfen	8857	27042	3083	1212	2751
吕梁市 Lvliang	4708	24488	3204	1036	1739

19-6 续表 continued

单位：个 (unit)

市 名 City	金融业 Financial Industry	房地产业 Real Estate	租赁和商务服务业 Lease and Business Affairs Services	科学研究和技术服务业 Scientific Research, and Technical Services	水利、环境和公共设施管理业 Water, Environmental Protection and Public Facility Management
全 省 Total	**2870**	**27738**	**93674**	**46138**	**7270**
太原市 Taiyuan	1001	8731	42639	18840	1340
大同市 Datong	155	1262	3197	1627	429
阳泉市 Yangquan	112	646	1680	1009	152
长治市 Changzhi	165	2016	4552	2419	567
晋城市 Jincheng	179	1442	5518	2291	656
朔州市 Shuozhou	116	1080	3223	1513	330
晋中市 Jinzhong	257	2418	5832	3839	787
运城市 Yuncheng	249	3942	10137	7284	831
忻州市 Xinzhou	182	1564	4232	1532	723
临汾市 Linfen	235	2610	7569	3148	714
吕梁市 Lvliang	219	2027	5095	2636	741

市 名 City	居民服务、修理和其他服务业 Resident Services, Repair and Other Services	教 育 Education	卫 生和社会工作 Health Care and Social Work	文化、体育和娱乐业 Culture, Sports and Recreation	公共管理、社会保障和社会组织 Public Management, Social Security and Social Organization
全 省 Total	**20479**	**17925**	**8911**	**20672**	**47766**
太原市 Taiyuan	6244	3242	1724	5846	4699
大同市 Datong	1021	1255	670	864	3801
阳泉市 Yangquan	427	495	297	451	1916
长治市 Changzhi	1550	1388	665	1683	5556
晋城市 Jincheng	1721	953	555	1547	3259
朔州市 Shuozhou	832	804	480	676	2588
晋中市 Jinzhong	1680	1809	873	2003	4311
运城市 Yuncheng	2759	2577	1169	3055	5270
忻州市 Xinzhou	913	1246	711	951	5716
临汾市 Linfen	1914	2144	1018	2354	5312
吕梁市 Lvliang	1418	2012	749	1242	5338

19-9 城镇非私营单位就业人员和工资(2022年)

NUMBER AND WAGE OF EMPLOYEES IN URBAN NON-PRIVATE UNITS(2022)

市 名 City	就业人员 (人) Employees (person)	工资总额 (万元) Total Wage (10 000 yuan)	平均工资 (元) Average Wage (yuan)	
				#在岗职工 Fully Employed
全 省 Total	**4382600**	**39964750**	**90495**	**92882**
太原市 Taiyuan	977704	10510147	103008	105242
大同市 Datong	362264	3126184	86710	89479
阳泉市 Yangquan	217458	1730002	79140	82474
长治市 Changzhi	462029	4124587	89510	90596
晋城市 Jincheng	355003	3121697	87707	89449
朔州市 Shuozhou	180470	1653301	91215	94672
晋中市 Jinzhong	390961	3300011	85259	87352
运城市 Yuncheng	370130	2751952	74037	76568
忻州市 Xinzhou	257103	2024398	79974	82577
临汾市 Linfen	360081	2972232	82677	85075
吕梁市 Lvliang	355901	3141415	88872	91610

注：全省数据包含铁路单位数据。
Note: The data of railway units are included in the provincial data.

19-10 原保险保费收入(2022年)

PREMIUM OF PRIMARY INSURANCE(2022)

单位：万元 (10 000 yuan)

市 名 City	合 计 Total	财产险 Property Insurance	意外险 Accident Insurance	健康险 Health Insurace	寿 险 Life Insurance
全 省 Total	**10129315**	**2491747**	**201752**	**1642524**	**5793292**
太原市 Taiyuan	3075782	709468	71265	506153	1788897
大同市 Datong	754137	203089	13182	115034	422833
阳泉市 Yangquan	357489	80634	6322	59408	211125
长治市 Changzhi	786506	189189	14942	129786	452589
晋城市 Jincheng	595630	146316	11058	99952	338304
朔州市 Shuozhou	286763	105499	6811	46099	128354
晋中市 Jinzhong	866187	223039	15361	116942	510845
运城市 Yuncheng	1203958	282044	23552	210870	687492
忻州市 Xinzhou	522575	146635	10623	73919	291398
临汾市 Linfen	992623	228174	16925	179437	568087
吕梁市 Lvliang	687659	177656	11711	104925	393368

19-11 财政收支情况(2022年)

FINANCIAL REVENUE AND EXPENDITURE(2022)

单位: 万元 (10 000 yuan)

市名 City		一般公共预算收入 General Public Budget Revenue	#国内增值税 Value-added Taxes	#企业所得税 Enterprises Income Taxes	#个人所得税 Individual Income Taxes
地区合计	**Total**	**24522997**	**7134044**	**3915010**	**445531**
太原市	Taiyuan	4374837	1290009	461720	135640
大同市	Datong	1867358	432187	307503	21493
阳泉市	Yangquan	819698	268814	121164	13123
长治市	Changzhi	3104887	1009570	531943	46773
晋城市	Jincheng	2829907	555801	377070	21985
朔州市	Shuozhou	1582232	514487	336273	21224
晋中市	Jinzhong	1870526	561055	220764	64398
运城市	Yuncheng	1132958	298541	137211	23925
忻州市	Xinzhou	1512797	463740	280438	20952
临汾市	Linfen	2005978	614106	357145	36067
吕梁市	Lvliang	3421819	1125734	783779	39951

市名 City		一般公共预算支出 General Public Budget Expenditure	#一般公共服务 Public Services	#教育 Education	#社会保障和就业 Social Security and Employment
地区合计	**Total**	**47904729**	**4627725**	**6778164**	**7086837**
太原市	Taiyuan	7158959	575869	978136	1032927
大同市	Datong	4008564	375807	555161	746026
阳泉市	Yangquan	1584747	167300	250524	276912
长治市	Changzhi	4918085	489542	634136	648904
晋城市	Jincheng	3867364	354212	453159	422312
朔州市	Shuozhou	2483037	245588	346141	325851
晋中市	Jinzhong	4140721	344157	640165	593058
运城市	Yuncheng	4862812	501493	793908	805997
忻州市	Xinzhou	4335608	433755	572558	727048
临汾市	Linfen	5024612	515514	676928	878969
吕梁市	Lvliang	5520220	624488	877348	628833

19-12 金融机构本外币各项存款和贷款余额(2022年)
BALANCE OF DEPOSITS AND LOANS IN FINANCIAL INSTITUTIONS(2022)

单位：亿元 (100 million yuan)

市名 City		各项存款 Total Deposits	#非金融企业存款 Non-financial Enterprises Deposits	#住户存款 Household Deposits	各项贷款 Total Loans	#企(事)业单位贷款 Loans to Non-financial Enterprises, Government Departments and Orgnizations	#票据融资 Paper Financing
全　省	**Total**	**53647.00**	**13638.68**	**33100.92**	**37620.88**	**29942.99**	**3838.52**
太原市	Taiyuan	18288.01	6672.09	7822.92	18162.14	15471.92	1971.26
大同市	Datong	4354.61	870.48	3162.69	2263.32	1807.49	198.70
阳泉市	Yangquan	2108.67	494.57	1472.18	1438.64	1277.61	69.50
长治市	Changzhi	4348.69	1239.24	2755.82	2407.04	1835.73	164.63
晋城市	Jincheng	3292.35	951.60	2009.92	2021.46	1650.71	142.17
朔州市	Shuozhou	2448.31	410.15	1829.31	1267.40	1030.54	121.47
晋中市	Jinzhong	4117.06	557.45	3178.26	2698.97	1913.12	262.06
运城市	Yuncheng	3671.71	493.62	2821.10	2019.94	1098.65	170.68
忻州市	Xinzhou	3342.74	416.94	2590.38	1420.26	1042.39	100.16
临汾市	Linfen	3867.80	695.44	2864.26	2352.18	1659.80	316.70
吕梁市	Lvliang	3807.03	837.10	2594.08	1569.53	1155.03	321.18

19-13 万元地区生产总值能耗降低率
DECREASE RATE OF ENERGY CONSUMPTION PER 10 000 YUAN OF GDP

单位：% (%)

市名 City		2018	2019	2020	2021	2022
全　省	**Total**	**-3.2**	**-2.7**	**-2.9**	**-5.4**	**-3.0**
太原市	Taiyuan	-3.6	-3.1	-2.8	-5.2	-2.9
大同市	Datong	-0.01	-4.6	-5.5	-5.0	-2.6
阳泉市	Yangquan	-3.3	-3.9	-5.2	-4.6	-2.8
长治市	Changzhi	-3.9	2.8	-6.2	-6.0	-3.0
晋城市	Jincheng	-3.6	6.3	-5.2	-6.1	-4.9
朔州市	Shuozhou	-3.7	-1.6	-0.8	-5.5	-2.9
晋中市	Jinzhong	-3.3	-3.8	-3.3	-4.1	-4.2
运城市	Yuncheng	2.5	-4.6	-0.3	-4.8	-3.3
忻州市	Xinzhou	-3.4	-3.5	-2.0	-6.5	-2.8
临汾市	Linfen	2.4	-4.1	-2.6	-5.8	-4.7
吕梁市	Lvliang	5.5	-2.7	-4.3	-3.9	-2.7

注：本表正数表示上升，负数表示下降。
Note: The positive numbers means the energy consumption per 10 000 yuan of GDP is going up, while the negative ones means going down.

19-14 按登记注册类型和构成分固定资产投资增长速度(2022年)
GROWTH RATE OF INVESTMENT IN FIXED ASSETS BY TYPE OF REGISTRATION STATUS AND COMPOSITION(2022)

单位：%　　(%)

市名	City	本年完成投资 Investment Completed This Year	内资 Domestic-Funded Enterprises	港、澳、台商投资 Enterprises with Investment from Hong Kong, Macao and Taiwan	外商投资 Enterprises with Foreign Investment
全省	**Total**	**5.9**	**5.6**	**23.7**	**28.7**
太原市	Taiyuan	0.2	0.0	74.7	18.8
大同市	Datong	5.9	5.3	-21.9	1591.2
阳泉市	Yangquan	4.5	4.1	-13.6	212.3
长治市	Changzhi	6.4	7.2	-39.8	-30.8
晋城市	Jincheng	9.0	6.1	-31.6	101.8
朔州市	Shuozhou	9.2	11.1	12727.7	-77.0
晋中市	Jinzhong	6.8	7.2	-21.8	2.0
运城市	Yuncheng	8.0	7.8	-90.1	137.5
忻州市	Xinzhou	7.0	7.2	-11.1	64.7
临汾市	Linfen	9.1	6.4	286.7	62.1
吕梁市	Lvliang	6.8	7.3	9.8	-7.6

市名	City	建筑安装工程 Construction and Installation	设备工器具购置 Purchase of Equipment and Instruments	其他 Others
全省	**Total**	**2.4**	**26.3**	**9.4**
太原市	Taiyuan	-3.4	6.1	10.3
大同市	Datong	11.3	-7.1	-13.0
阳泉市	Yangquan	6.1	40.4	-32.8
长治市	Changzhi	0.0	19.2	63.5
晋城市	Jincheng	9.0	34.2	-7.1
朔州市	Shuozhou	7.7	27.1	-15.4
晋中市	Jinzhong	3.0	53.2	-4.2
运城市	Yuncheng	-0.2	33.7	30.0
忻州市	Xinzhou	-0.2	28.1	77.9
临汾市	Linfen	-3.4	83.3	33.2
吕梁市	Lvliang	5.0	21.5	5.9

19-22 续表 continued

市 名	City				当年造林面积(公顷) Afforestation Area (ha)	水产养殖面积(公顷) Aquaculture Area (ha)	水产品总产量(吨) Total Aquatic Products (ton)
		#苹果 Apples	#桃 Peaches	#梨 Pears			
全 省	**Total**	**4183183**	**1853098**	**1344597**	**367327**	**16772**	**53081**
太原市	Taiyuan	11788	7888	22827	10133	3554	3430
大同市	Datong	13532	331	3336	29633	1747	2297
阳泉市	Yangquan	11987	1038	1915	8046	54	895
长治市	Changzhi	18927	5547	11021	15440	3206	5710
晋城市	Jincheng	28625	6192	27394	690	338	1758
朔州市	Shuozhou	1327	77	7	15539	317	532
晋中市	Jinzhong	197722	6069	299604	31167	1298	3999
运城市	Yuncheng	3020758	1758995	661601	8480	2618	25117
忻州市	Xinzhou	17967	2867	58870	47562	971	2663
临汾市	Linfen	856757	63136	150417	7606	1207	6004
吕梁市	Lvliang	3791	959	107607	40907	1462	676

注：本表分市造林面积不包括省属九大林局数据。
Note: Afforestation area of the cities in this table doesn't include the nine provincal forestry administration data.

19-23 畜牧业生产情况(2022年)
NUMBER OF LIVESTOCK AND LIVESTOCK PRODUCTS(2022)

市 名	City	大牲畜年末存栏(头) Large Animals (head)	#牛 Cattle	猪年末存栏(头) Hogs (head)	羊年末存栏(只) Sheep and Goats (head)	家禽年末存栏(只) Poultry (head)
全 省	**Total**	**1541278**	**1453394**	**8159622**	**11108381**	**155295432**
太原市	Taiyuan	50792	49997	174733	318601	3044511
大同市	Datong	265206	234257	765059	1912305	5932469
阳泉市	Yangquan	9609	8796	142523	80063	2888551
长治市	Changzhi	53557	48147	617940	664536	21021596
晋城市	Jincheng	12235	11728	1041862	357817	12690673
朔州市	Shuozhou	251366	242249	363538	1836763	3058088
晋中市	Jinzhong	158052	155882	997246	1152249	24197361
运城市	Yuncheng	63945	62154	1591726	814609	38050215
忻州市	Xinzhou	257184	227176	667231	2336284	7462430
临汾市	Linfen	102028	100081	1022506	869495	16716979
吕梁市	Lvliang	317304	312927	775258	765659	20232559

19-23 续表 continued

市 名 City		肉类总产量(吨) Output of Meat (ton)	#猪 肉 Pork	#牛 肉 Beef	#羊 肉 Mutton	#禽 肉 Poultry
全 省	**Total**	**1431985**	**923962**	**90988**	**111667**	**298146**
太原市	Taiyuan	33558	21473	2359	3516	6175
大同市	Datong	141623	98681	15003	18835	7437
阳泉市	Yangquan	22512	17541	489	777	3646
长治市	Changzhi	135110	76213	5133	4785	48528
晋城市	Jincheng	167418	129497	857	3645	33072
朔州市	Shuozhou	69928	28522	8512	28375	4056
晋中市	Jinzhong	200061	118347	15974	10147	55097
运城市	Yuncheng	214397	159571	3935	6717	43704
忻州市	Xinzhou	121129	76333	11404	22265	9090
临汾市	Linfen	156981	112030	7002	6173	30832
吕梁市	Lvliang	169270	85753	20321	6432	56509

市 名 City		禽蛋产量(吨) Poultry Eggs (ton)	奶类产量(吨) Milk (ton)	#牛 奶 Milk	山羊毛产量(吨) Output of Wool (ton)	#山羊绒 Cashmere
全 省	**Total**	**1185071**	**1431413**	**1427952**	**3582**	**1535**
太原市	Taiyuan	29360	70829	70449	34	12
大同市	Datong	64822	364371	364141	626	280
阳泉市	Yangquan	35022	5011	5011	13	
长治市	Changzhi	128106	16603	16236	120	41
晋城市	Jincheng	101364	131	131	136	37
朔州市	Shuozhou	33809	621575	621575	76	44
晋中市	Jinzhong	150240	156415	155407	162	38
运城市	Yuncheng	310221	36154	36031	56	10
忻州市	Xinzhou	84623	83388	83388	1389	678
临汾市	Linfen	122255	51629	50280	207	55
吕梁市	Lvliang	125249	25307	25304	763	341

19-24 农业生产条件(2022年)
CONDITIONS OF AGRICULTURAL PRODUCTION(2022)

市名 City	农业机械总动力(万千瓦) Total Power of Agricultural Machinery (10 000 kw)	大中型农用拖拉机(台) Large and Medium Tractors for Agriculture (unit)	小型农用拖拉机(台) Mini-tractors for Agriculture (unit)	联合收割机(台) Combine Harvesters (unit)
全省 Total	**1714.27**	**126008**	**265697**	**40524**
太原市 Taiyuan	53.81	3235	4681	1070
大同市 Datong	127.95	10763	14187	2676
阳泉市 Yangquan	38.69	1943	7740	557
长治市 Changzhi	139.98	11841	22599	3925
晋城市 Jincheng	68.02	5036	34696	1504
朔州市 Shuozhou	160.70	10775	12284	3123
晋中市 Jinzhong	203.59	13286	45511	4861
运城市 Yuncheng	332.22	21329	53183	9779
忻州市 Xinzhou	203.37	20280	26914	4232
临汾市 Linfen	241.75	19325	35562	7089
吕梁市 Lvliang	144.18	8195	8340	1708

市名 City	年末有效灌溉面积(千公顷) Effective Irrigated Area at Year-end (1 000 ha)	灌溉机电井数量(眼) Electromechanical Well for Irrigation (unit)	农用化肥施用量(折纯量,吨) Consumption of Chemical Fertilizers (ton)	农用塑料薄膜使用量(吨) Consumption of Farm Plastic Film (ton)
全省 Total	**1450.96**	**90119**	**1034738**	**48798**
太原市 Taiyuan	42.06	2837	21380	3167
大同市 Datong	133.09	9011	80909	8254
阳泉市 Yangquan	6.54	130	13584	237
长治市 Changzhi	85.44	9099	104423	2818
晋城市 Jincheng	27.01	653	57755	721
朔州市 Shuozhou	165.57	8817	66695	5910
晋中市 Jinzhong	176.57	11185	95172	6555
运城市 Yuncheng	411.93	25380	249808	8788
忻州市 Xinzhou	140.68	8361	137264	6516
临汾市 Linfen	152.82	9087	148542	4242
吕梁市 Lvliang	109.26	5559	59206	1591

19-25 规模以上主要工业产品产量(2022年)

OUTPUT OF MAJOR INDUSTRIAL PRODUCTS OF ENTERPRISES ABOVE DESIGNATED SIZE(2022)

市名 City		原煤(万吨) Coal (10 000 tons)	发电量(亿千瓦时) Electricity (100 million kwh)	生铁(万吨) Pig Iron (10 000 tons)	粗钢(万吨) Crude Steel (10 000 tons)	钢材(万吨) Steel Products (10 000 tons)	焦炭(万吨) Coke (10 000 tons)
全省	**Total**	**130715**	**4153.3**	**5833.5**	**6423.2**	**6354.6**	**9799.7**
太原市	Taiyuan	5141	329.2	1023.4	1383.7	1353.6	1426.6
大同市	Datong	16073	531.4	117.8	147.1		
阳泉市	Yangquan	6887	257.3				13.2
长治市	Changzhi	16990	439.9	557.6	591.2	606.0	1653.0
晋城市	Jincheng	13907	239.8	487.6	488.3	854.3	79.7
朔州市	Shuozhou	21699	627.7				
晋中市	Jinzhong	11663	277.2	254.4	264.9	138.1	719.9
运城市	Yuncheng	1510	290.2	1630.8	1759.1	1707.7	1502.3
忻州市	Xinzhou	13078	502.3	55.0	63.4	65.1	336.0
临汾市	Linfen	8138	258.0	1237.0	1237.2	1222.6	1490.6
吕梁市	Lvliang	15627	400.3	469.8	488.4	407.3	2578.4

市名 City		水泥(万吨) Cement (10 000 tons)	平板玻璃(万重量箱) Plate Glass (10 000 weight cases)	硫酸(万吨) Sulfuric Acid (10 000 tons)	化学肥料(万吨) Chemical Fertilizer (10 000 tons)	工业锅炉(蒸发量吨) Industrial Boiler (Evaporate Capacity ton)	变压器(万千伏安) Transformer (10 000 kva)
全省	**Total**	**4798.8**	**2167.7**	**59.2**	**364.4**	**4377**	**947.7**
太原市	Taiyuan	579.7				3185	46.8
大同市	Datong	334.6					519.0
阳泉市	Yangquan	311.1				7	93.6
长治市	Changzhi	557.7	807.4		56.8		
晋城市	Jincheng	291.4		8.2	204.2		
朔州市	Shuozhou	349.8					
晋中市	Jinzhong	272.6			17.9	530	14.7
运城市	Yuncheng	516.3		51.0	70.8		119.3
忻州市	Xinzhou	319.7				655	154.4
临汾市	Linfen	557.2			3.2		
吕梁市	Lvliang	708.7	1360.3		11.4		

19-25 续表 continued

市名 City	泵(台) Pump (unit)	纱(吨) Yarn (ton)	布(万米) Cloth (10 000 m)	食醋(吨) Vinegar (ton)	白酒(千升) Alcoholic Drink (kiloliter)	啤酒(千升) Beer (kiloliter)	机制纸及纸板(吨) Machine-made Paper and Paperboard (ton)
全省 Total	**125457**	**19445.4**	**1434.8**	**460532**	**263229**	**188793**	**1182656**
太原市 Taiyuan		905.0		348556	20583	135879	678
大同市 Datong							7440
阳泉市 Yangquan	131						
长治市 Changzhi					407		16463
晋城市 Jincheng		4268.4	988.2	4036			
朔州市 Shuozhou					1275	52914	16000
晋中市 Jinzhong	7845			92388	14734		707806
运城市 Yuncheng	117481	14272.1	277.4				355040
忻州市 Xinzhou				1605	18590		
临汾市 Linfen			169.3		4146		76450
吕梁市 Lvliang				13947	203494		2778

市名 City	电子计算机整机(台) Electronic Computers (set)	手机(万台) MobilePhones (10 000 units)	化学药品原药(吨) Chemical Medicine (ton)	太阳能电池(千瓦) Solar Cell (kw)	新能源汽车(辆) New Energy Motor Vehicles (set)	非常规天然气(亿立方米) Unconventional Gas (100 million cu.m)
全省 Total	**59845**	**2741.7**	**57287**	**8041123**	**131236**	**132.1**
太原市 Taiyuan	47302	2741.7				1.8
大同市 Datong			35270			
阳泉市 Yangquan						14.3
长治市 Changzhi	12543		796	6249647	603	1.2
晋城市 Jincheng						56.8
朔州市 Shuozhou			13139	273963		
晋中市 Jinzhong			3920	121845	111467	4.0
运城市 Yuncheng			3467		19166	
忻州市 Xinzhou				4310		5.4
临汾市 Linfen						18.5
吕梁市 Lvliang			695	1391358		30.0

19-26 工业企业主要指标(2022年)
MAIN INDICATORS OF INDUSTRIAL ENTERPRISES(2022)

单位：亿元 (100 million yuan)

市名 City		单位数(个) Number of Enterprises (unit)	#亏损企业 Loss-making Enterprises	资产总计 Total Assets	流动资产合计 Total Current Assets
全省	**Total**	**7688**	**2260**	**60891.7**	**29496.8**
省直报	Direct Report	2		1109.4	130.1
太原市	Taiyuan	855	198	8177.9	4097.6
大同市	Datong	493	173	7134.9	4432.7
阳泉市	Yangquan	322	96	3462.1	1536.5
长治市	Changzhi	720	198	8139.3	4134.5
晋城市	Jincheng	618	187	6048.2	3037.4
朔州市	Shuozhou	475	150	3548.6	1398.8
晋中市	Jinzhong	1097	323	4333.7	1739.3
运城市	Yuncheng	912	241	3544.6	1751.5
忻州市	Xinzhou	673	203	3278.8	1372.6
临汾市	Linfen	713	241	4777.5	2234.6
吕梁市	Lvliang	808	250	7336.8	3631.3

市名 City		负债合计 Total Liabilities	所有者权益合计 Total Creditors' Equity	营业收入 Business Revenue	营业成本 Business Cost
全省	**Total**	**42315.9**	**18576.1**	**39045.3**	**31171.8**
省直报	Direct Report	689.3	420.1	1579.2	1533.9
太原市	Taiyuan	5750.0	2427.9	6036.3	5425.4
大同市	Datong	6278.2	856.7	2798.0	2358.8
阳泉市	Yangquan	2635.5	826.5	944.1	669.5
长治市	Changzhi	5304.7	2835.0	4848.6	3522.1
晋城市	Jincheng	3847.2	2201.0	3180.3	2271.9
朔州市	Shuozhou	2170.7	1378.0	2029.4	1370.4
晋中市	Jinzhong	3278.4	1055.3	3842.8	3255.2
运城市	Yuncheng	2266.6	1278.0	3423.0	3021.7
忻州市	Xinzhou	2213.7	1065.1	1644.4	1166.7
临汾市	Linfen	3249.9	1527.6	3584.1	2928.9
吕梁市	Lvliang	4631.7	2705.2	5135.2	3647.2

19-26 续表 continued

单位：亿元 (100 million yuan)

市 名 City		税金及附加 Tax and Extra Charges	销售费用 Costs of Sales	管理费用 Costs of Administration	财务费用 Costs of Finance	利润总额 Total Profits
全 省	**Total**	**963.6**	**485.9**	**1366.5**	**766.9**	**3913.9**
省直报	Direct Report	3.2		18.1	10.6	14.4
太原市	Taiyuan	82.4	61.6	166.0	85.1	234.2
大同市	Datong	63.8	34.5	116.2	75.2	127.1
阳泉市	Yangquan	39.7	12.0	56.5	52.2	105.1
长治市	Changzhi	151.6	54.9	179.9	88.2	799.8
晋城市	Jincheng	98.0	37.3	146.9	86.4	435.5
朔州市	Shuozhou	88.5	24.6	81.0	51.9	391.1
晋中市	Jinzhong	75.9	71.4	129.3	66.3	232.1
运城市	Yuncheng	26.5	53.5	69.7	46.3	151.9
忻州市	Xinzhou	59.3	24.5	95.3	58.6	228.6
临汾市	Linfen	74.3	41.6	116.7	58.9	352.3
吕梁市	Lvliang	200.4	70.2	191.1	87.3	841.9

市 名 City		亏损企业亏损总额 Total Loss of Loss-making Enterprises	应交增值税 Value Added Taxes Payable	平均用工人数 (万人) Average Employees (10 000 persons)	资产负债率 Ratio of Debts to Assets (%)	营业收入利润率 Ratio of Profits to Business Revenue (%)
全 省	**Total**	**796.1**	**1410.6**	**204.59**	**69.5**	**10.02**
省直报	Direct Report		15.2	3.19	62.1	0.91
太原市	Taiyuan	94.5	119.3	30.56	70.3	3.88
大同市	Datong	100.6	86.6	15.82	88.0	4.54
阳泉市	Yangquan	44.9	57.0	11.08	76.1	11.13
长治市	Changzhi	78.0	257.7	27.23	65.2	16.49
晋城市	Jincheng	51.7	142.5	22.03	63.6	13.69
朔州市	Shuozhou	38.6	118.3	10.32	61.2	19.27
晋中市	Jinzhong	95.6	114.7	21.89	75.7	6.04
运城市	Yuncheng	62.2	66.6	15.76	64.0	4.44
忻州市	Xinzhou	53.5	84.6	8.81	67.5	13.90
临汾市	Linfen	84.3	112.5	15.95	68.0	9.83
吕梁市	Lvliang	92.1	235.6	21.96	63.1	16.39

19-27 国有控股工业企业主要指标(2022年)

MAIN INDICATORS OF STATE-HOLDING INDUSTRIAL ENTERPRISES(2022)

单位：亿元 (100 million yuan)

市　名 City	单位数(个) Number of Enterprises (unit)	#亏损企业 Loss-making Enterprises	资产总计 Total Assets	流动资产合计 Total Current Assets
全　省 Total	**1435**	**368**	**39430.0**	**17409.0**
省直报 Direct Report	2		1109.4	130.1
太原市 Taiyuan	185	44	5577.1	2305.4
大同市 Datong	135	31	6467.8	4040.9
阳泉市 Yangquan	82	25	3093.9	1336.1
长治市 Changzhi	163	42	5371.3	2665.3
晋城市 Jincheng	177	48	4531.3	2096.9
朔州市 Shuozhou	116	31	2657.0	880.8
晋中市 Jinzhong	134	38	1745.3	429.7
运城市 Yuncheng	85	24	1232.1	555.8
忻州市 Xinzhou	126	28	2046.2	771.6
临汾市 Linfen	124	29	2689.8	1204.1
吕梁市 Lvliang	106	28	2908.7	992.2

市　名 City	负债合计 Total Liabilities	所有者权益合计 Total Creditors' Equity	营业收入 Business Revenue	营业成本 Business Cost
全　省 Total	**28317.7**	**11112.7**	**17870.4**	**13040.0**
省直报 Direct Report	689.3	420.1	1579.2	1533.9
太原市 Taiyuan	3955.1	1622.0	3038.3	2674.6
大同市 Datong	5825.7	642.1	2307.7	1937.0
阳泉市 Yangquan	2358.8	735.1	701.2	481.5
长治市 Changzhi	3695.9	1675.8	2454.6	1667.4
晋城市 Jincheng	3036.0	1495.4	1626.9	1015.6
朔州市 Shuozhou	1676.7	980.4	1216.3	730.7
晋中市 Jinzhong	1412.9	332.5	822.2	594.4
运城市 Yuncheng	789.1	443.0	735.6	552.4
忻州市 Xinzhou	1321.4	724.9	882.3	502.1
临汾市 Linfen	1806.2	883.5	1089.1	647.2
吕梁市 Lvliang	1750.7	1158.0	1417.0	703.1

19-27 续表 continued

单位：亿元 (100 million yuan)

市 名 City		税金及附加 Tax and Extra Charges	销售费用 Costs of Sales	管理费用 Costs of Administration	财务费用 Costs of Finance	利润总额 Total Profits
全 省	**Total**	**708.8**	**122.5**	**848.8**	**562.7**	**2501.4**
省直报	Direct Report	3.2	0.0	18.1	10.6	14.4
太原市	Taiyuan	64.8	20.7	118.2	69.0	125.9
大同市	Datong	60.9	6.0	97.6	68.9	115.6
阳泉市	Yangquan	35.0	4.2	45.1	44.2	84.6
长治市	Changzhi	105.2	14.2	106.8	59.3	469.3
晋城市	Jincheng	83.4	19.8	111.6	80.9	313.0
朔州市	Shuozhou	70.9	8.3	59.3	45.8	282.5
晋中市	Jinzhong	41.2	14.8	62.5	37.8	69.5
运城市	Yuncheng	17.4	6.1	21.6	20.4	100.5
忻州市	Xinzhou	53.4	5.2	71.5	44.5	197.4
临汾市	Linfen	56.8	8.4	67.3	34.7	276.8
吕梁市	Lvliang	116.5	14.8	69.2	46.9	451.9

市 名 City		亏损企业亏损总额 Total Loss of Loss-making Enterprises	应交增值税 Value Added Taxes Payable	平均用工人数(万人) Average Employees (10 000 persons)	资产负债率 Ratio of Debts to Assets (%)	营业收入利润率 Ratio of Profits to Business Revenue (%)
全 省	**Total**	**510.7**	**923.3**	**107.46**	**71.8**	**14.00**
省直报	Direct Report		15.2	3.19	62.1	0.91
太原市	Taiyuan	74.7	80.9	15.27	70.9	4.14
大同市	Datong	90.4	72.4	12.42	90.1	5.01
阳泉市	Yangquan	42.3	46.5	8.73	76.2	12.07
长治市	Changzhi	61.5	167.6	14.97	68.8	19.12
晋城市	Jincheng	40.1	112.3	13.98	67.0	19.24
朔州市	Shuozhou	32.0	94.5	5.77	63.1	23.23
晋中市	Jinzhong	42.5	50.0	7.97	81.0	8.45
运城市	Yuncheng	32.6	32.2	4.26	64.0	13.66
忻州市	Xinzhou	42.6	68.5	4.42	64.6	22.38
临汾市	Linfen	27.9	72.4	8.25	67.2	25.42
吕梁市	Lvliang	24.0	110.8	8.23	60.2	31.89

19-28 外商投资和港澳台投资工业企业主要指标(2022年)

MAIN INDICATORS OF INDUSTRIAL ENTERPRISES WITH HONG KONG, MACAO, TAIWAN AND FOREIGN FUNDS(2022)

单位：亿元 (100 million yuan)

市名 City		单位数(个) Number of Enterprises (unit)	#亏损企业 Loss-making Enterprises	资产总计 Total Assets	流动资产合计 Total Current Assets
全省	**Total**	**157**	**39**	**2802.0**	**1615.4**
太原市	Taiyuan	25	2	849.2	713.4
大同市	Datong	21	4	147.4	79.0
阳泉市	Yangquan	10	3	69.7	23.2
长治市	Changzhi	13	5	484.3	213.7
晋城市	Jincheng	17	6	596.1	330.5
朔州市	Shuozhou	7	1	114.2	25.2
晋中市	Jinzhong	15	4	55.6	17.9
运城市	Yuncheng	14	3	31.3	12.9
忻州市	Xinzhou	9	5	58.3	13.4
临汾市	Linfen	13	3	69.6	26.6
吕梁市	Lvliang	13	3	326.4	159.6

市名 City		负债合计 Total Liabilities	所有者权益合计 Total Creditors' Equity	营业收入 Business Revenue	营业成本 Business Cost
全省	**Total**	**1634.8**	**1167.2**	**2074.8**	**1761.6**
太原市	Taiyuan	584.3	264.9	1111.5	1074.6
大同市	Datong	114.1	33.2	80.4	65.0
阳泉市	Yangquan	46.1	23.6	36.6	24.9
长治市	Changzhi	266.7	217.5	157.4	92.9
晋城市	Jincheng	254.0	342.2	305.3	217.1
朔州市	Shuozhou	58.9	55.3	43.6	33.4
晋中市	Jinzhong	38.8	16.8	34.9	29.1
运城市	Yuncheng	18.5	12.9	17.3	14.3
忻州市	Xinzhou	36.7	21.6	6.0	4.3
临汾市	Linfen	60.4	9.2	47.1	43.8
吕梁市	Lvliang	156.4	170.0	234.8	162.2

19-28 续表 continued

单位：亿元 (100 million yuan)

市　名 City	税金及附加 Tax and Extra Charges	销售费用 Costs of Sales	管理费用 Costs of Administration	财务费用 Costs of Finance	利润总额 Total Profits
全　省 Total	**28.1**	**20.8**	**37.7**	**12.6**	**217.1**
太原市 Taiyuan	2.6	6.1	9.3	-2.7	22.4
大同市 Datong	0.3	2.0	3.7	2.0	8.5
阳泉市 Yangquan	1.2	1.3	1.8	2.1	4.8
长治市 Changzhi	7.7	2.6	4.6	5.5	43.4
晋城市 Jincheng	8.3	1.2	9.4	-1.1	78.3
朔州市 Shuozhou	0.2	0.2	0.3	1.7	8.2
晋中市 Jinzhong	0.3	2.0	1.3	1.1	1.0
运城市 Yuncheng	0.2	0.5	0.6	0.5	1.0
忻州市 Xinzhou	0.03	0.1	0.3	0.3	1.0
临汾市 Linfen	0.2	1.0	1.1	1.6	-0.5
吕梁市 Lvliang	7.0	3.8	5.4	1.7	48.9

市　名 City	亏损企业亏损总额 Total Loss of Loss-making Enterprises	应交增值税 Value Added Taxes Payable	平均用工人数（万人） Average Employees (10 000 persons)	资产负债率 Ratio of Debts to Assets (%)	营业收入利润率 Ratio of Profits to Business Revenue (%)
全　省 Total	**17.3**	**44.9**	**11.46**	**58.3**	**10.46**
太原市 Taiyuan	1.3	3.3	7.01	68.8	2.01
大同市 Datong	1.8	2.4	0.38	77.5	10.62
阳泉市 Yangquan	0.3	1.8	0.34	66.1	13.09
长治市 Changzhi	3.9	11.9	0.64	55.1	27.55
晋城市 Jincheng	2.5	10.2	1.34	42.6	25.66
朔州市 Shuozhou	0.1	1.3	0.22	51.6	18.78
晋中市 Jinzhong	1.2	0.9	0.22	69.7	2.73
运城市 Yuncheng	0.4	0.5	0.19	59.0	5.93
忻州市 Xinzhou	0.2	-0.3	0.06	62.9	17.43
临汾市 Linfen	2.5	0.7	0.19	86.8	-0.96
吕梁市 Lvliang	3.2	12.2	0.87	47.9	20.83

19-29 大中型工业企业主要指标(2022年)

MAIN INDICATORS OF LARGE AND MEDIUM-SIZED INDUSTRIAL ENTERPRISES(2022)

单位：亿元 (100 million yuan)

市名 City		单位数(个) Number of Enterprises (unit)	#亏损企业 Loss-making Enterprises	资产总计 Total Assets	流动资产合计 Total Current Assets
全省	**Total**	**1232**	**323**	**47771.1**	**23158.3**
省直报	Direct Report	2		1109.4	130.1
太原市	Taiyuan	112	23	6663.9	3223.2
大同市	Datong	79	27	6170.3	4000.5
阳泉市	Yangquan	51	17	2886.7	1303.6
长治市	Changzhi	169	33	6787.3	3443.7
晋城市	Jincheng	141	40	5216.2	2684.1
朔州市	Shuozhou	84	21	2424.4	956.2
晋中市	Jinzhong	159	49	2765.5	853.7
运城市	Yuncheng	92	23	2379.9	1175.1
忻州市	Xinzhou	65	10	1850.9	782.5
临汾市	Linfen	121	36	3730.0	1748.2
吕梁市	Lvliang	157	44	5786.7	2857.5

市名 City		负债合计 Total Liabilities	所有者权益合计 Total Creditors' Equity	营业收入 Business Revenue	营业成本 Business Cost
全省	**Total**	**32553.8**	**15217.6**	**28271.0**	**21673.4**
省直报	Direct Report	689.3	420.1	1579.2	1533.9
太原市	Taiyuan	4695.0	1968.9	4949.2	4457.2
大同市	Datong	5439.8	730.5	2394.2	2015.3
阳泉市	Yangquan	2178.3	708.4	677.5	433.9
长治市	Changzhi	4356.1	2431.6	3656.5	2468.8
晋城市	Jincheng	3228.1	1988.1	2271.4	1485.2
朔州市	Shuozhou	1328.7	1095.6	1278.6	719.7
晋中市	Jinzhong	2012.4	753.2	1960.6	1554.8
运城市	Yuncheng	1446.5	933.4	2498.3	2188.3
忻州市	Xinzhou	1191.0	659.9	996.5	623.1
临汾市	Linfen	2554.8	1175.2	2348.7	1823.1
吕梁市	Lvliang	3433.8	2352.9	3660.3	2370.3

19–29 续表 continued

单位：亿元 (100 million yuan)

市 名 City		税金及附加 Tax and Extra Charges	销售费用 Costs of Sales	管理费用 Costs of Administration	财务费用 Costs of Finance	利润总额 Total Profits
全 省	**Total**	**888.5**	**255.9**	**1092.7**	**571.0**	**3489.2**
省直报	Direct Report	3.2	0.0	18.1	10.6	14.4
太原市	Taiyuan	72.6	39.1	127.2	72.0	203.2
大同市	Datong	61.0	20.9	98.2	53.2	122.1
阳泉市	Yangquan	38.2	4.3	46.3	41.3	105.2
长治市	Changzhi	145.3	27.5	153.6	70.1	746.9
晋城市	Jincheng	94.6	25.3	122.3	74.5	414.2
朔州市	Shuozhou	81.2	12.1	64.4	30.1	354.9
晋中市	Jinzhong	68.5	25.1	95.4	42.3	163.8
运城市	Yuncheng	22.9	33.7	46.6	29.4	129.8
忻州市	Xinzhou	50.9	10.6	70.4	37.6	193.6
临汾市	Linfen	66.3	15.4	91.0	45.3	299.8
吕梁市	Lvliang	184.0	41.9	159.2	64.6	741.3

市 名 City		亏损企业亏损总额 Total Loss of Loss-making Enterprises	应交增值税 Value Added Taxes Payable	平均用工人数(万人) Average Employees (10 000 persons)	资产负债率 Ratio of Debts to Assets (%)	营业收入利润率 Ratio of Profits to Business Revenue (%)
全 省	**Total**	**590.9**	**1164.8**	**159.56**	**68.2**	**12.34**
省直报	Direct Report		15.2	3.19	62.1	0.91
太原市	Taiyuan	70.3	87.8	25.17	70.5	4.11
大同市	Datong	74.7	72.7	12.97	88.2	5.10
阳泉市	Yangquan	33.5	48.6	9.11	75.5	15.53
长治市	Changzhi	58.3	221.7	22.79	64.2	20.43
晋城市	Jincheng	38.1	127.4	18.56	61.9	18.24
朔州市	Shuozhou	28.1	97.8	7.62	54.8	27.76
晋中市	Jinzhong	66.7	83.4	14.88	72.8	8.36
运城市	Yuncheng	47.4	48.8	10.54	60.8	5.19
忻州市	Xinzhou	37.1	64.5	5.24	64.4	19.43
临汾市	Linfen	66.9	91.9	12.17	68.5	12.77
吕梁市	Lvliang	69.9	205.0	17.31	59.3	20.25

19-30 建筑业企业总产值和竣工产值(2022年)
GROSS OUTPUT VALUE AND COMPLETED VALUE OF CONSTRUCTION ENTERPRISES(2022)

单位：万元 (10 000 yuan)

市 名 City	总产值 Gross Output Value	#建筑工程 Construction	#安装工程 Installation	竣工产值 Completed Value
全 省 Total	**61454730**	**54522955**	**5530219**	**18268325**
太原市 Taiyuan	4213904	37159905	4043033	11180582
大同市 Datong	2580137	2318284	195191	1000568
阳泉市 Yangquan	827709	755819	50595	335996
长治市 Changzhi	3260202	3032246	154945	1656973
晋城市 Jincheng	1377409	1286584	72563	737079
朔州市 Shuozhou	875282	590351	208979	298865
晋中市 Jinzhong	3973212	3600991	345111	777414
运城市 Yuncheng	2560861	2311653	187358	869390
忻州市 Xinzhou	1194831	1061347	115068	536907
临汾市 Linfen	1621380	1526361	67410	330320
吕梁市 Lvliang	1044702	879413	89966	544232

19-31 按主要用途分的房屋建筑竣工面积(2022年)
FLOOR SPACE OF BUILDINGS COMPLETED BY MAJOR USE(2022)

单位：平方米 (sq.m)

市 名 City	总 计 Total	#住宅房屋 Residential Buildings	#商业及服务用房屋 Commercial and Service Buildings	#办公用房 Oiffice Buildings	#科研、教育、医疗用房屋 Scientific Research, Education and Healthcare Buildings
全 省 Total	**56349175**	**34727403**	**3881002**	**1545870**	**8509362**
太原市 Taiyuan	38019583	22126900	2881192	948952	7404589
大同市 Datong	3036301	2365840	437018	42840	
阳泉市 Yangquan	399109	388569		210	2761
长治市 Changzhi	4685914	2690321	226670	187883	776440
晋城市 Jincheng	1072971	876927	10397	19830	12108
朔州市 Shuozhou	233270	153686	1413		58085
晋中市 Jinzhong	2231743	1518414	12370	26752	59233
运城市 Yuncheng	3257654	2538219	220452	70928	123697
忻州市 Xinzhou	1659363	1145714	30635	214349	2266
临汾市 Linfen	697302	531233	51092	11846	14881
吕梁市 Lvliang	1055965	391580	9763	22280	55302

19-32 按主要用途分的房屋建筑竣工价值(2022年)
VALUE OF BUILDINGS COMPLETED BY MAJOR USE(2022)

单位：万元 (10 000 yuan)

市 名 City		总 计 Total	#住宅房屋 Residential Buildings	#商业及服务用房屋 Commercial and Service Buildings	#办公用房 Oiffice Buildings	#科研、教育、医疗用房屋 Scientific Research, Education and Healthcare Buildings
全 省	**Total**	**9647371**	**5272014**	**783268**	**330034**	**1320799**
太原市	Taiyuan	6159188	3065925	576429	233092	1189426
大同市	Datong	476740	359552	77059	3781	
阳泉市	Yangquan	95025	94253		14	276
长治市	Changzhi	1141210	425414	73492	25225	62588
晋城市	Jincheng	280470	251684	4469	5718	1240
朔州市	Shuozhou	43672	26110	189		13346
晋中市	Jinzhong	355343	277582	1720	4978	11902
运城市	Yuncheng	562724	435251	35274	13692	28940
忻州市	Xinzhou	259828	182712	4995	36845	299
临汾市	Linfen	119248	96459	7016	2384	3505
吕梁市	Lvliang	153924	57071	2626	4306	9276

19-33 建筑业企业房屋建筑施工面积和竣工面积(2022年)
FLOOR SPACE OF BUILDINGS CONSTRUCTED AND COMPLETED BY CONSTRUCTION ENTERPRISES(2022)

单位：平方米 (sq.m)

市 名 City		房屋建筑施工面积 Floor Space of Buildings Under Construction	#本年新开工面积 Floor Space Started This Year	房屋建筑竣工面积 Floor Space of Buildings Completed
全 省	**Total**	**226480910**	**62295589**	**56349175**
太原市	Taiyuan	146148677	37910900	38019583
大同市	Datong	9423815	2623717	3036301
阳泉市	Yangquan	1776142	559503	399109
长治市	Changzhi	27363257	7960657	4685914
晋城市	Jincheng	7409014	1751086	1072971
朔州市	Shuozhou	1533294	622701	233270
晋中市	Jinzhong	10117546	2173898	2231743
运城市	Yuncheng	11443578	4255081	3257654
忻州市	Xinzhou	3352936	1568582	1659363
临汾市	Linfen	3324036	1151713	697302
吕梁市	Lvliang	4588615	1717751	1055965

19-34 建筑业企业机械设备情况(2022年)

MACHINERY AND EQUIPMENT OF CONSTRUCTION ENTERPRISES(2022)

市 名 City		自有机械设备 年末总台数 (台) Number of Machinery and Equipment Owned(unit)	自有机械设备 年末总功率 (千瓦) Total Power of Machinery and Equipment Owned(kw)	自有机械设备 年末净值 (万元) Net Value of Machinery and Equipment Owned(10 000 yuan)
全 省	**Total**	**187747**	**8229427**	**2249749**
太原市	Taiyuan	77266	5596703	1336493
大同市	Datong	6743	150038	34034
阳泉市	Yangquan	6670	176522	18082
长治市	Changzhi	6075	159646	44457
晋城市	Jincheng	14525	201902	461744
朔州市	Shuozhou	2881	94735	28252
晋中市	Jinzhong	9543	458172	123243
运城市	Yuncheng	12737	305422	74380
忻州市	Xinzhou	8008	484949	42925
临汾市	Linfen	6512	176075	39224
吕梁市	Lvliang	36787	425263	46916

19-35 建筑业企业劳动生产率(2022年)

LABOR PRODUCTIVITY OF CONSTRUCTION ENTERPRISES(2022)

单位：元/人 (yuan/person)

市 名 City		企业 个数 (个) Number of Enterprises(unit)	从事建筑业活动的平均人数(人) Average Number of Employees Engaged in Construction Activities (person)	按总产值计算的劳动生产率 Labor Productivity in Terms of Total Output Value	人均 竣工产值 Per Capita Output Value of Completed
全 省	**Total**	**3689**	**1301958**	**472018**	**140314**
太原市	Taiyuan	1612	882203	477657	126735
大同市	Datong	271	52412	492280	190904
阳泉市	Yangquan	119	24746	334482	135778
长治市	Changzhi	360	74946	435007	221089
晋城市	Jincheng	159	32428	424759	227297
朔州市	Shuozhou	160	22865	382804	130708
晋中市	Jinzhong	212	61488	646177	126433
运城市	Yuncheng	282	62383	410506	139363
忻州市	Xinzhou	155	29604	403605	181363
临汾市	Linfen	233	34891	464699	94672
吕梁市	Lvliang	126	23992	435438	226839

19-36 建筑业企业负债及所有者权益(2022年)
LIABILITIES AND CREDITORS' EQUITY OF CONSTRUCTION ENTERPRISES(2022)

单位：万元 (10 000 yuan)

市 名 City	负债合计 Total Liabilities	#流动负债合计 Current Liabilities	#非流动负债合计 Non-current Liabilities	所有者权益合计 Total Creditors' Equity
全 省 Total	**73680459**	**66771314**	**6374619**	**24885470**
太原市 Taiyuan	55547734	49693566	5623737	16578950
大同市 Datong	2586098	2529422	47559	706005
阳泉市 Yangquan	2022022	1898584	28508	594497
长治市 Changzhi	2501240	2327300	133054	1530469
晋城市 Jincheng	1819651	1738596	76305	643129
朔州市 Shuozhou	869857	844966	17633	486501
晋中市 Jinzhong	2815630	2755253	58651	1112414
运城市 Yuncheng	1587505	1424488	45614	645443
忻州市 Xinzhou	1395309	1080995	300322	1599175
临汾市 Linfen	1318327	1297296	17336	583749
吕梁市 Lvliang	1217088	1180848	25900	405139

19-37 建筑业企业收入及成本情况(2022年)
REVENUE AND COST OF CONSTRUCTION ENTERPRISES(2022)

单位：万元 (10 000 yuan)

市 名 City	营业收入 Revenue of Business	#主营业务收入 Revenue of Major Business	主营业务成本 Cost of Major Business
全 省 Total	**65438443**	**64451748**	**59538267**
太原市 Taiyuan	47583610	46971695	43589893
大同市 Datong	2287988	2260549	2084162
阳泉市 Yangquan	924408	904730	828854
长治市 Changzhi	3154644	3098053	2783392
晋城市 Jincheng	1363566	1347544	1215210
朔州市 Shuozhou	990937	955919	858260
晋中市 Jinzhong	3159358	3112334	2819802
运城市 Yuncheng	2356039	2318547	2150053
忻州市 Xinzhou	1055753	1031301	964858
临汾市 Linfen	1365151	1311407	1183825
吕梁市 Lvliang	1196988	1139670	1059959

19-38 建筑业企业资产(2022年)
ASSETS OF CONSTRUCTION ENTERPRISES(2022)

单位：万元 (10 000 yuan)

市名 City	资产总计 Total Assets	#流动资产合计 Total Current Assets	#固定资产原价 Original Value of Fixed Assets
全省 Total	**98565929**	**73691225**	**7048671**
太原市 Taiyuan	72126683	52303603	3939587
大同市 Datong	3292103	2896655	206176
阳泉市 Yangquan	2616518	2346502	226421
长治市 Changzhi	4031709	3072632	302501
晋城市 Jincheng	2462780	2195083	222175
朔州市 Shuozhou	1356358	1161440	190992
晋中市 Jinzhong	3928044	3385149	463226
运城市 Yuncheng	2232948	1909033	279870
忻州市 Xinzhou	2994484	1345891	736150
临汾市 Linfen	1902076	1636395	240193
吕梁市 Lvliang	1622227	1438841	241381

市名 City	累计折旧 Accumulated Depreciation	#本年折旧 Depreciation This Year	实收资本 Capitals Hold
全省 Total	**3663103**	**637765**	**12635758**
太原市 Taiyuan	2388704	462853	8276005
大同市 Datong	110485	12857	440649
阳泉市 Yangquan	115701	9961	432881
长治市 Changzhi	128756	19126	701915
晋城市 Jincheng	121952	15614	381806
朔州市 Shuozhou	98628	12789	300156
晋中市 Jinzhong	243015	40539	635557
运城市 Yuncheng	133505	19943	414766
忻州市 Xinzhou	80274	12100	353720
临汾市 Linfen	127116	14865	414141
吕梁市 Lvliang	114967	17119	284161

19-39 建筑业企业费用情况(2022年)
EXPENSES OF CONSTRUCTION ENTERPRISES(2022)

单位：万元　　(10 000 yuan)

市　名 City	销售费用 Sales Expenses	管理费用 Administrative Expenses	财务费用 Financial Expenses
全　省 Total	**96894**	**1913705**	**446669**
太原市 Taiyuan	51583	1158183	327749
大同市 Datong	4054	87693	14075
阳泉市 Yangquan	1031	46317	19442
长治市 Changzhi	6811	114639	27568
晋城市 Jincheng	7605	78491	7603
朔州市 Shuozhou	6173	54060	2076
晋中市 Jinzhong	4097	102735	21382
运城市 Yuncheng	5693	79528	8852
忻州市 Xinzhou	3326	39468	2371
临汾市 Linfen	1984	81839	10618
吕梁市 Lvliang	4537	70751	4933

19-40 建筑业企业薪酬及利润情况(2022年)
REMUNERTION AND PROFITS OF CONSTRUCTION ENTERPRISES(2022)

单位：万元　　(10 000 yuan)

市　名 City	应付职工薪酬 Remuneration Payable	营业利润 Business Profits	其他业务利润 Profits of Other Business
全　省 Total	**4245831**	**1445022**	**81713**
太原市 Taiyuan	2463145	1033164	67207
大同市 Datong	276728	52630	2303
阳泉市 Yangquan	101891	5723	1210
长治市 Changzhi	257092	96705	565
晋城市 Jincheng	164065	31178	1226
朔州市 Shuozhou	111485	36109	856
晋中市 Jinzhong	209553	99786	5135
运城市 Yuncheng	282254	42606	639
忻州市 Xinzhou	104093	12887	1197
临汾市 Linfen	144285	25302	1316
吕梁市 Lvliang	131241	8932	61

19-41 建筑业企业利润及税金情况(2022年)
PROFITS AND TAXES OF CONSTRUCTION ENTERPRISES(2022)

单位：万元 (10 000 yuan)

市 名 City	利润总额 Total Profits	主营业务税金及附加 Taxes and Extra Charges of Major Business	应交增值税 Value-added Taxes Payable
全 省 Total	**1446953**	**182154**	**1362461**
太原市 Taiyuan	1037786	104988	915296
大同市 Datong	52057	9958	70868
阳泉市 Yangquan	4302	4532	27912
长治市 Changzhi	87753	13401	79468
晋城市 Jincheng	34650	6115	42649
朔州市 Shuozhou	37516	6890	38926
晋中市 Jinzhong	101361	7037	10065
运城市 Yuncheng	40589	9945	61585
忻州市 Xinzhou	13783	7064	38514
临汾市 Linfen	25278	6142	34822
吕梁市 Lvliang	11879	6083	42356

19-42 房地产开发投资(2022年)
INVESTMENT IN REAL ESTATE DEVELOPMENT(2022)

单位：万元 (10 000 yuan)

市 名 City	本年完成投资 Investment Completed This Yesr	#住 宅 Residential Buildings	建筑工程 Construction Projects	安装工程 Installation Projects	设备工器具购置 Purchase of Equipment and Instruments	其他费用 Others Expenses
全 省 Total	**17641986**	**13954190**	**12571377**	**864169**	**159507**	**4046933**
太原市 Taiyuan	5416075	4134288	3357338	175623	6109	1877005
大同市 Datong	2895298	2190799	1999528	375334	113158	407278
阳泉市 Yangquan	217474	181317	174341	19668	919	22546
长治市 Changzhi	1863826	1450135	1394272	47218	10205	412131
晋城市 Jincheng	1366617	1041323	953190	18928	749	393750
朔州市 Shuozhou	266116	243166	223604	4766	1792	35954
晋中市 Jinzhong	1791816	1440867	1364358	66570	11562	349326
运城市 Yuncheng	1462090	1288990	1186900	93407	9024	172759
忻州市 Xinzhou	590733	461154	452174	25858	2007	110694
临汾市 Linfen	1134680	982465	923033	21861	1796	187990
吕梁市 Lvliang	637261	539686	542639	14936	2186	77500

19-43 房地产开发房屋销售额(2022年)
SALES OF BUILDINGS IN REAL ESTATE DEVELOPMENT(2022)

单位：万元 (10 000 yuan)

市名 City		商品房销售额 Sales of Commercial Buildings	住宅 Residential Buildings	90平方米及以下住房 90 sq.m and Below	90-144平方米住房 90-144 sq.m
全　省	**Total**	**15149825**	**14184188**	**845333**	**10901392**
太原市	Taiyuan	4990158	4616075	419302	2967837
大同市	Datong	1246948	1197149	124412	824526
阳泉市	Yangquan	226867	223341	4765	169662
长治市	Changzhi	2051888	1798247	69375	1589850
晋城市	Jincheng	1273579	1197413	31888	1062712
朔州市	Shuozhou	172341	168169	9091	153203
晋中市	Jinzhong	1491185	1431505	98459	1101030
运城市	Yuncheng	1536761	1493887	25384	1312281
忻州市	Xinzhou	447240	423561	27372	351055
临汾市	Linfen	1201861	1135486	20995	961234
吕梁市	Lvliang	510997	499355	14290	408002

市名 City		144平方米及以上住房 Above 144 sq.m	办公楼 Office Buildings	商业营业用房 Buildings for Business Operation	其他 Other Buildings
全　省	**Total**	**2437463**	**155100**	**682032**	**128505**
太原市	Taiyuan	1228936	47911	246217	79955
大同市	Datong	248211	5453	40446	3900
阳泉市	Yangquan	48914		3526	
长治市	Changzhi	139022	65775	178450	9416
晋城市	Jincheng	102813	1083	75083	
朔州市	Shuozhou	5875		3391	781
晋中市	Jinzhong	232016	9362	19477	30841
运城市	Yuncheng	156222	300	42518	56
忻州市	Xinzhou	45134	549	19949	3181
临汾市	Linfen	153257	24667	41701	7
吕梁市	Lvliang	77063		11274	368

19-44 房地产开发房屋销售面积(2022年)

FLOOR SPACE OF BUILDINGS SOLD IN REAL ESTATE DEVELOPMENT(2022)

单位：平方米 (sq.m)

市 名 City		商品房销售面积 Floor Space of Com-mercial Buildings Sold	住宅 Residential Buildings	90平方米及以下住房 90 sq.m and Below	90-144平方米住房 90-144 sq.m
全 省	**Total**	**22567120**	**21521608**	**1358240**	**17437420**
太原市	Taiyuan	5073695	4687448	542407	3201366
大同市	Datong	2039898	1996666	248820	1475969
阳泉市	Yangquan	444296	440946	12904	343453
长治市	Changzhi	3211124	2975693	127375	2621467
晋城市	Jincheng	1817567	1749332	45298	1573949
朔州市	Shuozhou	448062	436431	21950	400556
晋中市	Jinzhong	2445411	2353282	185058	1837273
运城市	Yuncheng	3185490	3103491	55563	2778660
忻州市	Xinzhou	889503	847538	54543	708682
临汾市	Linfen	2050689	1984052	35710	1700782
吕梁市	Lvliang	961385	946729	28612	795263

市 名 City		144平方米以上住房 Above 144 sq.m	办公楼 Office Buildings	商业营业用房 Buildings for Business Operation	其他 Other Buildings
全 省	**Total**	**2725948**	**145294**	**643843**	**256375**
太原市	Taiyuan	943675	62360	180938	142949
大同市	Datong	271877	6059	34835	2338
阳泉市	Yangquan	84589		3350	
长治市	Changzhi	226851	42627	157865	34939
晋城市	Jincheng	130085	1715	66520	
朔州市	Shuozhou	13925		5160	6471
晋中市	Jinzhong	330951	7490	20117	64522
运城市	Yuncheng	269268	2365	79477	157
忻州市	Xinzhou	84313	1374	36190	4401
临汾市	Linfen	247560	21304	45317	16
吕梁市	Lvliang	122854		14074	582

19-45 房地产开发施工、竣工面积及价值(2022年)
FLOOR SPACE AND VALUE OF BUILDINGS UNDER CONSTRUCTION AND COMPLETED IN REAL ESTATE DEVELOPMENT(2022)

单位：平方米　　(sq.m)

市名 City	房屋施工面积 Floor Space of Buildings Under Construction	#住宅 Residential Buildings	房屋竣工面积 Floor Space of Buildings Completed	#住宅 Residential Buildings	房屋竣工价值(万元) Value of Buildings Completed (10 000 yuan)	#住宅 Residential Buildings
全　省 Total	**253505089**	**190686198**	**21268247**	**16365938**	**6384766**	**5100289**
太原市 Taiyuan	81282348	58746279	1485534	1035192	627764	517926
大同市 Datong	24148946	17930750	5490660	4137394	1800405	1501581
阳泉市 Yangquan	5070365	3892364	205363	101407	38070	21362
长治市 Changzhi	20057648	15468749	3954233	2992355	1140189	825154
晋城市 Jincheng	16036501	12139879	2295788	1734746	762222	600380
朔州市 Shuozhou	4517831	3819026	398386	369027	97924	89907
晋中市 Jinzhong	27610643	20203129	1798185	1399390	478740	379594
运城市 Yuncheng	26623041	21196112	2842574	2344450	766953	635194
忻州市 Xinzhou	10312732	7730010	266232	194088	70287	45103
临汾市 Linfen	26124822	20074128	1218770	926467	313018	230556
吕梁市 Lvliang	11720212	9485772	1312522	1131422	289194	253532

19-46 社会消费品零售总额(2022年)
TOTAL RETAIL SALES OF CONSUMER GOODS(2022)

单位：万元　　(10 000 yuan)

市名 City	社会消费品零售总额 Total Retail Sales of Consumer Goods	城镇 Town	乡村 Village
全　省 Total	**75627306**	**62425972**	**13201334**
太原市 Taiyuan	17613967	16360345	1253622
大同市 Datong	7576735	6082316	1494419
阳泉市 Yangquan	3245208	2715729	529478
长治市 Changzhi	6637353	5387474	1249879
晋城市 Jincheng	5330833	4452444	878389
朔州市 Shuozhou	3396214	2426788	969426
晋中市 Jinzhong	6550177	5349142	1201035
运城市 Yuncheng	8096332	6321258	1775074
忻州市 Xinzhou	4385498	2994570	1390928
临汾市 Linfen	7541010	6283576	1257434
吕梁市 Lvliang	5253979	4052330	1201650

19-47 旅游事业发展情况(2022年)
DEVELOPMENT OF TOURISM(2022)

市名 City		接待国内游客人数(万人次) Domestic Tourists (10 000 person-times)	国内旅游收入(亿元) Revenue from Domestic Tourism (100 million yuan)
全省	**Total**	**29049**	**1452.99**
太原市	Taiyuan	6368	304.10
大同市	Datong	3188	152.57
阳泉市	Yangquan	1676	45.91
长治市	Changzhi	3096	112.65
晋城市	Jincheng	2959	112.09
朔州市	Shuozhou	784	30.70
晋中市	Jinzhong	4010	181.98
运城市	Yuncheng	2976	125.57
忻州市	Xinzhou	3235	152.94
临汾市	Linfen	3103	160.57
吕梁市	Lvliang	1701	73.91

19-48 公路通车里程(2022年)
LENGTH OF HIGHWAYS(2022)

单位：公里 (km)

市名 City		公路通车里程 Length of Highways	在通车里程中 In Length of Highways					
			国道 State Class	省道 Province Class	县公路 County Class	乡公路 Township Class	专用公路 Special Purpose	村道 Village Class
全省	**Total**	**145469**	**11388**	**7019**	**21495**	**47327**	**149**	**58090**
太原市	Taiyuan	6730	624	260	1139	1570	17	3121
大同市	Datong	12744	754	764	2236	5232		3758
阳泉市	Yangquan	5734	419	322	790	889		3315
长治市	Changzhi	12509	988	695	1810	3893	45	5078
晋城市	Jincheng	9835	508	619	1286	3491	16	3914
朔州市	Shuozhou	10278	861	410	1380	3875	1	3751
晋中市	Jinzhong	16246	1263	724	2414	6191	7	5647
运城市	Yuncheng	16453	1234	726	2820	6145	50	5478
忻州市	Xinzhou	17486	1794	852	2626	5980	12	6221
临汾市	Linfen	19576	1657	721	2494	5647		9058
吕梁市	Lvliang	17880	1287	927	2501	4415		8750

19–49 公路等级里程(2022年)
LENGTH OF HIGHWAYS BY CLASS(2022)

单位：公里 (km)

市 名 City		等级里程 Expressway and Class I to IV Expressways	高 速 Expressway	一 级 First Class	二 级 Second Class
全 省	**Total**	**144746**	**5859**	**3026**	**15882**
太原市	Taiyuan	6707	292	240	875
大同市	Datong	12723	562	145	1222
阳泉市	Yangquan	5734	282	148	465
长治市	Changzhi	12509	377	160	1443
晋城市	Jincheng	9725	426	185	736
朔州市	Shuozhou	10232	453	221	1072
晋中市	Jinzhong	16220	656	548	2228
运城市	Yuncheng	16453	621	406	1922
忻州市	Xinzhou	17393	899	133	1824
临汾市	Linfen	19407	669	482	1938
吕梁市	Lvliang	17644	623	356	2156

市 名 City		三 级 Third Class	四 级 Fourth Class	等外里程 Highway Below class IV	等级里程占总里程的百分比 Percentage to Total Length of Highways(%)
全 省	**Total**	**22163**	**97818**	**723**	**99.5**
太原市	Taiyuan	1156	4143	23	99.7
大同市	Datong	2609	8185	20	99.8
阳泉市	Yangquan	627	4211		100.0
长治市	Changzhi	2191	8338		100.0
晋城市	Jincheng	1793	6585	110	98.9
朔州市	Shuozhou	1677	6809	46	99.6
晋中市	Jinzhong	1608	11179	26	99.8
运城市	Yuncheng	2415	11089		100.0
忻州市	Xinzhou	2282	12254	93	99.5
临汾市	Linfen	3454	12863	169	99.1
吕梁市	Lvliang	2350	12160	236	98.7

19-50 公路路面里程(2022年)
LENGTH OF PAVED HIGHWAYS(2022)

单位：公里 (km)

市名 City		有铺装路面里程 Length of Paved Highways	占总里程(%) Percentage to Highways	简易铺装路面里程 Length of Simply Paved Highways	占总里程(%) Percentage to Highways	未铺装路面里程 Length of Non-paved Highways
全　省	**Total**	**129486**	**89.0**	**9228**	**6.3**	**6756**
太原市	Taiyuan	6297	93.6	265	3.9	169
大同市	Datong	11931	93.6	115	0.9	697
阳泉市	Yangquan	5645	98.5	53	0.9	36
长治市	Changzhi	11937	95.4	557	4.5	15
晋城市	Jincheng	9444	96.0	285	2.9	106
朔州市	Shuozhou	8657	84.2	693	6.7	928
晋中市	Jinzhong	13278	81.7	1142	7.0	1826
运城市	Yuncheng	14050	85.4	2358	14.3	45
忻州市	Xinzhou	16181	92.5	589	3.4	715
临汾市	Linfen	16200	82.8	1826	9.3	1550
吕梁市	Lvliang	15866	88.7	1345	7.5	668

19-51 公路绿化里程(2022年)
LENGTH OF AFFORESTED HIGHWAYS(2022)

单位：公里 (km)

市名 City		绿化里程 Length of Afforest Highways	占总里程(%) Percentage	在绿化里程中 In Length of Afforest Highways					
				国道 State Class	省道 Province Class	县公路 County Class	乡公路 Township Class	专用公路 Special Purpose	村道 Village Class
全　省	**Total**	**75789**	**52.1**	**8644**	**5029**	**15366**	**24285**	**67**	**22398**
太原市	Taiyuan	3067	45.6	418	175	1119	817	9	530
大同市	Datong	5029	39.5	488	595	1334	1492		1120
阳泉市	Yangquan	4032	70.3	317	190	750	844		1931
长治市	Changzhi	7096	56.7	729	539	1167	2379	44	2239
晋城市	Jincheng	3174	32.3	360	455	585	866	2	906
朔州市	Shuozhou	4628	45.0	672	295	959	1467		1235
晋中市	Jinzhong	9650	59.4	1037	564	2170	3593		2287
运城市	Yuncheng	15205	92.4	1035	631	2447	5973	12	5108
忻州市	Xinzhou	8201	46.9	1393	518	1397	2318		2574
临汾市	Linfen	8858	45.2	1186	506	2103	2563		2500
吕梁市	Lvliang	6850	38.3	1009	563	1335	1975		1968

19-56 普通中学基本情况(2022年)
BASIC STATISTICS ON REGULAR SECONDARY SCHOOLS(2022)

单位：人 (person)

市 名 City	学校数(所) Schools (unit)			专任教师数 Full-time Teachers		
	合 计 Total	初 中 Junior	高 中 Senior	合 计 Total	初 中 Junior	高 中 Senior
全 省 Total	**1911**	**1403**	**508**	**168525**	**103536**	**64989**
太原市 Taiyuan	219	128	91	20154	12713	7441
大同市 Datong	143	97	46	14820	9141	5679
阳泉市 Yangquan	78	62	16	5840	3844	1996
长治市 Changzhi	188	138	50	14779	9050	5729
晋城市 Jincheng	134	105	29	10052	6119	3933
朔州市 Shuozhou	84	57	27	10786	6313	4473
晋中市 Jinzhong	210	165	45	17546	11290	6256
运城市 Yuncheng	231	163	68	22884	13259	9625
忻州市 Xinzhou	181	145	36	13530	8500	5030
临汾市 Linfen	209	153	56	19123	11388	7735
吕梁市 Lvliang	234	190	44	19011	11919	7092

市 名 City	毕业生数 Graduates			招生数 Entrants		
	合 计 Total	初 中 Junior	高 中 Senior	合 计 Total	初 中 Junior	高 中 Senior
全 省 Total	**605158**	**380278**	**224880**	**603086**	**374595**	**228491**
太原市 Taiyuan	69922	43660	26262	77693	50362	27331
大同市 Datong	49405	31074	18331	49841	30620	19221
阳泉市 Yangquan	21662	13372	8290	20674	12586	8088
长治市 Changzhi	57569	35591	21978	57198	35760	21438
晋城市 Jincheng	33865	19874	13991	30126	18148	11978
朔州市 Shuozhou	40100	26133	13967	39458	23367	16091
晋中市 Jinzhong	62104	41893	20211	62677	38392	24285
运城市 Yuncheng	80582	49166	31416	79636	50287	29349
忻州市 Xinzhou	48825	31354	17471	47547	29511	18036
临汾市 Linfen	71581	43977	27604	68876	42260	26616
吕梁市 Lvliang	69543	44184	25359	69360	43302	26058

19-56 续表 continued

单位：人 (person)

市 名 City	在校生数 Enrolment		
	合 计 Total	初 中 Junior	高 中 Senior
全 省 Total	**1780551**	**1093643**	**686908**
太原市 Taiyuan	222302	143169	79133
大同市 Datong	148579	92462	56117
阳泉市 Yangquan	63571	38577	24994
长治市 Changzhi	161476	97198	64278
晋城市 Jincheng	90243	51704	38539
朔州市 Shuozhou	119585	72095	47490
晋中市 Jinzhong	192341	120607	71734
运城市 Yuncheng	233161	142197	90964
忻州市 Xinzhou	138425	84922	53503
临汾市 Linfen	206034	123841	82193
吕梁市 Lvliang	204834	126871	77963

19-57 村卫生室情况(2022年)

MAIN INDICATORS OF RURAL CLINICS(2022)

单位：人 (person)

市 名 City	机构数(个) Institutions (unit)	执业(助理)医师 Licensed (Assistant) Doctors	注册护士 Registered Nurses	乡村医生 Rural Doctors	卫生员 Health Workers
全 省 Total	**25056**	**8239**	**541**	**26485**	**1528**
太原市 Taiyuan	860	745	47	899	42
大同市 Datong	1678	594	12	1710	94
阳泉市 Yangquan	694	277	25	791	63
长治市 Changzhi	3172	1073	27	2668	123
晋城市 Jincheng	2206	492	28	2318	86
朔州市 Shuozhou	1307	193	18	1254	110
晋中市 Jinzhong	2648	826	78	3204	70
运城市 Yuncheng	3324	1301	46	3158	343
忻州市 Xinzhou	2967	460	78	3756	68
临汾市 Linfen	3155	1339	59	3033	252
吕梁市 Lvliang	3045	939	123	3694	277

19-58 卫生机构数(2022年)
HEALTH CARE INSTITUTIONS(2022)

单位：个 (unit)

市 名 City	总 计 Total	#医 院 Hospitals	#疾病预防控制中心 Centers for Disease Control and Prevention	#妇幼保健院(所、站) Maternity and Child Care Centers
全 省 Total	**14605**	**1376**	**132**	**129**
太原市 Taiyuan	3227	160	14	12
大同市 Datong	1332	101	12	10
阳泉市 Yangquan	678	52	6	7
长治市 Changzhi	966	91	13	13
晋城市 Jincheng	918	90	7	7
朔州市 Shuozhou	633	84	7	6
晋中市 Jinzhong	1015	108	12	12
运城市 Yuncheng	2168	258	14	15
忻州市 Xinzhou	1130	131	15	15
临汾市 Linfen	1362	180	18	18
吕梁市 Lvliang	1176	121	14	14

19-59 卫生机构床位数和人员情况(2022年)
BEDS AND PERSONNELS IN HEALTH CARE INSTITUTIONS(2022)

单位：人 (person)

市 名 City	卫生机构床位数(张) Beds (unit)	卫生技术人员 Health Technical Personnels	#执业(助理)医师 Licensed (Assistant) Doctors	#注册护士 Registered Nurses
全 省 Total	**228439**	**275071**	**105146**	**125698**
太原市 Taiyuan	46102	69281	25537	34321
大同市 Datong	19600	22197	9335	9737
阳泉市 Yangquan	8204	11810	4279	5650
长治市 Changzhi	19709	24257	8985	11238
晋城市 Jincheng	14691	17328	6712	7652
朔州市 Shuozhou	11293	8795	3420	3832
晋中市 Jinzhong	18498	21776	7929	10072
运城市 Yuncheng	32851	33919	13231	14729
忻州市 Xinzhou	15164	17789	6721	7683
临汾市 Linfen	24379	29414	11441	12917
吕梁市 Lvliang	17948	18505	7556	7867

19-60 主要城市空气质量情况(2022年)
AIR QUALITY IN MAJOR CITIES(2022)

市名 City		空气质量达标天数(天) Days Reach the Standard of Air Quality (day)	细颗粒物($PM_{2.5}$)年平均浓度($\mu g/m^3$) Annual Average Concentration of $PM_{2.5}$	可吸入颗粒物(PM_{10})年平均浓度($\mu g/m^3$) Annual Average Concentration of PM_{10}	二氧化硫年平均浓度($\mu g/m^3$) Annual Average Concentration of SO_2
全省	**Total**	**272**	**38**	**74**	**12**
太原市	Taiyuan	241	44	83	12
大同市	Datong	327	25	60	19
阳泉市	Yangquan	269	41	77	18
长治市	Changzhi	284	39	63	12
晋城市	Jincheng	252	38	75	8
朔州市	Shuozhou	315	30	75	13
晋中市	Jinzhong	242	46	80	12
运城市	Yuncheng	236	50	83	11
忻州市	Xinzhou	286	36	65	13
临汾市	Linfen	219	48	72	10
吕梁市	Lvliang	319	24	77	8

市名 City		二氧化氮年平均浓度($\mu g/m^3$) Annual Average Concentration of NO_2	一氧化碳日均值第95百分位浓度(mg/m^3) Daily Average 95th Percentile Concentration of CO	臭氧(O_3)日最大8小时第90百分位浓度($\mu g/m^3$) Daily Maximum 8 Hours Average 90th Percentile Concentration of O_3
全省	**Total**	**31**	**1.4**	**166**
太原市	Taiyuan	40	1.4	175
大同市	Datong	24	1.2	149
阳泉市	Yangquan	39	1.4	170
长治市	Changzhi	27	1.5	168
晋城市	Jincheng	27	1.6	180
朔州市	Shuozhou	28	1.0	149
晋中市	Jinzhong	31	1.2	175
运城市	Yuncheng	21	1.8	164
忻州市	Xinzhou	29	1.1	165
临汾市	Linfen	32	1.8	179
吕梁市	Lvliang	40	0.9	147

19-61 城镇居民家庭生活基本情况(2022年)
BASIC LIVING CONDITIONS OF URBAN HOUSEHOLDS(2022)

单位：元 (yuan)

市 名 City	城镇居民人均可支配收入 Per Capita Disposable Income of Urban Households	工资性收入 Wages and Salaries	经营净收入 Net Business Income	财产净收入 Net Property Income	转移净收入 Net Transfer Income
全 省 Total	**39532**	**22359**	**3863**	**3036**	**10274**
太原市 Taiyuan	43694	24434	3886	4671	10703
大同市 Datong	38996	19476	6543	2383	10594
阳泉市 Yangquan	39300	22982	2453	1674	12191
长治市 Changzhi	41113	23609	4075	3083	10346
晋城市 Jincheng	41669	27213	3309	3159	7988
朔州市 Shuozhou	41009	24097	6360	2380	8172
晋中市 Jinzhong	41188	23585	6015	3173	8415
运城市 Yuncheng	37479	21594	4381	2416	9088
忻州市 Xinzhou	36467	22958	4311	2246	6952
临汾市 Linfen	39075	23550	6518	2101	6905
吕梁市 Lvliang	34243	22909	3459	1986	5889

市 名 City	城镇居民人均生活消费支出 Per Capita Living Expenditure of Urban Households	#食品烟酒 Food, Tobacco and Liquor	#衣 着 Clothing	#居 住 Residence	#教育文化娱乐 Education, Culture and Recreation
全 省 Total	**21923**	**6007**	**1555**	**4943**	**2371**
太原市 Taiyuan	24948	6082	1737	6564	2471
大同市 Datong	18248	5220	1640	3434	2234
阳泉市 Yangquan	24123	6343	1700	4141	2311
长治市 Changzhi	22053	5929	1816	4829	2672
晋城市 Jincheng	23876	5526	1915	5974	2616
朔州市 Shuozhou	20089	5301	1883	4307	2897
晋中市 Jinzhong	19943	5299	1881	4336	2027
运城市 Yuncheng	17469	4698	1483	3681	2016
忻州市 Xinzhou	18434	4573	1551	4237	2368
临汾市 Linfen	17783	4856	1557	3763	1915
吕梁市 Lvliang	19357	5020	1612	4241	2262

19-62 农村居民家庭生活基本情况(2022年)
BASIC LIVING CONDITIONS OF RURAL HOUSEHOLDS(2022)

单位：元 (yuan)

市 名 City	农村居民人均可支配收入 Per Capita Disposable Income of Rural Households	工资性收入 Wages and Salaries	经营净收入 Net Business Income	财产净收入 Net Property Income	转移净收入 Net Transfer Income
全 省 Total	**16323**	**7272**	**4268**	**232**	**4551**
太原市 Taiyuan	22822	12468	4391	695	5268
大同市 Datong	13864	5804	4117	245	3698
阳泉市 Yangquan	19057	10832	3455	264	4506
长治市 Changzhi	19437	8044	6994	285	4114
晋城市 Jincheng	19004	11589	2932	498	3985
朔州市 Shuozhou	18449	7355	6339	132	4624
晋中市 Jinzhong	18308	9845	4996	669	2798
运城市 Yuncheng	15267	6903	4802	586	2976
忻州市 Xinzhou	11810	4899	3816	578	2517
临汾市 Linfen	16334	6847	5941	167	3380
吕梁市 Lvliang	12518	6998	2366	237	2917

市 名 City	农村居民人均生活消费支出 Per Capita Living Expenditure of Rural Households	#食品烟酒 Food, Tobacco and Liquor	#衣 着 Clothing	#居 住 Residence	#教育文化娱乐 Education, Culture and Recreation
全 省 Total	**12091**	**3880**	**778**	**2741**	**1111**
太原市 Taiyuan	17517	5066	1232	4251	1637
大同市 Datong	11417	3450	639	2555	1331
阳泉市 Yangquan	15153	4159	874	3265	1782
长治市 Changzhi	14270	4869	956	2201	1470
晋城市 Jincheng	13512	2997	899	2989	1427
朔州市 Shuozhou	11284	3766	585	2103	1179
晋中市 Jinzhong	12469	3686	889	2674	1052
运城市 Yuncheng	12073	3286	762	2799	1185
忻州市 Xinzhou	9882	3515	631	1882	1065
临汾市 Linfen	11994	3549	1009	2450	1056
吕梁市 Lvliang	8880	2645	605	1780	807

19-63 全体居民人均可支配收入

单位：元

年 份 Year	太原市 Taiyuan	大同市 Datong	阳泉市 Yangquan	长治市 Changzhi	晋城市 Jincheng
1978		148	186	99	130
1979		170		112	147
1980		186	234	120	153
1981		205		113	161
1982	415	295		150	197
1983		355		214	262
1984		463		321	316
1985		501	578	376	384
1986		512	676	366	417
1987		572	759	406	460
1988		637	825	484	558
1989		741	1042	560	617
1990	1402	844	1279	613	680
1991		854	1456	670	675
1992		941	1683	740	801
1993		1053	2000	906	1011
1994		1522	2507	1136	1211
1995		1909	3011	1575	1785
1996		2455	3370	1925	2228
1997		2862	3573	2284	2686
1998		2887	3388	2480	2854
1999		2398	3580	2533	2895
2000	5372	2803	3395	2859	3365
2001	5760	2838	3741	3198	3511
2002	6491	3694	4360	3753	3959
2003	7239	4030	4860	4208	4489
2004	8192	4390	5743	4829	5106
2005	9158	5093	6822	5481	5652
2006	10139	5811	7736	6092	6372
2007	11827	6828	9021	7284	7623
2008	13134	8061	10335	8334	8718
2009	13493	8586	11254	9043	9502
2010	14909	9772	12560	10066	11185
2011	17489	11741	15042	12064	13272
2012	19671	13621	16498	13846	15157
2013	21801	14844	17911	15072	16515
2014	23579	16122	19419	16501	17905
2015	25408	17472	20793	17889	19352
2016	27169	18594	21951	19117	20578
2017	28935	19895	23422	20551	22039
2018	31031	21590	25134	22307	23855
2019	33563	23533	27126	24313	25897
2020	35473	24988	28529	25795	27475
2021	38381	27323	30810	28309	29891
2022	40597	29307	32474	30285	32015

PER CAPTIA DISPOSABLE INCOME OF THE PROVINCIAL HOUSEHOLDS

(yuan)

朔州市 Shuozhou	晋中市 Jinzhong	运城市 Yuncheng	忻州市 Xinzhou	临汾市 Linfen	吕梁市 Lvliang
			86	100	
			112		
			105	113	97
			106		101
			163		146
			262		233
		355	354		286
		334	351	510	332
		351	326	555	325
		358	345	596	331
		398	433	658	415
556		452	476	739	437
632	699	513	512	825	498
830		540	506	945	467
893		612	632	1068	550
1022		793	785	1266	670
1441		954	1022	1654	859
1682	1577	1282	1261	2171	1027
2117		1793	1395	2576	1280
2512		2083	1763	2769	1542
2741		2242	1891	2926	1607
2407		2246	1560	3170	1214
3207	2775	2345	1881	2744	1735
2773	2991	2669	1898	2989	1908
3726	3445	3225	2429	3337	2472
4151	3851	3624	2797	3720	2774
4613	4425	4057	3155	4324	3229
5334	5185	4611	3540	5035	3942
5982	5907	5154	4056	5661	4710
7239	6985	6080	4847	6456	5537
8551	8312	6931	5690	7240	6621
9803	9307	7494	6210	7977	7216
11469	10486	8231	7451	9237	7715
13075	12462	9874	8904	10941	9205
14866	14399	11425	10377	12624	10744
16204	15727	12470	11272	13779	11557
17599	17213	13697	12325	15052	12623
18975	18631	14922	13415	16347	13591
20113	19783	16001	14371	17438	14429
21581	21128	17153	15506	18764	15554
23204	22908	18707	16896	20192	16883
25237	24855	20406	18462	22107	18369
26576	26187	21680	19637	23439	19387
28870	28482	23831	21645	25708	21253
30513	30175	25474	23091	27375	22601

19-64 城镇居民人均可支配收入

单位：元

年 份 Year	太原市 Taiyuan	大同市 Datong	阳泉市 Yangquan	长治市 Changzhi	晋城市 Jincheng
1978	313	277	251	348	300
1979	362	301	278	351	303
1980	385	346	308	375	308
1981	418	372	341	386	315
1982	454	401	377	379	321
1983	479	435	418	407	330
1984	601	515	463	486	468
1985	646	624	575	665	508
1986	804	799	711	775	573
1987	933	875	828	828	712
1988	1104	930	902	1040	835
1989	1417	1233	1201	1161	1061
1990	1573	1396	1527	1276	1141
1991	1819	1476	1767	1506	1254
1992	2188	1506	2038	1588	1479
1993	2723	1691	2423	1895	1752
1994	3209	2519	2972	2365	2426
1995	3939	3238	3503	3017	3091
1996	4109	3845	3833	3478	3369
1997	5086	4438	3954	4192	4150
1998	5371	4160	3634	4107	4151
1999	5587	4241	3944	4142	4341
2000	5954	4499	4349	4484	4769
2001	6406	4896	4954	5110	5265
2002	7241	5903	6055	5984	5951
2003	8082	6443	6814	6796	6852
2004	9111	6896	8252	7763	7804
2005	10166	7975	9319	8649	8543
2006	11350	9054	10538	9563	9661
2007	13234	10574	12212	11602	11758
2008	14608	12526	13981	13254	13336
2009	14917	13171	15027	14280	14220
2010	16433	14419	16551	15675	16187
2011	19186	16937	19622	18429	18775
2012	21507	19361	21071	20639	21024
2013	23873	21316	23115	22682	23126
2014	25768	23043	24825	24565	24907
2015	27727	24771	26414	26407	26651
2016	29632	26273	27801	28094	28223
2017	31469	27981	29581	30060	30142
2018	33672	29911	31474	32024	32162
2019	36362	32252	33582	34426	34627
2020	38329	33945	35018	36010	36332
2021	41377	36685	37464	38786	39089
2022	43694	38996	39300	41113	41669

PER CAPTIA DISPOSABLE INCOME OF URBAN HOUSEHOLDS

(yuan)

朔州市 Shuozhou	晋中市 Jinzhong	运城市 Yuncheng	忻州市 Xinzhou	临汾市 Linfen	吕梁市 Lvliang
			286	260	
			318		
			345	377	243
			340		250
			373		297
			376		330
		467	436		390
		605	560	636	448
		727	634	745	477
		804	676	787	538
		946	877	836	651
1272	1016	1170	908	932	757
1364	1093	1259	974	1020	855
1489	1313	1387	1095	1208	951
1762	1357	1596	1278	1364	1144
2236	1668	2265	1541	1610	1336
3032	2099	2305	2193	2153	1804
3606	2550	2753	2407	2780	2038
3977	3015	3277	2462	3178	2225
4412	3116	3903	3067	3277	2587
4395	3288	4016	3160	3423	2706
4611	3405	4256	3498	3810	2993
4977	3961	4453	3696	4227	3774
5112	4491	5035	4075	4802	4682
6139	5309	6105	4821	5304	5706
6835	6046	6921	5469	6017	6394
7483	6930	7608	6131	7131	7153
8417	8015	8569	6724	8213	8095
9386	9164	9470	7746	9312	9186
11155	10832	11271	9022	10576	10679
13178	12996	12616	10572	11919	12697
14514	14578	13266	11459	13102	13707
16349	16319	14032	13958	14880	13901
18891	18947	16279	16041	17442	15857
21734	21464	18452	18213	19783	18203
23886	23589	20408	20016	21820	20005
25725	25652	22226	21735	23610	21485
27500	27525	24049	23452	25498	22903
28989	29149	25636	24987	27085	24180
30989	30927	27302	26536	28873	25704
32849	32947	29104	28341	30692	27323
35100	35187	31241	30375	32895	29181
36487	36578	32728	31920	34408	30382
39168	39189	35291	34566	36968	32551
41009	41188	37479	36467	39075	34243

19-65 城镇居民人均消费支出

单位：元

年 份 Year	太原市 Taiyuan	大同市 Datong	阳泉市 Yangquan	长治市 Changzhi	晋城市 Jincheng
1978	306	275	256	283	230
1979	340	300	277	295	236
1980	374	323	300	325	257
1981	389	383	325	337	299
1982	403	388	352	346	305
1983	418	414	384	366	315
1984	501	461	406	404	369
1985	585	567	540	533	451
1986	723	705	658	629	547
1987	846	752	739	655	671
1988	1070	958	910	868	838
1989	1261	1008	1166	1024	976
1990	1357	1101	1176	1040	1002
1991	1601	1149	1354	1147	1097
1992	1884	1304	1581	1253	1299
1993	2314	1489	1849	1555	1444
1994	2762	2129	2485	1854	1938
1995	3409	2874	2949	2397	2394
1996	3490	3335	2993	3033	2685
1997	4257	3526	3171	3570	2853
1998	4440	3382	3144	3125	2510
1999	4625	3443	3290	2901	2900
2000	5222	3444	3751	3373	3269
2001	5016	3589	3586	3698	3530
2002	5770	4076	3821	4217	4215
2003	6096	4269	4228	4624	4748
2004	6747	4489	5117	5110	5631
2005	7351	5078	6212	5530	5807
2006	8554	5375	6454	6467	6509
2007	10136	5881	7775	7816	7513
2008	9936	6567	8768	8140	9058
2009	10692	6631	8802	8649	9286
2010	10976	6964	10256	8980	10363
2011	11887	8410	11988	10438	12530
2012	12672	9234	12503	11753	14338
2013	13584	9803	12584	12483	14057
2014	14430	10494	12941	13319	14315
2015	15455	11342	13795	14411	16472
2016	16775	11785	15077	15724	17355
2017	18234	12776	13789	16997	18158
2018	19912	13936	17178	18288	20139
2019	21305	15062	21301	19575	21850
2020	20559	15740	21919	19927	22527
2021	23748	17786	23696	21681	23796
2022	24948	18248	24123	22053	23876

PER CAPTIA CONSUMPTION EXPENDITURE OF URBAN HOUSEHOLDS

(yuan)

朔州市 Shuozhou	晋中市 Jinzhong	运城市 Yuncheng	忻州市 Xinzhou	临汾市 Linfen	吕梁市 Lvliang
			245	236	
			293		178
			327	350	211
			343		231
			360		251
			376		291
		421	380		351
		608	530	598	438
		664	679	692	459
		814	659	732	468
		931	833	786	566
1009	796	1103	858	780	659
1173	841	1183	933	795	739
1102	1140	1173	1065	946	828
1299	1056	1278	1155	975	996
1687	1313	1347	1242	1147	1163
2083	1587	1811	1957	1492	1570
2747	1938	2165	2339	1940	1980
3370	2488	2925	2300	2344	2733
3507	2454	3212	2419	2527	2758
3396	2459	2792	2204	2492	2546
3639	2739	3342	2732	2653	2798
4121	3239	3028	2912	3027	3140
3663	3417	3308	2960	3263	3373
4346	3879	4171	3768	3959	4048
4473	4216	4489	3976	4197	4232
4875	4566	4498	4120	4748	4971
5417	5273	4743	4373	5257	6154
5998	5766	5386	4646	5897	6691
7562	6682	5639	5795	6625	6786
9178	7676	7334	7040	7498	8221
9372	8868	6803	8306	7922	8057
9480	9235	6263	8860	8824	8088
10808	10241	7743	9020	11133	9195
12381	10962	8034	9202	11436	9360
13347	11826	8822	9893	10506	10307
13633	12689	9863	10317	10523	12246
14096	13459	11228	11175	12502	12825
14364	14038	11405	12160	13388	13710
15585	15052	12327	13169	14665	14651
17036	16121	13641	14595	15759	15921
18520	17593	15807	16186	16862	17654
18645	17171	15859	17290	16632	17054
20137	19985	17457	18705	17945	18845
20089	19943	17469	18434	17783	19357

19-66 农村居民人均可支配收入

单位：元

年 份 Year	太原市 Taiyuan	大同市 Datong	阳泉市 Yangquan	长治市 Changzhi	晋城市 Jincheng
1978	116	95	132	62	114
1979	147	114	168	74	132
1980	156	112	171	78	138
1981	155	126	191	65	145
1982	259	245	227	109	183
1983	312	316	328	178	254
1984	458	435	478	290	298
1985	526	434	584	318	369
1986	556	351	599	279	397
1987	590	399	605	314	425
1988	660	464	642	361	519
1989	715	444	660	425	553
1990	763	515	684	463	611
1991	776	482	702	479	587
1992	864	598	810	544	695
1993	970	653	941	668	890
1994	1166	886	1224	831	1001
1995	1444	1039	1639	1211	1552
1996	2017	1512	2055	1518	2009
1997	2407	1766	2466	1770	2393
1998	2684	1982	2661	2032	2584
1999	2586	1068	2599	2084	2581
2000	2650	1495	2596	2209	2636
2001	2748	1255	2723	2436	2603
2002	3091	1856	2877	2662	2719
2003	3374	1986	3112	2902	2958
2004	3898	2216	3437	3284	3299
2005	4434	2412	3748	3599	3619
2006	4958	2684	4140	3922	3971
2007	5612	3062	4724	4452	4476
2008	6420	3389	5427	4991	4905
2009	6904	3629	5801	5396	5313
2010	7703	4112	6572	6032	5970
2011	8995	4996	7691	7177	7129
2012	10201	5710	8699	8218	8134
2013	11425	6441	9760	9229	9135
2014	12616	7137	10742	10311	10087
2015	13626	7708	11494	11095	10914
2016	14591	8217	12172	11863	11635
2017	15595	8862	12963	12705	12511
2018	16860	9710	14078	13818	13566
2019	18377	10725	15390	15151	14809
2020	19655	11610	16510	16327	16054
2021	21551	12909	18030	18081	17744
2022	22822	13864	19057	19437	19004

PER CAPTIA DISPOSABLE INCOME OF RURAL HOUSEHOLDS

(yuan)

朔州市 Shuozhou	晋中市 Jinzhong	运城市 Yuncheng	忻州市 Xinzhou	临汾市 Linfen	吕梁市 Lvliang
77	98	101	66	76	83
99	125	119	89	95	86
102	108	117	78	63	82
116	119	128	79	104	85
277	181	239	138	170	130
349	274	265	248	210	222
472	315	343	344	334	274
373	355	303	324	335	318
332	385	306	283	283	305
383	425	303	296	313	303
441	517	329	364	384	383
445	550	360	407	440	392
521	606	417	439	501	448
728	590	428	412	507	398
750	654	480	525	573	465
807	761	586	651	689	572
1098	1016	753	793	809	715
1229	1317	1054	1027	1130	869
1660	1703	1556	1170	1528	1128
2027	2032	1783	1480	1872	1368
2308	2161	1939	1608	2040	1418
1809	2104	1889	1108	2016	894
2229	2208	1966	1210	2201	1152
1490	2276	2011	1098	2328	1122
2317	2437	2168	1416	2476	1377
2535	2626	2334	1625	2681	1499
2813	2968	2604	1789	2995	1776
3103	3339	2827	1939	3351	2006
3427	3678	3075	2104	3628	2483
4185	4246	3420	2539	4103	2804
4780	4826	3839	2859	4439	3233
5181	5252	4156	3061	4802	3464
5974	5879	4741	3487	5351	3937
7108	6996	5690	4185	6158	4801
8097	8032	6458	4834	6983	5429
9149	9100	7285	5491	7862	6140
10137	10100	8125	6104	8755	6754
10816	10877	8718	6550	9376	7193
11478	11525	9365	7025	10005	7644
12305	12297	9992	7588	10742	8232
13423	13394	10916	8302	11630	9034
14717	14720	11997	9183	12809	9963
15812	15767	12947	9926	13782	10656
17372	17288	14281	11058	15294	11754
18449	18308	15267	11810	16334	12518

19-67 农村居民人均消费支出

单位：元

年 份 Year	太原市 Taiyuan	大同市 Datong	阳泉市 Yangquan	长治市 Changzhi	晋城市 Jincheng
1978		90	99		101
1979		98	124		113
1980		99	125		146
1981		108	138		146
1982		196	163		138
1983		287	239		180
1984		328	349		185
1985		319	418		291
1986		287	437		320
1987		299	436		357
1988		344	462		442
1989		338	475		443
1990		367	486		463
1991		389	498		507
1992		458	567		512
1993		564	871		579
1994		643	1055		623
1995		670	1085		1072
1996		821	1393		1096
1997		843	1438		1418
1998		863	1552		1316
1999	1657	945	1255		1252
2000	1657	917	1534		1364
2001	1639	887	1639		1547
2002	2092	898	1928	1441	1672
2003	2278	1052	2129	1494	1893
2004	2621	1124	2636	1791	2101
2005	2847	1411	2684	2176	2375
2006	3140	1476	3494	2607	2588
2007	3601	1758	3753	3124	2982
2008	4137	2058	3933	3756	3383
2009	4288	2085	3894	4077	3651
2010	4578	2721	4047	4670	3853
2011	6944	4118	4998	5636	5289
2012	7730	4640	5342	6651	6044
2013	8743	4993	6294	7323	7609
2014	9444	5454	7468	7996	7973
2015	10124	5961	7994	8524	8194
2016	10929	6292	8968	9025	9297
2017	11546	6814	9541	9611	9278
2018	12365	7623	10553	10398	10318
2019	13228	8381	12030	11339	10834
2020	13969	8926	13154	12042	11529
2021	16295	10799	14351	13411	12970
2022	17517	11417	15153	14270	13512

PER CAPTIA CONSUMPTION EXPENDITURE OF RURAL HOUSEHOLDS

(yuan)

朔州市 Shuozhou	晋中市 Jinzhong	运城市 Yuncheng	忻州市 Xinzhou	临汾市 Linfen	吕梁市 Lvliang
			57		70
			75		72
			69		65
			69		62
			117		68
	192		206		179
	228		292		180
	252		263		240
	283		235	256	269
	328		242	271	281
	375		287	330	326
399	428		346	354	337
459	496		364	390	381
412	507		321	403	318
444	518		404	403	405
471	692		533	511	928
527	792		642	561	981
690	1109		863	613	852
905	1191	1200	995	972	1079
819	1226	1150	1199	990	979
713	1145	1136	1243	904	943
851	1321	1136	946	965	884
807	1252	1171	1010	1051	1013
858	1306	1288	911	1119	1122
963	1535	1378	955	1204	1048
1556	1659	1416	1098	1339	1276
1683	1986	1587	1190	1668	1571
1743	2173	1855	1887	1859	1914
1904	2399	2260	2023	2107	2327
2327	2642	2531	2543	2551	2547
2974	2890	2846	2894	2894	3053
2827	3074	2904	3079	3118	3271
3369	3801	3010	3450	3422	3510
4922	5352	4141	4160	4281	4120
5544	5971	4671	4850	4483	4530
6941	6330	5569	5949	5113	5021
6431	6851	6126	6412	6009	5403
6837	7334	6838	6500	6623	5572
7698	7737	7513	6650	7664	5940
7759	8097	7730	6883	8157	6369
7923	8893	8710	7291	8863	7046
9115	9833	9851	7838	9528	7553
9654	10481	10076	8390	10104	8006
10663	12114	11284	9364	11295	8963
11284	12469	12073	9882	11994	8880

20

COUNTIES, CITIES AND DISTRICTS AT COUNTY LEVEL

县（市、区）篇

20-1 地区生产总值(2022年)
GROSS DOMESTIC PRODUCT(2022)

单位：万元 (10 000 yuan)

县(市、区)	Region	地区生产总值 Gross Domestic Product	第一产业 Primary Industry	第二产业 Secondary Industry	第三产业 Tertiary Industry	人均地区生产总值(元) Per Capita GDP (yuan)
太原市	**Taiyuan**					
小店区	Xiaodian	15871737	49838	8848967	6972932	111672
迎泽区	Yingze	11173279	5318	1491565	9676396	188302
杏花岭区	Xinghualing	9212076	13588	1850890	7347598	116770
尖草坪区	Jiancaoping	5817647	29566	4484996	1303085	108578
万柏林区	Wanbailin	6204833	4976	3279158	2920699	63795
晋源区	Jinyuan	1024609	36929	368760	618920	31364
清徐县	Qingxu	3561857	154110	2543105	864642	102567
阳曲县	Yangqu	821011	88556	544996	187459	64640
娄烦县	Loufan	450427	47918	254885	147624	50759
古交市	Gujiao	1008108	43407	706340	258361	47710
大同市	**Datong**					
新荣区	Xinrong	925796	86417	585451	253928	105879
平城区	Pingcheng	5037542	20863	1119027	3897652	44920
云冈区	Yungang	5648057	81990	3394223	2171844	82636
云州区	Yunzhou	2032196	126222	1235641	670333	136824
阳高县	Yanggao	799179	239867	230393	328919	42815
天镇县	Tianzhen	545925	135771	142739	267415	34352
广灵县	Guangling	603984	107276	227481	269227	39313
灵丘县	Lingqiu	731313	97057	229372	404884	34784
浑源县	Hunyuan	569020	132907	109466	326647	24342
左云县	Zuoyun	1532225	44411	1001495	486319	132868
阳泉市	**Yangquan**					
城　区	Chengqu	2272156	3576	347286	1921294	101204
矿　区	Kuangqu	2668672	1374	2189157	478141	117073
郊　区	Jiaoqu	1729727	30550	987364	711813	62721
平定县	Pingding	1594577	62828	973097	558652	52519
盂　县	Yuxian	1864174	61826	1132278	670070	66778
长治市	**Changzhi**					
潞州区	Luzhou	6024698	34524	2380556	3609618	66930
上党区	Shangdang	3669742	119238	2661685	888819	115161
屯留区	Tunliu	2563843	110089	2063306	390448	102047
潞城区	Lucheng	1891544	66533	1332559	492452	87530
襄垣县	Xiangyuan	4489199	86461	3660914	741824	174351
平顺县	Pingshun	320478	48261	85582	186635	28539
黎城县	Licheng	589006	43505	293772	251729	45586
壶关县	Huguan	880410	85654	468074	326682	37713
长子县	Zhangzi	2998925	155062	2247489	596374	102262
武乡县	Wuxiang	1145673	76427	706353	362893	76217
沁　县	Qinxian	426848	92920	93190	240738	31557
沁源县	Qinyuan	3048114	52824	2473798	521492	204212
晋城市	**Jincheng**					
城　区	Chengqu	4252681	8112	1078420	3166149	72853
沁水县	Qinshui	4267926	133408	3584817	549700	219632

20-1 续表1 continued

单位：万元 (10 000 yuan)

县(市、区)	Region	地区生产总值 Gross Domestic Product	第一产业 Primary Industry	第二产业 Secondary Industry	第三产业 Tertiary Industry	人均地区生产总值(元) Per Capita GDP (yuan)
阳城县	Yangcheng	3961240	151075	2922357	887808	114354
陵川县	Lingchuan	735214	110152	245641	379421	36876
泽州县	Zezhou	5564130	189927	4527065	847138	134228
高平市	Gaoping	4273161	188792	2864081	1220289	94835
朔 州 市	**Shuozhou**					
朔城区	Shuocheng	3989486	140090	1062232	2787164	70040
平鲁区	Pinglu	3618685	57230	2714130	847325	245703
山阴县	Shanyin	2252845	163060	1176795	912990	114709
应　县	Yingxian	990063	309643	148937	531483	41401
右玉县	Youyu	1223311	88588	623162	511561	140163
怀仁市	Huairen	3287479	221883	1859661	1205935	93712
晋 中 市	**Jinzhong**					
榆次区	Yuci	3555429	202299	1071925	2281205	38211
太谷区	Taigu	1230049	301296	300432	628321	37657
榆社县	Yushe	438529	65218	162883	210428	39382
左权县	Zuoquan	889872	77293	523750	288829	62036
和顺县	Heshun	1137710	68843	781576	287291	94744
昔阳县	Xiyang	1651636	83530	1204474	363632	88196
寿阳县	Shouyang	2294934	183459	1635751	475724	116048
祁　县	Qixian	1123215	251811	293740	577664	44663
平遥县	Pingyao	1417363	190246	445001	782116	31675
灵石县	Lingshi	3513226	65813	2533124	914289	143611
介休市	Jiexiu	3854992	68919	2800747	985326	89318
运 城 市	**Yuncheng**					
盐湖区	Yanhu	3933367	256138	1124118	2553111	40990
临猗县	Linyi	2007787	679351	374280	954156	41994
万荣县	Wanrong	1074958	342383	237180	495395	30229
闻喜县	Wenxi	2252248	261497	1221623	769128	63860
稷山县	Jishan	1272279	192301	534930	545048	41193
新绛县	Xinjiang	1835433	261841	1102938	470654	66704
绛　县	Jiangxian	863431	149026	295196	419209	40013
垣曲县	Yuanqu	987789	110323	470641	406825	50745
夏　县	Xiaxian	827827	291558	165367	370902	29872
平陆县	Pinglu	720350	139662	240963	339725	36030
芮城县	Ruicheng	1274123	369967	340798	563358	38301
永济市	Yongji	1727120	319998	642341	764781	45103
河津市	Hejin	4234749	139082	2949177	1146490	107811
忻 州 市	**Xinzhou**					
忻府区	Xinfu	2441818	152439	732723	1556656	42245
定襄县	Dingxiang	795379	71465	435772	288142	41489
五台县	Wutai	749829	85320	185936	478573	32824
代　县	Daixian	902126	53305	554863	293958	51232

20-1 续表2 continued

单位：万元 (10 000 yuan)

县(市、区)	Region	地区生产总值 Gross Domestic Product	第一产业 Primary Industry	第二产业 Secondary Industry	第三产业 Tertiary Industry	人均地区生产总值(元) Per Capita GDP (yuan)
繁峙县	Fanshi	1012736	105758	507856	399122	40509
宁武县	Ningwu	1233911	35415	844676	353820	92134
静乐县	Jingle	554551	56752	264286	233513	47671
神池县	Shenchi	332341	128580	48422	155339	44312
五寨县	Wuzhai	395771	73177	24560	298034	39838
岢岚县	Kelan	505891	81919	217669	206303	73756
河曲县	Hequ	2076863	58402	1530138	488323	170090
保德县	Baode	1385364	68516	990873	325975	96625
偏关县	Pianguan	381886	53591	171844	156451	55315
原平市	Yuanping	2234991	221597	1367357	646037	54859
临汾市	**Linfen**					
尧都区	Yaodu	4421030	136430	1391964	2892636	46810
曲沃县	Quwo	1815267	234914	1191464	388889	85668
翼城县	Yicheng	1063457	157595	412556	493306	40998
襄汾县	Xiangfen	1783952	214863	952888	616201	42327
洪洞县	Hongtong	2228700	157591	1254376	816733	35529
古　县	Guxian	734512	34508	529255	170749	93696
安泽县	Anze	1172286	56865	945403	170018	157984
浮山县	Fushan	555584	78820	314308	162456	58349
吉　县	Jixian	343734	105734	143838	94162	40075
乡宁县	Xiangning	2596828	61407	2170802	364619	128190
大宁县	Daning	147750	26175	58768	62807	28893
隰　县	Xixian	262456	86419	44082	131955	29532
永和县	Yonghe	249418	42861	133520	73037	52315
蒲　县	Puxian	1749270	41634	1498892	208744	185657
汾西县	Fenxi	295705	46433	85569	163703	30076
侯马市	Houma	1706916	46449	596211	1064256	66196
霍州市	Huozhou	1151691	51628	706301	393762	42539
吕梁市	**Lvliang**					
离石区	Lishi	2501777	34721	1495420	971636	53736
文水县	Wenshui	1101106	217149	451733	432224	30281
交城县	Jiaocheng	1071464	53565	718005	299894	47401
兴　县	Xingxian	2195174	70108	1807429	317637	124731
临　县	Linxian	1607054	186098	957772	463184	41306
柳林县	Liulin	4169690	64615	3433511	671564	146487
石楼县	Shilou	204807	60089	16473	128245	21702
岚　县	Lanxian	786011	69737	536499	179775	53916
方山县	Fangshan	859147	52116	667464	139567	76739
中阳县	Zhongyang	2082009	41252	1776472	264285	152405
交口县	Jiaokou	593283	40710	402831	149742	63544
孝义市	Xiaoyi	4398614	86982	2986379	1325253	91807
汾阳市	Fenyang	2647006	102457	1588468	956081	65123

20-2 常住人口数(2022年)
RESIDENT POPULATION(2022)

单位：人 (person)

县(市、区)	Region	常住人口 Resident Population	按性别分 By Sex		按城乡分 By Residence	
			男 Male	女 Female	城镇人口 Urban	乡村人口 Rural
太原市	**Taiyuan**					
小店区	Xiaodian	1428411	733521	694890	1337031	91380
迎泽区	Yingze	595369	296519	298850	584217	11152
杏花岭区	Xinghualing	792175	399520	392655	743725	48450
尖草坪区	Jiancaoping	537335	280094	257241	507812	29523
万柏林区	Wanbailin	976956	499416	477540	976956	
晋源区	Jinyuan	328006	170799	157207	279086	48920
清徐县	Qingxu	348589	180170	168419	150925	197664
阳曲县	Yangqu	127592	67404	60188	68930	58662
娄烦县	Loufan	88850	46266	42584	45469	43381
古交市	Gujiao	211728	110699	101029	161217	50511
大同市	**Datong**					
新荣区	Xinrong	87442	46394	41048	36454	50988
平城区	Pingcheng	1121736	559952	561784	1121736	
云冈区	Yungang	683627	343353	340274	595370	88257
云州区	Yunzhou	148571	77316	71255	73528	75043
阳高县	Yanggao	186689	94526	92163	87165	99524
天镇县	Tianzhen	158976	80512	78464	68980	89996
广灵县	Guangling	153673	79799	73874	57674	95999
灵丘县	Lingqiu	210301	108638	101663	81218	129083
浑源县	Hunyuan	233812	119746	114066	103602	130210
左云县	Zuoyun	115355	62362	52993	59592	55763
阳泉市	**Yangquan**					
城　区	Chengqu	224497	112566	111931	223272	1225
矿　区	Kuangqu	227928	114481	113447	227928	
郊　区	Jiaoqu	275893	143741	132152	196388	79505
平定县	Pingding	303592	157125	146467	159958	143634
盂　县	Yuxian	279151	144472	134679	140165	138986
长治市	**Changzhi**					
潞州区	Luzhou	901265	447113	454152	781741	119524
上党区	Shangdang	317993	159094	158899	150792	167201
屯留区	Tunliu	250905	127792	123113	122969	127936
潞城区	Lucheng	215507	111176	104331	130188	85319
襄垣县	Xiangyuan	257200	133264	123936	141511	115689
平顺县	Pingshun	111605	58017	53588	38593	73012
黎城县	Licheng	128495	65135	63360	61562	66933
壶关县	Huguan	232736	115767	116969	93886	138850
长子县	Zhangzi	292335	149696	142639	106870	185465
武乡县	Wuxiang	149842	80472	69370	56041	93801
沁　县	Qinxian	134774	71179	63595	62212	72562
沁源县	Qinyuan	149044	83389	65655	74681	74363

20–2 续表1 continued

单位：人 (person)

县(市、区)	Region	常住人口 Resident Population	按性别分 By Sex 男 Male	女 Female	按城乡分 By Residence 城镇人口 Urban	乡村人口 Rural
晋城市	**Jincheng**					
城　区	Chengqu	585097	289520	295577	585097	
沁水县	Qinshui	193881	104063	89818	97477	96404
阳城县	Yangcheng	345973	175794	170179	177593	168380
陵川县	Lingchuan	199262	101833	97429	90513	108749
泽州县	Zezhou	414643	215032	199611	203300	211343
高平市	Gaoping	450411	224464	225947	247729	202682
朔州市	**Shuozhou**					
朔城区	Shuocheng	569740	291560	278180	402983	166757
平鲁区	Pinglu	147269	78865	68404	84819	62450
山阴县	Shanyin	196366	103732	92634	111192	85174
应　县	Yingxian	239100	123413	115687	101790	137310
右玉县	Youyu	87268	45916	41352	51991	35277
怀仁市	Huairen	350912	181372	169540	253063	97849
晋中市	**Jinzhong**					
榆次区	Yuci	934949	463106	471843	747024	187925
太谷区	Taigu	327861	165799	162062	190977	136884
榆社县	Yushe	111245	58336	52909	52362	58883
左权县	Zuoquan	142987	73554	69433	76829	66158
和顺县	Heshun	119734	62921	56813	63964	55770
昔阳县	Xiyang	186614	96543	90071	81965	104649
寿阳县	Shouyang	197364	106185	91179	93945	103419
祁　县	Qixian	250858	128117	122741	116999	133859
平遥县	Pingyao	446731	226941	219790	219980	226751
灵石县	Lingshi	244156	128084	116072	146107	98049
介休市	Jiexiu	431973	219243	212730	295210	136763
运城市	**Yuncheng**					
盐湖区	Yanhu	965788	475691	490097	728028	237760
临猗县	Linyi	477021	242476	234545	196325	280696
万荣县	Wanrong	354151	180144	174007	117424	236727
闻喜县	Wenxi	352039	179317	172722	153297	198742
稷山县	Jishan	307568	156008	151560	126107	181461
新绛县	Xinjiang	273843	139037	134806	115692	158151
绛　县	Jiangxian	214678	108454	106224	99872	114806
垣曲县	Yuanqu	193962	99829	94133	111562	82400
夏　县	Xiaxian	275312	141467	133845	90619	184693
平陆县	Pinglu	198716	102084	96632	80007	118709
芮城县	Ruicheng	331065	169903	161162	173032	158033
永济市	Yongji	381198	192801	188397	180826	200372
河津市	Hejin	393158	203492	189666	230105	163053
忻州市	**Xinzhou**					
忻府区	Xinfu	578043	285571	292472	391844	186199
定襄县	Dingxiang	191406	96615	94791	88346	103060
五台县	Wutai	227855	117678	110177	101703	126152
代　县	Daixian	175740	92390	83350	87234	88506

20-2 续表2 continued

单位：人 (person)

县(市、区)	Region	常住人口 Resident Population	按性别分 By Sex 男 Male	女 Female	按城乡分 By Residence 城镇人口 Urban	乡村人口 Rural
繁峙县	Fanshi	249893	129877	120016	131145	118748
宁武县	Ningwu	133694	71990	61704	74082	59612
静乐县	Jingle	116046	62124	53922	57066	58980
神池县	Shenchi	74871	39646	35225	36614	38257
五寨县	Wuzhai	99234	51461	47773	54241	44993
岢岚县	Kelan	68513	36433	32080	37919	30594
河曲县	Hequ	121899	63859	58040	66579	55320
保德县	Baode	143268	76028	67240	77425	65843
偏关县	Pianguan	68636	35645	32991	36468	32168
原平市	Yuanping	406465	208682	197783	228884	177581
临 汾 市	**Linfen**					
尧都区	Yaodu	944669	467305	477364	696064	248605
曲沃县	Quwo	211501	108429	103072	99345	112156
翼城县	Yicheng	259158	129009	130149	115223	143935
襄汾县	Xiangfen	420983	210747	210236	167760	253223
洪洞县	Hongtong	626844	314802	312042	260130	366714
古　县	Guxian	78237	41074	37163	41617	36620
安泽县	Anze	74159	39266	34893	35788	38371
浮山县	Fushan	95016	48602	46414	42341	52675
吉　县	Jixian	85541	43974	41567	37797	47744
乡宁县	Xiangning	202468	106937	95531	86788	115680
大宁县	Daning	51086	27350	23736	28424	22662
隰　县	Xixian	88793	46119	42674	46332	42461
永和县	Yonghe	47648	24942	22706	22938	24710
蒲　县	Puxian	94099	50831	43268	47456	46643
汾西县	Fenxi	98132	50939	47193	48900	49232
侯马市	Houma	257668	130463	127205	178011	79657
霍州市	Huozhou	270595	138459	132136	184926	85669
吕 梁 市	**Lvliang**					
离石区	Lishi	466850	238967	227883	347434	119416
文水县	Wenshui	363197	186559	176638	154953	208244
交城县	Jiaocheng	225586	116554	109032	129102	96484
兴　县	Xingxian	175626	94269	81357	82276	93350
临　县	Linxian	388215	203393	184822	138738	249477
柳林县	Liulin	284414	151045	133369	142651	141763
石楼县	Shilou	94141	48989	45152	52375	41766
岚　县	Lanxian	145578	76485	69093	65210	80368
方山县	Fangshan	111724	59814	51910	46660	65064
中阳县	Zhongyang	136295	72330	63965	89875	46420
交口县	Jiaokou	93249	48864	44385	45090	48159
孝义市	Xiaoyi	479149	245934	233215	343314	135835
汾阳市	Fenyang	406499	204773	201726	212677	193822

20-3 城乡居民收入(2022年)
INCOME OF URBAN AND RURAL HOUSEHOLDS(2022)

单位：元 (yuan)

县(市、区)	Region	居民人均可支配收入 Per Capita Disposable Income of Households	城镇居民人均可支配收入 Per Capita Disposable Income of Urban Households	农村居民人均可支配收入 Per Capita Disposible Income of Rural Households
太原市	**Taiyuan**			
小店区	Xiaodian	42642	46323	25960
迎泽区	Yingze	42674	45811	25960
杏花岭区	Xinghualing	42052	45149	25960
尖草坪区	Jiancaoping	41118	42553	25960
万柏林区	Wanbailin	42013	43475	25960
晋源区	Jinyuan	41534	43832	25960
清徐县	Qingxu	29473	42350	25664
阳曲县	Yangqu	20120	31585	13838
娄烦县	Loufan	18645	27384	11680
古交市	Gujiao	35235	40027	21321
大同市	**Datong**			
新荣区	Xinrong	18265	32940	13394
平城区	Pingcheng	40683	42436	21564
云冈区	Yungang	38865	41409	21537
云州区	Yunzhou	18279	27203	14269
阳高县	Yanggao	18282	29245	12734
天镇县	Tianzhen	17285	29211	11724
广灵县	Guangling	14554	29007	11909
灵丘县	Lingqiu	17136	35246	11514
浑源县	Hunyuan	17985	30473	11758
左云县	Zuoyun	25547	35819	17735
阳泉市	**Yangquan**			
城　区	Chengqu	40761	40761	
矿　区	Kuangqu	40402	40402	
郊　区	Jiaoqu	30715	33399	20106
平定县	Pingding	25514	36268	18316
盂　县	Yuxian	26783	39166	18974
长治市	**Changzhi**			
潞州区	Luzhou	43671	45202	25241
上党区	Shangdang	29819	40804	24392
屯留区	Tunliu	27449	35999	22671
潞城区	Lucheng	30152	38431	19820
襄垣县	Xiangyuan	33041	45868	22242
平顺县	Pingshun	15329	30468	10863
黎城县	Licheng	17697	25555	12906
壶关县	Huguan	15160	30536	10486
长子县	Zhangzi	25495	38855	20302
武乡县	Wuxiang	17448	31762	11655
沁　县	Qinxian	15895	26331	10081
沁源县	Qinyuan	29942	43528	20668

20–3 续表1 continued

单位：元 (yuan)

县(市、区)	Region	居民人均可支配收入 Per Capita Disposable Income of Households	城镇居民人均可支配收入 Per Capita Disposable Income of Urban Households	农村居民人均可支配收入 Per Capita Disposible Income of Rural Households
晋城市	**Jincheng**			
城　区	Chengqu	44195	44195	
沁水县	Qinshui	24880	37338	17353
阳城县	Yangcheng	27271	39031	18525
陵川县	Lingchuan	17930	25445	13715
泽州县	Zezhou	30081	42847	21024
高平市	Gaoping	30977	42236	19652
朔州市	**Shuozhou**			
朔城区	Shuocheng	34559	42513	20401
平鲁区	Pinglu	23739	32030	14392
山阴县	Shanyin	33097	42483	22685
应　县	Yingxian	21082	31247	15164
右玉县	Youyu	22319	30910	12237
怀仁市	Huairen	35082	44088	22421
晋中市	**Jinzhong**			
榆次区	Yuci	40632	45079	24414
太谷区	Taigu	31375	39529	25321
榆社县	Yushe	15490	28738	9018
左权县	Zuoquan	19833	34130	9656
和顺县	Heshun	20130	31533	11111
昔阳县	Xiyang	19688	32621	14516
寿阳县	Shouyang	27090	43482	18543
祁　县	Qixian	29205	40163	23407
平遥县	Pingyao	24880	37911	16482
灵石县	Lingshi	34404	47138	22930
介休市	Jiexiu	34805	43540	19341
运城市	**Yuncheng**			
盐湖区	Yanhu	34549	40275	17517
临猗县	Linyi	25942	37294	18346
万荣县	Wanrong	18863	32579	14441
闻喜县	Wenxi	25747	38735	14619
稷山县	Jishan	22998	35785	15756
新绛县	Xinjiang	25344	37397	16851
绛　县	Jiangxian	24437	33524	13622
垣曲县	Yuanqu	23218	34817	11807
夏　县	Xiaxian	17833	33596	11770
平陆县	Pinglu	17605	32338	12023
芮城县	Ruicheng	25693	37614	15540
永济市	Yongji	28239	37961	18599
河津市	Hejin	28597	36956	18934
忻州市	**Xinzhou**			
忻府区	Xinfu	29143	39930	14521
定襄县	Dingxiang	25535	38670	18078
五台县	Wutai	17924	34077	9954
代　县	Daixian	19322	33680	8849

20-3 续表2 continued

单位：元 (yuan)

县(市、区)	Region	居民人均可支配收入 Per Capita Disposable Income of Households	城镇居民人均可支配收入 Per Capita Disposable Income of Urban Households	农村居民人均可支配收入 Per Capita Disposible Income of Rural Households
繁峙县	Fanshi	24404	39919	12732
宁武县	Ningwu	20722	32578	9212
静乐县	Jingle	17802	30775	10554
神池县	Shenchi	18719	31536	11775
五寨县	Wuzhai	20193	31246	11499
岢岚县	Kelan	22421	35544	10457
河曲县	Hequ	23294	36215	11009
保德县	Baode	21232	37089	11219
偏关县	Pianguan	19166	28897	10590
原平市	Yuanping	26980	39268	15104
临 汾 市	**Linfen**			
尧都区	Yaodu	35575	43758	19984
曲沃县	Quwo	28349	42717	20490
翼城县	Yicheng	23297	38521	15732
襄汾县	Xiangfen	25663	39079	18144
洪洞县	Hongtong	24229	37002	16519
古 县	Guxian	24683	39736	15234
安泽县	Anze	23220	37659	14558
浮山县	Fushan	22289	38225	13228
吉 县	Jixian	15452	26701	9376
乡宁县	Xiangning	22668	39198	14870
大宁县	Daning	17224	26338	7790
隰 县	Xixian	19597	29842	10901
永和县	Yonghe	17861	29875	8222
蒲 县	Puxian	23505	35808	13637
汾西县	Fenxi	20437	33917	8115
侯马市	Houma	31045	37918	20046
霍州市	Huozhou	31100	39117	19041
吕 梁 市	**Lvliang**			
离石区	Lishi	33902	36804	9188
文水县	Wenshui	18507	27689	14045
交城县	Jiaocheng	21426	28516	14027
兴 县	Xingxian	15240	28468	7817
临 县	Linxian	12649	24105	8679
柳林县	Liulin	24949	39098	16340
石楼县	Shilou	11847	19309	6141
岚 县	Lanxian	13794	25731	8035
方山县	Fangshan	13707	27430	7330
中阳县	Zhongyang	22710	29174	10484
交口县	Jiaokou	16916	25574	11065
孝义市	Xiaoyi	35786	42607	22488
汾阳市	Fenyang	23796	31245	18747

20-4 财政收支情况(2022年)
FINANCIAL REVENUE AND EXPENDITURE(2022)

单位：万元 (10 000 yuan)

县(市、区)	Region	一般公共预算收入 General Public Budget Revenue	#国内增值税 Value-added Taxes	#企业所得税 Enterprises Income Taxes	#个人所得税 Individual Income Taxes	一般公共预算支出 General Public Budget Expenditure
太原市	**Taiyuan**					
小店区	Xiaodian	223863	65873	28981	6118	470755
迎泽区	Yingze	166375	40631	24419	6983	305955
杏花岭区	Xinghualing	160957	54671	14353	11603	341741
尖草坪区	Jiancaoping	90069	36663	5776	2717	229210
万柏林区	Wanbailin	202624	61319	30427	7496	340488
晋源区	Jinyuan	52265	12572	5249	1168	187980
清徐县	Qingxu	204837	58343	43398	4509	408642
阳曲县	Yangqu	67699	10289	4170	1271	227274
娄烦县	Loufan	88030	36362	4681	406	240895
古交市	Gujiao	283449	126816	17986	2821	366616
中北高新区	Zhongbei Hi-tech Development Zone	38005	15659	2621	1585	30749
综改示范区	Comprehensive Reform Demonstration Zone	752399	357196	38815	18307	930845
大同市	**Datong**					
新荣区	Xinrong	30287	11382	3039	483	147678
平城区	Pingcheng	98904	14943	3839	1718	296255
云冈区	Yungang	194599	38150	25449	1278	349744
云州区	Yunzhou	34537	5101	1800	1428	217969
阳高县	Yanggao	17821	3231	1062	212	248551
天镇县	Tianzhen	19996	2113	1834	151	240972
广灵县	Guangling	17737	3367	1564	135	231520
灵丘县	Lingqiu	25309	2529	2996	179	261051
浑源县	Hunyuan	21257	1233	835	197	287611
左云县	Zuoyun	234039	72226	43580	1625	276323
开发区	Development Zone	75425	26863	3736	707	84939
阳泉市	**Yangquan**					
城　区	Chengqu	29871	9880	2065	568	89267
矿　区	Kuangqu	21469	8206	4324	635	88865
郊　区	Jiaoqu	55566	16758	9628	855	172998
平定县	Pingding	77402	22941	2218	942	284842
盂　县	Yuxian	140489	47827	19055	1868	357235
开发区	Development Zone	51174	13654	3989	521	61612
长治市	**Changzhi**					
潞州区	Luzhou	158732	24233	10114	2309	363559
上党区	Shangdang	207014	49800	31449	4120	361309
屯留区	Tunliu	163566	62894	14714	889	359688
潞城区	Lucheng	79828	13865	5024	785	243984
襄垣县	Xiangyuan	264291	57143	46689	4808	352690
平顺县	Pingshun	19088	1344	956	218	234518
黎城县	Licheng	43480	10706	4762	591	185928
壶关县	Huguan	40804	8080	2249	1716	287738
长子县	Zhangzi	295188	107475	78636	1844	386858
武乡县	Wuxiang	182644	34936	34748	589	333429
沁　县	Qinxian	10940	2554	670	124	201534
沁源县	Qinyuan	306523	109393	64521	5088	355672
高新区	High-tech Zone	83366	24972	6724	506	93500
经济技术开发区	ETDZ	32933	8146	7163	92	30589

20-4 续表1 continued

单位：万元 (10 000 yuan)

县(市、区)	Region	一般公共预算收入 General Public Budget Revenue	#国内增值税 Value-added Taxes	#企业所得税 Enterprises Income Taxes	#个人所得税 Individual Income Taxes	一般公共预算支出 General Public Budget Expenditure
晋城市	**Jincheng**					
城　区	Chengqu	157617	12233	17446	1236	330429
沁水县	Qinshui	400069	111928	66817	2013	479009
阳城县	Yangcheng	419049	65439	44599	3151	541815
陵川县	Lingchuan	35938	5869	4675	168	280481
泽州县	Zezhou	514158	82431	23439	2953	693356
高平市	Gaoping	568970	102362	60802	2531	638318
开发区	Development Zone	46658	6502	8719	524	92826
朔州市	**Shuozhou**					
朔城区	Shuocheng	106351	26709	7568	918	374773
平鲁区	Pinglu	246275	73473	62557	4893	364391
山阴县	Shanyin	249832	82851	77450	2960	298109
应　县	Yingxian	18368	4640	1041	116	261035
右玉县	Youyu	72162	21903	11994	759	214308
怀仁市	Huairen	241353	80804	57402	5010	359954
开发区	Development Zone	86021	26033	9720	3969	64975
晋中市	**Jinzhong**					
榆次区	Yuci	138841	26685	8095	3739	387584
太谷区	Taigu	60485	14191	2283	1975	259386
榆社县	Yushe	42100	5317	1107	1487	192076
左权县	Zuoquan	63150	4574	708	3079	224358
和顺县	Heshun	95769	30390	12706	1001	227143
昔阳县	Xiyang	115860	32758	22433	826	253161
寿阳县	Shouyang	161200	55042	18234	2136	267243
祁　县	Qixian	48086	9833	3655	800	219950
平遥县	Pingyao	65989	16464	3325	886	384463
灵石县	Lingshi	276488	85703	57640	29098	365728
介休市	Jiexiu	344366	164878	42839	4406	506350
示范区	Demonstration Zone	61445	13951	4079	1577	128440
运城市	**Yuncheng**					
盐湖区	Yanhu	151515	25069	5644	3032	520087
临猗县	Linyi	45479	8160	3813	1066	343986
万荣县	Wanrong	23666	6440	1130	623	300303
闻喜县	Wenxi	72275	22322	6903	1045	295534
稷山县	Jishan	62888	11380	3021	864	264379
新绛县	Xinjiang	65759	16762	17625	985	238828
绛　县	Jiangxian	20723	6031	2021	535	228308
垣曲县	Yuanqu	50788	15050	6398	553	242859
夏　县	Xiaxian	26187	4210	1527	170	265626
平陆县	Pinglu	35161	5465	3447	441	245085
芮城县	Ruicheng	57962	8728	2958	813	305437
永济市	Yongji	40153	9600	2860	1145	312252
河津市	Hejin	212724	72088	44284	4915	443627
开发区	Development Zone	42542	1457	2279	715	82411
忻州市	**Xinzhou**					
忻府区	Xinfu	69224	17650	5567	1172	303981
定襄县	Dingxiang	25698	10584	2008	644	203822
五台县	Wutai	58556	12373	4279	604	335502

20-4 续表2 continued

单位：万元 (10 000 yuan)

县(市、区)	Region	一般公共预算收入 General Public Budget Revenue	#国内增值税 Value-added Taxes	#企业所得税 Enterprises Income Taxes	#个人所得税 Individual Income Taxes	一般公共预算支出 General Public Budget Expenditure
代　县	Daixian	46043	14978	1001	3091	233665
繁峙县	Fanshi	42907	14362	2249	491	280646
宁武县	Ningwu	196357	71988	39070	1744	297675
静乐县	Jingle	34652	9236	715	471	277657
神池县	Shenchi	22323	4169	1981	243	199512
五寨县	Wuzhai	25209	9091	700	124	183492
岢岚县	Kelan	21908	7468	2025	375	174945
河曲县	Hequ	292540	93547	89097	1510	249912
保德县	Baode	161626	61145	42189	2968	260498
偏关县	Pianguan	18306	2562	1332	335	190787
原平市	Yuanping	138870	55402	17440	1613	370631
开发区	Development Zone	27239	7782	1519	794	30960
临汾市	**Linfen**					
尧都区	Yaodu	253297	64455	31527	4181	472593
曲沃县	Quwo	61781	20931	5933	2058	196792
翼城县	Yicheng	48034	14309	7107	371	233204
襄汾县	Xiangfen	77227	23825	18355	2503	320443
洪洞县	Hongtong	122690	40781	6200	1968	457436
古　县	Guxian	62594	17940	12605	1805	196074
安泽县	Anze	99459	33749	34466	2099	154009
浮山县	Fushan	18329	2853	1255	230	150844
吉　县	Jixian	16807	5220	2676	260	161867
乡宁县	Xiangning	322696	92781	98154	2510	372214
大宁县	Daning	10323	3192	-512	26	162110
隰　县	Xixian	13144	2982	520	255	179458
永和县	Yonghe	17666	4474	2773	172	138774
蒲　县	Puxian	207072	81556	42041	3793	246554
汾西县	Fenxi	12787	1872	409	45	167421
侯马市	Houma	55606	13264	1906	2243	196128
霍州市	Huozhou	61070	23887	1538	1334	210847
临汾开发区	Development Zone	33373	7947	1406	864	52274
侯马开发区	Houma Development Zone	12234	1587	228	153	16351
吕梁市	**Lvliang**					
离石区	Lishi	316514	112606	91751	6771	354192
文水县	Wenshui	80882	15560	2165	547	353246
交城县	Jiaocheng	90001	32578	14045	2354	245825
兴　县	Xingxian	300044	96656	97707	1230	478460
临　县	Linxian	172265	48779	35841	1083	531158
柳林县	Liulin	529992	189301	142866	5441	499293
石楼县	Shilou	5885	222	427	34	231036
岚　县	Lanxian	108418	35009	23000	740	257523
方山县	Fangshan	31999	12579	5327	133	204245
中阳县	Zhongyang	272101	96722	79847	1737	249125
交口县	Jiaokou	53952	16768	7221	274	132114
孝义市	Xiaoyi	447690	144017	58036	3775	545741
汾阳市	Fenyang	273219	87436	62972	7694	476968
经济技术开发区	ETDZ	48370	27094	7056	386	25990

20-5 固定资产投资增长速度
GROWTH RATE OF INVESTMENT IN FIXED ASSETS

单位：%　　(%)

县(市、区)	Region	2021	2022
太 原 市	**Taiyuan**		
小店区	Xiaodian	12.1	7.6
迎泽区	Yingze	4.2	-15.8
杏花岭区	Xinghualing	-4.4	-9.1
尖草坪区	Jiancaoping	11.0	-28.6
万柏林区	Wanbailin	-29.4	-10.5
晋源区	Jinyuan	11.0	-29.5
清徐县	Qingxu	75.2	-15.0
阳曲县	Yangqu	21.2	198.2
娄烦县	Loufan	42.6	46.5
古交市	Gujiao	11.0	12.3
大 同 市	**Datong**		
新荣区	Xinrong	34.3	-9.7
平城区	Pingcheng	20.5	4.1
云冈区	Yungang	20.1	2.3
云州区	Yunzhou	-20.2	14.6
阳高县	Yanggao	14.7	30.3
天镇县	Tianzhen	1.8	14.3
广灵县	Guangling	-49.4	29.4
灵丘县	Lingqiu	40.9	-6.4
浑源县	Hunyuan	-19.5	5.6
左云县	Zuoyun	9.7	11.6
阳 泉 市	**Yangquan**		
城　区	Chengqu	11.6	13.3
矿　区	Kuangqu	-14.6	-22.8
郊　区	Jiaoqu	24.5	14.2
平定县	Pingding	4.6	-3.1
盂　县	Yuxian	12.2	12.5
长 治 市	**Changzhi**		
潞州区	Luzhou	-2.5	2.4
上党区	Shangdang	22.3	10.7
屯留区	Tunliu	16.1	4.6
潞城区	Lucheng	15.1	10.4
襄垣县	Xiangyuan	18.5	2.2
平顺县	Pingshun	22.4	9.6
黎城县	Licheng	22.6	9.4
壶关县	Huguan	20.0	2.7
长子县	Zhangzi	-20.8	10.4
武乡县	Wuxiang	22.3	24.3
沁　县	Qinxian	17.2	10.2
沁源县	Qinyuan	17.9	10.8

注：各县(市、区)投资不含跨省、市项目投资和农村农户投资。
Note：Investment in city and county doesn't include investment across provinces and cities, aparting from investment of rural pesant household.

20-5 续表1 continued

单位：%　　(%)

县(市、区)	Region	2021	2022
晋城市	**Jincheng**		
城　区	Chengqu	12.7	-2.2
沁水县	Qinshui	11.4	20.3
阳城县	Yangcheng	10.7	11.0
陵川县	Lingchuan	15.3	15.0
泽州县	Zezhou	14.0	-7.0
高平市	Gaoping	10.1	5.9
朔州市	**Shuozhou**		
朔城区	Shuocheng	20.3	4.0
平鲁区	Pinglu	10.2	11.6
山阴县	Shanyin	17.3	12.0
应　县	Yingxian	22.9	10.0
右玉县	Youyu	8.2	7.6
怀仁市	Huairen	8.5	11.0
晋中市	**Jinzhong**		
榆次区	Yuci	-19.6	9.0
太谷区	Taigu	8.8	11.5
榆社县	Yushe	0.7	11.5
左权县	Zuoquan	7.9	-24.7
和顺县	Heshun	3.8	12.7
昔阳县	Xiyang	0.7	12.8
寿阳县	Shouyang	9.1	13.6
祁　县	Qixian	18.4	13.2
平遥县	Pingyao	9.4	9.8
灵石县	Lingshi	-56.9	45.0
介休市	Jiexiu	-2.7	11.7
运城市	**Yuncheng**		
盐湖区	Yanhu	9.1	-2.9
临猗县	Linyi	17.8	13.0
万荣县	Wanrong	12.1	0.3
闻喜县	Wenxi	14.1	12.3
稷山县	Jishan	13.5	12.4
新绛县	Xinjiang	15.4	12.4
绛　县	Jiangxian	8.9	13.3
垣曲县	Yuanqu	10.7	13.0
夏　县	Xiaxian	14.9	12.7
平陆县	Pinglu	14.8	12.0
芮城县	Ruicheng	14.3	13.0
永济市	Yongji	13.8	12.1
河津市	Hejin	18.5	13.1
忻州市	**Xinzhou**		
忻府区	Xinfu	29.2	8.9
定襄县	Dingxiang	29.3	9.5
五台县	Wutai	13.9	8.0
代　县	Daixian	8.2	11.4

20-5 续表2 continued

单位：%　　　　(%)

县(市、区)	Region	2021	2022
繁峙县	Fanshi	19.7	-3.4
宁武县	Ningwu	10.1	5.5
静乐县	Jingle	11.8	5.1
神池县	Shenchi	-50.3	6.2
五寨县	Wuzhai	13.3	3.0
岢岚县	Kelan	11.9	5.6
河曲县	Hequ	-9.0	3.6
保德县	Baode	0.5	3.0
偏关县	Pianguan	13.3	2.8
原平市	Yuanping	10.0	5.9
临 汾 市	**Linfen**		
尧都区	Yaodu	14.2	4.5
曲沃县	Quwo	17.0	2.1
翼城县	Yicheng	-0.3	26.7
襄汾县	Xiangfen	19.6	0.4
洪洞县	Hongtong	18.0	-8.1
古　县	Guxian	39.2	45.8
安泽县	Anze	29.2	50.7
浮山县	Fushan	0.6	31.0
吉　县	Jixian	17.0	16.7
乡宁县	Xiangning	14.5	9.8
大宁县	Daning	-17.6	10.6
隰　县	Xixian	30.0	30.9
永和县	Yonghe	-10.9	7.9
蒲　县	Puxian	13.7	11.1
汾西县	Fenxi	14.1	17.6
侯马市	Houma	14.6	10.2
霍州市	Huozhou	13.3	10.4
吕 梁 市	**Lvliang**		
离石区	Lishi	2.9	16.1
文水县	Wenshui	8.6	20.1
交城县	Jiaocheng	7.2	13.3
兴　县	Xingxian	7.1	14.5
临　县	Linxian	7.5	12.7
柳林县	Liulin	3.0	-14.7
石楼县	Shilou	7.5	19.0
岚　县	Lanxian	0.7	14.3
方山县	Fangshan	5.3	14.9
中阳县	Zhongyang	5.2	15.3
交口县	Jiaokou	8.3	13.9
孝义市	Xiaoyi	5.1	8.6
汾阳市	Fenyang	5.5	-8.7

20-6 农林牧渔业总产值(2022年)
GROSS OUTPUT VALUE OF FARMING, FORESTRY, ANIMAL HUSBANDRY AND FISHERY(2022)

按当年价格计算 (at current price)

县(市、区)	Region	农林牧渔业总产值(万元) Total (10 000 yuan)	农业 Farming	林业 Forestry	牧业 Animal Husbandry	渔业 Fishery	农林牧渔专业及辅助性活动 Professional and Support Activities for Agriculture, Forestry, Animal Husbandry and Fishery
太原市	**Taiyuan**						
小店区	Xiaodian	86430	36499	14380	29520	51	5980
迎泽区	Yingze	9127	233	6653	1512	160	569
杏花岭区	Xinghualing	23746	2975	16146	3601		1025
尖草坪区	Jiancaoping	51953	20102	18279	9826	256	3490
万柏林区	Wanbailin	8568	718	6878	473		500
晋源区	Jinyuan	61954	39075	9510	8638	643	4088
清徐县	Qingxu	256255	169846	11317	57027	2662	15403
阳曲县	Yangqu	151155	65587	44055	32449	74	8990
娄烦县	Loufan	81262	36283	27461	12482	1024	4013
古交市	Gujiao	75291	22362	32891	16658	318	3063
大同市	**Datong**						
新荣区	Xinrong	133131	49231	21173	53655	689	8382
平城区	Pingcheng	33339	8374	3675	19369		1921
云冈区	Yungang	134852	51368	6740	67895	169	8680
云州区	Yunzhou	184790	77670	9562	85928	370	11260
阳高县	Yanggao	422104	190762	20079	193465	98	17700
天镇县	Tianzhen	221175	97721	13211	98316	1504	10423
广灵县	Guangling	177876	88193	15174	66752	136	7620
灵丘县	Lingqiu	142966	58482	13637	64178	1190	5479
浑源县	Hunyuan	198095	86512	17623	84104	55	9800
左云县	Zuoyun	74964	32165	7967	31053		3780
阳泉市	**Yangquan**						
郊　区	Jiaoqu	53651	21545	6457	23976		1673
平定县	Pingding	109419	42508	10281	48929	1554	6147
盂　县	Yuxian	102898	51922	14333	31237	900	4506
长治市	**Changzhi**						
潞州区	Luzhou	52241	22795	9475	14470	2711	2790
上党区	Shangdang	176178	78371	8161	79950	95	9600
屯留区	Tunliu	171648	109741	12016	40024	606	9260

20-6 续表1 continued

按当年价格计算 (at current price)

县(市、区)	Region	农林牧渔业总产值(万元) Total (10 000 yuan)	农业 Farming	林业 Forestry	牧业 Animal Husbandry	渔业 Fishery	农林牧渔专业及辅助性活动 Professional and Support Activities for Agriculture, Forestry, Animal Husbandry and Fishery
潞城区	Lucheng	103261	50441	13594	34388		4838
襄垣县	Xiangyuan	139413	86000	14597	30963	752	7100
平顺县	Pingshun	79076	42428	15296	16861		4491
黎城县	Licheng	74221	32659	11742	25402	953	3465
壶关县	Huguan	144284	67351	15439	53624	60	7810
长子县	Zhangzi	233528	143107	12251	64829	1236	12105
武乡县	Wuxiang	119865	60458	15635	36792	1399	5581
沁　县	Qinxian	149360	65081	18503	57172	1644	6960
沁源县	Qinyuan	84564	49250	20138	11669	28	3480
晋城市	**Jincheng**						
城　区	Chengqu	13729	4271	4848	3119	38	1454
沁水县	Qinshui	202867	110831	15992	65014	1456	9573
阳城县	Yangcheng	231970	117827	13038	90221	216	10667
陵川县	Lingchuan	167036	100912	11205	48012	386	6521
泽州县	Zezhou	292892	119129	10747	145853	847	16315
高平市	Gaoping	296614	136655	11342	131860	365	16391
朔州市	**Shuozhou**						
朔城区	Shuocheng	231221	130806	10032	74458	252	15673
平鲁区	Pinglu	98552	54356	7284	29074	27	7811
山阴县	Shanyin	271117	100197	5879	151130	132	13780
应　县	Yingxian	530678	323985	13200	169206	181	24107
右玉县	Youyu	148403	50457	33401	56294	176	8074
怀仁市	Huairen	354907	133020	4201	197984	295	19407
晋中市	**Jinzhong**						
榆次区	Yuci	317288	186961	17602	90613	1256	20856
太谷区	Taigu	509632	199665	104523	183862	766	20818
榆社县	Yushe	101038	49024	12621	31354	1502	6537
左权县	Zuoquan	111641	63035	13523	29377	607	5100
和顺县	Heshun	92672	33400	10319	43690	80	5183
昔阳县	Xiyang	134418	68511	24831	35159	241	5676
寿阳县	Shouyang	264398	195185	22434	33976	859	11944
祁　县	Qixian	396512	210988	19927	143902	155	21540

20-6 续表2 continued

按当年价格计算 (at current price)

县(市、区)	Region	农林牧渔业总产值(万元) Total (10 000 yuan)	农业 Farming	林业 Forestry	牧业 Animal Husbandry	渔业 Fishery	农林牧渔专业及辅助性活动 Professional and Support Activities for Agriculture, Forestry, Animal Husbandry and Fishery
平遥县	Pingyao	287475	156442	11799	104522	553	14159
灵石县	Lingshi	95874	35409	20212	36964	137	3152
介休市	Jiexiu	142565	42757	5610	80834	328	13036
运城市	**Yuncheng**						
盐湖区	Yanhu	439957	361062	9153	45084	1028	23630
临猗县	Linyi	1266812	1056867	5310	77330	1216	126090
万荣县	Wanrong	588134	486213	6604	66334	5559	23425
闻喜县	Wenxi	438745	315265	23595	89403	86	10395
稷山县	Jishan	323261	156024	7816	143349	70	16003
新绛县	Xinjiang	472308	345026	6007	96096	180	25000
绛县	Jiangxian	261769	186959	20661	39473	21	14655
垣曲县	Yuanqu	182937	131449	6557	34828	627	9476
夏县	Xiaxian	530088	421703	13835	55204	286	39060
平陆县	Pinglu	257620	206384	9098	29841	198	12100
芮城县	Ruicheng	650845	501631	6448	95730	1536	45500
永济市	Yongji	575456	413129	15447	82621	29688	34571
河津市	Hejin	255865	180816	17701	35125	12	22212
忻州市	**Xinzhou**						
忻府区	Xinfu	283684	192204	12977	63699	846	13959
定襄县	Dingxiang	129512	88159	6768	26590	584	7410
五台县	Wutai	124994	60731	14502	43554	26	6180
代县	Daixian	104202	48597	18676	31352	689	4888
繁峙县	Fanshi	199293	64696	15994	109203	400	9000
宁武县	Ningwu	71712	18901	14018	35442	252	3100
静乐县	Jingle	106137	51164	15864	34577	360	4172
神池县	Shenchi	195390	73965	14851	93074		13500
五寨县	Wuzhai	123995	78988	10665	27352	260	6730
岢岚县	Kelan	126217	66387	17914	36702	14	5200
河曲县	Hequ	110757	61666	15418	29745	118	3810
保德县	Baode	100506	56273	11761	27503	508	4461
偏关县	Pianguan	113160	50962	12774	44064	860	4500
原平市	Yuanping	337323	184229	14995	121301	899	15900

20-6 续表3 continued

按当年价格计算 (at current price)

县(市、区)	Region	农林牧渔业总产值(万元) Total (10 000 yuan)	农业 Farming	林业 Forestry	牧业 Animal Husbandry	渔业 Fishery	农林牧渔专业及辅助性活动 Professional and Support Activities for Agriculture, Forestry, Animal Husbandry and Fishery
临汾市	**Linfen**						
尧都区	Yaodu	217326	139419	8988	55047	2000	11873
曲沃县	Quwo	374474	299584	4420	44094	2937	23440
翼城县	Yicheng	268192	162646	5792	83879	325	15550
襄汾县	Xiangfen	383354	256427	8597	93840	1228	23263
洪洞县	Hongtong	252012	146348	13236	75978	1449	15001
古　县	Guxian	60580	36718	11372	10490	12	1988
安泽县	Anze	87256	68505	6916	7310	35	4490
浮山县	Fushan	134897	102574	6579	21010	16	4718
吉　县	Jixian	166086	138934	4240	13369	13	9530
乡宁县	Xiangning	96595	52089	6869	33439	42	4155
大宁县	Daning	51119	32160	6462	9978		2520
隰　县	Xixian	147078	117546	5617	19099	16	4801
永和县	Yonghe	74940	52062	8826	10534	129	3390
蒲　县	Puxian	71983	43009	2517	23752	19	2686
汾西县	Fenxi	75384	33181	5402	33686		3114
侯马市	Houma	78960	50515	6754	14876	1456	5360
霍州市	Huozhou	81834	40156	4897	31833	92	4856
吕梁市	**Lvliang**						
离石区	Lishi	57125	20194	18579	15507	62	2783
文水县	Wenshui	359184	133022	16850	190369	1064	17878
交城县	Jiaocheng	104225	45674	13453	39679	191	5228
兴　县	Xingxian	130079	59916	36783	26951	1	6428
临　县	Linxian	274500	151854	24560	84496	117	13474
柳林县	Liulin	94887	46490	9280	34186	125	4807
石楼县	Shilou	101152	60971	13221	21929	40	4991
岚　县	Lanxian	129534	38784	65345	18970	63	6373
方山县	Fangshan	87212	34586	15138	32973	125	4389
中阳县	Zhongyang	78064	29098	13745	31245	90	3887
交口县	Jiaokou	76757	26558	12513	33786	26	3873
孝义市	Xiaoyi	154401	70124	10184	66316	18	7759
汾阳市	Fenyang	169192	78516	17508	64664	23	8482

20–7 主要粮食作物播种面积(2022年)

单位：公顷

县(市、区)	Region	粮食 Grain	#秋粮 Autumn Grain	谷物 Cereal	#小麦 Wheat	#玉米 Corn	#谷子 Millet
太原市	**Taiyuan**						
小店区	Xiaodian	2482	2454	2464	28	2071	
迎泽区	Yingze	103	103	83		53	8
杏花岭区	Xinghualing	495	495	337		149	52
尖草坪区	Jiancaoping	3374	3371	2867	3	2292	163
万柏林区	Wanbailin	275	274	152		120	19
晋源区	Jinyuan	1045	1045	991		673	1
清徐县	Qingxu	17144	17127	16426	17	13386	79
阳曲县	Yangqu	22242	22242	19524		14033	3756
娄烦县	Loufan	9751	9751	4544		1317	1354
古交市	Gujiao	7116	7116	3005		1306	1227
大同市	**Datong**						
新荣区	Xinrong	25388	25388	19547		5644	952
平城区	Pingcheng	2602	2602	2331		1643	98
云冈区	Yungang	9357	9357	9034		5988	342
云州区	Yunzhou	29507	29507	26577		14679	2697
阳高县	Yanggao	51195	51195	46680		29659	4984
天镇县	Tianzhen	43226	43226	36564		26596	4479
广灵县	Guangling	29908	29908	26123		19377	3578
灵丘县	Lingqiu	32658	32658	27486		20893	3696
浑源县	Hunyuan	34207	34207	29176		21109	2028
左云县	Zuoyun	23084	23084	18803		5492	1597
阳泉市	**Yangquan**						
城　区	Chengqu	255	255	220		220	
矿　区	Kuangqu	116	116	93		86	7
郊　区	Jiaoqu	4178	4178	3896		3627	259
平定县	Pingding	20602	20602	19375		17741	1592
盂　县	Yuxian	29950	29950	27705		25562	1917
长治市	**Changzhi**						
潞州区	Luzhou	8048	8038	7900	10	7702	82
上党区	Shangdang	17420	17351	16866	69	16065	395
屯留区	Tunliu	37893	37199	36708	694	35406	449
潞城区	Lucheng	17220	16694	16930	526	14579	356
襄垣县	Xiangyuan	28781	28410	28322	371	25234	1842
平顺县	Pingshun	9810	9397	8472	414	7085	804
黎城县	Licheng	15417	14650	14565	767	13043	403
壶关县	Huguan	16957	16957	15809		15340	390
长子县	Zhangzi	34640	33725	33502	915	32281	267
武乡县	Wuxiang	28455	28320	25356	135	17988	5809
沁　县	Qinxian	27101	26951	26325	150	21889	2420
沁源县	Qinyuan	14060	14060	10429		8249	1171

SOWN AREAS OF MAJOR GRAIN CROPS(2022)

(ha)

#高 粱 Sorghum	#燕 麦 Oats	#荞 麦 Buckwheat	豆 类 Beans	#大 豆 Soybean	薯 类 Tubers	#马铃薯 Potato
366			18	18		
4		17	13	3	7	6
47		89	106	93	53	37
303		39	373	360	134	91
2	1	4	11	2	112	111
51			38	33	15	9
2945			67	67	651	
891	36	617	1360	1180	1358	1335
652	147	994	936	800	4271	4271
105	60	67	1946	1667	2165	2165
2928	1736	2600	1459	1344	4381	4381
147		9	87	78	184	184
931	256	414	231	203	91	91
4731			2163	542	767	767
6743			2186	1342	2330	2330
2244	40	4	2447	1267	4215	4215
352	203	549	2276	1200	1509	1509
174	988	170	1968	1207	3204	3194
2690	1456	1	2378	535	2653	2653
1699	4565	3237	1271	923	3011	3011
			3		33	3
			6	4	17	4
6			95	67	187	60
24			816	800	411	167
165		1	614	549	1630	1282
106			107	107	41	40
222			268	266	285	203
158			873	873	312	282
1469			168	167	121	61
837			185	182	274	191
143			248	244	1090	996
344			726	718	126	77
38			743	738	404	401
38			104	103	1034	725
1136	54	81	1414	1380	1685	1523
1865			354	322	423	269
629	159	34	962	938	2669	2590

20-7 续表1

单位：公顷

县(市、区)	Region	粮食 Grain	#秋粮 Autumn Grain	谷物 Cereal	#小麦 Wheat	#玉米 Corn	#谷子 Millet
晋城市	**Jincheng**						
城区	Chengqu	1577	503	1290	1073	206	6
沁水县	Qinshui	22929	21614	20908	1315	17490	1646
阳城县	Yangcheng	29652	21759	28371	7893	16486	3819
陵川县	Lingchuan	22571	22528	20484	43	18839	1576
泽州县	Zezhou	49079	17845	40372	31234	6005	3000
高平市	Gaoping	35579	34994	29345	585	27109	1318
朔州市	**Shuozhou**						
朔城区	Shuocheng	56968	56968	52385		41444	1533
平鲁区	Pinglu	35375	35375	27126		4487	4447
山阴县	Shanyin	56682	56682	54874		40887	3531
应县	Yingxian	52916	52916	45772		39059	2398
右玉县	Youyu	30372	30372	24435		6742	1155
怀仁市	Huairen	43137	43137	41228		32872	1610
晋中市	**Jinzhong**						
榆次区	Yuci	26939	26822	25969	117	23802	1400
太谷区	Taigu	22537	22133	21337	404	19394	991
榆社县	Yushe	13739	13739	12679		9183	2360
左权县	Zuoquan	11731	11723	10216	7	7297	1773
和顺县	Heshun	11364	11364	9910		8319	992
昔阳县	Xiyang	22297	22297	21400		19444	1787
寿阳县	Shouyang	50360	50360	48075		46420	1496
祁县	Qixian	24141	23021	22650	1120	21186	205
平遥县	Pingyao	36484	36222	34783	262	32493	1176
灵石县	Lingshi	11414	10459	10465	955	8396	507
介休市	Jiexiu	21605	18983	19763	2622	15811	430
运城市	**Yuncheng**						
盐湖区	Yanhu	31846	14352	30623	17494	12846	
临猗县	Linyi	23252	11947	22071	11304	10183	
万荣县	Wanrong	36802	24765	35247	12037	22058	215
闻喜县	Wenxi	59468	19243	58426	40225	18038	82
稷山县	Jishan	46134	21334	45740	24800	20940	
新绛县	Xinjiang	45209	20783	44683	24426	20169	45
绛县	Jiangxian	36653	17711	36200	18942	17206	38
垣曲县	Yuanqu	23043	10221	21889	12822	8493	567
夏县	Xiaxian	45038	23996	44134	21042	22793	300
平陆县	Pinglu	27805	10896	26364	16909	9340	110
芮城县	Ruicheng	63909	30691	61823	33218	28262	270
永济市	Yongji	67788	36061	66704	31727	32818	1
河津市	Hejin	32063	16222	31113	15841	15229	39

continued

(ha)

#高 粱 Sorghum	#燕 麦 Oats	#荞 麦 Buckwheat	豆 类 Beans	#大 豆 Soybean	薯 类 Tubers	#马铃薯 Potato
4			263	263	24	4
457			1552	1551	470	232
173			754	710	527	137
			844	828	1243	1142
132			7624	7619	1083	125
333			3812	3806	2423	95
1911	3047	1097	2738	1334	1846	1846
190	12153	3501	2910	1700	5340	5340
2500	2484	2134	1306	1001	502	502
1612	340		1590	1067	5553	5549
467	9410	3814	2736	1601	3201	3201
4287			1081	533	827	827
277	5	155	741	669	229	104
474		10	675	669	525	160
1033	10	9	543	536	518	393
981	63	70	701	669	813	756
277	1	235	701	669	753	751
14			543	536	354	257
62		76	757	669	1529	1442
136			1002	1002	489	81
834			839	735	862	441
541	1	46	687	669	263	182
899		1	1337	1337	504	139
283			1021	15	202	
367			559	425	622	16
393			974	30	581	
78			884	428	157	6
			371	369	24	
1			488	466	39	
13			187	170	266	17
6			673	596	481	15
			607	439	296	20
4			946	878	495	24
72			1495	742	590	
1713	125		741	652	343	
4			670	624	280	18

20-7 续表2

单位：公顷

县(市、区)	Region	粮食 Grain	#秋粮 Autumn Grain	谷物 Cereal	#小麦 Wheat	#玉米 Corn	#谷子 Millet
忻州市	**Xinzhou**						
忻府区	Xinfu	45783	45783	44530		41267	2089
定襄县	Dingxiang	21930	21918	20339	13	17824	1531
五台县	Wutai	25351	25351	21570		17487	3160
代　县	Daixian	22870	22870	22193		18449	2830
繁峙县	Fanshi	36302	36302	31572		22557	3926
宁武县	Ningwu	11612	11612	7505		1567	403
静乐县	Jingle	23283	23283	11029		2442	2375
神池县	Shenchi	47339	47339	37410		17853	14553
五寨县	Wuzhai	39540	39540	35616		23783	9946
岢岚县	Kelan	22168	22168	15640		6169	6507
河曲县	Hequ	26203	26203	19260		5894	8018
保德县	Baode	22587	22587	14202		6100	4733
偏关县	Pianguan	28769	28769	21900		3844	10723
原平市	Yuanping	55550	55380	48474	170	39308	5830
五台山风景名胜区	Wutai Mount Scenic Area	601	601	196		196	
临汾市	**Linfen**						
尧都区	Yaodu	46435	21015	45841	25420	19884	133
曲沃县	Quwo	31738	14604	31482	17133	14348	
翼城县	Yicheng	40156	17698	39083	22459	15579	1031
襄汾县	Xiangfen	81337	35818	80888	45519	35304	46
洪洞县	Hongtong	82187	37033	80657	45154	35429	20
古　县	Guxian	16341	15662	16133	680	14321	478
安泽县	Anze	22698	22698	22069		21475	472
浮山县	Fushan	23594	12807	23326	10788	11273	492
吉　县	Jixian	6621	6613	5772	8	5223	374
乡宁县	Xiangning	22935	16237	20061	6698	11485	1572
大宁县	Daning	10009	10009	8005		3544	1275
隰　县	Xixian	20804	20804	17627		13598	1729
永和县	Yonghe	21471	21436	20293	35	9686	3669
蒲　县	Puxian	14988	14988	13246		11208	545
汾西县	Fenxi	26172	18143	24875	8029	16029	551
侯马市	Houma	15155	7047	15155	8108	7047	
霍州市	Huozhou	21848	11465	21055	10383	10288	138
吕梁市	**Lvliang**						
离石区	Lishi	12584	12584	8715		7144	1235
文水县	Wenshui	30838	30548	29116	290	28429	242
交城县	Jiaocheng	7564	7481	6324	83	5843	210
兴　县	Xingxian	36126	36126	25435		10208	12875
临　县	Linxian	78481	78481	45712		32342	8889
柳林县	Liulin	21841	21831	13454	9	8872	2878
石楼县	Shilou	28314	28272	25549	43	17345	4669
岚　县	Lanxian	26806	26806	18609		12603	2584
方山县	Fangshan	12714	12714	8591		7532	576
中阳县	Zhongyang	8587	8587	5116		3384	1290
交口县	Jiaokou	9112	9112	8036		6939	746
孝义市	Xiaoyi	18167	16791	16599	1375	12254	1707
汾阳市	Fenyang	40302	40166	38794	136	30201	1986

continued

(ha)

#高粱 Sorghum	#燕麦 Oats	#荞麦 Buckwheat	豆类 Beans	#大豆 Soybean	薯类 Tubers	#马铃薯 Potato
1149	1		672	667	581	133
761	26	4	1166	1145	426	259
547	108		601	500	3180	2974
147	6	60	218	67	458	346
1133	195	28	2170	2000	2560	2514
255	4856	29	2714	947	1393	1393
1049	3139	8	3322	1733	8932	8932
999	3273	48	5894	1467	4036	4036
1333	27	4	626	367	3298	3298
846	1172	297	3177	1000	3351	3351
704			1403	1173	5540	5416
564	1	57	2501	1433	5884	5433
1805	526	890	2747	2600	4122	4122
1834	736	1	1546	900	5531	5227
			149	80	257	257
383			197	190	397	101
1			75	14	181	
14			841	826	232	82
18			112	61	338	2
44			924	870	606	33
654			91	76	117	84
102			377	371	252	139
773			98	74	170	59
112			438	203	411	240
110		21	1699	1419	1175	1089
3182			1121	852	883	587
2108		7	1819	1726	1358	1300
6816			160	29	1019	585
1122	190	146	217	176	1524	1512
44		82	559	310	738	379
245			281	236	513	237
46			2079	1667	1790	1750
139			508	467	1214	1014
55	1		510	267	730	691
1605	77	35	6249	3867	4442	4355
2024	1	6	18393	16067	14376	13061
1114	13	9	5881	5400	2506	2137
3290			1105	600	1661	1023
2776	300	2	1811	400	6387	6387
255		2	1361	933	2762	2746
56	259	13	1826	1600	1645	1538
140	9	17	389	267	687	604
1061	71	34	885	600	682	488
6374	7	31	618	467	890	672

20-8 主要粮食作物产量(2022年)

单位：吨

县(市、区)	Region	粮食 Grain	#秋粮 Autumn Grain	谷物 Cereal	#小麦 Wheat	#玉米 Corn	#谷子 Millet
太原市	**Taiyuan**						
小店区	Xiaodian	10350	10203	10314	147	8827	
迎泽区	Yingze	195	195	162		112	17
杏花岭区	Xinghualing	1142	1142	860		508	71
尖草坪区	Jiancaoping	14099	14087	12888	12	11097	400
万柏林区	Wanbailin	707	706	396	1	326	46
晋源区	Jinyuan	4966	4966	4839		2982	4
清徐县	Qingxu	81235	81135	78912	99	66193	184
阳曲县	Yangqu	104306	104306	95479		79278	10452
娄烦县	Loufan	24747	24747	8683		2729	2142
古交市	Gujiao	15897	15897	5610		2775	2015
大同市	**Datong**						
新荣区	Xinrong	78094	78094	60427		32136	2635
平城区	Pingcheng	15707	15707	14982		13755	242
云冈区	Yungang	55363	55363	54800		48707	811
云州区	Yunzhou	109300	109300	104203		79512	5790
阳高县	Yanggao	273303	273303	261453		220886	12097
天镇县	Tianzhen	210882	210882	196380		177100	9568
广灵县	Guangling	187888	187888	180009		166129	8689
灵丘县	Lingqiu	113321	113321	100436		88112	7631
浑源县	Hunyuan	181157	181157	167272		149586	4241
左云县	Zuoyun	49337	49337	38092		16993	3873
阳泉市	**Yangquan**						
城　区	Chengqu	1025	1025	986		985	
矿　区	Kuangqu	378	378	346		332	14
郊　区	Jiaoqu	15300	15300	14734		14127	589
平定县	Pingding	84306	84306	82027		78237	3667
盂　县	Yuxian	135947	135947	131085		125235	5107
长治市	**Changzhi**						
潞州区	Luzhou	39243	39195	38972	48	38089	390
上党区	Shangdang	87145	86750	85707	396	82297	1580
屯留区	Tunliu	202304	198326	198762	3977	192294	1570
潞城区	Lucheng	89087	87459	88176	1628	79728	1009
襄垣县	Xiangyuan	131806	130606	130174	1201	119289	5060
平顺县	Pingshun	48401	45963	44432	2439	39362	1955
黎城县	Licheng	59583	56246	57663	3338	52356	708
壶关县	Huguan	97082	97082	93513		91950	1259
长子县	Zhangzi	186773	181885	180892	4887	175093	719
武乡县	Wuxiang	89818	89452	83216	366	64957	13819
沁　县	Qinxian	146977	146483	143908	494	126368	7479
沁源县	Qinyuan	63468	63468	51180		43575	3030

OUTPUT OF MAJOR GRAIN CROPS(2022)

(ton)

#高 粱 Sorghum	#燕 麦 Oats	#荞 麦 Buckwheat	豆 类 Beans	#大 豆 Soybean	薯 类 Tubers	#马铃薯 Potato
1340			36	36		
16		17	18	5	15	13
156		126	154	150	128	91
1178		56	792	779	419	278
9	2	6	10	4	301	298
206			71	67	55	34
12437			131	131	2192	
4444	52	985	3398	3148	5429	5343
2206	183	1322	1384	1217	14679	14679
315	75	93	2866	2406	7422	7422
8091	3220	4926	2732	2591	14935	14935
401		10	140	129	585	585
2708	415	550	295	260	269	269
12571			3006	995	2091	2091
18081			4757	3740	7093	7093
6249	73	6	3398	2054	11103	11103
963	303	592	3070	1738	4809	4809
497	1482	236	3979	3030	8906	8875
8273	2312	1	3151	989	10734	10734
4725	6294	3873	2017	1592	9229	9229
			6		34	6
			8	5	24	8
11			177	136	390	82
95			1175	1161	1104	427
603		2	1107	1006	3754	2808
445			203	202	69	65
1157			711	708	727	580
921			1814	1813	1727	1620
5804			453	450	458	292
4507			496	486	1137	812
613			611	603	3358	3055
1245			1496	1485	424	237
222			2144	2138	1425	1419
193			306	301	5575	3934
3466	84	188	3464	3419	3138	2916
9565			947	900	2122	1400
3833	243	86	2329	2293	9959	9781

20–8 续表1

单位：吨

县(市、区)	Region	粮 食 Grain	#秋 粮 Autumn Grain	谷 物 Cereal	#小 麦 Wheat	#玉 米 Corn	#谷 子 Millet
晋 城 市	**Jincheng**						
城 区	Chengqu	5726	1760	5059	3966	1036	29
沁水县	Qinshui	113516	108611	107602	4905	92789	6655
阳城县	Yangcheng	103761	70378	99418	33384	53858	11587
陵川县	Lingchuan	82841	82533	76265	308	71949	3960
泽州县	Zezhou	192843	62664	168991	130179	29005	8898
高平市	Gaoping	184781	182343	161301	2438	153318	3712
朔 州 市	**Shuozhou**						
朔城区	Shuocheng	285202	285202	274408		252805	1998
平鲁区	Pinglu	68222	68222	48808		17079	5704
山阴县	Shanyin	293044	293044	289510		268011	5129
应 县	Yingxian	304143	304143	282320		263038	6152
右玉县	Youyu	58174	58174	46092		27565	1285
怀仁市	Huairen	259005	259005	254955		236707	2693
晋 中 市	**Jinzhong**						
榆次区	Yuci	156995	156373	154982	622	147864	4110
太谷区	Taigu	171917	169864	168259	2053	158171	4376
榆社县	Yushe	57992	57992	55749		42843	6038
左权县	Zuoquan	55234	55204	50655	30	40009	3956
和顺县	Heshun	65003	65003	60312		54169	3322
昔阳县	Xiyang	150436	150436	148294		141335	6481
寿阳县	Shouyang	363056	363056	355186		348002	6569
祁 县	Qixian	208129	202088	204228	6041	196346	820
平遥县	Pingyao	197913	196774	192735	1139	180982	3864
灵石县	Lingshi	32325	30712	30244	1612	23613	1905
介休市	Jiexiu	78957	67859	75031	11098	57034	941
运 城 市	**Yuncheng**						
盐湖区	Yanhu	148476	78137	146056	70339	74709	2
临猗县	Linyi	131324	78622	126921	52702	71053	
万荣县	Wanrong	178844	129147	175589	49697	120090	671
闻喜县	Wenxi	311779	128863	309871	182916	126349	216
稷山县	Jishan	266695	141089	265880	125606	140272	
新绛县	Xinjiang	238951	118843	237657	120107	117120	117
绛 县	Jiangxian	172639	100651	171199	71988	99021	145
垣曲县	Yuanqu	90506	41123	87744	49382	36835	1500
夏 县	Xiaxian	261384	142450	258918	118934	139075	909
平陆县	Pinglu	120852	46512	117462	74340	42758	345
芮城县	Ruicheng	349305	177036	344161	172269	170530	998
永济市	Yongji	413397	228088	410219	185309	214050	3
河津市	Hejin	196631	106227	193957	90404	103391	145

continued

(ton)

#高粱 Sorghum	#燕麦 Oats	#荞麦 Buckwheat	豆类 Beans	#大豆 Soybean	薯类 Tubers	#马铃薯 Potato
29			582	582	85	13
3253			4338	4335	1576	746
589			1673	1608	2670	753
			2334	2308	4242	3763
909			19059	19054	4793	304
1834			10829	10821	12651	341
5368	5221	3022	3683	1870	7112	7112
347	18493	5540	4305	2678	15108	15108
5633	5282	1940	1610	1382	1924	1924
4563	1469		1565	1315	20257	20243
973	10403	2851	3281	1756	8800	8800
11144			1503	905	2546	2546
1430	10	441	1432	1325	580	282
3480		27	1292	1284	2366	712
6629	17	26	1078	1069	1165	875
6255	114	199	1284	1238	3295	3123
1947	1	703	1329	1278	3361	3356
102			1197	1187	945	702
265		225	1531	1397	6339	5963
1014			2143	2143	1757	351
6681			1617	1448	3561	1707
2938	1	134	1454	1430	627	482
5954		2	3005	3005	921	216
1006			1347	36	1073	
1385			1074	888	3329	74
1448			1131	63	2124	
384			1338	747	570	26
2			736	734	79	
6			1136	1111	158	
44			390	366	1050	80
26			1179	1071	1583	46
			1082	897	1384	103
16			1629	1550	1762	79
364			2492	1512	2652	
7985	268		1686	1556	1493	
17			1293	1233	1381	80

20-8 续表2

单位：吨

县(市、区)	Region	粮 食 Grain	#秋 粮 Autumn Grain	谷 物 Cereal	#小 麦 Wheat	#玉 米 Corn	#谷 子 Millet
忻 州 市	**Xinzhou**						
忻府区	Xinfu	316223	316223	312039		302523	5473
定襄县	Dingxiang	159748	159672	154981	76	145824	5248
五台县	Wutai	119677	119677	108601		98534	7110
代 县	Daixian	106094	106094	104333		93958	7926
繁峙县	Fanshi	104610	104610	94068		75982	8712
宁武县	Ningwu	27220	27220	18155		9472	711
静乐县	Jingle	71014	71014	30281		13370	6548
神池县	Shenchi	220925	220925	179926		135991	31518
五寨县	Wuzhai	225707	225707	203694		170513	27034
岢岚县	Kelan	83928	83928	60160		36455	17760
河曲县	Hequ	72710	72710	49243		23813	13490
保德县	Baode	65450	65450	40014		24790	6891
偏关县	Pianguan	86559	86559	63571		15209	34752
原平市	Yuanping	354513	353556	328429	957	308346	9791
五台山风景名胜区	Wutai Mount Scenic Area	2573	2573	1406		1406	
临 汾 市	**Linfen**						
尧都区	Yaodu	209327	99467	207234	109860	95385	423
曲沃县	Quwo	164262	82080	163276	82182	81091	
翼城县	Yicheng	187025	81083	184274	105942	72735	5535
襄汾县	Xiangfen	451038	228135	449279	222903	226041	227
洪洞县	Hongtong	368601	188107	364097	180495	183364	66
古 县	Guxian	42738	40649	42003	2089	36900	956
安泽县	Anze	118992	118992	116930		115137	1331
浮山县	Fushan	85907	52509	84689	33397	46072	1740
吉 县	Jixian	30290	30272	28760	18	27219	893
乡宁县	Xiangning	84175	58022	78555	26154	49616	1972
大宁县	Daning	27966	27966	23789		9119	2758
隰 县	Xixian	64463	64463	54563		42089	6445
永和县	Yonghe	55504	55456	51768	48	20035	9667
蒲 县	Puxian	82168	82168	76268		68831	1646
汾西县	Fenxi	75294	51393	71199	23901	45784	1053
侯马市	Houma	86428	39924	86428	46504	39924	
霍州市	Huozhou	54007	23331	51522	30676	19670	328
吕 梁 市	**Lvliang**						
离石区	Lishi	26497	26497	21767		18362	2830
文水县	Wenshui	223186	221451	214096	1735	209898	1458
交城县	Jiaocheng	41438	40943	37091	495	35168	810
兴 县	Xingxian	86763	86763	71984		35616	27223
临 县	Linxian	152746	152746	124055		106268	11505
柳林县	Liulin	46706	46687	34405	19	24316	5450
石楼县	Shilou	74740	74658	70068	83	48779	14250
岚 县	Lanxian	76541	76541	61354		46407	5548
方山县	Fangshan	51110	51110	43772		40694	1162
中阳县	Zhongyang	23626	23626	19336		16323	2581
交口县	Jiaokou	28919	28919	27161		24351	2031
孝义市	Xiaoyi	51876	48692	49511	3184	39107	3911
汾阳市	Fenyang	172590	172065	167547	525	125406	7322

continued

(ton)

			豆类 Beans		薯类 Tubers	
#高粱 Sorghum	#燕麦 Oats	#荞麦 Buckwheat		#大豆 Soybean		#马铃薯 Potato
3998	3		1442	1431	2743	682
3017	49	8	3089	3053	1678	1065
2023	211		1366	1204	9710	9243
657	11	178	509	162	1253	996
3584	374	32	2603	2316	7939	7879
822	6492	69	3456	1947	5609	5609
2722	4756	13	3655	2158	37078	37078
2237	8483	142	13221	3860	27778	27778
4765	33	14	1422	913	20591	20591
2963	1608	461	4010	1047	19759	19759
1698			2110	1805	21357	21061
1765	4	170	4263	3014	21173	19994
3863	609	1682	5095	4878	17893	17893
6565	1039	2	2716	1687	23368	22411
			336	203	831	831
1447			364	352	1729	202
4			123	20	863	
62			1715	1681	1035	370
108			170	98	1589	13
143			1569	1507	2936	69
2057		1	180	151	555	413
335			815	804	1247	828
3480			142	100	1075	382
538			599	299	931	625
351		45	2377	2004	3244	3106
11906			1916	1572	2262	1516
5494		8	3708	3591	6193	5961
21762			175	40	3560	2542
4913	432	381	355	303	5545	5509
68		150	815	442	3280	1917
848			458	393	2028	987
134		1	1990	1634	2740	2675
951			952	856	8138	7044
398	2		805	415	3541	3426
7484	231	62	6823	4091	7955	7831
3089		6	10854	8900	17837	16783
3591	20	14	7046	6593	5255	4786
6501			1242	514	3430	2011
8602	406		2083	343	13104	13104
1563		3	1544	805	5794	5761
200	122	8	1087	890	3204	3014
597	11	30	632	511	1125	969
2953	71	156	1042	803	1322	859
34181	6	24	642	435	4402	3311

20-9 棉花生产基本情况(2022年)

BASIC STATISTICS ON COTTON PRODUCTION(2022)

县(市、区)	Region	播种面积 (公顷) Sown Area (ha)	总产量 (吨) Total Output (ton)	每公顷产量 (公斤) Output per ha (kg)
长治市	**Changzhi**			
潞城区	Lucheng	5.3	3.6	677
平顺县	Pingshun	11.0	24.0	2182
晋城市	**Jincheng**			
沁水县	Qinshui	11.6	12.1	1040
阳城县	Yangcheng	0.2	0.3	1800
运城市	**Yuncheng**			
盐湖区	Yanhu	67.2	97.9	1456
临猗县	Linyi	15.2	29.6	1941
万荣县	Wanrong	137.0	193.9	1415
垣曲县	Yuanqu	12.6	27.5	2183
永济市	Yongji	16.1	18.9	1176
忻州市	**Xinzhou**			
河曲县	Hequ	1.1	0.7	655
临汾市	**Linfen**			
尧都区	Yaodu	0.4	0.5	1250
洪洞县	Hongtong	4.0	6.0	1500
浮山县	Fushan	0.4	0.4	1075
大宁县	Daning	10.0	13.5	1350
霍州市	Huozhou	3.7	1.9	515
吕梁市	**Lvliang**			
柳林县	Liulin	21.7	10.7	491

20-10 油料生产基本情况(2022年)
BASIC STATISTICS ON OIL-BEARING CROPS(2022)

县(市、区)	Region	油料合计 Oil-bearing Crops		胡麻籽 Benne		葵花籽 Sunflower Seeds	
		播种面积(公顷) Sown Area (ha)	总产量(吨) Total Output (ton)	播种面积(公顷) Sown Area (ha)	总产量(吨) Total Output (ton)	播种面积(公顷) Sown Area (ha)	总产量(吨) Total Output (ton)
太原市	**Taiyuan**						
小店区	Xiaodian						
杏花岭区	Xinghualing	2	3			2	3
尖草坪区	Jiancaoping	27	34			27	34
晋源区	Jinyuan	3	4			3	2
清徐县	Qingxu	90	219			16	31
阳曲县	Yangqu	91	231	2	2	48	112
娄烦县	Loufan	156	229	12	21	3	5
古交市	Gujiao	179	341	48	88	4	12
大同市	**Datong**						
新荣区	Xinrong	1678	2378	1380	1781	133	400
平城区	Pingcheng	1	1				
云冈区	Yungang	513	357	34	21	150	154
云州区	Yunzhou	149	232			25	19
阳高县	Yanggao	936	1615	30	18	742	1412
天镇县	Tianzhen	2215	2338	63	33	960	1165
广灵县	Guangling	2619	3481	1259	1659	325	503
灵丘县	Lingqiu	1278	1906	357	469	223	351
浑源县	Hunyuan	1522	1927	1014	1158	118	230
左云县	Zuoyun	7491	9187	1082	750	3285	6031
阳泉市	**Yangquan**						
郊　区	Jiaoqu	1	4				1
平定县	Pingding	26	47			12	23
盂　县	Yuxian	173	109	1	2	18	24
长治市	**Changzhi**						
潞州区	Luzhou	69	100				
上党区	Shangdang	27	98			11	42
屯留区	Tunliu						
潞城区	Lucheng	166	362	3	6	71	134
襄垣县	Xiangyuan	763	2213	2	4	263	995
平顺县	Pingshun	58	130			30	80
黎城县	Licheng	272	446			215	350
壶关县	Huguan	135	146				
长子县	Zhangzi	107	176			107	176
武乡县	Wuxiang	416	445			85	102
沁　县	Qinxian	25	54			13	25
沁源县	Qinyuan	242	619			182	521

20–10 续表1 continued

县(市、区)	Region	油料合计 Oil–bearing Crops 播种面积(公顷) Sown Area (ha)	油料合计 总产量(吨) Total Output (ton)	胡麻籽 Benne 播种面积(公顷) Sown Area (ha)	胡麻籽 总产量(吨) Total Output (ton)	葵花籽 Sunflower Seeds 播种面积(公顷) Sown Area (ha)	葵花籽 总产量(吨) Total Output (ton)
晋城市	**Jincheng**						
城　区	Chengqu	9	18				
沁水县	Qinshui	911	1934			358	765
阳城县	Yangcheng	2111	5310			1038	2916
陵川县	Lingchuan	383	809			28	63
泽州县	Zezhou	898	1953			650	1427
高平市	Gaoping	73	98			48	90
朔州市	**Shuozhou**						
朔城区	Shuocheng	1431	2304	440	659	959	1601
平鲁区	Pinglu	6465	8352	1565	1714	504	966
山阴县	Shanyin	2564	2337	455	371	739	733
应　县	Yingxian	1334	2327			965	675
右玉县	Youyu	13395	19537	3972	3664	3545	10451
怀仁市	Huairen	12	24	2	3	10	21
晋中市	**Jinzhong**						
榆次区	Yuci	52	59			38	40
太谷区	Taigu	24	56			1	4
榆社县	Yushe	23	49			22	46
左权县	Zuoquan	261	413			91	167
和顺县	Heshun	767	2097	86	259	261	939
昔阳县	Xiyang	42	141			38	141
寿阳县	Shouyang	7	20			7	20
祁　县	Qixian	14	24				
平遥县	Pingyao	122	221	1	1	21	44
灵石县	Lingshi	148	324	3	4	127	297
介休市	Jiexiu	209	559			192	521
运城市	**Yuncheng**						
盐湖区	Yanhu	757	1386			320	774
临猗县	Linyi	525	1414			457	1276
万荣县	Wanrong	1170	2988			429	1066
闻喜县	Wenxi	483	1168			351	919
稷山县	Jishan	115	230			75	155
新绛县	Xinjiang	292	644			206	481
绛　县	Jiangxian	327	877			237	613
垣曲县	Yuanqu	726	1549			132	317
夏　县	Xiaxian	933	2432			500	1501
平陆县	Pinglu	2110	4162			845	1644
芮城县	Ruicheng	1162	2718				
永济市	Yongji	793	2337			252	666
河津市	Hejin	1049	4307			209	752

20–10 续表2 continued

县(市、区)	Region	油料合计 Oil-bearing Crops 播种面积(公顷) Sown Area (ha)	总产量(吨) Total Output (ton)	胡麻籽 Benne 播种面积(公顷) Sown Area (ha)	总产量(吨) Total Output (ton)	葵花籽 Sunflower Seeds 播种面积(公顷) Sown Area (ha)	总产量(吨) Total Output (ton)
忻州市	**Xinzhou**						
忻府区	Xinfu	42	71			5	13
定襄县	Dingxiang	191	534			156	453
五台县	Wutai	28	54	7	8	10	27
代县	Daixian	61	135	1	2	22	42
繁峙县	Fanshi	394	618	179	256	31	59
宁武县	Ningwu	881	770	755	668	9	20
静乐县	Jingle	4794	6911	2709	3510	884	1770
神池县	Shenchi	2250	3642	1823	2835	426	807
五寨县	Wuzhai	200	252	5	6	28	83
岢岚县	Kelan	3107	6725	42	51		
河曲县	Hequ	1067	2932	41	94	60	161
保德县	Baode	307	481	97	139	135	220
偏关县	Pianguan	1139	2119	589	1099		
原平市	Yuanping	728	1200	587	904	56	184
临汾市	**Linfen**						
尧都区	Yaodu	180	487			138	368
曲沃县	Quwo	511	1202			398	950
翼城县	Yicheng	183	381			180	371
襄汾县	Xiangfen	531	1668			344	1080
洪洞县	Hongtong	79	178			51	130
古县	Guxian	256	366			119	235
安泽县	Anze	254	508			28	79
浮山县	Fushan	247	620			219	558
吉县	Jixian	341	850			238	599
乡宁县	Xiangning	1781	3394			515	836
大宁县	Daning	280	433			177	268
隰县	Xixian	348	697			326	621
永和县	Yonghe	421	611			116	124
蒲县	Puxian	264	476	200	415	58	51
汾西县	Fenxi	255	427	10	15	147	248
霍州市	Huozhou	187	299			137	212
吕梁市	**Lvliang**						
离石区	Lishi	349	410	9	8	51	53
文水县	Wenshui	68	153			6	15
交城县	Jiaocheng	32	96	3	3		
兴县	Xingxian	1833	2149	288	223	529	643
临县	Linxian	1601	1122			579	467
柳林县	Liulin	410	1001			60	91
石楼县	Shilou	59	200			19	76
岚县	Lanxian	241	294	127	142	7	12
方山县	Fangshan	215	323			4	5
中阳县	Zhongyang	21	18	8	6	2	4
交口县	Jiaokou	91	56	26	16	1	1
孝义市	Xiaoyi	60	36	12	4		
汾阳市	Fenyang	67	26				1

20-11 药材、蔬菜、瓜果生产情况(2022年)
PRODUCTION OF MEDICINAL MATERIALS, VEGETABLES AND MELONS(2022)

县(市、区)	Region	药材类 Medicinal Materials		蔬菜 Vegetables		瓜果类 Melons	
		播种面积(公顷) Sown Area (ha)	总产量(吨) Total Output (ton)	播种面积(公顷) Sown Area (ha)	总产量(吨) Total Output (ton)	播种面积(公顷) Sown Area (ha)	总产量(吨) Total Output (ton)
太原市	**Taiyuan**						
小店区	Xiaodian	22	156	2194	104466	5	109
迎泽区	Yingze			13	325		
杏花岭区	Xinghualing			52	1938		
尖草坪区	Jiancaoping	2	4	556	27461	25	942
万柏林区	Wanbailin	10	23	19	599		
晋源区	Jinyuan	20	25	952	54100	25	446
清徐县	Qingxu	22	13	6774	410884	81	2866
阳曲县	Yangqu	94	617	1803	85989	17	656
娄烦县	Loufan	777	1869	368	14869	5	159
古交市	Gujiao	116	732	587	34893	1	12
大同市	**Datong**						
新荣区	Xinrong	66	411	493	10053	158	8419
平城区	Pingcheng			278	13268	31	872
云冈区	Yungang			1854	93680	68	2617
云州区	Yunzhou	236	2020	9012	89698	696	24454
阳高县	Yanggao	476	1988	4700	283353	404	16521
天镇县	Tianzhen	482	1677	2922	80947	90	2212
广灵县	Guangling	52	153	2633	73627	38	1244
灵丘县	Lingqiu	574	1686	995	25086	53	2023
浑源县	Hunyuan	1086	3634	1409	57197	27	1132
左云县	Zuoyun	144	28	204	9785		2
阳泉市	**Yangquan**						
城　区	Chengqu			130	8664		8
矿　区	Kuangqu			43	1029	2	19
郊　区	Jiaoqu	120	250	425	13108	3	35
平定县	Pingding	273	722	467	25713	1	10
盂　县	Yuxian	88	818	569	23369	17	433
长治市	**Changzhi**						
潞州区	Luzhou	136	643	818	34068	8	280
上党区	Shangdang	284	1391	3291	195705	3	74
屯留区	Tunliu	314	2086	7248	179305	8	265

20-11 续表1 continued

县(市、区)	Region	药材类 Medicinal Materials		蔬 菜 Vegetables		瓜果类 Melons	
		播种面积(公顷) Sown Area (ha)	总产量(吨) Total Output (ton)	播种面积(公顷) Sown Area (ha)	总产量(吨) Total Output (ton)	播种面积(公顷) Sown Area (ha)	总产量(吨) Total Output (ton)
潞城区	Lucheng	890	3421	1240	44138	7	222
襄垣县	Xiangyuan	1447	6043	2995	111625	247	6301
平顺县	Pingshun	2892	6329	1038	26989	1	8
黎城县	Licheng	531	1283	763	12849	21	961
壶关县	Huguan	972	2255	2067	106408	2	73
长子县	Zhangzi	4854	4129	5765	305222	22	836
武乡县	Wuxiang	1268	9962	1307	15242	75	1572
沁　县	Qinxian	437	2002	2335	45699	32	1230
沁源县	Qinyuan	2470	9804	1143	21776	56	1045
晋 城 市	**Jincheng**						
城　区	Chengqu	5	12	130	4703	1	40
沁水县	Qinshui	1127	6772	1290	74951	35	1168
阳城县	Yangcheng	2449	12106	1395	72284	26	980
陵川县	Lingchuan	2079	7121	1206	67888	3	54
泽州县	Zezhou	1114	2870	1558	71021	26	767
高平市	Gaoping	551	1559	1772	116765	6	83
朔 州 市	**Shuozhou**						
朔城区	Shuocheng	122	1020	1945	105188	111	2623
平鲁区	Pinglu	33	120	100	3600	1	9
山阴县	Shanyin	436	273	913	27663	42	1508
应　县	Yingxian	4192	31738	9252	423417	350	12931
右玉县	Youyu	56	1092	520	16006	4	180
怀仁市	Huairen	59	31	3142	150511	1380	36939
开发区	Development Zone			29	2748	1	34
晋 中 市	**Jinzhong**						
榆次区	Yuci	369	331	6718	458988	61	2359
太谷区	Taigu	170	410	4762	401302	346	16185
榆社县	Yushe	385	1353	1025	63543	20	735
左权县	Zuoquan	1235	2762	748	38337	3	36
和顺县	Heshun	141	1065	357	23423	2	62
昔阳县	Xiyang	473	1559	805	47818	4	61
寿阳县	Shouyang	372	2739	6048	431839	67	2435
祁　县	Qixian	43	283	4372	335577	30	1704

20–11 续表2 continued

县(市、区)	Region	药材类 Medicinal Materials		蔬 菜 Vegetables		瓜果类 Melons	
		播种面积(公顷) Sown Area (ha)	总产量(吨) Total Output (ton)	播种面积(公顷) Sown Area (ha)	总产量(吨) Total Output (ton)	播种面积(公顷) Sown Area (ha)	总产量(吨) Total Output (ton)
平遥县	Pingyao	149	320	3326	160975	276	9996
灵石县	Lingshi	186	323	1020	27569	21	101
介休市	Jiexiu	701	1411	613	28905	8	324
运城市	**Yuncheng**						
盐湖区	Yanhu	1592	3861	1161	60771	840	37295
临猗县	Linyi	663	4064	3673	92446	353	12633
万荣县	Wanrong	5280	27533	3106	132668	599	20874
闻喜县	Wenxi	12990	99912	6049	268490	658	27869
稷山县	Jishan	2527	15275	725	30152	9	297
新绛县	Xinjiang	1901	7841	9787	611564	6	227
绛　县	Jiangxian	4080	32421	1055	45787	294	10595
垣曲县	Yuanqu	346	1511	2631	75008	231	8677
夏　县	Xiaxian	4803	31251	11025	588918	1145	64288
平陆县	Pinglu	1222	8085	2329	95344	286	14389
芮城县	Ruicheng	3901	42772	3442	124419	295	14181
永济市	Yongji	306	1246	3824	85901	444	19930
河津市	Hejin	1293	30055	3739	147596	371	18777
忻州市	**Xinzhou**						
忻府区	Xinfu	121	341	6018	184273	1280	42412
定襄县	Dingxiang	16	53	4683	126315	726	36090
五台县	Wutai	1728	4946	838	16930		3
代　县	Daixian	68	147	634	15296	90	3429
繁峙县	Fanshi	560	1469	1188	55278	111	3016
宁武县	Ningwu	241	30	149	3012	2	25
静乐县	Jingle	797	980	451	12125	178	6029
神池县	Shenchi	6	4	1113	28428	1	7
五寨县	Wuzhai	365	614	165	7154	39	1422
岢岚县	Kelan	686	1998	338	10439	1	34
河曲县	Hequ	51	131	1152	40817	309	10337
保德县	Baode	2	2	676	9727	91	2173
偏关县	Pianguan			456	11226	52	1116
原平市	Yuanping	307	1173	2479	103806	80	3997
五台山风景名胜区	Wutai Mount Scenic Area	9		1	66	6	56

20-11 续表3 continued

县(市、区)	Region	药材类 Medicinal Materials 播种面积(公顷) Sown Area (ha)	药材类 总产量(吨) Total Output (ton)	蔬菜 Vegetables 播种面积(公顷) Sown Area (ha)	蔬菜 总产量(吨) Total Output (ton)	瓜果类 Melons 播种面积(公顷) Sown Area (ha)	瓜果类 总产量(吨) Total Output (ton)
临汾市	**Linfen**						
尧都区	Yaodu	884	5816	1488	72952	67	2288
曲沃县	Quwo	673	12555	4832	440677	80	3064
翼城县	Yicheng	1069	7667	724	31977	170	7734
襄汾县	Xiangfen	2601	20452	2741	156129	59	2254
洪洞县	Hongtong	1966	7036	2089	78467	20	839
古　县	Guxian	1776	5991	957	19746	31	653
安泽县	Anze	1219	5480	791	33413	31	1562
浮山县	Fushan	794	19486	1215	56885	155	8096
吉　县	Jixian	33	235	1020	25838	53	981
乡宁县	Xiangning	502	1000	969	8515	8	54
大宁县	Daning	125	715	339	4649	199	3413
隰　县	Xixian	22	153	414	8763	137	3028
永和县	Yonghe	304	1149	410	12009	86	1255
蒲　县	Puxian	199	1303	546	16849	3	103
汾西县	Fenxi	366	1868	643	12625	31	964
侯马市	Houma	192	2352	663	50197	72	2413
霍州市	Huozhou	36	98	658	31844	20	446
吕梁市	**Lvliang**						
离石区	Lishi	142	186	383	3859	41	166
文水县	Wenshui	43	37	1565	54582	86	2374
交城县	Jiaocheng	58	2	546	29273	2	70
兴　县	Xingxian	1072	1138	347	5487	135	2316
临　县	Linxian	358	452	2676	50724	73	2737
柳林县	Liulin	212	119	1350	21905	181	4701
石楼县	Shilou	457	676	563	9155	35	1050
岚　县	Lanxian	4	7	443	14848	8	264
方山县	Fangshan	310	991	639	17455	13	353
中阳县	Zhongyang	69	17	281	9109	1	9
交口县	Jiaokou	107	343	168	10360	2	26
孝义市	Xiaoyi	116	479	564	17770	14	539
汾阳市	Fenyang	374	935	803	14649	63	1528

20-12 水果、林业及渔业生产情况(2022年)

县(市、区)	Region	年末果园面积(公顷) Area of Orchards at Year-end (ha)	#苹果 Apples	#桃 Peaches	#梨 Pears	全年水果产量(吨) Annual Output of Fruits (ton)
太原市	**Taiyuan**					
小店区	Xiaodian	465	29	48	254	2795
迎泽区	Yingze	18	8	2	2	59
杏花岭区	Xinghualing	499	253	17	12	1277
尖草坪区	Jiancaoping	831	344	26	56	18223
万柏林区	Wanbailin	47	2	2	4	95
晋源区	Jinyuan	322	44	23	66	2901
清徐县	Qingxu	2965	101	333	577	62070
阳曲县	Yangqu	1783	598	224	411	6810
娄烦县	Loufan	211	9	6	39	1767
古交市	Gujiao	656	114	48	49	1841
大同市	**Datong**					
新荣区	Xinrong	476	111		23	4235
平城区	Pingcheng	104		2	33	750
云冈区	Yungang	238	8	8	11	3500
云州区	Yunzhou	2702	750	21	79	11259
阳高县	Yanggao	3259	220	2	15	46945
天镇县	Tianzhen	738	44		3	651
广灵县	Guangling	901				704
灵丘县	Lingqiu	374	112	16	10	5816
浑源县	Hunyuan	253	108		25	4549
左云县	Zuoyun	60				138
阳泉市	**Yangquan**					
城　区	Chengqu	15	7	3	1	488
矿　区	Kuangqu	97	51	6	18	203
郊　区	Jiaoqu	880	669	31	112	10738
平定县	Pingding	234	94	20	61	2967
盂　县	Yuxian	404	161	30	100	2610
长治市	**Changzhi**					
潞州区	Luzhou	138	77	22	28	1888
上党区	Shangdang	811	418	90	160	7902
屯留区	Tunliu	79	47	4	12	1106
潞城区	Lucheng	282	163	33	37	5630
襄垣县	Xiangyuan	512	107	32	178	9091
平顺县	Pingshun	133	40	6	50	2990
黎城县	Licheng	452	204	43	65	7458
壶关县	Huguan	191	21	22	97	2416
长子县	Zhangzi	230	68	6	110	2276
武乡县	Wuxiang	1464	129	49	112	6214
沁　县	Qinxian	185	64	4	36	2368
沁源县	Qinyuan	116	2	8	52	464

注：本表造林面积不包括省属九大林局、市直单位数据。

PRODUCTION OF FRUITS, FORESTRY AND FISHERY(2022)

#苹果 Apples	#桃 Peaches	#梨 Pears	当年造林面积(公顷) Afforestation Area in the Year (ha)	水产养殖面积(公顷) Fishery-breeding Area (ha)	水产品总产量(吨) Aquatic Products (ton)
121	144	972		6	32
10	2	20		167	100
399	78	25			
6728	591	1694	333	13	160
6	4				
699	392	580		576	589
1137	4850	17554		291	1664
2160	1586	1473	2000	438	46
102	64	385	3800	2031	640
428	178	125	4000	32	199
2623		690	1000	6	210
	30				
40	83	122		16	21
2348	34	631	1033	1552	399
1859	84	1090	3667	35	111
211		44	5933	3	940
			2667	51	113
3938	98	129	3333	29	457
2514	1	630	6867	55	46
287	67	13			
85	16	36			
9163	425	476	1200	1	
1015	275	1024	4280	9	567
1437	255	366	2366	44	328
1013	326	418		1308	1807
4177	1345	1265		7	73
573	55	302	267	234	339
3028	1168	543	1133		
2601	1248	3068	2333	330	501
1047	171	1168	1067		
3905	482	1262	1307	10	366
247	303	871	733	1	30
863	87	991	867	419	883
890	236	636	3400	540	518
548	103	339	2333	355	1175
36	23	157	2000	2	18

Note: The coverage of afforestation area in this table doesn't include data of nine privincial forestry administration and municipal units.

20-12 续表1

县(市、区)	Region	年末果园面积(公顷) Area of Orchards at Year-end (ha)	#苹果 Apples	#桃 Peaches	#梨 Pears	全年水果产量(吨) Annual Output of Fruits (ton)
晋城市	**Jincheng**					
城　区	Chengqu	57	12	15	14	544
沁水县	Qinshui	481	299	32	93	11506
阳城县	Yangcheng	1152	59	101	26	10658
陵川县	Lingchuan	388	234	32	74	3922
泽州县	Zezhou	802	247	87	195	25467
高平市	Gaoping	2395	374	54	1884	28879
朔州市	**Shuozhou**					
朔城区	Shuocheng	58	3			397
平鲁区	Pinglu	5				160
山阴县	Shanyin	203	1			1262
应　县	Yingxian	40	25	3		764
右玉县	Youyu	13				26
怀仁市	Huairen	829	38	3	1	3948
开发区	Development Zone	4				75
晋中市	**Jinzhong**					
榆次区	Yuci	6416	4985	98	356	95790
太谷区	Taigu	3139	853	123	358	50067
榆社县	Yushe	349	23	15	203	3010
左权县	Zuoquan	183	25	12	85	1073
和顺县	Heshun	30	8		20	80
昔阳县	Xiyang	555	319	93	93	12830
寿阳县	Shouyang	1235	106	5	840	27550
祁　县	Qixian	6865	1758	7	4885	185388
平遥县	Pingyao	6218	1888	28	3921	160409
灵石县	Lingshi	201	44	4	74	3320
介休市	Jiexiu	282	76	20	9	3756
运城市	**Yuncheng**					
盐湖区	Yanhu	19736	1833	5925	8012	791774
临猗县	Linyi	72966	39057	13358	4851	2719988
万荣县	Wanrong	29354	22068	5053	390	965695
闻喜县	Wenxi	2305	408	192	14	64352
稷山县	Jishan	5062	388	1187	28	130529
新绛县	Xinjiang	4472	178	4126		145633
绛　县	Jiangxian	4877	208	60	54	128200
垣曲县	Yuanqu	1054	305	139	81	34533
夏　县	Xiaxian	8194	1157	3433	180	286214
平陆县	Pinglu	8769	3810	3768	452	395189
芮城县	Ruicheng	15346	8730	3056	179	576661
永济市	Yongji	19367	1072	4386	282	627734
河津市	Hejin	1823	144	425	81	54484

continued

#苹果 Apples	#桃 Peaches	#梨 Pears	当年造林面积(公顷) Afforestation Area in the Year (ha)	水产养殖面积(公顷) Fishery-breeding Area (ha)	水产品总产量(吨) Aquatic Products (ton)
72	228	73		3	20
9142	481	873	200	108	774
1639	2087	484	147	108	115
1842	445	1065	147	57	205
7685	2145	5925	63	23	450
8246	806	18975	133	39	194
21	3		1833	21	128
			2439	10	10
18			2133	13	59
668	43		7600	21	102
	1		1334	202	121
620	31	7	200	50	111
83913	1383	5223	333	126	678
16883	2093	8094	667	183	495
260	48	2145	6173	424	900
310	27	149	3667	122	353
6	5	50	3334	61	50
7707	1723	2776	2000	24	134
1392	89	24344	11653	119	664
42464	45	140404	1067	15	86
43132	320	114129	1066	145	355
443	24	2212	1207	33	91
1213	312	78		46	193
62790	215432	407760	333	1226	615
1537231	526367	187229		115	146
727069	182048	14521	33	247	2818
13964	7394	412	3280	5	64
18201	50302	1059	133	5	16
5289	136005	4	200	1	97
6505	1712	1569	200	6	2
14039	4333	2001	633	17	412
46862	138301	7036	200	4	65
171204	188114	18107	2534	57	122
365978	131552	7430	267	379	960
46093	157841	12105	400	554	19792
5532	19594	2369	267	2	8

20–12 续表2

县(市、区)	Region	年末果园面积(公顷) Area of Orchards at Year-end (ha)	#苹果 Apples	#桃 Peaches	#梨 Pears	全年水果产量(吨) Annual Output of Fruits (ton)
忻州市	**Xinzhou**					
忻府区	Xinfu	866	262	91	204	11842
定襄县	Dingxiang	509	115	30	172	13622
五台县	Wutai	438	13	2	44	5375
代　县	Daixian	527	36	6	299	7863
繁峙县	Fanshi	2059	230	27	154	12793
宁武县	Ningwu	22	8			62
静乐县	Jingle	107	7		39	1647
神池县	Shenchi					
五寨县	Wuzhai					
岢岚县	Kelan	54	11		2	1220
河曲县	Hequ	1255	132	9	108	7416
保德县	Baode	4830	151	7	117	25883
偏关县	Pianguan	489	28	1	69	3983
原平市	Yuanping	3974	591	22	2182	52374
临汾市	**Linfen**					
尧都区	Yaodu	2611	1222	349	43	106948
曲沃县	Quwo	2779	990	290	80	92866
翼城县	Yicheng	5659	4547	321	175	209015
襄汾县	Xiangfen	3305	2068	220	37	110831
洪洞县	Hongtong	322	126	13	6	7077
古　县	Guxian	83	30		49	1196
安泽县	Anze	82	35	4	33	746
浮山县	Fushan	892	587	189	91	30009
吉　县	Jixian	13355	13048	27	218	284342
乡宁县	Xiangning	2633	2196	23	74	48053
大宁县	Daning	3679	3062	68	532	30854
隰　县	Xixian	17029	4337		12636	208854
永和县	Yonghe	8206	1736	1	112	25036
蒲　县	Puxian	1401	681	1	717	3825
汾西县	Fenxi	424	22		399	6741
侯马市	Houma	387	85	110	4	9796
霍州市	Huozhou	613	542	11	44	18250
吕梁市	**Lvliang**					
离石区	Lishi	276	23	1	6	741
文水县	Wenshui	3550	7	4	3379	103905
交城县	Jiaocheng	390	39	39	121	6856
兴　县	Xingxian	5463	26	8	128	19443
临　县	Linxian	31734	117	1	56	151482
柳林县	Liulin	7480	116	10	38	7996
石楼县	Shilou	7076	100	1	9	11670
岚　县	Lanxian	296				1518
方山县	Fangshan	126	24	2	9	247
中阳县	Zhongyang	14	1	2		21
交口县	Jiaokou	85		2	15	21
孝义市	Xiaoyi	232	17	6	27	1931
汾阳市	Fenyang	278	69	12	25	3449

continued

#苹 果 Apples	#桃 Peaches	#梨 Pears	当年造林面积(公顷) Afforestation Area in the Year (ha)	水产养殖面积(公顷) Fishery-breeding Area (ha)	水产品总产量(吨) Aquatic Products (ton)
5187	1512	2932	2840	120	470
2526	578	7029	153	71	365
291	51	1416	1173	14	12
1019	78	5918	4000	75	405
2064	368	524	5353	172	200
50			333	110	84
152		1105	1400	45	180
			4213		
			923	70	130
253	5	25	11167		
426	21	261	3347	23	37
537	9	334	3700	15	110
270	25	523	6720	2	110
5193	221	38803	2240	254	560
57239	17680	1110		150	1245
48039	10698	3435		223	1817
183218	9823	2938		76	201
80183	9847	1003	667	205	761
3384	280	59		249	896
817	50	99	67	4	6
415	38	245	333	28	16
18760	10245	554		13	10
282650	587	370	600	5	8
42340	180	394		14	25
29369	781	636	3200		
78359		130281	200	1	10
9605	9	1124	1973	5	62
2406	8	1376	233	3	12
47	6	6648	333		
2147	2780	79		227	880
17778	125	67		4	55
142	4	19	3687	98	26
146	47	101192		399	358
436	446	4252		340	71
107	57	402	12867	53	2
435	10	664	5333	95	38
718	135	102	1733	31	35
529	9	122	866	12	18
1	6	1	3933		25
90	4	31	4867	433	46
2	4		734		32
	1	5	6687		11
116	59	413			7
1069	176	405	200	1	8

20-13 畜牧业生产情况(2022年)

县(市、区)	Region	大牲畜年末存栏(头) Large Animals at Year-end (head)	#牛 Cattle	猪年末存栏(头) Hogs at Year-end (head)	羊年末存栏(只) Sheep and Goats at Year-end (head)	家禽年末存栏(只) Poultry at Year-end (head)
太原市	**Taiyuan**					
小店区	Xiaodian	9990	9968	7995	14098	478386
迎泽区	Yingze	218	175	1009	4304	53970
杏花岭区	Xinghualing	134	91	4942	4067	213282
尖草坪区	Jiancaoping	3995	3981	3260	20044	81985
万柏林区	Wanbailin	201	194	204	2249	8606
晋源区	Jinyuan	2328	2242	3892	12256	187809
清徐县	Qingxu	6870	6800	64063	94984	957281
阳曲县	Yangqu	10444	10259	49122	82253	865831
娄烦县	Loufan	9806	9590	20927	46286	108613
古交市	Gujiao	6806	6697	19319	38060	88748
大同市	**Datong**					
新荣区	Xinrong	24208	20714	23791	92385	178123
平城区	Pingcheng	5615	5551	14227	15950	292121
云冈区	Yungang	31667	31590	40255	46644	641973
云州区	Yunzhou	23858	23155	79395	145265	2888119
阳高县	Yanggao	33021	26391	305645	323911	420602
天镇县	Tianzhen	36591	26625	89301	222540	284452
广灵县	Guangling	33479	30622	39100	214548	454470
灵丘县	Lingqiu	34367	30223	75013	378146	366718
浑源县	Hunyuan	31854	29318	75281	339738	357163
左云县	Zuoyun	10228	9750	22422	132238	45728
开发区	Development Zone	318	318	629	940	3000
阳泉市	**Yangquan**					
城　区	Chengqu	225	223	242	1062	140302
矿　区	Kuangqu	79	70	1118	1181	46437
郊　区	Jiaoqu	736	587	35568	6903	624505
平定县	Pingding	1905	1482	50100	21714	1635567
盂　县	Yuxian	6664	6434	55495	49203	441740
长治市	**Changzhi**					
潞州区	Luzhou	1927	1894	14845	12503	484361
上党区	Shangdang	1757	1694	102359	23389	2578826
屯留区	Tunliu	8622	7773	55243	76011	412686
潞城区	Lucheng	3181	2339	68194	28574	820277
襄垣县	Xiangyuan	3333	2812	51831	50107	1312652
平顺县	Pingshun	2682	1903	39586	23843	147827
黎城县	Licheng	2632	2323	44435	36450	549191
壶关县	Huguan	730	715	92084	29476	2787183
长子县	Zhangzi	3857	3739	81053	96455	4501341
武乡县	Wuxiang	8744	7774	32660	98239	1337657
沁　县	Qinxian	10123	9630	26280	70625	6062066
沁源县	Qinyuan	5969	5551	9370	118864	27529

NUMBER OF LIVESTOCK AND LIVESTOCK PRODUCTS(2022)

肉类总产量(吨) Output of Meat (ton)	#猪肉 Pork	#牛肉 Beef	#羊肉 Mutton	禽蛋产量(吨) Poultry Eggs (ton)	奶类产量(吨) Milk (ton)	#牛奶 Milk
3447	1931	159	114	4563	37819	37819
156	68	16	66	608		
694	490	5	40	2008		
688	320	75	170	871	15032	15032
51	13	8	19	116	166	166
717	343	15	100	2790	6550	6550
14717	9155	889	1460	5336	7579	7199
6765	4805	449	712	10296	3251	3251
2670	2027	242	245	1741		
3653	2321	502	590	1032	432	432
6849	3235	1977	1060	2090	34823	34823
2234	1644	374	109	3404	21467	21277
6768	4465	1138	441	7430	79995	79995
14957	7944	1521	1294	30234	27658	27648
52785	45907	2252	3738	4177	64835	64835
14290	10007	1279	2265	3664	87850	87850
9702	5893	1081	2278	5009	33150	33120
13068	8030	1798	2545	3813	2238	2238
15685	9249	2575	3188	4340	9552	9552
5216	2264	998	1912	619	2542	2542
69	43	9	6	42	261	261
85	28	14	5	1612	643	643
265	219		7	559	297	297
5858	4714	80	85	7171	679	679
9197	6627	58	245	20869	3391	3391
7107	5953	337	434	4811		
2485	1769	101	69	5187	5823	5457
18850	16139	124	159	31453	2791	2791
9493	7164	543	649	11147	432	432
9410	8241	200	312	5607	3252	3252
9189	5254	434	486	5059		
5162	4593	167	180	2261		
5006	4137	166	232	11559	607	606
21286	11951	31	224	11144	886	886
12498	9278	343	667	32343	535	535
18953	3844	466	671	1951	343	343
20557	3105	2338	650	8144	221	221
2222	739	220	486	2252	1712	1712

20-13 续表1

县(市、区)	Region	大牲畜年末存栏(头) Large Animals at Year-end (head)	#牛 Cattle	猪年末存栏(头) Hogs at Year-end (head)	羊年末存栏(只) Sheep and Goats at Year-end (head)	家禽年末存栏(只) Poultry at Year-end (head)
晋城市	**Jincheng**					
城　区	Chengqu	943	943	851	7388	190079
沁水县	Qinshui	3911	3713	94505	138803	3026651
阳城县	Yangcheng	1753	1737	173647	40489	3419557
陵川县	Lingchuan	1268	1260	102164	43869	1637947
泽州县	Zezhou	3511	3391	348092	86406	2584000
高平市	Gaoping	849	684	322603	40862	1832439
朔州市	**Shuozhou**					
朔城区	Shuocheng	32718	29827	71341	165238	1036912
平鲁区	Pinglu	19497	16722	26460	184639	76343
山阴县	Shanyin	88100	87129	41736	176122	424758
应　县	Yingxian	70634	69800	82553	298804	321692
右玉县	Youyu	15918	14625	21839	283223	146842
怀仁市	Huairen	22466	22113	118752	725518	1011167
开发区	Development Zone	2033	2033	857	3219	40374
晋中市	**Jinzhong**					
榆次区	Yuci	14065	13788	150200	157910	1609617
太谷区	Taigu	10167	9838	311648	158019	4319849
榆社县	Yushe	10956	10933	53681	106850	599974
左权县	Zuoquan	6715	6631	20303	115781	460032
和顺县	Heshun	27944	27764	20510	63578	1179676
昔阳县	Xiyang	5616	5276	70291	47901	372159
寿阳县	Shouyang	2291	2192	56955	52801	712743
祁　县	Qixian	61572	61558	70273	154391	2739802
平遥县	Pingyao	14165	13818	92975	144996	8234821
灵石县	Lingshi	1104	718	67018	66383	444080
介休市	Jiexiu	3457	3366	83392	83639	3524608
运城市	**Yuncheng**					
盐湖区	Yanhu	4374	4255	60950	130842	1289642
临猗县	Linyi	2197	2185	182596	85221	3418867
万荣县	Wanrong	4037	3834	189367	60353	2762542
闻喜县	Wenxi	4254	4203	156698	48655	4151303
稷山县	Jishan	6720	6538	68995	59695	12506134
新绛县	Xinjiang	12017	11901	195501	51439	4140042
绛　县	Jiangxian	5708	5076	67651	66967	924387
垣曲县	Yuanqu	2698	2698	60158	67620	395143
夏　县	Xiaxian	3206	3097	111938	49516	3633072
平陆县	Pinglu	5086	5086	64335	67642	265726
芮城县	Ruicheng	3094	2993	165677	54309	1023713
永济市	Yongji	6222	6210	198691	43817	2127556
河津市	Hejin	4332	4078	69169	28533	1412088

continued

肉类总产量(吨) Output of Meat (ton)	#猪 肉 Pork	#牛 肉 Beef	#羊 肉 Mutton	禽蛋产量(吨) Poultry Eggs (ton)	奶类产量(吨) Milk (ton)	#牛 奶 Milk
341	111	100	47	1736		
29633	7111	199	1428	4692		
20790	16381	124	456	34081	22	22
14826	12105	82	380	16472		
50476	46304	296	886	27221	11	11
51352	47485	55	448	17162	97	97
7029	4438	652	999	11934	74016	74016
4539	2443	834	1054	750	8170	8170
6242	3334	1304	1019	4259	275637	275637
14182	7082	3046	3458	2862	210662	210662
7792	2330	1817	3301	1518	576	576
29943	8834	819	18532	11904	45900	45900
201	61	40	12	583	6614	6614
20447	14922	656	1364	14943	40307	40307
56930	43920	1050	1872	33136	11256	11256
7242	4211	747	770	6100	38	38
5373	2431	550	992	5409		
8389	1929	3308	459	8672		
11327	8445	397	474	2194	113	113
7031	4862	221	650	7995	819	819
23290	9955	7298	1302	19206	81140	81140
33185	9962	1438	1078	28279	14871	13863
9092	7645	47	484	4676	762	762
17754	10065	263	701	19630	7109	7109
9663	6126	163	961	7697	4505	4482
20771	16946	120	740	22154	1431	1431
18264	15456	211	447	26678	2250	2250
31341	16374	483	630	17180	659	559
14369	8132	308	329	137582	1451	1451
20098	16211	755	304	41896	6995	6995
12558	9315	446	664	6199	313	313
8250	6798	168	629	2742		
18992	12129	227	380	9031	193	193
8548	7226	380	636	2539	1961	1961
22010	19714	301	459	9690	343	343
22314	19048	206	353	13133	10994	10994
7219	6096	166	186	13698	5059	5059

20–13 续表2

县(市、区)	Region	大牲畜年末存栏(头) Large Animals at Year-end (head)	#牛 Cattle	猪年末存栏(头) Hogs at Year-end (head)	羊年末存栏(只) Sheep and Goats at Year-end (head)	家禽年末存栏(只) Poultry at Year-end (head)
忻州市	**Xinzhou**					
忻府区	Xinfu	22288	22072	44502	130031	1457315
定襄县	Dingxiang	13650	11235	100006	80840	176072
五台县	Wutai	30607	30003	36257	100102	595443
代　县	Daixian	33500	32439	18129	93515	92627
繁峙县	Fanshi	49937	46471	141033	183594	619757
宁武县	Ningwu	19957	17818	66843	98950	121956
静乐县	Jingle	13926	10862	14420	119642	575173
神池县	Shenchi	16410	10463	23951	457798	130976
五寨县	Wuzhai	10102	8208	13673	163384	243706
岢岚县	Kelan	9285	8181	17932	197144	72658
河曲县	Hequ	6639	4203	27850	90089	567906
保德县	Baode	2529	1682	23808	90148	500169
偏关县	Pianguan	4982	3998	9826	256035	180905
原平市	Yuanping	15931	12862	128266	269946	2126547
五台山风景名胜区	Wutai Mount Scenic Area	7441	6679	735	5066	1220
临汾市	**Linfen**					
尧都区	Yaodu	8302	8054	92870	81393	1362506
曲沃县	Quwo	5306	4624	76303	68600	1455593
翼城县	Yicheng	13574	13546	121582	61253	740229
襄汾县	Xiangfen	7626	7589	164010	96195	3631941
洪洞县	Hongtong	18693	18624	157595	118063	3168621
古　县	Guxian	1465	1465	24367	24534	143021
安泽县	Anze	1529	1515	15770	37092	164505
浮山县	Fushan	4376	4356	32684	52057	211209
吉　县	Jixian	1653	1614	37515	28486	155987
乡宁县	Xiangning	7776	7747	68042	64406	906386
大宁县	Daning	1728	1378	24804	16105	62501
隰　县	Xixian	3819	3773	40968	28636	243230
永和县	Yonghe	2328	2036	6407	67195	207930
蒲　县	Puxian	11770	11770	42557	12984	183165
汾西县	Fenxi	6623	6623	35315	51021	2848799
侯马市	Houma	2427	2427	22142	21264	481418
霍州市	Huozhou	3033	2940	59575	40211	749938
吕梁市	**Lvliang**					
离石区	Lishi	12424	12374	34179	32318	434645
文水县	Wenshui	171386	171370	86711	68294	4925563
交城县	Jiaocheng	29897	29305	33805	35614	927529
兴　县	Xingxian	8888	8754	55519	97398	463614
临　县	Linxian	6178	5915	122265	178014	2277093
柳林县	Liulin	3277	2810	67339	72570	286346
石楼县	Shilou	4699	4687	31738	50017	573186
岚　县	Lanxian	13105	11705	25101	36547	525398
方山县	Fangshan	32340	32178	26282	33240	1087632
中阳县	Zhongyang	10050	9856	68640	27979	482901
交口县	Jiaokou	9288	8676	67438	35441	357076
孝义市	Xiaoyi	3878	3458	62427	33348	4864846
汾阳市	Fenyang	11894	11839	93814	64879	3026730

continued

肉类总产量 (吨) Output of Meat (ton)	#猪肉 Pork	#牛肉 Beef	#羊肉 Mutton	禽蛋产量 (吨) Poultry Eggs (ton)	奶类产量 (吨) Milk (ton)	#牛奶 Milk
8427	6313	629	649	12726	48263	48263
7134	5702	722	513	1819	6105	6105
7923	4968	1563	1066	6127		
4411	2545	939	810	1094	316	316
23682	19117	2106	1356	10342	12583	12583
7626	6011	775	687	1193	144	144
4013	1818	543	1196	5565	451	451
11470	3251	1211	6275	1255	258	258
3445	1376	396	1014	2640	189	189
4816	2016	558	2070	770	172	172
4022	2832	280	511	6306	10513	10513
3900	2330	157	950	5599	174	174
4212	1340	350	2270	2025		
25777	16663	1001	2881	27120		
271	50	176	20	42	4219	4219
12152	9894	360	491	13716	9303	9295
13021	7876	281	447	8938	4983	4967
23178	21253	648	470	8275	19888	19888
26072	19017	505	751	28153	1589	1589
16529	12976	848	753	29810	7500	6985
3126	2776	110	159	1332	109	
1306	757	257	144	1896		
4679	3435	573	419	2766	369	348
3726	3385	117	174	1786	66	66
7156	5557	458	450	10801	1067	1067
1910	1583	168	91	686	33	33
5738	4988	283	242	2793	366	365
2056	825	121	575	1082	43	43
6244	4103	1468	75	550	51	51
16980	2825	461	452	2974	305	287
3575	2959	134	199	3020	1921	1921
9531	7823	208	283	3675	4038	3376
3622	2596	232	205	3501	1052	1052
36743	11493	13583	639	30437	4621	4621
8255	4822	1430	319	5797	2219	2219
5542	4221	430	648	5335	183	183
18083	13375	382	1791	20850	2268	2268
8277	7195	219	690	3064	1555	1555
4177	2788	300	513	6399	182	182
5938	2426	557	212	1823	194	194
5255	2243	1342	284	10306	823	823
11466	8198	369	202	3897	285	285
10850	8629	403	228	1185	19	19
30397	7060	160	197	17760	3562	3559
20667	10706	913	505	14895	8343	8343

20-14 农业生产条件(2022年)
CONDITIONS OF AGRICULTURAL PRODUCTION(2022)

县(市、区)	Region	年末有效灌溉面积(千公顷) Effective Irrigated Area at Year-end (1 000 ha)	农用化肥施用量(折纯量,吨) Consumption of Chemical Fertilizers (ton)	农用塑料薄膜使用量(吨) Consumption of Agricultural Plastic Films (ton)	农药使用量(吨) Consumption of Pesticides (ton)
太原市	**Taiyuan**				
小店区	Xiaodian	5.34	1885	307	34
迎泽区	Yingze	0.17	3		
杏花岭区	Xinghualing	0.03	22	1	3
尖草坪区	Jiancaoping	4.37	542	48	56
万柏林区	Wanbailin	0.50	13	1	1
晋源区	Jinyuan	2.80	497	101	17
清徐县	Qingxu	25.07	10082	1463	188
阳曲县	Yangqu	1.78	7242	1139	51
娄烦县	Loufan	1.22	655	65	5
古交市	Gujiao	0.78	438	42	11
大同市	**Datong**				
新荣区	Xinrong	3.87	1217	366	7
平城区	Pingcheng	2.13	442	86	5
云冈区	Yungang	9.90	2887	618	108
云州区	Yunzhou	19.80	8834	1180	93
阳高县	Yanggao	28.40	14041	2601	155
天镇县	Tianzhen	23.30	13846	869	73
广灵县	Guangling	15.27	8909	460	71
灵丘县	Lingqiu	12.36	14441	656	99
浑源县	Hunyuan	15.47	14427	1052	85
左云县	Zuoyun	2.60	1865	366	9
阳泉市	**Yangquan**				
郊　区	Jiaoqu	1.96	581	69	31
平定县	Pingding	2.81	4150	9	58
盂　县	Yuxian	1.69	8804	153	87
长治市	**Changzhi**				
潞州区	Luzhou	8.05	4449	290	24
上党区	Shangdang	4.20	9956	94	41
屯留区	Tunliu	17.19	21119	189	80
潞城区	Lucheng	4.80	8743	153	49
襄垣县	Xiangyuan	9.21	9170	198	78

20-14 续表1 continued

县(市、区)	Region	年末有效灌溉面积(千公顷) Effective Irrigated Area at Year-end (1 000 ha)	农用化肥施用量(折纯量,吨) Consumption of Chemical Fertilizers (ton)	农用塑料薄膜使用量(吨) Consumption of Agricultural Plastic Films (ton)	农药使用量(吨) Consumption of Pesticides (ton)
平顺县	Pingshun	1.79	3104	177	95
黎城县	Licheng	10.58	4339	34	52
壶关县	Huguan	0.70	8659	478	104
长子县	Zhangzi	15.33	19277	733	220
武乡县	Wuxiang	6.40	5996	134	38
沁　县	Qinxian	6.61	7583	181	27
沁源县	Qinyuan	0.58	2029	157	25
晋城市	**Jincheng**				
城　区	Chengqu	1.95	339	6	5
沁水县	Qinshui	5.33	9186	82	99
阳城县	Yangcheng	5.30	9000	27	84
陵川县	Lingchuan	4.60	12442	228	192
泽州县	Zezhou	4.05	11685	57	187
高平市	Gaoping	5.78	15103	320	220
朔州市	**Shuozhou**				
朔城区	Shuocheng	36.62	11527	1695	82
平鲁区	Pinglu	2.23	6130	288	61
山阴县	Shanyin	31.01	15307	1092	99
应　县	Yingxian	56.83	19687	1643	210
右玉县	Youyu	4.05	1717	242	24
怀仁市	Huairen	34.83	11986	933	55
晋中市	**Jinzhong**				
榆次区	Yuci	27.57	12996	952	285
太谷区	Taigu	30.05	16491	2412	280
榆社县	Yushe	6.39	2689	77	37
左权县	Zuoquan	2.53	1995	194	28
和顺县	Heshun	5.97	2488	481	46
昔阳县	Xiyang	5.48	6309	104	92
寿阳县	Shouyang	7.33	20101	1222	306
祁　县	Qixian	27.35	13425	704	309
平遥县	Pingyao	37.80	12850	347	264

20-14 续表2 continued

县(市、区)	Region	年末有效灌溉面积(千公顷) Effective Irrigated Area at Year-end (1 000 ha)	农用化肥施用量(折纯量,吨) Consumption of Chemical Fertilizers (ton)	农用塑料薄膜使用量(吨) Consumption of Agricultural Plastic Films (ton)	农药使用量(吨) Consumption of Pesticides (ton)
灵石县	Lingshi	4.51	2245	22	39
介休市	Jiexiu	21.58	3583	40	59
运城市	**Yuncheng**				
盐湖区	Yanhu	44.28	20036	959	1162
临猗县	Linyi	83.43	50662	1434	5310
万荣县	Wanrong	46.64	13148	1286	1262
闻喜县	Wenxi	16.41	21368	263	333
稷山县	Jishan	28.57	10661	11	234
新绛县	Xinjiang	25.47	22255	703	578
绛县	Jiangxian	16.37	23471	119	231
垣曲县	Yuanqu	3.67	4739	287	191
夏县	Xiaxian	24.22	24077	2141	734
平陆县	Pinglu	17.25	13220	189	259
芮城县	Ruicheng	45.10	19271	167	1213
永济市	Yongji	42.41	16361	1080	1110
河津市	Hejin	18.11	10540	149	300
忻州市	**Xinzhou**				
忻府区	Xinfu	34.73	18663	586	162
定襄县	Dingxiang	21.72	9924	258	54
五台县	Wutai	6.66	8160	703	105
代县	Daixian	17.77	10583	159	58
繁峙县	Fanshi	13.21	14179	746	91
宁武县	Ningwu	1.03	728	34	11
静乐县	Jingle	1.20	3753	157	19
神池县	Shenchi	1.40	10256	1015	22
五寨县	Wuzhai	4.20	15327	1265	82
岢岚县	Kelan	0.67	4614	764	8
河曲县	Hequ	3.22	6585	253	78
保德县	Baode	0.45	3922	57	19
偏关县	Pianguan	0.67	5942	340	17
原平市	Yuanping	33.75	24538	162	220

20-14 续表3 continued

县(市、区)	Region	年末有效灌溉面积(千公顷) Effective Irrigated Area at Year-end (1 000 ha)	农用化肥施用量(折纯量, 吨) Consumption of Chemical Fertilizers (ton)	农用塑料薄膜使用量(吨) Consumption of Agricultural Plastic Films (ton)	农药使用量(吨) Consumption of Pesticides (ton)
临汾市	**Linfen**				
尧都区	Yaodu	27.02	16919	532	761
曲沃县	Quwo	15.73	11461	1275	301
翼城县	Yicheng	12.32	11284	215	254
襄汾县	Xiangfen	31.87	26987	395	444
洪洞县	Hongtong	28.72	21771	92	554
古　县	Guxian	1.06	4502	33	44
安泽县	Anze	2.04	6489	237	43
浮山县	Fushan	3.75	5525	95	92
吉　县	Jixian	3.45	6105	397	206
乡宁县	Xiangning	0.13	8502	98	155
大宁县	Daning	4.95	2416	52	34
隰　县	Xixian	1.80	6079	125	71
永和县	Yonghe	1.56	2877	109	22
蒲　县	Puxian	2.81	4390	295	19
汾西县	Fenxi	0.39	1323	61	36
侯马市	Houma	8.31	8643	180	89
霍州市	Huozhou	6.90	3270	49	74
吕梁市	**Lvliang**				
离石区	Lishi	2.50	2772	35	8
文水县	Wenshui	31.36	8522	115	277
交城县	Jiaocheng	9.42	2243	29	54
兴　县	Xingxian	5.35	3046	24	11
临　县	Linxian	8.14	11429	191	69
柳林县	Liulin	4.92	2744	52	38
石楼县	Shilou	0.22	4913	48	20
岚　县	Lanxian	4.31	6006	761	33
方山县	Fangshan	2.71	3509	74	19
中阳县	Zhongyang	0.65	1440	25	6
交口县	Jiaokou		1515	148	2
孝义市	Xiaoyi	11.17	2785	21	25
汾阳市	Fenyang	28.51	8282	67	96

20-15 工业主要指标(2022年)

单位：万元

县(市、区)	Region	单位数(个) Number of Enterprises(unit)	资产总计 Total Assets
太 原 市	**Taiyuan**		
小店区	Xiaodian	75	3377153
迎泽区	Yingze	17	3124559
杏花岭区	Xinhualing	49	1399192
尖草坪区	Jiancaoping	135	17515555
万柏林区	Wanbailin	37	14420593
晋源区	Jingyuan	26	437376
清徐县	Qingxu	121	10138732
阳曲县	Yangqu	71	1369413
娄烦县	Loufan	20	973982
古交市	Gujiao	56	3364062
综改示范区	Comprehensive Reform Demonstration Zone	248	25658705
大 同 市	**Datong**		
新荣区	Xinrong	45	984793
平城区	Pingcheng	43	2907156
云冈区	Yungang	117	52411448
云州区	Yunzhou	102	3228410
阳高县	Yanggao	32	1111575
天镇县	Tianzhen	22	864016
广灵县	Guangling	33	865192
灵丘县	Lingqiu	35	1192691
浑源县	Hunyuan	16	734873
左云县	Zuoyun	48	7048720
阳 泉 市	**Yangquan**		
城　区	Chengqu	12	704183
矿　区	Kuangqu	28	22681696
郊　区	Jiaoqu	106	3019836
平定县	Pingding	109	3364360
盂　县	Yuxian	67	4850520
长 治 市	**Changzhi**		
潞州区	Luzhou	142	10155259
上党区	Shangdang	103	8442841
屯留区	Tunliu	54	6210179
潞城区	Lucheng	91	6653555
襄垣县	Xiangyuan	88	29514037
平顺县	Pingshun	30	781472
黎城县	Licheng	22	805439
壶关县	Huguan	38	1235535
长子县	Zhangzi	52	6041489
武乡县	Wuxiang	32	1762771
沁　县	Qinxian	10	482148
沁源县	Qinyuan	58	9307857

MAJOR INDUSTRIAL INDICATORS(2022)

(10 000 yuan)

负债合计 Total Liabilities	营业收入 Business Revenue	利润总额 Total Profits	应交增值税 Value Added Taxes Payable
2556494	1622440	791	28290
1643126	970739	38331	53270
967550	878230	–44522	22564
9515210	15169052	404640	248313
11085164	5680597	959657	326349
334757	232884	21936	10552
7737959	8818590	389419	114910
908033	730820	24228	16981
731830	572249	102597	45634
3438425	2660960	–14724	156088
18581427	23025943	460074	170197
627970	1105120	49954	28781
1908296	1609757	48875	54121
49721249	19046302	449768	459919
1983175	2221513	14250	71667
990083	419839	10009	14866
612752	167831	44205	7064
509985	292535	24275	13790
903251	289949	21147	13381
537163	103755	9186	4768
4988349	2723194	598820	197510
361386	239799	42967	14848
17311850	3714307	578175	257816
1910151	1736188	190460	104369
3051899	2042466	–12152	63728
3720152	1708140	251367	129324
6656188	7004762	631354	277112
3822972	5182343	1319593	366317
4547107	5228155	744229	325183
4748091	5057236	118448	75210
21457883	12044968	1855482	745419
502030	242600	28998	7103
511660	986323	88154	30698
1048958	1764111	190451	24951
2834853	4072552	1063049	292914
1277546	1465706	439540	100109
247261	464606	7039	4144
5392046	4972680	1511427	327838

20–15 续表1

单位：万元

县(市、区)	Region	单位数(个) Number of Enterprises(unit)	资产总计 Total Assets
晋 城 市	**Jincheng**		
城　区	Chengqu	85	3667372
沁水县	Qinshui	88	27869683
阳城县	Yangcheng	135	6551267
陵川县	Lingchuan	31	716768
泽州县	Zezhou	161	14290715
高平市	Gaoping	118	7385658
朔 州 市	**Shuozhou**		
朔城区	Shuocheng	37	1226318
平鲁区	Pinglu	66	14766733
山阴县	Shanyin	82	7846948
应　县	Yingxian	58	731488
右玉县	Youyu	36	3117222
怀仁市	Huairen	144	4376439
经济开发区	Economic Development Zone	52	3421201
晋 中 市	**Jinzhong**		
榆次区	Yuci	244	6472085
太谷区	Taigu	121	1665391
榆社县	Yushe	24	629513
左权县	Zuoquan	36	2460933
和顺县	Heshun	33	2459715
昔阳县	Xiyang	44	3501097
寿阳县	Shouyang	74	4760093
祁　县	Qixian	82	1070729
平遥县	Pingyao	108	3059177
灵石县	Lingshi	144	7217541
介休市	Jiexiu	187	10040851
运 城 市	**Yuncheng**		
盐湖区	Yanhu	105	2069138
临猗县	Linyi	67	1051687
万荣县	Wanrong	47	734216
闻喜县	Wenxi	52	4634106
稷山县	Jishan	54	2067158
新绛县	Xinjiang	53	2936457
绛　县	Jiangxian	64	1398185
垣曲县	Yuanqu	37	1818886
夏　县	Xiaxian	44	660972
平陆县	Pinglu	42	775090
芮城县	Ruicheng	60	2123255
永济市	Yongji	91	1921356
河津市	Hejin	133	10424008
经济开发区	Economic Development Zone	63	2830952

continued

(10 000 yuan)

负债合计 Total Liabilities	营业收入 Business Revenue	利润总额 Total Profits	应交增值税 Value Added Taxes Payable
1693951	1852247	85186	74665
18084181	7611722	1717639	449767
4567656	5067252	591645	222934
434185	427794	50811	16904
7790602	11455967	1099666	405387
5901210	5388154	809539	255490
996111	483988	8711	29571
8301817	7614937	1859428	578446
4323630	4084211	1225798	229201
485633	431786	347	3111
1814839	1265332	188175	73976
3202905	4794543	751601	203627
2581748	1618695	−122909	65219
5118917	5334231	−196327	103144
1017715	1353567	47718	38198
635391	633917	3289	12979
2630991	1060552	−100528	33672
1903068	1276832	233125	105360
2458870	2369343	453827	137527
3442805	3240933	227405	168861
809585	1044039	24523	15300
2522867	2207192	34038	46608
5194285	6896358	973664	238974
7049939	13011336	620096	246453
1768993	1519256	−28229	25137
715765	829871	40571	13372
373127	390952	11996	11032
2884722	4260349	60307	55719
1358865	2581506	−97	47138
1980375	4522442	168724	37738
772679	1201059	42892	13292
1249136	1850849	121094	42602
359585	352723	32160	9552
486900	611030	21329	16668
1252589	664542	21741	23567
1326128	1587960	3285	25990
5833861	11824179	1243285	327447
2303252	2033634	−219953	16369

20-15 续表2

单位：万元

县(市、区)	Region	单位数(个) Number of Enterprises(unit)	资产总计 Total Assets
忻 州 市	**Xinzhou**		
忻府区	Xinfu	62	2231455
定襄县	Dingxiang	107	931685
五台县	Wutai	25	818647
代　县	Daixian	100	2087657
繁峙县	Fanshi	91	3277511
宁武县	Ningwu	43	5096894
静乐县	Jingle	22	1329797
神池县	Shenchi	18	1001109
五寨县	Wuzhai	18	507515
岢岚县	Kelan	29	1240202
河曲县	Hequ	40	4313579
保德县	Baode	34	3382033
偏关县	Pianguan	15	631668
原平市	Yuanping	68	5928461
五台山风景名胜区	Wutai Mount Scenic Area	1	9473
临 汾 市	**Linfen**		
尧都区	Yaodu	96	3917104
曲沃县	Quwo	47	5296995
翼城县	Yicheng	50	987171
襄汾县	Xiangfen	79	2441502
洪洞县	Hongtong	98	7284396
古　县	Guxian	37	1618221
安泽县	Anze	23	3700516
浮山县	Fushan	32	476607
吉　县	Jixian	10	866900
乡宁县	Xiangning	59	4659569
大宁县	Daning	6	119408
隰　县	Xixian	9	333100
永和县	Yonghe	8	423140
蒲　县	Puxian	58	4814567
汾西县	Fenxi	12	194927
侯马市	Houma	60	1978778
霍州市	Huozhu	29	8662510
吕 梁 市	**Lvliang**		
离石区	Lishi	44	7073885
文水县	Wenshui	117	3746957
交城县	Jiaocheng	103	4139543
兴　县	Xingxian	44	6414300
临　县	Linxian	40	4881184
柳林县	Liulin	68	14439256
石楼县	Shilou	8	316284
岚　县	Lanxian	28	2827399
方山县	Fangshan	25	1699132
中阳县	Zhongyang	43	5621271
交口县	Jiaokou	37	2050508
孝义市	Xiaoyi	172	15067064
汾阳市	Fenyang	79	5091352

continued

(10 000 yuan)

负债合计 Total Liabilities	营业收入 Business Revenue	利润总额 Total Profits	应交增值税 Value Added Taxes Payable
1464335	1155100	7710	16768
505603	978421	28600	16815
459972	486874	73962	28630
1694645	955197	16392	39332
2720310	1404759	68746	53723
3605506	2087567	501819	147049
1556539	478307	-242802	28965
685509	123966	25107	1150
366320	158395	-2668	-3902
778492	636976	28412	11359
1876055	2969855	1220963	249739
1822418	1694412	418253	121403
391698	112602	11537	6559
4193992	3198069	131285	128829
15509	3195	-1150	28
2767708	3115732	432438	147553
4525515	8871514	-197002	57820
795504	995140	105059	40925
1645947	3831292	-19796	43030
4633468	3792663	480724	111662
1036527	1359557	233094	63626
1989743	1924968	480122	93739
306788	354273	47732	3311
164623	457776	177057	23618
2139555	3095016	837737	200247
46941	76392	-2920	-1238
246703	64133	4660	4781
93900	260298	40504	5567
2946223	3967230	918115	241924
153065	228721	2777	4084
1616272	1674622	-35034	18783
7390887	1771635	17937	65254
4925475	3632316	1122023	275755
2828763	2918859	-11701	49969
3078021	3689511	172910	78230
2789858	4798203	1522470	282302
3285866	2213419	535948	154449
8781804	8367980	2066580	559804
255596	75328	6261	-859
1257479	1442708	385867	84454
867199	1429161	361118	90265
2543223	4422866	1127677	277949
1050438	1748137	67891	41018
11740417	12981084	371965	279538
2912374	3632675	689915	183267

20–16 社会消费品零售总额(2022年)
TOTAL RETAIL SALES OF CONSUMER GOODS(2022)

单位：万元 (10 000 yuan)

县(市、区)	Region	社会消费品零售总额 Total Retail Sales of Consumer Goods	城镇 Urban	乡村 Rural
太原市	**Taiyuan**			
小店区	Xiaodian	4834968	4747806	87162
迎泽区	Yingze	3586833	3512949	73884
杏花岭区	Xinghualing	2291268	2217467	73801
尖草坪区	Jiancaoping	1140663	818344	322319
万柏林区	Wanbailin	2051646	1983117	68528
晋源区	Jinyuan	489335	412189	77146
清徐县	Qingxu	532611	258214	274397
阳曲县	Yangquan	156950	73086	83864
娄烦县	Loufan	53203	23069	30134
古交市	Gujiao	403455	241067	162388
综改示范区	Comprehensive Reform Demonstration Zone	2073036	2073036	
大同市	**Datong**			
新荣区	Xinrong	159383	99554	59829
平城区	Pingcheng	3927074	3538669	388405
云冈区	Yungang	1512885	1223700	289185
云州区	Yunzhou	501213	344324	156889
阳高县	Yanggao	138078	94728	43350
天镇县	Tianzhen	135186	84061	51125
广灵县	Guangling	130064	70523	59541
灵丘县	Lingqiu	393279	206875	186405
浑源县	Hunyuan	381014	237849	143165
左云县	Zuoyun	298558	182033	116525
阳泉市	**Yangquan**			
城　区	Chengqu	1227709	1209963	17746
矿　区	Kuangqu	336597	335627	970
郊　区	Jiaoqu	476529	236229	240300
平定县	Pingding	601307	452061	149246
盂　县	Yuxian	603067	481850	121216

20–16 续表1 continued

单位：万元 (10 000 yuan)

县(市、区)	Region	社会消费品零售总额 Total Retail Sales of Consumer Goods	城 镇 Urban	乡 村 Rural
长 治 市	**Changzhi**			
潞州区	Luzhou	3909633	3834282	75351
上党区	Shangdang	344106	179236	164870
屯留区	Tunliu	274435	142202	132233
潞城区	Lucheng	258666	177934	80732
襄垣县	Xiangyuan	375189	284153	91036
平顺县	Pingshun	147461	83566	63896
黎城县	Licheng	165475	96357	69118
壶关县	Huguan	228115	99622	128492
长子县	Zhangzi	307592	143502	164090
武乡县	Wuxiang	206130	125796	80334
沁　县	Qinxian	158254	72013	86241
沁源县	Qinyuan	262298	148811	113487
晋 城 市	**Jincheng**			
城　区	Chengqu	3188966	3188966	
沁水县	Qinshui	314710	182069	132640
阳城县	Yangcheng	401693	258521	143173
陵川县	Lingchuan	193970	97316	96653
泽州县	Zezhou	554289	285067	269222
高平市	Gaoping	677206	440505	236701
朔 州 市	**Shuozhou**			
朔城区	Shuocheng	905766	688382	217384
平鲁区	Pinglu	375224	235780	139444
山阴县	Shanyin	446946	335209	111736
应　县	Yingxian	337045	241324	95721
右玉县	Youyu	171293	122646	48647
怀仁市	Huairen	891235	534741	356494
开发区	Development Zone	268706	268706	
晋 中 市	**Jinzhong**			
榆次区	Yuci	2144141	1782453	361689
太谷区	Taigu	415035	338462	76572
榆社县	Yushe	116679	96325	20354
左权县	Zuoquan	167728	131331	36397
和顺县	Heshun	157740	126192	31548

20-16 续表2 continued

单位：万元 (10 000 yuan)

县(市、区)	Region	社会消费品零售总额 Total Retail Sales of Consumer Goods	城镇 Urban	乡村 Rural
昔阳县	Xiyang	305766	246919	58846
寿阳县	Shouyang	313728	233727	80001
祁　县	Qixian	471334	395953	75381
平遥县	Pingyao	708007	580566	127441
灵石县	Lingshi	756500	642269	114232
介休市	Jiexiu	993520	774945	218574
运城市	**Yuncheng**			
盐湖区	Yanhu	2846959	2335737	511222
临猗县	Linyi	772091	540464	231627
万荣县	Wanrong	417080	267610	149470
闻喜县	Wenxi	359410	287234	72176
稷山县	Jishan	257316	137868	119449
新绛县	Xinjiang	533132	445843	87289
绛　县	Jiangxian	185689	125407	60283
垣曲县	Yuanqu	360796	281421	79375
夏　县	Xiaxian	341925	266960	74965
平陆县	Pinglu	323580	273668	49913
芮城县	Ruicheng	320325	265870	54455
永济市	Yongji	589880	462659	127221
河津市	Hejin	788148	630518	157630
忻州市	**Xinzhou**			
忻府区	Xinfu	1484435	1083350	401085
定襄县	Dingxiang	275679	182193	93487
五台县	Wutai	234089	162488	71601
代　县	Daixian	115014	70096	44918
繁峙县	Fanshi	269631	157685	111946
宁武县	Ningwu	162882	101792	61090
静乐县	Jingle	135030	84940	50090
神池县	Shenchi	133416	88026	45390
五寨县	Wuzhai	152700	102256	50444
岢岚县	Kelan	137719	89983	47736
河曲县	Hequ	217001	145432	71569
保德县	Baode	240862	169554	71308
偏关县	Pianguan	72687	51748	20939
原平市	Yuanping	658096	440963	217133
五台山风景名胜区	Wutai Mount Scenic Area	96258	64065	32193

20-16 续表3 continued

单位：万元 (10 000 yuan)

县(市、区)	Region	社会消费品零售总额 Total Retail Sales of Consumer Goods	城镇 Urban	乡村 Rural
临汾市	**Linfen**			
尧都区	Yaodu	2869038	2530425	338613
曲沃县	Quwo	336157	268926	67232
翼城县	Yicheng	425865	338780	87085
襄汾县	Xiangfen	638777	574899	63878
洪洞县	Hongdong	845420	550462	294958
古　县	Guxian	134769	102423	32346
安泽县	Anze	126496	101653	24843
浮山县	Fushan	155832	101391	54441
吉　县	Jixian	103935	74289	29646
乡宁县	Xiangning	253271	206520	46751
大宁县	Daning	66027	52821	13205
隰　县	Xixian	125756	107395	18360
永和县	Yonghe	77807	66914	10893
蒲　县	Puxian	107746	96965	10781
汾西县	Fenxi	182090	141568	40523
侯马市	Houma	713932	671096	42836
霍州市	Huozhou	378093	297049	81044
吕梁市	**Lvliang**			
离石区	Lishi	764023	515860	248163
文水县	Wenshui	237197	162845	74353
交城县	Jiaocheng	224337	156770	67567
兴　县	Xingxian	185707	140395	45312
临　县	Linxian	534359	413468	120891
柳林县	Liulin	422537	327369	95169
石楼县	Shilou	39108	29471	9637
岚　县	Lanxian	130123	89855	40268
方山县	Fangshan	107528	76316	31212
中阳县	Zhongyang	167098	121049	46049
交口县	Jiaokou	87084	67355	19729
孝义市	Xiaoyi	1618801	1312569	306232
汾阳市	Fenyang	736077	639008	97070